Sussex County, New Jersey, Marriages

Howard E. Case

HERITAGE BOOKS
2008

HERITAGE BOOKS
AN IMPRINT OF HERITAGE BOOKS, INC.

Books, CDs, and more—Worldwide

For our listing of thousands of titles see our website
at
www.HeritageBooks.com

Published 2008 by
HERITAGE BOOKS, INC.
Publishing Division
100 Railroad Ave. #104
Westminster, Maryland 21157

Copyright © 1992 Howard E. Case

All rights reserved. No part of this book may be reproduced or transmitted in any form or by any means, electronic or mechanical, including photocopying, recording or by any information storage and retrieval system without written permission from the author, except for the inclusion of brief quotations in a review.

International Standard Book Numbers
Paperbound: 978-1-55613-702-0
Clothbound: 978-0-7884-7116-2

TABLE OF CONTENTS

Introduction   v

Book A   1

Colored Marriages   243

Book B   245

PREFACE

This volume contains information from Sussex County, N.J. Marriage Books "A" and "B". Be sure to check both sections.

Marriage in Book "A" include marriages from what is now Warren County, N.J. from 1795 until 1824, when Warren County was part of Sussex County.

For marriages prior to 1795, check Volume XXII of the New Jersey Archives, "Marriage Records 1665-1800"

INTRODUCTION

The first marriage license act in New Jersey requiring license bonds to be filed in the Secretary of State's office was passed in 1719 (although by a previous practice earlier bonds were filed there). This practically remained the law until February 16, 1795, when bonds were no longer required, although some were filed as late as 1800. After 1795 all records of marriages were to be filed in the Clerk's office of the county wherein marriages were solemnized, and the Sussex county records begin with that year. In 1876 the Legislature provided that reports of marriages should be transmitted to the boards of health.

For a full account of the earlier legislation in this State concerning marriages, see the article on *The Marriage Laws of New Jersey* by William Nelson, in Vol. XXII, First Series of *New Jersey Archives*, which volume contains the records of all marriage bonds filed in the Secretary of States office from 1665 to 1800.

Book A

NOTE: The original copy of this book is in the office of the Sussex County Clerk --- Newton, N. J.

Book B

This is an index to the approximately 2200 marriages as recorded in Marriage Book "B" to be found in the Sussex County Clerk's Office. It covers the years 1834 to 1878. It is likely that some marriages were not reported; therefore, they will not be found in this index.

Place names have been given the modern spelling (Hardiston = Hardyston). NJ has been omitted after all N.J. place names. Places change name -- Brooklyn is now Hopatcong, Centerville is Layton, Deckertown is Sussex, Snufftown is Stockholm, etc. Civil boundaries change. For example, in 1864 Newton Township was divided into the Town of Newton and Hampton Township; part went to Andover Township and Andover Borough was set off from Andover Twp. in 1904.

It is suggested that, if possible, the original entry be consulted, as it may give further details on the bride and/or groom, such as age. The newspaper notice might furnish additional information.

Several marriages were listed twice. If there was no difference, it is listed only once with a cross reference (see page___). If there is a difference, it is listed twice. It is felt that the earlier entry would more likely be correct.

H. E. C. - 1991

W-A-R-N-I-N-G

The material herein has NOT been proofread.

If you have questions about the records
contact Howard E. Case
Genealogy Society of Sussex County, New Jersey

BOOK A
Sussex Co., N.J.
Marriages
(1795-1853)

26 Aug. 1812 - **Abbett**, Luiza to Roswell H. Hale
17 Nov. 1801 - **Abbott**, Elizabeth to Philip Woolever
28 Jan. 1815 - **Abel**, Irwin to Mary Lane
14 Dec. 1808 - **Aber**, Ebenezer to Elizabeth Hoe
3 Apr. 1845 - **Aber**, Ebenezer (Sparta) to Hannah Longcor
15 June 1816 - **Aber**, Elizabeth (Newton) to George Sager
30 Dec. 1841 - **Aber**, Jane to Joshua Shay
15 May 1842 - **Aber**, Lydia M. to Samual Acet
20 Mar. 1814 - **Aber**, Nathaniel to Anne Wass
30 Aug. 1818 - **Abers**, Anne to Daniel Warren
18 Aug. 1827 - **Abers**, James C. to Lydia Decker
28 Aug. 1847 - **Abers**, John to Margaret Potts
18 Feb. 1853 - **Abers**, John to Catharine Reed
24 Apr. 1841 - **Abers**, Kezia Ann (Montague) to Benjamin DePue
3 Feb. 1845 - **Abers**, Lewis (Penna.) to Rebecca Jane Trusdell
29 Nov. 1823 - **Abers**, Mattildy to Hugh Gustin
6 Jan. 1816 - **Abers**, Philip (Seneca Co., NY) to Elinor Cox
20 Feb. 1841 - **Abers**, Sarah (Newton) to Henry Couse
9 July 1825 - **Able**, John to Rachel Hunt
22 Apr. 1819 - **Able**, William to Mary Peerson
10 Dec. 1815 - **Acer**, Elizabeth to Solomon Willbrought
15 May 1842 - **Acet**, Samuel to Lydia M. Aber
27 Apr. 1837 - **Acker**, John to Experience Gun
12 Dec. 1818 - **Acker**, Mary to Peter Creger
27 Dec. 1823 - **Ackerman**, Aaron to Marther Mansfield
15 Aug. 1810 - **Ackerman**, Abraham to Mary Springer
14 Nov. 1844 - **Ackerman**, Ann to Aaron Headdy
18 Jan. 1838 - **Ackerman**, Charity to John Current
29 Apr. 1809 - **Ackerman**, Eleanor to Thomas Wiggins
11 Feb. 1832 - **Ackerman**, Eliza to James Nixon
12 Dec. 1832 - **Ackerman**, Elizabeth to Benjamin Pitney
6 Sept. 1848 - **Ackerman**, Hannah to David Demorest
9 May 1818 - **Ackerman**, Hannah D. (Hardiston) to Peter Taylor
9 May 1818 - **Ackerman**, Hannah F. (Hardiston) to Barret Cole
14 Oct. 1837 - **Ackerman**, Jame (Wantage) to Henry B. Howell
25 Dec. 1813 - **Ackerman**, John to Polly DeBaun
24 Dec. 1834 - **Ackerman**, John B. to Eliza Crane
26 Feb. 1825 - **Ackerman**, Lydia (Newton) to Lawson Smith
6 Jan. 1839 - **Ackerkan**, Mary to Samuel Wilgus
14 June 1823 - **Ackerman**, Nicholas N. to Phebe Washer
2 Sept. 1820 - **Ackerman**, Peter to Elizabeth Winter
14 Jan. 1843 - **Ackerman**, Peter to Elizabeth Peters
15 Jan. 1820 - **Ackerson**, Aaron to Catherine Newbit
29 May 1819 - **Ackerson**, Abraham Jr. to Martha Winters
14 Aug. 1847 - **Ackerson**, Ann (Lafayette) to George H. Snyder
22 Mar. 1834 - **Ackerson**, Cather-

ine to Laurence Sharp
22 Mar. 1817 - **Ackerson**, David to Hannah Demestea
18 June 1839 - **Ackerson**, Helen to Crinis Terwilliger
9 Sept. 1815 - **Ackerson**, Henry to Lydia Updegrove
8 Sept. 1849 - **Ackerson**, Huldah to Aaron H. Beegle
7 Oct. 1820 - **Ackerson**, Jacob to Matilda Cook
24 Mar. 1838 - **Ackerson**, Jacob (Hardyston) to Sarah Louisa Morton
20 May 1826 - **Ackerson**, Jane to Daniel Auley
13 Feb. 1819 - **Ackerson**, John to Jane VanInwagen
26 Sept. 1841 - **Ackerson**, Lavina (Frankford) to David Monro
12 Mar. 1814 - **Ackerson**, Mary to Andrew Armstrong
6 Dec. 1834 - **Ackerson**, Nancy to Chillion Stoll
11 Feb. 1809 - **Ackerson**, Paul to Mary Demmerest
6 Sept. 1823 - **Ackerson**, Paul to Elsey Space
13 Dec. 1838 - **Ackerson**, Peter to Anna Quick
19 Sept. 1846 - **Ackerson**, Peter (Sparta) to Sarah Elizabeth Washer
4 July 1846 - **Ackerson** (Mrs) Phebe (Sparta) to Philip Wyker
3 Nov 1836 - **Ackerson**, Rebecca to Francis Main
28 Jan. 1824 - **Ackerson**, Sarah (Newton) to Isaac Struble
6 Feb. 1847 - **Ackerson**, Sarah (Wantage) to Philip Kinney
7 Feb. 1839 - **Ackerson**, William to Sarah Ann Snyder
25 Sept. 1803 - **Ackley**, Hannah to Philip Kitchpau
28 Aug. 1798 - **Ackley**, Joel to Anna Burns
16 Mar. 1833 - **Ackley**, Judah to Jacob C. Griggs
12 Mar. 1816 - **Acley**, John to Mary Hollts

3 Aug. 1822 - **Acre**, Catherine to George Cregor Jr.
18 June 1803 - **Adam**, Abraham to Mary Potts
16 Aug. 1823 - **Adams**, ___ to Isaac Sherwood
24 Oct. 1827 - **Adams**, Adelia (Wantage) to Jeremiah Holly
1807 - **Adams**, Andrew, to Elizabeth Cummins
18 Mar. 1808 - **Adams**, Ann to Jacob Decker
10 Mar. 1849 - **Adams**, Asel (Pike Co., Penna.) to Caroline Cortwright
10 Sept. 1825 - **Adams**, Benjamin I. to Belsora Comer
19 June 1813 - **Adams**, Betsey to Ira Benjamin
26 Jany. 1839 - **Adams**, Chancey (Wantage) to Elarissa Meddaugh
28 Apr. 1807 - **Adams**, Charles to Nancy Foster
2 June 1821 - **Adams**, Charles to July Corkendol
4 Dec. 1800 - **Adams**, Christenah to Philip Engle
27 July 1806 - **Adams**, Crowell to Sarah Hayes
20 Jan. 1802 - **Adams**, Edmund to Milicant Anderson
21 Feb. 1813 - **Adams**, Edward to Martha Bassett
23 Nov. 1796 - **Adams**, Elizabeth to John Dilliston
31 Aug. 1800 - **Adams**, Elizabeth to Isaac Kiser
17 Feb. 1807 - **Adams** Elizabeth to Daniel Hortin
30 Dec. 1813 - **Adams**, Elizabeth to Samuel Potter
19 Sept. 1834 - **Adams**, Elizabeth to Jonathan Bockover
20 Dec. 1806 - **Adams**, Evi to Sarah Martin
28 July 1816 - **Adams**, Evi to Moriah Willson
14 June 1847 - **Adams**, Gabriel (Hampton) to Catherine Evans
15 Mar. 1812 - **Adams**, Hannah to Patrick Hagerty

3 Aug. 1815 - **Adams**, Hanna to Josiah Decker
6 Feb. 1822 - **Adams**, Highly to Simeon VanFleet
29 June 1822 - **Adams**, Hulda to Samuel D.Coykendoll
28 Jany. 1807 **Adams**, Jane to Nath'l. Lomess
5 May 1821 - **Adams**, Jane to Susahhah Hall
15 Dec. 1838 - **Adams**, Jane (Wantage) to Jane Roloson
4 May 1843 - **Adams**, Jane to Teasdale T. Martin
7 Feb. 1833 - **Adams**, John to Margaret Bailey
15 Dec. 1810 - **Adams**, John Jr. to Phebe Mead
11 Jany. 1844 - **Adams**, John E. to Elizabeth Cox
8 June 1813 **Adams**, John L. to Sarah Decker
6 Aug. 1825 - **Adams**, Joseph to Charlotte Shepherd
1 May 1811 - **Adams**, Kesah to Alexander Decker
12 Nov. 1809 - **Adams**, Joseph to Matte Post
3 Apr. 1831 - **Adams**, Lewis to Jane Haggerty
23 Dec. 1846 - **Adams**, Lewis (Wantage) to Lavina Shepherd
13 Dec. 1795 - **Adams**, Martha to George Givings
4 Feb. 1848 - **Adams**, Martha to Anthony Parcell
10 June 1840 - **Adams**, Mary to Leander Hill
26 Dec. 1836 - **Adams**, Mary Ann (Wantage) to Ira Howell
5 Feb. 1814 - **Adams**, Matilda to Isaac Willson
25 Sept. 1796 - **Adams**, Obediah to Mary Givens
18 Jan. 1821 - **Adams**, Patty to James DeSamater
19 Sept. 1843 - **Adams**, Peter (N.Y.) to Mary Morford
19 Sept. 1844 - **Adams**, Phebe to Constant Fuller
7 July 1804 - **Adams**, Polly to Levi Ennis
25 Apr. 1818 - **Adams**, Robert Jr. (Frankford) to Temperence Swayze
30 Apr. 1809 - **Adams**, Sally to Isaac Goble
23 Mar. 1843 - **Adams**, Samuel to Hannah Lunder
20 Oct. 1802 - **Adams**, Sarah to Thomas Casterlin
1813 - **Adams**, Sarah to William Clark
7 Feb. 1822 - **Adams**, Sarah to John VanScoder
25 Aug. 1837 - **Adams**, Sarah (Frankford) to Samuel Ratan
1 Jan. 1842 - **Adams**, Sarah Ann to Ira B. Newman
5 Jan. 1839 - **Adams**, Sarah Jane to Nathaniel Martin
5 Oct. 1816 - **Adams**, Silvanus to Matty Carr
6 Jan. 1817 - **Adams**, Susan (Wantage) to Jesse VanAucan
26 June 1819 - **Adams**, Thomas to Elizabeth Nace
4 Nov. 1815 - **Adams**, Uriah to Letta Rodney
19 Aug. 1810 - **Adams**, William to Sara Hart
10 Oct. 1835 - **Adams**, William to Martha Harris
21 Oct. 1815 - **Adams**, Seporah to William Leyda
27 Sept. 1818 - **Addis** (Miss) to Esra Fairchild
31 May 1815 - **Addis**, Elleror to Richard Stephens
19 Sept. 1816 - **Addis**, Mary (Independence) to Jacob Cummins
21 Feb. 1822 - **Addis**, Simon to Mary Durnburger
22 Jan. 1824 - **Adkinsson**, Elizabeth to James Dyer
23 Dec. 1838 - **Ager**, Jane to Joseph M. Benjamin
29 Oct. 1824 - **Agne**, Mikel to Elizabeth Kiser
26 July 1821 - **Agney**, Annon O. to Mariah Masters

3

29 Dec. 1796 - **Agney**, Charity to John Gilmore
1 May 1813 - **Agney**, Nancey to John I. Roloson
3 July 1824 - **Agony**, Mary to Elias C. Fowler
11 Apr. 1831 - **Aimbasin**, Marlin to Jane Creger
26 Oct. 1816 - **Aire**, James to Polly Killpatrick
15 Jan. 1824 - **Alan**, Charles to Nancy Culver
25 Sept. 1817 - **Albert**, Jule to John DeWitt
31 May 1803 - **Albertson**, Caty (Knowlton) to Isaac Cook
31 May 1808 - **Albertson**, Cornelius to Catherine Bogart
18 Aug. 1814 - **Albertson**, Cornelius to Barbery Brown
5 Oct. 1800 - **Albertson**, Elizabeth to Henry Silverthorn
21 Nov. 1805 - **Albertson**, Elizabeth (Hardwick) to Richard Patton
20 Oct. 1810 - **Alberton**, Elizabeth to Abraham H. Cook
1813 - **Albertson**, Elizabeth to Elisha Cooke
27 June 1799 - **Albertson**, Elona to Elizabeth Cool
22 Nov. 1798 - **Albertson**, Garret to Genne Lukes
6 May 1813 - **Albertson**, Garret to Mary Stricklen
26 May 1814 - **Albertson**, George to Christina Biles
23 Oct. 1803 - **Albertson**, Henery (Knowlton) to Mary Ferguson
22 Nov. 1819 - **Albertson**, Isaac to Inly Bonker
23 Oct. 1823 - **Albertson**, James to Catherine Garner
31 Aug. 1809 - **Albertson**, Jane to Jonothan Oliver
18 Aug. 1810 - **Albertson**, John to Mary Graig
10 Mar. 1813 - **Albertson**, John to Cook (Wid) Anney
4 Jan. 1821 - **Albertson**, John S. to Elizabeth Harting

7 Feb. 1799 - **Albertson**, Rachel (Hardwick) to James VanUkel
28 Sept. 1797 - **Albertson**, Sarah to Silvanus Drake
13 Jan. 1805 - **Albertson**, Sarah to Nicholas Brown
15 Jan. 1804 - **Albright**, Hannah (Oxford) to Richard Kinney
17 Oct. 1822 - **Albright**, Marshal to Nancy Beam
8 July 1819 - **Albright**, Nancy to Jerred Saxton
21 Feb. 1821 - **Aleck**, Mary Ann to Thomas Taylor
11 Nov. 1826 - **Alen**, Henry to Eliza Rodei
14 Mar. 1812 - **Alison**, Joshua to Elizabeth Norris
16 Mar. 1802 - **Allbright**, George to Mary Sharps
15 Feb. 1818 - **Allen** (Miss) to J. Ketcham
12 Dec. 1813 - **Allen**, Alexander to Sarah Simpson
1 Sept. 1827 - **Allen**, Amos to Susan Devore
11 Nov. 1819 **Allen**, Ann to Peter F. Bailes
13 Oct. 1838 - **Allen**, Ann to Aaron N. Decker
1844 - **Allen**, Ann ELlizabeth to (Rev) Sanford Leach
20 Oct. 1814 - **Allen** (Mrs) Charlotte to Asa Howell
25 Oct. 1819 - **Allen**, Edward Sr. to Elizabeth Linn
5 Nov. 1799 - **Allen**, Elijah (Knowlton) to Sarah Sweazy
25 Mar. 1804 - **Allen**, Elijah to Elizabeth Robins
28 Sept. 1817 - **Allen**, Elisa D. to George Gates
14 Jun 1817 - **Allen**, George to Cornelia Hunt
29 Sept. 1838 - **Allen**, George W. (Frankford) to Mary Grover
26 May 1816 - **Allen**, James (Penna.) to Mary Cook
29 Jany. 1818 - **Allen**, John to Mary Aumock
9 Apr. 1799 - **Allen**, Jonathan

(Knowlton) to Peggy Flumerfelt
21 Dec. 1798 - **Allen**, Lorihna
(Hardwick) to Robert Goble
8 Apr. 1852 - **Allen**, Lydia E.
(Wantage) to John Halstead
30 Mar. 1806 - **Allen**, Moses to
Martha Smith
3 Mar. 1805 - **Allen**, Nancy to
Isaac Barber
30 Mar. 1816 - **Allen**, Sarah to
Christopher Parr
7 Feb. 1846 - **Allen**, Surrenus to
Joanna Heddin
29 Dec. 1818 - **Allen**, Thomas to
Margaret Haggerty
8 Mar. 1798 - **Allen**, Vina to
James Bir
17 Mar. 1811 - **Allen**, William to
Rebecca Hunt
3 Oct. 1840 - **Allen**, William to
Rebecca Scott
19 Dec. 1813 - **Allen**, William Jr.
to Hannah Flemming
26 Dec. 1807 - **Allenton**, Anna to
Moses Wright
21 Mar. 1812 - **Allerton**, Elizabeth
to William Bailey
13 Feb. 1807 - **Allerton**, Jacob to
Catherine Haas
29 Aug. 1803 - **Allet**, Benjamin
(Frankford) to Elizabeth Fisher
17 Sept. 1836 - **Allet**, Cahterine
(Newton) to Lewis Anderson
15 Jany. 1823 - **Allet**, Hannah to
John Dumarest
12 June 1831 - **Allet**, Hannah to
Calvin S. Owen
11 Dec. 1823 - **Allet**, Jabe to
Margaret Marvin
30 June 1803 - **Allin**, Robert to
Mercy Hunt
4 July 1818 - **Allinson**, George to
Abbigal Payne
24 Oct. 1818 - **Allinston**, Thomas
to Elizabeth Care
20 May 1819 - **Alliot**, Sarah to
Robert Donelson
21 Jan. 1805 - **Allison**, Richard
(Wantage) to Eleanor Roloson
28 Nov. 1798 - **Allison**, William to
Margaret Williams

1 Feb. 1823 **Allwood**, William
(Frankford) to Sarah Hull
2 Apr. 1835 - **Allwright**, Susan to
Isaac Losey
22 Mar. 1807 - **Alshouse**, Mary to
Peter Barber
12 Feb. 1820 - **Alton**, John to
Catherine Maines
23 Jan. 1847 - **Alward**, Isaac T.
(Wantage) to Martha Benjamin
31 Jan. 1818 - **Alward**, S. to
Joanna Pool
10 May 1797 - **Alwood**, John to
Charity Shouemaker
27 Feb. 1836 - **Alwood**, Phebe to
Mordecai Willson Jr.
14 Nov. 1819 - **Alworth**, Abraham
to Susan Kindred
21 Nov. 1809 - **Alyea**, Jemima to
Tunis House
1 July 1802 - **Alyea**, Rachel to
Abraham Elston
8 Feb. 1820 - **Ames**, John to Mary
Smith
5 Feb. 1845 - **Ames**, William L.
(Franklin) to Amelia Hall
24 May 1801 - **Amick**, Abraham
(Hunterdon Co.) to Sarah
Walker
14 Oct. 1838 - **Ammerman**,
Bathshebe (Newton) to John
VanNoy
3 Dec. 1837 - **Ammerman**, David
(Newton) to (Mrs.) Elizabeth
Hagaman
10 Apr. 1806 - **Ammerman**, Elizabeth to John Kelsey
27 June 1813 - **Ammerman**,
Hannah to Robert Johnson
25 Dec. 1838 - **Ammerman**,
James to Margaret Park
5 Jan. 1845 - **Ammerman**, Joseph
to Elizabeth Goble
17 Dec. 1842 - **Ammerman**, Sally
Ann to John McCollum
6 Oct. 1841 - **Anabush**, Margaret
to Anthony Pierce
3 Feb. 1814 - **Anderson** (Miss) to
Simeon Hankinson
10 Aug. 1799 - **Anderson** (Miss)
(Oxford) to Henry Galleher

17 July 1823 - **Anderson**, Amos to Mary Silverthorn
19 Jan. 1848 - **Anderson**, Andrew J. to Levina Roof
18 Jan. 1811 - **Anderson**, Cassandra to Lewis Godden
16 June 1841 - **Anderson**, Caroline (Newton) to George H. Neldon
11 Jan. 1851 - **Anderson**, Cornelius to Margaret S. Marsh
21 Mar. 1818 - **Anderson**, Dennis (Frankford) to Jemima Beers
14 Dec. 1844 - **Anderson**, David (Newton) Struble, Savina
1 Feb. 1816 - **Anderson**, Eliza (Newton) to Peter Waldreiff
11 Feb. 1800 - **Anderson**, Elizabeth to John Grovendyck
26 Oct. 1839 - **Anderson**, Ellis (Frankford) to Mary Ann Gunn
9 Jan. 1797 - **Anderson**, George Hardwick) to Mary Simmon
17 Mar. 1814 - **Anderson**, Hannah to George Campbell
6 Jan. 1821 - **Anderson**, Hannah (Newton) to Abraham Hendershot
1 Sept. 1804 - **Anderson**, Hilinda to Malin Davis
5 Jan. 1800 - **Anderson**, James to Maria Thomson
20 Feb. 1812 - **Anderson**, James to Margaret Fish
31 July 1817 - **Anderson**, Jane (Independence) to John Primrose
6 Mar. 1819 - **Anderson**, Jane to John Wise
26 Oct. 1806 - **Anderson**, John to Anna Anthony
21 Dec. 1811 - **Anderson**, John to Elizabeth Lantz
15 Mar. 1834 - **Anderson**, John to Rachel Ann Milham
1 Jan. 1848 - **Anderson**, John (Lafayette) to Lydia Oborn
20 Dec. 1846 - **Anderson**, John Jr. to Mary E. Sager
5 Mar. 1819 - **Anderson**, Joseph to Julian Crammer
28 Oct. 1838 - **Anderson**, Joseph (Newton) to Elizabeth Space
31 May 1820 - **Anderson**, Levi to Margaret Turner
16 Oct. 1841 - **Anderson**, Levi (Frankford) to Sarah Struble
17 Sept. 1836 - **Anderson**, Lewis (Newton) to Catherine Allet
20 Mar. 1824 - **Anderson**, Mariah to Cornelius Hotalen
1 Apr. 1804 - **Anderson**, Mary (Hardwick) to Jacob Sutfin
20 Feb. 1812 - **Anderson**, Mary to Cornelius Cornell
16 June 1841 - **Anderson**, Mary (Newton) to Robert Haggerty
20 Jan. 1802 - **Anderson**, Milicant to Edmund Adams
26 Mar. 1843 - **Anderson**, Mulford (Montague) to Harriet Gould
25 Mar. 1823 - **Anderson**, Peter to Sarah Roof
15 Dec. 1806 - **Anderson**, Rachel to John Beavers
22 Feb. 1816 - **Anderson**, Rebeccah (Independence) to Enos Goble
1 Feb. 1807 - **Anderson**, Samuel to Sarah Eldridge
5 Nov. 1814 - **Anderson**, Samuel to Rebecca Rose
14 Mar. 1839 - **Anderson**, Samuel to Eliza Ann Roof
8 Aug. 1799 - **Anderson**, Sarah to Samuel Waters
27 Dec. 1810 - **Anderson**, Sarah to Isaac Smith
9 Feb. 1843 - **Anderson**, Theodore F. (Hamburg) to Amelia H. Ryerson
29 Sept. 1810 - **Anderson**, Thomas O. to Delia Holmes
2 Mar. 1808 - **Anderson**, Ursula to William Blain
22 Oct. 1811 - **Anderson**, William T. to Margaret Linn
4 Feb. 1846 - **Andreas**, John William to Sophia Little
21 Jan. 1807 - **Andres**, Christian to Mary Shipman
22 June 1809 - **Andress**, Ann to

John Cole
19 Nov. 1835 - **Andress**, Bromwell to Mariah Jane Gardner
15 May 1814 - **Andrews**, Mary to H. West
22 Aug. 1811 - **Andrews**, Sarah to Morris Sharp
27 June 1811 - **Andrews**, William to Prescilla VanSyckle
22 Aug. 1806 - **Andriss**, Elizabeth (Greenwich) to Joseph Smith
8 Dec. 1805 - **Andruss**, John to Elizabeth Web
16 Mar. 1822 - **Angel**, Edward to Elizabeth Phillips
20 Feb. 1812 - **Angle**, Abraham to Mary Barns
21 June 1809 - **Angle**, Ann to Robert Newton
6 June 1812 - **Angle**, Charity to Andrew Hase
6 May 1813 - **Angle**, David to Rachel Gardner
16 Jan. 1819 - **Angle**, Elizabeth to Mahlon Larew
4 Aug. 1821 - **Angle**, Juley Elmore to Benjamin Conger
31 Aug. 1811 - **Angle**, Margaret to John Johnson
27 July 1815 - **Angle**, Margaret to Abraham Cool
3 Sept. 1808 - **Angle**, Mary to George Ribble Jr.
22 Oct. 1814 - **Angle**, Mary to John Brown
15 Apr. 1818 - **Angle**, Mary (Knowlton) to (Rev) Joseph Bennet
2 June 1818 - **Angle**, Mary to Abraham Randil
6 Dec. 1819 - **Angle**, Philip to Sidney Lewis
6 Dec. 1818 - **Angle**, Philip Jr. to Sidney Lewis
1 Aug. 1811 - **Angle**, Rachel to Jacob Cowell
15 Sept. 1813 - **Angle**, Sally to David Brands
30 Oct. 1823 - **Angle**, Samuel to Mary Cool
12 Aug. 1804 - **Angle**, Sarah to Bennage Donals
1 May 1813 - **Angle**, Sarah to John Ellet
31 Jan. 1815 - **Angle**, William to Mary Cummins
25 Jan. 1844 - **Angle**, William to Elizabeth Casterline
8 Feb. 1823 - **Angles**, Martha to William Wood
3 Oct. 1803 - **Anglish**, Margaret to Addie Willson
4 Feb. 1817 - **Angus**, Nancy to Jesse Johnson
21 Nov. 1836 - **Annis**, Mary to Jacob Footmiller
26 Oct. 1806 - **Anthony**, Anna to John Anderson
8 Feb. 1827 - **Anthony**, John P. to Elizabeth Sweney
12 May 1816 - **Antibush**, John to Elizabeth Gray
Nov. 1817 - **Antone**, John to E. Beatty
23 Feb. 1803 - **Antoney**, Paul (Hunterdon Co.) to Catharine Perry
29 May 1814 - **Antonue**, Mary to William Lance
27 Jan. 1814 - **Apgar**, Betsey to David Slyker
17 Dec. 1831 - **Apgar**, John to Luzetta Smith
17 Dec. 1831 - **Apgar**, John to Luzetta Smith
2 Aug. 1804 - **Applegate**, Caty (Oxford) to Stephen Berry
3 Dec. 1798 - **Applegate**, Jacob to Mary Fries
26 April 1796 - **Appleman**, Leonard (Oxford) to Catherine McCracken
20 Sept. 1845 - **Applegate**, Morris (Newton) to Margaret Mooney
7 Apr. 1849 - **Applegate**, Peter to Charlotte A. Drake
23 Feb. 1832 - **Appleman**, Selina to Amos Carskey
26 Jan. 1814 - **Appleton**, Andrew to Sarah Drake
5 Dec. 1802 - **Archer**, Sarah to Henry Smith

12 Mar. 1814 - **Armstrong**, Andrew to Mary Ackerson
1807 - **Armstrong**, Eliza (Morris Co.) to John Seward
8 Feb. 1810 - **Armstrong**, Eliza to Robert Little
19 Mar. 1808 - **Armstrong**, Elizabeth to Henry Palmer
4 Aug. 1814 - **Armstrong**, Euphemia (Hardwick) to Richard Turner
20 Feb. 1819 - **Armstrong**, Euphemia to Willson Hunt
7 Sept. 1841 - **Armstrong**, George (Green) to Mary Caroline Reading
1 Jan. 1844 - **Armstrong**, Jacob K. (Johnsonburg) to (Miss) Potter
20 Aug. 1821 - **Armstrong**, James to Catharine Schoonover
29 Nov. 1812 - **Armstrong**, James B. to (Mrs) Mary VanAuken
31 Dec. 1810 - **Armstrong**, Jean G. to Uzal C. Hagerty
27 Dec. 1804 - **Armstrong**, John to Elcey Green
24 May 1808 - **Armstrong**, John to Elizabeth Shaver
13 Sept. 1803 - **Armstrong**, Lydia to Abraham Shaver
7 Feb. 1811 - **Armstrong**, Margaret to Theophilus Hunt
12 Dec. 1818 - **Armstrong**, Margaret to William Metler
3 Apr. 1815 - **Armstrong**, Maria (Frankford) to John Warbass
13 Feb. 1805 - **Armstrong**, Mary to John Casper Roy
3 Jan. 1811 - **Armstrong**, Mary to Samuel Snover
18 May 1816 - **Armstrong**, Moore to Ann Sausman
18 Jan. 1807 - **Armstrong**, Nathan to Elizabeth Hankinson
31 Jan. 1811 - **Armstrong**, Nathan to Else Kerr
19 Aug. 1802 - **Armstrong**, Rachel to John Lock
7 Feb. 1833 - **Armstrong**, Richard D. to Maria Kerkuff
5 Oct. 1802 - **Armstrong**, R. Jane to John Bray
1 Mar. 1808 - **Armstrong**, Sara to Ephraim Green
15 June 1825 - **Armstrong**, Susan E. to John B. Bach
12 Mar. 1805 - **Armstrong**, William to Lucy Hunt
2 July 1813 - **Arnell**, Jesse to Sarah Lawrence
3 Mar. 1799 - **Arnet**, Elizabeth to Samuel Wilcox
30 June 1810 - **Arnold**, Hannah to Jacob Winters
20 July 1809 - **Arnold**, Stephen to Ruth Robbins
24 Jan. 1810 - **Arnold**, Stephen to Ruth Culver
20 Mar. 1844 - **Arnold**, Thurza to Amos VanSickle
24 Aug. 1806 - **Arnold**, Ziba to Mahala Case
3 Aug. 1811 - **Arnot**, Julia to Jacob Woods
28 Feb. 1803 - **Arnt**, William (Penna.) to Eliza Carpenter
29 Jan. 1817 - **Arthur**, Daniel to Elizabeth Crawford
2 Oct. 1834 - **Arvey**, Sophia to Andrew Huff
16 Apr. 1818 - **Arvis**, Frederick to Jane Rhodes
24 Nov. 1821 - **Arvis**, Jacob to Catharine Christy
29 Feb. 1829 - **Ashback**, Adam to Barbara Smith
18 Aug. 1815 - **Ashure**, Ann to George Gran
17 Oct. 1802 - **Atkins**, Mercy to Abraham Clark
10 Jan. 1811 - **Atkins**, Sally to John Decker
14 Aug. 1808 - **Atkinson**, Rachel to John Maines Jr.
14 Jun. 1814 - **Atkinson**, Sally to David Mann
10 Dec. 1839 - **Atno**, Aaron A. to Harriet McConnell
22 May 1834 - **Atno**, Evaline to Simeon L. Casterline
26 Jan. 1849 - **Atno**, Mary (Brook-

lyn) to John Ingrum
1 Jan. 1839 - **Auble**, Ann to Ardrew McCauly
20 Nov. 1852 - **Auble**, James (Andover) to Charlotte Stire
14 Sept. 1819 - **Aulick**, John Henry Sr. to Mary F. Conover
23 Aug. 1845 - **Aumic**, William to Sarah Totten
29 Jan. 1818 - **Aumock**, Mary to John Allen
24 Aug. 1797 - **Ausborn**, Lidia to Hanry Mane
7 Jan. 1802 - **Austot**, Nancy to John Case
2 July 1837 - **Autel**, John (Wantage) to Nancy Bedell
8 Aug. 1802 - **Auten**, Henry (Penna.) to Nancy Bellis
1 Apr. 1813 - **Auten**, Paul to Deborah McKnight
15 May 1804 - **Auten**, Peter to Sarah Coates
21 Apr. 1805 - **Auter**, Anny (Oxford) to Joseph Mackey
8 May 180 - **Auter**, Catherine to Mathias Carhoof
22 Oct. 1804 - **Auter**, Caty (Penna.) to John Barns
22 June 1800 - **Auter**, Esther to Burtis Garrison
23 June 1804 - **Auter**, Hetty (Knowlton) to Rode Smith
31 May 1803 - **Auter**, John (Penna.) to Susanah Bellis
21 Nov. 1842 - **Autom**, Mary to Casper Skank
23 Sept. 1824 - **Avery**, Coonrode to Elizabeth Puder
20 May 1826 - **Avley**, Daniel to Jane Ackerson
8 Jan. 1814 - **Axford**, Abigail to Samuel Ramsay
31 Jan. 1816 - **Axford**, Ann to Joseph Vliet
16 Nov. 1826 - **Axford**, Ann to James Hiles
9 Apr. 1796 - **Axford**, Elizabeth to Samuel VanSickle
24 Nov. 1795 - **Axford**, Jane to Benjamin Howel
17 Jan. 1818 - **Axford**, Joanna to William McDonald
12 April 1799 - **Axford**, Jonathan (Oxford) to Pennebi Kinney
1 July 1821 - **Axford**, Martha to William Vliet
11 Sept. 1806 - **Axford**, Nancy (Oxford) to Isaac Norman
1 Feb. 1801 - **Ayers**, Abraham to Gitty Holmes
19 Aug. 1842 - **Ayers**, Bray to Phebe VanEtten
24 Sept. 1825 - **Ayers**, Catherine to Abraham Rosenkrans
1 Mar. 1823 - **Ayers**, Elizabeth to Jacob Compton
1 May 1822 - **Ayers**, Hannah D. to Aaron Rosenkrans
27 June 1846 - **Ayers**, Mahala to Peter Mcpeek
12 Jan. 1822 - **Ayers**, Mary to Phineas Carmon
13 Dec. 1853 - **Ayers**, Matthew to Elizabeth Carmer
10 Jan. 1846 - **Ayers**, Perina to Joseph C. Runyon
18 Feb. 1811 - **Ayres**, Abraham to Elizabeth Sutton
28 Nov. 1818 - **Ayres**, Ann J. to Thomas Hinkle
23 Mar. 1814 - **Ayres**, Anna to James Cook
1 Sept. 1795 - **Ayres**, Anne to James Tomsen
31 Oct. 1826 - **Ayres**, Archibald Jr. to Dorcas Space
18 Mar. 1807 - **Ayres**, Catherine to Jacob J. Decker
24 Dec. 1831 - **Ayres**, Catherine to William Kilgore
25 Feb. 1832 - **Ayres**, David to Mary Ann Phillips
24 Sept. 1831 - **Ayres**, Edward to Eliza Cortwright
17 July 1835 - **Ayres**, Evaline (Sandyston) to Peter Myers
7 Feb. 1818 - **Ayres**, Ezekiel to Eliza Barrek
11 June 1815 - **Ayres**, Charlotte to William Harn
6 June 1816 - **Ayers**, Elizabeth to

John Dunning
16 Oct. 1816 - **Ayres**, Elizabeth to James Skellenge
30 Apr. 1818 - **Ayres**, Elizabeth to Daniel Wainer
1 July 1820 - **Ayres**, Enoch to Mary Decker
11 June 1831 - **Ayres**, Harriet to Silas Hemingway
8 Sept. 1799 - **Ayers**, Henry to Mary Little
10 Oct. 1823 - **Ayres**, Hial to Emely Eleson
10 Mar. 1811 - **Ayres**, Israel to Katey Hagerty
20 Jan. 1820 - **Ayres**, James to Maria Rorick
19 Jan. 1796 - **Ayres**, John to Nancy Rhodes
10 April 1814 - **Ayres**, John to Sarah Hull
4 Mar. 1830 - **Ayres**, John to Caty Williams
22 Oct. 1813 - **Ayres**, Levi to Sarah Smith
26 Jan. 1796 - **Ayers**, Lewis to Mary Sheler
26 Mar. 1814 - **Ayres**, Lucy to Philip Wiker
6 June 1816 - **Ayres**, Lucy (Newton) to Allen Coursen
28 Mar. 1808 - **Ayres**, Mary to William Shotwell
12 Nov. 1814 - **Ayres**, Mary to John Willson
3 May 1801 - **Ayres**, Matthew to Margaret Stacker
27 Jul. 1817 - **Ayres**, Mele to Joseph Sine
6 Apr. 1811 - **Ayres**, Nancy to Jason King
18 Mar. 11824 - **Ayres**, Nancy to John Dellasson
14 Apr. 1803 - **Ayres**, Nathaniel to Elizabeth Hendershot
May 1817 - **Ayres**, Peggy to David
14 Apr. 1804 - **Ayres**, Pehbe to Daniel Sickles
24 Nov. 1831 - **Ayres**, Pehbe to John Newmans
25 Feb. 1810 - **Ayres**, Polley to

Samuel Johnson
20 Nov. 1819 - **Ayers**, Polly to John Decker
16 Sept. 1811 - **Ayres**, Rebecca to Charles Beardslee
3 Nov. 1796 - **Ayers**, Robert to Susan Heaton
25 Mar. 1809 - **Ayres**, Robert to Elizabeth Oliver
7 Oct. 1821 - **Ayres**, Robert to Elizabeth Struble
17 Nov. 1810 - **Ayres**, Sarah to Elias Smith
11 Feb. 1810 - **Ayres**, Sally to Dennis Morris
18 May 1820 - **Ayers**, Sarah to Samuel Talmage
7 Nov. 1835 - **Ayres**, Sidney to Jane Brink
5 Aug. 1811 - **Ayres**, Silas C. to Zilpha Lacock
19 Mar. 1809 - **Ayres**, Susan to Joseph Drake
26 June 1813 - **Ayers**, Susan to Jacob Rolison
5 Sept. 1840 - **Ayres**, Susan to Gli Snider
3 Aug. 1800 - **Ayres**, Tempey to Nathan Sheppard
29 Dec. 1822 - **Ayres**, William to Caty Richards
12 Nov. 1831 - **Ayres**, William to Harriet McCann
21 Sept. 1816 - **Babcock**, James to Hannah Conklin
25 Nov. 1824 - **Babcock**, John to Jane Bardall
1 Sept. 1832 - **Babcock**, John to Charity Ann Poodebaugh
28 July 1816 - **Babcock**, Mary to Charles Decker
18 Aug. 1844 - **Babcock**, Rebecca to William J. Pierson
8 June 1824 - **Babcock**, Sara to Jabez Coleman
29 June 1809 - **Babcock**, Thomas to Polley Turner
25 Sept. 1824 - **Babcock**, William to Mary VanWart
15 June 1825 - **Bach**, John B. to Susan L. Armstrong

5 Dec. 1822 - **Backer**, Eliza (Hardwick) to Jacob Myers
13 Oct. 1810 - **Backer**, Elizabeth to John Kittlerwitts
19 Jan. 1837 - **Backer**, Margaret (Frankford) to Joseph L. Matthis
23 June 1810 - **Backoven**, Elizabeth to Edward Litts
26 Feb. 1836 - **Backster**, George (Frankford) to Maria Stoll
2 July 1814 - **Backster**, John to Nancy Smith
10 June 1841 - **Backster**, Sharp (Vernon) to Mary Quick
24 Sept. 1809 - **Bacon**, Jeremiah to Deborah Blackwell
15 Oct. 1796 - **Badsley**, Samuel to Hannah Blain
11 Nov. 1819 - **Bailes**, Peter F. to Ann Allen
18 Feb. 1847 - **Bailey**, Alzaida (Vernon) to William Toland
31 Jan. 1811 - **Bailey**, Ester to Charles Mott
6 Feb. 1813 - **Bailey**, Frederick to Huldah McConnell
16 Dec. 1842 - **Bailey**, Horace (Hardyston) to Rebecca Writenor
6 May 1837 - **Bailey**, Joseph to Sarah Ann Burns
7 Dec. 1837 - **Bailey**, Mahlon (Hardyston) to Mary Ann Sloane
2 Jan. 1808 - **Bailey**, Margaret to John Puller
7 Feb. 1833 - **Bailey**, Margaret to John Adams
2 Jan. 1841 - **Bailey**, Mary A. to Abraham L. Estall
24 Oct. 1812 - **Bailey**, Nicholas to Elizabeth Perry
1 Feb. 1849 - **Bailey**, Sarah P. to Joseph Simpson
19 July 1803 - **Bailey**, William to Catherine Lefurge
21 Mar. 1812 - **Bailey**, William to Elizabeth Allerton
26 May 1796 - **Bails**, Elizabeth to Henry Sickles
9 Jan. 1820 - **Baird**, Jeremiah to Mary Beers

14 May 1814 - **Bakehorn**, Abigail to William Seely
19 June 1824 - **Bakehorn**, Abigail to James G. Bakehorn
19 June 1824 - **Bakehorn**, James G. to Abigail Bakehorn
10 Nov 1814 - **Baker**, Eliza to William Hager
4 Nov. 1810 - **Baker**, John to ___ Locey
11 July 1818 - **Baker**, William to Elizabeth Piatt
16 Mar. 1814 - **Bakhorn**, Frederick to Johannah Deady
15 Sept. 1821 - **Balden**, Sara to Samuel Cooper
15 Jan. 1814 - **Balden**, William to Sarah Shields
19 Aug. 1820 - **Baldwin**, Francis to Luther Y. Howell
25 Jan. 1808 - **Baldwin**, Isaac to Hannah Keeper
15 Dec. 1814 - **Baldwin**, Lucretia to Matthew Bouten
10 Sept. 1814 - **Baldwin**, Mary (Newton) to
14 Nov. 1812 - **Baldwin**, Moses to Phebe Bowlsby
27 Apr. 1824 - **Baldwin**, Rachel A. to Stephen Hedges
14 Jan. 1828 - **Baldwin**, William A. to Susan Hathorn
12 Feb. 1846 - **Bale**, Abigail (Newton) to Moses Roof
28 Feb. 1818 - **Bale**, Ann to John Huston
27 June 1818 - **Bale**, Elizabeth (Newton) to Jacob Bell
5 June 1824 - **Bale**, Elizabeth (Newton) to Joseph Ships
22 Jan. 1818 - **Bale**, Henry Jr. to Lydia Bell
20 June 1818 - **Bale**, Jacob (Newton) to Sally Shotwell
8 July 1826 - **Bale**, James to Sally Havens
29 June 1833 - **Bale**, Peter to Elizabeth Snook
10 June 1837 - **Bale**, Peter to Sarah Schooley
8 Nov. 1847 - **Bale**, Peter Jr. to

11

Lydia Morris
7 Nov. 1846 - **Bale**, Samuel L. to Sarah Ann Pettit
22 Feb. 1810 - **Bales**, Polley to Thomas Kays
29 Apr. 1798 - **Baley**, Absolum to Sarah Roberts
30 Dec. 1803 - **Baley**, Benjamin to Mary Burr
21 Apr. 1829 - **Baley**, John to Matilda Huff
4 Feb. 1807 - **Balkum**, John to Elizabeth Matanroy
21 Feb. 1801 - **Ball**, Catherine to Joel Mekley
20 Nov. 1852 - **Ball**, John B. (Hardyston) to Barbara McMurtry
5 Oct. 1835 - **Ballard**, Lydia D. to William Rankin
11 Feb. 1822 - **Ban**, Betsey to Sylvester Higgins
12 Dec. 1840 - **Bangham**, Eleanor (Newton) to James Main
10 Sept. 1800 - **Banghart**, Andrew (Oxford) to Mary Parke
27 Dec. 1807 - **Banghart**, Andrew to Isabel Beard
10 Mar. 1796 - **Banghart**, Barbary to William Ribble
20 Oct. 1822 - **Bunghart**, Mary to Cornelas Flumerfelt
6 Feb. 1823 - **Banghart**, Sally Ann to Robert Barber
30 May 1809 - **Banghart**, Sarah to John Pitman
25 Mar. 1809 - **Bannen**, john to Maria Dummerest
19 Aug. 1833 - **Banner**, James to Electa Denman
27 Aug. 1839 - **Bannigan**, George (Johnsonburg) to Pamelia P. Jones
10 Feb. 1840 - **Barber**, Achsa to Marcus Eagers
21 Nov. 1846 - **Barber**, Alice N. to Eleazer Heddin
3 Sept. 1825 - **Barber**, Elizabeth (Newton) to Nathaniel Hunt
12 Apr. 1829 - **Barber**, Hannah to Joseph Ranson

3 Jan. 1839 - **Barber**, Huldah to George W. Frazler
3 Mar. 1805 - **Barber**, Isaac to Nancy Allen
25 Dec. 1836 - **Barber**, Jane (Newark) to Samuel Hamed
4 Feb. 1811 - **Barber**, Jesse to Rachel Schooley
23 Nov. 1804 - **Barber**, Joseph, Jr. to Anne Fries
2 Mar. 1850 - **Barber**, Mahlon (Newton) to Lucinda Reed
25 Jan. 1807 - **Barber**, Mary to James Luce
19 Mar. 1836 - **Barber**, Mary to John Windfield
22 Mar. 1807 - **Barber**, Peter to Mary Alshouse
6 Feb. 1823 - **Barber**, Robert to Sally Ann Bangbart
24 Oct. 1846 - **Barber**, Samuel to Mary E. Kishpaugh
16 Feb. 1848 - **Barbour**, Jerome H. (N. Y.) to Sarah C. Howell
11 Sept. 1808 - **Barclay**, Charles to Elizabeth Clark
29 June 1846 - **Barclay** Samuel to Temperance Young
20 Feb. 1814 - **Bareclay**, Susannah to John Wire
25 Nov. 1825 **Bardall**, Jane to John Babcock
24 Oct. 1802 - **Barenhart**, George (Greenwich) to Susanah Seafare
8 Apr. 1818 **Barger**, Joel to Milly Holdrin
25 Oct. 1809 - **Barkley**, Thomas to Effey Slater
8 Apr. 1830 - **Barklow**, Charles to Mahala Beemer
20 Nov. 1819 - **Barklow**, John to Christean Bird
Dec. 1851 - **Barkman**, Effa to John Hewit
(1847?) - **Bartman**, Elizabeth Ann (Sparta) to William Booth
18 June 1837 - **Barkman**, Sarah to John Reed
9 Dec. 1826 - **Barkey**, Elias to Betsey Drake
18 Apr. 1809 - **Barlow**, Hannah to

12

Charles Robins
5 Aug. 1815 - **Barlow**, Mary to Andrew Chittyen
11 Aug. 1801 - **Barnes**, Charlotte (Knowlton) to John Carhoof
5 May 1801 - **Barnes**, Hannah to John Engle
8 Feb. 1803 - **Barnes**, John to Milicant Edsall
5 Feb. 1800 - **Barnes**, Thomas to Elenor Engil
23 Dec. 1810 - **Barns**, Ann to James Ridgeway
22 Oct. 1804 - **Barns**, John (Knowlton) to Caty Auter
4 Dec. 1807 - **Barns**, John to Ruth Barns
21 July 1838 - **Barns**, John (Fredon) to Barbary Bird
24 Mar. 1805 - **Barns**, Margaret (Knowlton) to Christopher Kerhoff
20 Feb. 1812 - **Barns**, Mary to Abraham Angle
13 Nov. 1803 - **Barns**, Peggy (Knowlton) to James Kennedy
24 Dec. 1807 - **Barns**, Ruth to John Barns
6 Mar. 1813 - **Barns**, Stephen to Anna Vail
4 Oct. 1813 - **Barr**, Ruth to Leah Devore
7 Feb. 1818 - **Barrek**, Eliza to Ezekiel Ayres
11 June 1828 - **Barry**, Eunice to Robert Bunnel
1 Jan. 1844 - **Barstow**, Esrher (Newton) to William N. Woster
17 June 1820 - **Bartailf**, William to Elliner Shaw
24 Nov. 1813 - **Bartelow**, Susannah to John Dalrimple
28 Feb. 1850 - **Barthold**, Elizabeth J. (Newton) to Edward R. Harris
6 Sept. 1823 - **Bartholf**, Samuel (Hardyston) to Martha Couse
23 May 1820 - **Bartlow**, John to Susan Spangenbergh
4 Aug. 1810 - **Bartholomeu**, Ann to David Thatcher
21 May 1806 - **Bartlow**, Caty to ___ Spandenberg
18 Feb. 1819 - **Bartlow**, Dilly to Jacob Spandenburg
20 May 1806 - **Bartlow**, Jeane to Ithamer Hason
18 Feb. 1819 - **Bartlow**, Mary to John Kisser
13 Oct. 1806 - **Bartlow**, William to Margaret Spandenberg
17 Feb. 1797 - **Bartley**, Charles to Martha Fairbanks
27 June 1830 - **Bartolof**, James to Anie Smith
2 Apr. 1825 - **Barton**, Alfred to Ann Simpson
15 Aug. 1819 - **Barton**, Hyleng to Daniel Burrel
8 Jan. 1797 - **Barton**, James to Sarah Biddes
3 Jan. 1808 - **Barton**, Joseph to Rebecca Yard
24 Aug. 1845 - **Barton**, Julia (Newark) to William H. Heminover
8 May 1842 - **Barton**, Lewis R. (Lafayette) to Agnes Masker
9 Dec. 1826 - **Barton**, Mary to David Emery
1 July 1826 - **Barton**, Sarah Ann to William H. Woods
17 Nov. 1795 - **Barton**, Thomas to Mary Ramsey
4 June 1820 - **Bartou**, Harriet to George Roarback
16 Nov. 1839 - **Bartow**, Isaac to Cornelia Rumerfield
10 Sept. 1798 - **Bartron**, David (Penna.) to Mary VanEtten
18 Dec. 1852 - **Base**, Anna E. to Lewis McKinney
5 Mar. 1803 - **Basking**, William to Elizabeth Rubalee
18 Feb. 1832 - **Basset**, William to Jane Perry
18 Sept. 1817 - **Bassett**, Hannah (Newton) to Richard Brant
8 May 1803 - **Bassett**, Isaac to Mary Taylor
21 Feb. 1813 - **Bassett**, Martha to Edward Adams
14 Nov. 1822 - **Bassett**, Mary

(Newton) to (Rev) Peter Kanouse
20 June 1840 - **Bassett**, Mary to Harvey McCann
13 Dec. 1828 - **Bassett**, Rebecca to Stephen Trusdell
13 July 1819 - **Bassett**, (Mrs) Sarah to Joseph Mackey
July 1822 - **Bassett**, Sarah (Newton) to Oliver Elzea
30 Mar. 1843 - **Bates**, Benjamin (Hardyston) to Elizabeth Force
4 May 1803 - **Bates**, Elizabeth to William Coe
14 Sept. 1812 - **Bates**, Martha to John Sutton
22 Oct. 1815 - **Bates**, Nancy (Newton) to Thomas G. Crane
10 Mar. 1796 - **Batey**, Thomas to Jane Mills
16 Feb. 1806 - **Batson**, James to Elizabeth Snider
30 Dec. 1826 - **Batter**, Sidney to George McKey
30 June 1802 - **Batton**, Abraham to Elizabeth VanGelden
31 Jan. 1822 - **Baty**, William to Sarah Congle
25 Mar. 1843 - **Baxter**, Bertha E. (Vernon) to William S. Ingersoll
31 Jan. 1838 - **Baxter**, Harriet (Newton) Joseph Strader
6 Apr. 1806 - **Baxter**, June to ___ Brush
6 Nov. 1841 - **Baxter**, Redman (Newton) to Susan Mariah Miller
14 Dec. 1822 - **Baxter**, Sara to Christopher Case
3 June 1798 - **Bayer**, Sally (Knowlton) to Joseph Burdge
30 Oct. 1827 - **Bayle**, Mary to John Harden
5 Feb 1825 - **Bayles**, Sally Ann (Newton) to Cornelius Howell
12 June 1796 - **Baylon**, George to Mary Fritts
15 Mar. 1842 - **Beach**, Hannah B. (Newton) to John H. Lyon
24 June 1852 - **Beach**, Jacob C. to Sarah M. Roy
23 Jan. 1811 - **Beach**, John to Betsey Hagerty
4 Dec. 1819 - **Beach**, John to Mary McCollum
28 Dec. 1831 - **Beach**, John to Abigail McCollum
17 Oct. 1838 - **Beach**, Louisa (Branchville) to (Dr) Edward S. Bell
11 Oct. 1848 - **Beach**, Munson (Hardyston) to Caroline M. Predmore
19 Nov. 1797 - **Beach**, (Dr) Samuel to (Wid) Anna Darrah
5 July 1845 - **Beach**, Sylvester (Newton) to Mary C. Havens
22 Sept. 1846 - **Beach**, Thomas to Mary Bross
18 Sept. 1813 - **Beach**, Willim to Susan Savecool
(1847?) - **Beach**, William M. (Newton) to Catherine Roy
12 Dec. 1798 - **Beadle**, Caty to Martin VanDyke
5 Sept. 1802 - **Beadle**' Elizabeth to Johnathan Emery
14 July 1799 - **Beadle**, Easter to Jacob Crosman
16 Nov. 1839 - **Beagle**, Sarah Jane to Joshua Clark
14 Oct. 1812 - **Beagle**, Susanna to John Dugan
20 ___ (1804?) - **Beagles**, Lockney to Henry Crampton
21 Sept. 1839 - **Beam**, Abraham (Sandyston) to Phebe Depue
11 Jan. 1807 - **Beam**, Catherine to John Randel
25 Sept. 1806 - **Beam**, John to Caturah Mayberry
15 June 1822 - **Beam**, John to Elizabeth Jane ___
12 Nov. 1803 - **Beam**, Mary to John Voliver
17 Oct. 1822 - **Beam**' Nancy to Marshal Albright
7 Sept. 1833 - **Beamer**, Margaret to Allen Nixon
16 May 1822 - **Beamer**. William to Elizabeth Decker
1 Nov. 1801 - **Bear**. William to Sally Updyke
27 Dec. 1807 - **Beard**, Isabel to

Andrew Banghart
30 Nov. 1820 - **Beard**, John H. to Phebe Noice
13 Oct. 1826 - **Beard**, Martin to Martha Lyons
24 Aug. 1815 - **Beard**, Rachel to Thomas McCracken
5 Mar. 1838 - **Beardslee**, Ann to Jacob LePort
16 Oct. 1833 - **Beardslee**, Catherine (Hardyston) to William Crow
16 Sept. 1811 - **Beardslee**, CHarles to Rebecca Ayres
12 Oct. 1822 - **Beardslee**, Charles to Emelia Bonker
12 Oct. 1835 - **Beardslee**, Clarisse to (Rev) Elias Frost
17 Feb. 1816 - **Beardslee**, Elizabeth to William Miller
2 Oct. 1797 - **Beardslee**, George to Sarah Hull
2 Mar. 1822 - **Beardslee**, George Jr. to Martha Shafer
2 Dec. 1843 - **Beardslee**, George M. to Chatarine Kidney
22 Jan. 1825 - **Beardslee**, Henry to Jane Shafer
15 Sept. 1799 - **Beardslee**, John to Susannah Lloyd
6 Apr. 1850 - **Beardslee**, Justice W. to Hannah Willson
9 Mar. 1833 - **Beardslee**, Justus to Samantha Riggs
29 June 1834 - **Beardslee**, Katherine to John Lanterman
5 May 1814 - **Beardslee**, Lois to William Wisner
18 Nov. 1812 - **Beardslee**, Martha to Nathan Sutton
7 Mar. 1812 - **Beardslee**, Morrison to Catherine Woodhull
23 Feb. 1832 - **Beardslee**, Paul to Charlotte Tuttle
15 Mar. 1834 - **Beardslee**, Samuel to Sarah Kimble
21 Jan. 1801 - **Beardslee**, Sarah to Berguer Brokaw
9 May 1820 - **Beardslee**. Sebella to Andrew Linn
10 Oct. 1812 - **Beardslee**, Thomas to Rachel Tuttle
29 Sept. 1822 - **Beardsley**, Lydia to James Perry
28 Jan. 1815 - **Beardsley**, Samuel C. to Sarah Mattison
Nov. 1817 - **Beatty** (Miss) to Christopher Lantz
31 Oct. 1802 - **Beatty**, Chales (Independence) to Mary Henry
Nov. 1817 - **Beatty**, E. to John Antone
10 Sept. 1814 - **Beatty**, George to Sarah Smith
10 Dec. 1795 - **Beaty**, James to Elizabeth Conkling
28 Sept. 1816 - **Beaty**, Robert to Sarah Slakbower
Sept. 1816 - **Beavens**, Sarah to Revel Hampton
30 Dec. 1813 - **Beavers**, Elsey to William Thompson
9 Dec. 1804 - **Beavers**, Frederick (Oxford) to Caty Miller
15 Dec. 1806 - **Beavers**, John to Rachel Anderson
26 Sept. 1798 - **Beavers**, Mary (Mansfield) to John Little
3 Jan. 1822 - **Beavers**, Sarah to William Kelso
6 Nov. 1823 - **Bebee**, John to Ann Wandling
3 Aug. 1829 - **Becker**, Joshua (Montague) to Sally Rosenkrans
7 Oct. 1845 - **Beckwith**, Mary C. to Gilbert Brundage
18 Oct. 1823 - **Bedel**, Hetty to Peter Kimer
10 June 1848 - **Bedell**, Abraham H. to Phebe E. Johnson
31 Dec 1807 - **Bedell**, Christian to Thomas Hough
9 Oct. 1808 - **Bedell**, Deborah to Reuben Cortright
22 Nov. 1841 - **Bedell**, Elias to Mary Jinkings
6 Jan. 1849 - **Bedell**, Gabriel (Wantage) to Aminda Perry
18 June 1848 - **Bedell**, Hannah to John House
25 Feb. 1880 - **Bedell**, Henry to Nancy Kiney
30 Dec. 1817 - **Bedell**, Jacob to

Mary Clark
19 Sept. 1846 - **Bedell**, Jacob to Harriet Washer
1 Jan. 1825 - **Bedell**, John to Sarah Ann Elyed
29 Dec. 1827 - **Bedell**, John to Mary Lanning
8 Mar. 1800 - **Bedell**, Johathan to Lois Skelenger
Jan. 1850 - **Bedell**, Mary Ann (Hardyston) to Morris Force
9 Mar. 1839 - **Bedell**, Michael to Susan Skrekegast
2 July 1837 - **Bedell**, Nancy (Wantage) to John Autel
18 July 1826 - **Bedell**, Peter to Amy Brink
9 May 1846 - **Bedell**, Rebecca (Frankford) to William Martin
22 Dec. 1810 - **Bedell**, Zachariah to Margaret Corselius
14 Oct. 1844 - **Bedett**, Edward (Hardyston) to Mary Denike
28 Apr. 1819 - **Bedford**, Aaron to Hannah Salmon
21 Dec. 1839 - **Bedford**, Charles N. (Stanhope) to Sarah P. Jackson
28 May 1820 - **Bedle**, Jacob to Elizabeth Oout
6 Oct. 1805 - **Bedson**, John (Roxbury) to Barbary Lance
3 June 1847 - **Beech**, Benjamin to Hannah M. Oliver
6 May 1851 - **Beech**, Kate (Milford, Pa.) Palmer, S. M.
26 Jan. 1819 - **Beedle**, Mary to Isaac Vanuken
20 Dec. 1817 - **Beedle**, Susan (Frankford) to George Bowman
9 July 1831 - **Beedle** Zackariah to Margaret Drake
8 Sept. 1849 - **Beegle**, Arron H. to Huldah Ackerson
5 Dec. 1840 - **Beeman**, Harman (Hardyston) to Mary Wickham
17 Feb. 1836 - **Beemer**, Allanson D. to Lydia Willson
24 Dec. 1846 - **Beemer**, Alvah C. to Matilda Coss
14 Nov. 1812 - **Beemer**, Catherine to Gilbert Dunning
29 Apr. 1815 - **Beemer**, Cahterine to John Smith
24 Dec. 1830 - **Beemer**, Caty to Peter Williams
2 Dec. 1837 - **Beemer**, Charlotte (Wantage) to Jonathan S. Christie
5 Jan. 1826 - **Beemer**, Eliza to Peter Smith
26 Feb. 1852 - **Beemer**, Eliza A. (Wantage) to Charles W. Hetzel
3 Nov. 1826 - **Beemer**, Hannah to William Tuttle
5 Feb. 1807 - **Beemer**, Henry to Mary Spandenberg
10 July 1819 - **Beemer**, Henry to Mariah Dunning
17 Feb. 1805 - **Beemer**, John to Elizabeth Potts
24 Jan. 1806 - **Beemer**, John to (Wid) Catherine Landon
15 Jan. 1809 - **Beemer**, John to Mary Wiker
25 Mar. 1813 - **Beemer**, John to Polly Moor
27 Dec. 1817 - **Beemer**, John (Frankford) to Ellenor Phillips
21 Oct. 1851 - **Beemer**, John B. (Wantage) to Harriet Cox
11 May 1843 - **Beemer**, (Dr) Joseph S. (Hamburg) to Catharine Lewis
10 Jan. 1826 - **Beemer**, Lizy to Peter Smith
8 Apr. 1830 - **Beemer**, Mahala to Charles Barklow
26 Sept. 1810 - **Beemer**, Mary to Henry Coursen
1 Dec. 1815 - **Beemer**, Mary (Wantage) to Benjamin Dunning
10 Aug. 1843 - **Beemer**' Mary to Lorce Josiah Rosenkrants
14 Feb. 1819 - **Beemer**, Peter to Margaret Lante
24 Nov. 1832 - **Beemer**, Phillp to Mariah Marshall
1 Dec. 1831 - **Beemer**, Polly to Baranbas Cole
18 Mar. 1815 - **Beemer**, Samuel to Lois Smith

1 Jan. 1820 - **Beemer**, Sarah to Inman Walling
26 Sept. 1848 - **Beemer**, Sara E. (Frankford) to Andrew L. Coss
(1851?) - **Beemer**, Susan (Wantage) to Thomas Dingman
10 Sept. 1829 - **Beemer**, William to Margaret McKain
2 Oct. 1796 - **Beer**, John to Anna Bird
30 Nov. 1816 - **Beers**, Eliza (Frankford) to Andrew Kirkpatrick
21 Mar. 1818 - **Beers**, Jemima to Dennis Anderson
18 Feb. 1844 - **Beers**, Joel (Penna.) to Mary Little
9 Jan. 1820 - **Beers**, Mary to Jeremiah Baird
26 Dec. 1813 - **Behann**, Thomas to Catherine Johnson
17 Sept. 1845 - **Belcher**, Benjamin to Rachael Heddy
21 Apr. 1811 - **Belcher**, Lewis to Mary Willits
19 Nov. 1814 - **Belcher**, Mary to Jacob Y. Knop
20 Nov. 1842 - **Belknap**, Chauncy H. (Newton) to Margaret A. Lane
5 Nov. 1805 - **Bell**, Abigail to David Phillips
26 Nov. 1825 - **Bell**, Abram to Lydia Carmer
25 Dec. 1819 - **Bell**, Benjamin to Sarah Poyers
26 Sept. 1837 - **Bell**, Charlotte Ann (Stanhope) to Andrew A. Smally
27 Oct. 1846 - **Bell**, Edward M. to Rachel Ann Chadwick
17 Oct 1838 - **Bell**, (Dr) Edward S. (Stillwater) to Louisa Beach
17 Jan. 1809 - **Bell**, Elizabeth to Andrew Bonham
21 Feb. 1811 - **Bell**, Esther to Abraham VanHorn
12 Feb. 1831 - **Bell**, Eliza to Rogers Myres
25 Apr. 1833 - **Bell**, Elizabeth to John A. Struble
4 May 1853 - **Bell**, Francis E. (N. Y. City) to Hannah E. Smith
27 June 1818 - **Bell**, Jacob to Elizabeth Bale
5 Jul. 1823 - **Bell**, James to Nancy Roleson
1808 - **Bell**, Jane to John Stiff Jr.
27 Dec. 1823 - **Bell**, Jesse to Elizabeth Youngs
22 Nov. 1811 - **Bell**, John to Elizabeth Laing
29 Oct. 1826 - **Bell**, John to Phebe Hendershot
11 Apr. 1822 - **Bell**, Joseph to Eliza Stackhouse
22 Jan. 1818 - **Bell**, Lydia (Newton) to Henry Bale Jr.
16 May 1813 - **Bell**, Pamela to Joseph Stull
21 Aug. 1814 - **Bell**, Peter to Ann Dailey
27 Mar. 1814 - **Bell**, Phineas to Mary Sliker
18 Apr. 1816 - **Bell**, Rhoda (Newton) to William VanHorn
29 Dec. 1797 - **Bell**, Robert to Mary Struble
7 Apr. 1796 - **Bell**, Sarah to John Meran
2 Sept. 1803 - **Bell**, Sarah (Independence) to Richard Shiff
16 May 1813 - **Bell**, Susannah to Robert Morris
10 Dec. 1808 - **Bellas**, Elizabeth to Samuel Moore
18 Aug. 1810 - **Bellas**, John to Elizabeth Larue
5 Apr. 1808 - **Bellas**, Rachel to Robert West
27 Feb. 1817 - **Belles**, Mary (Hunterson Co.) to William Vanderbelt
22 Jan. 1801 - **Belles**, William to Jane Engle
21 June 1821 - **Belless**, John to (Mrs) Phebe Swayze
24 Oct. 1822 - **Belless**, Phillip to Rachel Gardner
26 Aug. 1847 - **Bellew**, Mary A. to David W. Smith
4 Apr. 1807 - **Bellis**, Anthony to Mary Snider

17 Dec. 1805 - **Bellis**, Mary to John Brown
8 Aug. 1802 - **Bellis**, Nancy (Knowlton) to Henry Auten
31 May 1803 - **Bellis**, Susannah (Knowlton) to John Auter
4 Jan. 1800 - **Bellow**, Susannah to Nasin McAlpin
31 Dec. 1801 - **Bellows**, James (Morris Co.) to Anna Culver
30 May 1797 - **Bells**, Christian (Knowlton) to Samuel Cramner
20 Aug. 1801 - **Belt**, Anna to Jacob Milhal
10 May 1826 - **Beman**, Samuel to Sophia Bontclif
6 May 1848 - **Bench**, Charles D. (Newton) to Samuel Cramner
25 Dec. 1835 - **Bend**, William to Matilda McCann
4 Dec. 1797 - **Benet** Jacob to Mary Hickenbotem
3 Nov. 1804 - **Benjamin**, Anna to Philip Corter
6 Feb. 1808 - **Benjamin**, Deborah to William McDowell
21 Oct. 1802 - **Benjamin**, Elizabeth to John Houton
20 June 1801 - **Benjamin**, Hannah to John Collins
19 June 1813 - **Benjamin**, Ira to Betsey Adams
18 Nov. 1826 - **Benjamin**, Jane to Gabriel Welch
21 Aug. 1814 - **Benjamin**, Jemima to Abraham Wright
9 Jan. 1812 - **Benjamin**, John to Hannah Smith
1 Dec. 1821 - **Benjamin**, John to Hester Edsall
18 Feb. 1804 - **Benjamin**, Jonathan to Elizabeth Roalaborth
23 Dec. 1838 - **Benjamin**, Joseph M. to Jane Ager
3 July 1813 - **Benjamin**, Joshua to Sarah Willson
30 Dec. 1815 - **Benjamin**, Margaret (Vernon) to Calvin Simmons
5 Jan. 1823 - **Benjamin**, Margaret to Samuel Ketcham
23 Jan. 1847 - **Benjamin**, Martha (Wantage) to Isaac T. Alward
25 Jan. 1809 - **Benjamin**, Mary to John Wilkes
17 Mar. 1832 - **Benjamin**, Mary to Charles L. Hunt
4 Jan. 1845 - **Benjamin**, Mary to James I. Shotwell
11 Oct. 1824 - **Benjamin**, Nathan Jr. to Eliza Force
26 Feb. 1820 - **Benjamin**, Patience to Jacob York
4 Oct. 1801 - **Benjamin**, Polly to Thomas Gillinghouse
26 Sept. 1819 - **Benjamin**, Samuel to Phebe King
Nov. 1842 - **Benjamin**, Samuel to Emeline Doty - 21 Jany 1843 (Bible)
7 Dec. 1806 - **Benjamin**, Seth to Sarah Quick
24 Dec. 1810 - **Benjamin**, Triphena to Abraham Shimer
2 Mar. 1839 - **Bennet**, Elijah (Sandyston) to Mary Carmer)
5 Nov. 1818 - **Bennet**, Elsa to Horan Treat
5 Mar. 1797 - **Bennet**, Isac (Greenwich) to Catrin Tinsman
15 Aug. 1811 - **Bennet**, James to Mary Cook
15 Apr. 1818 - **Bennet**, (Rev) Joseph to Mary Angle
15 Feb. 1823 - **Bennet**, Mary Ann to Henry Snook
21 Aug. 1819 - **Bennet**, Josiah S. to Lydia Cook
19 Sept. 1813 - **Bennet**, Mary to Benjamin T. South
28 Apr. 1824 - **Bennet**, Rebecca to Stephen Reed
11 Mar. 1804 - **Bennet**, Rody to Richard Stiars
29 Dec. 1814 - **Bennet**, Sarah to John Kennedy
1 May 1819 - **Bennet**, Sarah to Nicholas Vannay
3 May 1819 - **Bennet**, William to Lidia Courtright
11 Aug. 1838 - **Bennet**, William (Montague) to Elenor Drake
21 Dec. 1827 - **Bennet**, William I.

to Mary Hubbard
4 Apr. 1840 - **Bennett**, James to (Mrs) Elizabeth Westfall
8 Jan. 1798 - **Benney**, William to Catherine Smith
19 Dec. 1813 - **Bennit**, Joseph to Polley VanNoy
14 Nov. 1846 - **Bennit**, William H. to Cornelia Decker
2 Mar. 1850 - **Berg**, Justine to Frederick Braun
7 Mar. 1813 - **Berk**, Elizabeth to John Sipley
9 Dec. 1847 - **Berk**, Margaret to (Rev) John D. Cargill
4 Sept. 1803 - **Benward** Margaret to Israel Hunt
19 Feb. 1804 - **Bercharah**, John (Knowlton) to Elizabeth Hill
9 Dec. 1817 - **Berk**, Mary Magdalin (Walpack) to George G. Golden
24 Dec. 1820 - **Berk**, Sarah to John Heany
11 Sept. 1815 - **Berler**, Lidy (Hardwick) to Richard Ozburn
28 Jan. 1832 - **Bero**, Pamelia to Paul G. Masters
31 Aug. 1816 - **Berry**, Abraham to James Heany
27 Nov. 1852 - **Berry**, Alexander to Sarah Ann Hubert
20 Nov. 1812 - **Berry**, Catherine to Abraham Johnson
17 May 1815 - **Berry**, Garret to Elizabeth Collard
2 Aug. 1851 - **Berry**, Halsey (Frankford) to Nancy Rorback
29 Aug. 1818 - **Berry**, James (Frankford) to Clarry Decker
1 July 1809 - **Berry**, Lot to Sarah McConnel
2 Aug. 1804 - **Berry**, Stephen (Oxford) to Caty Applegate
11 Jan. 1840 - **Berry**, William to Elizabeth Dangle
24 Mar. 1842 - **Berthold**, Caroline (Newton) to Alexander Hewett
10 Aug. 1801 - **Bertholf**, John to Elizabeth Perry
27 May 1837 - **Berthold**, John (Newton) to Elingua Struble
20 Feb. 1847 - **Bertron**, Abraham to Sarah Comer
16 Oct. 1838 - **Best**, George (N. Y.) to Mary Hamilton
24 Feb. 1829 - **Bestian**, Ebenezer to Sarah Cole
29 Nov. 1807 - **Bethron**, (Wid) Mary to Jacob VanAuken
8 Feb. 1821 - **Betron**, Mary to John Cumton
22 Dec. 1838 - **Betson**, Electa (Newton) to William T. Runion
31 Jan. 1813 - **Betson**, Elizabeth to Godfrey Hess
10 Dec. 1842 - **Betts**, Henry to Francis Decay
2 June 1811 - **Betts**, Polly to James Peters
28 Sept. 1820 - **Bevans**, James C. to Mary Rosenkrans
19 Sept. 1846 - **Bevans**, Nicholas to Catherine J. Kyte
26 Dec. 1814 - **Bevans**, Sarah to Abraham Decker
12 May 1827 - **Bevans**, Sidney to Sarah Eveline Force
8 Jan. 1797 - **Biddes**, Sarah to James Barton
1 Mar. 1801 - **Biddle**, Nicholas to May Bydine
5 Nov. 1831 - **Bidle**, Nancy to Robert Latham
27 May 1850 - **Biggs**, George W. (Stillwater) to Lucinda Marvin
12 Jan. 1848 - **Biggs**, Samantha to Levi Howell
14 Sept. 1824 - **Bigs**, George to Elizabeth Talhan
26 May 1814 - **Biles**, Christina to George Albertson
17 Aug. 1815 - **Biles**, Elizabeth to Nathaniel Coxwin
7 Dec. 1811 - **Billince**, Sarah to Jacob VanCampen
7 Aug. 1814 - **Billsby**, David to Elizabeth Totten
12 June 1803 - **Binghart**, George (Oxford) to Margaret Parker
8 Mar. 1798 - **Bir**, James to Vina Allen

18 July 1835 - **Bird**, Adam to Mary Ann Sheeler
2 Oct. 1796 - **Bird**, Anna to John Beer
21 July 1838 - **Bird**, Barbary (Fredon) to John Barns
15 Sept. 1809 - **Bird**, Benjamin to Mary Smith
13 Feb. 1817 - **Bird**, Burtis to Christian Smith
20 Nov. 1819 - **Bird**, Christian to John Barklow
23 May 1797 - **Bird**, Daniel to Susannah Cooper
27 Nov. 1809 - **Bird**, Elisha to Elizabeth Stevens
17 Mar. 1832 - **Bird**, Elisha to Amelia Hart
1802 - **Bird**, Eliza to Nathan Hoglan
8 Apr. 1798 - **Bird**, Elizabeth to Nathaniel Hornet
23 Feb. 1808 - **Bird**, Grace to George Phillips
18 Dec. 1816 - **Bird**, Hannah to James Fisher
7 Sept. 1822 - **Bird**, Isaac to Parmelia DeGrote
26 Mar. 1808 - **Bird**, Joanah to Peter Williamson
17 Dec. 1813 - **Bird**, Joanna to Jacob Cregor
29 Aug. 1809 - **Bird**, Margaret to John Oliver
3 Apr. 1819 - **Bird**, Margaret to James Ray
12 Sept. 1840 - **Bird**, Marietta to Joseph Wintermute
2 Aug. 1807 - **Bird**, Mary (Greenwich) to Jonas Jarret
19 Dec. 1809 - **Bird**, Mary to John Hazen
16 Jan. 1841 - **Bird**, Mary (Green) to Hugh Cooper
8 Jan. 1848 - **Bird**, Mary Ann to William H. Hall
29 Nov. 1805 - **Bird**, Rachel (Byram) to David Reves
12 Mar. 1836 - **Bird**, Rachel (Green) to Alexander Hart
24 Nov. 1805 - **Bird**, Samuel (Roxbury) to Phebe Vorence
24 Aug. 1800 - **Bird**, Sarah to John. Stewart
28 Dec. 1844 - **Bird**, Sarah (Newton) to Peter K. VanSickle
21 Nov. 1806 **Bird**, Susan to Nathan Howell
Feb. 1819 - **Bird**, Susan to John Menah
15 Sept. 1816 - **Bird**, Susanna to George Ribble
15 Sept. 1818 - **Bird**, Susanna to George Ribble
20 Nov. 1817 - **Bird**, Thomas (Hardwick) to Eleanor Hibler
2 Feb. 1821 - **Bird**, Thomas to (Miss) Swaze
24 June 1826 - **Bird**, William to Lotesha Hornbeck
5 Jan. 1806 - **Birk**, Peggy to Jacob Steel
3 Aug. 1815 - **Bird**, Mary to Samuel Lore
13 May 1804 - **Bishop**, John to Rachel Slaugh
5 Nov. 1800 - **Bishop**, Vincent (Mansfield) to Sarah Brewer
21 Jan. 1832 - **Bissett**, John to Christian Dun
1 Jan. 1825 - **Bizzet**, James to Nancy Ememen
22 June 1800 - **Black**, David to Sarah Willson
29 Nov. 1852 - **Black**, Elizabeth to Benjamin G. Rouse
25 May 1839 - **Black**, Isaac to Electa Riker
15 June 1800 - **Black**, Jonathan to Anna Briant
22 June 1833 - **Black**, William to Dyha VanSickle
5 July 1797 - **Blackford**, John to Hannah Snider
2 Apr. 1831 - **Blackford**, John to Susan Ruff
26 Sept. 1813 - **Blackford**, Nancy to Jamcob M. Kent
24 Oct. 1833 - **Blackford**, William to Eliza Slacker
24 Sept. 1809 - **Blackwell**, Deborah to Jeremiah Bacon

25 Feb. 1841 - **Blackwell**, Elijah to Azuba Edmonson
3 Oct. 1819 - **Blackwell**, John to Phebe Whitehead
Dec. 1845 - **Blackwell**, Sarah Ann (Newton) to Bartine Slater
20 Oct. 1798 - **Blain**, Elizabeth to John Hankenson
15 Oct. 1796 - **Blain**, Hannah to Samuel Badsley
1 Apr. 1827 - **Blain**, Hannah (Wantage) to Ebenezer Northrup
26 June 1796 - **Blain**, James to Rachel Ensly
18 Aug. 1796 - **Blain**, Thomas to Abigail Hinksman
2 Mar. 1808 - **Blain**, William to Ursula Anderson
3 Sept. 1839 - **Blair**, Jacob (Blairstown) to Matilda Simpson
5 June 1803 - **Blair**, John (Oxford) Rebecca Garrison
11 Mar. 1815 - **Blair**, John to Johanna Patterson
24 Dec. 1806 - **Blair**, Mary to John Stule
5 Aug. 1812 - **Blair**, Peter to Mary Shannon
5 Oct. 1803 - **Blair**, Samuel (Oxford) to Maria Shippens
31 Jan. 1811 - **Blair**, William to Rachel Brans
27 Mar. 1803 - **Blake**, Margaret to John Mark
11 Jan. 1796 - **Blanchard**, Aaron to Jane Poulson
15 Nov. 1834 - **Blanchard**, Aaron to Susan Sprague
1823 - **Blanchard**, Samuel to Charlotte Hinchman
19 Dec. 1829 - **Blancher**, Israel to Catherine Martin
2 July 1815 - **Blane**, Elizabeth to Charles' West
10 Feb. 1820 - **Blase**, Marcy to Benjamin Titman
8 Mar. 1819 - **Bliet**, Eleanor to W. W. Willson
19 Sept. 1801 - **Bloom**, Esther to Thomas Rickey
14 Aug. 1819 - **Bloom**, John to Elizabeth Conglenton
4 Feb. 1815 - **Bloom**, Richard to Sarah Bross
9 May 1809 - **Bloomfield**, Mary to James Garrison
18 Mar. 1826 - **Blue**, Anna to George Longstreet
19 Feb. 1814 - **Blue**, Jacob to Ann Simpson
7 Aug. 1809 - **Blue**, John to Caty Booth
22 Sept. 1810 - **Bobel**, Isaac to Carrey Vaney
23 Sept. 1805 - **Bocannon**, Hannah to James Dicky
19 Aug. 1837 - **Bocklone**, John to Martha Schoonover
9 Jan. 1840 - **Bockover**, Maria to Jacob H. Ford
7 Oct. 1817 - **Bockoven**, Euster (Wantage) to John Peckham
13 Sept. 1820 - **Bockoven**, Mary to Joseph Decker
2 Mar. 1809 - **Bockoven**, Peter to Abigail Thorp
25 Mar. 1826 - **Bockover**, Esther to Joseph Posel
5 Oct. 1800 - **Bockover**, George to Elizabeth Marin
19 Sept. 1834 - **Bockover**, Jonathan to Elizabeth Adams
13 Nov. 1819 - **Bockover**, Mary to Jesse Havens
12 Nov. 1795 - **Bodenhimer**, Catherine to Moses Thirstan
26 Apr. 1797 - **Bodenhimer**, John to Elizabeth McKinney
15 Nov. 1803 - **Bodine**, Henry (Hunterdon Co.) to Lydia Groff
10 Nov. 1808 - **Bodine**, Margaret to Frederick Lunger
8 Dec. 1808 - **Boelby**, George to Ann Chrisman
31 May 1808 - **Bogart**, Catherine to Cornelius Albertson
24 Dec. 1818 - **Bogart**, Hannah to John Sullivan
1 July 1808 - **Bogart**, Mary to Lanty Shannon
18 Oct. 1821 - **Bogart**, (Mrs.) Mary to Isaiah Linsley

18 Apr. 1813 - **Bohannon**, Mary to Samuel Perrgo
31 Aug. 1805 - **Boice**, Nicholas to Suffy Voss
14 Nov. 1848 - **Boid**, John W. (Vernon) to Hester Jane Uter
29 Jan. 1822 - **Boid**, Melicent to Abner Cathright
22 Aug. 1812 - **Boid**, Peter to Mary Slockbower
11 Mar. 1812 - **Boid**, Rebecca to John Hemenover
28 June 1823 - **Boiles**, Ann to Abram Fleet (or Vliet)
10 June 1811 - **Boiles**, Sarah to Adam Drake
14 Apr. 1799 - **Boils**, Martha (Oxford) to John Roberson
9 Apr. 1814 - **Boleden**, Nancy to Bethael Goble
8 Mar. 1823 - **Boley**, Thomas to Hester Cole
14 Aprl. 1802 - **Bolsbe**, Elizabeth to Calvin McConnell
3 Aug. 1811 - **Bolton**, Mary to Philip Hann
8 June 1809 - **Boman**, Anna to Garret Brink
21 Mar. 1802 - **Boman**, Anne (Greenwich) to Godfrey Milick
19 June 1824 - **Boman**, Peggy to James Post
27 June 1829 - **Bond**, Eliza to Larkson Ried
28 July 1830 - **Boncker**, John to Jane Ann Hicks
17 Jany. 1809 - **Bonham**, Andrew to Elizabeth Bell
31 May 1831 - **Bonham**, Elizabeth to Jacob Hillman
31 Dec. 1798 - **Bonham**, Rachel to David Thompson
12 Oct. 1822 - **Bonker**, Emelia to Charles Beardslee to Charles Beardslee
22 Nov. 1819 - **Bonker**, Inly to Isaac Albertson
31 Aug. 1823 - **Bonker**, James to Mary Woods
31 Jan. 1802 - **Bonker**, Joseph to Marcy Webb
11 Sept. 1828 - **Bonnell**, David to Catharine Smith
14 Sept. 1838 - **Bonnell**, Elizabeth (Montague) to Guy Price
24 Dec. 1839 - **Bonnell**, J. L. to Susan Nyce
29 Sept. 1832 - **Bonnell**, Jane to William Crane
10 May 1826 - **Bontolif**, Sophia to Samuel Beman
28 Aug. 1799 - **Book**, Jacob to Mary Mines
14 Sept. 1843 - **Booman**, William (Wantage) to Wliza Cortright
20 Aug. 1816 - **Boon**, Henry (Penna.) to May Rose
2 Apr. 1852 - **Booth**, Alpheus to Marinda Rochell
15 Sept. 1818 - **Booth**, Benjanmin (Frankford) to Sarah Levi
7 Aug. 1809 - **Booth**, Caty to John Blue
(1847?) - **Booth** Ellen (Sparta) to Daniel Maxwell
10 June 1838 - **Booth**, Enos R. (Vernon) Phebe Welch
19 July 1816 - **Booth**, James to Sarah Doty
22 Jan. 1848 - **Booth**, James to Elizabeth Mains
12 Feb. 1848 - **Booth**, Samuel to Ann Carr
(1847?) - **Booth**, William (Sparta) to Elizabeth Ann Barkman
14 Mar. 1822 - **Bordman**, Jane to Joseph Cougle
12 Aug. 1802 - **Boss**, Elizabeth to John Dewitt
1 May 1805 - **Boss**, Hannah to Samuel Ingersoll
19 July 1802 - **Boss**, Lucrecia (Newton) to James Vance
6 Oct. 1810 - **Boss**, Phebe to Thomas Durlap
4 Jan. 1814 - **Boss**, Rachel to John McPeek
3 Feb. 1849 - **Boughton**, Charles W. (Unionville, N.Y.) to Mary Ann Wright
10 Mar. 1834 - **Boughton**, Henry to Mariah Doty

23 Dec. 1826 - **Boulton**, James to Hannah Decker
21 Feb. 1896 - **Bours**, Ann (Oxford) to Abraham Hance
15 Dec, 1814 - **Bouten**, Matthew to Lucrctia Baldwin
6 Jan., 1799 - **Bouton**, Ann to Thomas Robyer
7 Jun. 1821 - **Bowars**, Andres to Hannah Puts
7 Feb. 1802 - **Bower**, Christopher to Peggy Winter
14 Feb. 1822 - **Bowers**, Catherine to Daniel Snider
4 Dec. 1822 - **Bowlby**,. Elizabeth to William Runyan
14 Nov. 1812 - **Bowlsby**, Phebe to Moses Baldwin
26 Dec. 1804 - **Bower**, Lenah to Samuel Bradford
4 Nov. 1823 - **Bowers**, Margaret to Robert Quick
23 Aug. 1801 - **Bower**, Sally to Peter Cline
23 Oct. 1823 - **Bowlby**, Peter to Lena Wiltz
10 Nov. 1810 - **Bowlby**, Samuel to Johannah Parkus
10 July 1803 - **Bowlsby**, George (Hunterdon Co.) to Catharine Hendrickson
1 Feb. 1807 - **Bowlsby**, James to Catharine Mayberry
17 Mar. 1803 - **Bowlsby**, Thomas to Sally Marshall
26 June 1824 - **Bowman**, (Miss) (Newton) to Micajah Martin
2 June 1821 - **Bowman**, Abraham to Julia Brink
22 Mar. 1814 - **Bowman**, Ann to Joseph Casterline
12 Sept. 1846 - **Bowman**, Catherine Jane (Frankford) to Jacob Washer
11 Dec. 1819 - **Bowman**, Elizabeth to Daniel Olp
20 Dec. 1817 - **Bowman**, George to Susan Beedle
20 Mar. 1847 - **Bowman**, Peter to Elizabeth Coursen
19 Dec. 1829 - **Bowman**, Phebe to George Brink
11 Apr. 1832 - **Bowman**, William to Sally Brink
23 Sept. 1812 - **Bowman**, Mr. (Virginia) to Maira Henry
9 Oct. 1838 - **Boyd**, Alexander to Catherine Dunn
13 Dec. 1801 - **Boyd**, Elizabeth to John Hance
8 Mar. 1820 - **Boyd**, Elizabeth to Richard Hevelin
1 Jan. 1806 - **Boyd**, James (Oxford) to Sarah.Depue
3 June 1820 - **Boyd**, James to Betesy Moore
10 Apr. 1806 - **Boyd**, (Rev) John to Margaret Gaston
4 Aug. 1814 - **Boyd**, John to Lenninah Chedester
5 Nov. 1818 - **Boyd**, John to Crisse Philips
15 Dec. 1832 - **Boyd**, Mahala to William Wisner
28 Nov. 1807 - **Boyd**, William to Margaret Vanderhoof
22 Dec. 1838 - **Boyer**, (Mrs) Mahatable (Hardyston) to Daniel Rockwell
7 Aug. 1824 - **Boyle**, Susan (Newton) to Andrew Havens
7 Nov. 1804 - **Boylen**, James to Clarinda Broderick
14 Dec. 1826 - **Boyles**, Susan to John Keller
28 Nov. 1818 - **Boylor**, Peter G. to Elizabeth Weller
25 Jan. 1800 - **Boyls**, Setphen to Caty Christie
23 Oct. 1836 - **Bradberry**, John to Olive Terwilliger
6 Apr. 1802 - **Bradberry**, William Cyrus to Phebe Lovell
28 Sept. 18454 - **Bradbury**, Elizabeth to Ziba Nicholas
26 Dec. 1804 - **Bradford**, Samuel to Lenah Bower
21 Jan. 1847 - **Bradley**, Alexander (Worcester, Mass.) to Mary Moran
21 Dec. 1811 - **Brady**, Catherine to Peter Kember

23

9 Feb. 1812 - **Brady**, James to Phebe Elston
28 Aug. 1813 - **Brady**, John to Phebe Walling
26 Dec. 1805 - **Brady**, Mary to Peter VanHouten
3 Jan. 1813 - **Brady**, Mary to David S. Cole
29 Jan. 1832 - **Braisted**, Elizabeth to James Roe
14 Dec. 1803 - **Brands**, Anna (Independence) to Benjamin Dean
30 June 1815 - **Brands**, Daniel to Charlotte South
15 Sept. 1813 - **Brands**, David to Sally Angle
2 Jan. 1822 - **Brands**, David to Cahterine Engle
10 June 1816 - **Brands**, Hannah to James Green
26 June 1803 - **Brands**, John (Oxford) to Linah Husselton
2 Nov. 1844 - **Brands**, Samuel B, to Sarah H. Peters
4 Dec. 1809 - **Brand**, Jacob to Margaret Fries
31 Jan. 1811 - **Brans**, Rachel to William Blair
18 Sept. 1187 - **Brant**, Richard to Hannah Bassett
1 July 1840 - **Brant**, Sarah Ann to Walter McCann
13 Aug. 1821 - **Brass**, Henry to Nancy Siddles
21 May 187 - **Brass**, Martha to William Ozburn
24 July 1806 - **Brasted**, Henry to Martha Sutton
25 Feb. 1830 - **Brasted**, Jane to Halsey Decker
1 Nov. 1834 - **Brasted**, Rolert (Hardyston) to Julia Whitaker
14 Nov. 1812 - **Batron**, David to Elizabeth Stiff
19 Dec. 1805 - **Bratt**, Susannah to Edmund South
11 Apr. 1798 - **Bravers**, Wholter to Elizabeth Whitesell
2 Mar. 1850 - **Braun**, Frederick to Justine Berg

14 Dec. 1801 - **Bray**, Anna (Frankford) to Abraham Wollston
11 Apr. 1813 - **Bray**, Cornelia to James Kitchen
5 Oct. 1802 - **Bray**, John to Jane Armstrong
15 Feb. 1807 - **Bray**, Mary to Jacob Taylor
10 Sept. 1815 - **Breant**, Lucrette (Frankford) to William Phillips
11 Jan. 1802 - **Breasted**, Mary to Daniel Hedden
20 June 1805 - **Breen**, Mary to Eanos Coursen
5 Nov. 1800 - **Brewer**, Sarah (Greenwich) to Vincent Bishop
15 June 1800 - **Briant**, Anna to Jonathan Black
5 Oct. 1800 - **Briasted**, Susan to Jesse Squires
21 Jan. 1840 - **Briggs**, Elizabeth to Ischar Drew
7 Feb. 1821 - **Bright**, Mary to James H. Drake
22 Jan. 1825 - **Bright**, Mary A. to Joel Mackafee
27 Sept. 1817 - **Bright**, Sarah to JAsen Welch
21 Aug. 1797 - **Brijans**, Sarah to William Ennes
27 Nov. 1829 - **Brindle**, Eliada B. to Saley Ann Smith
5 Mar 1797 - **Brink**, Abby to John Layton
18 July 1826 - **Brink**, Amy to Peter Bedell
12 Mar. 1840 - **Brink**, Archibald (Milford) to Emeline Doolittle
20 Nov. 1831 - **Brink**, Betsey to Peter Hough
1 Jan. 1818 - **Brink**, Bowdewine to Lotty VanTile
27 Mar. 1797- **Brink**, Catrina (Wantage) to William Cole
1 Apr. 1819 - **Brink**, Catherine to Casper Cronse
13 Feb. 1806 - **Brink**, Caty (Sandyston) to Isaiah Rosenkaanse
29 June 1817 - **Brink**, Caty (Wantage) to Moses Dewitt

12 Feb. 1848 - **Brink**, Chandler to Julia Lateer
28 Jan. 1806 - **Brink**, Corn. to Susannah Shimers
2 Nov. 1816 - **Brink**, Cornelius to Sally Fuller
5 Mar. 1797 - **Brink**, Derik to Caty Chambers
12 Jan. 1812 - **Brink**, Elizabeth to Ellet Randle
17 Sept. 1825 - **Brink**, Elizabeth to Jonathan Emry
4 Jan. 1815 - **Brink**, Enos (Wantage) to Nelly Daenport
(1853? **Brink**, Enosr to Helen VanGorden
4 May 1806 -**Brink**, Esther to Simeon Westfall
16 Nov. 1828 - **Brink**, Fanny to Benjamin VanSuckct
19 Dec. 1829 - **Brink**, George to Phebe Bowman
8 June 1809 - **Brink**, Garret to Anna Bowman
13 Jan. 1821 - **Brink**, (Mrs) Hannah to William Courtright
28 Feb. 1829 - **Brink**, James to Rosana Hoffman
7 Dec. 1839 - **Brink**, James H. to Elizabeth Luah
7 Nov. 1835 -**Brink**, Jane (Wantage) to Sidney Ayres
2 June 1821 - **Brink**, Julia to Abraham Bowman
17 Nov. 1797 - **Brink**, Levy to Nancy Colver
4 Jan. 1840 - **Brink**, Lydia to James Decker
30 Dec. 1812 - Brink, Matthew to Sarah VanAken
5 Dec. 1835 - **Brink**, Moses to Harriet Compton
21 Feb. 1799 - **Brink**, Polly to Yoast Eager
23 Dec. 1795 - **Brink**, Samuel to Mary Ralston
14 Sept. 1819 - **Brink**, Samuel to Sarah Quick
11 Apr. 1832 - **Brink**, Sally to William Bowman
23 Mar. 1806 - **Brink**, (Wid) Sarah to Prince Bryant
10 June 1811 - **Brinklehoof**, Tiney to Robert Miller
19 May 1811 - **Brink**, Jena to Peter Youngs
4 Jan. 1821 - **Bristel**, Leavitt B. to Sarah Decker
9 Dec. 1801 - **Britain**, William to Caty Garner
13 Oct. 1806 - **Brittain**, Pettit to Elizabeth Rorback
27 Oct. 1810. - **Brittin**, July to Russell Landen
12 May 1833 - **Brittin**, Sarah P. to John A Horton
16 Aug. 1798 - **Britton**, Catherine (Oxford) to Thomas Hanlon
7 June 1795 - **Britton**, Elizabeth to John Howard
7 Jan. 1804 - **Broadbury**, Hannah to William Solloman
11 May 1811 - **Broadbury**, James to Elizabeth McPeak
22 Dec. 1811 - **Boradbury**, John Jr. to Sarah Yaw
8 April 1804 - **Brocaw**, Judith to Lewis Layton
7 Nov. 1804 - **Broderick**, Clarinda to James Boylen
31 Jan. 1828 - **Broderick**, Letitia to Alexander Drake
23 May 1818 - **Broderick**, Maria to Peter Predmore
22 Sept. 1840 - **Brodhead**, Henry R. (Philadelphia) to Emly Stoll
9 Feb. 1799 - **Brodrick**, Robert to Permely Sayre
15 Aug. 1812 - **Brodrick**, Sarah to Nathaniel Catcham
6 Dec. 1817 - **Broadrick**, William to Mariah Wisner
15 June 1816 - **Brodrick**, Ann (Newton) to Tunis Price
11 Mar. 1804 - **Brogler**, James to Nancy Hagerman
22 Oct. 1801 - **Brogum**, Charity to Samuel Patterson
24 Feb. 1805 - **Brokan**, Abraham to Peggy Mitchell
21 Jan. 1801 - **Brokaw**, Berguer to Sarah Beardslee

2 Jan. 1800 - **Brokaw**, Jinney (Walpack) to Aaron Decker

8 Dec. 1802 - **Brokaw**, Mary to John Decker

16 June 1827 - **Bronte**, Barbara to Telota Fuddick

24 April 1827 - **Bronte**, Mary (Hardwick) to James Rath

17 Jan. 1810 - **Brookfield**, Brown to Lydia Valentine

20 Sept. 1806 - **Brooks**, Benjamin to Sarah Fix

27 Mar. 1813 - **Brooks**, Martha to James Knapp

14 Dec. 1838 - **Brooks**, Samuel (Wantage) to Elizwbeth Hockenbury

16 June 1838 - **Bross**, Emeline (Newton) to Samuel Shotwell

28 Dec. 1829 - **Bross**, Enock A. to Johanna Hankinson

31 Oct. 1835 - **Bross**, Garbriel Jr. to Elizabeth Martin

14 Apr. 1821 - **Bross**, James to Mary Kenderfuff

8 Mar. 1834 - **Bross**, John to Mary Clark

22 Apr. 1826 - **Bross**, Mary to Henry Demarest

22 Sept. 1846 - **Bross**, Mary to Thomas Beech

25 Aug. 1813 - **Bross**, Moses to Jane Winfield

21 Nov. 1846 - **Bross**, Nonh to Hester Ann Wickham

23 Aug. 1823 - **Bross**, Hester to Smith

21 Oct. 1848 - **Bross**, Peter V. (Wantage) to Harriet E. Owens

22 Jan. 1818 - **Bross**, Sally to Peter Rosenkrans

4 Feb. 1815 **Bross**, Sarah to Richard Bloom

29 Dec. 1819 - **Bross**, Sarah to John Galloway

13 May 1826 - **Bross**, Sarah to John Roe

5 Mar. 1841 - **Bross**, Susan Ann to William D. Casterline

11 June 18450- **Bross**, Thomas to Elizabeth VanGorden

13 May 1806 - **Brothran**, Mary to Francis Bullaces

10 Feb. 1810 - **Brower**, Jane to Peter Demerset

10 Mar. 1846 - **Brown**, Alfred to Jane Decker

23Mar. 1800 - **Brown**, Asey to Sarah VanAllen

18 Aug. 1814 - **Brown**, Barbery to Cornelius Albertson

24 Dec. 1842 - **Brown**, Benaga to Theodotia Oliver

24 Dec. 1820 - **Brown**, Charles to Sarey Mosher

25 Dec. 1851 - **Brown**, Eber L. (Jersey City) to Sarah E. Lewis

24 Sept. 1812 - **Brown**, Eliza to George Hunt

15 Jan. 1835 - **Brown**, Eliza (Vernon) to Thomas Hubbard

23 Nov. 1797 - **Brown**, Experience to Henry Don

22 July 1824 - **Brown**, Isaac to Sarah Pudike

8 July 1810 - **Brown**, Isaac VanCamp to Mary Sharp

18 Mar. 1804 - **Brown**, James (Byram) to Charity Hamel

1813 - **Brown**, James to Catherine McFetrage

13 May 1815 - **Brown**, James to Margaret Lydea

Feb. 1837 - **Brown**, Jane to Joseph Gibson

2 Nov. 1805 - **Brown**, John (Wantage) to Catherine Myres

17 Dec. 1805 - **Brown**, John to Mary Bellis

5 Aug. 1808 - **Brown**, John to Polley Donalds

6 Mar. 1809 - **Brown**, John to Elizabeth Lynaberry

22 Oct. 1814 - **Brown**, John to Mary Angle

11 May 1826 - **Brown**, Lewis to Sarah Philips,

1 Sept. 1838 - **Brown**, Malinda to Amos Riggs

13 Dec. 1818 - **Brown**, Mariah to Ebenezer B. Riggs

8 Nov. 1816 - **Brown**, Mary to

William Stevens
10 Apr. 1824 - **Brown**, Matthias to Susan Soace
3 Nov. 1818 - **Brown**, Nancy to Peter to. McClare
22 July 1824 - **Brown**, Nancy to James Paddock
27 Mar. 1844 - **Brown**, Nathan L. (Ithaca, N.Y.) to____ Stoll
13 Jan. 1805 - **Brown**, Nicholas to Sarah Albertson
23 Oct. 1839 - **Brown**, Peter J. to Adetra Ryerson
26 Jan. 1846 - **Brown**, Rankins (Stanhope) to Sarah Young
10 Sept. 1840 - **Brown**, Rebecca to Thomas Everson
29 Jan. 1824 - **Brown**, Samuel to Catherine Lambert
5 Aug. 1805 - **Brown**, Sarah to John Orr
9 Feb. 11 - **Brown**, Siman to Ann Martin
23 May 1802 - **Brown**, Stephen to Mary Waterhouse
12 Jan. 1817 - **Brown**, Stuart to Rebecka Williamson
4 July 1831 - **Brown**, Thomas to Eliza Perret
5 July 1812 - **Brown**, William to Charlotte Harpre
2 Nov. 1823 - **Brown**, William to Margaret More
14 Feb. 1846 - **Brown**, William S. to CatherAnn Northrup
13 Feb. 1812 - **Brughler**, Sarah to Martin Cishpough
13 Jan. 1805 - **Bruglar**, Sarah to William Hagerman
11 Dec. 1812 - **Brughler**, Mary to John Nice
13 Aug. 1812 - **Brudage**, Meriem to Thomas Post
28 June 1817 - **Brugler**, Margaret to Benjamin R. Nice
19 Dec. 1803 - **Bruister**, Timothy to Ann Worster
13 June 1818 - **Brundage**, Benjamin (Frankford) to Clarrity Lanning
7 Oct. 1845 - **Brundage**, Gilbert to Mary C. Beckwith
13 Aug. 1812 - **Brundage**, Meriem to Thomas Post
6 Apr. 1806 - **Brush**, ___ to Jane Baxter
23 Mar. 1850 - **Brush**, John B. to Catherine Cole
28 Sept. 1844 - **Brush**, Margaret to John Marshall
5 Aug. '800 - **Bryan**, William, (Penna.) to Nancy McMurtrie
7 Aug. 1811 - **Bryant** Aaron to Ann Mitchell
23 Mar. 1806 - **Bryant**, Prince to (wid) Sarah Brink
10 July 1819 - **Bryden**, Mary to John Fritts
30 Aug. 1807 - **Bryson**, Peggy (Sandyston) to Stephen Passage
13 Jan. 1849 - **Buchanan**, Jane to John Ferguson
15 Feb. 1848 - **Buchanan**, Martha to Enzly Predmore
2 Nov. 1850 - **Buchanan**, Rebecca (Verron) to Philip Decker
19 Nov. 1837 - **Bachannan**, Joseph (Wantage) to Mary Rolleson
8 Feb. 1840 - **Buchannon**, Catherine to Daniel H. Snover
26 Feb. 1823 - **Bucker**, Catherine (Hardwick) to John C. Youngs
1 July 1826 - **Buckley**, Anna to Case Predmore
19 June 1850 - **Buckle**, Clara (Montague) to John I. Westbrook
7 Apr. 1831 - **Buckley**, Dennis to Lucy Hough
28 Oct. 1798 - **Buckley**, George to Margaret Givens
4 May 1814 - **Buckley**, James (Hardwick) to Lutitia Howell
20 June 1802 - **Buckley**, John to Clara
14 June 1834 - **Buckley**, John (Hardyston) to Abigail Woodruff
Apr. 1833 - **Buckley**, Mary (Hardyston) to Aaron Reed
14 Dec. 1833 - **Buckley**, Robert (Hardyston) to Amy Tuttle

30 Mar. 1839 - **Buckley**, Sarah, to Joseph Frazer
21 Apr. 1832 - **Buckner**, Salomon D. to Rachel Field
11 Feb. 1837 - **Buckney**, Jane (Newton) to Benjamin Hart
26 Jan. 1832 - **Bud**, Uphema to Aaron Hagerty
20 Apr. 1826 - **Budd**, Abraham D. to Margaret F. Goble
25 Feb. 1847 - **Budd**, Daniel to (Chester, N. J.) to Mary K. Hunt
17 Oct. 1814 - **Budd**, Elizabeth to ___ Coleman
24 Dec. 1803 - **Budd**, Samuel (Philadelphia) to Ann McCollough
26 Jan. 1805 - **Bugner**, Caty to Jacob Decon
15 Nov. 1807 - **Builer**, Reuben to Sarah Wade
1850 - **Bull**, Malinda (Frankford) to Peter Ramage
1850 - **Bull**, Malinda (Frankford) to Andrew J. Hazen
20 Mar. 1817 - **Bull**, Thomas to Phebe Bulter
13 May 1806 - **Bullaces**, Frankces to Mary Brothran
8 Dec. 1803 - **Bulman**, Mary to Jacob Kerr
10 May 1812 - **Bunel**, Catey to James McMurtrie
27 Dec. 1847 - **Bunn**, Caroline (Lafayette) to George Gustin
13 Jan. 1811 - **Bunn**, Catherine to Benjamin Quick
19 Dec. 1818 - **Bunn**, Isaiah (Frankford) to Fanna Strader
12 Mar. 1836 - **Bunn**, William to Mary Ann Townsend
18 Jan. 1812 - **Bunn**, Mary to Peter Strader
16 Feb. 1823 - **Bunn**, Sarah to Martin Maybe
29 Nov. 1845 - **Bunn**, Smith (Frankford) to Sarah Ann Dives
28 Feb. 1813 - **Bunnel**, Catherine to Thomas Kelsey
21 Dec. 1826 - **Bunnel**, Gershom to Anna E. Burgstresser
11 June 1825 - **Bunnel**, Julia to Jesse Demon
23 Feb. 1832 - **Bunnel**, Lewis to Charity Swartze
21 Aug. 1823 - **Bunnel**, Manda to Abraham Luse
10 June 1828 - **Bunnel**, Robert to Eunice Barry
31 Nov. 1835 - **Bunnel**, John F. to Mary Ann Sharp
28 Dec. 1809 - **Bunnell**, Lenah to John Laforge
21 May 1829 - **Bunning**, Lewis (Orange Co., N.Y.) to Emeline Perry
23 Apr. 1807 - **Buntin**, Abner to Anna Coursen
1 Apr. 1798 - **Buppinger**, Charlotto to Cornelius VanBuscaret
25 Dec. 1828 - **Burd**, David, to Mary Crill
11 Dec. 1823 - **Burd**, John to Eliza Sutton
25 Nov. 1824 - **Burd**, Lewis to Fany Everman
23 Aprl. 1831 - **Burd**, Lydia to William McVay
7 July 1805 - **Burd**, Millicent to Jacob Hauk
14 May 1809 - **Burd**, Nancy to Peter Wire
6 Oct. 1805 - **Burd**, Sarah to Peter Mittaugh
3 June 1798 - **Burdge**, Joseph to Sally Bayer
3 May 1798 - **Burdge**, Samuel (Oxford) to Abigail Harton
21 Dec. 1826 - **Burgstresser**, Anna F. to Gershom Bunnel
2 Feb. 1797 - **Burk**, Mary to William Osbon
13 Oct. 1797 - **Burlay**, William (Knowlton) to Abigail Ribble
12 Mar. 1846 - **Burley**, Silas (Frankford) to Katurah Wells
28 Sept. 1845 - **Burlingham**, Rufus P. to Hester Morrow
19 Aug. 1835 - **Burn**, Frederick to Catherine Updegrove
2 Nov. 1800 - **Burn**, Robert to Robert Willet

6 Nov. 1843 - **Burnel**, Catharine to Abraham W. Chidister
18 Oct. 1796 - **Burnet**, Phebe to Benjamin Bakley
10 Apr. 1808 - **Burnet**, Rachel to John Hartmen
28 Aug. 1798 - **Burns**, Anna to Joel Ackley
6 May 1837 - **Burns**, Sarah Ann to Joseph Bailey
30 Dec. 1803 - **Burr**, Mary to Benjamin Baley
26 Mar. 1807 - **Burr**, Nancy to Elijah Lucky
1 Nov. 1812 - **Burr**, William to Elizabeth McWhorter
12 Jan. 1818 - **Burrell**, Ann to Peter Lante
15 Aug. 1819 - **Burrell**, Daniel to Hylena Bartron
11 June 1809 - **Burrell**, Jonathan to Mary Couser
1 Jan. 1804 - **Burrell**, Ruth to John Rion
25 Jan. 1830 - **Burritt**, Phebe to Samuel Burritt
25 Jan. 1830 - **Burritt**, Sameul to Phebe Burritt
12 Apr. 1804 - **Burt**, Malinda to John Olde
11 Jan. 1812 - **Burwell**, Ira to Caty Simmons
24 Dec. 1812 - **Burwell**, Isaac C. to Harriet Seely
9 Sept. 1815 - **Burwell**, Samuel to Sarah Rude
23 Apr. 1814 - **Burwell**, Samuel to Mary Phillips
4 Sept. 1819 - **Buskerk**, Martha to William Kichen
16 Apr. 1798 - **Buskirk**, Zachariah to Mary Conkin
9 Sept. 1843 - **Buss**, Philip to Mary VanCampen
8 June 1816 - **Buth**, Elizabeth to John Struble
28 Dec. 1844 - **Butler**, Asa to Nancy Perry
19 Nov. 1842 - **Butler**, Jacob S. (Stillwater) to Elizabeth J. Oliver
31 July 1803 - **Butler**, John to Barbara Kellerbosh
4 Feb. 1798 - **Butler**, Joseph to Mary Payne
20 Mar. 1817 - **Butler**, Phehe to Thomas Bull
12 Sept. 1807 - **Butler**, William to Sary Simpson
5 Oct. 1844 - **Butler**, William C. to Phebe A. Lateer
11 June 1815 - **Buttler**, Phebe to Richard DeGrote
17 May 1798 - **Buttler**, Raqhell (Hardwick) to Rublin Hamblem
26 Nov. 1805 - **Butts**, Catherine to Andrew Rope
14 Feb. 1805 - **Butto**, Charlotto (Knowltor) to Abraham Swisher
9 Aug. 1796 - **Butts**, Elizabeth (Oxford) to Jacob Hemery
12 Aug. 1826 - **Butts**, George to Sarah VanHorn
27 Jan. 1808 - **Butts**, Michael to Adaline Scarles
26 June 1843 - **Buttz**, Jersey S. (Penna.) to Electa R. Cummings
19 Mar. 1842 - **Butz**, Elijah H. M. (Belvidere) to Agnes Robinson
29 June 1807 - **Buyden**, Elizabeth to Nathan Till
1 Mar. 1801 - **Bydine**, May to Nicholas Biddle
13 Jan. 1838 - **Byerly**, Elsey to Jacob Rose
7 Jan. 1841 - **Byerly**, Susan (Byram) to Andrew Rose
10 Mar. 1832 - **Byram**, James to Elizabeth Talmadge
25 Jan. 1800 - **Byram**, Sally to Thomas Heddon
11 Dec. 1811 - **Byrd**, Susannah to Readman Slack
1 Jan. 1804 - **Byrns**, Charles to Margaret McGuver
4 Oct. 1807 - **Caffey**, Mehetable to National Howard
22 May 1805 - **Caffrey**, Harman (Byram) to Sarah Hudson
14 Dec. 1845 - **Caffrey**, Mary to Ogden Fowler
25 Aug. 1852 - **Cagin**, Abigail (Newton) to Delancey Maconnell

24 Nov. 1808 - **Caker**, Susanna to Mahlon Mills
3 Mar. 1806 - **Calcher**, Daniel to Polly Williams
17 Mar. 1803 - **Calonee**, Peter to Mary McConnel
2 Dec. 1809 - **Calts**, John to Elizabeth Kirshbaugh
19 Jan. 1816 - **Calvin**, Betsey to Martin Fisher
23 Feb. 1841 - **Calvin**, Luther B. to Lydia Kirkuff
21 Jan. 1819 - **Cambell**, William to Hannah Johnson
26 Jan. 1821 - **Camel**, Frederic to Ruth Hunt
9 Jan. 1820 - **Camel**, George to Effe Larreson
26 Aug. 1809 - **Cammell**, Elizabeth to John Hendershott
10 July 1828 - **Cammill**, John to Sarah Stephenson
11 May 1834 - **Camp**, Daniel to Mary Hunt
11 Feb. 1822 - **Camp**, Nancy D. to Sylvanus Lawrence
15 Oct. 1835 - **Camp**, Stephen to Harriet J. Kirk
7 Dec. 1833 - **Campbell**, Cahterine to John Worton
27 Dec. 1848 - **Campbell**, Elizabeth (Orange Co., N. Y.) to John Clawson
17 Mar. 1814 - **Campbell**, George to Hannah Anderson
26 June 1819 - **Campbell**, James to Anna Kithcart
4 Feb. 1818 - **Campbell**, John to Eliza Castner
14 Oct. 1820 - **Campbell**, John to Ann Hayward
28 Jan. 1830 - **Campbell**, Margaret to Joseph Walling
2 Aug. 1801 - **Campbell**, Nelly to Samuel Smith
23 Mar. 1833 - **Campbell**, Tabathy to Abraham A. Willson
20 Nov. 1829 - **Campbell**, William to Margaret Drake
31 Mar. 1842 - **Campbell**, William to Susan tonklin
10 May 1843 - **Campbell**, William to Grace Hamilton
10 Aug. 1814 - **Campfield**, David to Marah Derible
28. Aug. 1815 - **Campfield**, John (Frankford) to Catherine Haggerty
10 Jan. 1796 - **Cane**, Elizabeth to William Fegals
27 Nov. 1839 - **Canfield**, Alfred (Frankford) to Emeline Stoll
18 Jan. 1823 - **Canfield**, Hannah to Jacob Contes
19 Jan. 1820 - **Canfield**, Harriet to David Tomkins
18 Oct. 1807 - **Canfield**, Mahetable to Daniel Smith
23 Sept. 1826 - **Canfield**, Phebe Ann to Benjamin D. Wisner
17 Sept. 1837 - **Canfield**, Uzal (Frankford) to Mary Hunt
26 Dec. 1829 - **Canin**, David to Jane Utter
7 Nov. 1802 - **Cannan**, Isaac to Elizabeth Jones
21 June 1809 - **Cannine**, Hannah to James Fairfield
11 Sept. 1819 - **Canouse**, Nancy to Richard Petherbridge
8 Apr. 1798 - **Campbell**, Christina (Hardwick) to Peter Mayne
13 May 1815 - **Car**, to Frederick Hanson
28 Feb. 1813 - **Carcuff**, Elias to Nilly Vanscoder
9 Apr. 1822 - **Carcuff**, Elizabeth C. (Hardwick) to Obed Willson
30 Sept. 1815 - **Carcuff**, Isaac to Woolverton, Rebecca
20 Oct. 1832 - **Card**, Emeline to John Crane
11 Apr. 1839 - **Card**, Gosper (Vernon) to (Mrs) Rachel Force
21 Dec. 1816 - **Card**, Nancy to William Simpson
14 Dec. 1816 - **Card**, Sarah to David Strate
24 Oct. 1818 - **Cares**, Elizabeth to Thomas Allinston
13 Dec. 1818 - **Cares**, Samuel to Mary Smith

1813 - **Carey**, Elizabeth to John C. Maxwell
30 Jan. 1811 - **Carey**, John to Margaret Snook
23 Aug. 1846 - **Carey**, Lucinda to Francis M. Washer
3 Aug. 1807 - **Carey**, Mary to Henry Edsall
9 Dec. 1847 - **Cargill** (Rev) John D. to Margaret Berk
11 Aug. 1801 - **Carhoof**, John (Knowlton) to Charlotte Barnes
8 May 1808 - **Carhoof**, Mathias to Catherine Auter
2 Aug. 1895 - **Carl**, Robert (Hardwick) to Catherine Johnson
27 Apr. 1808 - **Carian**, John to Elizabeth Nixson
29 Nov. 1801 - **Carle**, Sarah to Baranabas Gibbs
17 Sept. 1837 - **Carley**, Henry (Clinton) to Caroline Cummings
31 Dec. 1795 - **Carlile**, Daniel to Sarah Hunt
9 Aug. 1899 - **Carlot**, John to Ginna Gray
16 Nov. 1839 - **Carmer**, Abigail (Bandyston) to George. Stoley
24 Apr. 1803 - **Carmer**, Abraham to Leticia Williams
4 July 1849 - **Carmer**, Abraham (Sandyston) to Jane Medan
23 Feb. 1822 - **Carmer**, Catherine to Richard Holden
15 Oct. 1825 - **Carmer**, Caty to Silas Carmer
7 Jan. 1832 - **Carmer**, Christians to Andrew Compten
13 April 1800 - **Carmer**, Eizabeth to Benjamin Clark
13 Feb. 1853 - **Carmer**, Elizabeth to Matthew Ayers
2 Nov. 1850 - **Carmer**, Gabriel S. (Wantage) to Ann Chadwick
8 Apr. 1804 - **Carmer**, Isaac to Hannah Ogden
15 Dec. 1797 - **Carmer**, James to Jaruthia Courtright
26 Nov. 1825 - **Carmer**, Lydia to Abram Bell
2 Mar. 1839 - **Carmer**, Mary (Sandyston) to Elijah Bennet
21 Jan. 1826 - **Carmer**, Nodiah to Anny Strouds
26 Feb. 1831 - **Carmer**, Rebecca to Benjamin Fisher Jr.
15 Oct. 1825 - **Carmer**, Silas to Caty Carmer
3 Sept. 1846 - **Carmer**, Silas B. (Sandyston) to Ann Eliza Kyzer
15 Nov. 1831 - **Carmer**, Thomas to Mariah Murphy
1 Apr. 1824 - **Carmer**, William to Mary Snook
24 Nov. 1841 - **Carmichael**, Dorothy (Newton) to Henry Ferguson
12 Jan. 1822 - **Carmon**, Phinees to Mary Ayers
5 Nov. 1809 - **Carnes**, John to Gikey Ridgeway
2 Feb. 1822 - **Carnes**, Zeophia (Newton) to Ladner Trusdel
30 Jan. 1810 - **Carney**, William to Elizabeth Giles
1 Sept. 1826 - **Carns**, Harriet to Samuel Durmer
17 Oct. 1822 - **Carns**, Nathasil to Rebecca Weller
19 May 1826 - **Carol**, Mary to James Talmage
10 Jan. 1809 - **Carpenter**, Ann to John Roseberry
2 Mar. 1844 - **Carpenter**, Ann to John Larue
29 July 183 - **Carpenter**, Benjamin (Minisink, N.Y.) to Susan Northrup
19 Jan. 1807 - **Carpenter**, Caty to Samuel Stewart
28 Feb. 1803 - **Carpenter**, Eliza to William Arnt
3 Apr. 1823 - **Carpenter**, James to Eliza Roloson
8 Oct. 1826 - **Carpenter**, James to Jane Perry
4 Nov. 1810 - **Carpenter**, Joseph to Sarah Stewart
1816 - **Carpenter**, Mary to Henry Emery
12 May 1816 - **Carpenter**, Nancy to Joseph Hockenberry

9 Dec. 1826 - **Carpenter**, Phebe to David McDaniel
21 Oct. 1807 - **Carpenter**, Sarah to Robert D. Stewart
28 Mar. 1846 - **Carr**, Amanda to Louis M. Lawrence
12 Feb. 1848 - **Carr**, Ann to Samuel Booth
10 Jan. 1818 - **Carr**, Asa to Raith Wickham
28 Dec. 1814 - **Carr**, David to Rebecca Evansall
26 Oct. 1816 - **Carr**, David to Sarah McCoy
12 Oct. 1899 - **Carr**, Edsell to Mary Osburn
29 Dec. 1810 - **Carr**, Hannah to Joseph Willson
21 Nov. 1840 - **Carr**, Margaret Jane (Vernon) to Abraham Shepherd
5 Oct. 1816 - **Carr**, Matty to Silvanus Adams
19 Feb. 1820 - **Carr**, Meriam to Mordicai Willson
9 Oct. 1823 - **Carr**, Patrick to Mary Howell
12 Dec. 1835 - **Carr**, (Mrs) Ruth (Wantage) to Peter Hornbeck
12 Apr. 1817 - **Carr**, Vincence to Rachel Wright
22 Sept. 1810 - **Carrey**, Vaney to Isaac tobel
8 Dec. 1807 - **Carrhback**, Jacob to Catherine Teel
2 Jan. 1819 - **Carry**, Hannah to William Reeves
9 Feb. 1806 - **Carohback**, Elizabeth to John Linneberry
26 Nov. 1804 - **Carshback**, Jane (Knowlton) to John Cuderback
23 Feb. 1832 - **Carskey**, Amos to Selina Appleman
2 July 1826 - **Carsner**, Isaac to (Wid) Mary Clark
15 Nov. 1812 - **Carson**, Martha to Daniel Jaggers
22 Jan. 1818 - **Carter**, Ann to Matthias Shipman
5 Mar. 1814 - **Carter**, Barnabas to Phebe Merritt
19 Aug. 1804 - **Carter**, Charloth to John Locey
20 July 1816 - **Carter**, Hannah (Vernon) to Oliver Sigler
28 July 1818 - **Carter**, Hannah to Joseph Williams
13 Sept. 1812 - **Carter**, Maria to William Radley
22 Dec. 1810 - **Carter**, Mary to Luther Colvin
25 July 1797 - **Carter**, Rhoda (Sandyston) to John Taylor
9 June 1824 - **Carter**, Shearman to Hannah Syckles
8 Feb. 1817 - **Carterlin**, James to Mary Lacey
23 Dec. 1819 - **Carver**, Lewis to Letty Casterlin
2 May 1846 - **Cary**, Jane to Thomas Harrison
7 Apr. 1824 - **Cary**, John B. to Hannah Hammond
25 Aug. 1807 - **Cary**, Phebe to William Ozburn
24 Mar. 1825 - **Cary**, Sarah to Archibald Drake
14 Apr. 1816 - **Casad**, Catherine (Wantage) to Asa Alston
18 June 1825 - **Casad**, Caty to Thompson Turner
6 Oct. 1899 - **Casady**, John Jr. to Mary Lanterman
2 Jan. 1814 - **Case**, Calvin to Elizabeth Quick
18 June 1809 -**Case**, Catherine to James Cook
15 July 1804 - **Case**, Chris. V. Jr. (Newton) to Mary Gates
14 Dec. 1822 - **Case**, Christopher to Sarah Baxter
21 Aug. 1803 - **Case**, Cornelius to Eliza Lunger
6 Oct. 1841 - **Case**, Daniel P. Newton) to Effy Shotwell
25 Nov. 1843 - **Case**, Electa Jane (Newton) to Michael Hendershot
20 June 1797 - **Case**, Eliznbeth to Benjamin Hule
3 Jan. 1846 - **Case**, Elizabeth to Jacob Struble
22 July 1828 - **Case**, George to

Jane Iliff
7 Jan. 1802 - **Case**, John to Nancy Austot
1 Mar. 1838 - **Case**, (Rev) John B. to Eliza Wickham
6 Oct. 1797 - **Case**, Joseph (Independence) to (Mrs) Sally Smith
24 Aug. 1806 - **Case**, Mahala to Ziba Arnold
27 Oct. 1805 - **Case**, Moses to Effy Space
30 Aug. 1804 - **Case**, Patience to Anthony Sharp
5 May 1810 - **Case**, Peter Jr. to Polley Predmore
27 Dec. 1849 - **Case**, Peter M. Jr. (Newton) to Ellen Smith
4 Mar. 1802 - **Case**, Phebe (Newton) to Jacob Stoll
11 Feb. 1837 - **Case**, Phebe (Newton) to Thomas Havens
14 Sept. 1839 - **Case**, Sarah to John J. Townsend
13 May 1837 - **Case**, Schoby (Newton) to Mary Simmons
8 Mar. 1807 - **Casebear**, Martha to Benjamin Williams
16 Mar. 1806 - **Casebear**, Mary to James Daugherty
14 May 1814 - **Casener**, Daniel to Leah Luey
30 Oct. 1813 - **Casha**, Thomas to Coreliaugh Haynes
19 Nov. 1828 - **Caske**, Alvah to Malinda DeWitt
14 Feb. 1811 - **Caskey**, Ann to Matthew Martin
5 Nov. 1837 - **Caskey**, Eliza (Wantage) to Silas Schofield
8 Apr. 1838 - **Caskey**, Henry (Wantage) to Mariah Schofield
Apr. 1817 - **Caskey**, Mary to Thomas Martin
21 Jan. 1819 - **Caskey**, Robert to Mary Stephens
2 Apr. 1831 - **Caskey**, William to Eliza Pitts
2 Feb. 1814 - **Casner**, (Rev) Jacob to Sarah Shafer
1 Oct. 1797 - **Cass**, Mary (Frankford) to John Maring

9 July 1837 - **Cassad**, John (Wantage) to Malinda Dilistine
8 Dec. 1832 - **Cassady**, Eliza (Hardyston) to John W. Shorter
12 Nov. 1815 - **Cassady**, Mary to Abraham Lamberson
5 Apr. 1810 - **Cassady**, Elizabeth to Jonas Christman
21 Mar. 1818 - **Cassady**, Elizabeth (Newton) to Aaron McCollum, Jr.
4 Feb. 1824 - **Cassady**, Nancy to Peter Shafer
14 Mar. 1811 - **Cassady**, Patrick to Elizabeth Wintermute
11 Dec. 1834 - **Casse**, David to Susan Adaline Coursen
22 Feb. 1834 - **Cassedy**, Elizabeth to John Hall
3 Nov. 1832 - **Cassidy**, Eleazer to Julia Shorter
8 Jan. 1848 - **Cassidy**, Elizabeth Jane to David B. Rutan
25 Aug. 1799 - **Cassidy**, Mary to Peter Lanterman
- **Cassidy** see Kessddy
17 July 1803 - **Cassimore**, Eliz. to Henry Coamer
1 Dec. 1838 - **Cassimore**, Jane (Hardyston) to John Smith
9 Nov. 1833 - **Castalina**, Mariah to John Howey
17 Dec. 1797 - **Caston**, Rebechea (Walpack) to Samuel Decker
2 Dec. 1819 - **Casterlin**, Elizabeth to Richard Vernon
14 Sept. 1822 - **Casterlin**, Fanny to Isaac Rusco
9 May 1822 - **Casterlin**, James to Mary Hecok
23 Dec. 1819 - **Casterlin**, Letty to Lewis Carver
11 Dec. 1815 - **Casterlin**, Sarah (Wantage) Joseph Maker
20 Oct. 1802 - **Casterlin**, Thomas to Sarah Adams
25 Jan. 1844 - **Casterline**, Elizabeth to William Angle
4 July 1816 - **Casterline**, Evi to Phebe Northrup
8 Feb. 1806 - **Casterline**, George

to Jenny Evans
19 Feb. 1831 - **Casterline**, Harriet to William A. Compton
26 May 1813 - **Casterline**, John to Salache Middaugh
19 Feb. 1843 - **Casterline**, John to Esther Skellenger
22 Mar. 1814 - **Casterline**, Joseph to Ann towman
3 July 1821 - **Casterline**, Moses to Rebeccah Northrip
22 May 1834 - **Casterline**, Simeon L. (Morris Co.) to Evaline Atno
5 Mar. 1841 - **Casterline**, William D. (Sandyston) to Susan Ann Bross
21 Mar. 1829 - **Castermore**, Mary to Elezer M. Henderson
24 Oct. 1835 - **Castimore**, Rebecka (Vernon) to John Losey
27 Mar. 1830 - **Casttun**, Hesta to Andrew H. Westbrook
4 Feb. 1818 - **Castner**, Eliz. to John Campbell
1 Jan. 1815 - **Catcham**, Jane to Lewis Sutton
13 Nov. 1813 - Mary, Catcham to John Hammond
15 Aug. 1812 - **Catham**, Nathaniel to Sarah Brodrick
2 Sept. 1809 - **Catherline**, Phineas to Molly Havens
29 May 1813 - **Catherline**, Timothy to Jane Havens
4 Sept. 1824 - **Caton**, Matty to Aron Perry
15 Jan. 1829 - **Cattler**, Henry to Eliza Youngs
14 Oct. 1810 - **Catton**, Leyah to Gilbert McKeeby
3 Jan. 1817 - **Cavil**, Susan to John Lake
26 July 1801 - **Cawood**, Charlotte to Abraham Longcoy
8 June 1830 - **Cayton**, Jerusha to John McMallen
16 Oct. 1898 - **Cemor**, Mary to Elisha Shillenger
26 July 1806 - **Cennebruch**, James to Elizabeth Kirkendall
2 Nov. 1850 - **Chadwick**, Ann (Wantage) to Gabriel S. Carmer
22 Feb. 1812 - **Chadwick**, James to Jane Stull
27 Oct. 1846 - **Chadwick**, Rahcel Ann to Edward M. Bell
16 Sept. 1838 - **Chamerlain**, Amos to Mary Ann Lyon
12 Aug. 1830 - **Chamberlin**, Charles to Mary A. Anderson
10 June 1823 - **Chamberlain**, Phebe to Moses Kimbell
13 Sept. 1798 - **Chamberlain**, Abigail (Byram) to Samuel Lesh
29 July 1804 - **Chamberlin**, Edmund to Elizabeth Little
9 Sept. 1898 - **Chamberlin**, Elizabeth (Byram) to Gilburd Rish
24 Oct. 1813 - **Chamberlin**, Elizabeth to John Smith
1815 - **Chamberlin**, Henry to Fanny Thompson
25 Dec. 1813 - **Chamberlin**, James to Nancy McClennan
22 Sept. 1808 - **Chamberlin**, John to Mary Little
17 Dec. 1814 - **Chamberlin**, Joseph to Mary tow
20 Apr. 1814 - **Chamberlin**, Mary to John Everits
16 Dec. 1815 - **Chamberlin**, Noah to Mary Cox
8 Mar. 1817 - **Chamberlin**, Simon to Sarah Follet
5 Mar. 1797 - **Chambers**, Caty to Derik Brink
15 Dec. 1827 - **Chambers**, Chail to Susinda Peeve
2 Oct. 1797 - **Chambers**, Daniel to Elizabeth McCline
2 Nov. 1809 - **Chambers**, Elizabeth to John Titus
5 July 1899 - **Chambers**, Felena (Oxford) to Henry Kiningham
13 Apr. 1800 - **Chambers**, Jane to John Roberson
30 Sept. 1848 - **Chambers**, John to Julia Ann S:ites
27 Nov. 1896 - **Chambers**, Phebe to Amos Gardner
8 April 1797 - **Chambers**, Robert to Priscilla Pettit

22 Jan. 1825 - **Chambers**, Robert to Sarah Durmes
11 Nov. 1845 - **Chambers**, William to Elizabeth Sickles
16 Sept. 1852 - **Champion**, Henry (Andover) to Sarah M. Washer
22 Mayt 1827 - **Champlin**, William E. to Jane Hathorn
22 Sept. 1818 - **Champnor**, Thomas to Masey Sutton
24 Nov. 1812 - **Chandler**, Benjamin to Mary Luce
8 Oct. 1831 - **Chandler**, Frances to Josiah Wickham
7 Oct. 1846 - **Chandler**, H. (Unionville, N.Y.) to Mary S. Martin
27 May 1844 - **Chandler**, Peter to Aba M. VanKirk
30 May 1846 - **Chardavoinc**, Elizabeth to Samuel Havens
1 Apr. 1813 - **Chardewine**, Amey to George VanSick
4 Aug. 1814 - **Chedester**, Penninah to Chester Boyd
13 June 1822 - **Chedester**, Stephen O. (Morristown) to Elsey Hazen
4 Apr. 1830 - **Cherry**, Mary to James Mines
5 Jan. 1806 - **Chester**, Joseph to Mary Snook
26 Dec. 1817 - **Chichester**, Locinda to Charles Smith
18 Sept. 1850 - **Chidester**, Margaret C. (Newark) to Henry F. Egbert
24 Jan. 1833 - **Chidester**, Stephen O. to Sarah White
6 Nov. 1843 - **Chidister**, Abraham W. to Catherine Burnel
22 June 1816 - **Chifcart**, Anna (Hopewell) to Frederick G. Henson
15 June 1807 - **Chisister**, Samuel Jr. to Elizabeth Fits
8 May 1807 - **Chidester**, Jonathan to Patty Valentine
5 Aug. 1815 - **Chittyen**, Andrew to Mary Barlow
31 Jan. 1811 - **Chrisman** Elizabeth to Miachel Hetzell
28 Mar. 1804 - **Chrisman**,, George to Sally Dimon
1 Jan. 1806 - **Chrisman**, Isaac to Susn Shippen
28 Nov. 1802 - **Christoleer**, M. to Frederick Lunger
11 Mar. 1802 - **Christey**, Margaret to James Newman
17 April 1810 - **Christcy**, Polley to Peter Gunterman
25 Jan. 1800 - **Christie**, Caty to Stephen Boyls
1 Dec. 1810 - **Christie**, James to Elizabeth P. Struble
2 Dec. 1837 - **Christie**, Jonathan S. (Wantage) to Charlotte Beemer
1 July 1805 - **Christie**, William to Mary Snook
5 Apr. 1810 - **Christman**, Jonas to Elizabeth Cassady
31 Mar. 1805 - **Christoe**, Martha to Joshua Predmore
24 Nov. 1821 - **Christy**, Catharine (Newton) to Jacob Arvis
14 ___ 1831 - **Christy**, Robert to Catharine Scott
27 Mar. 1806 - **Christy**, William (Oxford) to Abigail Smith
30 July 1836 - **Chron**, Hannah to James Staley
26 July 1801 - **Chyjor**, Elizabeth to John Hough
30 June 1827 -**Ciddles**, Jane to Joseph Havens
26 July 1801 - **Chyjor**, Elizabeth to John Hough
30 June 1827 - **Ciddles**, Jane to Joseph Havens
15 Dec. 1809 - **Cifcart**, Mary to Abraham Decker
9 Feb. 1797 - **Cimball**, John (Oxford) to Polly Wineland
14 Oct. 1804 - **Cipplin**, John to Isabella Winfield
13 Feb. 1812 - **Cishpough**, Martin to Sarah Brughler
16 Apr. 1809 - **Clance**, Ellener to John Smyth
10 May 1809 - **Clancey**, Elizabeth

to Robert McKinney
14 Jan. 1829 - **Clark**, Monmouth to Ann Nichol
20 Apr. 1833 - **Clanson**, Freeman to Phebe Hibler
8 July 1804 - **Clark**, Aaron to Ruth Youngs
30 Aug. 1812 - **Clark**, Aaron to Mary Robbins
17 Jan. 1835 - **Clark**, Aaron W. C. to Hetta Layton
17 Oct. 1802 - **Clark**, Abraham to Mercy Atkins
13 Apr. 1800 - **Clark**, Benjamin to Elizabeth Carmer
5 July 1814 - **Clark**, Daniel to Cinthia Jourden
26 Dec. 1818 - **Clark**, Edward to Rachel Larrison
27 May 1802 - **Clark**, Elizabeth to Levi Little
5 May 1811 - **Clark**, Elizabeth to John Loder
11 Sept. 1808 - **Clark**, Elizabeth to Charles Barclay
6 Mar. 1834 - **Clark**, Elizabeth Ann to Joseph Demarest
14 June 1798 - **Clark**, George to Juda Divers
15 June 1811 - **Clark**, Hannah to George Longcord
30 Oct. 1842 - **Clark**, Henry (Milford, Penna.) to Julia Stackhouse
26 July 1804 - **Clark**, Isaac to Patuner Youngs
2 Sept. 1819 - **Clark**, Jane to Chadrick Conklin
17 Sept. 1835 - **Clark**, Jane (Sandyston) to Isaac Losey
8 Oct. 1836 - **Clark**, Jane to Isaac Losey
23 Jan. 1812 - **Clark**, Jeptha to Lydia Westbrook
5 Nov. 1798 - **Clark**, John to Esther Misner
9 Jan. 1845 - **Clark**, John to Martha S. Hull
27 Aug. 1815 - **Clark**, Jonathan to Parmelah Tharp
19 Mar. 1801 - **Clark**, Jopah to Caty Westfall
16 Nov. 1839 - **Clark** Joshua to Sarah Jane Beagle
25 Dec. 1841 - **Clark**, Linus to Emeline Stonebeck
14 Mar. 1818 - **Clark**, Margaret to John Sickles
30 Dec. 1817 - **Clark**, Mary (Sandyston) to Jacob Bedell
11 Sept. 1824 - **Clark**, Mary to John Write
2 July 1826 - **Clark**, (Wid) Mary to Isaac Carsner
8 Mar. 1834 - **Clark**, Mary to John Bross
11 Feb. 1826 - **Clark**, Matthias to Sarah Ann Mettler
29 Sept. 1805 - **Clark**, Moses to Susannah Kimpbell
14 July 1814 - **Clark**, Phebe to Isaac Dickerson
14 Sept. 1797 - **Clark**, Polly (Hardwick) to John Cortwright
18 July 1818 - **Clark**, Rachel (Wantage) to William Willson
9 Aug. 1842 - **Clark**, Rachel (Hardyston) to William Martin
21 Mar. 1812 - **Clark**, Rebecca to Philatus Munson
18 Feb. 1800 - **Clark**, Sarah to Daniel Layton
9 Oct. 1804 - **Clark**, Thomas to Martha Quick
1813 - **Clark**, William to Sarah Adams
25 Aug. 1840 - **Clark**, William to Emily Parliment
2 June 1820 - **Clauson**, Elizabeth to John Titus
11 May 1839 - **Clawson**, Aaron W. to Lydia Snover
15 Mar. 1818 - **Clawson**, Easter (Independence) to Abraham M. Sickel
11 Mar. 1819 - **Clawson**, Jacob to Nesiah Titus
16 Aug. 1819 - **Clawson**, Jacob to Kesiah Titus
27 Dec. 1848 - **Clawson**, John to Elizabeth Campbell
2 Jan. 1833 - **Clawson**, Malinda to

John Dorren
Mar. 1824 - **Clay**, Almira to John Wickham
23 Jan. 1803 - **Clay**, Henry to Caty Rerick
28 Dec. 1809 - **Clay**, Thomas to Elizabeth Flat
3 Aug. 1813 - **Clayton**, Hannah to Israel Swayze
11 June 1805 - **Clement**, Joseph to Hannah Hason
19 Dec. 1808 - **Clifford**, Elizabeth to Jacob Ogden
19 Dec. 1844 - **Clifford**, William H. (Newton) to Mary Crammer
25 Oct. 1795 - **Cline**, Anna (Knowlton) to William Teal
23 Aug. 1801 - **Cline**, Peter to Sally Bowers
24 Aug. 1799 - **Cline**, Rebeccah to James Loder
22 Dec. 1797 - **Cline**, Susannah to Matthias Van Horn
18 Oct. 1818 - **Clinton**, Thomas (Oxford) to Martha Robison
4 Mar. 1801 - **Closen**, Elizabeth to Zadock Mead
26 Sept. 1819 - **Coal**, Lenard to Caty Smith
28 Dec. 1816 **Coal**, Margaret to James Hayouck
17 Aug. 1807 - **Coalman**, Samuel to Elizabeth Noakes
17 July 1803 - **Coamer**, Henry to Eliz. Cassimore
15 Oct. 1807 - **Coat**, Mathias to Caty Kimbel
21 Mar. 1829 - **Coates**, Emily (Newton) to Abraham Sheeler
18 Jan. 1823 - **Coates**, Jacob to Hannah Canfield
15 May 1804 - **Coates**, Sarah to Peter Auten
3 Apr. 1824 - **Coates**, Joseph to Sarah Humes
8 July 1804 - **Coats**, William (Hardwick) to Ann Hibler
25 Oct. 1804 - **Coats**, Wiliam to Jenny House
25 Dec. 1839 - **Cobert**, James (Green) to Mary Wims

20 May 18225 - **Cobert**, Mary to John Dennis
7 May 1831 - **Cochran**, Dennis to Lydia Hunt
23 Mar. 1852 - **Cochran**, Margery (Newton) to John J. VanDeren
21 Oct. 1852 - **Cockran**, Jane (Newton) to William E. Morford
24 Feb. 1812 - **Coddington**, Jeremiah to artha Lewis
11 Aug. 1820 - **Codner**, Eliza to Robert Perrine
11 Feb. 1837 - **Coe**, James to Elida Willson
23 Dec. 1848 - **Coe**, John (Paterson) to Margaret Decker
4 May 1803 - **Coe**, William to Elizabeth Bates
9 June 1838 - **Coffin**, James L. (Frankford) to Hannah Westfall
3 Jan. 1818 - **Coffin**, Oratious N. to Mary Lambert
28 Aug. 1816 - **Cohnan**, Elizabeth to Richard Debenport
18 Mar. 1848 - **Coker**, Ephe E. to Aaron B. Love
17 Oct. 1811 - **Cole**, Andrew to Peggy Crisman
24 Mary 1805 - **Cole**, Ann to Rich Deremer
16 Mar. 1811 - **Cole**, Anna to John Morrison
1 Dec. 1831 - **Cole**, Barnabas
9 May 1818 - **Cole**, Barret to Hannah I. Ackerman
14 Dec. 1833 - **Cole**, Byram to Clarinda Hutchings
23 Mar. 1850 - **Cole**, Catherine (Wantage) to John B. Brush
13 May 1826 - **Cole**, Catherine D. to STephen Hayne
16 Feb. 1818 - **Cole**, Daniel to Nancy Smith
23 Jan. 1813 - **Cole**, David S. to Mary Brady
21 May 1799 - **Cole** (Wid) Deborah to Cornelius Ennis
30 Nov. 1826 - **Cole**, Ebenezer to Mehale Westfall
29 Jan. 1825 - **Cole**, Fanny to Levy VanGorder

37

25 Aug. 1808 - **Cole**, Francis to James Perry

5 Apr. 1840 - **Cole**, Gary (Vernon to Henrietta Strate

17 Feb. 1836 - **Cole**, Hannah (Wantage) to John Crawford

7 Aug. 1843 - **Cole**, Hannah Maria to Cornelius Galagar

24 Sept. 1849 - **Cole**, Harrison (Newton) to Clarinda Louise Raynor

8 Mar. 1823 - **Cole**, Hester to Thomas Beley

6 Mar. 1796 - **Cole**, Jacob to Phebe Marsh

19 Apr. 1834 **Cole**, Jacob to Rebecca Lozy

1 Oct. 1845 - **Cole**, Jacob (Montague) to Emily Price

10 Feb. 1821 - **Cole**, James to Elizabeth Cortwright

18 Aug. 1805 - **Cole**, Jenny to Asa Resencrance

19 Oct. 1803 - **Cole**, John to Rachel Marr

22 June 1809 - **Cole**, John to Ann Andress

11 Aug. 1811 - **Cole**, John to Catherine Hawk

21 Oct. 1811 - **Cole**, John to Catey VanAuken

26 Jan. 1822 - **Cole**, John to Marcy Roleson

15 Dec. 1821 - **Cole**, John to Mary Marshal

10 Oct. 1818 - **Cole**, Joseph (Hardyston to Nancy Nixson

17 Mar. 1830 - **Cole**, Joshua to Elizabeth Devenport

27 May 1824 - **Cole**, Josiah W. to Wannah Wickham

1 Apr. 1820 - **Cole**, Leach to Noah Everitt

30 July 1831 - **Cole**, Levi to Martha Townsend

11 May 1822 - **Cole**, Margaret to David Smith

24 Feb. 1839 - **Cole**, (Mrs) Martha (Wantage) to John VanSickle

1 June 1834 - **Cole**, Moses to Mary Ann Grimstead

6 Dec. 1827 - **Cole**, Nancy to Abraham

18 Oct. 1823 - **Cole**, Nathan to Rebecca VanGiver

5 Oct. 1850 - **Cole**, Nathan A. (Sparta) to Cornelia Willson

18 June 1815 - **Cole**, Phebe to Jacob Hursh

4 Mar. 1809 - **Cole**, Rachel to Patrick Givens

7 May 1831 - **Cole**, Sally to William Nearpass

27 Dec. 1812 - **Cole**, Samuel S. to Mary Elston

26 Feb. 1813 - **Cole**, Sarah to Isaac Lennington

24 Feb. 1829 - **Cole**, Sarah to Elbenezer Bestian

15 Sept. 1821 - **Cole**, Stephen to Catherine Davenport

22 Jan. 1842 - **Cole**, Stephen to Sarah Spencer

18 Aug. 1827 - **Cole**, Susan to Jacob Westfall

20 Oct. 1813 - **Cole**, Thomas to Susan Laines

27 Jan. 1836 - **Cole**, Thomas to Mariah Smith

22 Mar. 1797 - **Cole**, William (Wantage) to Catherina Brink

2 Aug. 1823 - **Cole**, william to Nancy Derumple

17 Apr. 1830 - **Cole**, William to Jane Small

6 Oct. 1836 - **Cole**, Willialm Jr. top Betsey Townsend

6 Jan. 1838 - **Cole**, William J. to Susan Elston

17 Oct. 1814 - **Coleman**, ___ to Elizabeth Budd

22 Feb. 1823 - **Coleman**, Abraham to Sarah Trusell

1 Aug. 1797 - **Coleman**, Elizabeth to John Mouder

6 June 1847 - **Coleman**, Henry D. to Rhoda Siples

6 Oct. 1805 - **Coleman**, Jabez to Lavinah Conkleton

8 June 1824 - **Coleman**, Jabez to Sarah Babcock

30 May 1803 - **Coleman**, William

to Nancy Philips
17 May 1815 - **Collard**, Elizabeth to Garret Berry
30 Oct. 1846 - **Collver**, Catherine (Lafayette) to Wiliam Hunson
8 Sept. 1849 - **Collver**, Elizabeth T. to John R. Williams
19 Jan. 1843 - **Collver**, George W. (Sparta) to Dorcas P. Kays
20 June 1801 - **Collins**, John to Hannah Benjamin
17 April 1796 - **Collins**, Jonathan (Hardwick) to Elizabeth Smith
16 Nov. 1816 - **Collins**, Samuel to Elizabeth Kimble
25 Apr. 1809 - **Collission**, Catey Maria to William Edwards
22 Sept. 1821 - **Collum**, Elizabeth to Thomas Crain
16 Feb. 1809 - **Collum**, Hannah to John Morgan
10 May 1816 - **Collum**, Peter (Wantage) to Sarah Kirkpatrick
8 Aug. 1802 - **Colsher**, David to Margaret Willson
16 Aug. 1802 - **Colt**, John to Margaret Englis
17 Nov, 1797 - **Colver**, Nancy to Lucy Brink
15 Jan. 1814 - **Column**, Jacob to Susan Smith
22 Oct. 1801 - **Column**, Sarah to John I. Roleson
25 Mar. 1804 - **Colver**, Delight to John Dalrymple
20 Mar. 1839 - **Colver**, John to Marilda E. Meechum
22 Dec. 1810 - **Colvin**, Luther to Mary Carter
20 Sept. 1804 - **Come**, Catherine to John Sims
10 Sept. 1825 - **Comer**, Belsora to Benjamin I. Adams
21 Apr. 1831 - **Comer**, John to Elizabeth Perkluent
20 Feb. 1847 - **Comer**, Sarah (Tranquility) to Abraham Bertren
26 July 1803 - **Comfort**, Joseph to Mary Lacock
7 Jan. 1832 - **Compton**, Andrew to Christians Carmer
30 Nov. 1812 - **Compton**, Andrew to Lusa Havens
10 Oct. 1818 - **Compton**, Andrew to Sarah Rolason
15 Oct. 1833 - **Compton**, Andrew to Sarah Gemough
8 Apr. 1798 - **Compton**, Caroline (Knowlton) to Thomas Wolf
2 June 1821 - **Compton**, Caty to Willam F. Dewe
25 Feb. 1832 - **Compton**, David Jr. to Catherine Struble
3 Sept. 1812 - **Compton**, Easter to William Lewis
20 Nov. 1841 - **Compton**, Elias (Penna.) to Emma Reeves
25 Apr. 1821 - **Compton**, Elizabeth to Caleb Russel
10 Mar. 1821 - **Compton**, Estter to Levy Corkendel
28 Aug. (Jan.) 1830 - **Compton**, Gabriel to Mary Hazen
10 Aug. 1795 - **Compton**, Hannah to George Space
5 Dec. 1835 - **Compton**, Harriet (Wantage) to Moses Brink
3 Sept. 1812 - **Compton**, Hester to William Lewis
1 Mar. 1823 - **Compton**, Jacob to Elizabeth Ayers
8 Nov. 1845 - **Compton**, Joel to Elvira Hough
3 Dec. 1835 - **Compton**, John to Maria Hough
29 Mar. 1817 - **Compton**, Lotty to Henry Decker
28 Aug. 1829 - **Compton**, Lucy to Daniel Retan
9 Aug. 1846 - **Compton**, Mary E. to James H. Perry
26 Nov. 1795 - **Compton**, Phebe to Henry Coykendall
5 May 1816 - **Compton**, Phebe (Wantage) to Joel Crowell
13 Apr. 1806 - **Compton**, Rachel to James Cunnegim
29 Aug. 1805 - **Compton**, Robert to Susannah Rolinson
1 May 1808 - **Compton**, Sarah to George Smith

19 June 1836 - **Compton**, Sarah (Frankford) to Peter Smith
31 Aug. 1840 - **Compton**, Sarah (Frankford) to Calvin T. Mead
19 Feb. 1831 - **Compton**, William A. to Harriet Casterline
25 Mar. 1819 - **Conceale**, Elsa to William Rolason
3 May 1823 - **Concely**, Mary to Henry Drake
31 May 1806 - **Conclin**, Mary to William Smith
17 Feb. 1842 - **Condit**, (Rev) Thaniel B. (Stillwater) to Rebecca J. Shafer
30 Mar. 1802 - **Conely**, Thomas (Mt. Bethel) to Hannah Pletts
1 Aug. 1796 - **Conger**, Abigail to Benjamin Nickels
18 Feb. 1804 - **Conger**, Anna to Jonathan Toms
4 Aug. 1821 - **Conger**, Benjamin to Juley Elmore Angle
1 May 1796 - **Conger**, John (Hardwick) to (Wid) Margaret Smith
13 May 1818 - **Conger**, Mary (Byram) to John Spencer
28 Jan. 1818 - **Congle**, Catherine (Hardwick) to Adam Warner
31 Jan. 1822 - **Baty**, William to Sarah Congle
14 Aug. 1819 - **Conglenton**, Elizabeth to John Bloom
18 Dec. 1845 - **Congleton**, David to Julia Tuttle
26 Nov. 1837 - **Congleton**, George B. to Ann Morris
12 Mar. 1831 - **Congleton**, Levi to Charlotte Schofield
18 Oct. 1807 - **Congleton**, Phebe to James Hunter
12 Mar. 1831 - **Conhover**, Joel to Nelson Prenine
18 Mar. 1805 - **Conklemier**, Sarah to Jacob Hockenberry
1 Sept. 1804 - **Conkleton**, David to Sarah Perry
21 Mar. 1829 - **Conkleton**, Elizabeth to Peter Onstead
17 Mar. 1805 - **Conkleton**, James to Eliz. Newman
6 Oct. 1805 - **Conkleton**, Lavinah to Jabez Coleman
30 Nov. 1844 - **Conklin**, Clarissa to NicholasSimmenson
18 Aug. 1823 - **Conklin**, Elizabeth to John Kinney
3 Mar. 1831 - **Conklin**, Elizabeth to Abram VanDamark
31 Dec. 1839 - **Conklin**, George to Hannah Conklin
21 Sept. 1816 - **Conklin**, Hannah to James Babcock
31 Dec. 1839 - **Conklin**, Hannah to George Conklin
15 Feb. 1840 - **Conklin**, John (Orange Co., N.Y.) to Sarah Cooper
2 Jan. 1853 - **Conklin**, Josiah (Deerpark, N.Y.) to Phebe Scott
13 Dec. 1821 - **Conklin**, Juliann to John Silsbee
16 Apr. 1798 - **Conklin**, Mary to Zachariah Buskirk
13 Feb. 1842 - **Conklin**, Mary to Samuel L. Landen
12 Feb. 1850 - **Conklin**, Mary L. to Robert M. Evans
17 Dec. 1842 - **Conklin**, Oliver (Frankford) to Lucinda Ward
2 Sept. 1819 - **Conklin**, Shadrick to Jane Clark
31 Mar 1842 - **Conklin**, Susan to William Campbell
15 Nov. 1843 - **Conklin**, Susan to Samuel Deland
30 Aug 1840 - **Conklin**, Thomas to Rebecca McCoy
10 Apr. 1822 - **Conkling**, Benjamin to Mary Decker
10 Dec. 1795 - **Conkling**, Elizabeth to James Beaty
20 Mar. 1799 - **Conkling**, Joseph to Henrietta Jacobus
10 Dec. 1823 - **Conkling**, (Rev) Nathaniel to Emily H. Fitch
18 Feb. 1802 - **Conklington**, Hannah to Martin Harker
25 Nov. 1801 - **Conklinton**, Mercy to Elizabeth Hedden
21 Dec. 1817 - **Conkright**,

Emanuel to Phebe Norris
10 Sept. 1831 - **Conling**, John to Clarry Tapans
18 Sept. 1847 - **Connel**, Eliza (Ireland) to Hugh McKee
26 Oct. 1850 - **Connellow**, Lorance V. (Newton) to Samuel W. Stackhouse
27 Dec. 1806 - **Conner**, James to Laner McElroy
5 Apr. 1816 - **Conner**, James to Mary Frost
1 Mar. 1821 - **Conner**, James to Lady Lennords
29 Sept. 1805 - **Connet**, Hannah to George Robbins
30 Sept. 1810- **Connet**, Henry to Mary Farver
17 June 1804 - **Connet**, John to Abagail Norman
3 Sept. 1805 - **Connet**, Sarah (Hardyston) to Arthur Magill
21 Aug. 1830 - **Connet**, Sibel to Henry Riker
15 Sept. 1812 - **Conover**, Latitia to Henry N. Miller
14 Sept. 1819 - **Conover**, Mary F. to John Henry Aulick Sr.
29 Aug. 1811 - **Connett**, Sib to William Knox
24 June 1815 - **Consalay**, Rebecca to Benjamin Woodruff
20 Oct. 1810 - **Cook**, Abraham H. to Elizabeth Albertson
30 Aug. 1817 - **Cook**, Abraham (Newton) to Charlotte Hunt
16 Oct. 1811 - **Cook**, Ann to Ebenezer Jayne Jr.
10 Mar. 1813 - **Cook**, (Wid) Anney to John Albertson
26 June 1847 - **Cook**, Asa (Newton) to Charlotte Struble
24 Oct. 1819 - **Cook**, Katherine to Henry Savercool
29 Jun. 1815 - **Cook**, Consider to Margaret Howell
1 Dec. 1808 - **Cook**, Daniel to Ellenor Snover
12 Dec. 1848 - **Cook**, (Rev) Edward B. to Lydia Hursh
21 Aug. 1841 - **Cook**, Euphamia (Newton) to Daniel P. Howell
4 Jan. 1817 - **Cook**, Garret to Maria Stevens
17 Mar. 1814 - **Cook**, Henry to Rebecca Cook
19 Jan. 1839 - **Cook**, Huldah to Lewis Kishpaugh
31 May 1803 - **Cook**, Isaac (Hardwick) to Caty Albertson
2 Mar. 1797 - **Cook**, James to Polly Snover
18 Jun. 1809 - **Cook**, James to Catherine Case
23 Mar. 1814 - **Cook**, James to Anna Ayres
18 Dec. 1807 - **Cook**, John to Margaret Dates
16 Jan. 1851 - **Cook**, John L. to Ellen Luckey
19 June 1835 - **Cook**, Letitia (Newark) to William Pell
6 Feb. 1819 - **Cook**, Levi (Hardwick) to Sarah Scoot
21 Aug. 1819 - **Cook**, Lydia to Josiah S. Bennet
15 Aug. 1811 - **Cook**, Mary to James Bennet
26 May 1816 - **Cook**, Mary (Penna.) to James Allen
7 Oct. 1820 - **Cook**, Matilda to Jacob Ackerson
2 Nov. 1833 - **Cook**, Millard to Anne Hibler
24 Jan. 1805 - **Cook**, Nathan (Hardwick) to Lanah Shaver
17 Mar. 1814 - **Cook**, Rebecca to Henry Cook
24 Feb. 1816 **Cook**, Richard to Catherine Richards
24 Sept. 1804 - **Cook**, Sarah (Hardwick) to Jacob Rice
28 Aug. 1824 - **Cook**, Sarah to Joseph Current
3 Nov. 1838 - **Cook**, Sarah (Greenwich) to Aaron Stinson
4 Jan. 1839 - **Cook**, Sarah (Hardwick) to Solomon Jennings
26 Dec. 1840 - **Cook**, Susanna (Hardwick) to Robert T. Runyun
25 Jan. 1810 - **Cooke**, Catherine to Joseph Morse

1813 **Cooke**, Elisah to Elizabeth Albertson

27 Jul. 1815 - **Cool**, Abraham to Margaret Angle

27 Jun. 1799 - **Cool**, Elizabeth to Elona Albertson

28 Sept. 1805 - **Cool**, Ia. to Ann Westbrook

2 Sept. 1815 - **Cool**, Isaac to Nancy Decker

30 Sept. 1812 - **Cool**, Jacob to Mary Larue

12 Feb. 1820 - **Cool**, John Jr. to Nancy Sutton

30 Oct. 1823 - **Cool**, Mary to Samuel Angle

1 Apr. 1807 - **Cool**, Paul to Mary Dey

25 Dec. 1819 - **Cool**, Paul Jr. to Mary Linaberry

25 Feb. 1800 - **Cool**, Philip to Joana Leder

11 Aug. 1805 - **Cool**, Rebecca (Montague) to Moses Crofford

1 Nov. 1821 - **Cool**, William to (Mrs) Catherine White

9 Feb. 1815 - **Cool**, William Jr. to Mary Hagaman

7 Feb. 1808 - **Cooley**, Jonathan to Jane Cummins

6 Jan. 1800 - **Cooley**, Nancy (Hunterdon Co.) to William Moore

25 Aug. 1810 - **Coon**, David to Christana Finch

24 Dec. 1800 - **Coon**, Elizabeth (Frankford) to Anthony Hough

27 June 1840 - **Coon**, John C. (Newton) to Rachel Mott

8 May 1830 - **Coon**, Nancy to Henry Space

27 Oct. 1816 - **Coon**, Patience (Newton) to Benjamin Schooly

16 Jan. 1841 - **Cooper**, Hugh (Green) to Mary Bird

12 Dec. 1812 - **Cooper**, James to Ann Shardewine

31 Dec. 1835 - **Cooper**, Mathew Henry to Emely Smith

12 Nov. 1812 - **Cooper**, Robert to Sophia Sheffer

1 Dec. 1814 - **Cooper**, Sally (Newton) to Aaron Griggs Jr.

15 Sept. 1821 - **Cooper**, Samuel to Sarah Balden

15 Feb. 1840 - **Cooper**, Sarah (Vernon) to John Conklin

5 Apr. 1848 - **Cooper**, Sarah C. (Green) to William T. Sidner

30 Sept. 1835 - **Cooper**, Sarah Mariah (Wantage) to Asa Smith

23 May 1797 - **Cooper**, Susannah to Daniel Bird

4 Nov. 1804 - **Cooper**, William to Ann Giles

11 Aug, 1838 - **Cooper**, William (Newton) to Elizabeth Maines

27 Feb. 1817 - **Coos**, John (Frankford) to Mary Johnson

28 Feb. 1810 - **Coossman**, Ester to John Ward

1 Oct. 1797 - **Corciluis**, Charity (Wantage) to Peter Rutan

23 Feb. 1805 - **Cord**, Rachel to Benjamin Sulaven

20 Sept. 1812 - **Corey**, David to Martha Wade

3 July 1811 - **Corill**, Cornelius to Catherine Cornelius

4 Aug. 1808 - **Corlis**, Jacob to Charity Ogden

2 June 1821 - **Corkendol**, July to Charles Adams

10 Mar. 1821 - **Corkendol**, Levy to Estter Totten

10 Jan. 1824 - **Cormick**, Thomas to Betsey Totten

3 July 1811 - **Cornelius**, Catherine to Cornelius Corill

20 Feb. 1812 - **Cornell**, Cornelius to Mary Anderson

20 Dec. 1810 - **Cornell**, Jemima to James Ervine

9 Feb. 1839 - **Corner**, Hiram to Ann DeWitt

11 Sept. 1801 - **Corsed**, Elihu (Frankford) to Ann McCoy

27 Apr. 1811 - **Corselius**, Hannah to Daniel Rutan

22 Dec. 1810 - **Corselius**, Margaret to Zachariah Bedell

2 June 1827 - **Corselius**, Peter to

Mariah Youngs
22 Aug. 1802 - **Corsely**, Susannah to James Thomson
3 Feb. 1810 - **Corsen**, Elizabeth to Stephen Emmans
4 July 1805 - **Corson**, Mary (Hardwick) to Joseph Lanning
20 Nov. 1797 - **Corsen**, Peggy (Hardwick) to Adam Runkle
19 Apr. 1813 - **Corsen**, Isaac to Ann Mann
26 Mar. 1829 - **Cortelyou**, William to Sally Ann Hart
3 Nov. 1804 - **Corter**, Philip to Anna Benjamin
13 Oct. 1805 - **Cortright**, Aron to Elizabeth Onstott
23 Jan. 1820 - **Cortright**, Bastion to Deborough Heaton
16 Sept. 1810 - **Cortright**, Cornelia to Abraham Westfall
13 Oct. 1832 - **Cortright**, Denman to Levina Simmonson
24 Sept. 1831 - **Cortwright**, Eliza to Edward Ayres
10 Feb. 1821 - **Cortright**, Elizabeth to James Cole
30 July 1832 - **Cortright**, James to Margaret Crouse
5 Sept. 1840 - **Cortright**, John (Newton) to Miriam Greenind
24 Feb. 1808 - **Cortright**, Margaret to James Winfield
7 Feb. 1846 - **Cortright**, Martin to Harriet Potts
12 Apr. 1851 - **Cortright**, Mary Jane (Wantage) to Zenos Stenaback
9 May 1805 - **Cortright**, Olche to Yereon Westbrook
2 Apr. 1831 - **Cortright**, Phebe to Thomas Decker
9 Oct. 1808 - **Cortright**, Reuben to Deborah Bedell
8 Sept. 1800 - **Cortright**, Sarah to Andrew VanSickle
5 Aug. 1824 - **Cortright**, Susan to Jacob Snover Jr.
10 Mar. 1849 - **Cortwright**, Caroline (Orange Co., N.Y.) to Asel Adams

6 July 1797 - **Cortwright**, Cornelius to Lomiche Decker
28 Apr. 1796 - **Cortwright**, Elizabeth to John Williams
14 Sept. 1797 - **Cortwright**, John to Polly Clark
9 Nov. 1833 - **Corwin**, James to Sarah Selver
18 Dec. 1813 - **Corwine**, Elias to Polly King
19 June 1834 - **Cory**, Benjamin to Rhoda Ann Humes
9 June 1840 - **Cory**, Job to Joanna Lanterman
21 Dec. 1816 - **Cory**, Lohany to Serren Wade
26 Dec. 1806 - **Cory**, Mary to Thomas Denney
20 Jan. 1813 - **Cosad**, Jacob to Hannah Stevens
26 Apr. 1814 - **Cosad**, Samuel to Lucretia Vance
31 Oct. 1848 - **Cose**, Lucy to Henry Mott
14 Sept. 1839 - **Cose**, Shipman to Carolina Halsey
23 Dec. 1834 - **Coss**, Abraham to Elizabeth Richards
26 Sept 1848 - **Coss**, Andrew L. (Frankford) to Sarah E. Beemer
7 Mar. 1839 - **Coss**, Christina to Alpheus Hazen
8 Jun. 1800 - **Coss**, Elizabeth to Harvey Howell
23 Jan. 1829 - **Coss**, Elizabeth to David VanHorn
28 June 1801 - **Coss**, George to Elizabeth Smith
10 Apr. 1834 - **Coss**, Jane to Nathan Shepherd Jr.
5 Dec. 1829 - **Coss**, Margaret to Stephen Day
19 June 1824 - **Coss**, Maria to Corlile Miers
24 Dec. 1846 - **Coss**, Matilda to Alvah C. Beemer
26 Jan. 1828 - **Coss**, Mary Ann to John Hopkins
15 Feb. 1892 - **Coss**, Peter Jr. to Susannah Washer
25 Feb. 1798 - **Coss**, Philip (Frank-

ford) to Catherine Flack
29 Sept. 1832 - **Coss**, Philip Jr. to Sally Myres
5 Dec. 1840 - **Coss**, Sarah Jane (Frankford) to Theodosius LaForge
15 May 1830 - **Coss**, Susan to David Fausot
14 Mar. 1808 - **Coss**, William to Matty McCurdy
28 Apr. 1823 - **Cotoman**, Downs to Elizabeth Snook
15 Apr. 1842 - **Cotton**, Jonathan H. (Connecticut) to Phebe M. Warbass
25 July 1813 - **Cougle**, Charles to Elizabeth Smith
8 Sept. 1822 - **Cough**, Matilda to James Laroe
14 Mar. 1822 - **Cougle**, Joseph to Jane Bordman
10 Oct. 1811 - **Cougleton**, Phebe to Paul Leonard
10 Aug. 1843 - **Coult**, Elizabeth A. (Frankford) to Charles Roe
1 July 1810 - **Coult**, Joseph to Jerusha Price
14 Nov. 1810 - **Coult**, Lucy to Nicholas Maddison
11 Feb. 1841 - **Coult**, Lucy to Charles Roe
26 July 1806 - **Coulter**, Elizabeth to Andrew Springer
7 Dec. 1826 - **Coulter**, Sarah to Barton Edsall
8 Oct. 1836 - **Counterman**, Peter (Stillwater) to Sarah Stickles
3 Jan. 1819 - **Couplin**, Abigail to John Lott
4 Dec. 1847 - **Couplin**, Henrietta H. to Stephen M. Stoll
6 Jan. 1816 - **Coursen**, Allen to Lucy Ayres
1 June 1826 - **Coursen**, Allen to Phebe Roy
23 Apr. 1807 - **Coursen**, Anna to Abner Buntin
6 July 1816 - **Coursen**, Charity to Matthias Snook
20 June 1805 - **Coursen**, Eanos to Mary Breen
20 Dec. 1831 - **Coursen**, Elizabeth to John N. Rogers
20 Mar. 1847 - **Coursen**, Elizabeth to Peter Bowman
29 May 1819 - **Coursen**, Elizabeth 0. to William Kirkpatrick
26 Sept. 1810 - **Coursen**, Henry to Mary Beemer
18 Oct. 1828 - **Coursen**, Henry to Susan Ellett
12 Feb. 1799 - **Coursen**, Isaac to Polly Kerr
9 Mar. 1815 - **Coursen**, Jacob to Ann Savercool
29 Jan. 1824 - **Coursen**, Mary to James Durling
3 Oct. 1829 - **Coursen**, Nancy to Nehemiah Osbom
10 Mar. 1818 - **Coursen**, Polly (Hardwick) to Aaron McCollum Sr.
4 Apr. 1816 - **Coursen**, Richard (Hardwick) to Elizabeth VanCamp
22 Aug. 1824 - **Coursen**, Sarah to John W. Smith
5 Sept. 1816 - **Coursen**, Susan to Alexander Christy
11 Dec. 1834 - **Coursen**, Susan Adaline to David Casse
2 May 1816 - **Coursin**, Jemima to William. Jennings
17 Jan. 1813 - **Courson**, Abraham J. to Nancy Keer
20 Oct. 1810 - **Courson**, Jacob to Elizabeth Moot
31 Jan. 1802 - **Courson**, Daniel (Hardwick) to Elsie Kerr
15 Nov. 1844 - **Courson**, Joseph H. (Stillwater) to Mary E. Shafer
25 Apr. 1843 - **Courson**, George H. (Newton) to Elizabeth Pettit
31 May 1798 - **Courson**, Milly (Walpack) to Ezekiel Hazen
9 Oct. 1821 - **Courson**, Sarah (Hardwick) to Richard Stilwell
1 June 1806 - **Courson**, Van T. to Christian Simpson
4 Nov. 1807 - **Courson**, Aaron to Charity Cummins
14 Sept. 1808 - **Courson**, Cather-

ine to Jesse Morris
5 Nov. 1808 - **Courson**, George to Nancy. Seward
20 July 1833 - **Courter**, Anna to George Hartman
28 Oct. 1809 - **Courter**, Jemima to Elias Osborn
19 Nov. 1801 - **Courter**, Jonathan to Eliza Thompson
22 Sept. 1814 - **Courter**, Nathan to Nancy Segular
29 Jan. 1829 - **Courter**, Peggy to John Tillman
9 Mar. 1825 - **Courter**, Peter Jr. to Mary Stage
22 Dec. 1821 - **Courter**, Sarah to Henry Ratan
10 Oct. 1801 - **Courtright**, Abraham, to Blandeah Courtright
7 Sept. 1798 - **Courtright**, Anna to Abraham Nemarer
26 June 1824 - **Courtright**, Betsey to Levy Westfall
10 Oct. 1801 - **Courtright**, Blandeah to Abraham Courtright
3 Jul. 1813 - **Courtright**, Catherine to William VanGelder
17 Dec. 1803 - **Courtright**, Dority to Peter Houghtalen
14 Sept. 1843 - **Courtright**, Eliza (Wantage) to William Booman
27 July 1824 - **Courtright**, Frederick to Diedemy Devenport
15 Dec. 1799 - **Courtright**, Jaruthia to James Carmer
3 May 1804 - **Courtright**, Lidia to William Bennet
11 Jan. 1840 - **Courtright**, Martin (Montague) to Lavey Mains
22 Jan. 1804 - **Courtright**, Mary to Jacob Kyte
13 Aug. 1818 - **Courtright**, Silas to Susanna Coy Kendall
6 Nov. 1800 - **Courtright** Susannah to Wilhemus Houghterling
13 Jan. 1821 - **Courtright**, William to (Mrs) Hannah Brink
25 Feb. 1819 - **Courtrite**, Jones to Selila Scidman
1 Sept. 1796 - **Courtwright**, Hendrick to Catherine VanGorda

2 Sept. 1824 - **Courtwright**, Phebe to George Devour
7 Mar. 1816 - **Cous**, William to Elizabeth Heguss
22 May 1828 - **Couse**, Abigail (Frankford) to Samuel Price
1 Nov. 1827 - **Couse**, Anna M. to William H. Johnson
11 Feb. 1835 - **Couse**, Benjamin to Rosetta Dunning
8 Sept. 1813 - **Couse**, Catherine to Benjamin Halsey
31 Oct. 1838 - **Couse**, Charlotte (Frankford) to Calvin Price
12 Feb. 1835 - **Couse**, David to Mary Ann Rice
7 Jan. 1797 - **Couse**, Henry to Margaret Opdike
15 Dec. 1807 - **Couse**, Henry to Mary Northrup
20 Feb. 1841 - **Couse**, Henry (Newton) to Sarah Abers
14 Jan. 1852 - **Couse**, Samuel Lippencot
8 Jan. 1825 - **Couse**, Margaret to Moses Northrup
6 Sept. 1823 - **Couse**, Martha (Frankford) to Samuel Bartholf
14 Dec. 1839 - **Couse**, Mary (Frankford) to James Smith
22 Dec. 1827 - **Couse**, Nancy to James Smith
17 Dec. 1838 - **Couse**, Phebe E. to William C. Osborne
14 Dec. 1836 - **Couse**, Sarah (Frankford) to Henry Smith
9 Sept. 1815 - **Couse**, Susan (Newton) to Jacob Welch
17 Sept. 1834 - **Couse**, Susan L. to (Rev) C. C. Perk
11 June 1809 - **Couser**, Mary to Jonathan Burrell
16 Nov. 1820 - **Covenhoven**, Mary to Garret Lacey
1 Aug. 1811 - **Cowell**, Jacob to Rachel Angle
30 June 1814 - **Cowell**, Mary to Jacob Henry
19 Jan. 1800 - **Cox**, Arthur to Charity Cummans

9 June 1824 - **Cox**, Assenath to John McKarrick
30 Dec. 1804 **Cox**, Benjamin to Elizabeth Miller
19 Nov. 1836 - **Cox**, Cecelia (Newton) to Jeremah Hiles
10 Mar. 1803 - **Cox**, David (Manfield) to Jane Engle
6 Jan. 1816 - **Cox**, Elinor (Frankford) to Philip Abers
14 March 1804 - **Cox**, Elizabeth to John Waters
11 Jan. 1844 - **Cox**, Elizabeth to John E. Adams
14 Dec. 1844 - **Cox**, Experience (Vernon) to Kimble Scott
10 Dec. 1803 - **Cox**, Hannah to Thomas Teasdale Jr.
2 Sept. 1838 - **Cox**, Harriet to John Siple
21 Oct. 1851 - **Cox**, Harriet (Wantage) to John L. Beemer
10 Nov. 1852 - **Cox**, Helea Maria (Newton) to Jesse M. Smith
15 Apr. 1818 - **Cox**, Jane to Dennis Lynch
27 June 1808 - **Cox**, John to Mary Hoppough
16 Feb. 1816 - **Cox**, John to M. Felver
5 July 1829 - **Cox**, John (Hardwick) to Loreto Sharp
4 Jan. 1838 - **Cox**, John (Newton) to Lucy Curran
23 Jun. 1826 - **Cox**, Juliann to Joel Ingersoll
28 Sept. 1837 - **Cox**, Maraley to Thomas Riggs
25 Aug. 1832 - **Cox**, Maria to Fountain Smith
7 Apr. 1808 - **Cox**, Martin, to Esther Talmage
19 Dec. 1810 - **Cox**, Mary to William Jefferson
16 Dec. 1815 - **Cox**, Mary to Noah Chamberlin
25 Sept. 1845 - **Cox**, Nicholas (Vernon) to Charlotte Dunn
27 Aug. 1808 - **Cox**, Ruth to Richard Cuddabaugh
26 June 1810 - **Cox**, Sarah to Ambrose Marsh
5 June 1819 - **Cox**, Sarah to Aaron Polhamous
3 Oct. 1822 - **Cox**, Sary to William Preeder
12 Feb. 1842 - **Cox**, Stiles (Newton) to Mary D. Mattison
17 Nov. 1846 - **Cox**, Terrissa to Elias A. Woodruff
20 Sept. 1801 - **Cox**, Thomas to Ann Miller
16 Oct. 1803 - **Cox**, Thomas (Mansfield) to Anna Schooly
10 Dec. 1836 - **Cox**, William (Frankford) to Elizabeth Simmons
22 June 1814 - **Coxe**, James to (Miss) Drake
17 Jany. 1818 - **Coxe**, Lydia (Newton) to James Huston
17 Aug. 1815 - **Coxwin**, Nathaniel to Elizabeth Biles
9 Apr. 1814 - **Coykendall**, Elizabeth to Isaac Finch
26 Nov. 1795 - **Coykendall**, Henry to Phebe Compton
30 Mar. 1850 - **Coykendall**, Huldah (Wantage) to Zephaniah Haven
8 Sept. 1795 - **Coykendall**, Joel to Margaret Stuber
19 Dec. 1838 - **Coykendall**, Margaret (Wantage) to Jesse Lambert
15 Oct. 1827 - **Coykendal**, Mariah (Wantage) to William Hick
3 Jan. 1807 - **Coykendall**, Peter Jr. to Phebe Trusdale
31 Aug. 1803 - **Coykendall**, Rachel (Wantage) to Abraham VanSyckle
8 Mar. 1801 - **Coykendall**, William to Mary Vanuckle
26 Feb. 1825 - **Coykendell**, Elijah to Matilda Shepherd
10 Aug. 1816 - **Coykindall**, Joshua to Susan Coykindall
20 Aug. 1815 - **Coykindall**, Ruth to Daniel Longcore
10 Aug. 1816 - **Coykindell**, Susan to Joshua Coykindall

29 June 1822 - **Coykendoll**, Samuel D. to Hulda Adams
5 Feb. 1817 - **Coymer**, Adam (Wantage) to Elenor Curelius
6 Nov. 1814 - **Coymer**, Anna to Samuel Schofield
9 Oct. 1796 - **Coymer**, Elizabeth to Israel Dillason
19 Nov. 1814 - **Coymer**, Peter to Sarah Rodney
7 Jan. 1825 - **Coytes**, Abraham Jr. to Nancy Schoonover
16 May 1797 - **Cozard**, Jacob to Joana Hazen
14 Sept. 1815 - **Cozad**, Job to Anna Gustin
7 July 1832 - **Crabtree**, Elizabeth to William Givens
9 Sept. 1831 - **Crabtree**, John to Eliza Givens
7 Jan. 1843 - **Crabtree**, Julia to Jacob Dunning
28 Sept. 1834 - **Crabtree**, Maria to Evi L. Tompkins
27 June 1824 - **Crager**, James to Anna Davenport
7 July 1852 - **Craig**, Jame C. to Abram M. Vail
2 Feb. 1813 - **Craig**, Martha to Isaac Larue
29 Feb. 1822 - **Craig**, William to (Wid) Christen Hoaglan
22 Sept. 1821 - **Crain**, Thomas to Elizabeth Collum
1 Oct. 1797 - **Craion**, Jacob to Pelly Devers
10 Feb. 1803 - **Cramer**, Ann to Peter Struble
24 Mar. 1796 - **Cramer**, Elizabeth to William Dilse
23 Mar. 1844 - **Cramer**, Jane to Jacob Smith
29 Jan. 1804 - **Cramer**, Mathiar to Margaret Labar
3 Jan. 1850 - **Cramer**, Ruth (Newton) to David B. Crawford
27 Sept. 1817 - **Crammer**, Isaac to Elsey Merrin
28 June 1817 - **Crammer**, Jacob to Margaret Sutton
13 Dec. 1817 - **Crammer**, John to Polly Hendershet
5 Mar. 1819 - **Crammer**, Julian to Joseph Anderson
19 Dec. 1844 - **Cramer**, Mary to William H. Clifford
10 July 1817 - **Crammer**, Morris to Susan Snook
6 Feb. 1823 - **Crammer**, Susan to John Onsted
30 May 1797 - **Crammer**, Samuel to Christiana Bells
20 __ (1804?) - **Crampton**, Henry (Frankford) to Locky Beagles
1 Nov. 1812 - **Crampton**, Hila to Jacob Webb
25 Dec. 1796 - **Crampton**, Joseph to Catherine Space
25 Jan. 1806 - **Crampton**, Sarah to Mattew William
4 May 1812 - **Crampton**, William Jr, to (Wid) Martha Joncs
8 Aug. 1803 - **Crandlemire**, Margaret to Nathan Hand
5 Dec. 1840 - **Crane**, Andrew to Cornelia Reeve
31 Oct. 1839 - **Crane**, Asenath to Samuel A. Price
24 May 1829 - **Crane**, Catherine (Wantage) to John Gould
22 Nov. 1817 - **Crane**, David to Susan Honnboth
7 July 1819 - **Crane**, Elias W. to Margaretta H. Johnson
24 Dec. 1839 - **Crane**, Eliza (Wantage) to John B. Ackerman
16 May 1805 - **Crane**, Elizabeth to Samuel DeGroat
2 Mar. 1833 - **Crane**, Elmira to Philetus Phillips
10 Nan. 1824 - **Crane**, Isaac to Mary Cumtin
30 Oct. 1847 - **Crane**, Joseph (Frankford) to Catherine Ramage
26 May 1849 - **Crane**, Joseph S. to Elizabeth Mosier
20 Oct. 1832 - **Crane**, John to Emeline Card
5 Feb. 1816 - **Crane**, Ross to Margaret Shaver

22 Oct. 1815 - **Crane**, Thomas G. to Nancy Bates
29 Sept. 1832 - **Crane**, William to Jane Bonnell
27 Jan. 1848 - **Crane**, William (Frankford) to Mary Ann McDanolds
18 Mar. 1805 - **Cranklemire**, Sarah to Jacob Hockenberry
15 Oct. 1818 - **Cranmer**, Morris to Sally Snook
16 June 1810 - **Cranmer**, Nicholas to Elizabeth Hunsman
25 Nov. 1815 - **Cranston**, Elizabeth to John Finch
26 Jan. 1848 - **Crate**, Elizabeth to Alfred P. Potter
17 Apr. 1818 - **Craun**, Jacob to Anna VanHorn
23 Jan. 1841 - **Craun**, Simon (Newton) to Christiana Decker
2 Feb. 1806 - **Craveling**, John to Caty Smith
4 Aug. 1831 - **Craver**, Aaron to Almira Seward
9 Feb. 1812 - **Crawford**, Arma to Ellis Dennis
5 Jan. 1850 - **Crawford**, David B. (Newark) to Ruth Cramer
29 Jan. 1817 - **Crawford**, Elizabeth to Daniel Arthur
13 Dec. 1834 - **Crawford**, Hannah to Jacob R. Quick
8 Apr. 1847 - **Crawford**, James G. (Sandyston) to Ann McKeeby
17 Feb. 1836 - **Crawford**, John (Penna.) to Hannah Cole
6 July 1833 - **Crawn**, Fanny to Charles Kishpaugh
11 July 1851 - **Crawn**, John (Penna.) to Mary Hill
28 Feb. 1824 - **Crawn**, Peter to Catherine Grigs
11 Apr. 1831 - **Creger**, Jane to Malin Aimbasin
10 Dec. 1812 - **Creger**, Mary to Jacob Luce
12 Dec. 1818 - **Creger**, Peter to Mary Acker
31 May 1817 - **Creger**, Phebe to David Luse
11 Nov. 1837 - **Creger**, William (Wantage) to Rosetta Knap
3 Aug. 1822 - **Cregor**, George Jr. to Catherine Acre
17 Dec. 1813 - **Cregor**, Jacob to Joanna Bird
3 May 1821 - **Cregor**, Jacob to (Mrs) Elizabeth Willhout
8 Jan. 1805 - **Crese**, Stephel to Saviny Miller
Nov. 1818 - **Cretor**, M. to Mary Welch
25 Nov. 1804 - **Creveling**, John Jr. to Eleoner Kerr
21 Apr. 1825 - **Crevling**, Mary to George Foes
28 Jan. 1796 - **Creveling**, Sarah to Christian Johnson
26 Jan. 1833 - **Criger**, Sally Ann to Abraham W. Longcoy
1 Oct. 1836 - **Crill**, Frederick to Ann Slack
25 Dec. 1828 - **Crill**, Mary to David Burd
30 Mar. 1844 - **Crill**, More to Jane Silsbe
12 Sept. 1840 - **Crill**, Susan (Hardyston) to Obadiah B. Smith
8 Dec. 1808 - **Crisman**, Ann to George Beelby
20 Feb. 1847 - **Crisman**, Elizabeth to Elizah E. Hall
6 Feb. 1813 - **Cristan**, Jonah to Susan Snover
14 Mar. 1805 - **Crisman**, Margaret to William Hankinson
17 Oct. 1811 - **Crisman**, Peggy to Andrew Cole
6 Sept. 1817 - **Criss**, Ann (Mansfield) to Philip Insche
4 Oct. 1845 - **Crissman**, George to Elizabeth Stoll
21 Dec. 1844 - **Crissman**, Lucinda to Oakley Stull
5 Sept. 1816 - **Cristy**, Alexander to Susan Coursen
1 Apr. 1820 - **Croen**, Gabriel to Charity Stackhouse

11 Aug. 1805 - **Crofford**, Moses (Montague) to Rebecca Cool

23 Dec. 1804 - **Crofford**, Polly to Moses Deputy

26 Dec. 1820 - **Crofort**, James to Margaret Youngs

17 Jan. 1827 - **Cromwell**, Alexander to Lucinda Wilson

3 Aug. 1839 - **Cron**, Aney to Joseph Kent

3 Sept. 1835 - **Cron**, Elizabeth to Thomas N. Harty

31 Oct. 1840 - **Cron**, Isaac (Newton) to Hannah Sigafoos

16 Oct. 1832 - **Cron**, Mary to Abraham Maomes

14 May 1803 - **Cronk**, Abigail (Byram) to William Smults

2 May 1813 - **Cronk**, Elizabeth

12 Sept. 1841 - **Cronk**, Jane (Hardyston) to Henry Morgan

20 Nov, 1818 - **Cronk**, Mary to Frederick Storms

26 May 1819 - **Cronk**, Mary to Frederick Storms

19 May 1831 - **Cronk**, Peter to Mary Howard

17 Sept. 1842 - **Cronkn**, Peter to Mary Jane Wells

2 Nov. 1818 - **Crooker**, Elizabeth Independence) to Abraham Giles

29 Dec. 1819 - **Crooker**, Samuel to Ann Stackhouse

3 Feb. 1805 - **Crose**, Stauphel (Oxford) to Savary Miller

14 July 1799 - **Crosman**, Jacob to Easter Beadle

30 July 1853 - **Cross**, Amanda (Andover) to Andrew I. McConnell

14 July 1814 - **Cross**, Jacob to Elizabeth Rose

14 Mar. 1840 - **Cross**, William to Maria Hull

25 Feb. 1830 - **Crossman**, Deborah to Enoch Snook

15 Feb. 1831 - **Crossman**, Elizabeth to Peter Merring

3 June 1830 - **Crossman**, Samuel to Amanda Probasco

11 July 1807 - **Crossman**, Sentha to Gilbert Smith Jr.

17 Sept. 1812 - **Crouse**, Ann to Henry Kice

1 Apr. 1819 - **Crouse**, Casper to Catherine Brink

1 July 1817 - **Crouse**, George (Hardwick) to Margaret Titman

23 Oct. 1852 - **Crover**, Jacob M. (Newton) to Hellen M. Simpson

5 May 1816 - **Crowell**, Joel (Wantage) to Phebe Compton

30 July 1832 - **Crouse**, Margaret to James Cortright

6 Mar. 1834 - **Crover**, Aaron to Malinda J. Dougherty

16 Oct. 1833 - **Crow**, William (Paterson, N.J.) to Catherine Beardslee

15 July 1831 - **Crowel**, Jane to Simon Decker

12 Nov. 1831 - **Crowell**, Sidney to Sally Smith

10 Aug. 1822 - **Crown**, Hannah to Martin Gruver

22 Feb. 1807 - **Cruiser**, Eliza to Thomas McEntirr

4 May 1803 - **Crusier**, Mary to Peter Hornbaker

22 Feb. 1806 - **Cruisser**, John to Jane McEnterr

30 Aug. 1815 - **Crulip**, Samuel to Jude B. Ward

11 May 1848 - **Crumer**, Catherine to Elijah Meeker

9 Mar. 1850 - **Crumer**, Peter (Nelson) to Rachel Decker

15 Jan. 1797 - **Cruser**, Yeahahhah to Aaron Fetty

8 Jan. 1800 - **Cruzer**, Derrick (Mansfield) to Jane Garrison

30 Nov. 1839 - **Cubberled**, Ann W. (Vernon) to Henry Smith

9 Aug. 1838 - **Cubberly**, Meriah (Veron) to James Miller

20 Jan. 1810 - **Cuddaback**, Sarah to Lewis Ketchem

27 Aug. 1808 - **Cuddabagh**, Richard to Ruth Cox

13 July 1820 - **Cuddeback**, Jacob G. to Blandina Hornbeck

26 Nov. 1804 - **Cuderback**, John to Jane Carshback
31 Jan. 1850 - **Cuddeback**, Richard to Margaret E. Heminover
20 Sept. 1833 - **Culever**, George to Mary Kays
3 Oct. 1821 - **Cullard**, Elizabeth to Richard Lyreen
9 Dec. 1804 - **Culver**, Ann to Alexander Jameson
31 Dec. 1801 - **Culver**, Anna (Morris Co.) to James Bellows
15 Jan. 1824 - **Culver**, Nancy to Charlesalan
24 Jan. 1810 - **Culver**, Ruth to Stephen Arrold
31 Dec. 1796 - **Culver**, Sussah to Joseph Hanes
14 July 1833 - **Cumer**, Samuel to Harriet Straitt
19 Jan. 1800 - **Cummans**, Charity to Arthur Cox
23 May 1822 **Cummans**, Christian to Ruth Green
5 July 1806 - **Cummings**, Ann (Independence) to William Schank
17 Sept. 1837 - **Cummings**, Caroline (Hamburg) to Henry Carley
26 June 1843 - **Cummins**, Electa R. (Newton) to Jessey S. Buttz
28 Apr. 1807 - **Cummings**, Elenor to James Quick
9 Apr. 1835 - **Cummings**, Elizabeth to William Roe
10 Sept. 1829 - **Cummings**, Heman Lewis to Ann F. Johnson
31 July 1852 - **Cummings**, James W. to Sarah Ann Hunt
28 Nov. 1837 - **Cummings**, John (Lafayette) to Phebe Price
24 Apr. 1810 - **Cummings**, John B. D. to Elizabeth Frees
8 Apr. 1813 - **Cummngs**, Lydia to Abraham Vliet
20 Oct. 1831 - **Cummings**, Mary Ann to Isaac Smith
16 Feb. 1819 - **Cummins**, Ann to Azariah Davis
3 May 1808 - **Cummins**, Catherine to Cornelius Engle
4 Nov. 1807 - **Cummins**, Charity to Aaron Courson
1807 - **Cummings**, Elizabeth to Andrew Adams
25 Dec. 1823 - **Cummings**, George to Delilah Wolf
9 Oct. 1813 - **Cummins**, Jacob to Sally Gulick
10 Jan. 1801 - **Cummins**, James to Mary Hazlett
7 Feb. 1808 - **Cummins**, Jane to Jonthan Cooley
20 Sept. 1801 - **Cummins**, Jane to James Ferguson
25 Jan. 1820 - **Cummins**, Jane to Caleb Smith
26 May 1808 - **Cummins**, John to Sarah Martin
21 Nov. 1810 - **Cummins**, John to Betsey Dodder
28 Feb. 1811 - **Cummins**, John to Nancy Lanny
21 Jan. 1815 - **Cummins**, Mary to William Angle
18 Jan. 1816 - **Cummins**, Mary (Independence) to William Larrison
7 June 1823 - **Cummins**, Mary to Daniel Predmore
12 Nov. 1818 - **Cummins**, Matlida to Ogden Howell
21 Mar. 1812 - **Cummins**, Paul to Catherine VanScoten
28 Nov. 1797 - **Cummons**, Peter (Hardwick) to Charrity Kerckhuff
10 Jan. 1824 - **Cumtin**, Mary to Isaac Crane
8 Feb. 1821 - **Cumton**, John to Mary Betron
23 May 1816 - **Cunckle**, John to Mary Reed
30 Mary. 1808 - **Cunnegem**, Sarah to Isaac Lyman Johnson
13 Apr. 1806 - **Cunnegim**, James to Rachel Compton
15 Feb. 1817 - **Cunningham**, Margaret to John Vandyke
- **Cunningham**, see Kiningham
13 Feb. 1823 - **Curan**, James to

Betsey Springsted
11 Feb. 1826 - **Curand**, Mary to Nathan Padei
5 Feb. 1817 - **Curelius**, Elenor (Wantage) to Adam Coymer
14 Dec. 1833 - **Curlas**, Jennie to Jacob Tappens
18 Dec. 1797 - **Curlass**, Daniel (Hardwick) to Sarah McMortrie
24 Dec. 1831 - **Curlock**, Shdorck B. to Juliam House
8 Mar. 1837 - **Curran**, Ann (Newton) to John McKinney
8 Aug. 1839 - **Curran**, Bathsheba to Jacob Strader
10 Arp. 1842 - **Curran**, George (Newton) to Mary Provost
4 Jan. 1838 - **Curran**, Lucy (Newton) to John Cox
4 Jan. 1841 - **Curran**, Phebe (Newton) to Peter Sloughbour
29 Apr. 1843 - **Current**, Bathsheba (Newton) to Daniel U. Willgus
13 Jan. 1838 - **Current**, John to Charity Ackerman
28 Aug. 1824 - **Current**, Joseph to Sarah Cook
24 June 1798 - **Current**, Sarah to James King Jr.
24 Dec. 1835 - **Currin**, Isaac to Charlotte Hoe
1 Apr. 1841 - **Curry**, Benjamin (Balevills) to Ann Pettit
6 Sept. 1819 - **Curtice**, Anna to Flita Vibbert
15 Feb. 1814 - **Curtis**, Thomas to Barbara Merrill
22 Jan. 1820 - **Curtiss**, John to Ruhanah Hill
10 Mar. 1797 - **Curts**, Peter (Philadelphia) to Sarah Polhemus
17 June 1824 - **Cutchler**, Mary to John Stiff
6 Nov. 1796 - **Cutcholen**, David to Dernetha Knofts
27 Jan. 1812 - **Cutlip**, Mary to John Smith
9 Mary. 1831 - **Cyger**, Cornelia to Joseph Williams
17 Sept. 1804 - **Cymer**, Susannah (Wantage) to Samuel Rutan
18 July 1803 - **Cyser**, Anne to Benjamin Lewis
27 Oct. 1838 - **Daggart**, J. (Newton) to Rebecca Smith
21 Aug. 1814 - **Dailey**, Ann to Peter Bell
16 Apr. 1798 - **Dailey**, Edward (Oxford) to Deborah Green
11 July 1808 - **Dailey**, Hannah to Henry Gale
24 Nov. 1813 - **Dalrimple**, John to Susannah Bartelow
7 Mar. 1818 - **Dalrumple**, John (Frankford) to Susan Force
18 Aug. 1802 - **Dalrymple**, Ann S. (Hardyston) to Thomas VanKirk Jr.
28 Feb. 1824 - **Dalrymple**, Benjamin to Elizabeth Snyder
7 Jan. 1843 - **Dlarymple**, Eleanor (Frankford) to David Simmons
13 Apr. 1796 - **Dalrymple**, Elizabeth to John Phillips
25 Mar. 1804 - **Dalrymple**, John (Frankford) to Delight Colver
12 Apr. 1816 - **Dalrymple**, John (Frankford) to Jerusha Silvester
24 Nov. 1847 - **Dalrymple**, John (Frankford) to Matilda McDanalds
4 Jan. 1848 - **Dalrymle**, Richard (Frankford) to Catherine Stoll
11 Nov. 1804 - **Daly**, Hannah (Frankford) to Samuel Staples
16 Mar. 1822 - **Daly**, James to Temperence Drake
19 Sept. 1797 - **Danby**, Jeremiah (Knowlton) to Susannah Swezey
21 Aug. 1796 - **Danels**, Mary to Joseph McHear
11 Jan. 1840 - **Dangle**, Elizabeth to William Berry
14 Feb. 1835 - **Dangler**, Eiras to Sary Wildrick
1847 - **Dangler**, Harriet J. (Stillwater) to James Youngs
27 July 1822 - **Daniels**, Gally to John Robins
1 Nov. 1851 - **Daniels**, James R. (Andover) to Margaret M. Peel

8 Apr. 1826 - **Daniels**, John (Vernon) to Sarah Salaven
28 Aug. 1852 - **Daniels**, Theodore O. to Margaret Dennis
1 Jan. 1850 - **Danley**, Robert to Margaret Decker
1 June 1820 - **Danly**, Ann to Tebulin Tharp
29 Oct. 1795 - **Dansfuils**, Joseph (Oxford) to Elizabeth VanHook
13 Mar. 1814 - **Darley**, William to Elizabeth Decker
19 Nov. 1797 - **Darrah**, (Wid) Anna to (Dr) Samuel Beach
24 Sept. 1823 - **Darrah**, Emaline to Thomas C. Waters
23 Jan. 1839 - **Darrah**, Nancy to George Struble
5 June 1803 - **Darrah**, William to Eliz. Edsall
18 Dec. 1807 - **Dates**, Margaret to John Cook
16 Mar. 1806 - **Daugherty**, James to Mary Casebear
24 Aug. 1831 - **Daughty**, John to Jane Denis
17 Feb. 1825 - **Daugler**, Catberine to Jacob Reamer
27 June 1824 - **Davenport**, Anna to James Crager
15 Sept. 1821 - **Davenport**, Catherine to Stephen Cole
1 Apr. 1828 - **Davenport**, Elmira to David Rosenkrans
29 Jul. 1802 - **Davenport**, Jane to James Smith
31 Jan. 1808 - **Davenport**, John to Caty Jane
4 Jan. 1815 - **Davenport**, Nelly (Wantage) to Enos Brink
26 Apr. 1799 - **Davidson**, William to Catherine Reed
30 Mary. 1820 - **Davidson**, William to Lanah DeWitt
10 Sept. 1853 - **Davis**, Abba J. (Edenville, N. Y.) to John Winana
29 Jan. 1814 - **Davis**, Anne to Harkles Edwards
16 Feb. 1819 - **Davis**, Azariah to Ann Cummins

1 Mar. 1817 - **Davis**, Elizabeth (Newton) to William Silvey
29 June 1811 - **Davis**, Isaac to Nancey Townsend
Nov. 1851 - **Davis**, James (Staten Island) to Emma E. C. VanCampen
10 Oct. 1825 - **Davis**, Jonathan to Sally Snerbe
1 Sept. 1804 - **Davis**, Malin to Hilinda Anderson
14 Apr. 1806 - **Davis**, Maria to George Morrow
13 Aug. 1800 - **Davis**, Mary (Mansfield) to Price Rose
14 Oct. 1839 - **Davis**, Mary C. (Newton) to Barzilla William
28 June 1844 - **Davis**, Phebe to Aaron Ihomas
7 Jan. 1819 - **Davis**, Samuel to Rebecca Weller
12 Jan. 1828 - **Davis**, Sarah Ann to Aaron Sutton
25 Dec. 1812 - **Davis**, Thomas to Elizabeth Shardewine
29 June 1830 - **Davis**, Thomas to Elizabeth Vredenburgh
12 Nov. 1806 - **Davis**, William to Jemina Griggs
23 July 1807 - **Davis**, William to Caty Wright
12 Feb. 1806 - **Davison**, Ann to Nich'l. Kiser
27 May 1824 - **Davison**, Jane to Andrew Kinney
12 June 1853 - **Davison**, John (Wantage) to Eliza Jane Kelly
6 Dec. 1802 - **Davison**, Joseph to Mary Marr
16 Apr. 1853 - **Day**, Clark (Snufftown) to Phebe Ann Smith
18 Mar. 1826 - **Day**, Elizabeth to James Perige
3 Sept. 1815 - **Day**, Jacob to Nancy Robertson
7 Aug. 1815 - **Day**, Johiel to Sally Perry
5 Dec. 1829 - **Day**, Stephen to Margaret Coss
19 May 1811 - **Dayle**, Andrew to Margaret McCain

29 Mar. 1806 - **D'Camp**, Lem'l. to Hannah Salmon
18 Oct. 1806 - **D'Camp**, Lewis to Catherine McElroy
15 Nov. 1807 - **Deacon**, (Knowlton) to Benjamin Wolf
16 Mar. 1814 - **Deady**, Johannah to Frederick Bakhorn
14 Dec. 1803 - **Dean**, Benjanin (Independence) to Anna Prands
11 Aug. 1821 - **Dean**, David to Mary Rosenkrance
11 July 1802 - **Dean** Margaret to Tewalt Swarts
8 June 1811 - **Deater**, Sally to Gersham Updycke
27 Dec. 1823 - **Deates**, David to Margaret A. Whitsel
20 Oct. 1799 - **Deats**, Adam (Oxford) to Polly Leonard
14 Mar. 1803 - **Deats**, Adam (Oxford) to Sarah Harmon
8 Apr. 1804 - **Deats**, Catherine to John Swayze
24 Dec. 1799 - **Deats**, Derrick to sary Wiggins
25 Dec. 1813 - **DeBaun**, Polly to John Ackerman
24 Aug. 1816 - **Debenport**, Richard to Elizabeth Cohnan
9 Mar. 1811 - **Debonal**, Anna to Peter Demorest
27 Jan. 1822 - **Debonport**, Joseph to Hannah Smith
2 Oct. 1845 - **DeCamp**, Amanda to (Rev) Peter Kanouse
6 Sept. 1834 **DeCamp**, Eliza (Longwood, Morris Co.) to Philip Losy
7 June 1806 - **Decay**, Francis to Sarah McWhorter
2 Jan. 1800 - **Decker**, Aaron (Walpack) to Jimmy Brokow
12 Sept. 1840 - **Decker**, Aaron to Basheba Puder
13 Oct. 1838 - **Decker**, Aaron N. to Ann Allen
20 Sept. 1798 - **Decker**, Abraham to Sally Westbrook
15 Dec. 1809 - **Decker**, Abraham to Mary Cifcart
25 June 1818 - **Decker**, Abraham to Catherine Smith
26 Dec. 1814 - **Decker**, Abraham to Sarah Bevans
3 Nov. 1832 - **Decker**, Abram to Elizabeth Struble
1 May 1811 - **Decker**, Alexander to Kesah Adams
1 Apr. 1830 - **Decker**, Amanda to peter Kintner
22 June 1809 - **Decker**, Andrew to Elizabeth Lynes
3 Apr. 1819 - **Decker**, Anna to William Hockenberry
18 Dec. 1807 - **Decker**, Benjamin to Elenor Morrow
24 Mar. 1829 - **Decker**, Calvin to Christina Smith
4 Jan. 1837 - **Decker**, Caroline (Hardyston) to James L. Munson
28 May 1827 - **Decker**, Caty to John D. Westfall
18 Sept. 1841 - **Decker**, Ceilla to John Dunn
28 July 1816 - **Decker**, Charles to Mary Babcock
28 Feb. 1812 - **Decker**, Christopher to Phebe Kittle
23 Jan. 1841 - **Decker**, Christiana (Newton) to Simon Craun
13 Nov. 1825 - **Decker**, Christopher to Eliza Struble
29 Aug. 1818 - **Decker**, Clarry (Frankford) to James Berry
14 Nov. 1846 - **Decker**, Cornelia to William H. Bennit
19 Aug. 1851 - **Decker**, Cornelia (Lafayette) to Gabriel B. Post
25 Oct. 1827 - **Decker**, Daniel D. to Mary VanScoder
16 Sept. 1819 - **Decker**, David to Sarah Wickham
28 Dec. 1829 - **Decker**, Eben to Harriet Decker
6 July 1826 - **Decker**, Elijah to Christina Kintner
12 Oct. 1837 - **Decker**, Eliza (Wantage) to Dewitt Titsworth
29 Sept. 1838 - **Decker**, Eliza (Vernon) to John Gunderman

14 Nov. 1806 - **Decker**, Elizabeth to William Jenkins
27 June 1813 - **Decker**, Elizabeth to Tapel Hunt
19 Aug. 1812 - **Decker**, Elizabeth to Frederick Westbrook
13 Mar. 1814 - **Decker**, Elizabeth to William Darley
10 Feb. 1820 - **Decker**, Elizabeth to David Gale
25 Aug. 1822 - **Decker**, Elizabeth to George Gurnce
16 May 1822 - **Decker**, Elizabeth to William Beamer
11 Aug. 1823 - **Decker**, Elizabeth to John Lewis
31 Dec. 1829 - **Decker**, Elizabeth to Samuel Munson
1 Apr. 1835 - **Decker**, Elizabeth to Elijah Webb, Jr.
23 Aug. 1828 - **Decker**, Eliza W. to Abraham Hendershot
31 July 1828 - **Decker**, Eliza W. John Hunt
27 June 1837 - **Decker**, Fmily to Augustine E. Rogers
12 Oct. 1840 - **Decker**, Emely to William Spear
22 Jan. 1831 - **Decker**, Emily J. to Kelly Westbrook
5 Dec. 1843 - **Decker**, Esther to Michael B. Skinner
22 Nov. 1849 - **Decker**, Frederick to Elizabeth Roe
25 Feb. 1830 - **Decker**, Haley to Jane Brasted
28 May 1836 - **Decker**, Halsey to Sarah Decker
23 Dec. 1826 - **Decker**, Hannah to James Boulton
4 Aug. 1838 - **Decker**, Hannah M. to Moses Dewitt Ketchum
30 Dec. 1843 - **Decker**, Hannah M. (Newton) to Joseph L. S. Decker
28 Dec. 1829 - **Decker**, Harriet to Eben Decker
22 July 1837 - **Decker**, Harrison H. (Hardyston) to Nancy Demarest
12 June 1803 - **Decker**, Henry to Hanner Elya
29 Mar. 1817 - **Decker**, Henry to Lotty Compton
16 July 1814 - **Decker**, Hester to John Hoppoch
28 Nov. 1809 - **Decker**, Isaac to Hannah McColiom
18 Mar. 1808 - **Decker**, Jacob to Ann Adams
18 Mar. 1807 - **Decker**, Jacob J. to Catherine Ayres
24 Oct. 1810 - **Decker**, James to Sarah Norman
28 Jun. 1832 - **Decker**, James to Polly Evens
4 Jan. 1840 - **Decker**, James to Lydia Brink
8 June 1816 - **Decker**, Jane to John Harpperres
11 June 1829 - **Decker**, Jane to Marshal Paugh
Mar. 1831 - **Decker**, Jane to Joseph Windfield
10 Mar. 1846 - **Decker**, Jane to Alfred Brown
28 Dec. 1852 - **Decker**, Jeremiah C. (Montague) to Phebe Jane Kirkpatrick
15 Dec. 1814 - **Decker**, Jesse to Sally Longwell
8 Dec. 1802 - **Decker**, John to Mary Brokaw
Nov. 1807 - **Decker**, John to Lydia Willson
11 May 1810 - **Decker**, John to Jane Meed
10 Jan. 1811 - **Decker**, John to Sally Atkins
30 Apr. 1814 - **Decker**, John to Sarah Rowleson
20 Arp. 1817 - **Decker**, John (Wantage) to Mary Turner
20 Nov. 1819 - **Decker**, John to Polly Myers
14 Dec. 1820 - **Decker**, John to Neomy DeWitt
7 Oct. 1815 - **Dceker**, John F. (Wantage) to Rebecah Dennis
8 Dec. 1842 - **Decker**, John L. (Wantage) to Lucy DeWitt
31 Oct. 1835 - **Decker**, John S. to

Bettsey Wells
13 Nov. 1830 - **Decker**, John T. to Sally Perry
13 Sept. 1820 - **Decker**, Joseph to Mary Bockoven
17 Apr. 1831 - **Decker**, Joseph Jr. to Mary Henderson
30 Dec. 1843 - **Decker**, Joseph L. S. (Newton) to Hannah M. Decker
3 Aug. 1815 - **Decker**, Josiah to Hannah Adams
24 Aug. 1830 - **Decker**, Julia to Richard Decker
21 Nov. 1840 - **Decker**, Keziah (Newton) to John McDavit
13 Jan. 1844 - **Decker**, Laura (Green) to John H. Totten
12 Sept. 1812 - **Decker**, Leah to James Tharp
20 Aug. 1815 - **Decker**, Lewis to Mary Norcorse
12 Nov. 1839 - **Decker**, Lewis (Newton) to Anna South)
6 July 1797 - **Decker**, Lomiche to Cornelius Cortwright
11 Jan. 1848 - **Decker**, Lucy to Obadiah A. Wright
11 Apr. 1813 - **Decker**, Lydia to Hortney Reynolds
18 Aug. 1827 - **Decker**, Lydia to James C. Aberts
27 Mar. 1797 - **Decker**, Margaret to Levi Kinney
7 Aug. 1823 - **Decker**, Margaret to Albert Mead
3 Feb. 1848 - **Decker**, Margaret to William McManus
23 Dec. 1848 - **Decker**, Margaret (Wantage) to John Coe
1 Jan. 1850 - **Decker**, Margaret to Robert Danley
6 Oct. 1832 - **Decker**, Mariah to Israel Lateer
14 Dec. 1832 - **Decker**, Martin to Julia Ann Koykendall
16 Nov. 1836 - **Decker**, Martha to Richard Wills
2 Sept. 1809 - **Decker**, Mary to William Smith
12 Feb. 1810 - **Decker**, Mary to Daniel VanAnlen
17 Sept. 1812 - **Decker**, Mary to Robert Lanning
1 July 1820 - **Decker**, Mary to Enoch Ayres
10 Apr. 1822 - **Decker**, Mary to Benjamin Conkling
10 Apr. 1833 - **Decker**, Mary to Philip Hendershot
30 Mar. 1839 - **Decker**, (Mrs) Mary Ann (Vernon) to David Roloson
30 July 1825 - **Decker**, Moses to Larah Osborn
12 Feb. 1797 - **Decker**, Nancy to Sam Walker
2 Sept. 1815 - **Decker**, Nancy to Jacob Cool
23 Sept. 1831 - **Decker**, Nancy (Montague) to George Hedglen
17 Jan. 1852 - **Decker**, Nancy (Wantage) to Levi Shepherd
2 Feb. 1804 - **Decker**, Peggy to Seth Wickham
5 June 1808 - **Decker**, Peter to Lydia Westbrook
11 Mar. 1830 - **Decker**, Peter to Margery Smith
16 Feb. 1833 - **Decker**, Peter to Sarah Middough
2 Nov. 1850 - **Decker**, Philip (Vernon) to Rebecca Ann Buchanan
16 Mar. 1822 - **Decker**, Philip J. to Lena Windfield
30 June 1801 - **Decker**, Phillip to Ellenor Hornbeck
9 Mar. 1850 - **Decker**, Rachel (Green) to Peter Crumer
4 Nov. 1804 - **Decker**, Richard (Knowlton) to Mary Kercuff
24 Aug. 1830 - **Decker**, Richard to Julia Decker
1 Sept. 1798 - **Decker**, Rosana to John Dodge
28 Dec. 1811 - **Decker**, Rosahhah to Cornelius Rowelson
17 Dec. 1797 - **Decker**, Samuel, (Penna.) to Rebekeh Casten
28 Dec. 1816 - **Decker**, Samuel to (Wid) Nancy Westfall
8 June 1813 - **Decker**, Sarah to

John L. Adams
31 Jan. 1818 - **Decker**, Sarah to Eli Roleson
4 Jan. 1821 - **Decker**, Sarah to Levitt B. Bristol
Dec. 1825 - **Decker**, Sarah to Joseph Spuner
23 Dec. 1825 - **Decker**, Sarah to Joseph Heany
8 Jan. 1831 - **Decker**, Sarah to Hiram Litts
28 May 1836 - **Decker**, Sarah (Wantage) to Halsey Decker
18 Feb. 1826 - **Decker**, Selache to Jacob K. Smith
15 July 1832 - **Decker**, Simon to Jane Crowel
8 Dec. 1806 - **Decker**, Stephen to Elizabeth Middaugh
10 Feb. 1839 - **Decker**, (Mrs.) Susan (Vernon) to William P. Morris
June 1840 - **Decker**, Susan to Stephen B. Hart
10 July 1800 - **Decker**, Thomas (Walpack) to Susahhan Shoemaker
2 Apr. 1831 - **Decker**, Thomas to Phebe Cortright
1 June 1799 - **Decker**, William to Elizabeth Dougins
21 Aug. 1852 - **Decker**, William (Newton) to Mary Hewit
20 Dec. 1849 - **Decker**, William H. (Deerpark, N.Y.) to Rosetta Haynes
18 June 1837 - **Decker**, William S. (Hardyston) to Nancy B. Little
18 Jan. 1845 - **Decker**, Willson to Catherine McDavit
13 Dec. 1848 - **Decker**, Willson (Newton) to Julia Mill
26 Jan. 1805 - **Decon**, Jacob (Hardwick) to Caty Bugner
18 Mar. 1806 - **Decow**, Sarah to Frederick Eveland
6 Jan. 1807 - **Decoy**, Christean to William Scott
14 Apr. 1821 - **Deen**, James S. to Elizabeth Gannon
15 July 1807 - **Deen**, Mary to

Adam Struble
27 Feb. 1827 - **Degraw**, Anna to David Holly
7 Feb. 1829 - **Degraw**, Jane to Nicholas Degraw
7 Feb. 1829 - **Degraw**, Nicholas to Jane Degraw
19 Nov. 1831 - **Degroat**, Ann to Peter Kyser
3 July 1842 - **Degroat**, Mary to Joseph South
16 May 1805 - **Degroat**, Samuel to Elizabeth Crane
17 May 1801 - **Degorats**, Henry to Hannah Hageman
1 Mar. 1817 - **Degrot**, Abraham to Presilla Pricket
1 Jan. 1824 - **Degrote**, John to Marier Parker
7 Sept. 1822 - **Degrote**, Parmelia to Issac Bird
11 June 1815 - **Degrote**, Richard to Phebe Buttler
25 Apr. 1841 - **Degrow**, James (Hardyston) to Catherine Munson
13 July 1816 - **Degrow**, John (Hardyston) to Hannah Polhemus
13 June 1807 - **Dehart**, Abram to Margaret Winters
8 Nov. 1795 - **Deiler**, Conrad (Knowlton) to Elizabeth Deils
8 Nov. 1795 - **Deils**, Elizabeth (Hardwick) to Conrad Deiler
22 Feb. 1812 - **Dekay**, Charles to Clarissa Seely
10 Dec. 1842 - **Dekay**, Francis to Henry Betts
3 Nov. 1852 - **Dekay**, Francis A. to William M. Winens
1 Nov. 1810 - **Dekay**, Jesse to Abbe Ann Jobes
9 May 1830 - **Dekay**, Rebecca to John Hathaway
17 Dec. 1808 - **Dekay**, Sarah to Joseph Edsall
30 Mar. 1811 - **Delaney**, John to Elizabeth Weir
18 Mar. 1824 - **Dellasson**, John to Nancy Ayres

11 Apr. 1797 - **Delly**, Aaron to Janet Story
18 Apr. 1835 - **Demarest**, Abigail to Cornelius Demarest
16 Mar. 1807 - **Demarest**, Cathy to Samuel Milburn
18 Apr. 1835 - **Demarest**, Cornelius to Abigail Demarest
24 Sept. 1846 - **Demarest**, Elizabeth to Samuel Johnson
12 Oct. 1839 - **Demarest**, Gilliam to Chaterine Sharp
22 Apr. 1826 - **Demarest**, Henry to Mary Bross
7 Dec. 1831 - **Demarest**, John to Ann Eliza Roberts
1 Jan. 1846 - **Demarest**, John (Newton) to Martha Havens
6 Mar. 1834 - **Demarest**, Joseph to Elizabeth Ann Clark
23 Feb. 1806 - **Demarest**, Julia to John Struble
11 Aug. 1830 - **Demarest**, Mary Ann to William Sutton
25 Jan. 1845 - **Demarest**, Mary Ann to Hudson Roe
22 July 1837 - **Demarest**, Nancy (Hardyston) to Harrison H. Decker
11 Feb. 1837 - **Demarest**, David (Newton) to Martha Onsted
10 Feb. 1810 - **Demerest**, Peter to Jane Brower
1 May 1808 - **Demerest**, Polly to Richard Struble
22 Mar. 1817 - **Demestea**, Hannah (Newton) to David Ackerson
1 Jan. 1809 - **Demmerest**, John Jr. to Patty Willson
11 Feb. 1809 - **Demmerest**, Mary to Paul Ackerson
11 June 1825 - **Demon**, Jesse to Julia Bunnel
15 Mar. 1827 - **Demoney**, John A. to Anna Gates
6 Sept. 1848 - **Demorest**, David to Hannah Ackerman
2 July 1842 - **Demorest**, Deborah (Hardyston) to George Sanders
6 Nov. 1819 - **Demorest**, Sarah to Daniel Willcox
28 June 1817 - **Demorest**, Margaret to George Maybee
30 April 1814 - **Demorest**, Nocholas to Mary Maine
9 Mar. 1811 - **Demorest**, Peter to Anna Debonal
30 Dec. 1826 - **Demund**, Anna to William Ferret
5 Feb. 1820 - **Demund**, John to L. Gates
9 Aug. 1812 - **Demund**, Mary to Jacob Drake
Mar. 1818 - **Demund**, Rachel to Tyler Stratton
10 Feb. 1816 - **Demund**, Stinson to Amey Willson
14 Apr. 1842 - **Dance**, Sarah to Henry Snyder
31 Mar. 1800 - **Denee**, John to Sarah Lance
3 Apr. 1853 - **Denike**, Joseph to Margaret Lazier
14 Oct. 1844 - **Denike**, Mary to Edward Bedett
24 Aug. 1831 - **Denis**, Jane to John Daughty
10 Aug. 1833 - **Denman**, Electa to James Banner
22 July 1809 - **Denman**, Jonathan to Elizabeth Rose
26 Feb. 1825 - **Denning**, John to Nanah VanAuken
2 Aug. 1812 - **Dennis**, Aaron to Sarh McGraw
20 Oct. 1795 - **Dennis**, Abraham (Knowlton) to Susanna Manning
5 June 1806 - **Dennis**, Abraham to Catherine Simpson
23 Sept. 1819 - **Dennis**, Darbary to Anthoney Longcord
24 June 1820 - **Dennis**, (Wid) Catherine to Thomas Lowrey
6 Apr. 1852 - **Dennis**, David to Lydia Force
26 Mar. 1836 - **Dennis**, Elizabeth (Wantage) to Samuel W. Parcel
9 Feb. 1812 - **Dennis**, Ellis to Arma Crawford
10 Sept. 1814 - **Dennis**, Esekiel to Mary Baldwin

9 Feb. 1825 - **Dennis**, Esekiel to Sarah Smith
5 Feb. 1852 - **Dennis**, Evi to Elizabeth Parcel
22 Aug. 1812 - **Dennis**, Isaac to Huldah Shaw
27 Nov. 1828 - **Dennis**, Isaac to Sophia Hendershot
4 June 1853 - **Dennnis**, Jacob to Louise VanKirk
31 Jan. 1841 - **Dennis**, Jeptha to Elizabeth Lummans
25 Feb. 1825 - **Dennis**, Jeptha to Eliz
26 Jan. 1800 - **Dennis**, John to Barbary Lantz
9 Sept. 1809 - **Dennis**, John to Deida ma Tingley
1 Apr. 1813 - **Dennis**, John to Mary Willson
27 June 1816 - **Dennis**, John (Frankford) to Matta Lewis
20 Mary 1825 - **Dennis**, John to Mary Cobert
29 May 1796 - **Dennis**, Joseph to Christian Dunn
6 Jan. 1804 - **Dennis**, Luis (Hardwick) to Catherine Fonger
8 Mar. 1823 - **Dennis**, Manning to Margery Mecarrick
7 Dec. 1848 - **Dennis**, Mannignto Hannah Medaugh
3 Jan. 1850 - **Dennis**, Margaret to Joseph Jackson
28 Aug. 1852 - **Dennis**, Margaret to Theodore O. Daniels
28 Apr. 1835 - **Dennis**, Martha to Ezra Williams
8 Apr. 1804 - **Dennis**, Mary to Peter Swarts
3 May 1818 - **Dennnis**, Mary (Wantage) to Tephanioah Drakle
6 Sept 1828 - **Dennis**, Mary to Joshua Fulllanford
10 Nov. 1809 - **Dennis**, Naomia to Charle Stuart
29 Aug. 1797 - **Dennis**, Nicholas (Knowlton) to Susan Kerr
7 Mar. 1812 - **Dennis**, Polly to John Still
7 Oct. 1815 - **Dennis**, Rebecah (Wantage) to John F. Decker
23 Sept. 1809 - **Dennis**, Schooley to Ann Maybee
13 Aug. 1836 - **Dennis**, Sophia to David Roe
3 June 1824 - **Dennis**, Susan to James Falconer
30 Jan. 1823 - **Dennis**, Susan to William Mars
16 Feb. 1804 - **Dennis**, iliam to Elizabeth Robbins
23 June 1806 - **Denny**, Sary Ann to William Durling
26 Dec. 1806 - **Denney**, Thomas Mary Cary
24 Mar. 1832 - **Denyke**, Mary Ann to William Tenka
9 Mar. 1833 - **Denyke**, Nancy to William Hand
3 Mar. 1832 - **Denyke**, Sarah to James Everman
31 May 1830 - **Depeu**, John to Mary Teabout
8 Sept. 1838 - **Depew**, John Jr. to Serry Huff
14 Jan. 1821 - **Depue**, Bejamin to Catherine Drake
25 Apr. 1841 - **Depue**, Benjamin (Sandyston) to Kezia Abers
12 Aug. 1798 - **Depue**, Betsey to Andrew Holdrin
8 Oct. 1833 - **Depue**, Daniel to Polly Tilman
5 Apr. 1828 - **Depue**, Elijah to Caty Tilman
1 Aug. 1840 - **Deput**, Elisha (Sandyston) to Sarah Gummauer
27 Jan. 1824 - **Depue**, Hannah to Randle Depue
13 Apr. 1800 - **Depue**, John to Phebe Shay
31 Aug. 1847 - **Depue**, Mary (Sandyston) to William Gumier
4 Nov. 1848 - **Depue**, Osee to Elias McCormick
21 Sept. 1839 - **Depue**, Phebe (Sandyston) to Abraham Beam
21 Oct. 1826 - **Depue**, Philip H. to Susan Shoemaker
27 Jan. 1824 - **Depue**, Randle to

Hannah Depue
9 Dec. 1809 - **Depue**, Samuel to Eliabeth Ogden
1 Jan. 1806 -**Depue**, Sarah (Penna.) to James Boyd
31 Aug. 1847 - **Depue**, Sarah (Sandyston) to Jediah S. Ludlow
2 Oct. 1821 - **Depue**, Susanna to Manuel Gunsoles
14 Dec. 1824 - **Depue**, Timothy to Vanetta Reutan
23 Dec. 1804 - **Depuy**, Moses to Polly Clifford
28 Jan. 1826 - **Depuy**, Nicholas to Catherine Yetter
14 Mar. 1812 - **Depuye**, Lydia to James Parke
31 Oct. 1824 - **Depy**, Ann to John Van Auken
16 Jan. 1800 - **Dereamer**, Charles (Independence) to Ann Eakeley
15 Aug. 1824 - **Dreemer**, Abraham to Cornelia Stout
5 Apr. 1823 - **Deremer**, Charles to Sally Ann Wolvertson
1 Dec. 1824 - **Derling**, Leonara to George Rhodes
18 Dec. 1852 - **Deremer**, Eliza M. to William Stewart
15 Mar. 1819 - **Dermer**, Mariah to John Oliver
6 Feb. 1823 - **Deremer**, Rolf to Margaret Wilson
24 Mar. 1805 - **Deremer**, Rich to Ann Cole
5 Mar. 1814 - **Derenberger**, Eliza to Jonas Hess
3 Mar. 1821 - **Derenberger**, Sarah to John Templeton
13 Feb. 1808 - **Derew**, Sarah to Bout Rutan
10 Aug. 1814 - **Derible**, Sarh to David Campfield
2 Nov. 1834 - **Dermen**, John to Rebecca Osborn
1 May 1796 - **Dermer**, Philip (Hardwick) to Clara Quick
6 June 1822 - **Dernberger**, Jacob to Fanny McCracken
17 Nov. 1827 - **Derryou**, Daniel to Rinas Grining

15 Mar. 1818 - **Derue**, Ebenezer to Calricy Rude
17 June 181 - **Derue**, Eliza to William Green
4 Aug. 1818 - **Derue**, Mary to John Sa. Vail
17 Apr. 1813 - **Derue**, Noamah to John Glann
2 Aug. 1823 - **Derumple**, Nancy to William Cole
10 Jan. 1821 - **Deasmater**, James to Patty Adams
19 May 1799 - **Deshery**, Christine to Jesse Holly
13 Jan. 1844 - **Devanport**, Mary Ann to John Sweasy
27 July 1824 - **Devenport**, Diedemy to Frederick Courtright
10 June 1825 - **Davenport**, Elizabeth to John Scott
17 Mar. 1830 - **Devenport**, Elizabeth to Joshua Cole
19 May 1821 - **Devenport**, Jane to Frederick Kilpatrick
24 Aug. 1833 - **Devenport**, John to Charity Mott
25 Jan. 1823 - **Devenport**, Winens to Catherine Wallen
6 Nov. 1800 - **Devens**, Mary (Frankford) to John VanAtta
12 Sept. 1799 - **Devers**, Henry to Polly Mayn
1 Oct. 1797 - **Devers**, Polly to Jacob Craion
19 July 1803 - **Devore**, Cornelius to Sarah Main
10 Oct. 1813 - **Devore**, Daniel to Mary Smith
5 May 1811 - **Devore**, (Wid) Elizabeth to Barney Swaney
29 Jan. 1800 - **Devore**, George to Sarah Luse
4 Oct. 1813 - **Devore**, Leah to Hugh Barr
4 Aug. 1800 - **Devore**, Lucy to Christian Willover
17 Apr. 1830 - **Devore**, Mary to Peter Drake
5 June 1828 - **Devore**, Matilda to Arminias Kinney
29 Aug. 1829 - **Devore**, Peter to

Margaret Savercool
23 Dec. 1848 - **Devore**, Pettit B. to Mariah Totten
1 Sept. 1827 - **Devore**, Susan to Amos Allen
2 June 1811 - **Devore**, William to Elizabeth Mathews
12 Nov. 1814 - **Devore**, William to Margaret Youngs
15 Aug. 1806 - **Devour**, David (Newton) to Catherine Flomerfelt
2 Sept. 1824 - **Devour**, George to Phebe Courtwright
30 Dec. 1824 - **Devour**, Julia Ann to Joseph Viles
22 May 1824 - **Devour**, William to M. Nancy Howard
2 June 1821 - **Dewe**, Wiam F. to Caty Compton
22 Apr. 1820 - **DeWitt**, Aaron to Hannah Johnson
9 Feb. 1839 - **DeWitt**, ann to Hiram Corner
9 Oct. 1815 - **DeWitt**, Clarisa to Henry Tucker
23 Feb. 1817 - **DeWitt**, Eliza (Frankford) to James Jerolemon
18 June 1836 - **DeWitt**, Eliza (Wantage) to John Johnson
19 Feb. 1829 - **DeWitt**, Elizabeth to Edward Lewis
28 Feb. 1839 - **DeWitt**, Elizabeth to John Swartz
11 Dec. 1850 - **DeWitt**, Frances (Wantage) to William Ramsey
15 Oct. 1818 - **DeWitt**, George to Hannah Winters
24 Dec. 1835 - **DeWitt**, Hannah to Halsey Kyte
15 Dec. 1814 - **DeWitt**, Jacob Jr. to Elizabeth Leeson
29 May 1796 - **DeWit**, Jane to Alexander Ennes
19 June 1796 - **DeWit**, Jereshe to Richard Struble
21 Jan. 1836 - **DeWit**, Jezrael (Montrose) to Esther Lambert
20 Dec. 1805 - **DeWit**, John to Rachel Hannon
19 May 1827 - **DeWitt**, Caroline M. to Elias P. Hathaway
18 Apr. 1806 - **DeWitt**, Catherine (Greenwich) to William Fisher
13 Jan. 1807 - **DeWitt**, Catherine to James McJimly
30 Jan. 1828 - **DeWitt**, Catherine to Jacob Swarts
25 Dec. 1800 - **DeWitt**, Dennis (Oxford) to Mary Ribble
3 Feb. 1807 - **DeWitt**, Eliza to Samuel Eumans
3 Apr. 1802 - **DeWitt**, Elizabeth to Samuel Hazen
5 Nov. 1814 - **DeWitt**, Ezuba to John Jerolemon
30 Oct. 1813 - **DeWitt**, Isaac to Madgalana
31 May 1805 - **DeWitt**, Jacob to Elizabeth Winter
3 Sept. 1799 - **DeWitt**, Jemima (Frankford) to Richard Swift
11 July 1802 - **DeWitt**, John to Mary Washer
12 Aug. 1802 - **DeWitt**, John to Elizabeth Bross
25 Sept. 1817 - **DeWitt**, John to Jule Albert
25 July 1818 - **DeWitt**, John B. (Frankford) to Anna Goble
30 Mary. 1820 - **DeWitt**, Lanan to William Davidson
8 Dec. 1842 - **DeWitt**, Lucy (Wantage) to John L. Decker
19 Nov 1828 - **DeWitt**, Malinda to Alvah Caske
4 June 1817 - **DeWitt**, Margaret to Samuel Smith
13 Oct. 1842 - **DeWitt**, Margaret N. (Wantage) to Moses DeWitt
18 May 1839 - **DeWitt**, Mariah to Aaron Fradenburg
31 Mar. 1799 - **DeWitt**, Mary to George Sabrisco
26 May 1813 - **DeWitt**, Meriem to Andew Willson
29 June 1817 - **DeWitt**, Moses (Wantage) to Caty Brink
13 Oct. 1842 - **DeWitt**, Moses (Wantage) to Margaret N. DeWitt
14 Dec. 1820 - **DeWitt**, Neomy to John Decker

30 Aug. 1800 - **DeWitt**, Peggy (Greenwich) to Charles Eckman
30 Sept. 1800 - **DeWitt**, Peter to Sarah Willson
25 Sept. 1819 - **DeWitt**, Sarah to William Fine
22 May 1806 - **DeWitt**, Susan to Isral Durimple
17 Sept. 1842 - **Dey**, Charles (Hope) to Nancy Fox
12 Aug. 1824 - **Dey**, Charlotte Wygant to Edward Hunt Swayze
1 Apr. 1807 - **Dey**, Mary to Paul Cool
23 Feb. 1806 - **Dickerson**, Abigail (Hardwick) to John Mills
28 Dec. 1822 - **Dickerson**, Charrity (Newton) to William T. Hunt
2 Mar. 1819 - **Dickerson**, Electa to Jacob Rose Jr.
31 Aug. 1823 - **Dickerson**, Henry to Margaret Runyon
14 July 1814 - **Dickerson**, Isaac to Phebe Clark
19 June 1834 - **Dickerson**, Mahlon to SarahAnn Laurence
6 Feb. 1830 - **Dickerson**, Philip H. to Mary Ann Masters
23 Mar. 1817 - **Dickerson**, Ruth to John Townsen
14 Sept. 1800 - **Dickerson**, Uzal to Ginney Lykins
23 Sept. 1805 - **Dicky**, James to Hannah Becannon
8 Aug. 1800 - **Diladine**, William to Mary McCracken
28 Jan. 1819 - **Dildin**, Elizabeth to Martin Freese
19 June 1819 - **Dildine**, Elizabeth to Pettit Primrose
7 Feb. 1811 - **Dildine**, Martha to Ephraim Hopkins
1 Jan. 1823 - **Dildine**, Martha (Hardwick) to Brittin Edwards
26 Nov. 1840 - **Dildine**, Ralph (Sparta) to Eunice Wells
30 Sept. 1815 - **Dildine**, Mary to Aaron Howell
17 Sept. 1797 - **Dildine**, Sarah to Jehu Stout
9 Sept. 1815 - **Dildine**, Sampson L. to Sarah Man
4 Jan. 1832 - **Dildine**, Thomas A. to Abigal Goble
8 Jan. 1807 - **Dildine**, Uria to Marai Hankinson
26 Dec. 1818 - **Dildine**, William to Mary Stinson
9 July 1837 - **Dilistine**, Malinda (Frankford) to John Cassad
6 May 1800 - **Dilistone**, Sarah to Henry Shandenberge
30 Aug. 1825 - **Dill**, John to Sarah Griggs
11 June 1833 - **Dill**, Mary to John Mount, Jr.
9 Oct. 1796 - **Dillason**, Israel to Elizabeth Coymer
3 Nov. 1795 - **Dillingham**, Martha to Christoper Snyder
5 Jan. 1802 - **Dillenham**, Mary to John Summers
21 Aug. 1796 - **Dilliston**, Anna to John Ferrego
22 Jan. 1837 - **Dilliston**, Daniel to Azubah Knap
23 Nov. 1796 - **Dilliston**, John to Elizabeth Adams
26 Dec. 1806 - **Dills**, John to (Wid) Lenah Rose
22 Aug. 1808 - **Dills**, John to Elinor Hodge
4 Mar. 1806 - **Dills**, Sarah to Francis Hagerman
4 Feb. 1799 - **Dilly**, Esther to Chrispohen Hibler
18 Mar. 1798 - **Dils**, Peter to Elizabeth Sapler
24 Mar. 1796 - **Dilse**, William to Elizabeth Cramer
24 June 1830 - **Dimen**, Phebe to Richard VanAuken
22 July 1810 - **Dimmon**, John to Peggy Jamerson
2 Dec. 1843 - **Dimon**, Elijah (Warren Co.) to Euphemy Willets
28 May 1804 - **Dimon**, Sally to George Crisman
10 May 1804 - **Dingman**, Elizabeth to Enos VanCampen

(1851?) **Dingman**, Thomas (Delaware, Penna.) to Susan Beemer
8 Feb. 1800 - **Dinn**, Mary to Daniel Westbrook
3 Aug. 1820 - **Direlin**, Bernard to Aness Murphey
28 Jan. 1798 - **Disyoung**, Caty (Oxford) to Henry Roushebre
26 Aug. 1812 - **Divens**, Mary to Bartholomew South
17 Dec. 1842 - **Diver**, Mary to Nelson Smith
9 Oct. 1803 - **Divers**, Anna to Mathes Snook
20 Aug. 1808 - **Divers**, Chris. V. to Elizabeth Locey
13 Nov. 1834 - **Divers**, Christine to Matthias Floch
9 May 1811 - **Divers**, Christopher to Sarah Haman
14 June 1798 - **Divers**, Juda to George Clark
11 June 1797 - **Divers**, Susan to Casper Hendershot
8 Oct. 1835 - **Divers**, Susannah to John Flock
29 Nov. 1845 - **Dives**, Sarah Ann (Newton) to Smith Bunn
15 Dec. 1805 - **Divis**, Elizabeth (Hardwick) to Abraham Main
16 Apr. 1806 - **Divis**, William (Hardwick) to Elizabeth Woss
28 Nov. 1810 - **Dixon**, Ann to Abraham Laurence
30 Nov. 1822 - **Dixon**, Idea to George Onsted Jr.
7 Oct. 1818 - **Doan**, Elijah to Mary Smith
26 Nov. 1834 - **Dockerty**, Delilah to Robert Struble
21 Nov. 1810 - **Dodder**, Betsey to John Cummins
4 Dec. 1817 - **Dodder**, Easter (Hardwick) to Jacob Simmons
23 Jan. 1817 - **Dodder**, etache to Ensley Roy
8 Mar. 1821 - **Dodder**, Lidah to Bowdewins VanAuken
2 Mar. 1820 - **Dodder**, Lydia to George Shuster
5 July 1806 - **Dodder**, Sarah to William Kessedy
31 Dec. 1795 - **Dodderer**, Catherine to Thomas Hunt
12 July 1812 - **Dodder**, Esther to John Roy
20 Aug. 1825 - **Dodderer**, Peter (Stillwater) to Elizabeth Struble
30 Apr. 1797 - **Doddy**, Israel (Knowlton) to Anna Sneider
15 Apr. 1826 - **Dodge**, Daniel to Emeline Luckey
1 Sept. 1798 - **Dodge**, John to Rosana Decker
2 Oct. 1796 - **Doder**, Abraham (Hardwock) to Margaret Wintermute
13 Oct. 1852 - **Dody**, Jane (Newton) to William R. McGowen
22 May 1813 - **Dolan**, George to Pheby McQuarry
18 July 1838 - **Doland**, Daniel (Hardyston) to Sarah Ann Kays
15 Nov. 1843 - **Doland**, Samule to Susan Conklin
12 Aug. 1800 - **Dolin**, John to Esther Sharer
9 Sept. 1821 - **Dollin**, George to Sarah Ketcham
28 Jan. 1804 - **Dolson**, Sarah to John Mann
23 Nov. 1797 - **Don**, Henry to Experience Brown
5 Aug. 1808 - **Donalds**, Polley to John Brown
12 Aug. 1804 - **Donals**, Bennage to Sarah Angle
31 Mar. 1803 - **Donecker**, Hannah (Greenwich) to John Ryle
20 May 1819 - **Donelson**, Robert to Sarah Alliot
5 Aug. 1796 - **Donfield**, Elsey (Knowlton) to Bernard Olp
18 Nov. 1800 - **Donnely**, Sarah (Knowlton) to Driel Hopkins
12 Mar. 1840 - **Doolittle**, Emeline (Montague) to Archibald Brink
Nov. 1842 - **Doty**, Emeline to Samuel Banjamin
18 Oct. 1834 - **Doran**, Abraham to

Lucetta Wyckoff
8 May 1804 - **Dorlser**, John to Debby Woods
30 Apr. 1836 - **Dormafly**, Benjamin (Newton) to Elizabeth Kays
10 Dec. 1799 - **Dormany**, Edward to Sally Sharp
2 Jan. 1833 - **Dorren**, John to Malinda Clawson
2 June 1810 - **Dotey**, Elizabeth to Daniel Smith
8 July 1802 - **Doty**, Abraham to Jane Willcocks
6 Dec. 1806 - **Doty**, Archess to Abigail Jennings
7 Jan. 1837 - **Doty**, Clarissa Jane to Thomas Drake
20 Dec. 1833 - **Doty**, David to Margery Middaw
27 Dec. 1828 - **Doty**, Jane (Wantage) to James Northrup
14 June 1828 - **Doty**, Mario to Mathias Pitney
10 Mar. 1834 - **Doty**, Mariah to Henry Boughton
14 Jan. 1817 - **Doty**, Mary to Jeptha Martin
31 Aug. 1796 - **Doty**, Samuel to Patience Phillips
19 July 1816 - **Doty**, Sarah to James Booth
26 Jan. 1830 - **Doty**, Zebulon (New York) to Hild Vance
23 Mar. 1842 - **Dougherty**, Alexander (Wantage) to Ida Ann Kirk
6 Mar. 1834 - **Dougherty**, Malinda J. to Aaron Crover
1 July 1824 - **Doughty**, Ann to John A. Wright
31 Aug. 1818 - **Doughty**, Dolly to Ralph Hankins
1 Oct. 1808 - **Doughty**, Jacob to Sally Howell
29 June 1826 - **Doughty**, Julian to Daniel Padelford
1 June 1799 - **Dougins**, Elizabeth to William Decker
8 Jan. 1831 - **Douglas**, Walinda to Abram Ray
25 Nov. 1843 - **Dow**, Helen (Morris Co.) to David Wiggins
17 Dec. 1814 - **Dow**, Mary to Joseph Chamberlin
11 Jan. 1822 - **Down**, Phebe to Jacob Golder
10 Aug. 1816 - **Doyle**, Lydia (Wantage) to Thomas Northrup
13 June 1818 - **Doyle**, Thomas M. to Sarah Green
8 Mar. 1845 - **Doyle**, William to Mary Ann Lott
22 June 1814 - **Drake**, (Miss) to James Coxe
13 Jan. 1820 - **Drake**, Abraham to Tempe Gates
18 Jan. 1807 - **Drake**, Abigail to James Johnson
10 June 1811 - **Drake**, Adam to Sarah Boiles
23 Nov. 1797 - **Drake**, Ajariah (Independence) to Euphromia Longstreet
9 Feb. 1825 - **Drake**, Alex to Elizabeth Hibler
31 Jan. 1828 - **Drake**, Alexander to Letitia Broderick
11 Oct. 1795 - **Drake**, Anna (Oxford) to Richard Rifenbergh
15 Mar. 1796 - **Drake**, Benjamin (Sandyston) to Judith Marvin
24 May 1825 - **Drake**, Archibald to Sarah Cary
5 May 1836 - **Drake**, Azariah (Newton) to ebe Struble
16 Mar. 1802 - **Drake**, Benjamin to Jane Horton
Feb. 1831 - **Drake**, Benjamin to Elizabeth Spangenberg
9 Dec. 1826 - **Drake**, Betsey to Elias Barley
29 Jan. 1842 - **Drake**, Caroline (Independence) to Hezekiah Drake
17 Nov. 1799 - **Drake**, Catherine to David Willet
14 Jan. 1821 - **Drake**, Catherine to Benjamin Depue
7 Apr. 1849 - **Drake**, Charlotte A. (Byram) to Peter Applegate
15 Apr. 1820 - **Drake**, Charrity to William McCain
18 Feb. 1809 - **Drake**, Clawson to

Amy VanSyckle
19 Apr. 1798 - **Drake**, David (Independence) to Temperence Drake
1 Jan. 1829 - **Drake**, David to Jane Vance
6 Apr. 1813 - **Drake**, Ebenezer to Prudence Sutton
11 Aug. 1838 - **Drake**, Elenor (Montague) to William Bennet
30 Mar. 1817 - **Drake**, Elias to Mary Killpatric
6 July 1797 - **Drake**, Elizabeth (Sandiston) to John Karner
20 April 1798 - **Drake**, Elizabeth to Reuben Drake
15 June 1801 - **Drake**, Elizabeth to Barranet Rodney
11 Sept. 1808 - **Drake**, (Wid) Elizabeth to John J. Fields
24 Dec. 1811 - **Drake**, Elizabeth to Caleb Swayze
25 Feb. 1826 - **Drake**, Elizabeth to William Snook
13 Nov. 1845 - **Drake**, Emma (Newton) to Robert T. Shiner
3 June 1796 - **Drake**, Ephraim to Elizabeth Kermer
25 Apr. 1804 - **Drake**, Francis to Martha Flemming
30 Oct. 1847 - **Drake**, George to Phebe Jane Morris
9 Nov. 1847 - **Drake**, Harriet to William Vliet
2 July 1824 - **Drake**, Harriet L. to Alexander H. Smith
3 May 1823 - **Drake**, Henry to Mary Concely
6 Apr. 1847 - **Drake**, Harriet T. (Sandyston) to John R. Edsall
1 May 1800 - **Drake**, Henry (New York) to Elizabeth Parke
14 May 1799 - **Drake**, Hezekiah (Oxford) to Elizabeth Hoagland
29 Jan. 1842 - **Drake**, Hezekiah to Caroline Drake
11 Aug. 1807 - **Drake**, Inslay Jr. to Jane Kerr
9 Aug. 1812 - **Drake**, Jacob to Mary Demund
12 May 1821 - **Drake**, Jacob L. to Ann Hann
7 Feb. 1821 - **Drake**, James H to Mary Bright
24 Dec. 1839 -**Drake**, Job S. (Newton) to Elizabeth Johnson
24 Feb. 1815 - **Drake**, John to Mary Howard
14 Apr. 1819 - **Drake**, John to Rhoda Wels
19 Mar. 1809 - **Drake**,Joseph to Susan Ayres
8 July 1798 - **Drake**, Julenn to Lewis Havins
22 Sept. 1842 - **Drake**, Julia Ann (Newton) to William Howell
4 May 1826 - **Drake**, Laurence to Debe L. Mead
11 Feb. 1808 - **Drake**, Levina to John Main
26 Oct. 1826 - **Drake**, Lydia to John A. Johnson
20 Nov. 1829 - **Drake**, Margaret to William Campbell
9 July 1831 - **Drake**, Margaret to Zachariah Beedle
12 Nov. 1825 - **Drake**, Martha to ___ Myers
30 Aug. 1798 - **Drake**, Mary to Andrew Stickle
11 Sept. 1803 - **Drake**, Mary (Independence) to Daniel W. Garrison
31 Jan. 1813 - **Drake**, Mary to Ralph VanKirk
18 Oct. 1815 - **Drake**, Mary (Frankford) to William Sickle
20 Jan. 1818 - **Drake**, Mary (Greenwich) to Philip Edmeek
4 Jan. 1821 - **Drake**, Mary to Isue Lits
14 Mar. 1816 - **Drake**, Mary to Charles K. Smith
6 Sept. 1826 - **Drake**, (Wid) Mary to George Snavel
12 Mar. 1823 - **Drake**, Nancy to Joseph I. Roy
6 Apr. 1816 - **Drake**, Nathan to Rebeccah Morrow
Dec. 1832 - **Drake**, Nathaniel to Mary Ann Sutfin
14 Feb. 1816 - **Drake**, Nathaniel

Jr. to An Willson
24 Mar. 1819 - **Drake**, Nathaniel S. to Elizabeth Nixon
28 May 1810 - **Drake**, Peter to Ruhama Russell
17 Apr. 1830 - **Drake**, Peter to Mary Devore
19 Sept. 1821 - **Drake**, Phebe (Newton) to Charles F. Lineback
30 Oct. 1817 - **Drake**, Philip to Sarah Huston (Newton)
6 Mar. 1841 - **Drake**, Phineus to Lydia Main
24 Jan. 1797 - **Drake**, (Wid) Rachel to Isac Wilson
10 Apr. 1814 - **Drake**, Rachel to John More
10 Apr. 1814 - **Drake**, Rachel to Richard Swayze
23 Jan. 1823 - **Drake**, Rebecca to Joseph Osman
3 July 1824 - **Drake**, Rebecca (Hardwick) to Joseph Little
8 June 1833 - **Drake**, Rebecca A. to Nicholas Ingersoll
20 Apr. 1798 - **Drake**, Reuben to Elizabeth Drake
2 Feb. 1841 - **Drake**, Robert (Penna.) to Elizabeth Ennis
31 Mar. 1807 - **Drake**, Sally to Andrew Satin
10 June 1816 - **Drake**, Ruth to John Fenton
7 Feb. 1806 - **Drake**, Sarah (Mansfield) to Ashor Jones
19 Aug. 1811 - **Drake**, Sarah to Charles Vanwy
26 Jan. 1814 - **Drake**, Sarah to Andrew Appleton
28 Sept. 1797 - **Drake**, Silvanus (Oxford) to Sarah Albertson
1 May 1824 - **Drake**, Sparling to Mary Snook
19 Apr. 1798 - **Drake**, Temperence (Independence) to David Drake
16 Mar. 1822 - **Drake**, Temperence to James Daly
12 June 1841 - **Drake**, Tephamah D. (Newton) to Susanna W. Miller
3 May 1818 - **Drake**, Tephaniah to Mary Dennis
7 Jan. 1837 - **Drake**, Thomas to Clarissa Jane Doty
4 Jan. 1845 - **Drake**, Tianney to John R. Rose
15 Nov. 1829 - **Drake**, Timothy to Anna Hough
16 May 1811 - **Drake**, Valandence to James Hull
4 Jan. 1845 - **Drake**, William to Sarah M. Haggerty
13 Nov. 1849 - **Drake**, William (Newton) to Mary Elizabeth Gray
21 Feb. 1839 - **Draw**, Aletta (Vernon) to John A. Williams
14 May 1825 - **Drew**, Gilbert Jr. to Phebe Sprague
19 Apr. 1823 - **Drew**, Hannah to Josiah Ingersoll
21 Jan. 1840 - **Drew**, Isschar to Elizabeth Briggs
21 Mar. 1841 - **Drew**, Samuel to Sarah Longwell
10 Dec. 1840 - **Drew**, (Mrs) Sarah to Paul F. Ryerson
8 Nov. 1838 - **Drew**, William (Vernon) to (Mrs) Caroline VanHouten
18 Mar. 1837 - **Dudder**, George W. (Stillwater) to Effy J. Predmore
22 Apr. 1806 - **Dudder**, Getty (Hardwick) to John VanSickle
22 Sept. 1810 - **Dudder**, Hannah to Hugh McCarty
14 Oct. 1812 - **Dugan**, John to Susanna Beagle
2 Nov. 1797 - **Dugan**, Robert to Barbara Fisher
7 Feb. 1807 - **Dulin**, Nancy to Samuel Jennings
15 Jan. 1823 - **Dumarest**, John to Hannah Allet
25 Mar. 1809 - **Dummerest**, Maria to John Bannon
14 Sept. 1800 - **Dun**, Benjamin to Mary Norman
21 Jan. 1832 - **Dun**, Christian to John Bisset
21 Sept. 1839 - **Duncan**, Thomas Jr. (Newton) to Mary Murphy

31 Dec. 1818 - **Dunfield**, John to May Ingler
7 Feb. 1813 - **Dunfield**, Mary to John Snover
18 Apr. 1807 - **Dunham**, Aaron L. to Jane Quick
27 Oct. 1840 - **Dunham**, Alpheus to Elizabeth Selyards
18 June 1820 - **Dunhamand**, Benjamin. W. to Jane Rose
8 Oct. 1831 - **Duning**, Eben to Jane Kilgore
16 July 1831 - **Duning**, Horace to Eliza Knap
20 Dec. 1837 - **Dunlap**, Eunice to Henry Smith
10 Nov. 1842 - **Dunlap**, (Dr) Joseph B. (Stillwater) to Lydia J. Strader
6 Oct. 1810 - **Dunlap**, Thomas to Phebe Boss
1 Dec. 1838 - **Dunn**, Anglin (Morris Co.) to Lewis Whitaker
11 June 1797 - **Dunn**, Caleb to Susannah Strader
9 Oct. 1838 - **Dunn**, Catharine to Alexander Boyd
5 Sept. 1847 - **Dunn**, Catherine (Newton) to Timothy Frayze
25 Sept. 1845 - **Dunn**, Charlotte (Wantage) to Nicholas Cox
29 May 1796 - **Dunn**, Christian to Joseph Dennis
19 Nov. 1851 - **Dunn**, Edward M. (New York) to Josephine E. Lindsley
22 Dec. 1795 - **Dunn**, Elizabeth to Joseph Remer
20 Apr. 1831 - **Dunn**, Elizabeth to Isaac Moore
23 Apr. 1845 - **Dunn**, Elizabeth M. to Charles P. Rorbach
18 Sept. 1841 - **Dunn**, John to Ceilla Decker
10 May 1850 - **Dunn**, Lydia B. to (Rev) Nathaniel Pettit
15 June 1852 - **Dunn**, Margaret to Johnson Webster
2 Dec. 1820 - **Dunn**, Phebe to Ebenezer Paddick
11 Jan. 1804 - **Dunn**, Rachel to Samuel Owings
10 May 1806 - **Dunn**, Randle to Phylah McCoy
3 Nov. 1814 - **Dunn**, Sally to John VanNest
6 June 1802 - **Dunn**, Samuel to Catharine Esstile
14 Feb. 1802 - **Dunn**, Sarah to Henry Putnam
29 Dec. 1810 - **Dunn**, Sarah to Richard Storms
8 May 1798 - **Dunn**, William to Ruth Sanders
2 Jan. 1800 - **Dunn**, William to Mary Pintler
4 Mar. 1826 - **Dunn**, William to Jane Strate
2 Feb. 1832 - **Dunn**, William H. to Mary Ann Sharp
19 Apr. 1820 - **Dunning**, Abraham to Mary Lewis
1 Oct. 1849 - **Dunning**, Abram (Wantage) to Sarah M. Northrup
1 Dec. 1815 - **Dunning**, Benjamin (Wantage) to Mary Beemer
14 Nov. 1812 - **Dunning**, Gilbert to Catherine Beemer
16 June 1836 - **Dunning**, Harriet (Frankford) to Andrew Williams
4 Sept. 1834 - **Dunning**, Hester J. (Vernon) to Samuel Yetman
23 Sept. 1815 - **Dunning**, Hetty to Cornelius Strader
7 Jan. 1843 - **Dunning**, Jacob to Julia Crabtree
6 June 1816 - **Dunning**, John to Elizabeath Ayers
27 Nov. 1815 - **Dunning**, Leah to Jonathan D. Gillispy
10 Mar. 1828 - **Dunning**, Margaret to John Stivas
10 July 1819 - **Dunning**, Marriah to Henry Beemer
10 May 1816 - **Dunning**, Moses to Polly Kolason
23 Feb. 1812 - **Dunning**, Philea to Peter Francis
11 Feb. 1835 - **Dunning**, Rosetta to Benjamin Couse
4 Jan. 1799 - **Duow**, Anna to Francis Keyorman

6 Oct. 1823 - **Durang**, Sarah to David Yetman
11 Oct. 1838 - **Durie**, Samuel (Newark) to (Mrs) Mary Maxwell
22 May 1806 - **Durimple**, Isral to Susan DeWitt
25 Mar. 1815 - **Durlin**, Catherine to Lewis Parr
29 Jan. 1824 - **Durliing**, James to Mary Coursen
17 Nov. 1838 - **Durling**, John to Mary R. Hart
28 Aug. 1844 - **Durling**, Theodore to Asenath Shepherd
23 June 1806 - **Durme**, John to Huldy McPeek
22 Nov. 1818 - **Durmer**, Catherine to Benjamin Goble
10 Aug. 1800 - **Durmer**, Dorrity to Michael Yost
6 May 1848 - **Durmer**, Euphemia (Newton) to Charles D. Bench
20 Jan. 1799 - **Durmer**, Phebe to David Kays
21 May 1801 - **Durmer**, Mary to Lawrence Yew
1 Sept. 1826 - **Durmer**, Samuel to Harriet Carns
22 Jan. 1825 - **Durmes**, Sarah to Robert Chambers
21 Feb. 1822 - **Durnburger**, Mary to Simon Addis
31 Mar. 1816 - **Dusen**, William to Mary Yetter
23 Sept. 1798 - **Dusunberry**, William to Catherine Van Buskirk
7 Apr. 1796 - **Duston**, Amos to Mary McCloud
17 Jan. 1824 - **Dyer**, Charles (Philadelphia) to Elizabeth Harker
5 Dec. 1821 - **Dyer**, James to Hester Kelly
22 Jan. 1824 - **Dyer**, James to Elizabeth Adkisson
27 Mar. 1821 - **Dyre**, Philip to Abigail Harker
6 Aug. 1809 - **Eager**, Polly to Isaac Rosencrance
21 Feb. 1799 - **Eager**, Yoast to Polly Brink
10 Feb. 1840 - **Eagers**, Marcus to Achsa Barber
26 Mar. 1842 - **Eagor**, Mary to Philip Savacool
16 Jan. 1800 - **Eakeley**, Ann to Charles Dereamer
18 Oct. 1796 - **Eakley**, Benjamin to Phebe Burnet
17 June 1820 - **Ealland**, William to Mary Merrel
24 Dec. 1844 - **Earles**, Jobes to Sarah Stepheson
2 Sept. 1848 - **Earls**, (Wid) Sarah Ann to John Parr
26 Jan. 1828 - **Earls**, William to Euphiama Luis
25 Dec. 1817 - **Easterline**, Susannah (Walpack) to Jacob Schultz
4 Oct. 1801 - **Eastman**, Tilton to Elizabeth Kent
9 Aug. 1834 - **Easton**, Charlotte to Moses VanGorder
8 Apr. 1797 - **Eason**, Jas. to Polly Pettit
30 Aug. 1800 - **Edkman**, Charles (Greenwick) to Peggy DeWitt
2 Mar. 1822 - **Edgeton**, Charles to Jane Utt
20 Jan. 1818 - **Edmeek**, Philip to Mary Drake
22 Nov. 1810- **Edmerson**, hannah to David McCan
4 Jan. 1845 - **Edminston**, Esther (Newton) to Samuel G. Howell
25 Feb. 1841 - **Edmonson**, Azuba to Elijah Blackwell
3 Jan. 1819 - **Edmondson**, Julia to Jeremiah Force
26 Jan. 1822 - **Edmundson**, Eliza to William Pringle
8 Apr. 1804 - **Edsal**, Rachel to John Main
29 Aug. 1812 - **Edsall**, Almeda to John Vandergrift
7 Dec. 1826 - **Edsall**, Barton to Sarah Coulter
24 Jan. 1852 - **Edsall**, Benjamin B. to Eliza Ann Williams
28 Sept. 1838 - **Edsall**, Caroline to Thomas D. Edsall

18 Nov. 1846 - **Edsall**, Catharine S. to John McCarter Jr.
19 Dec. 1810 - **Edsall**, David to Sarah Perry
7 Feb. 1824 - **Edsall**, David to Zelah Hall
5 June 1803 - **Edsall**, Eliz. to William Darrah
Jan. 1844 - **Edsall**, Elizabeth to William Rude
8 Feb. 1849 - **Edsall**, Elizabeth A. to Thomas B. Mushback
30 Oct. 1819 - **Edsall**, George to Latty Smith
3 Aug. 1807 - **Edsall**, Henry to Mary Carey
1 Dec. 1821 - **Edsall**, Hester to John Benjamin
14 Oct. 1804 - **Edsall**, James Jr. to Mary Simpson
23 Sept. 1826 - **Edsall**, John to Ann Simonson
5 Mar, 1828 - **Edsall**, John to Catherine Stage
26 July 1834 - **Edsall**, John to Jane Howell
6 apr. 1847 - **Edsall**, John R. (New York) to Harriet T. Drake
17 Dec. 1808 - **Edsall**, Joseph to Sarah Dekay
13 Apr. 1811 - **Edsall**, Joseph E. to Esther Hamilton
20 Nov. 1833 - **Edsall**, Mary to Adamson Stoll
8 Feb. 1803 - **Edsall**, Milicant to John Barnes
13 Mar. 1806 - **Edsall**, Peter to Catherine Simonson
1 Aug. 1814 - **Edsall**, Richard to Hester Vandergrift
28 Sept. 1816 - **Edsall**, Sally to John Vandegriff
16 Nov. 1838 -**Edsall**, (Mrs) Sally Ann (Hardyston) to Daniel Lybolt
11 Apr. 1802- **Edsall**, Sarah to Benjamin Hamilton
24 Nov. 1844 - **Edsall**, Sarah (Vernon) to James Fountain
22 Sept. 1836 - **Edsall**, Sarah Ann (Hamburg) to Robert Hamilton

2 Apr. 1820 - **Edsall**, Seely to Mary Estele
22 Oct. 1846 - **Edsall**, Susan to Horace Shaw Storms
8 Apr. 1826 - **Edsall**, Thomas to Catherine Ann Osborn
(1838) **Edsall**, Thomas D. to Caroline Edsall
14 June 1817 - **Edsall**, William to Jemima Simpson
30 Sept. 1812 - **Edsley**, Jacob to Elizabeth Larue
15 Sept. 1799 - **Edstle**, Phebe to William Pitts
1 Jan. 1823 - **Edwards**, Brittin to Martha Dildine
12 July 1820 - **Edwards**, Carline to Samuel Hauck
3 May 1834 - **Edwards**, Clark to Mariah Tuttle
4 Jan. 1818 - **Edwards**, Esther to John D. Mackerly
29 Jan. 1814 - **Edwards**, Harklos to Anne Davis
18 May 1809 - **Edwards**, Isaac to Catey Rolison
20 Jan. 1839- **Edwards**, Israel (Wantage) to Elizabeth Westfall
8 Oct. 1808 - **Edwards**, James to Mary Shouk
22 Mar, 1827 - **Edwards**, Lyman to Eliza Smith
27 Jan. 1807 - **Edwards**, Stephen to Mary Rice
25 Apr. 1809 - **Edwards**, William to Catey Maria Collisscon
29 Jan. 1823 - **Edbert**, Abraham to Ann Stilwell
4 May 1822 - **Egbert**, Henry to Phebe Thornton
18 Sept. 1850 - **Egbert**, Henry F. (Newark) to Margaret C. Chidester
20 Aug. 1815 - **Egbert**, Isaac to Mary Lanning
13 Aug. 1842 - **Egbert**, Moses (Frankford) to Nancy K. Lockwood
1 Jan. 1797 - **Egnew**, Sarah to Enoch Thatcher
28 June 1809 -**Eldridge**, Elizabeth

to David Yetman
20 July 1806 - **Eldridge**, Sarah to Fred Spandenberg
1 Feb. 1807 - **Eldrigde**, Sarah (Frankford) to Samuel Anderson
10 Oct. 1823 - **Eleson**, Emely to Hial Ayres
16 Nov. 1844 - **Ellet**, Jemima Jane to John O. Hockenberry
1 May 1813 - **Ellet**, John to Sarah Angle
2 May 1839 - **Ellet**, Samuel to Sarah Ann Stephens
18 Oct. 1828 - **Ellett**, Susan to Henry Coursen
26 Sept. 1829 - **Ellison**, Wiliam (Wantage) to Mary Trotter
10 Sept. 1842 - **Ellot**, Mary Ann (Frankford) to George B. Sharron
11 Mar. 1826 - **Ellot**, Susan to John Trusdel
1 July 1802 - **Elston**, Abraham to Rachel Alyea
14 Apr. 1816 - **Elston**, Asa (Wantage) to Catherine Casad
19 Oct. 1833 - **Elston**, Asa to Polly Jane Everitt
18 Apr. 1821 - **Elston**, Eyra to Marilda Mead
28 Nov. 1829 - **Elston**, Fanny to James Tailor
15 Oct. 1825 - **Elston**, Hannah to Lewis Wilson
17 Jan. 1837 - **Elston**, James H. to Catherine Palmer
19 Dec. 1819 - **Elston**, Jane to Lewis Mead
18 Sept. 1804 - **Elston**, Mary to Isaac VanHouten
27 Dec. 1812 - **Elston**, Mary to Samuel S. Cole
22 July 815 - **Elston**, Meream to Elijah Myres
9 Feb. 1812 - **Elston**, Phebe to James Brady
6 Jan. 1838 - **Elston**, Susan (Orange Co., N.Y.) to William J. Cole
24 Oct. 1844 - **Elston**, William to Sally Ann Watkins

21 Mar. 1848 - **Elsworth**, Daniel (Sandyston) to Martha Johnson
12 June 1803 - **Elya**, Hanner to Henry Decker
1 March 1828 - **Elye**, Catharine to John Riker
1 June 1825 - **Elyed**, Sarah Ann to John Bedell
20 Apr. 1817 - **Elza**, David to Samantha Randle
22 Oct. 1831 - **Elzea**, Jane to Washington b. Kerlock
July 1822 - **Elzea**, Oliver to Sarah Bassett
1 Jan. 1825 - **Ememen**, Nancy to James Bizzet
18 Feb. 1821 - **Emery**, David to Mary Shields
9 Dec. 1826 - **Emery**, David to Mary Barton
11 Jan. 1821 - **Emery**, Eliza to Samuel Shields
7 June 1801 - **Emery**, Experience to Jacob Rubart
1816 - **Emery**, Henry to Mary Carpenter
25 Sept. 1817 - **Emery**, Jacob to Mary Rubert
17 Feb. 1844 - **Emery**, Jacob to Susan Savacool
15 Jan. 1804 - **Emery**, Johannah to David Shay
4 Oct. 1827 - **Emery**, John to Susan Pierson
5 Sept. 1802 - **Emery**, Jonathan to Elizabeth Beadle
4 Jan. 1815 - **Emery**, Mary to Archibald Robertson
2 Feb. 1822 - **Emery**, Mary to Silliam Mires
3 Feb. 1810 - **Emmans**, Stephen to Elizabeth Corsen
6 Jan. 1809 **Emmery**, George to Elizabeth Keen
5 Jan. 1803 - **Emmery**, Hannah to George VanHerts
20 Dec. 1809 - **Emmery**, Sally to Abraham Keen
21 Jan. 1826 - **Emmings**, Abraham to Clarricy Turner
27 Nov. 1835 - **Emmins**, Luisa

(Sandyston) to James C. Major
25 Dec. 1819 - **Emmons**, Ashur to Fanny Hunt
16 Dec. 1820 - **Emmons**, Rebecca (Newton) to Henry Hankinson
20 Feb. 1847 - **Emmons**, Rebecca to Henry VanStone
21 Jan. 1847 - **Emmons**, William R. to Magdalene R. Hill
18 Sept. 1813 - **Emons**, Permelia to Josiah Everitt
17 Nov. 1839 - **Emory**, Jane to Robert S. Howell
10 Apr. 1824 - **Emory**, Polly to Jacob Kisor
17 Sept. 1825 - **Emry**, Jonathan to Elizabeth Brink
26 Jan. 1825 - **Emry**, (Wid) Polly to Timothy Shay
5 Feb. 1800 - **Engil**, Elenor to Thomas Barnes
25 Nov. 1804 - **Engle**, Catherine (Knowlton) to Owen Hughes
2 Jan. 1822 - **Engle**, Catherine to David Brands
3 May 1808 - **Engle**, Cornelius to Catherine Cummins
28 June 1807 - **Engle**, Isaac to Elizabeth Stirr
22 Jan. 1801 - **Engle**, James to William Belles
10 Mar. 1803 - **Engle**, Jane (Lebanon) to David Cox
5 May 1801 - **Engle**, John to Hannah Barnes
4 Dec. 1800 - **Engle**, Philip to Christenah Adams
27 May 1803 - **Engle**, John Paul to Catherine Hodge
5 Dec. 1824 - **Engle**, Sarah to daniel McKain
16 Aug. 1801 **Englis**, Margaret to John Colt
26 Apr. 1821 - **English**, Sarah to Philip Sheeler
- **English** see Anglish
29 May 1796 - **Ennes**, Alexander to Jane Dewit
6 Dec. 1818 - **Ennes**, Dianna to Jacob Kittle Jr.
11 July 1813 - **Ennis**, Catherine to John VanAtten
21 May 1799 - **Ennis**, Cornelius to (Wid) Deborah Cole
4 Mar. 1802 - **Ennis**, Elizabeth (Walpack) to Johannis Smythe
2 Feb. 1841 - **Ennis**, Elizabeth (Sandyston) to Robert Drake
18 Feb. 1807 - **Ennis**, Isaac to Hannah Wood
16 Dec. 1809 - **Ennis**, John to Maria Seely
7 July 1804 - **Ennis**, Levi to Lolly Adams
23 Feb. 1806 - **Ennis**, Phebe (Sandiston) to Abraham Westbrook
15 Jan. 1807 - **Ennis**, Sally ()Minisink) to Joseph Westbrook
21 Aug. 1797 - **Ennes**, William to Sarah Brijans
26 June 1796 - **Ensley**, Rachel to James Blain
3 Nov. 1795 - **Ervine**, Sarah to Joseph Shank
13 Apr. 1796 - **Ennis**, Elizabeth to Gideon VanGorden
3 Oct. 1799 **Erevin**, Conrad (Hardwick) to Catherine Meagle
18 Apr. 1806 - **Eright**, John (Easton, Penna.) to Catherine Moser
20 Dec. 1810 - **Ervine**, James to Jemima Cornell
21 Feb. 1796 - **Erwine**, Catherine (Hardwick) to George Wildrick
4 Dec. 1830 - **Esel**, Harriet to Johnson Quick
25 Sept. 1849 - **Eshback**, Barbra to Levi Ladley
6 June 1802 - **Esstile**, Catharine to Samuel Dunn
2 Jan. 1841 - **Estall**, Abraham L. to Mary A. Bailey
14 Dec. 1819 - **Estele**, Elizabeth to Henry Youngs
2 Apr. 1820 - **Estele**, Mary to Seely Edsall
11 Nov. 1805 - **Estil**, Hannah to Benjamin Winnans
2 Feb. 2808 - **Eumins**, Edward to Mary McKinney

14 June 1847 - **Evans**, Catharine (Wantage) to Gabriel Adams
12 Feb. 1850 - **Evans**, Robert M. to Mary L. Conklin
3 Feb. 1807 - **Eumans**, Samuel to Eliza DeWitt
28 Dec. 1814 - **Evansall**, Rebecca to David Carr
18 Jan. 1827 - **Evenman**, James to Mary Hand
9 May 1815 - **Evens**, Elizabeth to Martin Titsworth
23 Dec. 1805 - **Evens**, James to Huldy Haynes
20 Apr. 1807 - **Evans**, James to Catherine Haynes
8 Feb. 1806 - **Evans**, Jenny to George Casterline
4 Dec. 1814 - **Evans**, Robert Jr. to Anna Westfall
18 Jan. 1804 - **Evans**, Sarah to Isaac Popano
11 July 1808 - **Eveland**, (Wid) Ann to John Templeton
11 Feb. 1801 - **Eveland**, Anna to Michael Prc
18 Mar. 1806 - **Eveland**, Frederick (Oxford) to Sarah Decow
23 Oct. 1802 - **Eveland**, John to Anna Osborn
12 Mar. 1797 - **Eveland**, Martha to Daniel Henderickson
13 Mar. 1822 - **Evens**, Peggy to Samuel Sigler
28 Jan. 1832 - **Evens**, Polly to James Decker
24 Sept. 1831 - **Events**, Jesse to Phebe Tuttle
6 Dec. 1827 - **Everet**, Abraham to Nancy Cole
6 Dec. 1806 - **Everet**, Sarah to Robert Jennings
11 Feb. 1841 - **Everett**, Catharine Jane to John Layton
8 Mar. 1809 - **Everit**, Daniel to Emma Ryerson
30 Mar. 1799 - **Everit**, Thankful to Edward Talbut
3 Apr. 1803 - **Everit**, Zenus (Knowlton) to Catharine Parr
15 May 1841 - **Everitt**, Delila to John B. Hardick
13 Nov. 1844 - **Everitt**, Diana (Green) to William Mattison
22 Jany. 1834 - **Everitt**, James to Charlotte Hutchings
20 Apr. 1814 - **Everits**, John to Mary Chamberlin
5 Apr. 1808 - **Everitt**, Ann to John McCracken
1 Jan. 1807 - **Everitt**, Elizabeth to Samuel Scooley
19 Nov. 1829 - **Everitt**, Elizabeth to Abraham Hunt
5 Dec. 1824 - **Everitt**, George to Jane Hornbeck
25 Sept. 1825 - **Everitt**, Hannah to Gideon Westbrook
27 Oct. 1846 - **Everitt**, James (Newton) to Hannah Masters
18 Sept. 1813 - **Everitt**, Josiah to Permelia Emons
3 Sept. 1828 - **Everitt**, Margaret to Willson Hunt
12 Jan. 1837 - **Everitt**, Martin R. (Newton) to Margaret Hunt
1 Apr. 1820 - **Everitt**, Noah to Leach Cole
19 Oct. 1833 - **Everitt**, Polly Jane to Asa Elston
20 Oct. 1847 - **Everitt**, Thomas X. to Delphina Moran
23 Mar. 1817 - **Everitt**, William to Elizabeth Letson
19 Sept. 1835 - **Everman**, David to Jane Parmely
1 Mary. 1841 - **Everman**, David to Mary Gray
25 Nov. 1826 - **Everman**, Fany to Lewis Burd
12 Mar. 1826 - **Everman**, Harriet to Simeon Landon
3 Mar. 1832 - **Everman**, James to Sarah Denyke
10 Sept. 1840 - **Everson**, Thomas to Rebecca Brown
15 Feb. 1823 - **Ewen**, Nathaniel to Sarah Maberry
5 Aug. 1843 - **Ewen**, Nathaniel to Sarah Maberry
17 Feb. 1797 - **Fairbanks**, Martha to Charles Bartly

23 Sept. 1799 - **Fairchild**, Easter to Cornelius Yeomans
27 Sept. 1818 - **Fairchild**, Esra to (Miss) Addis
30 Sept. 1807 - **Fairchild**, Isaac to Anna Sprag
21 June 1809 - **Fieldfield**, James to Hannah Cannine
15 Dec. 1795 - **Fairchild**, Sarah to Peter Tompking
8 Jan. 1809 - **Fairchild**, Phebe to James Moffet
3 June 1884 - **Falconer**, James to Susan Dennis
30 Jan. 1824 - **Fammer**, Elizabeth to Ephraim Rosenkrants
13 Dec. 1795 - **Fanger**, Elizabeth (Knowlton) to John Matthews
14 Mar. 1798 - **Fanger**, William to Polly Hunt
25 Dec. 1803 - **Fannel**, John to Hester Horton
2 June 1821 - **Farber**, Abadina to Stephen Hammond
29 Apr. 1820 - **Farber**, Abigail to Samuel Givens
28 Oct. 1804 - **Farber**, Anna to Nicholas Ryerson
15 Oct. 1808 - **Farber**, Elizabeth to Peter Ryerson
11 May 1824 - **Farber**, Israel to Abigail Rickey
22 Nov. 1801 - **Farber**, Nancy to William Lyon
12 Apr. 1817 - **Farber**, Paul (Vernon) to Lucinder Strate
28 Jan. 1806 - **Farnsworth**, John to Ann Stiff
11 June 1799 - **Farnote**, James to Elizabeth Shae
2 Mary. 1837 - **Farrell**, Danel O. (Newton) to Mary Fazer
8 Nov. 1804 - **Farver**, Anna to Noahiah Wade
9 Dec. 1804 - **Farver**, Elizabeth to Jacob Smith
30 Sept. 1810 - **Farver**, Mary to Henry Connet
23 Dec. 1810 - **Farver**, William to Elizabeth Morrow
21 Apr. 1839 - **Faviel**, Sarah (Newton) to Andrew J. Hartman
25 May 1813 - **Fauger**, Daniel to Ann Shepperd
17 July 1813 - **Faunce**, Elizabeth to Robert Lynn
19 Aug. 1816 - **Faunce**, Mary (Knowlton) to Jacob W. King
9 Dec. 1805 - **Fauner**, Fanny to David Linn
15 May 1830 - **Fausot**, David to Susan Coss
5 May. 1797 - **Faust**, John Peter to Christiane Sarien
2 Mar. 1837 - **Fazer**, Mary (Newton) to Daniel O. Farrell
10 Jan. 1796 - **Fegals**, William to Elizabeth Cane
16 Feb. 1816 - **Felver**, M. to John Cox
8 Aug. 1841 - **Fenigan**, John (Hardyston) to Jane Morgan
14 Feb. 1823 - **Fenner**, Elizabeth to David Parlimen
22 Oct. 1804 - **Fenner**, John (Knowlton) to Caty Kyzer
24 July 1815 - **Fenner**, Peter to Deborah Shirts
6 Nov. 1823 - **Fenner**, Sally to Steven Lanning
27 July 1848 - **Fenner**, Sarah to Alphenus Savercool
10 June 1816 - **Fenton**, John to Ruth Drake
24 Nov. 1841 - **Ferguson**, Henry (Frankford) to Dorothy Carmichael
20 Jan. 1824 - **Fergerson**, Sarrah to John Gilson
20 Sept. 1801 - **Ferguson**, James to Jane Cunmmins
13 Jan. 1849 - **Ferguson**, John to Jane Buchanan
23 Oct. 1803 - **Ferguson**, Mary (Knowlton) to Henry Albertson
29 Nov. 1795 - **Ferguson**, Rebechak (Knowlton) to Laurence Lamerson
11 Apr. 1803 - **Ferguson**, William (Independence) to Anna Robbins
15 Dec. 1807 - **Fergusson**, Alex-

ander to Margaret Johnson
25 Apr. 1808 - **Fergusson**, Catherine to Jesse Knowls
8 Mar. 1809 - **Fergusson**, John to Mary Lynaberry
27 June 1797 - **Ferrebery**, Jacob to Elizabeth Frace
21 Aug. 1796 - **Ferrego**, Johnt o Anna Dilliston
11 Dec. 1811 - **Ferrel**, Robert to Jane Stuart
30 Dec. 1826 - **Ferret**, William to Anna Demund
29 Jan. 1811 - **Ferrgio**, Sarah to Patrick O'Neal
21 July 1821 - **Ferris**, Abigail to Isaac Ward
17 Aug. 1816 - **Fesher**, Stephen to Elizabeth Shealor
27 June 1839 - **Flazler**, Phebe C. to George A. Schoner
2 Jan. 1841 - **Field**, Carolineto Joseph R. Hankinson
2 Jan. 1841 - **Field**, Caroline (Newton) to Joseph Hankinson
26 May 1849 - **Field**, Catherine to Charles G. Wildrick
8 Jan. 1831 - **Field**, Charles to Catherine Mizner
7 Dec. 1800 - **Field**, James to Elizabeth Smul
22 Mar. 1849 - **Field**, Philip D. to Sarah Ann Savacool
21 Apr. 1832 - **Field**, Rachel to Solomon D. Buckner
2 Feb. 1833 - **Fields**, Hannah to Amos Smith
11 Sept. 1808 - **Fields**, John J. to (Wid) Elizabeth Drake
9 Oct. 1796 - **Filman**, Samuel to Felitie VanGorden
25 Aug. 1810 - **Finch**, Chrisitana to David Coon
3 Jan. 1811 - **Finch**, Daniel to Elizabeth VanSyckle
16 Oct. 1802 - **Finch**, Elizabeth to Ebenezer Townsend
9 Apr. 1814 - **Finch**, Isaac to Elizabeth Coykendall
15 Dec. 1802 - **Finch**, Jededish to Elizabeth Swesy

25 Nov. 1815 - **Finch**, John to Elizabeth Cranston
2 Mar. 1797 - **Finch**, Josser Jr. to Ginne Mills
11 June 1826 - **Finch**, Stephen to Elizabeth Mulen
30 Mar. 1803 - **Fine**, Chrisitna (Greenwich) to Barne McBrade
6 Nov. 1810 - **Fine**, John to Sarah Shapp
4 Feb. 1808 - **Fine**, Thomas to Catherine Randle
25 Sept. 1819 - **Fine**, William to Sarah DeWitt
25 Oct. 1796 - **Finekbonan**, Abraham to Mary Knofts
20 Sept. 1801 - **Firman**, Hannah to Conrod Philips
20 Sept. 1805 - **Fisher**, Mary to William Loder
9 May 1812 - **Fish**, Christeen to Thomas Hunnewell
20 Feb. 1812 - **Fish**, Margaret to James Anderson
8 Feb. 1814 - **Fish**, Robert to Sarah Titus
20 May 1804 - **Fisher**, Abagal (Hardwick) to John Jobs
2 Nov. 1797 - **Fisher**, Barbara (Hardwick) to Robert Dugan
26 Feb. 1831 - **Fisher**, Benjamin Jr. to Rebecca Carmer
25 Dec. 1817 - **Fisher**, Betsey (Schooley's Mtn.) to Aaron Rose
29 Aug. 1803 - **Fisher**, Elizabeth (Frankford) to Benjamin Allet
17 Oct. 1805 - **Fisher**, Jacob to Unice Snider
18 Dec. 1816 - **Fisher**, James to Hannah Bird
10 June 1826 - **Fisher**, John W. to Esther Westbrook
19 Jan. 1816 - **Fisher**, Martin to Betsy Calvin
22 June 1810 - **Fisher**, Nancy to Joseph Phillips
29 May 1803 - **Fisher**, Phillip (Oxford) to Mary Pegg
15 Dec. 1808 - **Fisher**, Samuel to Sally Eliza Mathews
17 Apr. 1834 - **Fisher**, Sarah to

Jacob S. Maxwell
27 Oct. 1842 - **Fisher**, Smith M. to Mary ___
6 Sept. 1807 - **Fisher**, Someon to Eliz. Youngs
18 Apr. 1806 - **Fisher**, William (Greenwich) to Catherine DeWitt
10 Oct. 1809 - **Fisher**, Wilson to (Wid) ___ Katoch
13 Nov. 1834 - **Fisk**, W. to Mary Ann House
29 Sept. 1841 - **Fitch**, Charles W. (Penna.) to Mary Warbasse
10 Dec. 1823 - **Fitch**, Emily H. (Hardwick) to (Rev) Nathaniel Conkling
15 June 1807 - **Fits**, Elizabeth to Samuel Chisister Jr.
30 Apr. 1818 - **Fitts**, Christopher (Oxford) to Mary Petty
24 Jan. 1809 - **Fitz**, Philip to Mary Hendrixson
7 Feb. 1799 - **Fitzgerald**, Morris (Hardwick) to Sally Junison
27 Jan. 1810 - **Fitzrandolph**, Reuben to Mary Roy
20 Sept. 1806 - **Fix**, Sarah to Benjamin Brooks
25 Feb. 1798 - **Flack**, Catherine (Hardwick) to Philip Coss
5 June 1823 - **Flanagan**, John O. to Christeen Wilson
28 Dec. 1809 - **Flat**, Elizabeth to Thomas Clay
28 June 1823 - **Fleet**, Abram to Ann Boiles
18 Dec. 1820 - **Fleming**, Amelia to John Matlock
2 Nov. 1800 - **Fleming**, David (Oxford) to Elizabeth Lannon
5 Apr. 1823 - **Fleming**, Joseph to Elizabeth Shay
19 Dec. 1813 - **Flemming**, Hannah to William Allen Jr.
23 Feb. 1815 - **Flemming**, Jane (Hardwick) to Jonathan Sroger
29 May 1799 - **Flemming**, John to Anna Turnblazen
29 May 1813 - **Flemming**, Margaret to William Lantz
25 April 1804 - **Flemming**, Martha to Francis Drake
26 July 1809 - **Flemming**, Mary to Russel Harris
5 Sept. 1839 - **Flemming**, Mary Matilda (Denville) to John Karr
16 Mar. 1839 - **Fletcher**, Richard to Bridget Myers
8 Oct. 1835 - **Flock**, John to Susannah Divers
23 Oct. 1808 - **Flock**, Matthias to Effy Weaver
13 Nov. 1834 - **Floch**, Matthias to Christine Divers
15 Aug. 1806 - **Flomerfelt**, Catherine (Newton) to David Devour
16 April 1812 - **Flough**, Andrew to Sarah Lane
9 Apr. 1799 - **Flumerfelt**, Peggy (Knowlton) to Jonathan Allen
25 Dec. 1810 - **Flomerfelt**, Sarah to John Jones
20 Oct. 1822 - **Flumerfelt**, Cornelas to Mary Banghart
20 Dec. 1812 - **Flummer**, Elizabeth to Joh Slack
24 Feb. 1820 - **Flummerfelt**, Effey to John Jones
15 Dec. 1808 - **Flummerfelt**, George to Margaret Henry
21 Apr. 1825 - **Foes**, George to Mary Crevling
28 July 1803 - **Foger**, Thomas to Eliz. Osborn
10 Apr. 1824 - **Fogerson**, Hannah to James Wilkins
24 Aug. 1809 - **Fogerty**, John to Catherine French
9 Nov. 1802 - **Folk**, Richard to Nancy Shoff
8 Mar. 1817 - **Follet**, Sarah to Simon Chamberlin
6 Jan 1804 - **Fonger**, Catherine (Hardwick) to Luis Dennis
8 Nov. 1800 - **Fonger**, George to Elizabeth Low
21 Nov. 1836 - **Footmiller**, Jacob to Mary Annis
9 Apr. 1831 - **Force**, Catherine to Joseph C. Harvey
23 Jan. 1819 - **Force**, Elsie H. to Jacob Wintermute

11 Oct. 1824 - **Force**, Eliza to Nathan Benjain Jr.
3 Mar. 1821 - **Force**, Elizabeth to Richard Winfield
30 Mar. 1843 - **Force**, Elizabeth (Vernon) to Benjamin Bates
3 Jan. 1819 - **Force**, Jeremiah to Julia Edmondson
21 Oct. 1815 - **Force**, John to Hannah Lewis
15 Sept. 1821 - **Force**, John to Sarah Townsend
12 Sept. 1818 - **Force**, Joseph to Elizabeth VanAtta
28 Jan. 1813 - **Force**, Julia to William Riggs
6 Apr. 1852 - **Force**, Lydia to David Dennis
Jan. 1850 - **Force**, Morris (Western N.Y.) to Mary Ann Redell
11 Apr. 1839 - **Force**, (Mrs) Rachel (Vernon) to Gosper Card
3 June 1820 -**Force**, Rebecca to William Sipher
1 Oct. 1811 - **Force**, Rhody to William Hull
15 Oct. 1814 - **Force**, Sarah to Robert Weasner
12 May 1827 - **Force**, Sarah Eveline to Sidney Bevans
7 Mar. 1818 - **Force**, Susan to John Dalrumple
27 Feb. 1823 - **Force**, Susannah to Morris Simpson
26 Jan. 1822 - **Force**, Timothy to Nancy Jennins
29 Mar. 1817 - **Force**, William (Frankford) to Margaret Reeves
30 Dec. 1816 - **Ford**, Beckey to Hulme H. Quick
25 June 1816 - **Ford**, Caty (Wantage) to Robert Purdy
9 Jan. 1840 - **Ford**, Jacob H. to Maria Bockover
1 July 1824 - **Forgerson**, Ruth to Jacob Williams
2 Feb. 1797 - **Fortner**, Benjamin Jr. (Hardwick) to Abigail Newman
15 June 1816 - **Fortner**, Lydia to Richard Ryfinberry
1 Apr. 1804 - **Fortunate**, Phyllis to Peter Johnson
28 Mar. 1807 - **Fortune**, Mary to Aaron Read
6 Oct. 1839 - **Foster**, David to Hannah Knapp
19 Mar. 1826 - **Foster**, George Jr. to Dinah Pippenger
14 Dec. 1821 - **Foster**, Mariah to Courtland Runnel
28 Apr. 1807 - **Foster**, Nancy to Charles Adams
29 Aug. 1843 - **Foster**, Sarah I. (Newton) to John Stoddart
1 Nov. 1798 - **Foster**, William to Phebe Whitman
13 Jan. 1803 - **Fough**, Anne to John Huff
27 Nov, 1851 - **Fountain**, Archibald to Mary Shepherd
18 Feb. 1802 - **Fountain**, David to Abigail Kent
5 Aug. 1843 - **Fountain**, Henry to Margaret Roe
23 Feb. 1808 - **Fountain**, James to Margaret Martinwire
24 Nov. 1844 - **Fountain**, James (Hardyston) to Sarah Edsall
13 Nov. 1850 -**Fountain**, Margaret V. to James M. Hope
4 Jan. 1817 - **Fountain**, Peter to Sarah Shurtwere
20 Feb. 1815 - **Fountain**, William to Ann Winfield
14 Nov. 1819 - **Fountain**, William to Phebe Hunter
3 July 1824 - **Fowler**, Elias C. to Mary Agony
22 Feb. 1817 - **Fowler**, James to Eliza Sharp
14 Dec. 1845 - **Fowler**, Ogden to Mary Caffrey
22 June 1808 - **Fowler**, (Dr) William to Nancy Thomson
8 Nov. 1810 - **Fox**, James to Anna Lager
13 Dec. 1851 - **Fox**, Henry (Newtow) to Esther E. Sutton
18 Dec. 1806 - **Fox**, James Jacob to Mary Person
17 Sept. 1842 - **Fox**, Nancy (Hope)

to Charles Day
27 June 1797 - **Frace**, Elizabeth to Jacob Ferrebery
2 Sept. 1804 - **Frace**, John to Charity Oliver
18 May 1839 - **Fradenburg**, Aaron (Wantage) to Mariah DeWitt
9 Sept. 1820 - **Fradenbergh**, Benjamin to Elizabeth Kelsey
10 Nov. 1800 - **Fradenburg**, Caty to Levi VanGorder
13 Apr. 1851 - **Frambers** (Rev) D. E. to Mary E. Margarum
8 Feb. 1822 - **France**, George to Ginney Hendershot
11 Jan. 1838 - **France**, Hannah Marie (Wantage) to John Redfield
11 May 1819 - **France**, Isaac to Mary Titman
29 Mary. 1821 - **France**, Isaac to Margaret Stackhouse
6 May 1819 - **France**, John to Mary Snover
23 Feb. 1812 - **Francis**, Peter to Philea Dunning
16 Sept. 1839 - **Franell**, John (Frankford) to Catherine Perry
27 Mar. 1847 - **Franser**, Eliza to Philip W. Smith
17 Mar. 1818 - **Frapser** (Wid) Anne (Independence) to George Wire
12 May 1805 - **Frase**, Suffih (Independence) to John Garrison
11 Oct. 1798 - **Frane**, Elizabeth (Knowlton) to Aaron Hall
22 May 1806 - **Fray**, Mary (Montague) to Lewis Mapes
5 Sept. 1847 - **Frayze**, Timothy (Newton) to Catherine Dunn
3 July 1844 - **Frazee**, Rosetta to Joseph S. Martin
1 Mar. 1808 - **Frazer**, John Jr. to Sally Predmore
30 Mar. 1839 - **Frazer**, Joseph to Sarah Buckley
6 May 1800 - **Frazer**, Mary to William Mortin
3 Jan. 1839 - **Frazler**, George W. to Huldah Barber

5 Nov. 1814 - **Freas**, Catherine to Peter Gordon
21 Oct. 1813 - **Freas**, Jacob to Mary Lanterman
16 Oct. 1821 - **Freas**, (Wid) Mary to Jonah Howell
23 Feb. 1822 - **Freas**, Rachel to Barnabas Swayze Jr.
9 May 1810 - **Freaky**, Hannah to John Teats
12 Sept. 1847 - **Fredenburgh**, Catherine to Jacob Longcor Jr.
10 Apr. 1838 - **Fredenburg**, Lenor to Peter Roloson Jr.
20 Oct. 1838 - **Fredericks**, James (Newton) to Rachel Hardin
26 Dec. 1812 - **Fredericks**, William to Rachel Turner
1 Apr. 1819 - **Freece**, Andrew to Susannah Shaver
4 July 1814 - **Freeland**, Jacob to Martha Shardevoyne
2 Feb. 1828 - **Freeman**, Amos to Elizabeth A. Huston
10 Nov. 1799 - **Freeman**, Andrew (Independence) to Amy Sutton
3 Feb. 1820 - **Freeman**, Ann to John Titus
16 Mar. 1815 - **Freeman**, Henry to Lydia Kerr
27 Dec. 1803 - **Freeman**, Hester to Mathias Person
4 Mar. 1819 - **Freeman**, Lewis to Sarah Ann Stinson
3 Sept. 1814 - **Freeman**, Mary to Richard Robbins
6 Mar. 1848 - **Freeman**, Mary to John E. Hagland
24 Mar. 1842 - **Freeman**, Mary L. (Newton) to Mathias Terwilliger
2 Dec. 1820 - **Freeman**, Mathias to Ann Winter
21 Feb. 1811 - **Freeman**, Stephen to Catherine Larrison
12 Mar. 1836 - **Freeman**, Susan to Joseph VanAtten
24 Apr. 1810 - **Frees**, Elizabeth to John B. V. Cummings
1 Dec. 1803 - **Frees**, Mary (Knowlton) to Samuel Read
18 Aug. 1799 - **Frees**, William to

Susannah McGrigrey
7 Nov. 1822 - **Freese**, Eleanor to Samuel G. Howell
4 Feb. 1819 - **Freeze**, Isac to Hannah Reed
8 Apr. 1819 - **Freese**, Margaret to Benjamin Vaughn
28 Jan. 1819 - **Freese**, Martin to Elizabeth Dildin
25 Dec. 1816 - **Freleigh**, David to Sarah Vliet28
28 May 1797 - **French**, Aaron to Mary Ayers
1 Mar. 1803 - **French**, Henry to Catherine Thompson
24 Aug. 1809 - **French**, Catherine to John Fogerty
14 July 1802 - **French**, John to Rachel Sutton
2 June 1797 - **French**, Mary to James Love
27 Oct. 1804 - **French**, Richard to Elizabeeth VanAuken
8 Mar. 1803 - **Frien**, Anna (Penna.) to John Sharps
23 Nov. 1804 - **Fries**, Anne to Joseph Barber Jr.
3 June 1798 - **Fries**, John to Mary Heehl
14 Dec. 1809 - **Fries**, Margaret to Jacob Brans
3 Dec. 1798 - **Fries**, Mary (Knowlton) to Jacob Applegate
22 Feb. 1797 - **Fries**, William (Knowlton) to Catherine Winterstein
19 Feb. 1814 - **Frimmer**, Sally to William Smith
8 May 1803 - **Frise**, Anna (Penna.) to John Sharp
30 Aug. 1822 - **Frits**, Elizabeth to Mathias Housel
10 July 1819 - **Fritts**, John to Mary Pryden
12 June 1796 - **Fritts**, Mary to George Baylon
16 Mar. 1829 - **Frock**, Philip to Catherine Moss
30 May 1822 - **Frome**, Jane to Jacob Johnson
28 Dec. 1822 - **Froome**, Jane to

Andrew Lommasson
12 Oct. 1835 - **Frust**, (Rev) Elias to Clarisse Beardslle
5 Apr. 1816 - **Frost**, Mary to James Conner
4 Mar. 1824 - **Frote**, Timothy to Amy Woolsey
3 Mar. 1799 - **Fulford**, Aaron (Knowlton) to Rachel Robins
3 Jan. 1835 - **Fulford**, Rhody to Samuel Swackhamer
27 Dec. 1807 - **Fulkerson**, Ann to Abijah McConnell
8 June 1822 - **Fulkeson**, (Mrs) Mary to Coonrad Walter
18 Nov. 1836 - **Fuller**, Aaron (Hardyston) to Sarah Kimble
21 May 1826 - **Fuller**, Cathern to James VanAken
19 Sept. 1844 - **Fuller**, Constant to Phebe Adams
29 Dec. 1813 - **Fuller**, Dennis to Roxana Myers
23 July 1834 - **Fuller**, Elias to Hannah Hutchings
23 Aug. 1845 - **Fuller**, Francis to Elias Struble
26 Nov. 1826 - **Fuller**, Ira S. to Catherine Roe
13 June 1818 - **Fuller**, Jacob (Walpack) to Sarah Lanning
24 Apr. 1817 - **Fuller**, Lydia (Walpack) to Isaac Lanning
3 May 1823 - **Fuller** Mary to Jacob Wood
1817 **Fuller**, Matty (Walpack) to John Riter
6 July 1811 - **Fuller**, Nathan to Sarah Jemmisons
7 Aug. 1810 - **Fuller**, Nathaniel to Elizabeth Jamerson
2 Nov. 1816 - **Fuller**, Sally to Cornelius Brink
16 Mar. 1812 - **Fuller**, Sarah to Henry Shepard
1 Aug. 1838 - **Fuller**, William L. (Walpack) to Ann D. Jackson
6 Sept. 1828 - **Fullford**, Joshua to Mary Dennis
16 Dec. 1825 - **Fulport**, Isaac to Sarah Reamer

5 Feb. 1820 - **Furguson**, Mary to David Houk
7 Aug. 1843 - **Galagar**,, Cornelius to Hannah Maria Cole
10 Feb. 1820 - **Gale**, David to Elizabeth Decker
11 July 1808 - **Gale**, Henry to Hannah Dailey
1 Sept. 1832 - **Gale**, John to Ann Vandegriff
1 Sept. 1824 - **Gale**, Sarah to Jeremiah Shaw
10 Aug. 1799 - **Galleher**, Henry (Oxford) to (Miss) Anderson
29 Dec. 1819 - **Galloway**, John to Sarah Bross
29 Nov. 1813 - **Gann**, Jacob to Mary Ogden
3 July 1820 - **Ganno**, Mathias D. to Mary Howard
14 Apr. 1821 - **Gannon**, Elizabeth to James S. Deen
10 May 1817 - **Ganterman**, Jacob to Clarissa Meeker
27 Nov. 1797 - **Gardner**, Amos to Phebe Chambers
20 Sept. 1798 - **Gardner**, Caroline to John Winans
16 Nov. 1826 - **Gardner**, Clarry to Charles Johnson
23 Dec. 1813 - **Gardner**, Elizabeth to Conrod Gunderman
21 Mar. 1818 - **Gardner**, Elizabeth (Hardiston) to Robert Moore
30 Oct. 1824 - **Gardner**, Hannah to Sims Hayns
31 Dec. 1834 - **Gardner**, Hannah to Abraham West
30 Jan. 1807 - **Gardner**, Jacob to Hannah Sutton
11 Oct. 1807 - **Gardner**, Jane (Green) to John Summers Jr.
14 Jan. 1802 - **Gardner**, Robert to Sally Henry
23 Oct. 1823- **Gardner**, Catherine to James Albertson
19 Nov. 1835 - **Gardner**, Mariah Jane to Bromwell Andress
9 Nov. 1820 - **Garner**, Moses to Mary Smith
6 May 1813 - **Garner**, Rachel to David Angle
24 Oct. 1822 - **Gardner**, Rachel to Philip Belless
27 Jan. 1814 - **Gardnier**, Elizabeth to John Vail
16 Feb. 1811 - **Garey**, Mary to Benjamin Leek
4 Sept. 1823 - **Garey**, Peter W. to Elizabeth Stickles
16 Mar. 1815 - **Garis**, Mary to Frederick Warner Jr.
1 Nov. 1810 - **Garner**, Henry to Elizabeth Smith
2 June 1810 - **Garner**, Polley to Peter Hockenberry
30 Oct. 1799 - **Garlin**, Elizabeth (Knowlton) to James Lambert
9 Dec. 1801 - **Garner**, Caty to William Britain
17 May 1825 - **Garrison**, Abraham to Margaret Goodsell
22 June 1800 - **Garrison**, Burtis to Esther Auter
27 Nov. 1809 - **Garrison**, Hannah to John Gingles
18 Dec. 1848 - **Garrison**, Isaac to Mary I. Smith
9 May 1809 - **Garrison**, James to Mary Bloomfield
8 Jan. 1800 - **Garrison**, Jane (Mansfield) to Derrick Cruzer
12 May 1805 - **Garrison**, John (Independence) to Suffiah Frase
8 Feb. 1810 - **Garrison**, John to Rachel Parr
19 Sept. 1815 - **Garrison**, John to Mary Smith
15 Feb. 1821 - **Harrison**, John to Hetty
1815 - **Garrison**, M. to William Schank
18 Oct. 1798 - **Garrison**, Mary (Oxford) to John Peipe
18 Mar. 1848 - **Garrison**, Paul to Margaret Williamson
5 June 1803 - **Garrison**, Rebecca to John Blair
15 Jan. 1810 - **Garrison**, Samuel to Susannah Roleson
21 Nov. 1808 - **Garrison**, Sarah to Randolph Sprague

11 Sept. 1803 - **Garrison**, W. Daniel (Independence) to Mary Drake
9 Jan. 1847 - **Garriss**, William to Susannah Smith
10 Jan. 1808 - **Gary**, Isaac to Sarah Ozburn
21 May 1828 - **Gastin**, Catherine to Clark Robert
10 Apr. 1806 - **Gaston**, Margaret to (Rev) John Boyd
15 Mar. 1827 - **Gates**, Anna to John A. Demoney
1 Jan. 1807 - **Elizabeth** Gates (Frankford) to Daniel Peters
28 Sept. 1817 - **Gates**, George to Elisa D. Allen
5 Feb. 1820 - **Gates**, L. to John Demund
15 July 1804 - **Gates**, Mary (Newton) to Chris. V. Case Jr.
13 Jan. 1820 - **Gates**, Tempe to Abraham Drake
29 Jan. 1822 - **Gathright**, Abner to Melicent Boid
12 Nov. 1825 - **Gatson**, Margaret to William Stoll
12 Apr. 1807 - **Gaucher**, Susan to Elijah Lanning
13 Apr. 1825 - **Gauger**, Nancy to John Warner
2 Dec. 1841 - **Gay**, Jackson to Sarah Martin
31 Jan. 1807 - **Gecobus**, Gilloam to Sarah Havens
11 Nov. 1819 - **Geinard**, John to Elizabeth Kisinger
1 July 1818 - **Gelsinger**, Anthony to Elizabeth Teeple
15 Oct. 1833 - **Gemough**, Sarah to Andrew Compton
1833 - **Genderman**, Margaret to Samuel Steel
28 Jan. 1798 - **Gess**, Mary to Jacob Ward
7 Apr. 1830 - **Gest**, Philip to Eliza Stephenson
23 Oct. 1823 - **Gevinop**, Sarah to Richard Shackleton
17 May 1823 - **Gey**, Basley to Sarah Huff

30 July 1811 - **Gibb**, Andrew to Agnes Heft
1 Feb. 1817 - **Gibbs**, Caty (Oxford) to James Skinner
17 Feb. 1848 - **Gibbs**, Abraham N. (Greenville, N.J.) to Elizabeth Vough
29 Nov. 1801 - **Gibbs**, Barnabas (Knowlton) to Sarah Carle
29 Oct. 1808 - **Gibbs**, George to Mary McCarthy
15 Feb. 1810 - **Gibbs**, James to Margaret Swayze
22 Jan. 1807 - **Gibbs**, Lydia to Boad Smith
27 Jan. 1805 - **Gibbs**, William to Caty Linn
20 Apr. 1802 - **Gibbs**, Mary (Independence) to Peter Sowers
25 Mar. 1809 - **Gibson**, James to Mary Simpson
18 April 1819 - **Gibson**, James to Sybel Knox
Feb. 1837 - **Gibson**, Joseph to Jane Brown
2 Nov. 1818 - **Giles**, Abraham (Independence) to Elizabeth Crooker
4 Nov. 1804 - **Giles**, Ann (Indepence) to William Cooper
30 Jan. 1810 - **Giles**, Elizabeth to William Carney
16 Aug. 1803 - **Giles**, Isaac to Charity Vliet
16 June 1836 - **Gillespie**, Sally Ann (Frankford) to Charles L. Phillips
18 Apr. 1836 - **Gillespie**, Susan to John McDanolds
4 Oct. 1801 - **Gillinghouse**, Thomas to Polly Benjamin
27 Nov. 1815 - **Gillispy**, Jonthan D. to Leah Dunning
29 Dec. 1796 - **Gilmore**, John to Charity Agney
20 Jan. 1824 - **Gilson**, John to Sarah Fergerson
27 Nov. 1809 - **Gingles**, John to Hannah Garrison
26 Nov. 1821 - **Ginkins**, Mary (Frankford) to John Mesler

12 Aug. 1848 - **Givens**, Abraham R. to Sarah Catherine Storm
9 Sept. 1831 - **Givans**, Eliza to John Crabtree
11 Oct. 1823 - **Givens**, James to Elizabeeth Reed
17 July 1814 - **Givens**, James to John Shellinger
29 Apr. 1826 - **Givens**, John Jr. to Dorothy Ryerson
8 July 1814 - **Givens**, Malinda to Isaac Tompkins
28 Oct. 1798 - **Givens**, Margaret to George Buckley
25 Sept. 1796 - **Givens**, Mary to Obediah Adams
4 Mar. 1809 - **Givens**, Patrick to Rachel Cole
29 Apr. 1820 - **Givens**, Samuel to Abigail Farber
28 Mar. 1829 - **Givens**, Sarah to William Mott
7 July 1832 - **Givens**, William to Elizabeth Crabtree
13 Dec. 1795 - **Givings**, George to Martha Adams
7 Jan. 1817 - **Glan**, George to Polly Rodes
2 Feb. 1806 - **Flan**, Nancy to Ralph VanHouten
17 Apr. 1813 - **Glann**, John to Naomah Derue
13 Mar. 1819 - **Glaze**, James to Amey Larew
29 Aug. 1813 - **Goble**, Aaron to Sarah Wares
4 Jan. 1832 - **Goble**, Abigail to Thomas A. Dildine
25 July 1818 - **Goble**, Anna (Frankford) to John B. Dewitt
22 Nov. 1818 - **Goble**, Benjamin to Catherine Durmer
10 Dec. 1826 - **Goble**, Benjamin to Catherine Lancy
9 Apr. 1814 - **Goble**, Bethael to Nancy Boleden
6 Mar. 1819 - **Goble**, Elizabeth to William Gregg
5 Jan. 1845 - **Goble**, Elizabeth to Joseph Ammerman
22 Feb. 1816 - **Goble**, Enos (Hardwick) to Rebecah Anderson
30 Mar. 1809 - **Goble**, Isaac to Sally Adams
18 Oct. 1803 - **Goble**, John to Elizabeth Greer
20 Nov. 1845 - **Goble**, John to Priscilla Vibbert
Nov. 1836 - **Goble**, Luticia to William Mains
20 Apr. 1826 - **Goble**, Margaret F. to Abraham D. Budd
13 Oct. 1803 - **Goble**, Matty to Daniel Griggs
22 Mar. 1817 - **Goble**, Noah to Susanah Lanterman
21 Dec. 1798 - **Goble**, Robert to Lorihna Allen
24 Oct. 1812 - **Goble**, Robert to Elizabeth Mott
8 May 1819 - **Goble**, William to Mariah Price
18 Jan. 1811 - **Godden**, Lewis to Cassandra Anderson
10 Aug. 1803 - **Gold**, Caleb to anne Vandruff
6 July 1808 - **Golden**, Elizabeth to Henry Huffman
9 Dec. 1817 - **Golden**, George G. (Oxford) to Mary Magdalin Berk
11 Jan. 1822 - **Golder**, Jacob to Phebe Down
10 Aug. 1795 - **Gonterman**, Mary to Isaac Stickles
18 Feb. 1813 - **Goodrich**, Howell to Elizabeth Kinney
17 May 1825 - **Goodsell**, Margaret to Abraham Garrison
21 Nov. 1840 - **Goodsell**, Susan to Luben Kilpatrick
19 Nov. 1810 - **Goodsell**, Uriah to Margaret Townsend
6 Jan. 1821 - **Goodwin**, James to Nancy Muchler
30 Jan. 1817 - **Googill**, Charity to Samuel Sheffer
25 Mar. 1841 - **Gool**, Sarah M. (Montague) to Benjamin Kiser
7 May 1844 - **Goold**, Caty (Wantage) to Ausker Wattes
Nov. 1842 - **Gordon**, John to Lydia Sidman

5 Nov. 1814 - **Gordon**, Peter to Catherine Freas

31 July 1903 - **Gouble**, Benjamin to Sarah Sion

27 Oct. 1807 - **Gouger**, Martha to Jacob Penee

4 Mar. 1815 - **Gouger**, Samuel to Mary Kimble

14 Mar. 1818 - **Goucher**, Samuel to Jane VanSile

26 Mar. 1853 - **Gould**, Benjamin (Wantage) to Mary E. Valentine

13 May 1840 - **Gould**, Charity (Beaverdam Furn.) to John Rodimer

28 Sept. 1816 - **Gould**, Elias to Rachel Rolison

23 Dec. 1833 - **Gould**, Ezea to Margaret A. Hamilton

26 Mar. 1843 - **Gould**, Harriet (Montague) to Mulford Anderson

24 May 1829 - **Gould**, John (Wantage) to Catherine Crane

2 Feb. 1850 - **Gould**, Mary to Selah Wickham

25 Mar. 1842 - **Gould**, Rhoday (Wantage) to Simeon Tisward

11 Feb. 1837 - **Fracen**, John M. (Hardyston) to Susan Latherman

20 April 1801 - **Graffe**, Mary to James Johnston

30 June 1807 - **Graham**, James to Cathreenah Peree

1 Aug. 1841 - **Graham**, Jane to Ephraim Mabee

2 May 1812 - **Graham**, William to Mary VanAuken

18 Aug. 1810 - **Graig**, Mary to John Albertson

26 June 1800 - **Gramonson**, Jacob to Sarah Vangorder

18 Aug. 1815 - **Gran**, George to Ann Asure

15 Sept. 1799 - **Grandine**, John to Caty Hunt

30 Sept. 1798 - **Granline**, Samuel to Margaret Simson

15 Mar. 1827 - **Grant**, Maria to Willia Helebrant

21 Dec. 1807 - **Graw**, Hannah to Enos Perry

29 Aug. 1835 - **Gray**, Andrew to Maria Struble

7 May 1826 - **Gray**, Benjamin to Hutchings, Mary

12 May 1816 - **Gray**, Elizabeth to John Antibush

9 Aug. 1799 - **Gray**, Ginna to Joohn Carlot

27 May 1833 - **Gray**, Henry L. to Mary Rosenkrantz

7 Sept. 1818 - **Gray**, Leonard to Phebe Walker

1 Mary 1841 - **Gray**, Mary to David Everman

13 Nov. 1849 - **Gray**, Mary Elizabeth (Newton) to William Drake

20 Feb. 1819 - **Gray**, Ransom to Catherine Trimmer

Nov. 1818 - **Gray**, Rebecca to Nickolas Pikkle

26 Feb. 1845 - **Gray**, Robert to Phebe Waldrof

19 July 1840 - **Gray**, Thomas to Lucy Kent

30 Dec. 1843 - **Gray**, William to Mary Smith

11 May 1809 - **Greace**, John to Catherine Stone

21 Aug. 1808 - **Grean**, Elizabeth to John Riely

19 Oct. 1801 - **Grear**, Ann to John Math

6 Mar. 1819 - **Greeg**, William to Elizabeth Goble

30 July 1844 - **Green**, Alice (Newton) to Richard Rodgers

13 Aug. 1808 - **Green**, Catherine to Henry Walker

30 Sept. 1812 - **Green**, Catherine to Abraham VaSyckel

15 Dec. 1818 - **Green**, David to Nancy B. Thomson

16 April 1798 - **Green**, Deborah (Oxford) to Edward Dailey

27 Dec. 1804 - **Green**, Elcey to John Armstrong

9 Jan. 1806 - **Green**, Elizabeth (Knowlton) to William Tinsman

11 Feb. 1840 - **Green**, Elmira (Vernon) to Benjamin Utter

1 Mar. 1808 - **Green**, Ephraim to Sarah Armstrong

1 Jan. 1842 - **Green**, George to Sarah Green

5 July 1808 - **Green**, (Wid) Hannah to William Stillwell

10 June 1816 - **Green**, James to Hannah Brands

29 Apr. 1802 - **Green**, John to Nancy Shotwell

31 Jan. 1811 - **Green**, Margaret (Knowlton) to James Hoagland

21 Oct. 1819 - **Green**, Phebe to John Whitesell

17 Feb. 1805 - **Green**, Richard to Rebecah Tinsman

23 May 1822 - **Green**, Ruth to Christian Cummans

23 Jan. 1814 - **Green**, Sarah to William VanBidren

13 June 1818 - **Green**, Sarah to Thomas M. Doyle

1 Jan. 1842 - **Green**, Sarah to George Green

17 July 1813 - **Green**, Stephen to Margaret Stroat

9 Jan. 1841 - **Green**, Susan to Horace Riggs

17 June 1818 - **Green**, William to Eliza Derue

5 Sept. 1840 - **Greenind**, Miriam (Newton) to John Cortright

18 Oct. 1803 - **Greer**, Elizabeth to John Goble

20 Sept. 1846 - **Greer**, George Washington to Catherine A. Tidsback

14 Apr. 1814 - **Greer**, Joseph to Christina Savekool

21 May 1805 - **Greer**, Mary to Nathaniel Poppard

1 Jan. 1820 - **Greer**, Richard to Sarah Ann VanSyckle

9 May 1813 - **Gregory**, Liddy to Jonathan Pearson

9 Aug. 1817 - **Greggory** Ocey to William Ward

22 Jan. 1828 - **Grener**, Henry to Elizabeth Snook

Nov. 1846 - **Grey**, James to Catherine Smith

1 Mar 1828 - **Griffin**, Eliza Ann to Daniel Hammond

14 Dec. 1815 - **Griggs**, (Col) Aaron to Sarah Smith

14 Dec. 1839 - **Griggs**, Aaron (Newton) to Eleanor Mills

1 Dec. 1814 - **Griggs**, Aaron Jr. to Sally Cooper

2 July 1808 - **Griggs**, Bernard to Nancy Rogers

13 Aug. 1837 - **Griggs**, Aaron S. (Stanhope) to Caroline Jones

9 Nov. 1833 - **Griggs**, Aminda to Nathan Rolison

14 Nov. 1820 - **Griggs**, Benjamin to Ann Maria Struble

28 Feb. 1824 - **Grigs**, Catherine to Peter Crawn

30 May 1813 - **Griggs**, Cornelius to Anna Hull

13 Oct. 1803 - **Griggs**, Daniel to Matty Goble

4 Dec. 1822 - **Griggs**, Daniel to Elizabeth Ann Johnson

1 Jan. 1839 - **Griggs**, Daniel to Emaline J. Johnson

1 Aug. 1835 - **Griggs**, Elizabeth to John A. Hankinson

6 Sept. 1807 - **Griggs**, George to Abigail Northrup

16 Mary. 1833 - **Griggs**, Jacob C. to Judah Ackley

12 Nov. 1806 - **Griggs**, Jemina to William Davis

29 Dec. 1802 - **Griggs**, John Jr. to Kezia Hunt

14 June 1819 - **Griggs**, Margaret to John Harris

18 Jan. 1845 - **Griggs**, Nancy (Newton) to Alason B. Kays

30 Aug. 1825 - **Griggs**, Sarah (Newton) to John Dill

39 Jan. 1851 - **Griggs**, Theodore F. (Newton) to Elba Ingersoll

1 June 1834 - **Grimstead**, Mary Ann to Moses Cole

17 Nov. 1827 - **Grining**, Rinas to Daniel Derryou

12 Apr. 1803 - **Groff**, Catharine (Mansfield) to William Johnston

8 Nov. 1818 - **Groff**, Catherine to

Philip Hann
15 Nov. 1803 - **Groff**, Lydia to Henry Bodine
15 May 1801 - **Groff**, Mary to James Johnston
21 Apr. 1807 - **Groft**, William to Eve Rease
7 Dec. 1809 - **Groof**, Rachel to Albert Voorhees
14 Nov. 1818 - **Groondyke**, Letty to Robert Ramsey
3 Apr. 1806 - **Groover**, John to Mary Keen
13 Apr. 1816 - **Groover**, Philip to Sarah Ingersol
12 Feb. 1853 - **Groover**, Robert J. to Elizabeth Hunt
22 Mar. 1842 - **Groover**, Samuel D. to Harriet F. Sutton
9 Oct. 1808 - **Grotes**, John to Ellener Larue
4 Sept. 1842 - **Grove**, James to Nancy Morgan
11 Feb. 1800 - **Grovendyck**, John to Elizabeth Anderson
1 June 1802 - **Grover**, Andrew to Mary Lose
4 Apr. 1805 - **Grover**, Andrew to Mary Miller
28 June 1812 - **Grover**, Elizabeth to Isaac Schoonover
6 June 1846 - **Grover**, Marilda (Stillwater) to David Lebar
17 May 1804 - **Grover**, Martin to Hannah Losey
13 Jan. 1849 - **Grover**, Martin to Mary E. Pettit
13 Feb. 1808 - **Grover**, Mary to John Savekool
29 Sept. 1838 - **Grover**, Mary (Frankford) to George W. Allen
15 Jan. 1801 - **Grunindike**, Rachel (Mansfield) to Griffith Jones
9 Feb. 1825 - **Grureer**, Elizabeth to Jacob Yotter
25 Mary. 1847 - **Gruver**, Isabella (Stillwater) to Aaron VanDoren
17 Apr. 1817 - **Gruver**, Jacob to Margaret Roy
Oct. 1846 - **Gruver**, Jacob to Matilda South
10 Aug. 1822 - **Gruver**, Martin to Hannah Crown
19 July 1832 - **Gruver**, Sarah to Henry Savercool Jr.
21 Feb. 1821 - **Guest**, Isaiah to Catherine Luck
13 Feb. 1836 - **Guest**, Mahala to Daniel Luse
26 Mar. 1814 - **Gulick**, Charity to Thomas Owens
9 Mar. 1844 - **Gulick**, Frederick to Hannah Walling
16 Aug. 1819 - **Gulick**, George to E. Martin
9 Oct. 1813 - **Gulick**, Sally to Jacob Cummins
3 Oct. 1816 - **Gulick**, Henry to Martha Petty
31 Aug. 1847 - **Gumier**, William to Mary Depue
10 June 1840 - **Gummauer**, Eliza (Sandyston) to Peter VanEtten
1 Aug. 1840 - **Gummauer**, Sarah (Sandyston) to Elisha Depue
27 Apr. 1837 - **Gun**, Experience to John Acker
20 Sept. 1838 - **Gunderman**, John (Vernon) to Eliza Decker
11 June 1842 - **Gunderman**, Mary to William H. Hockenbury
21 Jan. 1836 - **Gunderman**, Mary Jane to Abram Paddock
9 Nov. 1806 - **Gunderman**, Susan to Hugh Hagerty
17 Feb. 1835 - **Gunderman**, Conrad to Elizabeth Gardner
28 Feb. 1835 - **Gunn**, Charles to Susan Roe
3 Mar. 1833 - **Gunn**, David to Mary Jones
26 Oct. 1839 - **Gunn**, Mary Ann to Ellis Anderson
19 Jan. 1815 - **Gunn**, Samuel to Sarah Roe
22 Feb. 1823 - **Gunn**, Sarah to James Locy
16 Nov. 1839 - **Gunn**, Thomas (Frankford) to Lydia Maria Williams
2 Oct. 1821 - **Gunsoulee**, Manuel

to Susana Depue
17 Apr. 1810 - **Gunterman**, Peter to Polley Christey
11 Aug. 1829 - **Gunteryman**, William (Frankford) to Mary Simmons
9 July 1837 - **Guntramin**, Mary to William W. VanGelder
25 Aug. 1822 - **Gurnce**, George to Elizabeth Decker
10 Jan. 1827 - **Gustin**, Appheus to Ann Hathorn
24 June 1804 - **Gustin**, George (Newton) to Elidea Smith
29 Dec. 1847 - **Gustin**, George (Lafayette) to Caroline Bunn
29 Nov. 1823 -**Gustin**, Hugh to Mattildy Abers
14 Sept. 1839 -**Gustin**, Jane to Seely Mann
18 May 1833 - **Gustin**, John to Clarinda Little
11 Feb. 1833 - **Gustin**, Lorana to Vincent Tuttle
27 Nov. 1819 - **Gustin**, Sarah to George W. Lane
23 Jan. 1840 - **Gustin**, Thomas D. to Caroline Kimble
25 June 1798 - **Gunterman**, Margaret to William VanNote
14 Sept. 1815 - **Gustin**, Anna to Job Cozad
16 June 1803 - **Gustin**, David to Peggy Roy
1 May 1808 - **Gustin**, David to Elizabeth Roy
12 Nov. 1844 - **Gustin**, Elizabeth (Frankford) to Alver Sanders
1 Oct. 1803 - **Gustin**, Francis to Eleanor Shepherd
19 Dec. 1833 - **Gustin**, Julia Ann to Daniel Wood
31 Aug. 1820 - **Gustin**, Thomas to (Mrs) Anna Kilgore
21 Oct. 1843 - **Guy**, Mary Ann to James F. Kishpaugh
13 Feb. 1807 - **Haas**, Catherine to Jacob Allerton
12 Nov. 1800 - **Hadley**, Elizabeth to James Kimble
2 Apr. 1818 - **Hadley**, Thoams to Mary Huffman
17 Nov. 1821 - **Hadley**, Thomas to Rosetta Shiner
21 Feb. 1819 - **Haethorn**, Abigail to George Kanouse
16 Jan. 1847 - **Hagaman**, Caroline to John Onsted
3 Dec. 1837 - **Hagaman**, (Mrs) Elizabeth (Newton) to David Ammerman
9 Feb. 1815 - **Hagaman**, Mary to William Cool Jr.
17 May 1801 - **Hageman**, Hannah to Henry Degroats
20 Feb. 1850 - **Hagen**, Mary to Jeremiah O'Keefe
16 Mar. 1839 - **Hagerman**, Sarah to Ann to James Ross
19 Nov. 1814 - **Hager**, William to Eliza Baker
2 Dec. 1841 - **Hagerman**, Brittan (Frankford) to Talitha Predmore
4 Mar. 1806 - **Hagerman**, Francis to Sarah Dills
23 May 1812 - **Hagerman**, James to Mary Maxwel
11 Mar. 1804 - **Hagerman**, Nancy to James Brugler
13 Jan. 1805 - **Hagerman**, William to Sarah Brugler
5 Aug. 1818 - **Hagerman**, William C. to Jargaret McKain (Independence)
26 Jan. 1832 - **Hagerty**, Aaron to Uphema Bud
5 Apr. 1828 - **Hagerty**, Ann Mariah to Thomas Lewis
23 Jan. 1811 - **Hagerty**, Betsey to John Beach
13 Apr. 1843 - **Hagerty**, Catherine to George M. Ryerson
17 Feb. 1816 - **Hagerty**, Christopher to Sarah VanKirk
1 Jan. 1814 - **Hagerty**, Elenor to Edward Lewis
2 Feb. 1833 - **Hagerty**, Eleanor to Bartley Titman
9 Nov. 1806 - **Hagerty**, Hugh to Susan Gunderman
14 Feb. 1824 - **Hagerty**, Jacob to Caroline Roe

13 Apr. 1796 - **Hagerty**, John to Jane Stoll
8 Jan. 1805 - **Hagerty**, John Jr. (Frankford) to Catherine Welch
12 Mar. 1797 - **Hagerty**, Juliam to Alexander Williams
10 Mar. 1811 - **Hagerty**, Katey to Israel Ayres
1 Nov. 1810 - **Hagerty**, Patrick to Sally Vanduren
15 Mar. 1812 - **Hagerty**, Patrick to Hannah Adams
15 Jan. 1797 - **Hagerty**, Sarah (Newton) to Jacob Stolhan
24 Feb. 1838 - **Hagerty**, Thomas A. (Newton) to Susan Pelhamus
31 Dec. 1810 - **Hagerty**, Uzal C. to Jean G. Armstrong
11 Sept. 1819 - **Haggerty**, Bennel M. to Martha E. Phillips
28 Aug. 1815 - **Haggerty**, Catherine (Frankford) to John Campfield
20 Apr. 1843 - **Haggerty**, Creel (Newton) to Margaret Morris
11 Nov. 1819 - **Haggerty**, George to (Mrs) Sarah Luce
27 Oct. 1838 - **Haggerty**, George to Ann Havens
23 June 1838 - **Haggerty**, Hudah to Libens Willson
26 Aug. 1848 - **Haggerty**, Isabella (Newark) to George Washer
23 Mar. 1817 - **Haggerty**, James to Elizabeth Snook
3 Apr. 1831 - **Haggerty**, Janeto Lewis Adams
29 Dec. 1818 - **Haggerty**, Margaret to Thomas Allen
8 May 1824 - **Haggerty**, Nancy (Newton) to Samuel Hibler
12 Mar. 1817 - **Haggerty**, Peggy to John McCoy
16 June 1841 - **Haggerty**, Robert (New York) to Mary Anderson
19 Oct. 1822 - **Haggerty**, Sarah to William McCoy
4 Jan. 1845 - **Haggerty**, Sarah M. to William Drake
7 Dec. 1822 - **Haggerty**, William to Rebecca McMickle

6 Mar. 1822 - **Hagland**, John E. to Mary Freeman
22 Dec. 1838 - **Haight**, Phineas (Orange Co., N.Y.) to Phebe Hough
12 Mar. 1826 - **Hainds**, Polly to Simeon Main
26 Feb. 1800 - **Haines**, Elias to Mary Ogden
24 Oct. 1835 - **Haines**, Eliza to Arthur Knox
21 Jan. 1847 - **Haines**, Elizabeth to Jacob Stivers
4 Mar. 1812 - **Haines**, Henry to Hannah Manning
17 Aug. 1850 - **Haines**, Peter (Newton) to Susan Longcer
26 Feb. 1797 - **Hains**, Abigail to Peter Longcer
13 Nov. 1817 - **Hains**, Nicholas to Sally Stine
May 1821 - **Hains**, Tobies to Anna Hough
13 Mar. 1799 - **Haiter**, Timothy to Elizabeth Kirk
3 Mar. 1799 - **Haize**, James (Oxford) to Neely McMurtrie
17 Dec. 1818 - **Hale** Asa to Catherine Saurman
26 Aug. 1812 - **Hale**, Roswell H. to Leiza Abbett
11 Oct. 1798 - **Hall**, Aaron (Knowlton) to Elizabeth Frane
5 Feb. 1845 - **Hall**, Amelia (Newton) to William L. Ames
24 Mar. 1821 - **Hall**, Anne to Morris McCoy
20 Feb. 1847 - **Hall**, Eliza E. to Elizabeth Crissman
9 June 1841 - **Hall**, Emily A. (Newton) to Horatio Nelson Peters
12 June 1841 - **Hall**, Enoch (Hamburg) to Hannah Stolter
1 Dec. 1805 - **Hall**, Ephraim to Lydia Phillips
6 July 1833 - **Hall**, Francis to Sarah Ann Williams
23 Feb. 1851 - **Hall**, Jane (Wantage) to James W. McCoy
22 Feb. 1834 - **Hall**, John to Eliza-

beth Cassedy
12 July 1815 - **Hall**, John H. to Elizabeth Sauseman
27 Mar. 1817 - **Hall**, John L. to Elizabeth T. Snider
4 Dec. 1851 - **Hall**, Margart (Wantage) to Jacob Kimble
17 Dec. 1797 - **Hall**, Mary to Samuel Johnson
6 Jan. 1818 - **Hall**, Mary (Morris Co.) to George C. Parker
10 Aug. 1822 - **Hall**, Pelick to (Mrs) Ann H. Lundy
18 Oct. 1799 - **Hall**, Phebe to Jacob Morton
8 Jan. 1818 - **Hall**, Richard (Independence) to Hester Huntsman
7 Apr. 1822 - **Hall**, Rhoda (Newton) to Samuel K. Smith
23 Sept. 1840 - **Hall**, Susan (Newton) to Henry B. Stell
5 May 1821 - **Hall**, Susannah to Jane Adams
24 Nov. 1811 -- **Hall**, William to Phebe Rebel
8 Jan. 1848 - **Hall**, William H. to Mary Ann Bird
7 Feb. 1824 - **Hall**, Zelah to David Edsall
5 May 1835 - **Hallock**, (Dr) Harvey to Eleanor McCarter
8 Sept. 1813 - **Halsey**, Benjamin to Catherine Couse
14 Sept. 1839 - **Halsey**, Caroline to Shipman Cose
8 May 1840 - **Halsey**, Emily F. (Newton) to John Nyce
4 Apr. 1820 - **Halsey**, Schuyler to Elizabeth Hunt
8 Apr. 1852 - **Halstead**, John (Wantage) to Lydia E. Allen
15 Feb. 1843 - **Halsted**, Anna B. (Newton) to Martin Ryerson
10 June 1805 - **Halsted**, Job S. to Ann McIntire
28 Dec. 1844 - **Halwick**, Mary Ann to Mark Trout
1 July 1798 - **Haman**, Eve (Hardwick) to Samuel Thomson
9 May 1811 - **Haman**, Sarah to Christopher Divers
17 May 1798 - **Hamblen**, Rublin (Greenwich) to Raqhell Buttler
25 Dec. 1836 - **Hamed**, Samuel (Newark) to Jane Barber
18 Mar. 1804 - **Hamel**, Charity (Byram) to James Brown
31 May 1822 - **Hamelton**, James to Mary Strong
24 Feb. 1811 - **Hamilton**, Archibald to Sally Hillyard
11 Apr. 1802 - **Hamilton**, Benjamin to Sarah Edsall
13 Apr. 1811 - **Hamilton**, Esther to Joseph E. Edsall
27 Dec. 1808 - **Hamilton**, Francis to Ann Sharp
10 May 1843 - **Hamilton**, Grace to William Campbell
12 Oct. 1833 - **Hamilton**, James to Margaret Longwell
7 Dec. 1829 - **Hamilton**, James W. to Margaret Ketcham
9 Aug. 1804 - **Hamilton**, John (Frankford) to Margaret VanHouten
26 May 1853 - **Hamilton**, Joseph (Hardyston) to Nancy E. Perry
18 Dec. 1809 - **Hamilton**, Leviney to Jacob Valentine
16 May 1807 - **Hamilton**, Margaret to John Sliker
23 Dec. 1833 - **Hamilton**, Margaret A. to Ezea Gould
16 Oct. 1838 - **Hamilton**, Mary (Vernon) to George Best
21 July 1822 - **Hamilton**, Mary Ann to Jacob Huffman
22 Sept. 1836 - **Hamilton**, Robert (Newton) to Sarah Ann Edsall
20 May 1818 - **Hamilton**, Samuel R. (Princeton) to Eliza Robeson
24 July 1796 - **Hamilton**, Sarah to Peter Teets
2 July 1809 - **Hamlin**, Rachel to John Myers
16 Jan. 1840 - **Hammel**, Henry to Jane A. Kimble
29 Jan. 1813 - **Hammell**, Charles to Elizabeth Wass
21 Aug. 1814 - **Hammen**, Peter to

Fanny Horton
11 Jan. 1798 - **Hammerfelt**, Mary to Christopher Jerebury
23 May 1805 - **Hammon**, Elizabeth (Hardwick) to Abraham Staly
1 Dec. 1809 - **Hammon**, Elizabeth to John Vannat
28 Dec. 1826 - **Hammon**, Henry to Lydia I. Sayre
8 Sept. 1838 - **Hammon**, Stephen (Hardyston) to Alminda McCan
10 Dec. 1818 - **Hammon**, Susanna to William Moore
14 Oct. 1804 - **Hammond**, Betsey to John VanHouston
1 Mar. 1828 - **Hammond**, Daniel to Eliza Ann Griffin
22 Nov. 1845 - **Hammond**, Emily (Stillwater) to Reuben R. Predmore
11 Nov. 1809 - **Hammond**, Ezra to Rebecca Jay
27 Mar. 1824 - **Hammond**, Hannah to John B. Cary
13 Nov. 1813 - **Hammond**, John to Mary Catcham
4 Mar. 1820 - **Hammond**, John E. to Mary Shirts
4 July 1812 - **Hammond**, Joshua to Dolly Headley
8 June 1806 - **Hammond**, Lena to John Sheeman
14 Mar. 1821 - **Hammond**, Mary Ann to Peter VanHorn
12 Feb 1842 - **Hammond**, Mary Ann to Peter VanHorn
7 Aug. 1824 - **Hammond**, Neah to Margaret Rose
4 Feb. 1815 - **Hammond**, Sarah to Stephen Scott
31 July 1831 - **Hammond**, Sarah to Matthias Osborn
27 Sept. 1840 - **Hammond**, Sarah J. (Hardyston) to Moses Northrup
2 June 1821 - **Hammond**, Stephen to Abadina Farber
Sept. 1816 - **Hampton**, Revel to Sarah Beavens
21Feb.1 796 - **Hance**, Abraham (Oxford) to Ann Bours
Nov. 1818 - **Hance**, Henry to Mary Lummer
13 Dec. 1801 - **Hance**, John to Elizabeth Boyd
29 Sept. 1849 - **Hancy**, John G. to Sarah Williams
18 Jan. 1827 - **Hand**, Mary to James Evenman
8 Aug. 1803 - **Hand**, NAthan to Margartet Grandlemire
15 May 1824 - **Hand**, Stephen to Mrs. Mary ___
9 Mar. 1833 - **Hand**, William to Nancy Denyke
17 Jan. 1843 - **Handa**, Robert to Mary Morris
15 May 1853 - **Handy**, Catherine to Benjamin Sparge
19 Oct. 1843 - **Handy**, Elizabeth (Newton) to Anthony Kays
21 Jan. 1819 - **Handy**, Jesse to Rebeckah Perry
31 Dec. 1796 - **Hanes**, Joseph to Sussah Culver
15 June 1853 - **Haney**, Jonas (Walpack) to Sophia Miller
20 Oct. 1798 - **Hakenson**, John to Elizabeth Blain
17 July 1845 - **Hankerson**, Elias to Emelline Kemble
31 Aug. 1818 - **Hankins**, Ralph to Dolly Doughty
12 Apr. 1804 - **Hankinson**, Aaron to Sarah Kelsey
26 Feb. 1811 - **Hankinson**, Ann to Cornelius Robins
16 Jan. 1817 - **Hankinson**, Anny to William Ray
18 Jan. 1807 - **Hankinson**, Elizabeth to Nathan Armstrong
22 May 1819 - **Hankinson**, Aaron Linn
14 May 1808 - **Hankinson**, Hannah to Henry C. Kelsey
21 Feb. 1828 - **Hankinson**, Hannah to William Slater
16 Dec. 1820 - **Hankinson**, Henry to Rebecca Emmons
24 July 1819 - **Hankinson**, James to Susanna Shoe

17 Dec. 1829 - **Hankinson**, Johanna to Enock A. Bross
2 Jan. 1841 - **Hankinson**, Joseph (Newton) to Caroline Field
2 Jan. 1841 - **Hankinson**, Joseph R. to Caroline Field
1 Aug. 1835 - **Hankinson**, John A. to Elizabeth Griggs
11 Aug. 1828 - **Hankinson**, Jsoeh to Catherine Woolf
9 Jan. 1845 - **Hankinson**, Katurah to (Dr) Joh Slean
10 May 1845 - **Hankinson**, Lucinda H. (Stillwater) to Uzal H. Howell
8 Jan. 1807 - **Hankinson**, Maria to Uria Dildine
13 Feb. 1819 - **Hankinson**, Margaret to John Mattison
29 Jan. 1817 - **Hankinson**, Martha to Isaac Wintermute
3 Feb. 1814 - **Hankinson**, Simeon to (Miss) Anderson
5 June 1818 - **Hankinson**, Susahhah to Henry Huff
14 Mar. 1805 - **Hankinson**, William to Margaret Crisman
7 Mar. 1808 - **Hankinson**, William to Eliner Hulicks
29 Apr. 1802 - **Haney**, Henry (Greenwich) to Elizabeth Troy
14 Aug. 1800 - **Hankinson**, Henry to Polly McCollough
13 Apr. 1797 - **Hankinson**, John to Elizabeth Wintermute
6 Jan. 1799 - **Hankerson**, Mary (Hardwick) to Aaron Southard
6 June 1797 - **Hankinson**, Polly (Hardwick) to Levi Rosencrantz
16 Aug. 1798 - **Hanlon**, Thomas (Oxford) to Catherine Britton
12 May 1821 - **Hann**, Ann to Jacob L. Drake
19 Aug. 1810 - **Hann**, Jacob to Elizabeth Reef
3 Feb. 1818 - **Hann**, Mary to H. W. Hunt
3 Aug. 1811 - **Hann**, Philip to Mary Bolton
8 Nov. 1818 - **Hann**, Philip to Catherine Groff
16 Sept. 1805 - **Hanna**, John to (Wid) Margaest Stickle
5 Jan. 1811 - **Hannas** Sally to George Lanterman
10 Aug. 1820 - **Hanners**, Sarah to John Riley
20 Dec. 1805 - **Hannen**, Rachel (Knowlton) to John Dewit
27 Aug. 1812 - **Hansler**, David to Christian Miller
18 June 1795 - **Hanson**, Elizabeth to Thomas Legan
13 May 1825 - **Hanson**, Frederick to M. Car
22 May 1811 - **Harden**, Henry to Mary Youngs
30 Oct. 1827 - **Harden**, John to Mary Bayle
11 Aug. 1825 - **Harden**, Lavina to Jacob Post
27 June 1813 - **Harden**, Lucy to Wiliam F. Smith
22 Mar. 1834 - **Harden**, Samuel Jr. to Caroline Main
4 Feb. 1817 - **Harden**, Sarah (Newton) to Peter Mills
22 June 1817 - **Harden**, Susan to John Swartsweller
28 Dec. 1819 - **Harden**, Thomas to Nancy McClure
15 May 1841 - **Hardicks** John B. to Delila Everitt
17 Aug. 1843 - **Hardick**, William to Margaret Middlesworth
18 Nov. 1828 - **Hardin**, John (Newton) to Jane Miller
28 Jan. 1832 - **Hardin**, Matilda to Hampton Kerr
7 Dec. 1839 - **Hardin**, Nancy (Newton) to Charles Johnson
20 Oct. 1838 - **Hardin**, Rachel (Newton) to James Fredericks
10 Aug. 1839 - **Hardin**, Tharp to Jane Willson
Apr. 1801 - **Hardin**, William to Levina Riker
24 Feb. 1844 - **Hardin**, William (Warren Co.) to Sarah Willson
(1848?) **Harding**, Elizabeth

(Lafayette) to Alfred Mabee
9 Mar. 1824 - **Harding**, Jane to Joseph Vaught
22 Nov. 1800 - **Harding**, Martha to Jeremiah Rodgers
1 May 1838 - **Hardy**, Phebe (Newton) to Charles Ogden
31 Dec. 1828 - **Harford**, Fish (Wantage) to Mina Mead
3 July 1823 - **Harford**, Peter B. to Sally Tuttle
27 Mar. 1821 - **Harker**, Abigail (Hardwick) to Philip Dyre
20 June 1802 - **Harker**, (Capt) Daniel to (Mrs) Rachel Lineback
17 Jan. 1824 - **Harker**, Elizabeth (Hardwick) to Charles Dyer
10 Dec. 1796 - **Harker**, James to Mary MColum
11 Mar. 1851 - **Harker**, James M. to Mary Ann VanCampen
19 Aug. 1837 - **Harker**, Joseph to Lydia Rosenkrans
19 Jan. 1815 - **Harker**, Margaret (Newton) to Alexander Reading
18 Feb. 1802 - **Harker**, Martin to Hannah Conklinton
24 Mar. 1812 - **Harker**, Phebe to Joseph Rey
24 Apr. 1841 - **Harker**, Sarah (Stillwater) to Elias Vanneyse
8 Jan. 1835 - **Harmel**, Nancy to Detaney McConnell
14 Mar. 1803 - **Harman**, Sarah (Oxford) to Adam Deats
11 June 1815 - **Harn**, William to Charlotte Ayres
8 June 1816 - **Harparre**, John to Jane Decker
5 July 1812 - **Harpre**, Charlotte to William Browm
3 May 1811 - **Harpree**, Mary to William Sarch
22 Oct. 1801 - **Harrington**, Anna to Elizabeth VanGerden
4 Mar. 1800 - **Harris**, Anna to Robert McCracken
7 Mar. 1812 - **Harris**, Catherine to William Harris
8 Dec. 1847 - **Harris**, David T. K. to Mary L. Welch

28 Feb. 1850 - **Harris**, Edward R. (Newton) to Elizabeth J. Bartholf
14 June 1819 - **Harris**, John to Margaret Griggs
6 Aug. 1819 - **Harris**, John J. to Hetty Stouts
10 Oct. 1835 - **Harris**, Martha (Wantage) to William Adams
13 Nov. 1818 - **Harris**, Nicholas to Sally Stine
26 July 1809 - **Harris**, Russell to Mary Flemming
20 Feb. 1797 - **Harris**, Sarah to Obediah Reszel
20 Oct. 1805 - **Harris**, Susan (Oxford) to Charles Robison
7 Mar. 1812 - **Harris**, William to Catherine Harris
1 Oct. 1843 - **Harrison**, Catherine (Newton) to James Pettit
7 Apr. 1844 - **Harrison**, Jeanna (Newton) to George D. Hughes
16 Oct. 1842 - **Harrison**, Mary to Owen C. Williams
2 May 1846 - **Harrison**, Thomas to Jane Cary
12 Mar. 1836 **Hart**, Alexander (Green) to Rachel Bird
17 Mar. 1832 - **Hart**, Amelia to Elisah Bird
11 Feb. 1837 - **Hart**, Benjamin (Green) to Jane Buckney
27 Dec. 1845 - **Hart**, Clarissa (Greenville, N.Y.) to Jeremiah Pol
1 May 1830 - **Hart**, Elizabeth to John VanDeren
19 Jan. 1839 - **Hart**, George W. (Greenwich) to Jane Willson
10 Mar. 1827 - **Hart**, Henry to Sarah I. Morrow
19 Nov. 1812 - **Hart**, Levi to Fabey Shank
8 Feb. 1811 - **Hart**, Margaret to John Skillman
10 Apr. 1841 - **Hart**, Mary Ann (Green) to Ezra Peel
17 Nov. 1838 - **Hart**, Mary R. to John Durling
26 Mar. 1829 - **Hart**, Sally Ann to

William Cortelyou
1 Dec. 1795 - **Hart**, Sarah to Moses W. Kennedy
19 Aug. 1810 - **Hart**, Sarah to William Adams
31 Dec. 1814 - **Hart**, Stephen to Mary Miller
June 1840 - **Hart**, Stephen B. to Susan Decker
14 Mar. 1826 - **Hart**, William to Sarah Hibler
10 Feb. 1834 - **Hart**, William 3rd to Margaret Hibler
4 Jan. 1821 - **Harting**, Elizabeth to John S. Albertson
8 Mar. 1821 - **Harting**, John to Mary Omsseter
21 Apr. 1839 - **Hartman**, Andrew J. (Warren Co.) to Sarah Faviel
17 Aug. 1823 - **Hartman**, Charles to Mary Randolph
20 July 1833 - **Hartman**, George to Anna Courter
10 Apr. 1808 - **Hartman**, John to Rachel Burnet
9 Nov. 1816 - **Hartman**, Leuerance to Rachel Wildrick
20 Oct. 1816 - **Hartman**, Sarah to Jacob Wildrick
18 Nov. 1824 - **Hartpence**, Martha to Samuel Johnson
3 May 1798 - **Harten**, Abigail (Hardwick) to Samuel Burdge
3 Sept. 1835 - **Harty**, Thomas N. to Elizabeth Cren
9 Apr. 1831 - **Harvey**, Joseph C. to Catherine Forse
29 July 1821 - **Harvey**, Margaret to John Miller
6 June 1812 - **Hase**, Andrew to Charity Angle
11 June 1805 - **Hasen**, Hannah to Joseph Clement
20 May 1806 - **Hason**, Ithamer to Jeane Bartlow
27 Dec. 1797 - **Haskey**, Rebecah to John Ming
19 May 1827 - **Hathaway**, Elias P. to Caroline M. Dewitt
21 Jan. 1841 - **Hathaway**, Elizabeth (Newton) to John Trusdell Jr.
9 May 1830 - **Hathaway**, John to Rebecca Dekay
23 Sept. 1826 - **Hathaway**, Lewis to Sarah Trusdell
3 Mar. 1821 - **Hatheway**, Elizabeth to George Smith
19 Jan. 1827 - **Hathern**, Ann to Appheus Gustin
19 Jan. 1828 - **Hathorn**, Susan to William A. Baldwin
22 May 1827 - **Hathern**, Jane to William E. Champlin
26 Feb. 1809 - **Hauck**, Philip to Elizabeth Snever
12 July 1820 - **Hauck**, Samuel to Carline Edwards
7 July 1805 - **Hauk**, Jabob to Millicent Burd
2 Mar. 1806 - **Hauk**, Philip to Anna Smith
14 Mar. 1827 - **Hauty**, James to Hannah Huff
30 Mar. 1850 - **Haven**, Zephaniah (Wantage) to Huldah Ceykendall
7 Aug. 1824 - **Havens**, Andrew to Susan Boyle
27 Oct. 1830 - **Havens**, Ann to George Haggerty
9 Feb. 1805 - **Havens**, Barret to Jane Titsworth
28 Apr. 1813 - **Havens**, Betsey to Mathias Strader
24 Aug. 1822 - **Havens**, Elner to Horis W. Twitchel
10 Aug. 1844 - **Havens**, Esther to Abraham Stickles
20 Dec. 1806 - **Havens**, Hannah to Samuel Vanatta
23 July 1825 - **Havens**, James to Melly Owins
29 May 1813 - **Havens**, Jane to Timothy Catherlins
13 Nov. 1819 - **Havens**, Jesse to Mary Beckever
30 June 1827 - **Havens**, Joseph to Jane Ciddles
30 Nov. 1812 - **Havens**, Lusa to Andrew Compton
1 Jan. 1846 - **Havens**, Martha (Newton) to John Demarest

29 Nov. 1845 - **Havens**, Mary (Newton) to Abraham Onsted
12 Feb. 1842 - **Havens**, Mary Ann (Newten) to Henry Osborn
5 July 1845 - **Havens**, Mary C. (Warren Co.) to Sylvester Beach
2 Sept. 1809 - **Haven**, Molly to Phineas Catherline
20 Aug. 1809 - **Havens**, Patty to Asa Moore
8 July 1826 - **Havens**, Sally to James Bale
28 Apr. 1827 - **Havens**, Sally (Wantage) to Benjamin Rosencrants
30 May 1846 - **Havens**, Samuel to Elizabeth Chardavoine
31 Jan. 1807 - **Havens**, Sarah to Gilleam Gecobus
3 Apr. 1816 - **Havens**, Schooley to Agness Hedgelin
11 Feb. 1837 - **Havens**, Thomas (Newton) to Phebe Case
15 Apr. 1798 - **Havens**, Elizabeth (Hardyston) to Samuel Howard
8 July 1798 - **Havins**, Lewis to Julena Drake
9 Apr. 1797 - **Havins**, Nathaniel to Sarah Mitchell
13 Nov. 1796 - **Haver**, Catherine (Hardwick) to John Leyder
11 Aug. 1811 - **Hawk**, Catherine to John Cole
28 Oct. 1824 - **Hawk**, Catherine to John Mills
15 Sept. 1833 - **Hawk**, John to Elizabeth Sipley
27 July 1845 - **Hawkins**, Robert to Emeline Perry
30 Jan. 1844 - **Hawley**, Nelson to Lucy Rubert
May 1817 - **Hawn**, William to Mary Swayze
18 Nov. 1824 - **Hay**, John to Rachel VanSickle
25 Jan. 1817 - **Haycock**, Daniel to Hanna Wright
28 Dec. 1816 - **Haycuck**, James to Margaret Coal
12 Jan. 1840 - **Haycock**, William to Ann McHoppough

27 Jan. 1799 - **Hayes**, Predence to Martin Luis
27 July 1806 - **Hayes**, Sarah to Crowell Adams
9 Dec. 1805 - **Hayes**, William to Merey Leece
20 Nov. 1824 - **Hayn**, Eliza to Evi Martin
3 Aug. 1811 - **Hayne**, Lydia to Jacab Willson
31 Dec. 1797 - **Hayne**, Maria (Newton) to John Snuk
13 May 1826 - **Hayne**, Stephen to Catherine D. Cole
20 Apr. 1807 - **Haynes**, Catherine to James Evans
30 Oct. 1813 - **Haynes**, Coreliaugh to Thomas Casha
18 July 1807 - **Haynes**, Frederick to Sophia Willson
23 Dec. 1805 - **Haynes**, Huldy to James Evens
5 Oct. 1848 - **Haynes**, (Mrs) Jane (Wantage) to Peter Ryerson
20 Dec. 1849 - **Haynes**, Rosetta (Wantage) to William H. Decker
30 Oct. 1824 - **Hayne**, Sims to Hannah Gardner
14 Oct. 1820 - **Hayward**, Ann to John Campbell
31 Mar. 1805 - **Hayward**, David to Susannah Stoll
1 Dec. 1820 - **Hayward**, Johanah to James Spencer
4 July 1829 - **Hayward**, Nancy (Byram) to William Stark
24 May 1824 - **Hayward**, Polly to James Pricket
22 Jan. 1809 - **Hayward**, Rachel to Thomas Mills
1 Dec. 1838 - **Hayward**, Samuel to Esther Spencer
July 1814 - **Hazel**, James to Hannah Quick
14 Mar. 1799 - **Hazen**, Aaron (Knowlton) to Elizabeth Yaugh
7 Mar. 1839 - **Hazen**, Alpheus to Christina Coss
18 Oct. 1835 - **Hazen**, Anna (Frankford) to Abraham Rutan
1850 - **Hazen**, Andrew J. (Frank-

91

ford) to Malinda Bull
19 Sept. 1820 - **Hazen**, Caleb H. to Jane Morgan
22 Jan. 1839 - **Hazen**, Caroline (Stillwater) to Casper Shafer
22 Oct. 1814 - **Hazen**, Christina to Jacob Rice
13 Jan. 1822 - **Hazen**, Elsey (Hardwick) to Stephen O. Chedester
31 May 1798 - **Hazen**, Ezekeiel to Milly Coursen
28 June 1801 - **Hazen**, Jacob (Hardwick) to Ann Smith
22 Nov. 1828 - **Hazen**, James R. to Roseana Read
16 May 1797 - **Hazen**, Joana to Jacob Cozard
19 Dec. 18099 - **Hazen**, John to Mary Bird
17 June 1804 - **Hazen**, Joseph (New York) to Aseneth Lish
16 Jan. 1810 - **Hazen**, Mary to Robert Robertson
28 Jan/Aug 1830 - **Hazen**, Mary to Gabriel Compton
9 Jan. 1807 - **Hazen**, Nancy to Jacob Rice
3 Apr. 1802 - **Hazen**, Samuel to Elizabeth Dewitt
25 Mar. 1817 - **Hazen**, Sarah to Archibald Sickley
18 May 1826 - **Hazen**, William H. to Ann Mattison
10 Dec. 1795 - **Hazens**, David (Hardwick) to Elsey Wintermuth
10 Jan. 1801 - **Hazlett**, Mary to James Cummins
14 Nov. 1844 - **Headdy**, Aaron to Ann Ackerman
17 Apr. 1834 - **Headey**, Helen to Robert VanKirk
4 July 1802 - **Headley**, Dolly to Joshua Hammond
23 July 1809 - **Headley**, Peter to Hannah Parrit
24 Dec. 1818 - **Headly**, Rachel to John Youngs
2 Jan. 1798 - **Headly**, Susannah to Thomas Spadenbarge
11 Mar. 1826 - **Heageler**, Patty to Matthew Williams
24 Dec. 1820 - **Heany**, John to Sarah Burk
23 Dec. 1825 - **Heany**, Joseph to Sarah Decker
7 Dec. 1850 - **Heater**, Catherine M. (Wantage) to Aaron M. Pitmey
23 Sept. 1841 - **Heater**, Martin to Sarah Heckenberry
11 Apr. 1812 - **Heath**, David to Mary M. Lane
9 Nov. 1818 - **Heath**, Lavina to Ephraim Marsh
25 Apr. 1818 - **Heath**, Linah (Byram) to Joseph Howard
9 Mar. 1798 - **Heath**, Rhoda to Jacobus Williams
23 Jan. 1820 - **Heaton**, Deborough to Bastion Cortright
25 Dec. 1838 - **Heaton**, Harriet to Andrew Park
28 Jan. 1797 - **Heaton**, Martha to Andrew Rolaback
6 Mar. 1819 - **Heaton**, Nellie to James Hedglen Sr.
3 Nov. 1796 - **Heaton**, Susan to Robert Ayers
14 Nov. 1822 - **Heavener**, Mary to James Slater
1 Nov. 1815 - **Heberton**, George to Mary Sutton
9 May 1822 - **Hecok**, Mary to James Casterlin
11 Jan. 1802 - **Hedden**, Daniel to Mary Breasted
11 July 1835 - **Hedden**, David to Elizabeth Wilgus
25 Nov. 1801 - **Hedden**, Elizabeth to Mercy Conklinton
23 Dec. 1837 - **Hedden**, Hannah (Newton) to Austin Strebridge
21 Nov. 1846 - **Heddin**, Eleaser to Alice N. Barber
7 Feb. 1846 - **Heddin**, Joanna to Surrenus Allen
25 Jan. 1800 - **Hedden**, Thomas (Morris Co.) to Sally Byram
17 Sept. 1845 - **Heddy**, Rachel to Benjamin Belcher
23 June 1849 - **Hedge**, Almida to

Joshua Predmore
3 Apr. 1816 - **Hedgelin**, Agness to Schooley Havens
27 Apr. 1824 - **Hedges**, Stephen to Rachel A. Baldwin
27 Aug. 1818 - **Hedglen**, Elizabeth to Moses Heldren
23 Sept. 1831 - **Hedglen**, George (Wantage) to Nancy Decker
6 Mar. 1819 - **Hedglen**, James Sr. to Nellie Heaton
9 Oct. 179 - **Hedgelin**, James to Hannah Hopkins
25 Sept. 1822 - **Hedglen**, Mary to Thomas Perry
15 Feb. 1815 - **Hedglin**, Nancy to Jonas Roleson
25 Sept. 1803 - **Hedley**, Elizabeth to Benjamin Parkus
3 June 1798 - **Heehl**, Mary (Knowlton) to John Fries
30 July 1811 - **Heft**, Agnes to Andrew Gibb
13 Oct. 1821 - **Heft**, Hester to Benjamin Smith
7 Mar. 1816 - **Heguss**, Elizabeth to William Cous
1 Apr. 1848 - **Heldbrant**, Catharine to James W. McConnell
22 Jan. 1820 - **Heldebrant**, Charles to Elizabeth Heldebrant
22 Jan. 1820 - **Heldebrant**, Elizabeth to Charles Heldebrant
28 Aug. 1847 - **Heldebrant**, Hannah to Ribert Sidner
7 Nov. 1818 - **Heldebrant**, John (Knowlton) to Mary Swayze
15 Mar. 1827 - **Heldabrant**, William to Maria Grant
25 Dec. 1799 - **Heller**, Phillip to Elener Oakes
20 Nov. 1845 - **Helm**, Hannah (Frankford) to Richard Heldrin
7 Aug. 1824 - **Helen**, Samuel to Philah MacKafee
31 Jan. 1807 - **Helms**, Nancy to Anthony Thomson
11 Nov. 1812 - **Hemenover**, John to Rebecca Boid
30 Mar. 1844 - **Hemenover**, Mahala (Newton) to Parret Phillips
10 Mar. 1840 - **Hemonover**, Matthias to (Mrs) Lucy Potter
9 Aug. 1796 - **Hemery**, Jacob (Penna.) to Elizabeth Butts
11 June 1831 - **Hemingway**, Silas to Harriet Ayres
31 Jan. 1850 - **Heminover**, Margaret E. to Richard Cuddeback
1 Jan. 1842 - **Heminover**, Malvina (Newton) to David W. Lantz
24 Aug. 1845 - **Heminover**, William H. (Newton) to Julia Barton
8 Feb. 1808 - **Hemmenover**, Margaret to Andrew Rose
18 Aug. 1832 - **Hemmon**, Catherine to Andrew Sliker
16 Dec. 1837 - **Hemmover**, Anthony to Margaret White
25 Sept. 1814 - **Henchman**, Oliver to Anna Simonson
6 Jan. 1821 - **Hendershot**, Abraham to Hannah Anderson
23 Aug. 1828 - **Hendershot**, Abraham to Eliza W. Decker
5 Jan. 1797 - **Hendershot**, Anna to Joseph M. Schoonover
14 Nov. 1818 - **Hendershot**, Anna (Newton) to David H. South
11 June 1797 - **Hendershot**, Casper to Susan Divers
20 Dec. 1798 - **Hendershot**, Catherine to Thomas South
3 Feb. 1816 - **Hendershot**, Catherine (Newton) to Archabele McCoy
20 Dec. 1806 - **Hendershot**, Charity to George Sylsby
4 Jan. 1848 - **Hendershot**, Christopher to Susan Manes
18 Feb. 1843 - **Hendershot**, Effy (Newton) to James L. Oliver
27 Aug. 1797 - **Hendershot**, Elizabeth to Isaac Schoonover
14 Apr. 1803 - **Hendershot**, Elizabeth to Nathaniel Ayres
27 Nov. 1841 - **Hendershot**, Elizabeth to Charles Sloughbower
8 Feb. 1822 - **Hendershot**, Ginney to George France
14 Aug. 1805 - **Hendershot**,

Hannah to John Losey
17 July 1816 - **Hendershot**, Isaac to Martha Ships
Jan. 1850 - **Hendershot**, Jacob (Newton) to Emily Thompssn
27 Oct. 1805 - **Hendershot**, Jacob Jr. to Polly Lewis
15 Dec. 182 - **Hendershot**, Jesse to Margaret Thompson
1816 - **Hendershot**, Jiremy to Betsey Parse
30 Nov. 1806 - **Hendershot**, John to Pehbe Trusdel
21 Jan. 1819 - **Hendershot**, John to Rebeckah Silverthorn
19 May 1836 - **Hendershot**, John (Newton) to Martha Struble
17 Nov. 1850 - **Hendershot**, Jonah to Martha Jane Miller
25 Feb. 1843 - **Hendershot**, Lucinda to Richard Schoonover
16 Dec. 1826 - **Hendershot**, Lydia to William Hooey
2 May 1804 - **Hendershot**, Mary to Cadwallader Smith
22 Nov. 1851 - **Hendershot**, Mary (Newton) to Philip Struble
25 Aug. 1805 - **Hendershot**, Michael to Mary Space
29 Oct. 1826 - **Hendershot**, Michael to Electa Jane Case
29 Oct. 1826 - **Hendershot**, Phebe to John Bell
10 Apr. 1833 - **Hendershot**, Philip to Mary Decker
13 Dec. 1817 - **Hendershot**, Polly to John Crammer
16 Feb. 1806 - **Hendershot**, Rebecca to George Snider
12 Feb. 1842 - **Hendershot**, Samuel to Rebecca Kithcart
31 July 1819 - **Hendershot**, Sophia to Joseph South
27 Nov. 1828 - **Hendershot**, Sophia to Isaac Dennis
20 Mar. 1834 - **Hendershot**, William to Elizabeth Tests
14 Dec. 1811 - **Hendershott**, Eve to Daniel H. Predmore
26 Aug. 1809 - **Hendershott**, John to Elizabath Cammell
15 Oct. 1806 - **Hendershott**, Leah to Jesse Mears
21 Mar. 1829 - **Henderson**, Elezer M. to Mary Castermore
31 Jan. 1832 - **Henderson**, John C. S. to Charlotte Northrup
17 April 1831 - **Henderson**, Mary to Joseph Decker Jr.
12 Aug. 1830 - **Henderson**, Mary A. to Charles Chamberlain
12 Nov. 1809 - **Hendrey**, Catsy to Joseph Hendry
17 Apr. 1819 - **Hendria**, Rebecca H. to James H. Vail
8 Jan. 1808 - **Hendricks**, John to (Wid) Mary Sickles
10 July 1803 - **Hendrickson**, Catherine to George Bowlsby
12 Mar. 1797 - **Hendrickson**, Daniel to Martha Eveland
28 Sept. 1810 - **Hendrickson**, Elizabeth to John Willer
21 Feb. 1813 - **Hendrie**, Sarah to Richard H. Shuffield
24 Jan. 1809 - **Hendrixson**, Mary to Philip Fitz
12 Nov. 1809 - **Hendry**, Joseph to Catey Hendrey
3 Dec. 1797 - **Henery**, Jean (Greenwich) to Jacob Melick
19 Dec. 1800 - **Henn**, Catherine to George Struble
13 Aug. 1803 - **Henery**, Anna to Philip Johnson
31 Dec. 1814 - **Henn**, George to Mary Radley
28 Aug. 1815 - **Henn**, James to Jane Winterstun
15 Mar. 1841 - **Henry**, Charles to Elizabeth Price
30 Apr. 1801 - **Henry**, Effie to George Puterback
7 Dec. 1815 - **Henry**, Hannah to Jacob Lants
30 June 1814 - **Henry**, Jacob to Mary Cowell
22 Jan. 1853 - **Henry**, John (Hardyston) to Elizabeth Tinkey
15 Dec. 1808 - **Henry**, Margaret to George Flujmerfelt
23 Sept. 1812 - **Henry**, Maria to

M. Brown
31 Oct. 1802 - **Henry**, Mary (Knowlton) to Charles Beatty
25 Aug. 1811 - **Henry**, Nelly to Andrew Mershon
6 May 1809 - **Henry**, Peter to Mary Heckenberry
14 Jan. 1802 - **Henry**, Saly to Robert Gardner
10 Nov. 1811 - **Henry**, Sarah to George Locey
22 Feb. 1807 - **Henry**, Susannah to Henry Hockenberry
28 Sept. 1801 - **Hep**, Rebecca (Greenwich) to Richard McCray
17 Dec. 1808 - **Hepburn**, Nancy to David Richards
11 Oct. 1801 - Herrenton, Elizabeth to Josiah Moore
19 Mar. 1840 - **Herrick**, George to Susan D. Rose
15 Jan. 1820 - **Herrington**, John to Jemima Roleson
31 Jan. 1813 - **Hess**, Godfrey to Elizabeth Betson
5 Mar. 1814 - **Hess**, Jonas to Eliza Derenberger
14 Sept. 1802 - **Hess**, Mary to Jacob Misner
7 May 1808 - **Heth**, Francis to Mary McRobert
4 Dec. 1846 - **Hetsel**, John C. to Mary Vought
26 Feb. 1852 - **Hetzel**, Charles W. (Wantage) to Eliza A. Beemer
31 Jan. 1811 - **Hetzell**, Michael to Elizabeth Chrisman
8 Mar. 1820 - **Hevelin**, Richard to Elizabeth Boyd
8 Dec. 1831 - **Hevener**, Mary Jane to William Iliff
24 Mar. 1842 - **Hewett**, Alexander (Newton) to Caroline Berthelf
Dec. 1851 - **Hewit**, John to Effa Barkman
21 Aug. 1852 - **Hewit**, Mary (Ireland) to William Decker
12 Mar. 1809 - **Hibbler**, Aaron to Margaret Shealer
8 Jan. 1810 - **Hibbler**, John to Phebe Whitehead

8 Jan. 1824 - **Hibbler**, Samuel to Margaret Young
28 June 1810 - **Hibbler**, William to Mary Shankleton
21 Feb. 1824 - **Hibler**, ___ (Hardwick) to Joseph Hunt
1847 - **Hibler**, Alpheus (Stillwater) to Mary Mains
8 July 1804 - **Hibler**, Ann to William Coats
2 Nov. 1833 - **Hibler**, Anne to Millard Cook
25 Dec. 1852 - **Hibler**, Catherine S. to Andrew Jackson VanSyckle
4 Feb. 1799 - **Hibler**, Christopher to Esther Dilly
20 Nov. 1817 - **Hiblers**, Eleanor to Thomas Bird
24 Jan. 1822 - Hibler, Elizabeth to Isaac Vanhorne
9 Feb. 1825 - **Hibler**, Elizabeth to Alex Drake
8 Aug. 1928 - **Hibler**, Elizabeth to James Swarts
7 Oct. 1798 - **Hibler**, Joseph to Knelly Meddlesworth
10 Feb. 1834 - **Hibler**, Margaret to William Hart 3rd
2 Nov. 1833 - **Hibler**, Mary to John Hudson
20 Apr. 1833 - **Hibler**, Phebe to Freeman Clansen
8 May 1824 - **Hibler**, Samuel to Nancy Haggerty
4 Nov. 1848 - **Hibler**, Samuel (Newton) to Samuel Hill (?)
14 Mar. 1826 - **Hibler**, Sarah to William Hart
24 Aug. 1803 - **Hibler**, Siman to (Miss) Weller
24 Apr. 1823 - **Hibler**, Zachariah to Ann Sickles
15 Oct. 1827 - **Hicks**, William (Wantage) to Mariah Coykendall
4 Dec. 1797 - **Hickenbotem**, Mary (Greenwich) to Jacob Benet
28 Jul. 1830 - **Hicks**, Jane Ann to John Boncker
17 Mar. 1803 - **Hickson**, Mary to Mat Metler

4 Aug. 1799 - **Hickson**, Richard (Oxford) to Jane Lowden
11 Feb. 1822 - **Higgins**, Sylvester to Betsey Ban
1 May 1797 - **High**, Hannah to Thomas Lemberson
27 July 1806 - **Highlin**, Mary to Christian Smith
17 April 1796 - **Hilderant**, Frederick to Achsa Trout
6 Feb. 1851 - **Hiles**, Celia to Andrew D. Martin
14 Oct. 1837 - **Hiles**, E. Mariah (Wantage) to Ford H. Shelly
16 Nov. 1826 - **Hiles**, James to Ann Axford
19 Nov. 1836 - **Hiles**, Jeremiah (Frankford) to Cecelia Cox
21 Oct. 1824 - **Hiles**, John to Hyley Mariah Seward
10 Mar. 1811 - **Hiles**, Mary to Jacob Summers
17 Nov. 1810 - **Hiles**, Sally to Benjamin Katouch
3 June 1843 - **Hill**, Andrew H. to Sarah Ann Walters
17 Jan. 1805 - **Hill**, Anna to William Morrow
19 June 1810 - **Hill**, Anna to John Hunt
24 Feb. 1849 - **Hill**, Clarissa (Minisink, N.Y.) to Jacob T. O'Niel
19 May 1831 - **Hill**, David to SarahSmith
19 Feb. 1804 - **Hill**, Elizabeth to John Bercharan
4 Nov. 1849 - **Hill**, Frances (Green) to Malph Titus
3 May 1795 - **Hill**, John to Sally Kykendall
10 Na. 1843 - **Hill**, John to Rhoda VanHorn
8 Mar. 1851 - **Hill**, John to Margaret Smith
15 Nov. 1818 - **Hill**, Jonathan (Hardwick) to Elizabeth Price
9 May 1802 - **Hill**, Joseph to Abigail Hunt
1 Nov. 1807 - **Hill**, Joseph to Mary Price

18 Sept. 1817 - **Hill**, Jude to William Titman
10 June 1840 - **Hill**, Leander to Mary Adams
21 Jan. 1847 - **Hill**, Magdalene R. to William R. Emmons
9 Feb. 1809 - **Hill**, Mary to John Shaw
11 July 1851 - Hill, Mary (Walpack) to John Crawn
20 Feb. 1838 - **Hill**, Mary Ann to Charles Newbccker
25 Aug. 1811 - **Hill**, Nancy to Stephen Lyon
30 Jan. 1816 - **Hill**, Returah to Benjamin Yeeman
22 Jan. 1820 - **Hill**, Ruhanah to John Curtiss
25 Feb. 1820 - **Hill**, Samuel to Elcey Willcox
8 Nov. 1848 - **Hill**, Samuel (Newton) to Samuel Hibler (?)
11 Mar. 1819 - **Hill**, Sarah to (Dr) Gideon Leeds
10 May 1828 - **Hill**, William to Margaret Staley
31 May 1821 - **Hillman**, Jacob to Elizabeth Behnam
24 Dec. 1818 - **Hillman**, John to Hannah Smith
13 Feb. 1810 - **Hillyard**, John to Elizabeth Palmer
24 Feb. 1811 - **Hillyard**, Sally to Archibald Hamilton
6 Oct. 1838 - **Hilts**, John to Sarah Hilts
6 Oct. 1838 - **Hiltt**, Sarah (Morris Co.) to John Hilts
17 Dec. 1842 - **Himenover**, George (Newton) to Susan Mills
5 Aug. 1805 - **Himenover**, Mary (Byram) to Silas Hudson
11 Jan. 1851 - **Hin**, Abraham (New York) to Mary. Wintermute
1823 - **Hinchman**, Charlette to Samuel Blanchard
2 Dec. 1820 - **Hinchran**, Martin to Polly Townsend
20 Dec. 1826 - **Hinds**, George to Sophhia Main
25 July 1829 - **Hinds**, John

(Hardyston) to Sally Ann Perry
2 June 1824 - **Hindswere**, Judith Ann to Stephen Trussll Jr.
18 Feb. 1838 - **Hinkle**, Richard to Caty Rough
28 Nov. 1818 - **Hinkle**, Thomas to Ann J. Ayres
18 Aug. 1796 - **Hinksman**, Aligail to Thomas Blain
20 Aug. 1811 - **Hinksman**, Robert to Jane Monroe
8 Feb. 1820 - **Hipp**, Leonard to E. Slater
22 June 1816 - **Hixon**, Ann (Oxford) to Andrew Vaught
6 Apr. 1816 - **Hixon**, Jemimah to John Hunt
3 June 1819 - **Hixson**, Anna to Henry Lanter
10 Sept. 1818 - **Hixson**, Mary to John Simonson
29 Feb. 1822 - **Hoaglan**, (Wid) Christeen to William Craig
14 May 1799 - **Hoagland**, Elizabeth (Oxford) to Hezekiah Drake
17 June 1800 - **Hoagland**, James (Oxford) to Margaret Green
11 Feb. 1823 - Hoagland, Ruth to George W. Stinson
22 Dec. 1838 - **Hochenberry**, Alfred (Wantage) to Tituria A. Howell
7 Dec. 1839 - **Hockenberry**, Abraham to Charlotte Yetter
22 Feb. 1807 - **Hockenberry**, Henry to Susannah Henry
12 May 1816 - **Hockenberry**, Joseph to Nancy Carpenter
6 May 1809 - **Hockenberry**, Mary to Peter Henry
26 Nov. 1833 - **Hockenberry**, Mary Ann to Peter Redammer
2 June 1810 - **Hockenberry**, Peter to Polley Gardner
3 Apr. 1819 - **Hockenberry**, William to Anna Decker
14 Dec. 1838 - **Hockenberry**, Elizabeth (Wantage) to Samuel Brooks
1 Nov. 1801 - **Hoagland**, Sarah to George Summers
10 Mar. 1807 - **Hockaberry**, John to Ann Tharp
18 Mar. 1805 - **Hockenberry**, Jacob to Sarah Cranklemire
16 Nov. 1844 - **Hockenberry**, John O. to Jemima Jane Ellet
18 Mar. 1805 - **Hockenberry**, Jacob to Sarah Conklemire
11 Feb. 1819 - **Hockenberrry**, Peter to Nancy Thomas
23 Sept. 1841 - **Hockenberry**, Sarah to Martin Heater
6 Mar. 1841 - **Hockenberry**, William T. to Charlotte Skellenger
19 Nov. 1840 - **Hockingberry**, Amy to Peter Savacool
11 June 1842 - **Hockenbury**, William H. (Newton) to Mary Gundeman
27 May 1803 - **Hodge**, Catherine to John Paul Engle
22 Aug. 1808 - **Hodge**, Elinor to John Dills
24 Dec. 1835 - **Hee**, Charlotte to Isaac Currin
14 Dec. 1808 - **Hee**, Elizabeth to Ebenezer Aber
6 Feb. 1836 - **Hee**, Stephen (Newton) to Clarissa Lantz
Oct. 1802 - **Heel**, Sylvenus to Margaret Stryder
15 Mar. 1810 - **Heff**, Abraham to Nancy Perrey
1 Jan. 1814 - **Hoff**, Cornelius to (Miss) Willson
16 Jan. 1819 - **Hoff**, Elizabeth (Hardwick) to William Kean
6 Sept. 1820 - **Hoff**, John to Sarah Lamison
28 Feb. 1829 - **Hoffman**, Rosana to James Brink
1802 - **Hoglan**, Nathan to Eliza Bird
18 Dec. 1806 - **Hogland**, Rachel to William Summers
16 Jan. 1822 - **Hoglin**, John to Mary H. Scureman
2 May 1805 - **Holbert**, Jonathan to Jane Neguss
4 Nov. 1851 - **Holbert**, Joshua S. (Cheming, N.Y.) to Catherine V.

Ryerson
23 Feb. 1822 - **Holden**, Richard to Catherine Carmer
12 Aug. 1798 - **Holdrin**, Andrew to Betsey Depue
8 Apr. 1818 - **Holdrin**, Milly to Joel Barger
27 Aug. 1818 - **Holdren**, Moses to Elizabeth Heaglen
20 Nov. 1845 - **Holdrin**, Richard (Frankford) to Hannah Helm
12 Mar. 1849 - **Holdrum**, Catherine (Mt. Hope, N.Y.) to Samuel S. Ketchum
18 Dec. 1814 - **Holley**, Joseph to Sarah McWhorter
2 Feb. 1820 - **Hollingshead**, Shoud I. to Jannett Labar
12 Mar. 1816 - **Hollts**, Mary to John Acley
27 Feb. 1827 - **Holly**, David to Anna DeGraw
16 Sept. 1810 - **Holly**, Increase to Hannah Kint
4 Oct. 1823 - **Holly**, Jeremiah (Frankford) to Elizabeth VanBuskirk
24 Oct. 1827 - **Holly**, Jeremiah (Wantage) to Adelia Adams
19 May 1799 - **Holly**, Jesse to Christine Deshery
18 Feb. 1804 - **Hollty**, Mary to Stephen Stillwell
29 Sept. 1810 - **Holmes**, Delia to Thomas O. Anderson
1 Feb. 1801 - **Holmes**, Gitty to Abraham Ayers
7 Aug. 1829 - **Hombler**, William H. to Meakyette Kindred
31 Dec. 1818 - **Homler**, Abraham (Hardwick) to Elizabeth Rightenberry
1 June 1816 - **Homsell**, J. A. to Henry Kennedy
22 Nov. 1817 - **Honnbeth**, Susan to David Crane
22 June 1816 - **Honson**, Frederick C. to Anna Chifcart
6 Oct. 1838 - **Hooey**, Anna to Aaron Huston
28 Mar. 1843 - **Hooey**, Elisha to Elizabeth Pittenger
23 Mar. 1811 - **Hooey**, Elizsbeth to Richard Lyons
16 Dec. 1826 - **Hooey**, William to Lydia Hendershot
6 Mar. 1822 - **Hoover**, Eve. to Joseph Kreidler
23 Dec. 1819 - **Hoover**, Mary to Thomas McCormick
13 Nov. 1850 - **Hope**, James M. to Margaret V. Fountain
24 Dec. 1809 - **Hopkins**, Bertha to Joseph Kimble
24 Oct. 1812 - **Hopkins**, Charlotte to Benjamin Kays
18 Nov. 1800 - **Hopkins**, Driel (Knowlton) to Sarah Donnely
7 Feb. 1811 - **Hopkins**, Ephraim to Martha Dildine
3 Dec. 1801 - **Hopkins**, Esther (Knowlton) to Thomas Schooley
24 Sept. 1816 - **Hopkins**, George to Elisha Johnson
9 Oct. 1796 - **Hopkins**, Hannah to James Hedgelin
21 Oct. 1815 - **Hopkins**, (Esq) James (Hardiston) to Safvona Simmons
6 Dec. 1798 - **Hopkins**, Jinna to William McDaniels
8 Sept. 1807 - **Hopkins**, John to Sophia Mains
26 Jan. 1828 - **Hopkins**, John to Mary Ann Cross
30 Mar. 1850 - **Hopkins**, John to Susannah Westbrook
14 Apr. 1799 - **Hopkins**, Joseph (Frankford) to Hannah Kelsey
6 Oct. 1810 - **Hopkins**, Lydia to Samuel Tuttle
12 Mar. 1819 - **Hopkins**, Seely to Sarah Hunt
12 Apr. 1802 - **Hopkins**, William David to Sarah Simmons
11 Dec. 1847 - **Hoppaugh**, Frances to Joseph P. Price
27 Dec. 1812 - **Hopper**, Sally to John Sherry
16 July 1814 - **Hoppoch**, John to Hester Decker
15 May 1811 - **Hoppough**, John to

Agnes Westbrook
27 June 1808 - **Hoppough**, Mary to John Cox
22 May 1834 - **Herlick**, Milly to James D. Smith
25 Dec. 1807 - **Horn**, Polly to David Summers
7 June 1796 - **Horn**, Olive (Knowlton) to John Kirkoff
13 Jan. 1821 - **Hornbaker**, Eliza to David H. Hughes
17 Feb. 1820 - **Hornbaker**, John to Catherine Wandling
4 May 1803 - **Hornbaker**, Peter to Mary Cruiser
10 Mar. 1799 - **Hornbeck**, Benjamin (Montague) to Mary Shimer
23 July 1831 - **Hornbeck**, Benjamin to Rebecca Myres
13 July 1820 - **Hornbeck**, Blandina to Jacob G. Cuddeback
17 May 1817 - **Hornbeck**, Cornelius to Rachel Vanney
30 June 1801 - **Hornbeck**, Ellener to Phillip Decker
5 Dec. 1824 - **Hornbeck**, Jane to George Everitt
24 June 1826 - **Hornbeck**, Letesha to William Bird
12 Apr. 1817 - **Hornbeck**, Margaret to Abraham Rosacrance
25 Sept. 1805 - **Hornbeck**, Mary (Montague) to George Westfall
12 Dec. 1835 - **Hornbeck**, Peter to (Mrs) Ruth Carr
9 Nov. 1823 - **Hornbeck**, Rachel to Jacob Watson
8 Apr. 1798 - **Hornet**, Nathaniel (Morris Co.) to Elizabeth Bird
17 Feb. 1807 - **Hortin**, Daniel to Elizabeth Adams
21 Aug. 1814 - **Horton**, Fanny to Peter Hammen
25 Dec. 1803 - **Horton**, Hester to John Fannel
16 Mar. 1802 - **Horton**, Jane to Benjamin Drake
12 May 1833 - **Horton**, John A. to Sarah P. Brittin
7 Dec. 1821 - **Hotal**, Benjamin to Saly An White
20 Mar. 1824 - **Hotalen**, Cornelius to Mariah Anderson
24 Sept. 1825 - **Hotalen**, Peter to Viney Wells
5 Oct. 1844 - **Hotalen**, Sarha to John Stonebeck
5 Feb. 1820 - **Houk**, David to Mary Fergusen
1 Apr. 1801 - **Houck**, William (Knowlton) to Terry Perbasco
12 Mar. 1814 - **Hougeton**, Elizabeth to Robert McWhorter
May 1821 - **Hough**, Anna to Tobias Hains
15 Mar. 1829 - **Hough**, Anna to Timothy Drake
5 Sept. 1846 - **Hough**, Anna (Frankford) to Cornelius Kithcart
24 Dec. 1800 - **Hough**, Anthony (Frankford) to Elizabeth Coon
18 Feb. 1838 - **Hough**, Caty to Richard Hinkle
3 Nov. 1832 - **Hough**, David to Cornelia King
26 Feb. 1840 - **Hough**, Elizabeth to Isaac Tuttle Jr.
14 Dec. 1848 - **Hough**, Elizabeth (Wantage) to Gabriel S. Terry
8 Nov. 1845 - **Hough**, Elvira to Jane Compton
25 Dec. 1847 - **Hough**, Jane to Smith Luts
17 Aug. 1800 - **Hough**, John to Sarah Hunt
26 July 1801 - **Hough**, John to Elizabeth Chyjer
7 Apr. 1831 - **Hough**, Lucy to Dennis Buckley
3 Dec. 1835 - **Hough**, Maria to John Compton
9 Nov. 1844 - **Hough**, Nancy H. (Warren Co.) to Jacob Lundy
20 Nov. 1831 - **Hough**, Peter to Betsey Brink
22 Dec. 1838 - **Hough**, Phebe (Wantage) to Phineas Haight
10 Feb. 1841 - **Hough**, Rebecca (Newton) to Anthony Peters
25 Apr. 1830 - **Hough**, Rebecca Jane to Peter C. Rutan

31 Dec. 1807 - **Hough**, Thomas to Christian Bedell
29 Sept. 1810 - **Hough**, Samuel to Phebe Wintermote
1 May 1819 - **Hough**, Sarah to Gideon Ingersol Jr.
13 Aug. 1797 - **Hough**, William to Rebecky Lanes
20 Oct. 1833 - **Hough**, William to Nancy Struble
17 Dec. 1803 - **Houghtalen**, Peter to Dorithy Courtright
6 Nov. 1800 - **Houghterling**, Wilheleus to Susannah Courtright
8 Sept. 1821 - **Houk**, Phebe to Abrabam Rose, J.
2 Jan. 1845 - **House**, Ephraim T. to Hannah D. Johnson
27 Nov. 1838 - **House**, James T. to Sarah Miller
25 Oct. 1804 - **House**, Jenny to William Coats
18 June 1848 - **House**, John to Hannah Bedell
21 Mar. 1813 - **House**, John M. (Frankford) to Phebe Pough
24 Dec. 1831 - **House**, Julian to Shderck B. Curlock
21 Sept. 1816 - **House**, to Margaret (Wantage) to Abraham VanScoyt
21 Dec. 1844 - **House**, Marthy to Amos Onstead
13 Nov. 1834 - **House**, Mary Ann to W. Fisk
9 Nov. 1812 - **House**, Sally to John Stoll Jr.
6 Nov. 1813 - **House**, Thomas to Anny Russel
21 Nov. 1809 - **House**, Tunis to Jemima Alyea
30 Aug. 1822 - **Housel**, Mathias to Elizabeth Frits
24 Mar. 1796 - **Houser**, Elizabeth (Hope) to David Trimber
17 Jan. 1824 - **Houston**, Nancy (Newton) to Joseph Randle
21 Oct. 1802 - **Houton**, John to Elizabeth Benjamin
3 Nov. 1813 - **Hover**, John to Susan Johnson
18 Mar. 1851 - **Hoverd**, Samuel (Andover) to Susan Lyon
2 May 1802 - **Howard**, Abraham to Rachel Tuttle
13 Mar. 1813 - **Howard**, Elias to Lilly McMickel
20 Apr. 1817 - **Howard**, Elizabeth to Samuel Hunt
7 June 1795 - **Howard**, John to Elizabeth Britton
25 Apr. 1818 - **Howard**, Joseph to Linah Heath
22 May 1824 - **Howard**, M. Nancy to William Devour
24 Feb. 1815 - **Howard**, Mary to John Drake
3 July 1820 - **Howard**, Mary to Mathias D. Ganno
19 May 1831 - **Howard**, Mary to Peter Cronk
31 Dec. 1836 - **Howard**, Martha Ann (Newton) to William J. Warner
4 Oct. 1807 - **Howard**, Nathaniel to Mehetable Caffey
15 Apr. 1798 - **Howard**, Samuel to Elizabeth Havins
2 Jan. 1809 - **Howe**, Sarah to Michael Thomas
24 Nov. 1795 - **Howl**, Benjamin to Jane Axford
20 Sept. 1795 - **Howel**, William to Sarah Silverthorn
30 Sept. 1815 - **Howell**, Aaron to Mary Dildine
14 July 1817 - **Howell**, Aletta to William Wisner
26 Jan. 1818 - **Howell**, Ann to Henry Rolason
20 Oct. 1814 - **Howell**, Asa to (Mrs.) Charlotte Allen
5 Feb. 1825 - **Howell**, Cornelius to Sally Ann Bayles
5 Dec. 1805 - **Howell**, Daniel to Mary Shackleton
21 Aug. 1841 - **Howell**, Daniel P. (Newton) to Euphamia Cook
3 June 1841 - **Howell**, David to Lucinda Roleson
28 Jan. 1808 - **Howell**, George to

Lydia Johnson
8 June 1800 - **Howell**, Harvey to Elizabeth Cass
14 Oct. 1837 - **Howell**, Henry B. (Wantage) to Jane Ackerman
13 Nov. 1834 - **Howell**, Ila to Benjamin T. Schoemaker
26 Dec. 1836 - **Howell**, Ira (Wantage) to Mary Ann Adams
5 Oct. 1851 - **Howell**, Israel to Jane Little
9 Mar. 1802 - **Howell**, Isaac (Hardwick) to Suffiah Shaver
6 May 1798 - **Howell**, James (Hardwick) to Amelia Lanning
26 Nov. 1831 - **Howell**, James to Katherine Shepperd
11 Apr. 1822 - **Howell**, Jane to William Miller
26 July 1834 - **Howell**, Jane to John Edsall
3 Apr. 1805 - **Howell**, John to Patty Tharp
15 May 1804 - **Howell**, Johan to Mary Person
16 Oct. 1821 - **Howell**, Johan to (Wid) Mary Freas
28 July 1796 - **Howell**, Levi (Hardwick) to Phebe Smith
23 Oct. 1800 - **Howell**, Levi (Greenwich) to Catherine Vaun
22 Dec. 1838 - **Howell**, Levi (Newton) to Jane Snook
12 Jan. 1848 - **Howells**, Levi to Samantha Biggs
28 Dec. 1815 - **Howell**, Lewis to Hannah Salmon
19 July 1834 - **Howell**, Luther G. to Martha McCarter
19 Aug. 1820 - **Howell** Luther Y. to Frances Baldwin
4 May 1804 - **Howell**, Lutitia (Hardwick) to James Buckley
29 June 1815 - **Howell**, Margaret to Consider Cook
20 Feb. 1810 - **Howell**, Mary to Elisha Osmun
30 Jan. 1818 - **Howell**, Mary (Wantage) to Abraham Richards
26 Feb. 1820 - **Howell**, Mary to Abraham Stephens

9 Oct. 1823 - **Howell**, Mary to Patrick Carr
21 Nov. 1806 - **Howell**, Nathan to Susan Bird
21 Nov. 1818 - **Howell**, Ogden to Matilda Cummins
24 Feb. 1821 - **Howell**, Pamelia to Aaron Schsoley
11 Dec. 1824 - **Howell**, Phebe to Thomas Price
17 Feb. 1814 - **Howell**, Polley to John Strickler
17 Nov. 1839 - **Howell**, Robert S. to Jane Emory
1 Oct. 1808 - **Howell**, Sally to Jacob Doughety
30 Dec. 1834 - **Howell**, Sampson (Hardwick) to Ann Savercool
4 Jan. 1845 - **Howell**, Samuel G. to Esther Edminston
7 Nov. 1822 - **Howell**, Samuel G. to Eleanor Freese
Sept. 1800 - **Howell**, Sampson to Mary Triller
16 Feb. 1848 - **Howell**, Sarah C. (Frankford) to Jerome H. Barbour
12 Oct. 1832 - **Howell**, Strader to Polly Prat
7 Jan. 1809 - **Howell**, Synthie to Isaac Perrigo
22 Dec. 1838 - **Howell**, Tituria A. to Alfred Hochenberry
10 May 1845 - **Howell**, Uzal H. (Belvidere) to Lucinda H. Handinson
2 Jan. 1841 - **Howell**, Vincent (Frankford) to Sarah Ann Spangenburgh
20 Mar. 1813 - **Howell**, Walter to Sally Lewis
2 Feb. 1811 - **Howell**, William to Else Manning
22 Sept. 1842 - **Howell**, William (Sparta) to Julia Ann Drake
2 May 1814 - **Howen**, Jacob C. to Mary Morden
9 Nov. 1833 - **Howey**, John to Mariah Castaline
15 Dec. 1805 - **Howell**, Samuel to Sarah Smoke

15 June 1820 - **Hows**, Ephram to Peggy Sayre
13 June 1813 - **Hoyed**, Catherine to Henry Litts
16 Sept. 1847 - **Hoyt**, James H. (Jersey City) to Sarah Pettit
25 Apr. 1818 - **Hubbard**, Anne to Peter Smith
19 Apr. 1817 - **Hubbard**, John to Elizabeth Smith
21 Dec. 1827 - **Hubbard**, Mary to William I. Bennet
27 July 1833 - **Hubbard**, Peter to Mary Ann Kimbell
6 Aug. 1840 - **Hubbard**, Mary A. to Isaac W. Osborn
15 Jan. 1835 - **Hubbard**, Thomas (Vernon) to Eliza Brown
18 Jan. 1821 - **Hubbard**, William to Susannah Perrigo
27 Nov. 1852 - **Hubert**, Sarah Ann to Alexander Perry
17 Feb. 1844 - **Hubert**, Ssuan M. to Amos G. Sunders
20 July 1811 - **Hudinot**, John to Sally Smith
2 Nov. 1833 - **Hudson**, John to Mary Hibler
22 May 1805 - **Hudson**, Sarah to Harman Caffrey
17 Oct. 1803 - **Hudson**, Sarah to Jonathan Woodruff
31 Mar. 1838 - **Hudson**, Sarah to Jacob O. McDonnell
5 Aug. 1804 - **Hudson**, Silas to Mary Himenover
14 Jan. 1816 - **Huet**, William to Margaret Snider
2 Oct. 1834 - **Huff**, Andrew to Sophia Arvey
13 Nov. 1824 - **Huff**, Catherine to Isaac VanGelder
7 Nov. 1812 - **Huff**, Elizabeth to Isaac Williams
17 Feb. 1827 - **Huff**, Elizabeth to Matthias Johnson
11 May 1833 - **Huff**, Elizabeth to Isaac Sulfert
29 Nov. 1804 - **Huff**, Hannah to Abraham Rosencrans
14 Mar. 1827 - **Huff**, Hannah to James Hauty
5 June 1818 - **Huff**, Henry to Susannah Hankinson
5 June 1841 - **Huff**, Henry to Catherine VanHorn
13 Jan. 1803 - **Huff**, John to Anne Fough
25 Dec. 1833 - **Huff**, John to Rachel Wintermute
11 Sept. 1806 - **Huff**, Mancey to Jacob Mingle
May 1846 - **Huff**, Mary to John Reef
21 Apr. 1829 - **Huff**, Matilda to John Baley
10 Mar. 1827 - **Huff**, Nancy to George W. Rinehart Sr.
17 Maay 1823 - **Huff**, Sarah to Basley Gey
27 Aug. 1853 - **Huff**, Sarah E. (Wantage) to Henry Williams
8 Sept. 1838 - **Huff**, Serry to John Depew Jr.
26 Jan. 1850 - **Huff**, William to (Mrs) Elizabeth Lyna
3 Dec. 1835 - **Huff**, William C. to Catherine Losey
1 Apr. 1815 - **Huffman**, Coley to John Weolever
6 July 1803 - **Huffman**, Henry to Elizabeth Golden
21 July 1822 - **Huffman**, Jacob to Mary Ann Hamilton
22 May '798 - **Huffman**, James to Neomy VanSickle
2 July 1814 - **Huffman**, James to Sarah Kirkpatrick
28 Oct. 1837 - **Huffman**, Jane (Wantage) to (Squire) Northrup
11 June 1845 - **Huffman**, Julia (Wantage) to Barnabas Manning
9 June 1824 - **Huffman**, Juliann to John Hutchins
28 Dec. 1826 - **Huffman**, Levi to Phebe Ann Matthews
2 Apr. 1818 - **Huffman**, Mary to Thomas Hadley
9 Sept. 1815 - **Hufman**, Mary (Frankford) to Abraham Stoll
26 Nov. 1836 - **Huffman**, Mary Ann to Samuel White

25 Sept. 1824 - **Hugh**, Mariah to Henry Montoney
13 Jan. 1821 - **Hughes**, David H. to Eliza Hornbaker
7 Apr. 1844 - **Hughes**, George D. (Newton) to Joanna Harrison
25 Nov. 1804 - **Hughes**, Owen (Knowlton) to Catherine Engle
2 Jan. 1804 - **Hughy**, Mary (Hardwick) to William Southworth
20 June 1797 - **Hule**, Benjamin to Elizabeth Case
29 June 1815 - **Hulic**, Adam to Margaret Martin
7 Mar. 1808 - **Hulicks**, Elinor to William Hankinson
13 Feb. 1813 - **Hulix**, Sarah to Tunis Snyder
24 Dec. 1825 - **Hull**, Abigail to William Struble
9 Jan. 1799 - **Hull**, Andrew to Jinna VanSickle
30 Mar. 1813 - **Hull**, Anna to Cornelius Griggs
23 Dec. 1811 - **Hull**, Benjamin to Caty Smith
16 Sept. 1824 - **Hull**, Clarissa (Newton) to James McClure
30 Dec. 1810 - **Hull**, Dorcas to Henry Price
1 June 1813 - **Hull**, Isaiah to Elizabeth Winans
15 Sept. 1804 - **Hull**, Jacob to Ann Roy
17 Oct. 1821 - **Hull**, Jacob to Elizabeth Hunt
16 May 1811 - **Hull**, James to Valandene Drake
19 Jan. 1804 - **Hull**, John to Margaret VanSickle
22 Mar. 1806 - **Hull**, Joseph to Mercy Rose
31 May 1828 - **Huff**, Joseph to Elizabeth Johnson
21 Aug. 1819 - **Hull**, Mahlon to Eve Snook
18 Nov. 1820 - **Hull**, Margaret (Newton) to Moses McColllum
14 Mar. 1840 - **Hull**, Maria to William Cross

4 Sept. 1805 - **Hull**, Martha to Benjamin Lemming
9 Jan. 1845 - **Hull**, Martha S. to John Clark
24 Dec. 1809 - **Hull**, Massey to Edward Palmer
26 Dec. 1806 - **Hull**, Nancy to George Wood
11 Aug. 1827 - **Hull**, Nancy to William Sutherd
20 Dec. 1804 - **Hull**, Olly to Peter Main
19 Dec. 1841 - **Hull**, Phebe to Ellis Nuteer
25 Dec. 1830 - **Hull**, Philip to Susanna Smith
16 Sept. 1799 - **Hull**, Samuel (Hardwick) to Elizabeth Nowling
2 Oct. 1797 - **Hull**, Sarah to George Beardslee
10 Apr. 1814 - **Hull**, Sarah to John Ayres
1 Feb. 1823 - **Hull**, Sarah (Hardwick) to William Allwood
16 Jan. 1841 - **Hull**, Sarah (Newton) to Aaron D. Hunt
1 Oct. 1811 - **Hull**, William to Rhody Force
25 Jan. 1845 - **Hull**, William (Newton) to Mahala Space
5 Jan. 1826 - **Hull**, William A. to Elizabeth VanScoder
26 Aug. 1841 - **Hulse**, Isaac D. to Catharine Windfield
5 July 1807 - **Hulshizer**, Andrew to Mary Pork
22 Oct. 1820 - **Humes**, Nancy to Frederick Rancier
19 June 1834 - **Humes**, Rhoda Ann (Byram) to Benjamin Cory
3 Apr. 1824 - **Humes**, Sarah to Joseph Coats
12 June 1813 - **Hummer**, Tunis to Fanny Swayze
23 Feb. 1803 - **Humewell**, John to Elcey Robbins
9 May 1812 - **Hunnewell**, Thomas to Christen Fish
16 June 1810 - **Hunsman**, Elizabeth to Nicholas Cranmer
30 Oct. 1446 - **Hunson**, William

(Lafayette) to Catherine Cellver
16 Jan. 1841 - **Hunt**, Aaron D.
(Green) to Sarah Hull
9 May 1802 - **Hunt**, Abigail to Hoseph Hill
19 Nov. 1829 - **Hunt**, Abraham to Elizabeth Everitt
11 June 1805 - **Hunt**, Benjamin to Ann McCraken
27 Nov. 1838 - **Hunt**, Caroline (Stillwater) to Andrew Mattison
6 Feb. 1847 - **Hunt**, Catherine L. to William Hunt
15 Sept. 1799 - **Hunt**, Caty to John Crandine
17 Mar. 1832 - **Hunt**, Charles L. to Mary Benjamin
30 Aug. 1817 - **Hunt**, Charlotte (Newton) to Abraham Cook
14 June 1817 - **Hunt**, Cornelia to George Allen
13 Nov. 1800 - **Hunt**, (Dr) David to Sally Roy
12 Jan. 1845 - **Hunt**, Ebenezer to Mary Ann Kishpaugh
9 Nov. 1797 - **Hunt**, Edward to Martha McColley
9 Oct. 1803 - **Hunt**, Edward (Hardwick) to Mary Sheward
26 Dec. 1846 - **Hunt**, Edward T. to Emeline Little
29 June 1809 - **Hunt**, Elizabeth to Charles Roy
25 June 1814 - **Hunt**, Elizabeth to James Willson
1 Jan. 1819 - **Hunt**, Elizabeth to Nahtahiel Salmon
4 Apr. 1820 - **Hunt**, Elizabeth to Schuyler Halsey
17 Oct. 1821 - **Hunt**, Elizabeth to Jacob Hull
27 May 1824 - **Hunt**, Elizabeth to Abraham Williams
12 Feb. 1853 - **Hunt**, Elizabeth to Rubert J. Groover
5 May 1821 - **Hunt**, Elizabeth M. (Hardwick) to Nehemiah Osborn
25 Dec. 1819 - **Hunt**, Fanny, to Ashur Emmons
18 Apr. 1835 - **Hunt**, Flora to Richard Sherred
24 Sept. 1812 - **Hunt**, George to Eliza Brown:
3 Feb. 1818 - **Hunt**, H. W. to Mary Hann
4 Sept. 1803 - **Hunt**, Israel to Margaret Benward
24 Oct. 1829 - **Hunt**, Jacob to Martha Opdyke
2 June 1808 - **Hunt**, Jane to John J. Williams
31 Aug. 1812 - **Hunt**, Jane to John Willson
6 Feb. 1830 - **Hunt**, Jane to William Spiel
20 Jan. 1813 - **Hunt**, Jemima to Langstaff Pown
7 Nov. 1839 - **Hunt**, Job D. (Green) to Catherine Miller
19 June 1810 - **Hunt**, John to Anna Hill
6 Apr. 1816 - **Hunt**, John to Jemimah Hixon
31 July 1828 - **Hunt**, John to Eliza W. Decker
21 Feb. 1824 - **Hunt**, Joseph to ___ Hibler
29 Dec. 1802 - **Hunt**, Kezia to John Griggs Jr.
12 Mar. 1805 - **Hunt**, Lucy to William Armstrong
7 May 1831 - **Hunt**, Lydia to Dennis Cochran
9 Feb 1822 - **Hunt**, Margaret to Antone Shuman
29 May 1822 - **Hunt**, Margaret (Hardwick) to Absalom Price
12 Jan. 1837 - **Hunt**, Margaret to Martin R. Everitt
7 Dec. 1848 - **Hunt**, Margretta to Peter C. Osburn
15 Apr. 1805 - **Hunt**, Martha to John Ryerson
4 Mar. 1841 - **Hunt**, Martha to Samuel Tingley
10 Dec. 1844 - **Hunt**, Martha D. to Johnson Kishpaugh
2 July 1806 - **Hunt**, Martha T. (Mansfield) to Elijah Warne
11 May 834 - **Hunt**, Mary to Daniel Camp
16 Sept. 1837 - **Hunt**, Mary

(Newton) to Uzal Canfield
25 Feb. 1847 - **Hunt**, Mark K. (Newton) to Daniel T. Dudd
30 June 1803 - **Hunt**, Marcy to Robert Allin
8 Nov. 1798 - **Hunt**, Nancy to Philip Ruluback
21 Nov. 1831 - **Hunt**, Nancy to William Mitten
3 Sept. 1825 - **Hunt**, Nathaniel to Elizabeth Barber
31 May 1812 - **Hunt**, Noah to Sally Willguss
4 Dec. 1839 - **Hunt**, Phebe (Vernon) to Abner Hyatt
14 Mar. 1798 - **Hunt**, Polly to William Fanger
Nov. 1817 - **Hunt**, Polly to Christopher Shriner
9 July 1825 - **Hunt**, Rachel to John Able
28 Nov. 1812 - **Hunt**, Ralph to Margaret Wintermute
17 Mar. 1811 - **Hunt**, Rebecca to William Allen
24 Nov. 1803 - **Hunt**, Richard to Ann Teets
26 Jan. 1821 - **Hunt**, Ruth to Fraderic Camel
3 July 1798 - **Hunt**, Sally (Knowlton) to Saniel Sweazy
28 Dec. 1825 - **Hunt**, Sally Ann to William C. Lewis
20 Apr. 1817 - **Hunt**, Samuel to Elizabeth Howard
27 June 1816 - **Hunt**, Sally (Hardwick) to Samuel Wells
31 Dec. 1795 - **Hunt**, Sarah (Hardwick) to Daniel Carlile
27 Oct. 1799 - **Hunt**, Sarah (Hardwick) to William McKee
17 Aug. 1800 - **Hunt**, Sarah to John Hough
12 Mar. 1819 - **Hunt**, Sarah to Seely Hopkins
31 July 1852 - **Hunt**, Sarah Ann to James W. Cummings
11 Nov. 1829 - **Hunt**, Sarsh R. to (Rev) Jonathan F. Morris
9 Dec. 1837 - **Hunt**, Susan (Stillwater) to Aaron VanSickle
24 Jan. 1846 - **Hunt**, Susan Ann to John Keepers
27 June 1813 - **Hunt**, Tapel to Elizabeth Decker
7 Feb. 1811 - **Hunt**, Theophulis to Margaret Armstrong
31 Dec. 1795 - **Hunt**, Thomas to Catherine Dodderer
25 Aug. 1812 - **Hunt**, Thomas Jr. to Rebecca Turner
17 Sept. 1808 - **Hunt**, William to Elizabeth Williams
28 Aug. 1823 - **Hunt**, William (Newton) to Susan C. Johnson
29 Dec. 1835 - **Hunt**, William (Vernon) to Susan Mentross
6 Feb. 1847 - **Hunt**, William to Catherine L. Hunt
28 Dec. 1822 - **Hunt**, William T. to Charrity Dickerson
8 Feb. 1845 - **Hunt**, William T. to Lydia Rose
20 Feb. 1819 - **Hunt**, Willson to Euphemia Armstrong
3 Sept. 1828 - **Hunt**, Willson to Margaret Everitt
18 Oct. 1807 - **Hunter**, James ("late of Ireland") to Phebe Congleton
14 Nov. 1819 - **Hunter**, Phebe to William Fountain
1 July 1824 - **Hunterson**, Thomas to Sarah Karcoff
1 Sept. 1824 - **Huntsnan**, Christeon to Sarah Martin
17 April 1797 - **Huntman**, George to Polly Lamb
8 Jan. 1818 - **Huntsman**, Hester to Richard Hall
13 Dec. 1851 - **Hurd**, John (Hurdtown) to Catherine Jane Reed
5 Oct. 1839 - **Hursh**, Benjamin to Ann Shay
23 July 1815 - **Hursh**, Catey to (Squire) Kimble
18 June 1815 - **Hursh**, Jacob to Phebe Cole
12 Dec. 1848 - **Hursh**, Lydia to (Rev) Edward B. Cook
5 Sept. 1846 - **Hursh**, Maria to

Peter Rutan
28 July 1813 - **Hush**, Catey to John Lott
26 Dec. 1808 - **Hush**, George Jr. to Catherine Karker
27 Jan. 1810 - **Hush**, John Jr. to Amy Myers
26 June 1803 - **Husselton**, Linah (Oxford) to John Brands
6 Oct. 1838 - **Huston**, Aaron to Anna Hooey
21 Mar. 1807 - **Huston**, James to Elizabeth Pettit
17 Jan. 1818 - **Huston**, James (Newton) to Lydia Coxe
28 Feb. 1818 - **Huston**, John to Ann Bale
17 Mar. 1835 - **Huston**, John to Sarah Stewart
13 Jan. 1821 - **Huston**, Margaret (Newton) to John Pettit Jr.
30 Oct. 1817 - **Huston**, Sarah (Newton) to Philip Drake
23 May 1829 - **Hustin**, Sarah to Benjamin Schooley
2 Feb. 1828 - **Huston**, Elizabeth A. to Amos Freeman
18 Mar. 1843 - **Huston**, James (Newton) to Martha Kays
7 Jan. 1833 - **Huston**, Nancy to George T. Smith
28 Sept. 1829 - **Huston**, Nathaniel to Sally Ann Predmore
21 Jan. 1804 - **Hutches**, David to Olive Lounsbury
11 July 1807 - **Hutches**, Morris to Betsey Lounsbury
22 Jan. 1834 - **Hutchings**, Charlotte to James Everitt
14 Dec. 1833 - **Hutchings**, Clarinda to Byram Cole
23 July 1834 - **Hutchings**, Hannah to Elias Fuller
7 May 1826 - **Hutchings**, Mary to Benjamin Gray
9 June 1824 - **Hutchins**, John to Juliann Huffman
4 Dec. 1839 - **Hyatt**, Abner (Orange Co., N.Y.) to Phebe Hunt
1 Oct. 1801 - **Hyatt**, Esther to Reuben Masker
18 Aug. 1805 - **Hyder** Sharmon to ann Loder
24 Mar. 1804 - **Hyner**, Charity to Richard Medcock
30 Nov. 1801 - **Hyner**, John to Rachel Schooley
11 Oct. 1822 - **Hyzer**, John to Abigail Winens
28 Jan. 1846 - **Iliff**, James (Newton) to Nancy VanGilder
22 Jan. 1828 - **Iliff**, Jane to Georgc Case
22 Dec. 1842 - **Iliff**, John to Margaret Titman
11 Dec. 1847 - **Iliff**, Joseph to Hannah M. Pullis
1 Feb. 1834 - **Iliff**, Margaret to Margan L. Smith
8 Dec. 1831 - **Iliff**, William to Mary Jane HEvener
7 Mar. 1846 - **Iliff**, (Rev) William to Rachel F. Smith
4 Nov. 1847 - **Ingersall**, Samuel (Brooklyn) to Sarah A. Strader
1 May 1819 - **Ingersol**, Gideen Jr. to Sarah Hough
15 July 1822 - **Ingersol**, Nancy (Newton) to Nathan T. Meacham
13 Apr. 1816 - **Ingersol**, Sarah (Newton) to Philip Groover
30 Jan. 1851 - **Ingersoll**, Elba (Stillwater) to Theodore F. Griggs
23 June 1826 - **Ingersoll**, Joel to Juliaan Cox
19 Apr. 1823 - **Ingersoll**, Josiah to Hannah Drew
8 June 1833 - **Ingersoll**, Nicholas to Rebecca A. Drake
22 Mar. 1804 - **Ingersoll**, Samuel to Nancy Mattison
1 May 1805 - **Ingersoll**, Samuel to Hannah Boss
21 Mar. 1835 - **Ingersoll**, Sarah Ann to Michael Quick
25 Mar. 1843 - **Ingersoll**, William S. to Bertha E. Baxter
1 Nov. 1839 - **Ingham**, Henry to Catherine Washburn
1802 - **Ingle**, Peter to Nancy

Winters
31 Dec. 1818 - **Ingler**, May to John Dunfield
28 Mar. 1832 - **Inglis**, Elizabeth to James Youngs
6 Jan. 1801 - **Inglis**, James to Sarah Pettit
7 Jan. 1835 - **Inglis**, Lavinia to Robert Opeyke
31 Mar. 1812 - **Inglis**, Martha to Abraham Shottwell
26 Mar. 1833 - **Inglis**, Sarah M. to Daniel Snook
30 Sept. 1809 - **Inglis**, William to Lucretia Rorick
25 Jan. 1849 - **Ingram**, John to Mary Atno
28 Dec. 1813 - **Ingram**, Jonathan W. to Mary Runkle
26 Jan. 1849 - **Ingrum**, John (Brooklyn) to Mary Atno
2 June 1805 - **Ink**, Letisha to James Morgan
14 Dec. 1808 - **Insign**, P___ to Peter Mulherrin
21 Aug. 1847 - **Innche**, Aaron (Independence) to Elizabeth Matlock
6 Sept. 1817 - **Inscho**, Philip to Ann Criss
1 Aug. 1838 - **Jackson**, Ann D. to William L. Fuller
7 Apr. 1800 - **Jackson**, Daniel to Elizabeth Rose
26 Oct. 1845 - **Jackson**, Ebenezer to Susan Ward
27 Feb. 1807 - **Jackson**, Henry to Elenor Miller
4 Mar. 1811 - **Jackson**, James to Phebe Townsend
3 Jan. 1850 - **Jackson**, Joseph to Margaret Dennis
26 Mar. 1798 - **Jackson**, Robert to Edna Landon
29 Mar. 1817 - **Jackson**, Phener (Wantage) to Johan Leonard
21 Dec. 1839 - **Jackson**, Sarah P. (Stanhoe) to Charles N. Bedford
20 Mar. 1799 - **Jacobus**, Henrietta to Joseph Conkling
- **Jacobus** see Geceobos
23 May 1807 - **Jaggers**, Daniel to Rilly Stoll
15 Nov. 1812 - **Jaggers**, Daniel to Martha Marson
7 Aug. 1810 - **Jamerson**, Elizabeth to Nathaniel Fuller
22 July 1810 - **Jamerson**, Peggy to John Dimmon
0 May 1846 - **James** , James W. to Ann VanSickle
9 Dec. 1804 - **Jameson**, Alexander to Ann Culver
11 Feb. 1802 - **Jameson**, Andrew (Walpack) to Sarah VanCampen
8 Oct. 1814 - **Jameson**, Ann to Nathaniel Serch
31 July 1808 - **Jane**, Caty to John Davenport
29 Sept. 1811 - **Jared**, Nancey to Samuel Randolph
2 Aug. 1807 - **Jarret**, Jonas (Greenwich) to Mary Bird
22 Oct. 1814 - **Jay**, Joseph to Temperence Vanderhuf
11 Nov. 1809 - **Jay**, Rebecca to Ezra Hammond
16 Oct. 1811 - **Jayne**, Ebenezer Jr. to Ann Cook
14 Nov. 1812 - **Jecobas**, Garret to Elizabeth Lewis
23 Aug. 1806 - **Jefferees**, Sarah to Jacob Kizer
19 Dec. 1810 - **Jefferson**, William to Mary Cox
6 July 1811 - **Jemmisons**, Sarah to Nathan Fuller
14 Nov. 1806 - **Jenkins**, William to Elizabeth Decker
6 Dec. 1806 - **Jennings**, Abigail to Archess Doty
1 Feb. 1818 - **Janings**, Abraham to Charlotte Pitenger
11 Sept. 1834 - **Jennings**, Catherine to Henry Weaver
6 Dec. 1806 - **Jennings**, Robert to Sarah Everet
7 Feb. 1807 - **Jennings**, Samuel to Nancy Dulin
4 July 1839 - **Jennings**, Solomon (Hope) to Sarah Cook
9 May 1807 - **Jennings**, William to

Elizabeth Tompkins
22 May 1816 - **Jennings**, William to Jemima Coursin
30 Aug 1818 - **Jennings**, William to Elizabeth Wickham
26 Jan. 1822 - **Jennins**, Nancy to Timothy Forces
11 Jan. 1798 - **Jerebury**, Christopher to Mary Hammerfelt
23 Feb. 1817 - **Jerelemon**, James (Sparta) to Eliza DeWitt
5 Nov. 1814- **Jerolemon**, John to Ezuba DeWitt
29 Oct. 1819 - **Jessup**, Elias to Samuel Tompkins
22 Nov. 1841 - **Jinkings**,Mary to Elias Bedell
2 Jan. 1807 - **Jinks**, Nancy to James Kinney
1 Nov. 1810 - **Jobes**, Abbe Ann to Jesse DeKay
20 May 1804 - **Jobs**, John (Independence) to Abigal Fisher
24 May 1822 - **Johine**, Catherine to Isaac Stage
Feb. 1820 - **Johnson**, (Miss) to Edward Osmun
12 Dec. 1820 - **Johnson**, (Miss) to Cornelius Tunison
30 Dec. 1820 - **Johnson**, (Miss) to Richard Kitchen
11 Sept. 1799 - **Johnson**, Abner (Hardwick) to Catherine Vought
5 July 1795 - **Johnson**, Abraham (Oxford) to Mary Templeton
20 Nov. 1812 - **Johnson**, Abraham to Catherine Berry
29 Mar. 1823 - **Johnson**, Abraham to Catherine Wildrick
26 Nov. 1808 - **Johnson**, Ann to John Ming
25 Dec. 1850 - **Johnson**, Ann (Newton) to Joseph Steadworthy
10 Sept. 1829 - **Johnson**, Ann F. to Heman Lewis Cummings
20 Jan. 1802 - **Johnson**, Anne to James Matthews
24 Oct. 1814 - **Johnson**, Betsey to Ziba Osmun
11 Feb. 1817 - **Johnson**, Betsey to William Merritt

2 Aug. 1795 - **Johnson**, Catherine (Hardwick) to Robert Carl
26 Dec. 1813 - **Johnson**, Catherine to Thomas Behann
16 Nov. 1826 - **Johnson**, Charles to Clarry Gardner
7 Dec. 1839 - **Johnson**, Charles (Newton) to Nancy Hardin
18 Jan. 1820 - **Johnson**, Charrity to William Swayze
28 Jan. 1796 - **Johnson**, Christian (Hunterton Co.) to Sarah Creveling
27 Aug. 1803 - **Johnson**, Cornelius (Huntercon Co.) to Rachel Johnson
30 Jan. 1817 - **Johnson**, David (Independence) to Sarah Sutton
12 July 1815 - **Johnson**, Elinor to William Mitten
24 Sept. 1816 - **Johnson**, Elisa (Newton) to George Hopkins
24 Apr. 1834 - **Johnson**, Eliza to John McPeak
31 May 1828 - **Johnson**, Elizabeth to Hoseph Huff
11 Feb. 1837 - **Johnson**, Elizabeth to Richard McDonalls
24 Dec. 1839 - **Johnson**, Elizabeth (Newton) to Job S. Drake
4 Dec. 1822 - **Johnson**, Elizabeth Ann (Newton) to Daniel Griggs
15 June 1826 - **Johnson**, Elsie to Joseph Ogden
1 Jan. 1839 -**Johnson**, Emaline J. to Daniel Griggs
5 Mar. 1819 - **Johnson**, Euphemia to Edward Osman
23 Dec. 1818 - **Johnson**, Fanna (Independence) to George Young
27 July 1806 - **Johnson**, Frances to Henry Magill
14 Oct. 1826 - **Johnson**, Frances to William Whitney
25 Jan. 1801 - **Johnson**, Hannah (Walpack) to Jacob BanAuken
21 Jan. 1819 - **Johnson**, Hannah to William Cambell
22 Apr. 1820 - **Johnson**, Hannah to Aaron DeWitt
2 Jan. 1845 - **Johnson**, Hannah

D. (Newton) to Ephraim T. House
25 Oct. 1795 - **Johnson**, Henry Sr. to (Wid) Anne VanNest
28 Feb. 1850 - **Johnson**, Hester (Stanhope) to Samuel Sharp
30 Mar. 1808 - **Johnson**, Isaac Lyman to Sarah Cunnegam
30 May 1822 - **Johnson**, Jacob to Jane Frome
31 Jan. 1824 - **Johnson**, Jacob to Mary Swayze
12 July 1795 - **Johnson**, James (Oxford) to Elizabeth Teeder
18 Jan. 1807 - **Johnson**, James to Abigail Drake
13 Feb. 1826 - **Johnson**, James to Susanna Manning
4 Feb. 1817 - **Johnson**, Jesse to Nancy Angus
28 Apr. 1804 - **Johnson**, John to Polly Shaver
31 Aug. 1811 - **Johnson**, John to Margaret Angle
18 June 1836 - **Johnson**, John (Wantage) to Eliza DeWitt
26 Oct. 1826 - **Johnson**, John A. to Lydia Drake
1 Mar. 1849 - **Johnson**, John D. to Mary Ann Washer
31 Aug. 1850 - **Johnson**, John M. (Byram) to Ann Sharp
11 Oct. 1851 - **Johnson**, Julia Ann to John Tebout
12 Jan. 1812 - **Johnson**, Keziah to Robert Shaw
5 Feb. 1831 - **Johnson**, Letean to John Snider
29 Aug. 1802 - **Johnson**, Lucey to ____ Stackhouse
28 Jan. 1808 - **Johnson**, Lydia to George Howell
15 Dec. 1807 - **Johnson**, Margaret to Alexander Fergusson
7 July 1819 - **Johnson**, Margretta H. to Elias W. Crane
21 Mar. 1848 - **Johnson**, Martha (Frankfort) to Daniel Elsworth
27 Feb. 1817 - **Johnson**, Mary (Newton) to John Coos
17 Feb. 1827 - **Johnson**, Matthias to Elizabeth Huff
11 May 1822 - **Johnson**, Nancy to Elias Margerum
30 July 1814 - **Johnson**, Nathaniel to Mary Ann Munson
1 Apr. 1804 - **Johnson**, Peter to Phillis Fortunate
3 July 1853 - **Johnson**, Peter (Tranquility) to Lavina Ribbins
10 June 1848 - **Johnson**, Phebe E. to Abraham H. Bedell
13 Aug. 1803 - **Johnson**, Philip to Anna Henery
27 Aug. 1803 - **Johnson**, Rahcel to Cornelius Johnson
27 June 1813 - **Johnson**, Robert to Hannah Ammerman
13 Mar. 1808 - **Johnson**, Ruth to John Willson
17 Dec. 1797 - **Johnson**, Samuel to Mary Hall
8 May 1805 - **Johnson**, Samuel to Susan Teader
7 Jan. 1808 - **Johnson**, Samuel to Elcey Mills
25 Feb. 1810 - **Johnson**, Samuel to Polley Ayres
18 Mar. 1824 - **Johnson**, Samuel to Martha Hartpence
25 Oct. 1827 - **Johnson**, Samuel to Mary Trusdell
24 Sept. 1846 - **Johnson**, Samuel to Elizabeth Demarest
29 Oct. 1831 - **Johnson**, Samuel H. to Mary Rose
15 June 1839 - **Johnson**, Sarah Jane to George M. Main
3 Nov. 1813 - **Johnson**, Susan to John Hover
28 Aug. 1823 - **Johnson**, Susan C. (Hardwick) to William Hunt
13 Mar. 1803 - **Johnson**, Vinsent to Hannah Snider
1 Nov. 1827 - **Johnson**, William H. to Anna M. Couse
24 Oct. 1831 - **Johnston**, Elizabeth to Abraham Stickles
20 April 1801 - **Johnston**, James to Mary Graffe
15 May 1801 - **Johnston**, James to Mary Groff

12 Apr. 1803 - **Johnston**, William (Hunterdon Co.) to Catherine Groff

12 Oct. 1797 - **Joils**, Issac to ___ Juel

17 July 1810 - **Jolley**, David to Revecca White

19 June 1802 - **Jones**, (Mr) (Penna.) to Peggy Lunals

7 Feb. 1806 - **Jones**, Ashor to Sarah Drake

24 June 1804 - **Jones**, Benjamin to Polly Whiton

16 Apr. 1812 - **Jones**, Benjamin to Mary Ruff

13 Aug. 1837 - **Jones**, Caroline (Stanhope) to Aaron S. Griggs

21 June 1807 - **JJones**, Daniel to Hannah Rhodes

7 Nov. 1802 - **Jones**, Elizabeth to Isaac Canaan

24 Mar. 1816 - **James**, Elizabeth (Oxford) to Carret Smyth

22 June 1828 - **Jones**, Elizabeth to Henry Jure

15 Jan. 1801 - **Jones**, Griffith (Independence) to Rachel Grunindike

14 June 1823 - **Jones** James to Mary Millham

5 Nov. 1807 - **Jones**, John to Rebecca Ransier

25 Dec. 1810 - **Jones**, John to Sarah Flomerfelt

24 Feb. 1820 - **Jones**, John to Effey Flummerfelt

16 Oct. 1841 - **Jones**, Joseph (Deckertown) to Elizabeth McKain

4 May 1812 - **Jones**, (Wid) Martha to William Crampton Jr.

3 Mar. 1833 - **Jones**, Mary to David Gunn

2 Feb. 1838 - **Jones**, Mary to James Williams

14 Apr 1849 - **Jones**, Mary Hannah (Green) to Halsey Miller

15 Nov. 1807 - **Jones**, Nanc to John Moore

27 Aug. 1839 - **Jones**, Pamelia P. (Johnsonburg) to George Bannigan

4 Jan. 1824 - **Jones**, Phebe to Benjamin Smith

20 May 1798 - **Jones**, Rebecah to John Phillips

15 Aug. 1799 - **Jones**, Sarah to Andrew Shingles

5 July 1814 - **Jourden**, Cinthia to Daniel Clark

12 Oct. 1797 - **Juel**, Isaac to Rachel Joils

7 Feb. 1799 - **Junison**, Sally (Hardwick) to Morris Fitzgerald

11 June 1828 - **Jure**, Henry to Elizabeth Jones

30 Jan. 1804 - **Kaker**, Rachel to Henry Odwman

29 Mar. 1821 - **Kaniper**, John to Anna Oller

30 Dec. 1795 - **Kanoff**, John to Lydia Symmons

14 Nov. 1822 - **Kanouse** (Rev) Peter (Morris Co.) to MNary Bassett

2 Oct. 1845 - **Kanouse**, (Rev) Peter to Amanda DeCamp

1 July 1824 - **Karceff**, Sarah (Hardwick) to Thomas Hunterdon

26 Dec. 1808 - **Karker**, Catherine to George Hush Jr.

6 July 1797 - **Karner**, John (Sandyston) to ElizabethDrake)

5 Sept. 1839 - **Karr**, John (Newark) to Mary Matilda Flemming

28 Sept. 1839 - **Karr**, Joseph (Green) to Elizabeth Stone

10 Oct. 1809 - **Katouch**, (Wid) to Wilson Fisher

17 Nov. 1810 - **Katouch**, Benjamin to Sally Hiles

18 Jan. 1845 - **Kays**, Alanson B. to Nancy Griggs

19 Oct. 1843 - **Kays**, Anthony (Newton) to Elizabeth Handy

24 Oct. 1812 - **Kays**, Benjamin to Charlotte Hopkins

20 Jan. 1799 - **Kays**, David to Phebe Durmer

19 Jan. 1843 - **Kays**, Dorcas P. (Sparta) to George W. Colluer

30 Apr. 1836 - **Kays**, Elizabeth (Newton) to Benjamin Dormafy
17 Apr. 1838 - **Kays**, Henry (Sparta) to Sarah Morris
28 Sept. 1837 - **Kays**, Lucinda to William Middlesworth
3 May 1834 - **Kays**, Lydia to Daniel E. Stoll
18 Mar. 1843 - **Kays**, Martha to James Huston
14 Feb. 1796 - **Kays**, Mary to Anthony Struble
20 Sept. 18233 - **Kays**, Mary to George Culever
11 May 1844 - **Kays**, Peheb W. (Newton) to Samuel Shotwell
18 July 1838 - **Kays**, Sarah An (Hardyston) to Daniel Doland
22 Feb. 1810 - **Kays**, Thomas to Polley Bales
16 Jan. 1819 - **Kean**, William (Oxford) to Elizabeth Huff
29 June 1839 - **Kearns**, Charles (Knowlton) to Alletha Wyckoff
20 Dec. 1809 - **Keen**, Abraham to Sally Emmery
6 Jan. 1809 - **Keen**, Elizabeth to George Emmery
24 Apr. 1816 - **Keen**, George (Newton) to Caty Wass
3 Apr.1806 - **Keen**, Mary to John Groover
20 Jan. 1813 - **Keen**, Mary to Richard Stoll
18 Nov. 1804 - **Keen**, Peter to Susannah Snyder
8 Apr. 1848 - **Keen**, Peter to Rhoda Schoonover
9 Sept. 1843 - **Keen**, Sarah to Isaac Wintermute
22 Oct. 1797 - **Keen**, Sophia (Hardwick) to Martin Sippily
25 Jan. 1808 - **Keeper**, Hannah to Isaac Baldwin
24 Jan. 1846 - **Keepers**, John to Susan Ann Hunt
17 Jan. 1813 - **Keer**, Nancy to Abraham Courson Jr.
23 Oct. 1803 - **Keighline**, Andrew to Eave Smith
14 Dec. 1826 - **Keller**, John to Susan Boyles
12 June 1853 - **Kelly**, Elisa Jane (Wantage) to John Davison
5 Dec. 1821 - **Kelly**, Hesterr to James Dyer
9 Sept. 1820 - **Kelsey**, Elizabeth to Benjamin Fradenbergh
14 Apr. 1799 - **Kelsey**, Hannah (Newton) to Joseph Hopkins
14 May 1808 - **Kelsey**, Henry C. to Hannah Hankinson
10 Apr. 1806 - **Kelsey**, John to Elizabeth Ammerman
29 Nov. 1836 - **Kelsey**, John (Newton) to Ellen VanKirk
17 Jan. 1807 - **Kelsey**, Mary to Samuel Price
12 April 1804 - **Kelsey**, Sarah to Apron Hankinson
23 Feb. 1813 - **Kelsey**, Thomas to Catherine Bunnel
22 Mar. 1824 - **Kelsy**, Elizabeth to John Martin
30 May 1802 - **Kelse**, John to Hannah Sylvester
3 Jan. 1822 - **Kelsy**, William to Sarah Beavers
21 Dec. 1811 - **Kember**, Peter to Chaterine Brady
17 July 1845 - **Kimble**, Emeline to Elias Hankerson
28 Jan. 1849 - **Kemble**, William J. J. to Ruth W. Losey
17 Mar. 1796 - **Kemple**, David to Martha Rose
22 Aug. 1840 - **Kendall**, Amos (Ohio) to Mary A. Rickey
13 Aug. 1818 - **Kendall**, Susanna Coy to Silas Courtright
14 Apr. 1821 - **Kenderuff**, Mary to James Bross
10 Jul. 1816 - **Kendall**, John (Oxford) to Sarah VanSickle
7 July 1801 - **Kennebrook**, Elizabeth to Peter Ulptogrove Jr.
18 May 1801 - **Kenney**, Daniel to Sarah LEfler
5 Mar. 1801 - **Kennedy**, Eliza to James Matlock
3 July 1849 - **Kennedy**, Eliza (Green) to Silas Y. Lewis

14 Feb. 1816 - **Kennedy**, Elizabeth to Joseph Willson
22 Feb. 1823 - **Kennedy**, Elidabeth to John W. Snider
1 June 1816 - **Kennedy**, Henry to J. A. Homsell
20 Aug. 1807 - **Kennedy**, Ira Condict to Sarah Ann Phillips
13 Nov. 1803 - **Kennedy**, James (Knowlton) to Peggy Barns
29 Dec. 1814 - **Kennedy**, John to Sarah Bennet
8 Apr. 1814 - **Kennedy**, Joseph to Elizabeth Starks
21 Jan. 1796 - **Kennedy**, Mary to David Smith
20 Nov. 1802 - **Kennedy**, Maxwell (Penna.) to Margaret Maxwell
1 Dec. 1795 - **Kennedy**, Moses W. to Sarah Hart
30 Nov. 1795 - **Kennedy**, Rachel to James Schoonover
26 June 1796 - **Kennedy**, Robert to Mary Opdike
3 Feb. 1816 - **Kensay**, Elizabeth to Stephen Woodruff
18 Feb. 1802 - **Kent**, Abigail to David Fountain
4 Oct. 1801 - **Kent**, Elizabeth to Tilton Eastman
16 June 1847 - **Kent**, Hester Ann (Green) to Hampton Reading
26 Sept. 1813 - **Kent**, Jacob M. to Nancy Blackford
8 Nov. 1845 - **Kent**, John (Newton) to Hester Parliament
3 Aug. 1839 - **Kent**, Joseph to Aney Cron
20 Oct. 1849 - **Kent**, Lewis L. to Hannah Maria Stewart
19 July 1840 - **Kent**, Lucy to Thomas Gray
20 Nov. 1797 - **Kerckhuff**, Charity (Knowlton) to Peter Cummons
4 Nov. 1804 - **Kercuff**, Mary (Knowlton) to Richard Decker
1815 - **Kere**, M. to John Schank
14 Nov. 1802 - **Kerhart**, Samuel to M. Metler
24 Mar. 1805 - **Kerkoff**, Christopher (Knowlton) to Margaret Barns
7 Feb. 1833 - **Kerkuff**, Maria to Richard D. Armstrong
22 Oct. 1831 - **Kerlock**, Washing B. to Jane Elzea
17 Dec. 1801 - **Kermer**, Andrew (Sandyston) to Polly Laton
22 Jan. 1804 - **Kerl**, W. Edward (Hardwick) to Polly Wright
3 June 1796 - **Kermer**, Elizabeth to Epraim Drake
3 May 1815 - **Kern**, George to Sarah VanNetter
20 June 1797 - **Kerr**, Aaron (Newton) to Sally Peppard
10 Nov. 1808 - **Kerr**, David G. to Sarah Lain
8 Jan. 1848 - **Kerr**, David M. (Sparta) to Priscilla Kimble
25 Nov. 1804 - **Kerr**, Eleoner to John Creveling Jr.
31 Jan. 1811 - **Kerr**, Else to Nathan Armstrong
31 Jan. 1802 - **Kerr**, Elsie (Hardwick) to Daniel Coursen
28 July 1832 - **Kerr**, Hampton to Matilda Hardin
12 Sept. 1816 - **Kerr**, Ira (Hardwick) to Phebe Reed
11 Feb. 1802 - **Kerr**, Jacob to Mary Sherred
8 Dec. 1803 - **Kerr**, Jacob to Mary Bulman
11 Aug. 1807 - **Kerr**, Jane to Inslay Drake Jr.
29 Jan. 1811 - **Kerr**, Joseph to Polley Petty
2 Feb. 1796 - **Kerr**, Linus to Elizabeth Peppard
16 Mar. 1815 - **Kerr**, Lydia to Henry Freeman
1813 - **Kerr**, Mary to Petar Mann
12 Feb. 1799 - **Kerr**, Polly (Hardwick) to Isaac Coursen
26 May 1805 - **Kerr**, Robert to Christian Parcel
28 Apr. 1832 - **Kerr**, Sally Ann to John Williams
8 May 1824 - **Kerr**, Samuel to Mary Wise
29 Aug. 1797 - **Kerr**, Susan

(Hardwick) to Nicholas Dennis
22 Apr. 1804 - **Kerr**, Walter to Margaret Weller
14 Aug. 1841 - **Kerr**, William (Newton) to Sarah W. Sutton
5 June 1799 - **Keser**, Catherine to Jacob Luss
5 July 1806 - **Kessedy**, William to Sarah Dodder
14 Feb. 1839 - **Ketcham**, Chancey (Orange Co., N.Y.) to Sophia Willson
17 Aug. 1811 - **Ketcham**, Elizabeth to Nicholas Miars
22 Apr. 1819 - **Ketcham**, Elizabeth to John Petty
1 Jan. 1831 - **Ketcham**, Elizabeth to Abraham Talmadge
29 Jan. 1804 - **Ketcham**, Holmes to Mary VanSickle
15 Feb. 1818 - **Ketcham**, J. to (Miss) Allen
7 Dec. 1829 - **Ketcham**, Margaret to James W. Hamilton
26 Mar. 1831 - **Ketcham**, Mary to John A. Struble
23 July 1825 - **Ketcham**, Prudence to Alonson Seward
5 Jan. 1823 - **Ketcham**, Samuel to Margaret Benjamin
9 Sept. 1821 - **Ketcham**, Sarah to George Dollin
9 Feb. 1833 - **Ketchem**, Asbury to Elizabeth Turner
20 Jan. 1810 - **Ketchem**, Lewis to Sarah Cuddaback
12 Jan. 1814 - **Ketchen**, William to Julia Toland
4 Aug. 1838 - **Ketchum**, Moses Dewitt to Hannah M. Decker
12 Mar. 1849 - **Ketchum**, Samuel S. (Mt. Hope, N.Y.) to Catharine Holdrum
4 Jan. 1799 - **Keyerman**, Francis to Anna Duow
17 Sept. 1812 - **Kice**, Henry to Ann Crouse
4 Sept. 1819 - **Kichen**, William to Martha Buskerk
22 Sept. 1799 - **Kicheson**, Mary (Knowlton) to John Woolever

24 June 1837 - **Kickham**, Amelia (Wantage) to Jeptha Potter
2 Dec. 1843 - **Kidney**, Catharine to George M. Beardslee
17 Mar. 1810 - **Kies**, Elizabeth to Isaac Leonard
11 Dec. 1796 - **Kikendall**, Adam to Anny Park
26 July 1806 - **Kikendall**, Elizabeth to James Cennebruch
26 Apr. 1805 - **Kikendall**, Sarah to Thomas Labar
31 Aug. 1820 - **Kilgore**, (Mrs) Anna to Thomas Gustin
8 Oct. 1831 - **Kilgore**, Jane to Eben Duning
29 Jan. 1831 - **Kilgore**, Phebe W. to Jacob Struble
24 Dec. 1831 - **Kilgore**, William to Catherine Ayres
28 Sept. 1811 - **Killer**, Peter to Mary Teiner
30 Mar. 1817 - **Killpatric**, Mary (Wantage) to Elias Drake
26 Jan. 1839 - **Killpatrick**, Adaline to Abiah Willson
26 Oct. 1816 - **Killpatrick**, Polly to James Aire
19 May 1821 - **Kilpatrick**, Frederick to Jane Davenport
25 Apr. 1819 - **Kilpatrick**, John to Catherins VanSickle
21 Nov. 1840 - **Kilpatrick**, Luben to Susan Goodsell
28 Sept. 1850 - **Kilpatrick**, Sarah (Wantage) to James Murphy
26 June 1816 - **Kilpatrick**, Simon to Julia Wickham
4 Dec. 1848 - **Kilpatrick**, William (Wantage) to Bertha Quick
21 Oct. 1824 - **Kimbal**, Ann to George Sexton
26 Jan. 1806 - **Kimball**, Phebe to John Parige
15 Oct. 1807 - **Kimbel**, Caty to Mathias Coat
27 July 1833 - **Kimbell**, Mary Ann to Peter Hubbard
10 June 1823 - **Kimbell**, Moses to Phebe Chamberlain
26 Nov. 1846 - **Kimble**, Baldwin to

Margaret Smith
23 Jan. 1840 - **Kimble**, Caroline to Thomas D. Gustin
7 Nov. 1840 - **Kimble**, Daniel to Mary Smith
20 Sept. 1845 - **Kimble**, Edward to Pamela Warden
16 Jan. 1840 - **Kimble**, Jane A. to Henry Hammel
18 Nov. 1836 - **Kimble**, Sarah (Hardyston) to Aaron Fuller
18 Oct. 1823 - **Kimer**, Peter to Hetty Bedel
23 July 1815 - **Kimble**, (Squire) to Catey Hursh
2 Feb. 1800 - **Kimble**, Elizabeth to John Labar
7 July 1803 - **Kimble**, Elizabeth to Richard Russell
16 Nov. 1816 - **Kimble**, Elizabeth to Samuel Collins
25 June 1818 - **Kimble**, Elizabeth to William N. VanHorn
8 Jan. 1815 - **Kimble**, Ephraim to Jane Maybee
2 May 1818 - **Kimble**, Garret to Anne Rerick
5 Apr. 1823 - **Kimble**, Isaac to Hannah Rerick
24 Dec. 1834 - **Kimble**, Jacob to Mary H. Struble
4 Dec. 1851 - **Kimble**, Jacob (Hardyston) to Margaret Hall
12 Nov. 1800 - **Kimble**, James to Elizabeth Hadley
24 Dec. 1809 - **Kimble**, Joseph to Bethia Hopkins
22 Mar. 1812 - **Kimble**, Mary to Peter Mantoney
8 Jan. 1848 - **Kimble**, Priscilla (Sparta) to David M. Kerr
15 Mar. 1834 - **Kimble**, Sarah to Samuel Beardslee
Kimble, see Cimball
4 Mar. 1815 - **Kimble**, Mary to Samuel Gouger
2 Nov. 1816 - **Kimble**, Phebe to Benjamin Schott
29 Sept. 1805 - **Kimpbell**, Susannah to Moses Clark
1 Nov. 1809 - **Kinarn**, Mary to Philip Taylor
7 Aug. 1829 - **Kindred**, Meakyette to William H. Hombler
14 Nov. 1819 - **Kindred**, Susan to Abraham Alworth
21 Aug. 1827 - **Kiney**, James to Dorches Snider
*25 Feb. 1800 - **Kiney**, Nancy to
28 Feb. 1824 - **King**, Clarissa (Newton) to George W. Walker
3 Nov. 1832 - **King**, Cornelia to David Hough
5 May 1825 - **King**, David to Sarah Luce
25 Dec. 1819 - **King**, Frederick to Elizabeth Lents
19 Aug. 1816 - **King**, Jacob W. (Knowlton) to Mary Faunce
6 Apr. 1811 - **King**, Jason to Nancy Ayres
11 Sept. 1823 - **King**, Noah to Catherine McMurtrie
26 Sept. 1819 - **King**, Phebe to Samuel Benjamin
18 Dec. 1813 - **King**, Polly to Elias Corwine
18 Dec. 1823 - **Kinnamon**, Mathias to Margaret Petty
24 Oct. 1802 - **Kinnan**, Joseph to Mary Sanders
6 Mar. 1819 - **Kinneman**, Peter to Jane Woolever
27 May 1824 - **Kinney**, Andrew to Jane Davison
5 June 1828 - **Kinney**, Arminias to Matilda Devore
20 Nov. 1823 - **Kinney**, Charles F. to Saleme Kirkhuff
28 Mar. 1805 - **Kinney**, David to Polly Mowry
18 Feb. 1823 - **Kinney**, Elizabeth to Howell Goodrich
2 Jan. 1807 - **Kinney**, James to Nancy Jinks
6 Sept. 1801 - **Kinney**, John to Catherine Painter
18 Aug. 1823 - **Kinney**, John to Elizabeth Conklin
12 Sept. 1835 - **Kinney**, Joseph to Sally Ann Struble
27 Mar. 1797 - **Kinney**, Levi to

Margaret Decker
1 Jan. 1811 - **Kinney**, Margaret to John Smith
7 Jan. 1819 - **Kinney**, Mary to Daniel Williamson
12 Apr. 1799 - **Kinney**, Pennebi to Jonathan Axford
20 Jan. 1806 - **Kinney**, Peter to Phebe Myers
6 Feb. 1847 - **Kinney**, Philip (Sparta) to Sarah Ackerson
15 Jan. 1804 - **Kinney**, Richard (Oxford) to Hannah Albright
15 Jan. 1824 - **Kinney**, Sally to Philip Miller
24 Mar. 1809 - **Kinney**, William to Mary McIlrey
14 Mar. 1822 - **Kinney**, William to Jemima McIntire
18 Oct. 1821 - **Kinny**, Ann to John VanSickle
24 June 1798 - **King**, James Jr. to Sarah Current
1 Feb. 1797 - **King**, Obediah to Mary Willson
8 July 1799 - **Kiningham**, Henry (Oxford) to Felena Chambers
10 Nov. 1813 - **Kinsey**, Ulissus to Elizabeth More
16 Sept. 1810 - **Kint**, Hannah to Increase Holly
30 Sept. 1848 - **Kint**, Timothy (Newton) to Emeline Mott
6 July 1826 - **Kintner**, Christina to Elijah Decker
1 Apr. 1830 - **Kintner**, Peter to Amanda Decker
13 Mar. 1842 - **Kirk**, Elizabeth to Timothy Haiter
15 Oct. 1835 - **Kirk**, Harriet J. to Stephen Camp
23 Mar. 1842 - **Kirk**, Ida Ann (Montague) to Alexander Dougherty
1834 - **Kirkandel**, Herman to Eliza Northrup
17 Feb. 1835 - **Kirkhuff**, Julia Ann to William Gunderman
20 Nov. 1823 - **Kirkhuff**, Salome to Charles F. Kinney
7 June 1796 - **Kirkoff**, John to Olive Horn
30 Nov. 1816 - **Kirkpatrick**, Andrew (Frankford) to Eliza Beers
28 Oct. 1805 - **Kirkpatrick**, Ann (Hardwick) to John Work
7 Nov. 1797 - **Kirkpatrick**, Elizabeth to Benjamin Predmore
2 Jan. 1819 - **Kirkpatrick**, Lydia to Robert Shockelton
28 Dec. 1852 - **Kirkpatrick**, Phebe Jane (Montague) to Jeremiah C. Decker
2 July 1814 - **Kirkpatrick**, Sarah to James Huffman
10 May 1816 - **Kirkpatrick**, Sarah (Wantage) to Peter Collum
29 May 1819 - **Kirkpatrick**, William to Elizabeth O. Coursen
23 Feb. 1841 - **Kirkuff**, Lydia to Luther B. Calvin
28 May 1811 - **Kirrel**, Mary to Abraham Shaver
26 Dec. 1809 - **Kirsbagh**, Herbert to Margaret Lineberry
2 Dec. 1809 - **Kirshbagh**, Elizabeth to John Calts
1 Apr. 1843 - **Kise**, William to Lydia Swicke
25 Mar. 1841 - **Kiser**, Kiser, Benjamin (Montague) to Sarah M. Gool
29 Oct. 1824 - **Kiser**, Elizabeth to Mikel Agne
31 Aug. 1800 - **Kiser**, Isaac to Elizabeth Adams
12 Feb. 1806 - **Kiser**, Nich'l. to Ann Davison
5 Mary. 1809 - **Kisher**, Elizabeth to George Worster
6 July 1833 - **Kishpaugh**, Charles to Fanny Crawn
9 Feb. 1837 - **Kishpaugh**, James to Elizabeth Sutton
21 Oct. 1843 - **Kishpaugh**, James F. to Mary Ann Guy
19 Jan. 1826 - **Kishpaugh**, Jane to Peter Snook
20 May 1826 - **Kishpaugh**, John to Charlotte Simmons
10 Dec. 1844 - **Kishpaugh**, John-

son to Martha D. Hunt
19 Nov. 1826 - **Kishpaugh**, Jones to Rachel Onsted
26 May 1816 - **Kishpaugh**, Joseph to Caty Snook
19 Jan. 1839 - **Kishpaugh**, Lewis to Huldah Cook
14 Jan. 1845 - **Kishpaugh**, Mary Ann to Ebenezer Hunt
24 Oct. 1846 - **Kishpaugh**, Mary E. to Samuel Barber
8 Jan. 1848 - **Kishpaugh**, Spencer (Lafayette) to Mary Smith
Kishpaugh, see Cishpough
27 Mar. 1841 - **Kishpaw**, Hampton (Byram) to Catherine Sheldon
19 Dec. 1828 - **Kishpaw**, Henry to Rachel Onsted
16 June 1821 - **Kishpech**, (Mrs) Ann to John Twining
11 Nov. 1819 - **Kisinger**, Elizabeth to John Geinard
10 Apr. 1824 - **Kiser**, Jacob to Polly Emory
18 Feb. 1819 - **Kisser**, John to Mary Bartlow
16 Aug. 1819 - **Kitchen**, (Miss) to Amos Moore
24 June 1817 - **Kitchen**, Elizabeth to Frederick Snyder
18 Apr. 1813 - **Kitchen**, James to Cornelia Bray
23 Aug. 1795 - **Kitchen**,
23 Mar. 1803 - **Kitchen**, Rachel to Robert Ross
30 Dec. 1820 - **Kitchen**, Richard to (Miss)
28 Aug. 1806 - **Kitchen**, Sarah to Jacob Wyckoff
25 Sept. 1803 - **Kitchpau** Philip to Hannah Ackley
31 Oct. 1840 - **Kitchum**, Eleaner to John Martin
26 June 1819 - **Kithcart**, Anna to James Campbell
5 Sept. 1846 - **Kithcart**, Cornelius (Newton) to Anna Hough
12 Feb. 1842 - **Kithcart**, Rebecca to Samuel Hendershot
Kithcart, see Chifcart and Cifcart
6 Dec. 1818 - **Kittle**, Jacob Jr. to Dianna Ennes
10 Feb. 1810 - **Kittle**, Jeremiah to Rue Wilson
2 Nov. 1833 - **Kittle**, John to Almeda Morris
28 Feb. 1812 - **Kittle**, Phebe to Christopher Decker
13 Oct. 1810 - **Kittlerwitts**, John to Elizabeth Backer
23 Aug. 1806 - **Kizer**, Jacob to Sarah Jefferess
31 Oct. 1835 - **Kizer**, Margaret to Jesse Spangenberg
1 Apr. 1824 - **Kline**, Elizabeth to Godfrey Rosenberry
9 Dec. 1826 - **Kline**, Jacob to Eliza Taylor
1 May 1804 - **Kline**, Philip to Elizabeth Winters
11 Oct. 1821 - **Kline**, William to Sally Ann Painter
8 Jan. 1818 - **Knap**, Amey to John Ogden
24 Sept. 1810 - **Knap**, Anna to George Longwell
22 Jan. 1S37 - **Knap**, Azubah to Daniel Dilliston
16 July 1831 - **Knap**, Eliza to Horace Duning
11 Nov. 1837 - **Knap**, Rosetta (Wantage) to William Creger
31 Aug. 1833 - **Knapp**, Benjamin to Susan Stewart
Dec. 1835 - **Knap**, Lydia Ann (Wantage) to Andrew C. Quick
3 Mar. 1842 - **Knapp**, Charles to Sarah Smith
6 July 1811 - **Knapp**, Clarissa to Luther Smith
6 Oct. 1839 - **Knapp**, Hannah to David Foster
27 Mar. 1813 - **Knapp**, James to Martha Brooks
8 Jan. 1818 - **Knapp**, Nancy to John Ogden
6 Oct. 1829 - **Knapp**, Samuel to Delia Smith
9 Jan. 1828 - **Knecht**, Elizabeth to Jacob VanSoeda
25 Dec. 1822 - **Knight**, Benjamin to Mary Wight

4 Oct. 1815 **Knight**, William to Hannah Williams
9 Jan. 1841 - **Knoff**, Adam S. to Sarah Snover
8 Aug. 1818 - **Knoff**, Susanna to Oliver Raymond
1 Mar. 1797 - **Knofts**, Catharina to Earnest Man
6 Nov. 1796 - **Knofts**, Donnetha to David Cutcholen
25 Oct. 1796 - **Knofts**, Mary to Abraham Finkebonan
19 Nov. 1814 - **Knop**, Jacob Y. to Mary Belcher
21 Feb. 1819 - **Knouse**, George to Abigail Haethorn
25 Apr. 1808 - **Knowls**, Jesse to Catherine Fergusson
24 Oct. 1835 - **Knox**, Arthur to Eliza Haines
18 Apr. 1819 - **Knox**, Sybel to Jamees Gibson
29 Aug. 1811 - **Knox**, William to Sib. Connett
20 MAr. 1796 - **Kohler**, Maria to Frederick Stickle
14 Dec. 1832 - **Keykendall**, Julia Ann to Martin Decker
6 Mar. 1822 - **Kreidler**, Joseph to Eve Hoover
29 June 1822 - **Krusen**, Margaret to John Perry
17 Mar. 1796 - **Kufman**, John to Catherine Struble
24 Dec. 1797 - **Kunkell**, Jacob to Margaret Wass
18 Jan. 1804 - **Kunkle**, Margaret to Samuel Laning
Kunkle see Cunckle
10 Jan. 1799 - **Kykendall**, John to Anny Wintermute
3 May 1795 - **Kykendall**, Sally to John Hill
14 Aug. 1796 - **Kyser**, Margaret to Silvanas Youngs
19 Nov. 1831 - **Kyser**, Peter to Ann DeGreat
19 Sept. 1846 - **Kyte**, Catherine J. to Nicholas Bevans
24 Dec. 1835 - **Kyte**, Halsey to Hannah Dewitt
22 Jan. 1804 - **Kyte**, Jacob to Mary Courtright
4 Mar. 1847 - **Kyte**, Jane to John Post
3 Sept. 1847 - **Kyzer**, Ann Eliza (Sandyston) to Silas B. Carmer
22 Oct. 1804 - **Kyzer**, Caty (Knowlton) to John Fenner
2 Feb. 1820 - **Labar**, Jannett to Shoud I. Hollingshead
2 Feb. 1800 - **Labar**, John to Elizabeth Kimble
29 May 1804 - **Labar**, Leonard to Mary Lornan
29 Jan. 1804 - **Labar**, Margaret to Mathias Cramer
26 Apr. 1805 - **Labar**, Thomas to Sarah Kikendall
16 May 1807 - **Lacey**, Elizabeth to Charles Marshal
16 Nov. 1820 - **Lacey**, Farret to Mary Covenhoven
8 Feb. 1817 - **Lacey**, Mary to James Carterlin
25 Nov. 1811 - **Lacey**, Samuel to Rebecca Opdyke
26 July 1803 - **Lacock**, Mary (Independence) to Joseph Comfort
25 Dec. 1800 - **Lacock**, Nancy (Mansfield) to Jacob Woolever
5 Mar. 1821 - **Lacock**, Sally to John W. Struble
5 Aug. 1811 - **Lacock**, Zelpha to Silas C. Ayres
25 Sept. 1849 - **Ladley**, Levi to Barbra Eshback
15 June 1809 - **Laffee**, Isaac to Lydia Smith
28 Dec. 1809 - **Laforge**, John to Lenah Bunnell
5 Dec. 1840 - **Laforges** Theodosius (Luzerne Co., Penna.) to Sarah Jane Coss
8 Nov. 1810 - **Lagers**, Anna to James Fox
10 Nov. 1808 - **Lain**, Sarah to David G. Kerr
20 Oct. 1813 - **Laines**, Susan to Thomas Cole
10 Apr. 1832 - **Laing**, Abner B. to

Acksah Lundy
22 Nov. 1811 - **Laing**, Elizabath to John Bell
23 Jan. 1830 - **Laing**, John (Hardwick) to Jane Willson
2 Apr. 1825 - **Laing**, Ranelle to Sarah Oliver
14 June 1821 - **Lainge**, Daniel to Daniel Lundy (?)
3 Jan. 1817 - **Lake**, John to Susan Caul
17 Apr. 1797 - **Lamb**, Polly to George Huntsman
13 June 1799 - **Lambard**, Sarah to William VanAtten
3 Aug. 1839 - **Lamber**, Hester to James Swartwout
12 Nov. 1815 - **Lamberson**, Abraham to Mary Cassady
29 Sept. 1796 - **Lamberson**, Eleanor (Oxford) to Hugh Oliver
23 June 1814 - **Lambert**, Ackey to Vincent White
24 Aug. 1822 - **Lambert**, Andrew to Rachel Pray
29 Jan. 1824 - **Lambert**, Catherine to Samuel Brown
1 Mar. 1814 - **Lambert**, Effa to George McCracken
21 Jan. 1836 - **Lambert**, Esther (Wantage) to Jezrael DeWitt
27 Nov. 1827 - **Lambert**, George to Hannah Snover
19 Sept. 1835 - **Lambert**, Isaac to Elizabeth VanAtta
30 Oct. 1799 **Lambert**, James (Knowlton) to Elizabeth Garlin
25 Sept. 1824 - **Lambert**, Jane to Robert Middow
19 Dec. 1838 - **Lambert**, Jesse (Wantage) to Margaret Ceykendall
3 Jan. 1818 - **Lambert**, Mary (Knowlton) to Oratious N. Coffin
10 Apr. 1803 - **Lambert**, Robert (Frankford) to Elizabeth Simmons
18 Aug. 1805 - **Lamerson**, Jacob (Oxford) to Peggy Warne
29 Nov. 1795 - **Lamerson**, Lawrence to Rebekah Ferguson
6 Sept. 1820 - **Lamison**, Sarah to John Hoff
3 Oct. 1805 - **Lance**, Anna to James Smith
6 Oct. 1805 - **Lance**, Barbary (Newton) to John Bedson
31 Aug. 1800 - **Lance**, Margaret to Peter Struble
14 Sept. 1808 - **Lance**, Mary to William Snook
18 Feb. 1808 - **Lance**, Peter to Judith Vaness
31 Mar. 1800 - **Lance**, Sarah to John Dense
29 May 1814 - **Lance**, William to Mary Antenue
10 Dec. 1826 - **Lancy**, Catherine to Benjamin Geble
27 Oct. 1810 - **Landen**, Russell to July Brittin
13 Feb. 1842 - **Landen**, Samuel L. to Mary Ann Conklin
6 Nov. 1815 - **Lander**, Susannah to Samuel Ramsay
16 Dec. 1819 - **Landes**, Hannah to James VanDyke
9 Jan. 1812 - **Landing**, John to Mary Ward
24 Jan. 1806 - **Landon**, (Wid) Catherine to John Beemer
27 Dec. 1820 - **Landon**, Ebenezer, to Leppe Rich
26 Mar. 1798 - **Landon**, Edna to Robert Jackson
12 Mar. 1826 - **Landon**, Simeon to Harriet Everman
23 Mar. 1834 - **Lane**, Barnes to Loreta Whitehead
25 Oct. 1812 - **Lane**, Catherine to Jesse Robbins
(1850?) - **Lane**, Ellen (Lafayette) to William Marshal
20 Oct. 1844 - **Lane**, Frances (Newton) to Ezra Marsh
27 Nov. 1819 - **Lane**, George W. to Sarah Gustin
2 Aug. 1807 - **Lane**, John to Elenor Mardon
6 Mar. 1842 - **Lane**, John W. (Newton) to Hannah M. Waldroff
20 Nov. 1842 - **Lane**, Margaret A.

(Newton) to Chauncy H. Belknap
28 Jan. 1815 - **Lane**, Mary to Irwin Abel
15 Oct. 1837 - **Lane**, Mary (Newton) to William Ludlow
11 Apr. 1812 - **Lane**, Mary M. to David Heath
16 Apr. 1812 - **Lane**, Sarah to Andrew Flough
23 May 1850 - **Lane**, Sarah C. to John H. Walters
10 May 1817 - **Lane**, William to Margaret Pridmore
13 Aug. 1797 - **Lanes**, Rabecky to William Hough
19 Dec. 1822 - **Lanhair**, Daniel to Elizabeth Reguarter
31 July 1796 - **Laning**, Elizabeth to Dennis Morris
18 Jan. 1804 - **Laning**, Samuel to Margaret Kunkle
9 May 1832 - **Lanmons**, Mary to Alexander Lundy
7 Oct. 1802 - **Lannen**, Prudence (Independence) to John VanSickle
6 May 1798 - **Lanning**, Amelia to James Howell
23 Aug. 1795 - **Lanning**, Benjamin to Mary Randolph
8 Aug. 1807 - **Lanning**, Benjamin to (Wid) Phebe Mayberry
4 Mar. 1819 - **Lanning**, Charles to Mary Snyder
13 June 1818 - **Lanning**, Charrity (Newton) to Benjamin Bruddage
12 Apr. 1807 - **Lanning**, Elijah to Susan Gaucher
13 Jan. 1816 - **Lanning**, Elizabeth to Cornelius Stout
22 Jan. 1839 - **Lanning**, Huldah to Tenry Teel
24 Apr. 1817 - **Lanning**, Isaac (Newton) to Lydia Fuller
20 Mar. 1817 - **Lanning**, John (Newton)
4 July 1805 - **Lanning**, Joseph (Hardwick) to Mary Cerson
20 Aug. 1815 - **Lanning**, Mary to Isaac Robert

29 Dec. 1827 - **Lanning**, Mary to John Bedell
17 Sept. 1812 - **Lanning**, Robert to Mary Decker
13 June 1818 - **Lanning**, Sarah to Jacob Fuller
6 Nov. 1823 - **Lanning**, Stephen to Sally Fenner
20 Jan. 1824 - **Lanning**, William to Julia Snover
2 Nov. 1800 - **Lannon**, Elizabeth (Independence) to David Fleming
28 Feb. 1811 - **Lanny**, Nancy to John Cummins
12 Jan. 1818 - **Lante**, Peter to Ann Burrell
14 Feb. 1819 - **Lante**, Margaret to Peter Beemer
3 June 1819 - **Lanter**, Henry to Anna Hixson
13 May 1818 - **Lanterman**, Abraham to Catherine Snyder
22 Apr. 1815 - **Lanterman**, Daniel to Elizabeth Price
5 Jan. 1811 - **Lanterman**, George to Sally Hannas
12 Nov. 1814 - **Lanterman**, Hannah to Henry Mingle
9 June 1840 - **Lanterman**, oanna to Job Cory
4 Feb. 1813 - **Lanterman**, John to Margaret Snover
20 Mar. 1814 - **Lanterman**, John to Barbara Price
29 June 1834 - **Lanterman**, John to Katherine Beardslee
7 Mar. 1833 - **Landerman**, John Jr. to Sarah Ann Vaughn
6 Oct. 1799 - **Lanterman**, Mary to John Cadady Jr.
21 Oct. 1813 - **Lanterman**, Mary to Jacob Freas
25 Aug. 1799 - **Lanterman**, Peter to Mary Cassidy
26 Mar. 1812 - **Lanterman**, Sarah to Joseph Ogden
11 Feb. 1837 - **Lanterman**, Susan (Hardyston) to John M. Gracen
22 Mar. 1817 - **Landerman**, Susanah to Noah Goble

23 Jan. 1822 - **Lantree**, Marah to Manuel H. Price
7 Dec. 1815 - **Lants**, Jacob to Hannah Henry
26 Jan. 1800 - **Lants**, Barbary to John Dennis
Nov. 1817 - **Lantz**, Christopher to (Miss) Beatty
6 Feb. 1836 - **Lantz**, Clarissa (Newton) to Stephen Hoe
1 Jan. 1842 - **Lantz**, David W. (Newton) to Melvina Heminover
21 Dec. 1811 - **Lantz**, Elizabeth to John Anderson
10 Jan. 1836 - **Lantz**, John (Frankford) to Malinda Stoll
18 Mar. 1841 - **Lantz**, Martha (Frankford) to Janes Rose
23 Jan. 1839 - **Lantz**, MAry (Newton) to Nathaniel M. Smith
29 May 1813 - **Lantz**, William to Margaret Fleming
20 Apr. 1801 - **Larch**, (Miss) to William Walk
13 Mar. 1819 - **Larew**, Amey to James Glaze
16 Jan. 1819 - **Larew**, Mahlon to Elizabeth Angle
26 Feb. 1818 - **Larew**, Philip to Elizabeth Willson
18 May 1833 - **Larno**, Abraham to Catherine M. VanGelder
8 Sept. 1822 - **Laree**, James to Matilda Cough
9 Jan. 1820 - **Larrsson**, Effe to George Camel
21 Feb. 1811 - **Larrison**, Catherine to Stephen Freeman
14 Oct. 1809 - **Larrison**, Nancy to James Woods
26 Dec. 1818 - **Larrison**, Rachel to Edward Clark
18 Jan. 1816 - **Larrison**, William (Morris Co.) to Mary Cummins
16 Apr. 1808 - **Larue**, Ann to Merinus Low
30 Sept. 1812 - **Larue**, Elizabeth to Jacob Edsley
18 Aug. 1810 - **Larue**, Elizabeth to John Bellas
9 Oct. 1808 - **Larue**, Ellenor to John Grotes
2 Feb. 1813 - **Larue**, Isaac to Martha Craig
2 Mar. 1844 - **Larue**, John to Ann Carpenter
30 Sept. 1812 - **Larue**, Mary to Jacob Cool
7 Nov. 1835 - **Larue**, Peter to Jane VanGelder
27 Apr. 1800 - **Lash**, David to Elizabeth Shuts
28 Feb. 1807 - **Lash**, Lydia to Thomas Lennington
15 Oct. 1839 - **Lasher**, Henry (Vernon) to Rachel Shurte
23 Aug. 1828 - **Lasier**, Harriet to Isaac Wright
5 July 1825 - **Lasun**, Marian to Joseph Talmage
20 Oct. 1832 - **Lateer**, Catherine to John Perry
6 Oct. 1832 - **Lateer**, Israel to Mariah Decker
12 Feb. 1848 - **Lateer**, Julia to Chandler Brink
5 Oct. 1844 - **Lateer**, Phebe A. to William L. Butler
Dec. 1836 - **Lateer**, Sidney to Sarah Willson
5 Nov. 1831 - **Latham**, Robert to Nancy Bidle
17 Dec. 1801 - **Laton**, Polly (Hardwick) to Andrew Kermer
22 Mar. 1823 - **Latteretta**, William to Mary Palmer
15 Nov. 1829 - **Lauford**, Henry to Caty Manuel
29 Dec. 1795 - **Laughlin**, Sarah to Ichabod Marten
28 Nov. 1810 - **Laurence**, Abraham to Ann Dixon
19 June 1834 - **Laurence**, Sarah Ann to Mahlon Dickerson
14 Jan. 1798 - **Laureson**, Lawrence (Hardwick) to Catren Willrick
3 Feb. 1848 - **Lawrence**, Abraham to Phebe Sutton
18 Jan. 1837 - **Lawrence**, Eliza (Byram) to William McKinney
27 Aug. 1837 - **Lawrence**, Henry

(Bryam) to Mary Wilson
28 Mar. 1846 - **Lawrence**, Louis M. to Amanda Carr
2 July 1813 - **Lawrence**, Sarah to Jesse Arnell
11 Feb. 1822 - **Lawrence**, Sylvanus to Nancy D. Camp
29 Jan. 1820 - **Laycock**, Henry to Catherine Struble
5 Mar. 1814 - **Laycock**, Joseph to Elizabeth Turner
3 Aug. 1811 - **Laycock**, Mary to Elijah VanAuken
8 Jan. 1831 - **Layton**, Catherine to Timothy C. Shay
18 Feb. 1800 - **Layton**, Daniel to Sarah Clark
30 July 1850 - **Layton**, Emla (Wantage) to James Trusdell
17 Jan. 1835 - **Layton**, Hetta to Aaron W. C. Clark
24 Jan. 1831 - **Layton**, Isaac to Maria Rutan
5 Mar. 1797 - **Layton**, John to Abby Brink
21 Mar. 1828 - **Layton**, John to Sarah Shay
11 Feb. 1841 - **Layton**, John to Catharine Jane Everett
8 Apr. 1804 - **Layton**, Lewis to Judith Brocaw
28 Mar. 1821 - **Layton**, Lydia to Nocholas Rosenkrans
22 Dec. 1799 - **Layton**, Rebecca to Henry Schoonover
3 Apr. 1853 - **Lazier**, Margaret to Joseph Denike
1844 - **Leach**, (Rev) Sanford to Ann Elizabeth Allen
21 Dec. 1831 - **Leach**, William to Catherine Stewart
6 June 1846 - **Lebar**, David to Marilda Grover
9 Apr. 1808 - **Lee**, Ebenezer to (Wid) Elizabeth Nixson
22 Dec. 1842 - **Lee**, Lewis (Deckertown) to Experience Teasdale
11 Mar. 1819 - **Leeds**, (Dr) Gideon to Sarah Hill
16 Feb. 1811 - **Leek**, Benjamin to Mary Garey

15 Dec. 1814 - **Leeson**, Elizabeth to Jacob Dewitt Jr.
24 June 1815 - **Leffler**, Elizabeth to Abraham Pittenger
12 Aug. 1804 - **Lefler**, Nancy to Peter Quick
18 Nov. 1804 - **Lefler**, John to Betsey Mackey
18 May 1819 - **Lefler**, Sarah to Daniel Kennedy
19 July 1803 - **Lefurge**, Catherine to William Bailey
7 Nov. 1850 - **Leighten**, Martha Ann to John A. Quimby
4 Sept. 1805 - **Lemming**, Benjamin to Martha Hull
10 Apr. 1803 - **Lemmons**, Elizabeth (Frankford) to Robert Lambert
10 Feb. 1813 - **Lemmons**, Mary to Andrew Taylor
8 June 1833 - **Lemon**, Mary to Andrew Voft
31 Dec. 1838 - **Lennan**, Margaret R. M. (Sparta) to Peter Miller
18 May 1800 - **Lennard**, Mary to John VanScotte
26 Feb. 1813 - **Lennington**, Isaac to Sarah Cole
15 Sept. 1810 - **Lenngton**, John to Ann VanKirk
10 Oct. 1844 - **Lennington**, Jonn S. (Sparta) to Margaret Pullis
28 Feb. 1807 - **Lennington**, Thomas to Lydia Lash
1 Mar. 1821 - **Lennerds**, Lady to James Conner
25 Dec. 1819 - **Lents**, Elizabeth to Frederick King
17 Mar. 1810 - **Leonard**, Isaac to Elizabeth Kies
10 Sept. 1831 - **Leonard**, John to Eliza Mitten
29 Mar. 1817 - **Leonard**, Johan (Wantage) to Phener Jackson
10 Oct. 1811 - **Leonard**, Paul to Phebe Cougleton
20 Oct. 1799 - **Leonard**, Polly (Oxford) to Adam Deats
9 Dec. 1849 - **Leport**, Amelia to Abijal Young

5 Mar. 1838 - **Leport**, Jacob to Ann Beardslee
3 Mar. 1832 - **Leport**, Nathaniel B. to Anah Stoll
20 April 1801 - **Lerch**, (Miss) to (Mr) Walk
16 Nov. 1817 - **Lerch**, Ann to John Woodring
13 Sept. 1798 - **Lesh**, Samuel (Byram) to Abigail Chamlerlin
18 Feb. 1798 - **Lesler**, Mary to Jacob Pace
5 Oct. 1822 - **Leteer**, Cleopheas to Martha Willson
23 Mar. 1817 - **Letson**, Elizabeth to William Everitt
17 July 1813 - **Letson**, Lydia to John Rice
2 Jan. 1825 - **Lettson**, David to Elizabeth Rosenkrans
9 Dec. 1809 - **Lettson**, Robert to Catherine Rice
15 Sept. 1818 - **Levi**, Sarah (Dover) to Benjamin Booth
18 July 1803 - **Lewis**, Benjamin to Anne Cyser
11 May 1843 - **Lewis**, Catherine (Pleasant Valley to (Dr) Joseph S. Beemer
14 Apr. 1821 - **Lewis**, Caty to ___ Stuart
24 Dec. 1814 - **Lewis**,Christeenan (Newton) to John Predmore
4 Apr. 1811 - **Lewis**, David to Elizabeth Southworth
1 Jan. 1814 - **Lewis**, Edward to Elenor Hagerty
12 Apr. 1825 - **Lewis**, Edward to Nancy Phillips
19 Feb. 1829 - **Lewis**, Edward to Elizabeth DeWitt
25 May 1833 - **Lewis**, Eleanor to Hancy Shepperd
12 Feb. 1825 - **Lewis**, Eliza to James MConnel
14 Nov. 1812 - **Lewis**, Elizabeth to Garret Jecobas
22 Dec. 1814 - **Lewis**, Elizabeth to John Lewis
21 Oct. 1815 - **Lewis**, Hannah to John Force
2 Nov. 1844 - **Lewis**, Jane to Henry Totten
5 June 1839 - **Lewis**, Joseph (Sandyston) to Mary Ogden
3 Dec. 1807 - **Lewis**, John to Sarah Southworth
22 Dec. 1814 - **Lewis**, John to Elizabeth Lewis
27 May 1815 - **Lewis**, John to Lydia Woolverton
11 Aug. 1823 - **Lewis**, John to Elizabeth Decker
21 Aug. 1825 - **Lewis**, John to Polly Richards
23 Oct. 1824 - **Lewis**, Levi to Phebe Roe
18 Dec. 1824 - **Lewis**, Levy to Hannah Shay
15 Oct. 1836 - **Lewis**, Lucinda (Sandyston) to ___ Shay
24 Feb. 1812 - **Lewis**, Martha to Jeremiah Coddington
19 Apr. 1820 - **Lewis**, Mary to Abraham Dunning
27 June 1816 - **Lewis**, Matta (Frankford) to John Dennis
2 Apr. 1831 - **Lewis**, Nancy to Thomson Perry
18 Feb. 1826 - **Lewis**, Peter to Huldah Philips
27 Oct. 1805 - **Lewis**, Polly to Jacob Hendershot Jr.
3 June 1815 - **Lewis**, Robert (Frankford) to Caterine Roe
20 Mar. 1813 - **Lewis**, Sally to Walter Howell
25 Dec. 1851 - **Lewis**, Sarah E. to Eber L. Brown
8 Oct. 1824 - **Lewis**, Sarah Ann to Charles H. Rhodes
6 Dec. 1819 - **Lewis**, Sidney to Philip Angle
6 Dec. 1818 - **Lewis**, Sidney to Philip Angle, Jr.
18 June 1831 - **Lewis**, Silas to Faney Shepherd
3 July 1849 - **Lewis**, Silas Y. (Warren Co.) to Eliza Kennedy
21 Sept. 1841 - **Lewis**, Simeon (Hardyston) to Elizabeth A. Miller

5 Apr. 1828 - **Lewis**, Thomas to Ann Mariah Hagerty
17 Mar. 1810 - **Lewis**, Ufamey to Benjamin Parrey
3 Sept. 1812 - **Lewis**, William to Easter Compton
28 Dec. 1825 - **Lewis**, William C. to Sally Ann Hunt
21 Oct. 1815 - **Leyda**, William to Zeporah Adams
13 Nov. 1796 - **Leyder**, John (Knowlton) to Catherine Haver
11 Oct. 1823 - **Lidy**, John to Mary Weller
11 Mar. 1798 - **Liepen**, Catherine to Henry Updike
10 Dec. 1808 - **Likings**, Anny to Caleb H. Valentine
21 Dec. 1805 - **Likins**, Alice to Philip Simmons
7 Sept. 1803 - **Likens**, Johanna to Samuel Soloson
25 Dec. 1819 - **Linaberry**, Mary to Paul Cool Jr.
10 June 1826 - **Lindale**, Moses Lay to Mariah Wickham
6 Apr. 1839 - **Lindley**, Sarah Ann to John Price
25 Dec. 1835 - **Line**, Peter P. (Pompton) to Eliza Meeker
19 Nov. 1851 - **Lindsley**, Josphine E. (Orange) to Edward M. Durin
19 Sept. 1821 - **Lineback**, Charles F. to Phebe Drake
20 June 1802 - **Lineback**, (Mrs.) Rachel to (Capt) Daniel Harker
1 July 1798 - **Lineberger**, Anthony (Knowlton) to Grace Veal
29 Jan. 1797 - **Lineberger**, George (Knowlton) to Charity Ribble
26 Dec. 1809 - **Lineberry**, Margaret to Herbert Kirsbagh
1 Dec. 1805 - **Lineberry**, William to Sarah Rusel
22 May 1819 - **Linn**, Aaron to Elizabeth Hankinson
9 May 1820 - **Linn**, Andrew to Sebella Beardslee
27 Jan. 1805 - **Linn**, Caty (Knowlton) to William Gibbs
14 Aug. 1823 - **Kinn**, Caty to James Widenner
22 Oct. 1811 - **Linn**, Margaret to Willialm T. Anderson
25 Feb. 1804 - **Linn**, Martha to Jacob Shepherd
9 Dec. 1805 - **Linn**, David to Fanny Fauner
25 Oct. 1819 - **Linn**, Elizabeth to Edward Allen Sr.
17 Sept. 1822 - **Linn**, Martha (Newton) to Hugh Taylor
5 Dec. 1815 - **Linn**, Mary (Newton) to David Ryerson
30 Dec. 1816 - **Linn**, Robert A. (Natches) to Elizabeth Ryerson
10 June 1806 - **Linn**, Sarah to John Smally
24 Apr. 1817 - **Linn**, Sarah to Joseph I. Roy
9 Feb. 1806 - **Linnebery**, John to Elizabeth Carshback
18 Oct. 1821 - **Linsley**, Isaiah to (Mrs) Mary Bogart
14 Jan. 1852 - **Lippencot**, Samuel to Jane Couse
17 June 1804 - **Lish**, Asenath (Byram) to Jeseph Hazen
10 Nov. 1799 - **Lish**, Garack (Oxford) to Rebecah Stout
29 May 1842 - **Lisk**, Abram to Sarah Ann Middlesworth
25 Oct. 1825 - **Lite**, Rhoda to Cornelius Misner
13 Mar. 1805 - **Little**, Amos to Catharine Wire
17 July 1800 - **Little**, Andrew to Eva Snider
4 Mar. 1840 - **Little**, Andrew to Elizabeth Montony
18 May 1833 - **Little**, Clarinda to John Gustin
21 Nov. 1835 - **Little**, Eliza to William Sheeler
29 July 1804 - **Little**, Elizabeth (Byram) to Edmund Chamberlin
25 July 1807 - **Little**, (Wid) Elizabeth Matthew Long
26 Dec. 1846 - **Little**, Emeline to Edward T. Hunt
17 Dec. 1807 - **Little**, Hunia to John Ross

5 Oct. 1851 - **Little**, Jane to Israel Howell
26 Sept. 1788 - **LLittle**, John (Mansfield) to Mary Beavers
3 July 1824 - **Little**, Joseph to Rebecca Drake
27 May 1802 - **Little**, Levi to Elizabeth Clark
8 Sept. 1799 - **Little** Mary to Henry Ayers
22 Sept. 1808 - **Little**, Mary to John Chamberlin
27 June 1829 - **Little**, Mary (Frankford) to Joseph Reed
18 Feb. 1844 - **Little**, Mary (Newton) to Joel Beers
28 Dec. 1816 - **Little**, Janey (Hardyston) to James McPeak
18 June 1837 - **Little**, Nancy B. (Hardyston) to William S. Decker
20 Oct. 1821 - **Little**, Recbecca to William Messler
8 Feb. 1810 - **Little**, Robert to Eliza Armstrong
26 June 1805 - **Little**, Sarah to Nodiah Shannon
1 Sept. 1805 - **Little**, Sarah (Newton) to Noadiah Shannon
4 Feb. 1846 - **Little**, Sophia to John William Andreas
3 May 1834 - **Little**, Temperence to Daniel Pertman
18 Nov. 1801 - **Little**, William to (Wid) Lydia Teapott
23 May 1807 - **Little**, William to Susan Sherred
11 Nov. 1819 - **Little**, William to Mary Morford
25 Apr. 1833 - **Lits**, Albert to Harriet Turner
4 Dec. 1829 - **Lits**, Cornelius to Lewis Moore
4 Jan. 1821 - **Lits**, Isue to Mary Drake
2 June 1799 - **Lits**, John to Catherine VanCampen
23 June 1810 - **Litts**, Edward to Elizabeth Backoven
14 Apr. 1824 - **Litts**, Edward to Mary Roleson
26 July 1825 - **Litts**, Edward to Camelia Van Etten
27 Oct. 1850 - **Litts**, Edward E. (Montague) to Abigail Jane Titsworth
13 June 1813 - **Litts**, Henry to Catherine Hoyed
8 Jan. 1831 - **Litts**, Hiram to Sarah Decker
30 Mar. 1839 - **Litts**, Jane (Wantage) to William Owens
25 Mar. 1843 - **Litts**, Mary Ann to Gideon W. Rutan
17 Feb. 1823 - **Litts**, Washington (Penna.) to Elizabeth VanGorder
1 May 1823 - **Livingston**, John to Hannah Saxton
15 Sept. 1799 - **Lloyd**, Susahhah to John Beardslee
4 Nov. 1810 - **Locey**, ___ to John Baker
13 Dec. 1812 - **Locey**, Casper to Rebecca Schoonover
20 Aug. 1808 - **Locey**, Elizabeth to Chris V. Divers
2 Oct. 1818 - **Locey**, Elizabeth to Jonathan Thompson
10 Nov. 1811 - **Locey**, George to Sarah Henry
19 Aug. 1804 - **Locey**, John to Charloth Carter
2 June 1808 - **Locey**, John to Sally Mains
13 Aug. 1842 - **Lockwood**, Nancy K. (Penna.) to Moses Egbert
16 Jan. 1839 - **Locy**, Margaret to Matthias Swartzwelder
5 Dec. 1819 - **Locey**, Thomas to Jane Meeker
19 Aug. 1802 - **Lock**, John to Rachel Armstrong
15 Feb. 1821 - **Lockard**, Alex to Elizabeth Swayze
20 Aug. 1798 - **Lockman**, William (Morris Co.) to Elizabeth Randil
22 Feb. 1823 - **Locy**, James to Sarah Gunn
15 Jan. 1842 - **Locy**, William to Dorcas Sliker
18 Aug. 1805 - **Loder**, Ann (Sandyston) to Sharmon Hyder

24 Aug. 1799 - **Loder**, James to Rebeccah Cline
25 Feb. 1800 - **Loder**, Joana to Philip Cool
27 Sept. 1805 - **Loder**, John to Cat. VanAtten
5 May 1811 - **Loder**, John to Elizabeth Clark
13 Jan. 1838 - **Loder**, Phebe (Newton) to Henry Miller
31 Dec. 1812 - **Lodor**, Polly to Philip Reager
5 Sept. 1814 - **Loder**, Sarah to Cherick Rosenkanse
16 Dec. 1820 - **Loder**, Sarah to Henry Smith
2 Dec. 1810 - **Loder**, Susanna to John Quick
26 Sept. 1805 - **Loder**, William to Mary Fisher
18 June 1795 - **Logan**, Thomas to Elizebeth Hanson
1 May 1797 - **Lomberson**, Thomas (Penna.) to Hannah High
11 Aug. 1814 - **Lomerson**, Mary to Abraham Savekool
8 Mar. 1821 - **Lomeson**, Jane to Samuel Weller
28 Jany. 1807 - **Lomess**, Nath'l. to Jane Adams
6 July 1822 - **Lomison**, John to Sarah Willson
28 Dce. 1822 - **Lommasson**, Andrew to Jane Proome
1 June 1808 - **Lommus**, (Dr) William to Sarah Maxwell
12 Sept. 1807 - **Longstreet**, Lydia to Aaron McCannell
12 May 1835 - **Long**, Lydia to William Merritt
7 Nov. 1818 - **Longcor**, Barbary to Abraham Polhemus
3 Apr. 1845 - **Longcor**, Hannah (Wantage) to Ebenezer Aber
12 Sept. 1847 - **Longcor**, Jacob Jr. to Catharine Fredenburgh
15 Nov. 1845 - **Longcor**, Margaret to Robert Struble
2 Aug. 1845 - **Longcor**, Mary (Newton) to Peter D. Willson
1 Dec. 1849 - **Longcor**, Samuel (Frankford) to Eliza Wilson
17 Aug. 1850 - **Longcor**, Susan (Newton) to Peter Hainees
15 June 1811 - **Longcord**, George to Hannah Clark
23 Sept. 1819 - **Longcord**, Anthoney to Barbary Dennis
20 Aug. 1815 - **Longcore**, Daniel to Ruth Coykindall
25 July 1807 - **Long**, Matthew to (Wid) Elizabeth Little
11 July 1812 - **Long**, Phebe to Nathan Lousey
9 Feb. 1797 - **Longcor**, Henry (Wantage) to Cathreen Mizyer
26 Feb. 1797 - **Longcor**, Peter to Abigail Haines
16 Mar. 1813 - **Longcore**, Mary to William Peters
6 Dec. 1845 - **Longcor**, Theodore to Sarah Ann Smith
26 July 1801 - **Longcor**, Abraham to Charlotte Cawood
26 Jan. 1833 - **Longcoy**, Abraham W. to Sally Ann Criger
2 May 1799 - **Longhair**, Leonard to Anna Thomson
11 July. 1822 - **Longsheet**, Delilah to Thomas Saxson
23 Nov. 1797 - **Longstreet**, Euphromia (Independence) to Ajariah Drake
18 Mar 1826 - **Longstreet**, George to Anna Blue
Oct. 1831 - **Longwall**, James to Mariar Mead
21 Feb. 1824 - **Longwell**, David to Margaret Shurte '
24 Sept. 1810 - **Longwell**, George to Anna Lmap
3 Oct. 1835 **Longwell**, Heater (Vernon) to Peter Roton
25 April 1820 - **Longwell**, Hugh to Letty Shurt
12 Oct. 1833 - **Longwell**, Margaret to James Hamilton
27 Nov. 1847 - **Longwell**, Mary (Newton) to Peter Lott
15 Dec. 1814 - **Longwell**, Sally to Jesse Decker
21 Mar. 1841 - **Longwell**, Sarah to

Samuel Drew
28 Apr. 1816 - **Longwell**, William to Elizabeth Sprague
14 May 1805 - **Looce**, David to Ackey Smith
18 Dec. 1805 - **Looce**, Mercy to William Haye
29 May 1804 - **Lernan**, Mary to leonard Lebar
3 Aug. 1815 - **Lore**, Samuel to Mary Birs
14 Dec. 1803 - **Lose**, Anna to Benjamin Smith
20 May, 1805 - **Lose**, Elizabeth to Joseph Snyder
1 June 1802 - **Lose**, to Andrew Grover
3 Dec. 1835 - **Losey**, Catherine (Stillwater) to William C. Huff
22 Jun 1839 - **Losey**, Christopher to Sary Ann Savacool
8 Feb. 1834 - **Losey**, Cinthia to Peter Staley
24 June 1837 - **Losey**, Cyrus to Triphenah Myres
2 Apr. 1835 - **Losey**, Isaac to Susan Allwright
8 Oct. 1836 - **Losey**, Isaac to Jane Clark
17 Sept. 1835 - **Losey**, Isaac (Walpack) to Jane Clark
14 Aug. 1805 - **Losey**, John to Hannah Hendershot
24 Oct. 1835 - **Losey**, John (Vernon) to Rebecka Castimore
17 May 1804 - **Losey**, Hannah to Martin Grover
10 May 1801 - **Losey**, Isaac to Sarah VanCampen
27 Mar. 1834 - **Losey**, Mary to John H. Ogden
6 Sept. 1834 - **Losy**, Philip (Longwood, Morris Co.) to Eliza DeCamp
28 Jan. 1849 - **Losey**, Ruth W. (Frankford) to William J. J. Kemble
21 May 1801 - **Losey**, Sarah to Michael Smith
25 Oct. 1832 - **Losey**, Sarah to Simeon Yetter
25 Dec. 1824 - **Lot**, David to Eliza Space
28 July 1813 - **Lott**, John to Catey Hush
3 Jan. 1819 - **Lott**, John to Abigail Couplin
8 Mar. 1845 - **Lott**, Mary Ann to William Doyle
27 Nov. 1847 - **Lott**, Peter (Newton) to Mary Longwell
11 Jull 1807 - **Lounsbury**, Betscy to Morris Hutches
21 Jan. 1804 - **Lounsbury**, Olive to David Hutches
11 July 1812 - **Lousey**, Nathan to Phebe Long
18 Mar. 1848 - **Love**, Aaron L. to Ephe E. Coker
2 June 1797 - **Love**, James to Mary French
3 July 1820 - **Lovelinsy**, David to Rebecca Mapes
6 Apr. 1802 - **Lovell**, Phebe to William Cyrus Bradberry
8 Nov. 1800 - **Low**, Elizabeth to George Fonger
16 Apr. 1808 - **Low**, Merinus to Ann Larue
4 Aug. 1799 - **Lowden**, Jane (Oxford) to Richard Hickson
24 June 1820 - **Lowrey** Thomas to (Wid) Catharine Dennis
30 Apr. 1806 - **Lowry**, Matthew (Oxford) to Sarah Ribble
19 Apr. 1834 - **Lozy**, Rebecca to Jacob Cole
10 Dec. 1812 - **Luce**, Jacob to Mary Creger
25 Jan. 1807 - **Luce**, James to Mary Barber
24 Nov. 1812 - **Luce**, Mary to Benjamin Chandler
11 Nov. 11 - **Luce**, (Mrs) Sarah to George Haggerty
5 May 1825 - **Luce**, Sarah to David King
11 Sept. 1824 - **Luce**, William to Juliann __
16 Jan. 1851 - **Luckey**, Ellen to John L. Cook
26 Mar. 1807 - **Lucky**, Elijah to

Nancy Burr
15 Apr. 1826 - **Luckey**, Emeline to Danisl Dodge
21 Jan. 1804 - **Lucke**, Mary to Henry VanHoughten
11 May 1843 - **Lulow**, Ann (Berkshire Valley) to Mosee B. Mase
3 July 1839 - **Ludlow**, Gertrude M. to George A. Sherwood
31 Aug. 1847 - **Ludlow**, Dediah S. to Sarah Depue
17 Nov. 1840 - **Ludlow**, Martha (Long Hill) to George H. McCarter
15 Oct. 1837 - **Ludlow**, William (Newark) to Mary Lane
14 May 1814 - **Luey**, Leah to Daniel Casener
6 Sept. 1805 - **Luis**, Elizabeth to Aaron Praul
26 Jan. 1828 - **Luis**, Euphima to William Earls
27 Jan. 1799 - **Luis**, Martin to Prudence Hayes
22 Nov. 1798 - **Lukes**, Genne to Garret Albertson
1 Jan, 1814 - **Lum**, Benjamin to Effe Wiker
25 Feb. 1825 - **Lummans**, Elizabeth to Jeptha Dennis
20 May 1842 - **Lummerca**, Charles to Sarah Morgan
18 Jan. 1824 - **Lummis**, Jacob to Margaret Shirts
19 June 1802 - **Lunals**, Peggy to (Mr) Jones
23 Mar. 1843 - **Luner**, Hannah to Samuel Adams
14 July 1811 - **Lundey**, Aaron to Elizabeth Vought
10 Apr. 1832 - **Lundy**, Acksah to Abner B. Laing
9 May 1832 - **Lundy**, Alexander to Mary Lanmons
10 Aug. 1822 - **Lundy**, (Mrs) Ann H. to Pelick Hall
14 June 1821 - **Lundy**, Daniel to Daniel Lainge
9 Nov. 1844 - **Lundy**, Jacob to Nancy H. Hough
30 Dec. 1820 - **Lunday**, James to Elizabeth Petit
25 Aug. 1838 - **Lunday**, Pamelia (Tranquility) to Daniel Vliet
2 July 1797 - **Lundy**, Samuel to Sarah Lundy
2 July 1797 - **Luny**, Sarah to Samuel Lundy
21 Aug. 1803 - **Lunger**, Eliza to Cornelius Case
28 Nov. 1802 - **Lunger**, Fredrick to M. Christaleer
10 Nov. 1808 - **Luner**, Frederick to Margaret Bodine
Nov. 1818 - **Lunner**, Mary to Henry Hance
21 Aug. 1823 - **Luse**, Abraham to Manda Bunnel
13 Feb. 1836 - **Luse**, Daniel to Mahala Guest
31 May 1817 - **Luse**, David to Phebe Creger
29 Jan. 1800 - **Luse**, Sarah to George Devore
7 Dec. 1839 - **Lush**, Elizabeth to James H. Brink
21 Feb. 1821 - **Lusk**, Catherine to Isaiah Guest
5 June 1799 - **Luss**, Jacob to Catherine Keser
25 Dec. 1847 - **Luts**, Smith to Jane Hough
26 Dec. 1838 - **Lybolt**, Calvin to (Mrs) Martha Simpson
16 Mar. 1839 - **Lybolt**, Daniel (Vernon) to (Mrs) Sally Ann Edsall
13 May 1815 - **Lydea**, Margaret to James Brown
14 Sept. 1800 - **Lykins**, Ginny to Uzal Dickerson
26 Jan. 1850 - **Lyna**, (Mrs) Wlizabeth (Wantage) to William Huff
6 Mar. 1809 - **Lynaberry**, Elizabeth to John Brown
8 Mar. 1809 - **Lynaberry**, Mary to John Fergusson
15 Apr. 1828 - **Lynch**, Dennis to Jane Cox
22 Jun 1809 - **Lynes**, Elizabeth to Andrew Decker
23 June 1810 - **Lynn**, Margaret to

Nicholas Silverthorn
17 July 1813 - **Lynn**, Robert to Elizabeth Faunce
5 Dec. 1796 - **Lyon**, Elizabeth (Wantage) to John Smith
15 Mar. 1842 - **Lyon**, John H. (New York) to Hahhah B. Beach
16 Sept. 1838 - **Lyon**, Mary Ann to Amos Chamberlin
25 Jan. 1851 - **Lyon**, Nancy B. (Newton) to John Mains
4 Feb. 1801 - **Lyon**, Ruth to William Pickett
25 Aug. 1811 - **Lyon**, Stephen to Nancy Hill
18 Mar. 1851 - **Lyon**, Susan (Andover) to Samuel Hoverd
22 Nov. 1801 - **Lyon**, William to Nancy Farber
10 Sept. 1801 - **Lyon**, Isaac to Mary Shepperd
13 Oct. 1826 - **Lyons**, Martha to Martin Beard
18 Mar. 1815 - **Lyons**, Phebe (Frankford) to Joseph Morris
23 Mar. 1811 - **Lyons**, Richard to Elizabeth Hooey
3 Oct. 1821 - **Lyreen**, Richard to Elizabeth Cullard
13 Apr. 1816 - **Luce**, Elizabeth (Hardwick) to Albert Opdike
12 Dec. 1822 - **Lyts**, George to Catherine Seafus
10 Dec. 1812 - **Lytts**, Edward to Margaret Wiker
28 June 1815 - **Mabe**, Abigail to Daniel Write
(848) **Mabee**, Alfred (Lafayette) to Elizabeth Harding
1 Aug. 1841 - **Mabee**, Ephraim to Jane Graham
2 Nov. 1850 - **Mabee**, William (Newton) to Catharine Peters
5 Aug. 1843 - **Mayberry**, Sarah to Nathaniel Ewen
4 Apr. 1802 - **Mabury**, Elizabeth to Jacob Titman
22 Sept. 1817 - **MacHurtur**, Mary to Estill Willson
22 Jan. 1825 - **Mackafee**, Joel to Mary A. Bright
7 Aug. 1824 - **Mackafee**, Philah to Samuel Helon
19 June 1852 - **Mackerly**, Ann M. to Jacob S. Shuster
4 Jan. 1818 - **Mackerly**, John D. to Esther Edwards
27 Apr. 1820 - **Mackey**, (Miss) to Isaac Sharp
18 Nov. 1804 - **Mackey**, Betsey to John Lefler
13 Jul. 1811 - **Mackery**, Catherine to Philip Quick
16 Feb. 1797 - **Mackey**, Elenor (Oxford) to John Smith
16 Mar. 1816 - **Mackey**, Elizabeth to George Wass
21 Apr. 1805 - **Mackey**, Joseph (Oxford) Anny Auter
3 Jul 1819 - **Mackey**, Joseph to (Mrs) Sarah Bassett
7 Feb. 1822 - **Mackey**, Margaret to David Raub
15 Feb. 1831 - **Mackley**, Michael to Sarah VanEtten
29 May 1813 - **Mackley**, Sarah to Charles Vorman
25 Aug. 1852 - **Maconnel**, Delancey (Canton, Ill.) to Abigail Cagin
14 Nov. 1810 - **Maddison**, Nicholas to Lucy Coult
3 Sept. 1805 - **Magill**, Arthur (Hardyston) to Sarah Connet
27 Jul. 1806 - **Magill**, Henry to Frances Johnson
1 Oct. 1836 - **Magnish**, (Mrs) Francs to George Moore
15 Dec. 1805 - **Main**, Abraham (Harwick) to Elizabeth Divis
18 Jan. 1834 - **Main**, Ann (Hardyston) to Daniel Strube
22 Mar. 1834 - **Main**, Caroline to Samuel Harden Jr.
8 July 1804 - **Main**, Ann to John VanWye
3 Nov. 1836 - **Main**, Francis to Rebecca Anderson
15 June 1839 - **Main**, George M. to Sarah Jane Johnson
12 Dec. 1840 - **Main**, James to Eleanor Bengham

12 Dec. 1840 - **Main**, James (Newton) to Eleanor Bengham
8 Apr. 1804 - **Main**, John to Rachel Edsal
11 Feb. 1808 - **Main**, John to Levina Drake
11 Mar. 1845 - **Main**, Lewis to Ida Washer
6 Mar. 1841 - **Main**, Lydia to Phineus Drake
10 Aug. 1803 - **Main**, Margaret to Edward Space
17 Oct. 1835 - **Main**, Mary Ann to William Strader
20 Dec. 1804 - **Main**, Peter to Olly Hull
3 Feb. 1819 - **Main**, Peter to Julian Shepard
19 Jul. 1803 - **Main**, Sarah to Cornelius Devore
9 July 1815 - **Main**, Sarah to John Shuster
20 Dec. 1823 - **Main**, Sarah (Newton) to Casper Snook
12 Mar. 1826 - **Main**, Simeon to Polly Hainds
20 Dec. 1826 - **Main**, Sophia to George Hines
30 Apr. 1814 - **Maine**, Mary to Nocholas Demorest
11 Nov. 1834 - **Maine**, Stuart to Eliza McKinney
16 Oct. 1832 - **Maines**, Abraham to Mary Cron
12 Feb. 1820 - **Maines**, Cathrine to John Alton
11 Aug. 1838 - **Maines**, Elizabeth (Newton) to William Cooper
14 July 1808 - **Mains**, John to Esther Person
14 Aug. 1808 - **Main**, John Jr. to Rachel Atkinson
5 Mar. 1840 - **Maines**, Jonathan H. to Elizabeth A. Waldorf
1 Jan. 1809 - **Maines**, Rhoda to Conrod Struble
22 Jan. 1848 - **Maines**, Elizabeth to James Booth
25 Jan. 1851 - **Mains**, John (Newton) to Nancy B. Lyon
11 Jan. 1840 - **Mains**, Laney (Sandyston) to Martin Courtright
25 Jan. 1851 - **Mains**, Margaret (Newton) to Charles A. Shafer
1847 - **Mains**, Mary (Stillwater) to Alpheus Hibler
2 June 1808 - **Main**, Sally to John Locey
8 Sept. 1807 - **Mains**, Sophia to John Hopkins
Nov. 1836 - **Mains**, Willliam to Luticia Goble
14 Nov. 1846 - **Mains**, William P. (Newton) to Rebecca Stoll
10 July 1800 - **Mair**, Joanna to Patrick Paullerson
27 Nov. 1835 - **Major**, James C. (Penna.) to Luisa Emmins
19 Aug. 1804 - **Major**, William to Nancy Runyon
11 Dec. 1815 - **Maker**, Joseph (New York) to Sarah Casterlin
2 Jan. 1836 - **Malone**, Charles to Rebecca Orsborn
12 Feb. 1808 - **Man**, Amba to Mary Oldham
1 Mar. 1797 - **Man**, Earnest to Catharina Knofts
9 Sept. 1815 - **Man**, Sarah to Sampson L. Dildine
24 Aug. 1797 - **Mane**, Hanry to Lidia Ausborn
2 Mar. 1834 - **Manes**, Lydia to John Simmons
4 Jan. 1848 - **Manes**, Susan to Christopher Hendershot
15 Feb. 1832 - **Maning**, Joseph W. to Mary Ann Pitney
1 June 1820 - **Mann**, Amos to Elcey McKinney
19 Apr. 1813 - **Mann**, Ann to Isaac Corson
14 June 1827 - **Mann**, Charles O. to Anne Hovenson
14 June 1814 - **Mann**, David to Sally Atkinson
17 Nov. 1832 - **Mann**, David to Susan Sliker
1820 - **Mann**, Hester to John McCutchen
28 Jan. 1804 - **Mann**, John to Sarah Dolson

23 Aug. 1795 - **Mann**, Mary to Joseph Kitchen
1813 - **Mann**, Mary to John Morris
1813 - **Mann**, Peter to Mary Kerr
14 Sept. 1839 - **Mann**, Seely to Jane Gustin
11 June 1845 - **Manning**, Barnabas (Pottsville, Penna) to Julia Huffman
2 Feb. 1811 - **Manning**, Else to William Howell
6 Feb. 1798 - **Manning**, Ephraim to Sarah Reed
4 Mar. 1812 - **Manning**, Hannah to Henry Haines
3 Jan. 1801 - **Manning**, John to Sarah Vaughn
11 Oct. 1798 - **Manning**, Mary (Newton) to Fredrick Sankanon
25 Oct. 1795 - **Manning**, Susanna (Knowlton) to Abraham Dennis
13 Feb. 1826 - **Manning**, Susanna to James Johnson
23 Oct. 1850 - **Manning**, Theodore F. (Princeton) to Sarah P. Rorabach
24 Nov. 1833 - **Manos**, Frederick Jr. to Lydia Sipley
20 Aug. 1811 - **Manroe**, Jane to Robert Hinksman
27 Dec. 1823 - **Mansfield**, Marher to Aaron Ackerman
22 Mar. 1812 - **Mantoney**, Peter to Mary Kimble
15 Nov. 1829 - **Manuel**, Caty to Henry Lauford
22 May 1806 - **Mapes**, Lewis to Mary Fray
3 July 1820 - **Mapes**, Rebecca to David Lovelinsy
2 Aug. 1807 - **Mardon**, Elenor to John Lane
13 Apr. 1851 - **Margarum**, Mary E. to (Rev) D. E. Frambers
11 May 1822 - **Margerum**, Elias to Nancy Johnson
13 Mar. 1821 - **Margerum**, Stephen F. to Lucy Hammond
29 June 1822 - **Margison**, Henney to Rachel Mills

5 Oct. 1800 - **Marin**, Elizabeth to George Bockover
15 Jan. 1846 - **Maring**, Jacob S. (Byram) to Susanna Maring
1 Oct. 1797 - **Maring**, John to Mary Cass
15 Jan. 1846 - **Maring**, Susanna (Stillwater) to Jacob S. Maring
30 Mar. 1820 - **Markem**, Elizabeth to Jeremiah Soren
15 Dec. 1816 - **Marlotte**, Polly to Benjamin Reeder
6 Dec. 1802 - **Marr**, Mary to Joseph Davison
19 Oct. 1803 - **Marr**, Rachel to John Cole
29 June 1845 - **Marrig**, Margaret E. (Newton) to Butl Stephens
1 Jan. 1848 - **Marring**, Noah C. to Electa Search
30 Jan. 1833 - **Mars**, William to Susan Dennis
9 Nov. 1818 - **Marsh**, Ephraim to Lavina Heath
20 Oct. 1844 - **Marsh**, Ezra (Newark) to Frances Lane
11 Jan. 1851 - **Marsh**, Margaret S. to Cornelius Anderson
18 Nov. 1847 - **Marsh**, Mary E. to William P. Totten
6 Mar. 1796 - **Marsh**, Phebe to Jacob Cole
9 Oct. 1847 - **Marsh**, Sarah A. to William Predmore
16 May 1807 - **Marshal**, Charles to Elizabeth Lacey
15 Dec. 1821 - **Marshal**, Mary to John Cole
(1850?7) **Marshal**, William (Wantage) to Ellen Lane
28 Sept. 1844 - **Marshall**, John to Margaret Brush
24 Nov. 1832 - **Marshall**, Mariah to Philip Beemer
17 Mar. 1803 - **Marshall**, Sally to Thomas Bowlsby
29 Dec. 1795 - **Marten**, Ichabod to Sarah Laughlin
10 Sept. 1809 - **Martin**, (Wid) ___ to James Martin
6 Feb. 1851 - **Martin**, Andrew D.

to Celia Hiles
9 Feb. 1811 - **Martin**, Ann to Siman Brown
14 Oct. 1815 - **Martin**, Azariah to Rachel Owins
19 Dec. 1829 - **Martin**, Catherine (Vernon) to Israel Blancher
16 Aug. 1819 - **Martin**, E. to George Gulick
13 July 1800 - **Martin**, Elizabeth to Joseph Schoonover
31 Oct. 1835 - **Martin**, Elizabeth to Gabriel Bross Jr.
17 Oct. 1829 - **Martin**, Eunid (Vernon) to Phinias Tuttle
20 Nov. 1824 - **Martin**, Evi to Eliza Hayn
21 May 1835 - **Martin**, Evi A. to Catharine Ryerson
20 Aug. 1836 - **Martin**, Ezariah to Sarah Willson
Nov. 1842 - **Martin**, Ford to Emily Vanderhoof
22 Sept. 1839 - **Martin**, Henry (Sandyston) to Susan Perry
10 Sept. 1809 - **Martin**, James to (Wid) __ Martin
30 May 1839 - **Martin**, James to Eleanor Ann McCoy
14 Jan. 1817 - **Martin**, Jeptha to Mary Doty
22 Mar. 1824 - **Martin**, John to Elizabeth Kelso
31 Oct. 1840 - **Martin**, John to Eleanor Kitchum
15 Sept. 1803 - **Martin**, John W. to Ann Shippen
3 July 1844 - **Martin**, Joseph S. to Rosetta Frazee
12 Jan. 1811 - **Martin**, Lewis to Catherine Osburn
29 June 1815 - **Martin**, Margaret to Adam Hulic
10 June 1804 - **Martin**, Martha (Newton) to Rodolphus Schoonover
8 Jan. 1851 - **Martin**, Mary E. to Alanson E. Vance
7 Oct. 1846 - **Martin**, Mary S. (Wantage) to N. H. Chandler
14 Feb. 1811 - **Martin**, Mathew to Ann Caskey
26 June 1824 - **Martin**, Micajah (Independence) to (Miss) Bowman
3 Oct. 1840 - **Martin**, Moses to Phebe Tuttle
5 Jan. 1839 - **Martin**, Nathaniel to Sarah Jane Adams
29 Nov. 1832 - **Martin**, Purence to Ellis Post
15 July 1809 - **Martin**, Robert to Margaret Robe
23 May 1843 - **Martin**, Robert (Vernon) to Sarah Walling
9 Aug. 1812 - **Martin**, Ruth to Lewis Yard
20 Dec. 1806 - **Martin**, Sarah to Evi Adams
26 May 1808 - **Martin**, Sarah to John Cummins
1 Sept. 1824 - **Martin**, Sarah to Christeon Huntsman
2 Dec. 1841 - **Martin**, Sarah to Jackson Gay
4 May 1843 - **Martin**, Teasdale T. to Jane Adams
Apr. 1817 - **Martin**, Thomas to Mary Caskey
10 Oct. 1822 - **Martin**, William to Susan Moore
9 Aug. 1842 - **Martin**, William (Hardyston) to Rachel Clark
9 May 1846 - **Martin**, William (Frankford) to Rebecca Bedell
27 Mar. 1803 - **Mark**, John to Margaret Blake
26 Jun. 1810 - **Marsh**, Ambrose to Sarah Cox
19 Oct. 1794 - **Martinus**, Martin to Catherine Smith
23 Feb 1808 - **Martinwire**, Margaret to James Fountain
13 Sept. 1795 - **Marven**, Catherine to John McKanan
28 Sept. 1802 - **Marvin**, Henry (Sandyston) to Anne VanHorn
15 Mar. 1796 - **Marvin**, Judity to Benjamin Drake
2 Jan. 1836 - **Marvin**, Laurence to Arminda Masterson
27 May 1850 - **Marvin**, Lucinda

(Stillwater) to George W. Biggs
11 Dec. - **Marvin**, Margaret to Jabe Allet
2 Feb. 1807 - **Marvin**, Peggy to Elias Miller
11 May 1845 - **Mase**, B. (Berkshire Valley) to Ann Ludlow
24 Dec. 1842 - **Maseker**, Hannah to Aaron Meeker
8 May 1842 - **Masker**, Agnes to Lewis R. Barton
1 Oct. 1801 - **Masker**, Ruben to Esther Hyatt
20 Oct. 1797 - **Maskey**, William (Oxford) to Catharine
28 Feb. 1846 - **Mason**, Ames B. to Hester Ann McMullen
16 Aug. 1817 - **Massaker**, Caty to Benjamin McCurday
7 June 1823 - **Masters**, Aaron F. to Elizabeth Vilgus
22 Sept. 1809 - **Masters**, Benjamin to (Mrs) Susan Slate
27 Oct. 1846 - **Masters**, Hannah (Frankford) to James Everitt
23 Dec. 1826 - **Masters**, Lavida to William Youngs
29 May 1797 - **Masters**, Lydia to James Mcconnell
26 July 1821 - **Masters**, Mariah to Annon O. Agney
6 Feb. 1830 - **Masters**, Mary Ann to Philip H. Dickerson
28 Jan. 1832 - **Masters**, Paul G. to Pamelia Bero
3 Jan. 1846 - **Masters**, Susan (Sparta) to Wm. McKinney
2 Jan. 1836 - **Masterson**, Arminda to Laurence Marvin
11 Jan. 1816 - **Masterson**, Jacob to Amy Walling
19 May 1832 - **Masterson**, Richard to Phebe Jane Watkins
4 Feb. 1807 - **Matanroy**, Elizabeth to John Balkum
19 Aug. 1837 - **Matber**, James to Mary Struble
10 Oct. 1801 - **Math**, John to Ann Grear
12 Nov. 1842 - **Mathers**, Adeline (Wantage) to Hiram Shay

30 July 1815 - **Mathews**, Andrew to Mary Richey
13 Dec. 1795 - **Mathews**, John (Knowlton) to Elizabeth Fanger
2 June 1811 - **Mathews**, Elizabeth to William Deyore
15 Dec. 1808 - **Matthews**, Sally Eliza to Samuel Fisher
3 Apr. 1848 - **Mathews**, Watson L. to Susan Ann Morris
5 Oct. 1833 - **Matlick**, William to Elizabeth S. Pyres
21 Aug. 1847 - **Matlock**, Elizabeth (Independence) to Aarcn Innche
5 Mar. 1801 - **Matlock**, James (Burlington
18 Dec. 1820 - **Matlock**, John to Amelia Fleming
10 Nov. 1810 - **Matlock**, Samuel to Mary Mezeny
5 Oct. 1833 - **Matlock**, William to Elizabeth Pires
6 Apr 1802 - **Matony**, Stephen to Ruth Wood
19 Apr. 1810 - **Matthews**, Effy to Isaac Smith
20 Jan. 1802 - **Matthews**, James to Anne Johnson
28 Dec. 1826 - **Matthew**, Phebe Ann to Levi Huffman
19 Jan. 1837 - **Matthis**, Joseph L. (Frankford) to Margaret Backer
27 Nov. 1838 - **Mattison**, Andrew (Stillwater) to Caroline Hunt
18 May 1826 - **Mattison**, Ann to William H. Hazen
2 Feb. 1811 - **Mattison**, James Jr. to Rebecca Rutan
13 Feb. 1819 - **Mattison**, John to Margaret Hankinson
22 Mar. 1842 - **Mattison**, Joseph to Lydia Savccol
6 Oct. 1840 - **Mattison**, Mary (Stillwater) to Albert L. Townley
6 Oct. 1840 - **Mattison** Mary (Stillwater) to Albert E. Townky
12 Feb. 1842 - **Mattison**, Mary D. (Newton) to Stiles Cox
22 Mar. 1804 - **Mattison**, Nancy to Samuel Ingersoll
28 Jan. 1815 - **Mattison**, Sarah

(Newton) to Samuel E. Beardsley
7 Jan. 1808 - **Mattison**, Susanna to Peter Vanest
22 Mar. 1804 - **Mattison**, William to Elizabeth Robins
13 Nov 1844 - **Mattison**, William (Augusta) to Diana Everitt
17 Nov. 1803 - **Mattix**, Mary (Frankford) to Aaron VanNatten
15 Aug. 1846 - **Matwell**, Rhoda to George Strait
18 Jan. 1817 - **Maunson**, Jane to Benjamin Talmage
25 Nov. 1804 - **Maxwell**, Ann to Adam Ramsey
(1847?) **Maxwell**, Daniel (Sparta) to Ellen Booth
17 Apr. 1834 - **Maxwell**, Jacob S. to Sarah Fisher
15 Jan. 1806 - **Maxwell**, John to Mary Williams
1813 - **Maxwell**, John O. to Elizabeth Carey
20 Nov. 1802 - **Maxwell**, Margaret to Maxwell Kennedy
23 May 1812 - **Maxwell**, Mary to James Hagerman
11 Oct. 1838 - **Maxwell**, (Mrs) Mary (Newton) to Saulel Duris
2 Jan. 1834 - **Maxwell**, Phebe Ann (Hardyston) to Alanson Predmore
1 June 1808 - **Maxwell**, Sarah to (Dr) William Lommus
16 Feb. 1823 - **Maybe**, Martin to Sarah Bunn
23 Sept. 1809 - **Maybee**, Ann to Schooley Dennis
22 Aug. 1809 - **Maybee**, Elizabeth to John Tapping
28 June 1817 - **Maybee**, George to Margaret Demorest
26 Dec. 1821 - **Maybee**, Hannah to John Strouble
8 Jan. 1815 - **Maybee**, Jane to Ephraim Kimble
22 Sept. 1821 - **Maybee**, John to Ann Smith
17 Mar. 1810 - **Mayberry**, Ann to John Snyder Jr.
1 Feb. 1807 - **Mayberry**, Catherine to James Bowlsby
25 Sept. 1806 - **Mayberry**, Caturah to John Beam
8 Aug. 1807 - **Mayberry**, (Wid) Phele to Benjamin Lanning
10 Jan. 1811 - **Mayberry**, William to Eliza Vaniven
18 July 1814 - **Mayberry**, Catherine to Isac Vanwy
12 Sept 1799 - **Mayn**, Polly (Hardwick) to
8 Apr. 1798 - **Mayne**, Peter to Christina Capbell
25 Dec. 1823 - **Mays**, Easter to Isaih Roleson
1 Oct. 1819 - **McAfee**, Samuel to Hannah Riggs
4 Jan 1800 - **McAlpin**, Nasin to Susahhah Bellow
30 Mar. 1803 - **McBrade**, Barne (Greenwich) to Christina Fine
19 May 1811 - **McCain**, Margaret to Andrew Dayle
15 Apr. 1820 - **McCain**, William to Charrity Drake
22 Jan. 1822 - **McCain**, William to Margaret McKinney
8 Sept. 1838 - **McCan**, Almida (Hardyston) to Stephen Hammon
13 Dec. 1817 - McCan, Amos to Betsey Watson
22 Nov. 1810 - **McCan**, David to Hannah Emerson
16 July 1818 - **McCan**, Joel to ___ Gemimah
26 Feb. 1850 - **McCan**, Mercy R. B. (Newbon) to James H. Runnion
22 June 1839 - **McCan**, Richard (Vernon) to Anna McCurdy
11 July 1813 - **McCane**, James to Elazabeth Milton
4 June 1829 - **McCann**, Eliza Ann to John Wilguss
11 Jan. 1818 - **McCann**, Elizabath (Wantage) to Benjamin Ross
12 Nov. 1831 - **McCann**, Harriet to William Ayres
20 June 1840 - **McCann**, Harvey to Mary Bassett

25 Dec. 1835 - **McCann**, Matilda to William Bend
14 July 1831 - **McCann**, Sally to James Utter
1 July 1840 - **McCann**, Walter to Sarah Ann Brant
29 June 1839 - **McCarrick**, James J. to Elizabeth VanKirk
1 Oct. 1825 - **McCarrick**, Jane to Samuel Wilson Jr.
5 May 1835 - **McCarter**, Eleanor to (Dr) Harvey Hallock
7 Sept. 1848 - **McCarter**, Elizabeth to Henry Raymond
30 Apr. 1818 - **McCarter**, George H. to Hannah Roerback
17 Nov. 1840 - **McCarter**, George H. (Newton) to Martha Ludlow
818 Nov. 1846 - **McCarter**, John Jr. to Catherine S. Edsall
19 July 1834 - **McCarter**, Martha to Luther G. Howell
29 Oct. 1808 - **McCarthy**, Mary to George Gibbs
22 Sept 1810 - **McCarthy**, Hugh to Hannah Dudder
1 Jan. 1839 - **McCauley**, Andrew to Ann Auble
18 July 1824 - **McCennon**, Mary to Abner S. Penny
15 May 1818 - **McClain**, Elizabeth (Independence) to Benajah Parker
10 Jan. 1819 - **McClain**, Nicholas to Jane Welch
15 Feb. 1816 - **McClane**, Sarah to Joseph Winters
3 Nov. 1818 - **McClare**, Peter to Nancy Brown
25 Dec. 1813 - **McClellan**, Nancy to James Chamberlin
31 Jan. 1805 - **McClennen**, Joseph (Hardyston) to Peggy Marrow
15 Mar. 1809 - **McClennan**, Thomas to Sarah Row
2 Oct. 1797 - **McCline**, Elizabeth to Daniel Chambers
2 Apr. 1842 - **McCloud**, David L. to Emeline Parliamon
7 Apr. 1796 - **McCloud**, Mary to Amos Duston
22 Jan. 1844 - **McClure**, Mary (Independenes) to James S. Stickles
16 Sept. 1824 - **McClure**, James to Clarissa Hull
Dec. 1811 - **McClure**, Margaret (Newton) to Jacob Stally
24 Dec. 1811 - **McClure**, Margaret to Jacob Stally
28 Dec. 1819 - **McClure**, Nancy to Thomas Harden
13 Oct. 1827 - **McClure**, Sarah to John Pearce
1 June 1830 - **McClure**, William to Eliza Rowland
1 Jan. 1837 - **McClure**, William L. (Branchville) to Eleanor Youngs
9 Nov. 1797 - **McColley**, Martha to Edward Hunt
12 July 1813 - **McCollister**, John to Elizabeth Runnion
25 Dec. 1803 - **McCollough**, Ann to Samuel Budd
9 Dec. 1822 - **McCollough**, Keturah to Anthony McFarlee
14 Aug. 1800 - **McCollough**, Polly to Henry Hankinson
21 Mar. 1818 - **McCollum**, Aaron Sr. to Elizabeth Cassady
10 Mar. 1818 - **McCollum**, Aaron Sr. (Newton) to Polly Coursen
30 Aug. 1795 - **McCollum**, Abigail (Oxford) to William Park
28 Dec. 1831 - **McCollun**, Abigail to John Beach
30 Nov. 1844 - **McCollum**, Abigail (Newton) to Hezekiah Morris
28 Nov. 1809 - **McCollom**, Hannah to Isaac Decker
18 Aug. 1803 - **McCollum**, Jacob to Lenah Segar
26 Jan. 1845 - **McCollum**, Jacob to Sisan Robinson
17 Dec. 1842 - **McCollum**, John to Sally Ann Ammerman
16 Jan. 1808 - **McCollum**, Margaret to Jeremiah Willets
4 Dec. 1819 - **McCollum**, Mary to

John Beach
13 Nov. 1820 - **McCollum**, Moses to Margaret Hull
1 Sept. 1847 - **McCollum**, Moses to Mary F. Walker
10 Dec. 1796 - **McColum**, Mary to James Harker
30 July 1853 - **McConnel**, Andrew I. (Andover) to Amanda Cross
23 Nov. 1809 - **McConel**, Elizabeth to William Miller
10 Dec. 1839 - **McConnel**, Harriet to Aason A. Atno
29 May 1797 - **McConnel**, James to Lydia Masters
12 Feb. 1825 - **McConnel**, James to Eliza Lewis
17 Mar. 1803 - **McConnel**, Mary to Peter Calonee
1 July 1809 - **McConnel**, Sarah to Lot Berry
19 June 1813 - **McConnel**, Susannah to Daniel Perrigo
25 Mar. 1829 - **McConnell**, William to Charity McKain
12 Sept. 1807 - **McConell**, Aaron to Lydia Longstreet
27 Dec. 1807 - **McConnell**, Abijah to Ann Fulkerson
14 Apr. 1802 - **McConnell**, Calvin to Elizabeth Bolsbe
20 Dec. 1845 - **McConnel**, Charles (Hardyston) to Celina Mead
17 Nov. 1811 - **McConnell**, Charlotte to Isaac Youman
8 Jan. 1835 - **McConnell**, Delaney to Nancy Harmel
7 Feb. 1812 - **McConnell**, Ichabod to Clara Perry
31 Mar. 1838 - **McConnell**, Jacob C. to Sarah Hudson
1 Apr. 1848 - **McConnell**, James W. to Catharine Heldebrant
3 Aug. 1850 - **McConnell**, Margarum to Henry Storms
24 Nov. 1834 - **McConnell**, Matilda to John Roe
6 Feb. 1813 - **McConnell**, Huldah to Frederick Bailey
3 Aug. 1850 - **McCoone**, Mary Ann to Henry Storms

4 Nov. 1848 - **McCormick**, Elias to Osee Depue
25 Mar. 1847 - **MCormick**, George to Elizabeth Myers
23 Dec. 1819 - **McCormick**, Thomas to Mary Hoover
11 Sept. 1801 - **McCoy**, Ann (Frankford) to Elihu Corsed
3 Feb. 1816 - **McCoy**, Archabele (Newton) to Catherine Hendershot
16 May 1840 - **McCoy**, Celila to William Mulery
30 May 1839 - **McCoy**, Eleaner Ann to James Martin
10 Jan. 1756 - **McCoy**, Elizabeth to Peter Smith
23 Feb. 1851 - **McCoy**, James W. (Wantage) to Jane Hall
12 Mar. 1817 - **McCoy**, John to Peggy Haggerty
5 Feb. 1848 - **McCoy**, Martha (Wantage) to David Shorter
24 Mar. 1821 - **McCoy**, Morris to Anne Hall
10 May 1806 - **McCoy**, Phyliah to Randle Dunn
30 Aug. 1840 - **McCoy**, Rebecca to Thomas Conklin
26 Oct. 1816 - **McCoy**, Sarah to David Carr
2 Jan. 1813 - **McCoy**, Simon to Sally Woolverton
19 Oct. 1822 - **McCoy**, William to Sarah Haggerty
8 Jan. 1800 - **McCracken**, Ann to William Young
1 Mar. 1814 - **McCracken**, George to Effa Lambert
24 Aug. 1815 - **McCracken**, Thomas to Rachel Beard
11 June 1805 - **McCraken**, Ann to Benjamin Hunt
26 April 1796 - **McCracken**, Catherine (Oxford) to Leonard Appleman
6 June 1822 - **McCracken**, Fanny to Jacob Durenberger
5 April 1808 - **McCracken**, John to Ann Everitt
8 Aug. 1800 - **McCracken**, Mary to

William Dilaine
4 March 1800 - **McCracken**, Robert to Anna Harris
5 Jan. 1804 - **McCray**, Anna (Oxford) to Philip Snyder
28 Sept. 1801 - **McCray**, Richard (Greenwich) to Rebecca Hep
22 June 1839 - **McCurdy**, Anna (Vernon) to Richard McCan
14 Mar. 1808 - **McCurdy**, Matty to William Coss
1820 - **McCutcheon**, John to Hester Mann
7 Jan. 1811 - **McCurdy**, Christerien to Samuel Valentine
16 Aug. 1817 - **McCurday**, Benjamin to Caty Massaker
6 Mar. 1797 - **McCurdy**, Idah to Alexander Nixon
30 June 1824 - **McCurdy**, Margaret (Newton) to Abraham Smith
24 Nov. 1847 - **McDanolds**, Matilda (Frankford) to John Dalrymple
9 Dec. 1826 - **McDaniel**, David to Phebe Carpenter
30 Sept. 1800 - **McDaniel** Joseph to Jane Newman
20 Aug. 1836 - **McDaniels**, Eleanor to David V. Post
15 Oct. 1811 - **McDaniels**, Hannah to William Watters
31 Jan. 1799 - **McDaniels**, Mary to Simon Westfall
6 Dec. 1798 - **McDaniels**, William to Jinna Hopkins
13 Jan. 1839 - **McDanold**, Mary to John W. Smith
3 Dec. 1848 - **McDanolds**, Christopher (Newton) to Mary Smith
10 Apr. 1832 - **McDanolds**, Israel to Nancy Struble
17 Feb. 1843 - **McDanolds**, Jane to Leonard Struble
18 Apr. 1836 - **McDanolds**, John to Susan Gillespie
27 Jan. 1848 - **McDanolds**, Mary Ann (Frankford) to William Crane
18 Jan. 1845 - **McDavit**, Catherine to Willson Decker
21 Nov. 1840 - **McDavit**, John (Newton) to Keziah Decker
8 Apr. 1847 - **McDavit**, Thomas Jr. to Mary Ann Ships
(1831?) - **McDermick**, Susana to Benjamin Sawares
19 Mar. 1816 - **McDevit**, Robert to Elizabeth Walsh
14 Feb. 1818 - **McDevit**, William to Anna Struble
6 Aug 1811 - **McDevitt**, Elizabeth to Moses Tharp
17 Jan. 1818 - **McDonald**, William to Joanna Axford
11 Feb. 1837 - **McDonalls**, Richard to Elizabeth Johnson
31 Dec. 1840 - **McDowell**, Thomas (Mt. Hope, N.Y.) to Martha Will son
6 Feb. 1808 - **McDowell**, William to Deborah Benjamin
10 Dec. 1818 - **McDuffee**, Anna to Conrod Phillips
18 Oct. 1806 - **McElroy**, Catherine to Lewis D'Camp
27 Dec. 1806 - **McElroy**, Laner to James Conner
1 Mar. 1845 - **McElroy**, Michael to Elizabeth Spencer
22 Feb. 1845 - **McEnterr**, Jane to John Cruisser
22 Feb. 1807 - **McEntirr**, Thomas to Eliza Cruiser
9 Dec. 1822 - **McFarlee**, Anthony to Katurah McCollough
1813 - **McFetrage**, Catherine to James Brown
26 Oct. 1833 - **McGanaghan** John to Harriet Tompkins
7 Mar. 1823 - **McGarry**,, Peter to Elizabeth Stickles
25 Sept. 1824 - **McGarvey**, Catherine to William Staples
18 Aug. 1820 - **McGethen**, Henry to Margaret Puder
13 Oct. 1852 - **McGowen**, William R. (Tranquility) to Jane Dody
28 Feb. 1802 - **McGown**, William James to Anne Shaver
2 Aug. 1812 - **McGraw**, Sarah to Aaron Dennis

18 Aug. 1799 - **McGrigrey**, Susahhah to William Frees

27 Dec. 1845 - **McGiffle**, Margaret Stuart to James Little Wightman

1 Jan. 1804 - **McGuver**, Margaret to Charles Byrns

7 Mar. 1803 - **McHenry**, Samuel (Penna.) to Peggy Piatt

12 Jan. 1840 - **McHoppough**, Ann to William Haycock

17 Dec. 1808 - **McIlroy**, Ann to Henry Simpson

24 Sept. 1810 - **McIlroy**, John to Margaret Merrill

24 Mar. 1809 - **McIlroy**, Mary to William Kinney

2 Feb. 1842 - **McIntine**, Mary (Newton) to Daniel Vliet

14 Mar. 1822 - **McIntire**, Jemina to William Kinney

10 June 1805 - **McIntyre**, Ann to Job S. Halsted

13 Jan. 1807 - **McJimly**, James to Catherine DeWitt

9 Feb. 1848 - **McKain**, Alexander C. to Amanda Potter

25 Mar. 1829 - **McKain**, Charity to William McConnel

5 Dec. 1824 - **McKain**, Daniel to Sarah Engle

16 Oct. 1841 - **McKain**, Elizabeth to Joseph Jones

5 Aug. 1818 - **McKain**, Margaret (Independence) to William C. Hagerman

10 Sept. 1829 - **McKain**, Margaret to William Beemer

20 Feb. 1847 - **McKain**, Mary to Azariah Mott

19 Sept. 1840 - **McKain**, Mary Ann (Newton) to

13 Sept. 1795 - **McKanan**, John to Catherine Marven

27 Oct. 1799 - **McKee**, William to Sarah Hunt

9 June 1824 - **McKarrick**, John to Assenath Cox

18 Sept. 1847 - **McKee**, Hugh (Frankford) to Eliza Connel

24 May 1823 - **McKee**, Nancy (Newton) to William L. Smith

8 Apr. 1847 - **McKeeby**, Ann (Montague) to James G. Crawford

14 Oct. 1810 - **McKeeby**, Gilbert to Leyah Catton

30 Dec. 1826 - **McKey**, George to Sidney Batter

1 June 1820 - **McKinney**, Elcey to Amos Mann

11 Nov. 1834 - **McKinney**, Eliza to Stuart Maine

26 Apr. 1797 - **McKinney**, Elizabeth to John Bodenhimer

26 Jan. 1841 - **McKinney**, Jane (Newton) to James Youngs

12 Nov. 1798 - **McKinney**, Janica to Emanuel Newman

8 Mar. 1837 - **McKinney**, John (Newton) to Ann Curran

18 Dec. 1852 - **McKinney**, Lewis (Andover) to Anna E. Base

5 Feb. 1821 - **McKinney**, Margaret to James Smith

22 Jan. 1822 - **McKinney**, Margaret to William McCain

31 Dec. 1836 - **McKinney**, Maria (Newton) to Peter VanNeet

2 Feb. 1808 - **McKinney**, Mary to Edw. Eumins

10 May 1809 - **McKinney**, Robert to Elizabeth Clancey

16 Dec. 1837 - **McKinney**, Sarah (Newton) to Aaron Stackhouse

27 Jan. 1800 - **McKinney**, William to Catherine Young

9 Mar. 1824 - **McKinney**, William to Maryet Winters

18 Jan. 1837 - **McKinney**, William (Newton) to Eliza Lawrence

3 Jan. 1846 - **McKinney**, William (Newton) to Susan Masters

20 Mar. 1819 - **McKlewrath**, George to Mary Metler

1 Apr. 1813 - **McKnight**, Deborah to Paul Auten

21 Aug. 1796 - **McHear**, Joseph to Mary Danels

11 Aug. 1838 - **McLees**, Dennis to Hannah Titsworth

8 June 1830 - **McMallen**, John to

137

Jerusha Cayton
9 Feb. 1845 - **McManion**, Mary (Newton) to Robert Snook
3 Feb. 1848 - **McManus**, William to Margaret Decker
23 Nov. 1850 - **McMichael**, James (Newton) to Elizabeth Voluntu
9 Dec. 1837 - **McMichael**, Jane (Wantage) to James Struble
16 Oct. 1824 - **McMickle**, Elizabeth (Newton) to William Warbase
12 Sept. 1818 - **McMickle**, James (Newton) to Elenor Mills
13 Mar. 1813 - **McMickel**, Lilly to Elias Howard
6 Sept. 1795 - **McMickle**, Mary to Elias Youngs
25 Oct. 1817 - **McMickle**, Mary to (Capt) Benjamin Quick
29 Nov. 1828 - **McMickle**, Moses to Elizaabeth Snook
7 Dec. 1822 - **McMickle**, Rebecca (Newton) to William Haggerty
18 Dec. 1797 - **McMortrie**, Sarah (Oxford) to Daniel Curlass
28 Feb. 1846 - **McMullen**, Hester Ann to Amos B. Mason
2 May 1798 - **McMurry**, William to Hannah Owins
24 Mar. 1813 - **McMurtrie**, Abraham to Elizabeth Willson
11 Sept. 1823 - **McMurtrie**, Catherine (Newton) to Noah King
10 May 1812 - **McMurtrie**, James to Catey Bunel
5 Aug. 1800 - **McMurtrie**, Nancy (Oxford) to William Bryan
3 Mar. 1799 - **McMurtrie**, Neely (Oxford) to James Haize
24 Dec. 1818 - **McMurtrie**, Sarah to Isaiah Solomons
1 Jan. 1844 - **McMurtry**, Abraham (Belvidere) to Almira Smith
20 Nov. 1852 - **McMurtry**, Barbara (Sparta) to John B. Ball
5 Oct. 1807 - **McNeal**, Samuel to Elizabeth Schooly
24 May 1824 - **McNear**, James to Sally Whitehead
4 June 1816 - **McNeer**, Clarricy (Byram) to Aaron Wight
28 Dec. 1816 - **McPeak**, James to Nancy Little
31 Dec. 1850 - **McPeak**, James to (Newton) to Catherine E. Walker
26 Apr. 1834 - **McPeak**, John to Eliza Johnson
11 May 1811 - **McPeak**, Elizabeth to James Broadbury
10 Aug. 1830 - **McPeek**, Huldy to John Durme
14 Jan. 1814 - **McPeek**, John to Rachel Boss
27 June 1846 - **McPeek**, Peter tto Mahala Ayers
22 May 1813 - **McQuarry**, Pheby to George Dolan
2 Mar. 1818 - **McQuire**, Francis to (Wid) Mary Vastbinder
7 May 1808 - **McRoberd**, Mary to Francis Heth
18 Dec. 1834 - **McRoy**, John to Sophia Mitten
23 Apr. 1831 - **McVay**, William to Lydia Burd
1 Nov. 1812 - **McWhorter**, Elizabeth to William Burr
31 Dec. 1815 - **McWhorter**, Gilbert to Ann Munroe
22 Feb. 1818 - **McWhorter**, John to Martha Reede
22 Dec. 1827 - **McWhorter**, Peter to Margaret Steward
12 Mar. 1814 - **McWhorter**, Robert to Elizabeth Hougeton
7 June 1806 - **McWhorter**, Sarah to Francis Decay
4 Feb. 1815 - **McWhorter**, Sarah to Daniel Row
18 Dec. 1814 - **McWhorter**, Sarah to Joseph Holly
3 Mar. 1806 - **McWilliams**, Polly to Daniel Calcher
15 Nov. 1812 - **McWilliams**, Sarah to Robert Petty
11 Feb. 1847 - **Meacham**, Elvira to Lewis M. Williams
15 July 1822 - **Meacham**, Nathan T. to Nancy Ingersol
7 Aug. 1823 - **Mead**, Albert to

Margaret Decker
31 Aug. 1840 - **Mead**, Calvin T. (Frankford) to Sarah Compton
20 Dec. 1845 - **Mead**, Celina (Hardyston) to Charles McConnell
4 May 1826 - **Mead**, Debe L. to Laurence Drake
31 Aug. 1822 - **Mead**, Eleana to Betsey Rusco
15 Nov. 1828 - **Mead**, Gilbert to Sally Rolason
19 Dec. 1819 - **Mead**, Lewis to Jane Elston
Oct. 1831 - **Mead**, Mariar to James Longwall
18 Apr. 1821 - **Mead**, Marilda to Eyra Elston
31 Dec. 1828 - **Mead**, Mina (Wantage) to Fish Hartford
15 Dec. 1810 - **Mead**, Phebe to John Adams Jr.
1 Mar. 1838 - **Mead**, Sally to Joel Rolison
4 Mar. 1801 - **Mead**, Zadock to Elizabeth Closen
16 Jan. 1841 - **Meadaugh**, Catherine to James Northrup
7 Dec. 1848 - **Meadaugh**, Hannah to Manning Dennis
3 Oct. 1799 - **Meagle**, Catherine (Hardwick) to
20 Aug. 1800 - **Meain**, Elizabeth to Monas Space
16 Aug. 1809 - **Mearing**, Margaret to Aaron Rose
15 Oct. 1806 - **Mears**, Jesse to Leah Hendershott
8 Mar. 1823 - **Mccarrick**, Margery to Manning Dennis
28 July 1801 - **Meccar**, Manning to Hannah Thompson
4 July 1849 - **Medan**, Jane (Sandyston) to Abraham Carmer
24 Mar. 1804 - **Medcock**, Richard to Charity Hyner
26 Jan. 1839 - **Meddaugh**, Clarissa (Wantage) to Chancey Adams
14 Mar. 1835 - **Meddaugh**, Jane (Wantage) to George Swarts
7 Oct. 1798 - **Meddlesworth**, Knelly to Joseph Hibler
30 Aug. 1834 - **Mede**, Calvin (Hardyston) to Mary Yetman
20 Apr. 1844 - **Mede**, Henry (Wantage) to Rachel Trusdell
16 Mar. 1803 - **Medler**, Elizabeth to Lowrance Shuts
20 Mar. 1839 - **Meedhum**, Marilda E. to John Colver
11 May 1810 - **Meed**, Jane to John Decker
24 Dec. 1842 - **Meeker**, Aaron (Newton) to Hannah Maseker
10 May 1817 - **Meeker**, Clarissa (Newton) to Jacob Ganterman
11 May 1848 - **Meeker**, Elijah to Catherine Crumer
25 Dec. 1835 - **Meeker**, Eliza (Newton) to Peter P. Line
12 Sept. 1841 - **Meeker**, Isaac W. (Wantage) to Rebecca Perrige
13 Dec. 1828 - **Meeker**, James (Wantage) to Arminda Rodgers
5 Dec. 1819 - **Meeker**, Jane to Thomas Locey
28 Mary 1836 - **Meeker**, Marice to Samuel Townsend
23 Apr. 1797 - **Meeker**, Phebe to William Wickham
19 Dec. 1822 - **Meguarter**, Elizabeth to Daniel Lanhair
11 Aug. 1821 - **Meigor**, Edward to Osey Youmans
21 Feb. 1801 - **Mekley**, Joel (Oxford) to Catherine Ball
3 Dec. 1797 - **Melick**, Jacob (Greenwich) to Jean Henery
30 Dec. 1800 - **Melick**, John to Ann Sharp
26 May 1829 - **Melvin**, David to Catherine Mikle
Feb. 1819 - **Menah**, John to Susan Bird
7 Apr. 1796 - **Meran**, John to Sarah Bell
4 Mar. 18#24 - **Merrin**, George to Mary Snook
29 Dec. 1799 - **Mering**, Catherine to George Struble Sr.
17 June 1820 - **Merrel**, Mary to William Ealland

2 June 1821 - **Merrill**, David to Margaretta Rifenberry
29 June 1833 - **Merring**, Andrew to Elizabeth Morris
15 Feb. 1821 - **Merring**, Elizabeth to Joseph D. Stoud
7 Jan. 1819 - **Merring**, George to Margaret Swartswelder
15 May 1847 - **Merring**, Isaac to Elizabeth Struble
13 May 1826 - **Merring**, John to Caty Shoop
26 May 1838 - **Merring**, Mary Ann (Sandyston) to Aaron Stoll
15 Feb. 1831 - **Merring**, Peter to Elizabeth Crossman
15 Jan. 1804 - **Merricle**, Christopher to Elizabeth Stute
15 Feb. 1814 - **Merrill**, Barbara to Thomas Curtis
23 Mar. 1809 - **Merrill**, Charity to Caleb Swayze
4 Aug. 1800 - **Merrill**, Elizabeth (Oxford) to Peter Quick
12 Jan. 1810 - **Merrill**, Lewis to Sarah Parks
24 Sept. 1810 - **Merrill**, Margaret to John McIlroy
27 Sept. 1817 - **Merrin**, Elsey (Newton) to Isaac Crammer
8 Feb. 1807 - **Merrin**, Jacob to Catherine Wilgus
11 Feb. 1817 - **Merrit**, William to Betsey Johnson
5 Mar. 1844 - **Merritt**, Phebe to Barnabas Carter
30 Sept 1818 - **Merritt**, Sarah (Newton) to John Morris Jr.
12 May 1835 - **Merritt**, William to Lydia Long
25 Aug. 1811 - **Mershon**, Andrew to Nelly Henry
26 Nov. 1821 - **Mesler**, John to Mary Ginkins
20 Oct. 1821 - **Messler**, William to Rebecca Little
18 Jan. 1823 - **Meteler**, Samuel to Margaret Wilson
14 Nov. 1802 - **Metler**, M. to Samuel Kerhart
20 Mar. 1819 - **Metler**, Mary to George McKlewrath
17 Mar. 1803 - **Metler**, Mat (Hunterdon Co.) to Mary Hickson
12 Dec. 1818 - **Metler**, William to Margaret Armstrong
11 Feb. 1826 - **Mettler**, Sarah Ann to Matthias Clark
10 Nov. 1810 - **Mezeny**, Mary to Samuel Matlock
17 Aug. 1811 - **Miars**, Nicholas to Elizabeth Ketcham
30 Jan. 1829 - **Middan**, Josiah to Christian VanSickle
8 Dec. 1806 - **Middaugh**, Elizabeth to Stephen Decker
18 Aug. 1814 - **Middaugh**, John to Hannah Kerick
15 July 1809 - **Middaugh**, Maria to John Young
26 May 1813 - **Middaugh**, Salache to John Casterline
20 Dec. 1833 - **Middaw**, Margery to David Doty
19 Oct. 1805 - **Middleswart**, John to Sarah Reed
3 Nov. 1804 - **Middlesworth**, Anny to David Reed
3 Jan. 1797 - **Middlesworth**, Elizabeth to John Tillman
24 Nov. 1810 - **Middlesworth**, Hannah to Jonathan Oliver
(1848?) - **Middlesworth**, Jacob A. to Catherine Wintermute
17 Aug. 1843 - **Middlesworth**, Margaret to William Hardick
29 May 1842 - **Middlesworth**, Sarah Ann to Abram Lisk
28 Sept. 1837 - **Middlesworthy**, William to Lucinda Kays
16 Feb. 1833 - **Middough**, Sarah to Peter Decker
25 Sept. 1824 - **Middow**, Robert to Jane Lambert
19 June 1824 - **Miers**, Corlile to Maria Coss
26 May 1829 - **Mikle**, Catherine to David Melvin
16 Mar. 1807 - **Milburn**, Samuel to Caty Demarest
14 Apr. 1796 - **Miles**, William to

Margaret Titman
20 Aug. 1801 - **Milhan**, Jacob to Anna Belt
15 Mar. 1834 - **Milham**, Rachel Ann to John Anderson
21 Mar. 1807 - **Milick**, Godfrey (Greenwich) to Anne Boman
20 Mar. 1807 - **Milick**, James to Caty Smith
1 May 1806 - **Milick**, Jacob to Margaret Sharp
13 Dec. 1848 - **Mill**, Julia (Newton) to Willson Decker
17 Dec. 1795 - **Millage**, Elizabeth to John Stephens
8 Dec. 1810 - **Milledge**, Lavina to John Silsley
15 May 1836 - **Miller**, Abel to Margaret White
20 Sept 1801 - **Miller**, Ann to Thomas Cox
22 June 1820 - **Miller**, Almira to John Thatcher
16 Dec. 1823 - **Miller**, Bartly to Catherine Smith
7 Nov. 1839 - **Miller**, Catherine (Newton) to Job D. Hunt
9 Dec. 1804 - **Miller**, Caty to Frederick Beavers
6 Oct. 1845 - **Miller**, Charles to Sarah Ann Stevens
27 Aug. 1812 - **Miller**, Christina to David Hansler
18 Mar. 1809 - **Miller**, Daniel to Elizabeth Woolever
2 Aug. 1818 - **Miller**, Ecubed B. to Elizabeth Vance
27 Feb. 1807 - **Miller**, Elenor to Henry Jackson
6 Jan. 1817 - **Miller**, Elenor to John Perry
15 Nov. 1819 - **Miller**, Eliza to John C. Vandervoort
28 Mar. 1848 - **Miller**, Eliza (Lafayette) to Henry Peters
30 Dec. 1804 - **Miller**, Elizabeth to Benjamin Cox
4 Oct. 1807 - **Miller**, Elizabeth to Jacob Peckman
18 Aug. 1808 - **Miller**, Elizabeth to Enoch Morgan

21 Sept. 1841 - **Miller**, Elizabeth A. (Newton) to Simeon Lewis
14 Apr. 1849 - **Miller**, Halsey to Mary Hannah Jones
8 May 1796 - **Miller**, Henry to Oilu Woolever
7 Nov. 1816 - **Miller**, Henry (Morris Co.) to Euphemia W. Shafer
13 Jan. 1838 - **Miller**, Henry (Newton) to Phebe Loder
15 Sept. 1812 - **Miller**, Henry N. to Latitia Conover
31 Oct. 1808 - **Miller**, Jacob to Ann Stephens
9 Aug. 1838 - **Miller**, James (Vernon) to Mariah Cobberly
18 Nov. 1828 - **Miller**, Jane (Newton) to Joh Hardin
29 July 1821 - **Miller**, John to Margaret Harvey
11 June 1825 - **Miller**, John to John Perrigo
13 Apr. 1820 - **Miller**, Joseph to Rosetta Scudder
25 Aug. 1804 - **Miller**, Joseph Y. to Elizabeth Salmon
14 Jan. 1837 - **Miller**, Maria H. to Josephus Sands
17 Nov. 1850 - **Miller**, Martha Jane to Jonah Hendershot
4 Apr. 1805 - **Miller**, Mary to Andrew Grover
31 Dec. 1814 - **Miller**, Mary to Stephen Hart
2 Dec. 1837 - **Miller**, Nicholas to Elizabeth Reed
31 Dec. 1838 - **Miller**, Peter (Geneva, N.Y.) to Margaret R. M. Lannan
15 Jan. 1824 - **Miller**, Philip to Sally Kinny
10 June 1811 - **Miller**, Robert to Tiney Brinklehoof
27 Nov. 1838 - **Miller**, Sarah to James T. House
1 Feb. 1814 - **Miller**, Sarah Ann to Jeremiah Riker
8 Jan. 1805 - **Miller**, Saviny to Stophel Crese
5 Feb. 1805 - **Miller**, Savary

(Oxford) to Stauphsl Crose
15 June 1853 - **Miller**, Sophia (Florida, N. Y.) to Jonas Haney
6 Nov. 1841 - **Miller**, Susan Mariah (Newton) to Redman Baxter
12 June 1841 - **Miller**, Susanna W. (Newton) to Tephanah D. Drake
2 Aug. 1808 - **Miller**, Thomas to Leanah Vought
23 Nov. 1809 - **Miller**, William to Elizabeth McConnel
Sept. 1811 - **Miller**, William to Ann Willer
17 Feb. 1816 - **Miller**, William to Elizabeth Beardslee
11 Apr. 1822 - **Miller**, William to Jane Howell
21 Feb. 1828 - **Millham**, John to (Miss) Roof
14 June 1823 - **Millham**, Nancy to James Jones
13 Nov. 1814 - **Mills**, David to Mary Williams
7 Jan. 1808 - **Mills**, Elcey to Samuel Johnson
14 Dec. 1839 - **Mills**, Eleanor (Newton) to Aaron Griggs
12 Sept. 1818 - **Mills**, Elenor to James McMickle
30 Mar. 1806 - **Mills**, Elizabeth to Peter VanKirk
2 Mar. 1797 - **Mills**, Ginne to Josser Finch Jr.
26 May 1805 - **Mills**, James to Sarah Strader
10 Mar. 1796 - **Mills**, Jane to Thomas Batey
23 Feb. 1806 - **Mills**, John (Hardwick) to Abigail Dickerson
28 Oct. 1824 - **Mills**, John to Catherine Hawk
16 Nov. 1850 - **Mills**, John (Newton) to Rebecca Pullis
13 Oct. 1838 - **Mills**, Joseph (Stillwater) to Mary Savacool
24 Nov. 1808 - **Mills**, Mahlon to Susanna Caker
4 Feb. 1817 - **Mills**, Peter to Sarah Hardon
29 June 1822 - **Mills**, Rachel to Henney Margison
13 Mar. 1808 - **Mills**, Robert to Mary Struble
14 Sept. 1820 - **Mills**, Sarah to Hiram Paddick
17 Dec. 1842 - **Mills**, Susan (Newton) to George Himenover
22 Jan. 1809 - **Mills**, Thomas to Rachel Hayward
14 June 1828 - **Mills**, William to Elizabeth Sipperley
11 July 1813 - **Milton**, Elizabeth to James McCane
16 May. 1808 - **Minear**, Ann to Ritchard Sollars
4 Apr. 1830 - **Mines**, James to Mary Cherry
28 Aug. 1799 - **Mines**, Mary to Jacob Book
27 Dec. 1797 - **Ming**, John to Rebecah Hasksy
26 Nov. 1808 - **Ming**, John to Ann Johnson
2 July 1809 - **Ming**, Morris to Elizabeth Saxton
12 Nov. 1814 - **Mingle**, Henry to Hannah Lanterman
11 Sept. 1806 - **Mingle**, Jacob to Mancey Huff
26 July 1817 - **Mintawne**, Gilbert to Elizabeth VanBuskirk
9 Sept. 1809 - **Miracle**, Anna Catherine to John Cassidy
1 Dec. 1610 - **Mires**, Catherine to Moses Show
2 Feb. 1822 - **Mires**, William to Mary Emery
13 Jan. 1800 - **Misner**, Conrad to Ann Young
25 Oct. 1825 - **Misner**, Cornelius to Rhoda Lite
5 Nov. 1798 - **Misner**, Esther to John Clark
14 Sept. 1802 - **Misner**, Jacob to Mary Hess
30 Jan. 1799 - **Mitchel**, Elizabeth to Henry Widener
7 Aug. 1811 - **Mitchell**, Ann to Aaron Bryant
27 July 1797 - **Mitchell**, George to

Elizabeth Ramsy
24 Feb. 1805 - **Mitchel**, Peggy to Abraham Brokan
9 Apr. 1797 - **Mitchell**, Sarah to Nathaniel Havins
3 Jan. 1843 - **Mitchiel**, Aaron (Haggartstown, N.J.) to Esther Wintermute
6 Oct. 1805 - **Mittaugh**, Peter to Sarah Burd
10 Sept. 1831 - **Mitten**, Eliza to John Leonard
23 Dec. 1843 - **Mitten**, Horace to Hannah Spangenburg
6 Aug. 1808 - **Mitten**, John to Sally Moore
30 June 1813 - **Mitten**, Samuel to Mary Roleson
18 Dec. 1834 - **Mitten**, Sophia to John McRoy
12 July 1815 - **Mitten**, William to Elinor Johnson
21 Nov. 1831 - **Mitten**, William to Nancy Hunt
8 Jan. 1831 - **Mizner**, Catherine to Charles Field
9 Feb. 1797 - **Mizyer**, Cathreen (Wantage) to Henry Longcor
28 Dec. 1826 - **Moan**, Ann C. to Peter Montony
8 Jan. 1809 - **Moffet**, James to Phebe Fairchild
29 Jan. 1804 - **Moffet**, Mary to William Scot
25 Feb. 1808 - **Molden**, Sarah to Andrew F. Surls
14 Dec. 1815 - **Money**, Elizabeth to Henry Smyth
26 Sept. 1841 - **Monro**, David (Newton) to Lavina Ackerson
23 July 1818 - **Monroe**, John (Pompton) to Mary Smith
23 Dec. 1847 - **Montin**, Mary E. (Vernon) to F. T. Storms
25 Sept. 1824 - **Montoney**, Henry to Mariah Hugh
17 June 1820 - **Montonua**, Catherine to Tunis Parlemen
4 Mar. 1840 - **Montony**, Elizabeth to Andrew Little
28 Dec. 1826 - **Montony**, Peter to Ann C. Moan
19 Sept. 1835 - **Montonye**, Julius to Ann Rosencrans
29 Dec. 1835 - **Montross**, Susan (West Milford) to William Hunt
20 Sept. 1845 - **Mooney**, Margaret (Byram) to Morris Applegate
14 Jan. 1821 - **Mooney**, Samuel to (Mrs) Phoebe Ross
20 May 1844 - **Moor**, Lydia to James Thorp
25 Mar. 1813 - **Moor**, Polly to John Beemer
11 Mar. 1848 - **Moore**, Amziah H. to Epha Stewart
20 Aug. 1809 - **Moore**, Asa to Patty Ravens
16 Aug. 1819 - **Moore**, Amos to (Miss) Kitchen
3 June 1820 - **Moore**, Betsey to James Boyd
31 Mar. 1833 - **Moore**, Catherine to Samuel Slate
8 Mar. 1831 - **Moore**, Eleanor to Stephen Ward
1 Oct. 1836 - **Moore**, George to (Mrs) Frances Magnish
13 Aug. 1801 - **Moore**, Hannah (Independence) to James Newman
20 Apr. 1831 - **Moore**, Isaac to Elizabeth Dunn
26 Jan. 1802 - **Moore**, James to Mary Woods
30 Oct. 1847 - **Moore**, James to Ann Stoll
15 Nov. 1807 - **Moore**, John to Nancy Jones
11 Oct. 1801 - **Moore**, Josiah to Elizabeth Herrenton
4 Dec. 1829 - **Moore**, Lewis to Cornelius Lits
11 Oct. 1801 - **Moore**, Lucina to Johanban Parker
15 Jan. 1852 - **Moore**, Margaret (Wantage) to William Rickey
24 Oct. 1835 - **Moore**, Nelson to Almira Snook
19 Feb. 1815 - **Moore**, Phebe to George Struble
1 Dec. 1815 - **Moore**, Phebe to

Henry Powell
21 Mar. 1818 - **Moore**, Robert to Elizabeth Gardner
6 Aug. 1808 - **Moore**, Saly to John Mitten
10 Dec. 1808 - **Moore**, Samuel to Elizabeth Bellas
9 Jan. 1821 - **Moore**, Sarah H. to James S. Phillips
28 Apr. 1821 - **Moore**, (Mrs) Sullah to John Praig
10 Oct. 1822 - **Moore**, Susan to William Martin
27 Dec. 1803 - **Moore**, VanCleve to Barshena Sausman
6 Jan. 1800 - **Moore**, William (Hunterdon Co.) to Nancy Cooley
10 Dec. 1818 - **Moore**, William to Susanna Hammon
30 Dec. 1843 - **Moore**, William to Catherine Jane Price
(1847?) - **Moores**, Elizabeth (Lafayette) to Mark Rorrick
8 Apr. 1826 - **Moorhouse**, Susannah to William Shurum
20 Oct. 1810 - **Moot**, Elizabeth to Jacob Courson
20 Oct. 1847 - **Moran**, Delphina to Thomas X. Everitt
3 Sept. 1825 - **Moran**, Francis W. to Mary Smith
2 May 1814 - **Morden**, Mary to Jacob C. Howen
21 Jan. 1847 - **Moran**, Mary to Alexander Bradley
9 Nov. 1822 - **Morden**, Zubia to Daniel Predmore
2 Dec. 1804 - **More**, Christiana (Penna.) to John Williams
10 Nov. 1813 - **More**, Elizabeth to Ulissus Kinsey
10 Apr. 1814 - **More**, John to Rachel Drake
10 Sept. 1820 - **More**, John to Sarh Sits
2 Nov. 1823 - **More**, Margaret to William Brown
11 Nov. 1819 - **Morford**, Mary to William Little
19 Sept. 1843 - **Morford**, Mary A. (Newton) to Peter C. Adams
21 Oct. 1852 - **Morford**, William E. (Newton) to Jane Cockran
12 Apr. 1804 - **Morgan**, Elizabeth to Thomas Nely
18 Aug. 1808 - **Morgan**, Enoch to Elizabeth Miller
28 May 1810 - **Morgan**, Hannah to Levi Smith
12 Sept. 1841 - **Morgan**, Henry (Hardyston) to Jane Cronk
2 Apr. 1842 - **Morgan**, Henry to Margaret Parliamon
2 June 1805 - **Morgan**, James to Letisha Ink
19 Sept. 1820 - **Morgan**, Jane to Caleb H. Hazen
8 Aug. 1841 - **Morgan**, Jane (Hardyston) to John Fenigan
16 Feb. 1809 - **Morgan**, John to Hannah Collum
4 Sept. 1842 - **Morgan**, Nancy to James Grove
3 Dec. 1842 - **Morgan**, Rachel to John Nixon
20 May 1842 - **Morgan**, Sarah to Charles Lummerce
11 Sept. 1813 - **Morgan**, Thomas B. to Catherine Teeple
27 Aug. 1830 - **Morhin**, Jacob to Jane Morhin
27 Aug. 1830 - **Morhin**, Jane to Jacob Morhin
2 Nov. 1833 - **Morris**, Almeda to John Kittle
16 Jan 1836 - **Morris**, Ann to Nathaniel Pettit
26 Nov. 1837 - **Morris**, Ann to George B. Congleton
16 Feb. 1828 - **Morris**, Catherine J. to John Struble
1843 - **Morris**, Cynthia to Noah Ogden
31 July 1796 - **Morris**, Dennis to Elizabeth Lanning
11 Feb. 1810 - **Morris**, Dennis to Sally Ayres
9 June 1813 - **Morris**, Dennis to Mary Reeves
5 Apr. 1834 - **Morris**, Dennis to Elizabeth Shotwell

29 June 1833 - **Morris**, Elizabeth to Andrew Merring
30 Nov. 1844 - **Morris**, Hezekiah to Abigail McColllum
20 Aug. 1812 - **Morris**, Jacob to Betsey ____
19 Apr. 1801 - **Morris**, James to Abigail Willson
14 Sept. 1808 - **Morris**, Jesse to Catherine Courson
1813 - **Morris**, John to Mary Mann
30 Sept. 1818 - **Morris**, John Jr. (Newton) to Sarah Merrit
11 Nov. 1829 - **Morris**, (Rev) Jonathan F. to Sarah R. Hunt
18 Mar. 1815 - **Morris**, Joseph (Frankford) to Phebe Lyons
8 Nov. 1847 - **Morris**, Lydia to Peter Bale Jr.
20 Apr. 1843 - **Morris**, Margaret (Newton) to Croel Haggerty
5 Dec. 1840 - **Morris**, Margaret J. to Andrew Shorter
17 Jan. 1843 - **Morris**, Mary (Frankford) to Robert Handa
3 Mar. 1818 - **Morris**, Patterson (Somerville) to Margaret Winans
27 Feb. 1816 - **Morris**, Phebe (Newton) to Jacob Roff, Jr.
30 Oct. 1847 - **Morris**, Phebe Jane to George Drake
11 July 1827 - **Morris**, Richard H. to Martha Taylor
19 Oct. 1797 - **Morris**, Rhody to Conrad Struble
16 May 1813 - **Morris**, Robert to Susannah Bell
25 May 1813 - **Morris**, Samuel to Hannah Pough
24 Feb. 1816 - **Morris**, Ruth (Newton) to Peter L. Struble
26 Jan. 1802 - **Morris**, Sarah to (Capt) Peter Smith
17 Apr. 1838 - **Morris**, Sarah (Newton) to Henry Kays
3 Jan. 1843 - **Morris**, Susan (Stillwater) to Cornelius V. Sites
3 Apr. 1848 - **Morris**, Susan Ann to Watson B. Matthews
24 Jan. 1802 - **Morris**, Susey to John Worsted
24 Feb. 1839 - **Morris**, William (Newton) to Mercy Pettit
10 Feb. 1839 - **Morris**, William P. (Wantage) to (Mrs) Susan Decker
5 Dec. 1802 - **Morrison**, Eleanor to Silas Nores
16 Mar. 1811 - **Morrison**, John to Anna Cole
7 June 1818 - **Morrow**, Anna to James Mullineo
18 Dec. 1807 - **Morrow**, Elenor to Benjamin Decker
23 Dec. 1810 - **Morrow**, Elizabeth to William Farver
14 April 1806 - **Morrow**, George to Maria David
16 Mar. 1826 - **Morrow**, George to Mahala Young
4 June 1833 - **Morrow**, Henrietta to (Dr) John R. Stuart
28 Sept. 1845 - **Morrow**, Hester to Rufus P. Burlingham
17 Feb. 1816 - **Morrow**, Nancy (Hardiston) to William Pettet
31 Jan. 1805 - **Morrow**, Peggy (Hardyston) to Joseph McClennen
6 Apr. 1816 - **Morrow**, Rebeccah (Hardyston) to Nathan Drake
10 Mar. 1827 - **Morrow**, Sarah I. to Henry Hart
24 Mar. 1838 - **Morton**, Sarah Louisa (Morris Co.) to Jacob Ackerson
24 Dec. 1815 - **Mount**, Thomas B. to Margaret Thomson
17 Jan. 1805 - **Morrow**, William to Anna Hill
25 Jan. 1810 - **Morse**, Joseph to Catherine Cooke
6 May 1800 - **Mortin**, William to Mary Frazer
18 Oct. 1799 - **Morton**, Jacob to Phebe Hall
17 May 1821 - **Mortenes**, Jacob to Catherine Pitenger
8 Sept. 1825 - **Mosher**, Anne to James Tittes
18 Apr. 1806 - **Moser**, Catherine

(Easton, Penna.) to John Erigh
30 May 1798 - **Moshback**, Elizabeth (Shapanack) to William Wigton
16 Mar. 1825 - **Mosher**, Margaret to Benajah Peterson
24 Dec. 1820 - **Mosher**, Sarey to Charles Brown
26 May 1849 - **Mosier**, Elizabeth (Wantage) to Joseph S. Crane
16 Mar. 1829 - **Moss**, Catharine to Philip Frock
29 Oct. 1835 - **Mosure**, John (Vernon) to Sary Ann Utter
20 Feb. 1847 - **Mott**, Azariah to Mary McKain
31 Jan. 1811 - **Mott**, Charles to Ester Bailey
24 Aug. 1833 - **Mott**, Charity to John Devenport
8 Feb. 1798 - **Mott**, Christopher to Elizabeth Workman
24 Oct. 1812 - **Mott**, Elizabeth to Robert Goble
30 Sept. 1848 - **Mott**, Emeline (Newton) to Timothy Kint
31 Oct. 1848 - **Mott**, Henry (Warren Co.) to Lucy Cose
24 May 1823 - **Mott**, Rachel to Josiah Sprague
27 June 1840 - **Mott**, Rachel (Newton) to John C. Coon
28 Mar. 1829 - **Mott**, William to Sarah Givens
1 July 1845 - **Motte**, Phebe Ann (Andover) to John Smith
1 Aug. 1797 - **Mouder**, John to Elizabeth Coleman
11 June 1833 - **Mount**, John Jr. to Mary Dill
1 June 1820 - **Mount**, Susan to David Ross
14 June 1827 - **Movenson**, Ann to Charles B. Mann
6 Apr. 1820 - **Mowery**, Sarah to John P. Ribble
28 Mar. 1805 - **Mowry**, Polly to David Kinney
6 Jan. 1821 - **Muchler**, Nancy to James Goodwin
11 June 1826 - **Mulen**, Elizabeth to Stephen Finch
16 May 1840 - **Mulery**, Willialm to Delila McCoy
14 Dec. 1808 - **Mulherrin**, Peter to P___ Insign
7 June 1818 - **Mullinec**, James to Anna Morrow
26 Dec. 1835 - **Munnel**, William to Juliann Purdy
31 Dec. 1815 - **Munroe**, Ann to Gilbert McWhorter
14 Jan. 1824 - **Munson**, Amos to Elizabeth Ryerson
5 Nov. 1808 - **Munson**, Calvin to Sophia Powlerson
13 Nov. 1814 - **Munson**, Calvin to Sally Winans
25 Apr. 1841 - **Munson**, Catherine to James Degrow
18 Aug. 1831 - **Munson**, (Col) Hiram to Rebecca Pitney
4 Jan. 1837 - **Munson**, James L. (Hardyston) to Caroline Decker
24 Dec. 1815 - **Munson**, Lewis to Phebe Teke
30 July 1814 - **Munson**, Mary Ann to Nathaniel Johnson
21 Mar. 1812 - **Munson**, Philatus to Rebecca Clark
31 Dec. 1829 - **Munson**, Samuel to Elizabeth Decker
8 Mar. 1818 - **Munson**, Sarah (Byram) to Reading Stark
19 Aug. 1824 - **Munson**, Sofiah to John H. Simpson
3 Aug. 1845 - **Murphey**, Aness to Bernard Direlin
9 Aug. 1845 - **Murphy**, Henry to Elizabeth York
28 Sept. 1850 - **Murphy**, James (Wantage) to Sarah Kilpatrick
15 Nov. 1831 - **Murphy**, Mariah to Thomas Carmer
21 Sept. 1839 - **Murphy**, Mary (Newton) to Thomas Duncan Jr.
15 Dec. 1804 - **Murry**, David to Hannah Schoonover
16 Apr. 1797 - **Murry**, Joseph to Lidia Yard
8 Feb. 1849 - **Mushback**, Thomas B. to Elizabeth A. Edsall

7 Nov. 1815 - **Mushback**, W. Elias (Hardwick) to Susan Thomas
12 Nov. 1825 - **Myers**, ___ to Martha Drake
28 June 1829 - **Myers**, Abijah to Harriet Teel
27 Jan. 1810 - **Myers**, Amy to John Hush Jr.
22 July 1826 - **Myers**, Belinda to Abra V. Rosenkrans
16 Mar. 1839 - **Myers**, Bridget to Richard Fletcher
2 Nov. 1805 - **Myers**, Catherine to John Brown
6 Oct. 1813 - **Myers**, Cornelius to Elizabeth Polhemus
25 Mar. 1847 - **Myers**, Elizabeth to George McCormick
5 Dec. 1822 - **Myers**, Jacob to Eliza Racker
Apr. 1796 - **Myers**, John to Elizabeth Tinsman
2 July 1809 - **Myers**, John to Rachel Hamlin
21 May 1811 - **Myers**, Josiah to Anna Whiting
8 Apr. 1837 - **Myers**, Maria (Frankford) to John Spangenburgh
24 Dec. 1845 - **Myers**, Martin (Newton) to Mary Syples
28 May 1797 - **Myers**, Mary (Montague) to Aaron French
4 Feb. 1810 - **Myers**, Mary to Daniel Robins
14 Nov. 1822 - **Myers**, Mary to Joseph Walters
17 July 1835 - **Myers**, Peter (Sandyston) to Evaline Ayres
20 Jan. 1806 - **Myers**, Phebe to Peter Kinney
29 Dec. 1813 - **Myers**, Roxana to Dennis Fuller
26 Apr. 1823 - **Myers**, Samuel to Sally Williams
19 Sept. 1840 - **Myers**, Thomas (Newton) to Mary McKain
2 Nov. 1805 - **Myers**, Catherine (Wantage) to John Brown
22 July 1815 - **Myres**, Elijah to Meream Elston
23 July 1831 - **Myres**, Rebecca to Benjamin Hornbeck
12 Feb. 1831 - **Myres**, Rogers to Eliza Bell
29 Sept. 1832 - **Myres**, Sally to Philip Coss Jr.
24 June 1837 - **Myres**, Triphenah (Walpack) to Cyrus Losey
12 Aug. 1839 - **Myres**, William (Frankford) to Phebe Shuman
26 June 1819 - **Nace**, Elizabeth to Thomas Adams
23 Oct. 1817 - **Nanna**, Jane (Byram) to Joseph Stevens
23 July 1801 - **Narragone**, John to Eva Snook
23 Dec. 1820 - **Nearpass**, Baltis to Sarah Westbrook
13 Jan. 1813 - **Nearpass**, Catherine to James Sawyer
22 Jan. 1813 - **Nearpass**, Rachel to William Stone
8 July 1820 - **Nearpass**, Mary to Benjamin A. Westbrook
7 May 1831 - **Nearpass**, William to Sally Cole
12 June 1819 - **Neely**, Joseph to Catherine Vradenburgh
2 May 1805 - **Neguss**, Jane to Jonathan Holbert
14 Nov. 1838 - **Nelden**, John H. (Montague) to Susan Maria Roback
16 June 1841 - **Neldon**, George H. (New York) to Caroline Anderson
12 Mary. 1831 - **Nelson**, Prenline to Joel Conhover
23 July 1815 - **Nelson**, William to Amey Willson
12 Apr. 1804 - **Nely**, Thomas to Elizabeth Morgan
7 Sept. 1798 - **Nemarer**, Abraham to Anna Courtright
15 Jan. 1820 - **Nesbit**, Catherine to Aaron Ackerson
20 Feb. 1838 - **Newbecker**, Charles to Mary Ann Hill
28 May 1812 - **Newbaker**, Elizabeth to William Teel
14 Apr. 1853 - **Newgent**, Christo-

pher (Walpack) to Catharine Transue
2 Feb. 1797 - **Newman**, Abigail (Hardwick) to Benjamin Fortner
17 Mar. 1805 - **Newman**, Elizabeth to James Conkleton
15 Aug. 1836 - **Newman**, Elmy to Isaac Rake
12 Nov. 1798 - **Newman**, Emuel to Janica McKinney
1 Jan. 1842 - **Newman**, Ira B. (Milford, Penna.) to Sarah Ann Adams
11 Mar. 1802 - **Newman**, James to Margaret Christey
13 Aug. 1801 - **Newman**, James (Hardwick) to Hannah Moore
15 Dec. 1821 - **Newman**, James to Elizabeth Predmore
30 Sept. 1800 - **Newman**, Jane to Joseph McDaniel
27 Sept. 1807 - **Newman**, John to Anna Schofield
22 Dec. 1810 - **Newman**, Joseph to Mary Read
24 Nov. 1831 - **Newmans**, John to Phebe Ayres
1 Jan. 1829 - **Newton**, (Rev) Isaac to Elizabeth H. Shafer
21 June 1809 - **Newton**, Robert to Ann Angle
28 June 1817 - **Nice**, Benjamin R. to Margaret Brugler
11 Dec. 1812 - **Nice**, John to Mary Brughler
14 Jan. 1829 - **Nichol**, Ann to Monmouth Clank
28 Sept. 1844 - **Nicholas**, Ziba to Elizabeth Bradburry
1 Aug. 1796 - **Nickels**, Benjamin to Abigail Conger
6 Mar. 1797 - **Nixon**, Alexander to Idah McCurdy
7 Sept. 1833 - **Nixon**, Allen to Margaret Beamer
24 Mar. 1817 - **Nixon**, Ida (Newton) to Moses Tharp
11 Feb. 1832 - **Nixon**, James to Eliza Ackerman
12 Oct. 1823 - **Nixon**, Jane to Philip Stickels
3 Dec. 1842 - **Nixon**, John to Rachel Morgan
13 Oct. 1838 - **Nixon**, Mary (Byram) to William Stites
9 Apr. 1808 - **Nixson**, (Wid) Elisabeth to Ebenezer
27 Apr. 1808 - **Nixson**, Elizabeth to John Carlan
10 Oct. 1818 - **Nixson**, Nancy to Joseph Cole
17 Aug. 1807 - **Noakes**, Elizabeth to Samuel Coalman
13 July 1807 - **Noble**, Susan to John Sidner
30 Nov. 1820 - **Noice**, Phebe to John H. Beard
15 Nov. 1831 - **Nollan**, Harris to Sarah Schellenger
20 Dec. 1814 - **Norcross**, Elizabeth to Daniel Pierson
20 Aug. 1815 - **Norcross**, Mary to Lewis Decker
5 Dec. 1802 - **Nores**, Silas to Eleanor Morrison
17 June 1804 - **Norman**, Abagail to John Connet
28 Dec. 1822 - **Norman**, Eliza to Israel Wood
11 Sept. 1806 - **Norman**, Isaac (Oxford) to Nancy Axford
30 June 1810 - **Norman**, Jane to David Victor
14 Sept. 1800 - **Norman**, Mary to Benjamin Dun
8 Mar. 1810 - **Norman**, Rachel to David Tammage
24 Oct. 1810 - **Norman**, Sarah to James Decker
19 Aug. 1809 - **Norman**, Thomas to Sarah Taylor
20 Dec. 1821 - **Norris**, Coziah to Jasper Vandemark
14 Mar. 1812 - **Norris**, Elizabeth to Joshua Alison
10 Nov. 1834 - **Norris**, Hannah to Stephen D. Saxton
21 Dec. 1817 - **Norris**, Phebe to Emanuel Conkright
3 July 1821 - **Northrip**, Rebeccah to Moses Casterline
10 Aug. 1816 - **Northrip**, Sarah

(Wantage) to John Spencer
29 Apr. 1826 - **Northrop**, James to Mary Vaughn
21 Jan. 1826 - **Northrop**, Sarah to Jacob Snook
28 Oct. 1837 - **Northrup**, (Squire) (Wantage) to Jane Huffman
6 Sept. 1807 - **Northrup**, Abigail to George Griggs
2 July 1814 - **Northrup**, Anna (Newton) to Jonathan Owens
21 May 1809 - **Northrup**, Benjamin to Jane Northrup
14 Feb. 1846 - **Northrup**, Catherine Ann to William S. Brown
24 Dec. 1825 - **Northrup**, Charlotte to Jeremiah Patterson
31 July 1832 - **Northrup**, Charlotte to John C. S. Henderson
1 Apr. 1827 - **Northrup**, Ebenezer (Wantage) to Hannah Blain
1834 - **Northrup**, Eliza to Herman Kirkendol
27 Dec. 1828 - **Northrup**, James (Wantage) to Jane Doty
16 Jan. 1841 - **Northrup**, James to Catherine Meadaugh
21 May 1809 - **Northrup**, Jane to Benjamin Northrup
21 June 1822 - **Northrup**, Joseph M. to Alia VanSans
19 May 1814 - **Northrup**, Lucy (Newton) to Nathan Potter
15 Dec. 1807 - **Northrup**, Mary to Henry Couse
27 Aug. 1824 - **Northrup**, Mary to Jesse Strong
23 Oct. 1838 - **Northrup**, Mary (Newton) to Christopher Roof
3 Sept. 1845 - **Northrup**, Mary (Lafayette) to Franklin Smith
8 Jan. 1825 - **Northrup**, Moses to Margaret Couse
27 Sept. 1840 - **Northrup**, Moses (Newton) to Sarah J. Hammond
27 Sept. 1840 - **Northrup**, Moses (Newton) to Sarah Jane Hammond
7 Nov. 1818 - **Northrup**, Peter to Sally Ann Struble
4 July 1816 - **Northrup**, Phebe to Evi Casterline
7 Jan. 1843 - **Northrup**, Salina (Newton) to Aaron Stull
25 May 1842 - **Northrup**, Sarah to William Shotwell
22 Feb. 1848 - **Northrup**, (Mrs) Sarah to William D. Stoddard
1 Oct. 1849 - **Northrup**, Sarah M. (Wantage) to Abram Dunning
29 July 1837 - **Northrup**, Susan (Wantage) to Benjamin Carpenter
10 Aug. 1816 - **Northrup**, Thomas to Lydia Doyle
11 Feb. 1824 - **Notts**, Catherine to Joseph Silcox
16 Sept. 1799 - **Nowling**, Elizabeh (Hardwick) to Samuel Hull
11 Jan. 1827 - **Nulton**, Eliza to Jacob Tappan
19 Dec. 1841 - **Nuteer**, Ellis to Phebe Hull
8 May 1840 - **Nyce**, John (Sandyston) to Emily F. Halsey
18 Nov. 1819 - **Nyce**, John Jr. to Mariah VanCampen
24 Dec. 1839 - **Nyce**, Susan to J. L. Bonnell
22 Aug. 1829 - **Oadle**, Elias to Phebe Webb
29 Jan. 1811 - **Oakes**, Isaac to Mary Oakes
29 Jan. 1811 - **Oakes**, Mary to Isaac Oakes
22 Feb. 1808 8- **Oake**, Ann to Henry Pippenger
9 June 1821 - **Oaks**, Ann to Anarene B. Ribble
25 Dec. 1799 - **Oaks**, Elener to Philip Heller
1 Jan. 1848 - **Oborn**, Lydia (Lafayette) to John Anderson
2 Dec. 1820 - **O'Danel**, Phebe Ann to Isaac Perigo
20 May 1831 - **Oddle**, Mandy to Thomas Storms
27 Sept. 1839 - **Odell**, Daniel to Elizabeth Tillaback
30 Mar. 1848 - **Odell**, J. R. (Hardyston) to Mary Vanderhoof
18 Feb. 1798 - **Odell**, Samuel to

Rebecca Shuster
12 Apr. 1804 - **Odle**, John to Malinda Burt
8 June 1841 - **Odle**, Sarah (Hardyston) to George Titaback Jr.
23 Sept. 1827 - **Odle**, Susan to Cornelius VanGorder
30 Jan. 1804 - **Odwman**, Henry to Rachel Kaker
9 Nov. 1814 - **Ogden**, Amelia Hannah (Hardiston) to Thomas C. Ryerson
4 Aug. 1808 - **Ogden**, Charity to Jacob Curlis
1 Mar. 1838 - **Ogden**, Daniel to Phebe Hardy
3 Mar. 1803 - **Ogden**, Daniel to Phebe Person
9 Dec. 1809 - **Ogden**, Elizabeth to Samuel Depue
21 Dec. 1833 - **Ogden**, Elizabeth to John Riker
8 Oct. 1809 - **Ogden**, Experience to Joshua Shay
8 Apr. 1804 - **Ogden**, Hannah to Isaac Carmer
29 Dec. 1833 - **Ogden**, Henry (Hardyston) to Emaline Stoll
19 Dec. 1808 - **Ogden**, Jacob to Elizabeth Clifford
8 Jan. 1818 - **Ogden**, John to Amey Knap
8 Jan. 1818 - **Ogden**, John to Nancy Knapp
27 Mar. 1834 - **Ogden**, John H. to Mary Losey
30 Oct. 1800 - **Ogden**, Joseph to Sally Shaw
26 Mar. 1812 - **Odgen**, Joseph to Sarah Lanterman
15 June 1826 - **Ogden**, Mary to Elsie Johnson
26 Feb. 1800 - **Ogden**, Mary to Elias Haines
29 Nov. 1813 - **Ogden**, Mary to Jacob Gann
5 June 1839 - **Ogden**, Mary (Standyston) to Joseph Lewis
8 May 1808 - **Ogden**, Nancy to Ephraim Shay
1843 - **Ogden**, Noah to Cynthia Morris
26 Apr. 1833 - **Ogden**, Sarah D. (Hardyston) to David F. Stoll
11 Sept. 1814 - **Ogden**, Theodorus to Christina Rosenkranse
30 Feb. 1850 - **O'Keefe**, Jeremiah to Mary Hagen
3 June 1816 - **Okeley**, Thomas to Mary Warford
12 Feb. 1804 - **Oldham**, Mary to Amba Man
26 Mar. 1812 - **Oliber**, Jannet to James Thomas
9 Aug. 1807 - **Oliver**, Ann to David Warman
13 Feb. 1814 - **Oliver**, Anne to John Smith
16 Nov. 1811 - **Oliver**, Betsey to John Voorheiss
2 Sept. 1804 - **Oliver**, Charity to John Frace
29 Jan. 1801 - **Oliver**, Elizabeth (Hardwick) to Henry Taylor Jr.
25 Mar. 1809 - **Oliver**, Elizabath to Robert Ayres
19 Nov. 1842 - **Oliver**, Elizabeth J. (Stillwater) to James S. Butler
3 June 1847 - **Oliver**, Hannah M. to Benjamin Beech
29 Sept. 1796 - **Oliver**, Hugh to Eleanor Lamberson
18 Feb. 1843 - **Oliver**, James L. (New Paterson) to Effy M. Hendershot
29 Aug. 1809 - **Oliver**, John to Margaret Bird
15 Mar. 1819 - **Oliver**, John to Mariah Deremer
31 Aug. 1809 - **Oliver**, Jonathan to Jane Albertson
24 Nov. 1810 - **Oliver**, Jonathan to Hannah Middlesworth
4 May 1812 - **Oliver**, Mary to Robert Ramsay
2 Apr. 1825 - **Oliver**, Sarah to Ranelle Laing
13 Aug. 1831 - **Oliver**, Thomas I. to Margaret M. Whitehead
24 Dec. 1842 - **Oliver**, Theodotea to Benage Brown
23 Feb. 1822 - **Oliver**, William to

Susannah Whitehead
29 Mar. 1845 - **Oliver**, William to Elizabeath Wintermute
29 Mar. 1821 - **Oller**, Anna to John Kaniper
18 May 1845 - **Olmsted**, Lewis I to Caroline Shackleton
5 Aug. 1796 - **Olp**, Bernard (Hardwick) to Elsey Donfield
11 Dec. 1819 - **Olp**, Daniel to Elizabeth Bowman
8 Mar. 1821 - **Omoseter**, Mary to John Harting
3 Aug. 1808 - **O'Neal**, Jane to James Updegrove
29 Jan. 1811 - **O'Neal**, Patrick to Sarah Ferrigo
24 Feb. 1849 - **O'Niel**, Jacob T. (Minisink, N.Y.) to Clarissa Hill
8 Jan. 1801 - **Onstatt**, John to Catherine Snook
19 Feb. 1801 - **Onstatt**, Michael to Margaret Snook
21 Dec. 1844 - **Onstead**, Amos to Marthy House
29 Nov. 1845 - **Onsted**, Abraham (Newton) to Mary Havens
21 Nov. 1818 - **Onsted**, Catherine to John Russell
16 May 1833 - **Onsted**, Charles to Hannah Shegur
30 Nov. 1822 - **Onsted**, George Jr. to Idea Dixon
22 Feb. 1817 - **Onsted**, Jane to William C. Washer
6 Feb. 1823 - **Onsted**, John to Susan Crammer
16 Jan. 1847 - **Onsted**, John to Caroline Hagaman
22 Sept. 1816 - **Onsted**, Margaret (Newton) to Andrew Slakbower
11 Feb. 1837 - **Onsted**, Martha (Newton) to David Demerest
3 Jan. 1839 - **Onsted**, Mary An (Newton) to Jacob Rowe
21 Mar. 1829 - **Onsted**, Peter to Elizabeth Conkleton
19 Nov. 1826 - **Onsted**, Rachel to Jonas Kishpaugh
19 Dec. 1828 - **Onsted**, Rachel to Henry Kishpaw
4 Oct. 1827 - **Onsted**, Susan to John Willson
5 Feb. 1831 - **Onsted**, Susana to Lochaniah M. Stickles
19 Dec. 1812 - **Onsted**, George to Hannah Williams
- **Onstot**, see Austot
5 July 1804 - **Onstott**, Elizabeth to John Stickle
13 Oct. 1805 - **Onstott**, Elizabeth to Aaron Cortright
21June 1804 - **Onstott**, Eve to John Stickle
14 Apr. 1805 - **Onstott**, Phebe to William Read
28 May 1820 - **Oout**, Elizabeth to Jacob Bedle
13 Apr. 1816 - **Opdike**, Albert (Ohio) to Elizabeth Luce
7 Jan. 1797 - **Opdike**, Margaret to Henry Couse
26 June 1796 - **Opdike**, Mary to Robert Kennedy
26 July 1795 - **Opdike**, Ruby to John Welch
22 May 1834 - **Opdyke**, John to Elizabeth Staley
24 Oct. 1829 - **Opdyke**, Martha to Jacob Hunt
25 Nov. 1811 - **Opdyke**, Rebecca to Samuel Lacey
7 Jan. 1835 - **Opdyke**, Robert to Lavinia Inglis
10 Mar. 1827 - **Opdyke**, Robert P. to Catharine Washer
21 Feb. 1833 - **Orner**, Jacob F. to Margaret Stickles
5 Aug. 1805 - **Orr**, John to Sarah Brown
20 Oct. 1816 - **Orsbon**, Abagil to James Rammage
31 July 1831 - **Orsborn**, Matthias to Sarah Hammond
2 Jan. 1836 - **Orsborn**, Rebecca to Charles Malone
17 Dec. 1838 - **Osborne**, William C. to Phebe E. Couse
26 Jan. 1814 - **Orsburn**, Elizabeth to Jeremiah Rogers
24 July 1803 - **Osben**, Moses to Catharine Valentine

3 Oct. 1829 - **Osbom**, Nehemiah to Nancy Coursen
2 Feb. 1797 - **Osbon**, William to Mary Burk
7 Oct. 1834 - **Osborn**, Catherine to Peter Struble
8 Apr. 1826 - **Osborn**, Catherine Ann to Thomas Edsall
Jan. 1801 - **Osborn**, Christian to John Stratton
28 Oct. 1809 - **Osborn**, Elias to Jemima Courter
28 July 1803 - **Osborn**, Eliz. to Thomas Fonger
12 Feb. 1842 - **Osborn**, Henry (Hardyston) to Mary Ann Havens
6 Aug. 1840 - **Osborn**, Isaac W. to Mary A. Hubbard
16 Sept. 1841 - **Osborn**, Joseph (Frankford) to Sarah D. Prue
30 July 1825 - **Osborn**, Larah to Moses Decker
5 May 1821 - **Osborn**, Nehemiah to Elizabeth M. Hunt
2 May 1822 - **Osborn**, Noah to Rachel Warner
19 May 1803 - **Osborn**, Pecah to Burris VanWie
2 Nov. 1834 - **Osborn**, Rebecca to John Dermen
23 Mar. 1803 - **Osborn**, Thomas to Sarah Simonson
17 Dec. 1838 - **Osborn**, Willliam C. to Phebe C. Couse
25 Apr. 1811 - **Osburn**, Absalom to Ann VanCampen
23 Oct. 1802 - **Osburn**, Anna to John Eveland
12 Jan. 1811 -**Osburn**, Catherine to Lewis Martin
21 Nov. 1812 - **Osburn**, Esther to Nicholas Vandergriffe
3 Apr. 1802 - **Osburn**, George to Martha Stratton
12 OCt. 1799 - **Osburn**, Mary to Edsell Carr
7 Jan. 1813 - **Osburn**, Michael to Mary Willgus
7 Dec. 1848 - **Osburn**, Peter C. to Margretta Hunt

5 Mar. 1819 - **Osman**, Edward to Euphemia Johnson
23 Jan. 1823 - **Osman**, Joseph to Rebecca Drake
Feb. 1820 - **Osmun**, Edward to (Miss) Johnson
20 Feb. 1810 - **Osmun**, Elisha to Mary Howell
15 Sept. 1814 - **Osmun**, Elizabeth to Hugh Willson
25 Mar. 1805 - **Osmun**, Nancy to Elam Willson
24 Oct. 1814 - **Osmun**, Ziba to Betsey Johnson
26 July 1801 - **Osterhout**, Tunish to Appelony Quick
4 July 1845 - **Ousey**, Edward to Ann Washer
1 Aug. 1840 - **Owen**, Benjamin to Sarah Strate
12 June 1831 - **Owen**, Calvin S. to Hannah Allet
Dec. 1833 - **Owens**, Eben to Charlotte Riley
23 Nov. 1833 - **Owens**, Gabriel to Almida Wickham
21 Oct. 1848 - **Owens**, Harriet E. (Wantage) to Peter V. Bross
2 July 1814 - **Owens**, Jonathan to Anna Northrup
26 Mar. 1814 - **Owens**, Thomas to Charity Gulick
30 Mar. 1839 - **Owens**, William (Wantage) to Jane Litts
16 June 1799 - **Owings**, Abraham to Susannah Perry
11 Apr. 1830 - **Owins**, David to Jane Westfall
11 Jan. 1804 - **Owings**, Samuel to Rachel Dunn
2 May 1798 - **Owins**, Hannah to William McMurry
23 July 1825 - **Owins**, Melly to James Havens
14 Oct. 1815 - **Owins**, Rachel to Azariah Martin
27 Apr. 1806 - **Ozburn**, James to Elizabeth Wisner
11 Sept. 1815 - **Ozburn**, Richard (Hardwick) to Lidy Berler
10 Jan. 1808 - **Ozburn**, Sarah to

Isaac Gary
21 May 1807 - **Ozburn**, William to Martha Brass
25 Aug. 1807 - **Ozburn**, William to Phebe Cary
16 Dec. 1809 - **Ozmum**, Benjamin to Mary Whitesell
18 Feb 1798 - **Pace**, Jacob to Mary Leslor
18 Feb. 1821 - **Pace**, John to (Miss) Vroom
11 Feb. 1801 - **Pace**, Michael to Anna Eveland
2 Dec. 18120 - **Paddick**, Ebenezer to Phebe Dunn
14 Sept. 1820 - **Paddick**, Hiram to Sarah Mills
3 Dec. 1806 - **Paddick**, John to Elizabeth Strate
21 Jan. 1836 - **Paddock**, Abram to Mary Jane Gunderman
22 July 1824 - **Paddock**, Hiram to Hannah Brown
22 July 1824 - **Paddock**, James to Nancy Brown
3 May 1828 - **Paddock**, James Jr. to Nancy Utter
8 Dec. 1819 - **Paddock**, John Jr. to Elizabeth Wright
19 Oct. 1822 - **Paddock**, John Jr. to Elizabeth Shaw
15 Aug. 1851 - **Paddock**, Julia (Vernon) to William Willson
20 Oct. 1832 - **Paddock**, Lucinda to James Wood
11 Feb. 1826 - **Padel**, Nathan to Mary Curand
29 June 1826 - **Padelford**, Andiel to Julian Doughety
3 Sept. 1816 - **Pain**, Stephen to Permelia Ried
6 Sept. 1801 - **Painter**, Catherine to John Kinney
11 Oct. 1821 - **Painter**, Sally Ann to William Kline
5 Apr. 1817 - **Pallet**, Eliza (Wantage) to John Sears
29 Nov. 1847 - **Palloson**, Jacob (Frankford) to Julia A. Stackhouse
17 Jan. 1837 - **Palmer**, Catherine to James H. Elston
24 Dec. 1809 - **Palmer**, Edward to Massy Hull
13 Feb. 1810 - **Palmer**, Elizabeth to John Hillyard
6 May 1851 - **Palmer**, S. M. (Milford, Penna.) to Kate Beecher
19 Mar. 1808 - **Palmer**, Henry to Elizabeth Armstrong
22 Mar. 1823 - **Palmer**, Mary to William Latterette
26 May 1805 - **Parcel**, Christian to Robert Kerr
5 Feb. 1852 - **Parcel**, Elizabeth to Evi Dennis
26 Mar. 1836 - **Parcel**, Samuel W. (Wantage) to Elizabeth Dennis
4 Feb. 1848 - **Parcell**, Anthony to Martha Adams
25 Dec. 1838 - **Park**, Andrew to Harriet Heaton
11 Oct. 1810 - **Park**, Ann to Jacob D. Smith
11 Dec. 1796 - **Park**, Anny to Adam Kikendall
25 Dec. 1838 - **Park**, Margaret to James Ammerman
30 Aug. 1795 - **Park**, William (Oxford) to Abigail McCollum
29 Mar. 1807 - **Parke**, David to Elizabeth Miller
1 May 1800 - **Parke**, Elizabeth to Henry Drake
16 Aug. 1807 - **Parke**, Isaac (Greenwich) to Anna Thatcher
14 Mar. 1812 - **Parke**, James to Lydia Depuye
10 Sept. 1800 - **Parke**, Mary (Oxford) to Andrew Banghart
15 May 1818 - **Parker**, Benajah (Independence) to Elizabeth McClain
6 Jan. 1818 - **Parker**, George C. (Morris Co.) to Mary Hall
3 Mar. 1823 - **Parker**, Henry to Charlotte Ross
11 Oct. 1801 - **Parker**, Jonathan to Luciena Moore
12 June 1803 - **Parker**, Margaret to George Binghart
1 Jan. 1824 - **Parker**, Marier to

John DeGrote
24 Oct. 1822 - **Parker**, Mary to Peter Runnels
15 June 1824 - **Parker**, Mary to John Whitaker
13 Jan. 1831 - **Parker**, Sarah Ann to Richard Runnels
21 Dec. 1808 - **Parkes**, Charles to Parmelia Hull Parkes
21 Dec. 1808 - **Parkes**, Parmelia Hull to Charles Parkes
3 June 1810 - **Parkhurst**, Abby to Thomson Smith
15 Apr. 1816 - **Parks**, John (Oxford) to Elizabeth Poyer
12 Jan. 1810 - **Parks**, Sarah to Lewis Merrill
25 Sep. 1803 - **Parkus**, Benjamin to Elizabeth Hedley
10 Nov. 1810 - **Parkus**, Johanna to Samuel Bowlby
17 June 1820 - **Parleman**, Tunis to Catherine Montonua
3 June 1820 - **Parliament**, Hester (Newton) to John Kent
2 Apr. 1842 - **Parliamon**, Emeline to David B. McCloud
2 Apr. 1842 - **Parliamon**, Margaret to Henry Morgan
14 Feb. 1823 - **Parliamen**, David to Elizabeth Fenner
25 Aug. 1840 - **Parliament**, Emily to William Clark
19 Sept. 1835 - **Parmely**, Jane to David Everman
25 Sept. 1819 - **Parr**, Alexander to Susan Poyer
3 Apr. 1803 - **Parr**, Catherine (Knowlton) to Zenus Everit
30 Mar. 1816 - **Parr**, Christopher to Sarah Allen
30 July 1842 - **Parr**, Elizabeth to John C. Potts
2 Sept. 1848 - **Parr**, John to (Wid) Sarah Ann Earls
3 Aug. 1823 - **Parr**, Joseph to Catherine Swayze
16 Nov. 1797 - **Parr**, Jemime (Knowlton) to Robert Price
25 Mar. 1815 - **Parr**, Lewis to Catherine Durlin
8 Feb. 1810 - **Parr**, Rachel to John Garrison
21 Dec. 1815 - **Parr**, William to Rebecca Saxton
23 July 1809 - **Parrit**, Hannah to Peter Headley
18 Oct. 1795 - **Parr**, John (Knowlton) to Catherine Smith
1816 - **Parse**, Betsey to Jiremy Hendershot
30 Aug. 1807 - **Passage**, Stephen to Peggy Bryson
30 Dec. 1824 - **Paterson**, Deborah to Jacob Wainwright
18 Dec. 1824 - **Paterson**, Elizabeath to Joseph VanAucken
24 Dec. 1825 - **Patterson**, Jeremiah to Charlotte Northrup
11 Mar. 1815 - **Patterson**, Johanna to John Blair
22 Oct. 1801 - **Patterson**, Samuel to Charity Brogum
20 Sept. 1798 - **Patterson**, William to Elizabeth Sharp
15 Nov. 1817 - **Patton**, James to Mary Pughmore
21 Nov. 1805 - **Patton**, Ricahrd (Penna.) to Elizabeth Albertson
10 Mar. 1811 - **Paugh**, John to Hannah South
11 Jan. 1829 - **Paugh**, Marshal to Jane Decker
30 June 1850 - **Paugh**, Samuel (Montague) to H. Maria Trusdell
10 July 1800 - **Paullerson**, Patrick to Joahha Mair
19 May 1817 - **Payers**, John to Robert Price
4 July 1818 - **Payne**, Abbigal to George Allison
10 Sept. 1810 - **Payne**, Jason to Dinah Vaughn
4 Feb. 1798 - **Payne**, Mary to Joseph Butler
15 Jan. 1816 - **Pearce**, Dexter to Christina Silsby
13 Oct. 1827 - **Pearce**, John to Sarah McClure
9 May 1813 - **Pearson**, Jonathan to Liddy Gregory
8 May 1819 - **Peat**, William to

Hannah Tindal
7 Oct. 1817 - **Peckham**, John to Euster Bockoven
22 Apr. 1819 - **Peerson**, Mary to William Able
15 Dec. 1827 - **Peeve**, Susinda to Chail Chambers
29 May 1803 - **Pegg**, Mary (Oxford) to Philip Fisher
4 Oct. 1798 - **Peckman**, Jacob to Elizabeth Miller
18 Oct. 1798 - **Peips**, John (New York) to Mary Garrison
22 July 1815 - **Peken**, Henry to Phebe Pekens
22 July 1815 - **Pekens**, Phebe to Henry Peken
19 June 1835 - **Pell**, William (Newark) to Letitia Cook
2 Apr. 1814 - **Pellet**, Aseneth to Abia Westbrook
18 June 1804 - **Pellett**, Obadiah (Frankford) to Sharlotte
27 Oct. 1807 - **Penee**, Jacob to Martha Gouger
10 July 1824 - **Penny**, Abner S. to Mary McCennon
2 Feb. 1796 - **Peppard**, Elizabeth to Linus Kerr
20 June 1797 - **Peppard**, Sally (Newton) to Aaron Kerr
14 Jan. 1798 - **Peppenger**, Cornelius to Rachel Richey
22 Jan. 1809 - **Peppenger**, Henry to Polly Snyder
5 Feb. 1809 - **Peppenger**, John to Sally VanHorn
1 Apr. 1801 - **Perbasco**, Terry (Knowlton) to William Houck
30 June 1807 - **Peree**, Catheenah to JAmes Graham
15 Dec. 1832 - **Perigo**, Charles to Rachel Simpson
23 Oct. 1852 - **Perigo**, Ira (Wantage) to Margaret A. Simpson
2 Dec. 1820 - **Perigo**, Isaac to Phebe Ann O'Danel
18 Mar. 1826 - **Perigo**, James to Elizabeth Day
26 Jan. 1806 - **Perigo**, John to Phebe Kimball

9 Aug. 1800 - **Perigo**, Mary to John Spangenburgh
14 Feb. 1835 - **Perk**, Alvin to (Miss) Perry
17 Sept. 1834 - **Perk**, (Rev) C. C. to Susan L. Couse
4 July 1831 - **Perret**, Eliza to Thomas Brown
17 Mar. 1810 - **Perrey**, Benjamin to Ufarney Lewis
27 July 1845 - **Perry**, Emeline to Robert Hawkins
25 July 1808 - **Perrey**, Margaret to Francis Walling
15 Mar. 1810 - **Perrey**, Nancy to Abraham Hoff
18 Apr. 1813 - **Perrgo**, Samuel to Mary Bohannon
19 June 1813 - **Perrigo**, Daniel to Susannah McConnel
13 Oct. 1821 - **Perrigo**, David J. to Elizabeth Simpson
5 Dec. 1807 - **Perigo**, Elizabeth to Joseph Stratton
20 Mar. 1834 - **Perrigo**, Elizabeth to Joseph Shinner
4 Dec. 1847 - **Perrigo**, Emeline to William Sanford
7 Jan. 1809 - **Perrigo**, Isaac to Synthie Howell
9 Nov. 1832 - **Perrigo**, Jessee to Sarah Washburn
11 June 1825 - **Perrigo**, John to Clarruh Miller
25 Aug. 1825 - **Perrigo**, Lyde to Zebulun Townsent
4 Oct. 1807 - **Perrigo**, Margaret to John Young
12 Sept. 1841 - **Perrigo**, Rebecca (Vernon) to Isaac W. Meeker
5 Juen 1833 - **Perrigo**, Sarah to Joseph Stephens
28 July 1821 - **Perrigo**, Saviah to William Smith
18 Jan. 1821 - **Perrigo**, Susannah to William Hubbard
4 Mar. 1837 - **Perrego**, William to Mary Ann Riggs
11 Aug. 1820 - **Perrine**, Robert to Eliza Codner
14 Feb. 1835 - **Perry**, (Miss) to

Alvin Perk
6 Jan. 1849 - **Perry**, Aminda to Gabriel Bedell
4 Sept. 1824 - **Perry**, Aron to Matty Caton
13 Mar. 1813 - **Perry**, Bryce to Mary Shuet
17 Feb. 1803 - **Perry**, Catherine to Simon Simonson
23 Feb. 1803 - **Perry**, Catharine (Mansfield) to Paul Antoney
16 Sept. 1839 - **Perry**, Catherine (Frankford) to John Franell
24 Dec. 1840 - **Perry**, Catherine to Edward Simpson
7 Feb. 1812 - **Perry**, Clara to Ichabod McConnell
10 Nov. 1827 - **Perry**,Daniel to Esther Rowland
20 June 1817 - **Perry**, Ebeneser to Catherine Quick
11 Dec. 1797 - **Perry**, Elizabeth to Baley Woolever
10 Aug. 1801 - **Perry**, Elizabeth to John Bertholf
24 Oct. 1812 - **Perry**, Elizabeth to Nicholas Bailey
4 Aug. 1839 - **Perry**, Elizabeth (Frankford) to John Rammage
21 May 1829 - **Perry**, Emeline to Lewis Bunning
21 Dec. 1807 - **Perry**, Enos to Hannah Graw
21 Sept. 1799 - **Perry**, Hannah to Christopher Simonson
25 Aug. 1808 - **Perry**, James to Frances Cole
20 June 1819 - **Perry**, James to Hannah Willson
29 Sept. 1822 - **Perry**, James to Lydia Beardsley
9 Aug. 1846 - **Perry**, James H. to Mary E. Compton
31 Aug. 1816 - **Perry**, James to Abraham Berry
8 Oct. 1826 - **Perry**, Jane to James Carpenter
18 Feb. 1832 - **Perry**, Jane to William Basset
6 Jan. 1817 - **Perry**, John to Elenor Miller
29 June 1822 - **Perry**, John to Margaret Krusen
20 Oct. 1832 - **Perry**, John to Catherine Lateer
19 Feb. 1813 - **Perry**, John F. to JAne VanFleet
21 Feb. 1838 - **Perry**, Margaret to Abraham Predmore
21 Mar. 1801 - **Perry**, Martha to Elijah Randel
13 Apr. 1806 - **Perry**, Mary to Thomas Quick
24 Aug. 1843 - **Perry**, Mary Ann (Newton) to Henry Snover
28 Dec. 1844 - **Perry**, Nancy (Frankford) to Asa Butler
26 May 1853 - **Perry**, Nancy E. (Vernon) to Joseph Hamilton
6 Aug. 1825 - **Perry**, Rachiel to John C. Predmore
21 Jan. 1819 - **Perry**, Rebecakah to Jesee Handy
1 Sept. 1804 - **Perry**, Sarah to David Conkleton
7 Aug. 1815 - **Perry**, Sally to Johiel Day
13 Nov. 1830 - **Perry**, Sally to John T. Decker
25 July 1829 - **Perry**, Sally Ann (Byram) to John Hinds
19 Dec. 1810 - **Perry**, Sarah to David Edsall
22 Sept. 1839 - **Perry**, Susan (Frankford) to Henry Martin
16 June 1799 - **Perry**, Susannah to Abraham Owings
15 Oct. 1808 - **Perry**, Thomas to Phebe Simpson
25 Sept. 1822 - **Perry**, Thomas to Mary Hedglen
2 Apr. 1831 - **Perry**, Thomson to Nancy Lewis
14 April 1801 - **Perrygo**, Sarah to Peter Youmans
25 Jan. 1803 - **Person**, Betsey (Knowlton) to Jacob Swisher
15 Nov. 1804 - **Person**, Elijah (Hardwick) to Margaret Swisher
14 July 1808 - **Person**, Esther to John Maines
18 Dec. 1806 - **Person**, Mary to

James Jacob Fox
27 Dec. 1803 - **Person**, Mathias to Hester Freeman
3 Mar. 1803 - **Person**, Phebe to David Ogden
21 Mar. 1807 - **Personn**, Margaret to George Smith
3 May 1834 - **Pertman**, Daniel to Temperance Little
10 Feb. 1841 - **Peters**, Anthony (Newton) to Rebecca Hough
22 Aug. 1840 -**Peters**, Catherine to William N. Pollison
2 Nov. 1850 - **Peters**, Catharine (Newton) to William Mabee
14 Jan. 1843 - **Peters**, Elizabeth (Newton) to Peter Ackerman
28 Mar. 1848 - **Peters**, Henry (Lafayette) to Eliza Miller
9 June 1841 - **Peters**, Horation Nelson (Newark) to Emily A. Hall
2 June 1811 - **Peters**, James to Polly Betts
1 Jan. 1807 - **Peters**, Daniel to Elizabeth Gates
31 Jan. 1839 - **Peters**, Jeremiah to Emelia Predmore
1 Apr. 1802 - **Peters**, John (Penna.) to Elizabeth Smith
16 Aug. 1845 - **Peters**, Martha to Hiram Richards
21 Dec. 1838 - **Peters**, Sarah Ann to McCarty Wright
2 Nov. 1844 - **Peters**, Sarah H. to Samuel B. Brand
16 Mar. 1813 - **Peters**, William to Mary Longcore
16 Mar. 1825 - **Peterson**, Benajah to Margaret Mosher
27 Nov. 1803 - **Peterson**, Mahala (Knowlton) to Philip Swisher
12 Sept. 1802 - **Peterson**, Mary (Knowlton) to John Swisher
11 Sept. 1819 - **Petherbridge**, Richard to Nancy Canouse
17 Feb. 1816 - **Pettet**, William to Nancy Morrow
7 Apr. 1810 - **Pettit**, Amos to Mary Rogers
1 Apr. 1841 - **Pettit**, Ann (Baleville) to Benjamin Curry
21 Mar. 1807 - **Pettit**, Elizabeth to James Huston
30 Dec. 1820 - **Pettit**, Elizabeth to James Lundy
25 Apr. 1843 - **Pettit**, Elizabeth (Newton) to George H. Coursen
10 Dec. 1825 - **Pettit**, Emeline to Jonathan Whitaker
1 Oct. 1843 - **Pettit**, James (Newton) to Catherine Harrison
22 Jan. 1822 - **Pettit**, Jane (Newton) to John Smith
13 Jan. 1821 - **Pettit**, John Jr. to Margaret Huston
13 Aug. 1798 - **Pettit**, Jonathan to Elizabeth VanEtten
16 Jan. 1836 - **Pettit**, Nathaniel to Ann Morris
19 Oct. 1839 - **Pettit**, Lanna to Isaiah Walling
9 Nov. 1839 **Pettit**, Mary (Newton) to Philip Struble
13 Jan. 1849 - **Pettit**, Mary E. to Martin Grover
24 Feb. 1839 - **Pettit**, Mercy (Newton) to William Morris
10 May 1850 - **Pettit**, (Rev) Nathaniel to Lydia B. Dunn
8 Apr. 1797 - **Pettit**, Polly to Jas. Eaton
8 Apr. 1797 - **Pettit**, Priscilla to Robert Chambers
6 Jan. 1801 - **Pettit**, Sarah (Newton) to James Inglis
16 Sept. 1847 - **Pettit**, Sarah (Newton) to James H. Hoyt
7 Nov. 1846 - **Pettit**, Sarah Ann to Samuel L. Bale
15 Jan. 1797 - **Petty**, Aaron to YEahannah Cruser
22 Apr. 1819 - **Petty**, John to Elizabeth Ketcham
18 Dec. 1823 - **Petty**, Margaret to Mathias Kinnamon
3 Oct. 1816 - **Petty**, Martha to Henry Gulick
30 Apr. 1818 - **Petty**, Mary (Mansfield) to Christopher Fitts
29 Jan. 1811 - **Petty**, Polley to Joseph Kerr

15 Nov. 1812 - **Petty**, Robert to Sarah McWilliams
30 Mar. 1844 - **Philips**, Barret (Frankford) to Mahala Hemenover
5 Nov. 1818 - **Philips**, Crisse to John Boyd
18 Feb. 1826 - **Philips**, Huldah to Peter Lewis
16 June 1836 - **Phillips**, Charles L. to Sally Ann Gillespie
20 Sept. 1801 - **Phillips**, Conrod to Hannah Firman
10 Dec. 1818 - **Phillips**, Conrod to Anna McDuffee
5 Nov. 1805 - **Phillips**, David to Abigail Bell
1 Jan. 1831- **Phillips**, Elenor to Morris Shepperd
16 Mar. 1822 - **Phillips**, Elizabeth to Edward Angel
27 Dec. 1817 - **Phillips**, Ellenor to John Beemer
23 Feb. 1808 - **Phillips**, George to Grace Bird
5 July 1812 - **Phillips**, Jacob to Ann Thorn
6 Oct. 1799 - **Phillips**, James to Anna Snook
9 Jan. 1821 - **Phillips**, James S. to Sarah H. Moore
3 Feb. 1832 - **Phillips**, Jesse to Sarah Richards
13 April 1796 - **Phillips**, John to Elizabeth Dalrymple
20 May 1798 - **Phillips**, John (Hunterdon Co.) to Rebecah Jones
22 June 1810 - **Phillips**, Joseph to Nancy Fisher
1 Dec. 1805 - **Phillips**, Lydia (Knowlton) to Ephraim Hall
22 July 1820 - **Phillips**, (Mrs) Martha to Thomas VanKirk
11 Sept. 1819 - **Phillips**, Martha E. to Bonnel M. Haggerty
23 Apr. 1814 - **Phillips**, Mary to Samuel Burwell
25 Feb. 1832 - **Phillips**, Mary Ann to David Ayres
30 May 1803 - **Phillips**, Nancy to William Coleman
12 Apr. 1825 - **Phillips**, Nancy to Edward Lewis
31 Aug. 1796 - **Phillips**, Patience to Samuel Doty
2 Mar. 1833 - **Phillips**, Philetus to Elmira Crane
11 May 1826 - **Phillips**, Sarah Ann (Newton) to Ira Condict Kennedy
10 Sept. 1815 - **Phillips**, William (Frankford) to Lucrette Breant
11 July 1818 - **Piatt**, Elizabeth to William Baker
7 Mar. 1803 - **Piatt**, Peggy to Samuel McHenry
4 Feb. 1801 - **Picket**, William to Ruth Lyon
6 Oct. 1841 - **Pierce**, Anthony to Margaret Anabush
20 Dec. 1814 - **Pierson**, Daniel to Elizabeth Norcross
3 Jan. 1838 - **Pierson**, Polly S. to Isaac Vanhin
16 Oct. 1824 - **Pierson**, Sally Ann (Hardwick) to Stephen Shiner
2 Jn. 1838 - **Pierson**, Silas C. to Lucy Ann Wintermute
4 Oct. 1827 - **Pierson**, Susan to John Emery
25 Nov. 1832 - **Pierson**, Tempy Ann to Robert Power
13 Sept. 1809 - **Pierson**, Timothy to Phebe Talmage
18 Aug. 1844 - **Pierson**, William J. to Rebecca Babcock
5 May 1824 - **Piggett**, Samuel to Sarah Wright
Nov 1818 - **Pikkle**, Nickolas to Rebecca Gray
2 Jan. 1844 - **Pinkey**, Elizabeth to James A. Terhune
2 Jan. 1800 - **Pintler**, Mary to William Dunn
19 Mar. 1826 - **Pippenger**, Dinah to George J. Foster
22 Feb. 1808 - **Pippenger**, Henry to Ann Oaks
5 Oct. 1833 - **Pires**, Elizabeth to William Matlock
30 May 1809 - **Pitman**, John to Sarah Banghart

7 Dec. 1850 - **Pitney**, Aaron M. (Wantage) to Catharine M. Heater
12 Dec. 1832 - **Pitney**, Benjamin to Elizabeth Ackerman
18 Oct. 1815 - **Pitney**, James to Sarah Williams
15 Feb. 1832 - **Pitney**, Mary Ann to Joseph W. Manning
11 Sept. 1832 - **Pitney**, Mary Ann to Drake Totten
14 June 1828 - **Pitney**, Mathias to Maria Doty
18 Aug. 1831 - **Pitney**, Rebecca to (Col) Hiram Munson
17 May 1821 - **Pitenger**, Catherine to Jacob Mortenes
1 Feb. 1818 - **Pitenger**, Charlotte to Abraham Jennings
26 Mar. 1797 - **Pitt**, Charles to Elizabeth Prost
24 June 1815 - **Pittenger**, Abraham to Elizabeth Leffler
28 Mar. 1843 - **Pittenger**, Elizabeth to Elisha Hooey
21 July 1805 - **Pittingham**, Esther (Hunterdon Co.) to Christian Tomer
2 Apr. 1831 - **Pitts**, Eliza to William Caskey
15 Sept. 1799 - **Pitts**, William to Phebe Edstle
11 Apr. 1818 - **Platz**, John S. to Ann Shaver
1 Jan. 1848 - **Plinford**, Elizabeth to Hanry Rubert
30 Mar. 1802 - **Plotts**, Hannah (Greenwich) to Thomas Conely
7 June 1808 - **Plotts**, Joseph to Mary Wolf
11 Apr. 1818 - **Plotz**, John to Ann Shaver
25 Dec. 1815 - **Plum**, Rebecka to John VanDoren
4 Jan. 1844 - **Plumstead**, Joseph (Morris Co.) to Abigail Straway
27 July 1816 - **Poder**, Catherine to Jacob Shiner
4 Aug. 1801 - **Poland**, William to Christian Winter
5 June 1819 - **Polhamous**, Aaron to Sarah Cox
2 Mar. 1848 - **Polhamus**, Elizabeth to John Randle
26 Oct. 1844 - **Polhamus**, Hannah D. to John Washer
24 Feb. 1838 - **Polhamus**, Susan (Newton) to Thomas A. Hagerty
9 Nov. 1833 - **Polhamus**, Mary to John Vangieson
6 June 1829 - **Polhemus**, Aaron (Newton) to Anna Willson
7 Nov. 1818 - **Polhemus**, Abraham to Barbary Longcor
6 Oct. 1813 - **Polhemus**, Elizabeth to Cornelius Myers
13 July 1816 - **Polhemus**, Hannah (Newton) to John Degrow
10 Mar. 1797 - **Polhemus**, Sarah (Philadelphia) to Peter Curts
22 Aug. 1840 - **Pollison**, William M. to Catherine Peters
21 Dec. 1816 - **Pool**, Daniel to Laney Shimer
10 Apr. 1841 - **Pool**, Ezra (Morris Co.) to Mary Ann Hart
27 Dec. 1845 - **Pool**, Jeremiah (Drakestown) to Clarissa Hart
31 Jan. 1818 - **Pool**, Joanna to S. Alward
18 Nov. 1838 - **Pool**, Mahala (Randolph Twp.) to John Stevens
1 Nov. 1851 - **Pool**, Margaret M. (Byram) to James R. Daniels
18 Jan. 1804 - **Popano**, Isaac and Sarah Evans
21 May 1805 - **Poppard**, Nathaniel to Mary Greer
5 July 1807 - **Pork**, Mary to Andrew Hulshizer
27 Oct. 1807 - **Pork**, Robert to Experience Rulifson
21 Apr. 1831 - **Porkluent**, Elizabeth to John Comer
19 Feb. 1825 - **Port**, Henry to Jane Rierson
21 Aug. 1841 - **Porter**, David (Hardwick) to Margaret Willitts
16 Aug. 1801 - **Porter**, James to (Wid) Hannah VanSickel
25 Mar. 1826 - **Posel**, Joseph to

Esther Bockover
20 Aug. 1836 - **Post**, David V. to Eleanor McDaniels
29 Nov. 1832 - **Post**, Ellis to Prudence Martin
19 Aug. 1851 -**Post**, Gabriel B. (San Francisco) to Cornelia Decker
24 Nov. 1828 - **Post**, Jane (Wantage) to Daniel Rosencrants
11 Aug. 1825 - **Post**, Jacob to Levina Harden
19 June 1824 - **Post**, James to Peggy Boman
4 Mar. 1847 - **Post**, John to Jane Kyte
11 Aug. 1808 - **Post**, Martha to Isaac Shiner
12 Nov. 1809 - **Post**, Mate to Joseph Adams
13 Aug. 1812 - **Post**, Thomas to Meriem Brundage
1 Jan. 1844 - **Potter**, (Miss) (Newton) to Jacob K. Armstrong
9 Feb. 1848 - **Potter**, Amanda to Alexander C. McKain
26 Jan. 1848 - **Potter**, Alfred P. (Andover) to Elizabeth Crate
2 Apr. 1842 - **Potter**, Charlotte to Peter S. B. Willson
9 Dec. 1831 - **Potter**, Ephraim (Hardyston) to Phebe Vaun
8 Mar. 1821 - **Potter**, Fily to Adam Struble
24 June 1837 - **Potter**, Jeptha (Wantage) to Amelia Kickham
10 Mar. 1840 - **Potter**, (Mrs) Lucy to Matthias Hemenover
19 May 1814 - **Potter**, Nathan to Lucy Northrup
30 Dec. 1813 - **Potter**, Samuel to Elizabeth Adams
17 Feb. 1805 - **Potts**, Elizabeth to John Beemer
7 Feb. 1846 - **Potts**, Harriet to Martin Cortright
30 July 1842 - **Potts**, John C. to Elizabeteh Parr
28 Aug. 1847 - **Potts**, Margaret to John Abers
18 June 1803 - **Potts**, Mary to Abraham Adam
13 Dec. 1814 - **Poucher**, Jacob to Margaret Sharp
1 Sept. 1832 - **Poudebaugh**, Charity Ann to John Babcock
25 May 1813 - **Pough**, Hannah to Samuel Morris
20 Apr. 1806 - **Pough**, M___ to Henry Space
21 Mar. 1813 - **Pough**, Phebe (Wantage) to John M. House
15 Mar. 1851 - **Pough**, Sarah (Montague) to Allen Skellenger
11 Jan. 1796 - **Poulson**, Jane to Aaron Blanchard
26 Aug. 1843 - **Pound**, Mary A. to Nathaniel F. Smith
1 Dec. 1815 - **Powell**, Henry to Phebe Moore
18 Aug. 1832 - **Powelesson**, Assena (Hardyston) to Ezekiel Yetman
30 dec. 1797 - **Power**, Hannah to William Richard
25 Nov. 1832 - **Power**, Robert to Tempy Ann Pierson
28 Nov. 1815 - **Powers**, Aaron to Mary Simpson
5 Nov. 1808 - **Powlerson** Sophia to Calvin Munson
20 Jan. 1813 - **Pown**, Langstaff to Jemima Hunt
15 Apr. 1816 - **Poyer**, Elizabeth (Oxford) to John Parks
31 Dec. 1809 - **Poyer**, Phebe to Samuel Shotwell
25 Sept. 1819 - **Poyer**, Susan to Alexander Parr
13 June 1822 - **Poyers**, Elizabeth to James Wilkinson
23 Jan. 1823 -**Poyers**, Luticiato William Runyon
25 Dec. 1819 - **Poyers**, Sarah to Benjamin Bell
28 Apr. 1821 - **Praig**, John to (Mrs) Sullah Moore
12 Oct. 1832 - **Prat**, Polly to Howell Strader
6 Sept. 1805 - **Praul**, Aaron to Elizabeth Luis
13 Aug. 1816 - **Pray**, Joseph to

Ellinor Sterns
24 Aug. 1822 - **Pray**, Rachel to Andrew Lambert
22 Mar. 1814 - **Pray**, Stephen to Eunice Titsworth
21 Feb. 1838 - **Predmore**, Abraham to Margaret Perry
2 Jan. 1834 - **Predmore**, Alanson (Hardyston) to Phebe Ann Maxwell
7 Nov. 1797 - **Predmore**, Benjamin to Elizabeth Kirkpatrick
11 Oct. 1848 - **Predmore**, Caroline M. (Hardyston) to Munson Beach
6 Nov. 1819 - **Predmore**, Daniel to Maria Roy
1 July 1826 - **Predmore**, Case to Anna Buckley
9 Nov. 1822 - **Predmore**, Daniel to Zubia Morden
7 June 1823 - **Predmore**, Daniel to Mary Cummins
15 Jan. 1801 - **Predmore**, Daniel III to Rachel Wood
14 Dec. 1811 - **Predmore**, Daniel H. to Eve. Hendershott
13 Oct. 1832 - **Predmore**, Delilah (Hardyston) to Jonathan Sutton
19 July 1817 - **Predmore**, Elizabeth (Newton) to Matthias Snook
18 Mar. 1837 - **Predmore**, Effy J. (Newton) to George W. Dudder
15 Dec. 1821 - **Predmore**, Elizabeth to James Newman
30 Oct. 1847 - **Predmore**, Elizabeth A. to Thomas H. Stoll
31 Jan. 1839 - **Predmore**, Emelia to Jeremiah Peters
15 Feb. 1848 - **Predmore**, Enzly to Martha Buchanan
12 Dec. 1846 - **Predmore**, Hannah to Frederick Roof
July 1846 - **Predmore**, Jane E. to Samuel K. Sutton
24 Dec. 1814 - **Predmore**, John to Christeenan Lewis
6 Aug. 1825 - **Predmore**, John C. to Rachiel Perry
22 June 1816 - **Predmore**, Joseph Jr. to Elizabaeth Roy
31 Mar. 1805 - **Predmore**, Joshua to Martha Christoe
23 June 1849 - **Predmore**, Joshua (Hardyston) to Almida Hedge
5 Dec. 1848 - **Predmore**, Malinda to Alfred Snook
14 Feb. 1838 - **Predmore**, Mary to William Struble
12 July 1849 - **Predmore**, Mary (Hardyston) to John D. VanFleet
5 May 1810 - **Predmore**, Polley to Peter Case Jr.
23 May 1818 - **Predmore**, Peter to Maria Broderick
22 Nov. 1845 - **Predmore**, Reuben R. (Stillwater) to Emily Hammond
1 Mar. 1808 - **Predmore**, Sally to John Frazer, Jr.
28 Sept. 1829 - **Predmore**, Sally Ann to Nathaniel Huston
2 Dec. 1841 - **Predmore**, Tabitha (Frankford) to Brittan Hagerman
9 Oct. 1847 - **Predmore**, William to Sarah A. Marsh
3 Oct. 1822 - **Preeder**, William to Sary Cox
29 May 1822 - **Price**, Absalom (Hunterdon Co.) to Margaret Hunt
16 Nov. 1797 - **Price**, Anne (Hardwick) to Jeremiah Thompson
20 Mar. 1814 - **Price**, Barbara to John Lanterman
31 Oct. 1838 - **Price**, Calvin to Charlotte Couse
30 Dec. 1843 - **Price**, Catharine Jane to William Moore
18 July 1837 - **Price**, Charlotte (Frankford) to Albert S. Stoll
22 Apr. 1815 - **Price**, Elizabeth to Daniel Lanterman
15 Nov. 1818 - **Price**, Elizabeth (Frankford) to Jonathan Hill
15 Mar. 1841 - **Price**, Elizabeth to Charles Henry
1 Oct. 1845 - **Price**, Emily (Frankford) to Jacob Cole

1 Sept. 1821 - , Ezekel to (Mrs) Mely Young
14 Sept. 1838 - **Price**, Guy (Branchville) to Elizabeth Bonnel
30 Dec. 1810 - **Price**, Henry to Dorcas Hull
1 July 1810 - **Price**, Jerusha to Joseph Coult
9 Feb. 1806 - **Price**, John (Frankford) to Mary VanKirk
6 Apr. 1839 - **Price**, John to Sarah Ann Lindley
20 Nov. 1824 - **Price**, John H. to Lucindy Willson
8 Aug. 1840 - **Price**, Joseph P. (Newton) to Abigail VanKirk
11 Dec. 1847 - **Price**, Joseph P. to Frances Hoppaugh
7 May 1797 - **Price**, Lecah to Zachariah Price Jr.
23 Jan. 1822 - **Price**, Manuel H. to Marsh Lantree
8 May 1819 - **Price**, Mariah to William Goble
1 Nov. 1807 - **Price**, Mary to Joseph Hill
11 Mar. 1815 - **Price**, Mary to William Young
28 Nov. 1837 - **Price**, Phebe (Frankford) to John Cummings
5 Nov. 1834 - **Price**, Phebe Ann (Frankford) to Peter Wilson
16 Nov. 1797 - **Price**, Robert (Hardwick) to Jemime Parr
19 May 1807 - **Price**, Robert to Jane Payers
17 Jan. 1807 - **Price**, Samuel to Mary Kelsey
15 July 1815 - **Price**, Samuel to Maria Sharp
22 May 1828 - **Price**, Samuel (Frankford) to Abigail Couse
31 Oct. 1839 - **Price**, Samuel A. to Asenath Crane
11 Dec. 1824 - **Price**, Thomas to Phebe Howell
15 June 1816 - **Price**, Tunis to Ann Brodrick
7 May 1797 - **Price**, Zachariah Jr. to Lecah Price
31 Jan. 1811 - **Price**, Zachariah to Julia Green
8 Feb. 1838 - **Price**, Zachariah to Sarah Ann Titman
24 May 1824 - **Pricket**, James to Polly Hayward
1 Mar. 1817 - **Pricket**, Presilla to Abraham DeGrot
28 Dec. 1811 - **Pridmore**, Benjamin to Effy VanDuren
10 May 1817 - **Pridmore**, Margaret (Newton) to William Lane
7 May 1846 - **Primrose**, Dorcas (Sandyston) to William Tuttle
26 May 1827 - **Primrose**, Eliza to Joseph Slater
31 July 1817 - **Primrose**, John (Hardwick) to Jane Anderson
7 Feb. 1826 - **Primrose**, Eunice to John Snook
19 June 1819 - **Primrose**, Pettit to Elizabeth Dildine
26 Jan. 1822 - **Pringle**, William to Eliza Edmundson
3 June 1830 - **Probasco**, Amanda to Samuel Grossman
8 Aug. 1813 - **Probasco**, Elizabeath to Henry Rich
17 Jan. 1813 - **Probasco**, Jacob to Polly Shay
18 Dec. 1809 - **Probasco**, Jacob to Phebe Youngs
30 Apr. 1824 - **Probasco**, Joseph Jr. to Mariah Quick
4 Dec. 1806 - **Probasco**, Mary to William Wilson
20 Mar. 1824 - **Probasco**, Peter to Sarah Stroud
14 Aug. 1817 - **Probasco**, Polly (Sandyston) to Jacob Stroud
26 Mar. 1797 - **Prost**, Elizabeth to Charles Pitt
10 Apr. 1842 - **Provost**, Mary (Newton) to George Curran
16 Sept. 1841 - **Prue**, Sarah D. (Frankford) to Joseph Osborn
16 June 1827 - **Puddick**, Telota to Barbera Bronte
12 Sept. 1840 - **Puder**, Basheba to Aaron Decker
9 May 1812 - **Puder**, Elizabeth to

Robert Sipley
23 Sept. 1824 - **Puder**, Elizabeth to Coonrode Avery
18 Aug. 1820 - **Puder**, Margaret to Henry McGethen
2 Dec. 1826 - **Puder**, Susan to William Rhodes
23 Dec. 1827 - **Pudike**, Sarah to Isaac Brown
6 Mar. 1847 - **Puder**, Mary to Howell G. Smith
15 Nov. 1817 - **Pugmore**, Mary to James Patton
2 Jan. 1808 - **Puller**, John to Margaret Bailey
23 May 1840 - **Pullin**, John (Frankford) to Melinda Silsbe
11 Dec. 1847 - **Pullis**, Hannah M. to Joseph Iliff
10 Oct. 1844 - **Pullis**, Margaret (Newton) to John S. Lennington
16 Nov. 1850 - **Pullis**, Rebecca (Sparta) to John Mills
26 Dec. 1835 - **Purdy**, Juliann to William Munnel
25 June 1816 - **Purdy**, Robert (Wantage) to Caty Ford
12 May 1821 - **Purkins**, Claressy to Isaac L. Snover
30 Apr. 1801 - **Puterback**, George to Effie Henry
14 Feb. 1802 - **Putman**, Henry to Sarah Dunn
18 June 1797 - **Putman**, John to Jane Stull
7 June 1821 - **Puts**, Hahhah to Andrew Boward
23 Nov. 1816 - **Putton**, Phebe to Robert Smith
5 Oct. 1833 - **Pyres**, Elizabeth S. to William Matlick
25 Sept. 1823 - **Pyres**, Polly to Charles Lee Sullivan
Dec. 1835 - **Quick**, Andrew C. to Lydia Ann Knap
13 Dec. 1838 - **Quick**, Anna to Peter Ackerson
26 July 1801 - **Quick**, Appelony to Tunis Osterhout
26 Jan. 1809 - **Quick**, Benjamin to Nancy Robison
13 Jan. 1811 - **Quick**, Benjamin to Catherine Bunn
25 Oct. 1817 - **Quick**, (Capt) Benjamin to Mary McMickle
16 May 1840 - **Quick**, Benjamin (Wantage) to Mary Staley
4 Dec. 1848 - **Quick**, Bertha (Wantage) to William Kilpatrick
20 June 1817 - **Quick**, Catherine to Ebenezer Perry
4 June 1820 - **Quick**, Catherine to Alexander VanEtten
1 May 1796 - **Quick**, Clara (Newton) to Philip Dermer
2 Jan. 1814 - **Quick**, Elizabeth to Calvin Case
4 Apr. 1818 - **Quick**, Elziabeth to Albert Stearns
July 1814 - **Quick**, Hannah to James Hazel
31 Aug. 1820 - **Quick**, Henry to Sally Tillman
24 Nov. 1811 - **Quick**, Hester to Richard Titsworth
30 Dec. 1816 - **Quick**, Hulme H. to Beckey Ford
13 Dec. 1834 - **Quick**, Jacob R. to Hannah Crawford
28 Apr. 1807 - **Quick**, James to Elenor Cummings
18 Apr. 1807 - **Quick**, Jane to Aaron Dunham
2 Dec. 1810 - **Quick**, John to Susanna Loder
29 Dec. 1826 - **Quick**, John to Hulda Westfall
4 Dec. 1830 - **Quick**, Johnson to Harriet Esel
30 Apr. 1824 - **Quick**, Mariah to Joseph Probasco Jr.
9 Oct. 1804 - **Quick**, Martha to Thomas Clark
10 June 1841 - **Quick**, Mary (Wantage) to Sharp Backster
21 Mar. 1835 - **Quick**, Michael to Sarah Ann Ingersoll
4 Aug. 1800 - **Quick**, Peter to Elizabeth Merrill
12 Aug. 1804 - **Quick**, Peter to Nancy Leffler
29 Dec. 1811 - **Quick**, Peter to

Mary Van Syckle
13 July 1811 - **Quick**, Philip to Catherine Mackey
18 June 1811 - **Quick**, Polly to Levy Winfield
19 Mar. 1801 - **Quick**, (Wid) Rachel to Joseph Strickland
4 Dec. 1830 - **Quick**, Rachel to John Space
21 Oct. 1802 - **Quick**, Robert (Oxford) to Sarah Robeson
4 Nov. 1823 - **Quick**, Robert to Margaret Bowers
7 Dec. 1806 - **Quick**, Sarah to Seth Benjamin
14 Sept. 1819 - **Quick**, Sarah to Samuel Brink
26 Sept. 1814 - **Quick**, Simeon to Mary Thomas
23 Oct. 1824 - **Quick**, Simon to Margery VanEtten
13 Mar. 1806 - **Quick**, Thomas to Mary Perry
7 Nov. 1850 - **Quimby**, John A. to Martha Ann Leighton
31 Dec. 1814 - **Radley**, Mary (Newton) to George Henn
13 Sept. 1812 - **Radley**, William to Maria Carter
15 Aug. 1836 - **Rake**, Isaac to Elmy Newman
3 Jan. 1796 - **Ralston**, Isaac to Elizabeth Ralston
3 Jan. 1796 - **Ralston**, Elizabeth to Isaac Ralston
23 Dec. 1795 - **Ralston**, Mary to Samuel Brink
30 Oct. 1847 - **Ramage**, Catherine (Frankford) to Joseph Crane
24 May 1845 - **Ramage**, Peter to Amanda Bull
20 Oct. 1816 - **Rammage**, James to Abagil Orsbon
4 Aug. 1839 - **Rammage**, John (Frankford) to Elizabeth Perry
4 May 1812 - **Ramsay**, Robert to Mary Oliver
8 Jan. 1814 - **Ramsay**, Samuel to Abigail Axford
6 Nov. 1815 - **Ramsay**, Samuel to Susannah Lander
25 Nov. 1804 - **Ramsey**, Adam to ann Maxwell
23 Aug. 1803 - **Ramsey**, Margaret to William Vliet
17 Nov. 1795 - **Ramsey**, Mary (Oxford) to Thomas Barton
14 Nov. 1818 - **Ramsey**, Robert to Letty Groondyke
11 Dec. 1850 - **Ramsey**, William (Warren Co.)
27 July 1797 - **Ramsy**, Elizabeth to George Mitchell
8 Jan. 1817 - **Ranb**, Mary to James VanWey
22 Oct. 1820 - **Rancier**, Frederick to Nancy Humes
21 Mar. 1801 - **Randel**, Elijah to Martha Oerry
11 Jan. 1807 - **Randel**, John to Catherine Beam
2 June 1818 - **Randel**, Abraham to Mary Angle
20 Aug. 1798 - **Randil**, Elizabeth (Morris Co.) to William Lockman
4 Feb. 1808 - **Randle**, Catherine to Thomas Fine
29 Nov. 1817 - **Randle**, Catherine to Isaac VanStowder
12 Jan. 1812 - **Randle**, Ellet to Elizabeth Brink
2 Mar. 1848 - **Randle**, John to Elizabeteh Polhamus
17 Jan. 1824 - **Randle**, Joseph to Nancy Houston
1 Aug. 1846 - **Randolph**, Edmond D. F. to Mar Ann Stiff
1 Oct. 1838 - **Randolph**, Elizabeth (Wantage) to William B. Smith
23 Aug. 1795 - **Randolph**, Mary to Benjamin Lanning
17 Aug. 1813 - **Randolph**, Mary to Charles Hartman
15 Nov. 1847 - **Randolph**, Reuben F. (Wantage) to Charlotte Wintermute
20 Apr. 1817 - **Randle**, Samantha to David Elza
29 Sept. 1811 - **Randolph**, Samuel to Nancey Jared
5 Oct. 1835 - **Rankin**, William to Lydia D. Ballard

18 May 1809 - **Ransier**, Polley to William Wood
5 Nov. 1807 - **Ransier**, Rebeca to John Jones
12 Apr. 1829 - **Ranson**, Joseph to Hannah Barber
22 Dec. 1821 - **Ratan**, Henry to Sarah Courter
25 Aug. 1837 - **Ratan**, Samuel (Frankford) to Sarah Adams
24 April 1805 - **Rath**, James to Mary Brook
1 Jan. 1804 - **Raton**, Rachel to Mathias VanOstrand
30 Apr. 1796 - **Rattan**, Elizabeth to Barent Rodney
4 Mar. 1802 - **Ratton**, Mary to John VanGelden
30 Mar. 1811 - **Raub**, Andrew Jr. to Maria Thompson
7 Feb. 1822 - **Raub**, David to Margaret Mackey
11 Mar. 1813 - **Raub**, Elizabeth to Benjamin Sutton
16 Dec. 1811 - **Raub**, Joseph to Catherine Titman
5 Dec. 1811 - **Raub**, William to Elizabeth Shackleton
8 Jan. 1831 - **Ray**, Abram to Walinda Douglas
3 Apr. 1819 - **Ray**, James to Margaret Bird
7 Sept. 1848 - **Raymond**, Henry to Elizabeth McCarter
8 Aug. 1818 - **Raymond**, Oliver to Susanna Knoff
10 June 1834 - **Rayner**, John to Mary Ryerson
12 Mar. 1842 - **Rayner**, Thomas (Newton) to Clorinda Willson
24 Sept. 1849 - **Raynor**, Clarinda Louise (Newton) to Harrison Cole
28 Mar. 1807 - **Read**, Aaron to Mary Fortune
14 June 1828 - **Read**, Abigail to Simeon Titsworth
27 Feb. 1836 - **Read**, Daniel B. to Mercy Sutton
28 Feb. 1824 - **Read**, John to Laury Young
22 Dec. 1810 - **Read**, Mary to Joseph VanBuskirk
20 Apr. 1833 - **Read**, Mary Ann to John VanBuskirk
22 Nov. 1828 - **Read**, Roseana to James P. Hazen
1 Dec. 1803 - **Read**, Samuel (Knowlton) to Mary Frees
14 Apr. 1805 - **Read**, William to Phebe Onstott
19 Jan. 1815 - **Reading**, Alexander (Independence) to Margaret Harker
16 June 1847 - **Reading**, Hampton (Green) to Hester Ann Kent
7 Sept. 1841 - **Reading**, Mary Caroline (Independence) to George Armstrong
May 1831 - **Reading**, Rebecca to Samuel Woodruff
31 Dec. 1812 - **Reager**, Philip to Polly Lodor
8 July 1829 - **Reamer**, Absolom to Susan Smith
12 June 1824 - **Reamer**, Elizabeth to Andrew Vaught Jr.
17 Feb. 1825 - **Reamer**, Jacob to Catherine Daugler
10 Dec. 1825 - **Reamer**, Sarah to Isaac Fulport
21 Apr. 1807 - **Rease**, Eve (Independence) to William Groft
24 Nov. 1811 - **Rebel**, Phebe to Willia Hall
17 Feb. 1820 - **Rechey**, John Jr. to Mary Strader
11 Jan. 1838 - **Redfield**, John (Wantage) to Hannah Marie France
Apr. 1833 - **Reed**, Aaron (Connecticut) to Mary Buckley
26 Apr. 1799 - **Reed**, Catherine to Willia Davidson
13 Dec. 1851 - **Reed**, Catharine Jane (Hurdtown) to John Hurd
2 May 1796 - **Reed**, Charity to John Winters
3 Nov. 1804 - **Reed**, David to Anny Middleswarth
20 Dec. 1837 - **Reed**, E. Jane to Robert P. Washer

11 Oct. 1823 - **Reed**, Elizabeth to James Givens
4 May 1831 - **Reed**, Elizabeth to Abraham Trvet
2 Dec. 1837 - **Reed**, Elizabeth to Nicholas Miller
9 Jan. 1847 - **Reed**, George (Sparta) to Anna M. Simpson
4 Feb. 1819 - **Reed**, Hannah to Isac Freese
2 Jan. 1830 - **Reed**, John to Margaret Robertson
18 June 1837 - **Reed**, John to Sarah Barkman
27 June 1829 **Reed**, Joseph (Frankford) to Mary Little
3 Dec. 1823 - **Reed**, Leonard to Abigail Roloson
2 Mar. 1850 - **Reed**, Lucinda (Sparta) to Mahlon Barber
24 Nov. 1815 - **Reed**, Mary to Michael Rope
23 May 1816 - **Reed**, Nathaniel (Newton) to Mary Young
12 Sept. 1816 - **Reed**, Phebe, (Knowlton) to Ira Kerr
7 Aug. 1824 - **Reed**, Racel to Henry Stage
11 Oct. 1823 - **Reed**, Sally to Evert Willcox
6 Feb. 1798 - **Reed**, Sarah to Ephraim Manning
19 Oct. 1805 - **Reed**, Sarah to John Middleswart
28 Apr. 1824 - **Reed**, Stephen to Rebecca Bennet
5 Dec. 1821 - **Reed**, Walter to Galle Roleson
22 Feb. 1818 - **Reds**, Martha to John McWhorter
15 Dec. 1816 - **Reeder**, Benjamin to Polly Marlotte
11 Sept. 1852 - **Reemer**, Thomas (Stillwater) to Phebe Skellinger
5 Dec. 1840 - **Reeve**, Cornelia to Andrew Crane
20 Nov. 1841 - **Reeves**, Emma (Frankford) to Elias Compton
29 Mar. 1817 - **Reeves**, Margaret (Frankford) to William Force
2 Apr. 1831 - **Reeves**, Martha to Abraham C. VanAuken
9 June 1813 - **Reeves**, Mary to Dennis Morris
2 Jan. 1819 - **Reeves**, William to Hannah Carry
1 Mar. 1834 - **Reggs**, Elizabeth to Samuel Smith
8 Apr. 1804 - **Reggs**, Susannah to John Wilkins
30 Aug. 1814 - **Relshen**, Julia to Christopher Search
22 Dec. 1795 - **Remer**, Joseph to Elizabeth Dunn
28 Aug. 1829 - **Retan**, Daniel to Lucy Compton
18 Oct. 1828 - **Retan**, Sally Mariah to John Sprage
14 Dec. 1824 - **Reutan**, Van Elta to Timothy Depue
21 Apr. 1807 - **Reve**, Macke to Mary Vandemark
29 Nov. 1805 - **Reves**, David (Byram) to Rachel Bird
11 Apr. 1813 - **Reynolds**, Hortney to Lydia Decker
22 Dec. 1819 - **Rhoades**, Charlotte to John Strader Jr.
8 Oct. 1824 - **Rhodes**, Charles 4th to Sarah Ann Lewis
19 Mar. 1842 - **Rhodes**, Elizabeth to Warren Wells
10 Dec. 1817 - **Rhodes**, George to Ann Vanderouff
1 Dec. 1824 - **Rhodes**, George to Leonara Derling
31 June 1807 - **Rhodes**, Hannah to Daniel Jones
16 Apr. 818 - **Rhodes**, Jane (Hardwick) to Frederick Arvis
19 Jan. 1796 - **Rhodes**, Nancy to John Ayres
3 Apr. 1805 - **Rhodes**, Susannah to William Taylor
2 Dec. 1826 - **Rhodes**, William to Susan Puder
3 July 1853 - **Ribbins**, Lavina (Tranquility) to Peter Johnson
13 Oct. 1797 - **Ribble**, Abigail (Knowlton) to William Burlay
9 June 1821 - **Ribble**, Anarene B. to Ann Oaks

25 Mar. 1815 - **Ribble**, Ann to John Shaver
27 Jan. 1797 - **Ribble**, Charity (Knowlton) to George Lineberger
30 Mar. 1806 - **Ribble**, David to Sarah Stire
4 May 1800 -**Ribble**, lizabeth to Daniel Shannon
15 Sept. 1816 - **Ribble**, George to Susanna Bird
15 Sept. 1818 - **Ribble**, George to Susanna Bird
3 Sept. 1808 - **Ribble**, George Jr. to Mary Angle
6 Apr. 1820 - **Ribble**, John P. to Sarah Mowery
25 Dec. 1800 -**Ribble**, Mary (Knowlton) to Dennis DeWitt
22 Jan. 1809 - **Ribble**, Moses to Mary Snook
30 Apr. 1806 - **Ribble**, Sarah to Matthew Lowry
10 Mar. 1796 - **Ribble**, William to Barbary Banghart
9 Dec. 1809 - **Rice**, Catherine to Robert Lettson
2 July 1807 - **Rice**, Elizabeth to Jacob Shiner
24 Sept. 1804 - **Rice**, Jacob (Knowlton) to Sarah Cook
9 Jan. 1807 - **Rice**, Jacob to Nancy Hazen
22 Oct. 1814 - **Rice**, Jacob to Christina Hazen
17 July 1813 - **Rice**, John to Lydia Letson
27 Jan. 1807 - **Rice**, Mary to Stephen Edwards
31 Dec. 1835 - **Rice**, Mary (Hardwick) to James Swayze
12 Feb. 1835 - **Rice**, Mary Ann to David Couse
25 Mar. 1805 - **Rice**, Thomas to Sarah Shaugh
8 Aug. 1813 - **Rice**, Henry to Elizabeth Probasco
27 Dec. 1820 - **Rice**, Leppe to Ebenezer Landon
7 Feb. 1822 - **Richard**, Mary to Chandler Wood
29 June 1822 - **Richard**, Nathaniel to Caty Rolason
30 Dec. 1797 - **Richard**, Willia to Hannah Power
28 Sept. 1822 - **Richard**, Wineford A. to Harman Wever
30 Jan. 1818 - **Richards**, Abraham (Wantage) to Mary Howell
25 Apr. 1818 - **Richards**, Abraham N. to Elizabeth Wiker
15 Feb. 1817 - **Richards**, Anny to Benjamin Smith
24 Feb. 1816 - **Richards**, Catherine to Richard COok
1 Apr. 1826 - **Richards**, Catherine to Renaid Stull
29 Dec. 1822 - **Richards**, Caty to William Ayers
15 June 1816 - **Richards**, David to Nancy Hepburn
17 Dec. 1808 - **Richards**, David to Nancy Hepburn
23 Dec. 1834 - **Richards**, Elizabeth to Abraham Coss
16 Aug. 1845 - **Richards**, Hiram to Marta Peters
22 Feb. 1823 - **Richards**, Peggy to Honethon Worden
21 Aug. 1825 - **Richards**, Polly to John Lewis
3 Feb. 1832 - **Richards**, Sarah to Jesse Phillips
30 July 1815 - **Richey**, Mary to Andrew Mathews
10 Jan. 1798 - **Richey**, Rachel to Cornelius Peppenger
11 May 1824 - **Rickey**, Abigail toIsrael Farber
19 Sept. 1801 - **Rickey**, John to Phebe Tuttle
22 Aug. 1840 - **Rickey**, Mary A. (Vernon) to Amos Kendall
19 Sept. 1801 - **Rickey**, Thomas to Esther Bloom
15 Jan. 1852 - **Rickey**, William (Vernon) to Margaret Moore
5 Nov. 1809 - **Ridgeway**, Gikey to John Carnes
23 Dec. 1810 - **Ridgeway**, James to Ann Barns
27 June 1829 - **Ried**, Clarkson to Eliza Bond

3 Sept. 1816 - **Ried**, Permelia to Stephen Pain
21 Aug. 1808 - **Riely**, John to Elizabeth Grean
19 Feb. 1825 - **Rierson**, Jane to Henry Port
11 Oct. 1795 - **Rifenbergh**, Richard (Oxford) to Anna Drake
2 June 1821- **Rifeberry**, Margarettato David Merrill
26 June 1839 - **Riggs**, Albert to Mary Stansborough
1 Sept. 1838 - **Riggs**, Amos to Malinda Brown
13 Dec. 1818 - **Riggs**, Ebenezer b. to Mariah Brown
10 Mar. 1845 - **Riggs**, Elias to Sarah Jane Sidman
26 Aug. 1839 - **Riggs**, Emeline to William H. Spencer
1 Oct. 1819 - **Riggs**, Hannah to Samuel McAfee
9 Jan. 1841 - **Riggs**, Horace to Susan Green
22 Mar. 1815 - **Riggs**, John to Susannah VanFleet
4 Mar. 1837 - **Riggs**, Mary Ann to William Perrgo
9 Mar. 1833 - **Riggs**, Samantha to Justus Beardslee
26 Jan. 1811 - **Riggs**, Samuel to Susannah VanCampen
24 Apr. 1803 - **Riggs**, Silas to Mary Rorback
28 Sept. 1837 - **Riggs**, Thomas to Maraby Cox
28 Jan. 1813 - **Riggs**, William to Julia Force
23 Jun 1805 - **Righenbargh**, Phebe (Oxford) to Benjamin Swayze
26 Sept. 1813 - **Right**, Joseph to Margaret Thoris
6 Dec. 1849 - **Right**, Martin M. (Wantage) to Catharine Rolason
31 Dec. 1818 - **Rightenberry**, Elizabeth (Hardwick) to Abraham Homler
10 Sept. 1820 - **Rigs**, Electa to William Winans
25 May 1839 - **Riker**, Electa to Isaac Black
21 Aug. 1830 - **Riker**, Henry to Sible Connet
21 Dec. 1833 - **Riker**, John to Elizabeth Ogden
1 Feb. 1814 - **Riker**, Jeremiah to Sarah Ann Miller
1 Mar. 1828 - **Riker**, John to Catharine Elyce
Apr. 1801 - **Riker**, Levina to William Hardin
Dec. 1833 - **Riley**, Charlotte to Eben Owens
10 Aug. 1820 - **Riley**, John to Sarah Hanners
19 Apr. 1799 - **Riman**, Peter (Hardwick) to Mary Sweazy
11 Dec. 1824 - **Rinehart**, Anthony to Sarah Stout
10 Mar. 1827 - **Rinehart**, George W. Jr. to Nancy Huff
30 Nov. 1816 - **Riock**, Liba to Margaret Smith
1 Jan. 1804 - **Rion**, John to Ruth Burrell
9 Sept. 1798 - **Rish**, Gilburd (Byram) to Elizabeth Chamberlin
11 Dec. 1796 - **Ritchey**, Hannah to Jacob Wiliamson
30 Oct. 1796 - **Ritchey**, John to Easter Ross
1817 - **Riter**, John (New York) to Matty Fuller
11 May 1817 - **Rittenhouse** Abner to Frances Snyder
18 Feb. 1804 - **Roalaborth**, Elizabeth to Jonathan Benjamin
4 June 1820 - **Roarback**, George to Harriet Bartou
7 Oct. 1837 -**Robbin**, Stephen (Frankford) to Elizabeth Wells
11 Apr. 1803 - **Robbins**, Anna (Knowlton) to William Ferguson
23 Feb. 1803 - **Robbins**, Elcey to John Hunnewell
10 Apr. 1814 - **Robbins**, Eliza to Millard Vandergrift
28 Oct. 1810 - **Robbins**, Elizabeth to Andrew Sites
29 Sept. 1805 - **Robbins**, George

to Hannah Connet
14 Apr. 1814 - **Robbins**, Jane to John VanNeste
25 Oct. 1812 - **Robbins**, Jesseto Catherine Lane
20 Jan. 1811 - **Robbins**, John to Jane VanHorne
26 Sept. 1811 - **Robbins**, John to Ellinor Vliet
20 July 1809 - **Robbins**, Mary to Stephen Arnold
30 Aug. 1812 - **Robbins**, Mary to Aaron Clark
3 Sept. 1814 - **Robbins**, Ricahrd to Mary Freeman
15 July 1809 - **Robe**, Margaret to Robert Martin
14 Apr. 1799 - **Roberson**, John (Oxford) to Martha Boils
13 Apr. 1800 - **Roberson**, John to Jane Chambers
25 Dec. 1810 - **Roberson**, John to Anne South
7 Dec. 1831 - **Roberts**, Ann Eliza to John Demarest
21 May 1828 - **Roberts**, Clark to Catherine Gastin
25 Dec. 1852 - **Roberts**, Harriet (Frankford) to Benjamin P. Woodruff
12 Jan. 1828 - **Roberts**, Samuel to Jemima Seaman
29 Apr. 1798 - **Roberts**, Sarah to Absolum Baley
4 Jan. 1815 - **Robertson**, Archebold to Mary Emery
1809 - **Robertson**, Hannah to Adam Teats
19 Jan. 1811 - **Robertson**, Jane to John White
2 Jan. 1830 - **Robertson**, Margaret to John Reed
3 Sept. 1815 - **Robertson**, Nancy to Jacob Day
16 Jan. 1810 - **Robertson**, Robert to Mary Hazen
20 May 1818 - **Robeson**, Eliza (Oxford) to Samuel R. Hamilton
1 Oct. 1823 - **Robeson**, Mary P. (Oxford) to William Stroud
21 Oct. 1802 - **Robeson**, Sarah to Robert Quick
18 Apr. 1809 - **Robins**, Charles to Hannah Barlow
26 Feb. 1811 - **Robins**, Cornelius to Ann Hankinson
4 Feb. 1810 - **Robins**, Daniel to Mary Myers
16 Feb. 1804 - **Robins**, Elizabeth to William Dennis
22 Mar. 1804 - **Robins**, Elizabeth to William Mattison
25 Mar. 1804 - **Robins**, Elizabath to Elijah Allen
15 Feb. 1816 - **Robins**, Jane to Abraham Titman
27 July 1822 - **Robins**, John to Gally Daniels
3 Mar. 1799 - **Robins**, Rachel (Knowlton) to Aaron Fulford
6 Jan. 1805 - **Robins**, Rachel to Ab'm. Smith
20 Oct. 1819 - **Robins**, Stephens to Ester VanCampen
19 Mar. 1842 - **Robinson**, Agnes to Elijah H. M. Butz
8 Oct. 1804 - **Robinson**, David to Mary Tharp
26 Jan. 1845 - **Robinson**, Susan to Jacob McCollum
20 Dec. 1796 - **Robinson**, William to Sarah Straight
20 Oct. 1805 - **Robison**, Charles (Oxford) to Susan Harris
18 Oct. 1818 - **Robison**, Martha to Thomas Clinton
26 Jan. 1809 - **Robison**, Nancy to Benjamin Quick
9 July 1797 - **Robyer**, Roseannah to Oliver Smith
6 Jan. 1799 - **Robyer**, Thomas to Ann Bouton
1 Sept. 1803 - **Roche**, Isabel to John Walker
2 Apr. 1852 - **Rochell**, Marinda to Alpheus Booth
22 Dec. 1838 - **Rockwell**, Daniel (Hardyston) to (Mrs.) Mahatabel Boyer
26 Nov. 1833 - **Rodammer**, Peter to Mary Ann Hockenberry
11 Nov. 1826 - **Rodei**, Eliza to

Henry Alen
10 Feb. 1816 - **Rodenback**, John to Hannah Swayze
7 Jan. 1817 - **Rodes**, Polly to George Glan
13 Dec. 1828 - **Rodgers**, Arminda (Wantage) to James Meeker
27 June 1837 - **Rodgers**, Augustine E. to Emily Decker
22 Nov. 1800 - **Rodgers**, Jeremiah to Martha Hardine
30 July 1844 - **Rodgers**, Richard (Ohio) to Alice Green
13 May 1840 - **Rodimer**, John (Frankford) to Charity Gould
30 Apr. 1796 - **Rodney**, Barent to Elizabeth Rattan
15 June 1801 - **Rodney**, Barrenet to Elizabath Drake
4 Nov. 1815 - **Rodney**, Letta to Uriah Adams
5 Mar. 1846 - **Rodney**, John to Caroline South
19 Nov. 1814 - **Rodney**, Sarah to Peter Goymer
4 Apr. 1807 - **Roe**, Benjamin Jr. to Druisilly VanKirk
14 Feb. 1824 - **Roe**, Caroline to Jacob Hagerty
3 June 1815 - **Roe**, Catherine (Newton) to Robert Lewis
26 No. 1826 - **Roe**, Catherine to Ira S. Fuller
11 Feb. 1841 - **Roe**, Charles to Lucy Coult
10 Aug. 1836 - **Roe**, Charles (Frankford) to Elizabeth A. Coult
13 Aug. 1836 - **Roe**, David to Sophia Dennis
11 May 1848 - **Roe**, David to Emily S. Youngs
22 Nov. 1849 - **Roe**, Elizabeth to Frederick Decker
25 Jan. 1845 - **Roe**, Hudson to Mary Ann Demarest
29 Jan. 1832 - **Roe**, James to Elizabeth Braisted
9 Aug. 1845 - **Roe**, Jane S. (Frankford) to Morris Wade
24 Nov. 1834 - **Roe**, John to Matilda McConnell
17 Sept. 1797 - **Roe**, George (Florida) to Margaret Struble
10 Aug. 1839 - **Roe**, Jane (Frankford) to James Shotwell
13 May 1826 - **Roe**, John to Sarah Bross
19 Apr. 1842 - **Roe**, Leonard (Frankford) to Mary Jane Totten
5 Aug. 1843 - **Roe**, Margaret (Frankford) to Henry Fountain
20 Jan. 1821 - **Roe**, Nathaniel to (Mrs) Harriet Sheephard
23 Oct. 1824 - **Roe**, Phebe to Levi Lewis
19 Jan. 1815 - **Roe**, Sarah to Samuel Gunn
28 Feb. 1835 - **Roe**, Susan to Charles Gunn
7 Mar. 1802 - **Roe**, William (Frankford) to Susannah Struble
9 Apr. 1835 - **Roe**, William to Elizabeth Cummings
30 Apr. 1818 - **Roerback**, Hannah to George H. McCarter
27 Feb. 1816 - **Roff**, Jacob J. (Newton) to Phebe Morris
12 Sept. 1844 - **Roff**, John V. to Elizabeth VanSickle
16 Mar. 1816 - **Rogers**, Avmamas to Anne Washer
26 Jan. 1814 - **Rogers**, Jeremiah to Elizabeth Orsburn
20 Dec. 1831 - **Rogers**, John N. to Elizabeth Coursen
7 Apr. 1810 - **Rogers**, Mary to Amos Pettit
28 May 1816 - **Rogers**, Mathews to Mary Sheler
2 July 1808 - **Rogers**, Nancy to Bernard Griggs
27 Jan. 1820 - **Rogers**, Peter to Sarah Seidmore
13 Mar. 1806 - **Rogers**, Sarah to Daniel Stratton Jr.
28 Jan. 1797 - **Rolaback**, Andrew to Martha Heaton
22 Jan. 1820 - **Rolason**, Anna to James Williams
6 Dec. 1849 - **Rolason**, Catharine to Martin M. Right

29 June 1822 - **Rolason**, Caty to Nathaniel Richard
26 Jan. 1818 - **Rolason**, Henry to Ann Howell
23 Nov. 1844 - **Rolason**, Mary Ann to Charles Sheldon
10 May 1816 - **Rolason**, Polly (Wantage) to Moses Dunning
15 Nov. 1819 - **Rolason**, Sally to Gilbut Mead
10 Oct. 1818 - **Rolason**, Sarah to Andrew Compton
25 Mar. 1819 - **Rolason**, William to Elsa Conceals
10 May 1824 - **Roleson**, Metildah to Robert Roy
21 Feb. 1799 0 **Roleson**, Esick to Sarah Wager
31 Jan. 1818 - **Roleson**, Eli to Sarah Decker
5 Dec. 1821 - **Roleson**, Gale to Walter Reed
5 May 1821 - **Roleson**, Hattee to Joseph Rozle
25 Dec. 1823 - **Roleson**, Isaih to Easter Mays
6 ___ 1818 - **Roleson**, James to Saviah Roleson
15 Jan. 1820 - **Roleson**, emima to John Herrington
22 Oct. 1801 - **Roleson**, John I. to Sarah Column
3 June 1841 - **Roleson**, Lucinda to David Howell
31 June 1813 - **Roleson**, Mary to Samuel Mitten
14 Apr. 1824 - **Roleson**, Mary to Edward Litts
5 July 1823 - **Roleson**, Nancy to James Bell
25 May 1816 - **Roleson**, Nathaniel to Phebe Rosencrans
20 Mar. 1814 - **Roleson**, Obediah to Levina Schoonover
6 ___ 1818 - **Roleson**, Saviah to James Roleson
15 Jan. 1810 - **Roleson**, Susannah to Samuel Garrison
29 Aug. 1805- **Rolinson**, Susannah to Robert Compton

18 May 1809 - **Catey**, Rolison to Isaac Edwards
26 June 1813 - **Rolison**, Jacob to Susan Ayers
1 Mar. 1828 - **Rolison**, Joel to Sally Mead
9 Nov. 1833 - **Rolison**, Nathan to Aminda Griggs
28 Sept. 1816 - **Rolison**, Rachel (Wantage) to Elias Gould
13 Sept. 1817 - **Rolison**, Susan to Tobiah Smith
Aug. 1818 - **Roll**, John to Phebe Sutton
19 Nov. 1837 - **Rollerson**, Mary (Wantage) to Joseph Buchannan
3 Dec. 1823 - **Roloson**, Abigail to Leonard Reed
30 Mar. 1839 - **Roloson**, David (Oxford) to (Mrs) Mary Ann Decker
21 Jan. 1805 - **Roloson**, Eleanor to Richard Allison
3 Apr. 1823 - **Roloson**, Eliza to James Carpenter
15 Dec. 1838 - **Roloson**, Jane (Wantage) to Jane Adams
15 Feb. 1815 - **Roloson**, Jonas to Nancy Hedglin
26 Jan. 1822 - **Roloson**, Mercy to John Cole
10 Apr. 1838 - **Roloson**, Peter Jr. to Lenor Fredenburgh
1 May 1815 - **Roluson**, John I. to Nancy Agney
21 Feb. 1828 - **Roof**, (Miss) to John Millham
23 Oct. 1838 - **Roof**, Christopher (Newton) to Mary Northrup
14 Mar. 1839 - **Roof**, Eliza Ann to Amsuel Anderson
19 Aug. 1810 - **Roof**, Elizabeth to Jacob Hann
12 Dec. 1846 - **Roof**, Frederick to Hannah Predmore
10 Nov. 1806 - **Roof**, Jacob to Mary Struble
May 1846 - **Roof**, John to Mary Hiuff

19 Jan. 1848 - **Roof**, Levina to Andrew J. Anderson
26 July 1845 - **Roof**, Mary M. to William E. Stoll
9 Dec. 1802 - **Roof**, Michael to Anne Waldroff
12 Feb. 1846 - **Roof**, Moses (Newton) to Abigail Bale
10 Dec. 1814 - **Roof**, Sarah (Newton) to John C. Tunison
25 Mar. 1823 - **Roof**, Sarah (Newton) to Peter Anderson
26 Nov. 1805 - **Rope**, Andrew to Catherine Butts
24 Nov. 1815 - **Rope**, Michael to Mary Reed
23 Oct. 1850 - **Rorabach**, Sarah P. (Newton) to Theodore F. Manning
23 Apr. 1845 - **Rorbach**, Charles P. to Elizabeth M. Dunn
13 Oct. 1806 - **Rorback**, Elizabeth to Pettit Brittain
24 Apr. 1803 - **Rorback**, Mary to Silas Riggs
2 Aug. 1851 - **Rorback**, Susan Maria (Newton) to John H. Nelden
14 Nov. 1838 - **Rorback**, Susan Maria (Newton) to John H. Nelden
26 May 1824 - **Rorback**, Thomas H. to Elizabeth Ward
16 Nov. 1822 - **Roreck**, Gasper (Hardyston) to Delia Wolverton
2 May 1818 - **Rorick**, Ame to Garret Kimble
23 Jan. 1803 - **Rorick**, Caty to Henry Clay
15 Nov. 1804 - **Rorick**, Elizabeth to Martin Sarch
18 Aug. 1814 - **Rorick**, Hannah to John Middaugh
5 Apr. 1823 - **Rorick**, Hannah to Isaac Kimble
11 Oct. 1838 - **Rorick**, Harriet to Sylvester Staller
30 Sept. 1801 - **Rorick**, Jacob to Elizabeth Willson
24 Dec. 1846 - **Rorick**, John to Mary Wintermute
30 Sept. 1809 - **Rorick**, Lucretia to William Inglis
19 Nov. 1808 - **Rorick**, Lucy to Gabriel Walling
20 Jan. 1820 - **Rorick**, Mariah to James Ayres
26 Feb. 1813 - **Rorick**, Meriam to Thomas VanSicle
4 Feb. 1826 - **Rorick**, Samuel W. to Permelia Smith
1847? - **Rorrick**, Mark (Hardyston) to Elizabeth Moores
12 Apr. 1817 - **Rosacrance**, Abraham to Margaret Hornbeck
16 Aug. 1809 - **Rose**, Aaron to Margaret Mearing
25 Dec. 1817 - **Rose**, Aaron (Byram) to Betsey Fisher
8 Sept. 1821 - **Rose**, Abraham Jr. to Phebe Houk
8 Feb. 1808 - **Rose**, Andrew to Margaret Hemmenover
7 Jan. 1841 - **Rose**, Andrew (Bryam) to Susan Byerly
7 Apr. 1800 - **Rose**, Elizabeth to Daniel Jackson
22 July 1809 - **Rose**, Elizabeth to Jonathan Derman
14 July 1814 - **Rose**, Elizabeth to Jacob Cross
5 Oct. 1846 - **Rose**, Hester Ann to John Smith Jr.
4 Apr. 1812 - **Rose**, Jacob to Mary Rose
13 Jan. 1838 - **Rose**, Jacob to Elsey Byerlly
18 Mar. 1841 - **Rose**, James to Martha Lantz
18 June 1820 - **Rose**, Jane to Benjamin W. Dunhamand
2 Mar. 1819 - **Rose**, Jacob Jr. to Electa Dickerson
4 Jan. 1845 - **Rose**, John R. to Tianney Drake
26 Dec. 1806 - **Rose**, (Wid) Lenah to John Dills
10 Oct. 1818 - **Rose**, Lydia to Peter Sparling
8 Feb. 1845 - **Rose**, Lydia to William T. Hunt
7 Aug. 1824 - **Rose**, Margaret to

Noah Hammond
9 Feb. 1813 - **Rose**, Marsa to James White
17 Mar. 1796 - **Rose**, Martha (Hardwick) to David Kemple
22 Mar. 1806 - **Rose**, Mary (Independence) to Joseph Hull
4 Apr. 1812 - **Rose**, Mary to Jacob Rose
29 Oct. 1831 - **Rose**, Mary to Samuel H. Johnson
29 Oct. 1831 - **Rose**, Mary to Samuel H. Johnson
20 Aug. 1816 - **Rose**, Mary (Knowlton) to Henry Boon
31 Oct. 1811 - **Rose**, Peter to Catherine VanAuken
13 Aug. 1800 - **Rose**, Price (Mansfield) to Mary Davis
5 Nov. 1814 - **Rose**, Rebecca to Samuel Anderson
19 Mar. 1840 - **Rose**, Susan D. to George Herrick
30 Sept. 1848 - **Rose**, William to Mary R. Youngs
1 Apr. 1824 - **Roseberry**, Godfrey to Elizabeth Kline
10 Jan. 1809 - **Roseberry**, John to Ann Carpenter
8 Mar. 1812 - **Rosecranse**, Phebe to Jacob VanSicle
18 Aug. 1805 - **Rosencrance**, Asa to Jenny Cole
6 Aug. 1809 - **Rosencrance**, Isaac to Polly Eager
9 Feb. 1822 - **Rosencrane**, Levy to Becky William
29 Nov. 1804 - **Rosencrans**, Abraham to Hannah Huff
19 Sept. 1835 - **Rosencrans**, Ann to Julius Montonye
6 June 1797 - **Rosencrantz**, Levi (Shapanack) to Polly Hankinson
24 Sept. 1825 - **Rosenkrans**, Abraham to Catherine Ayers
22 July 1826 - **Rosenkrans**, Abram V. to Belinda Myers
12 May 1815 - **Rosenkrans**, Arcanchy (Walpack) to John Youngs Jr.
24 June 1826 - **Rosenkrans**, Benjamin to Marthy Wills
1 Apr. 1828 - **Rosenkrans**, David to Elmira Davenport
17 Nov. 1811 - **Rosekrans**, James to Sarah Roy
19 Aug. 1837 - **Rosenkrans**, Lydia (Stillwater) to Joseph Harker
22 Jan. 1818 - **Rosenkrans**, Peter to Sally Bross
25 May 1816 - **Rosencrans**, Phebe to Nathaniel Roleson
1 May 1822 - **Rosenkrans**, Aaron to Hannah D. Ayers
2 Jan. 1825 - **Rosenkransp**, Elizabeth to David Letts
28 Apr. 1827 - **Rosencrants**, Benjmain (Wantage) to Sally Havens
24 Nov. 1828 - **Rosencrants**, Daniel (Wantage) to Jane Post
10 Aug. 1843 - **Rosenkrants**, Lorce Josiah to Mary Beemer
21 Mar. 1822 - **Rosenkrans**, Everet to Mary Smith
28 Sept. 1820 - **Rosenkrans**, Mary to James C. Bevans
28 Mar. 1821 - **Rosenkrans**, Nocholas to Lydia Layton
3 Aug. 1829 - **Rosenkrans**, Sally (Montague) to Joshua Becker
26 Apr. 1827 - **Rosenkrans**, Sarah to Emson Wheet
16 Sept. 1811 - **Rosenkranse**, Elijah to Catherine Vanneste
11 Aug. 1821 - **Rosenkrance**, Mary to Danid Dean
14 Dec. 1809 - **Rosenkranse**, Betsey to Benjamin VanGorden
25 Sept. 1814 - **Rosenkranse**, Cherick to Sarah Loder
11 Sept. 1814 - **Rosenkranse**, Christina to Theodorus Ogden
13 Feb. 1806 - **Rosenkaanse**, Isaiah (Sandyston) to Caty Brink
28 Dec. 1809 - **Rosenkranse**, Rachel to John VanAuken
30 Jan. 1824 - **Rosenkrants**, Ephraim to Elizabeth Fammer
27 May 1833 - **Rosenkrantz**, Mary to Henry L. Gray

11 Jan. 1818 - **Ross**, Benjamin to Elizabeth McCann
3 Mar. 1823 - **Ross**, Charlotte to Henry Parker
1 June 1820 - **Ross**, David to Susan Mount
30 Oct. 1796 - **Ross**, Easter to John Ritchey
3 June 1826 - **Ross**, Jacob to Elizabeth Ryerson
16 Mar. 1839 - **Ross**, James to Sarah Ann Hagerman
17 Dec. 1807 - **Ross**, John to Hunia Little
14 Jan. 1821 - **Ross**, (Mrs) Phoebe to Samuel Mooney
24 Mar. 1803 - **Ross**, Robert (Penna.) to Rachel Kitchen
2 Mar. 1839 - **Ross**, Stephen W. to Jane Stephenson
17 Oct. 1796 - **Roszel**, Charles to Beverly Woods
5 Feb. 1797 - **Roszel**, Obediah to Sarah Harris
3 Oct. 1835 - **Roton**, Peter (Vernon) to Hester Longwell
29 Nov. 1852 - **Rouse**, Benjamin G. to Elizabeth Black
28 Jan. 1798 - **Roushebre**, Henry (Oxford) to Caty Disyoung
8 Nov. 1798 - **Roluback**, Philip to Nancy Hunt
13 Feb. 1807 - **Round**, Joseph to Sary Wright
26 Apr. 1809 - **Roushberry**, Peter to Rebecka Wolf
4 Feb. 1815 - **Row**, Daniel to Sarah McWhorter
15 Mar. 1809 - **Row**, Sarah to Thomas McClennan
3 Jan. 1839 - **Rowe**, Jacob (Newton) to Mary Ann Onsted
28 Dec. 1811 - **Rowelson**, Cornelius to Rosannah Decker
1 June 1830 - **Rowland**, Eliza to William McClure
10 Nov. 1827 - **Rowland**, Ester to Daniel Perry
30 Apr. 1814 - **Rowleson**, Sarah to John Decker
15 Sept. 1804 - **Roy**, Ann to Jacob Hull
Jan. 1849 - **Roy**, Bowdewine to Ann M. Willson
1847? - **Roy**, Catherine (Newton) to William M. Beach
29 June 1809 - **Roy**, Charles to Elizabeth Hunt
10 Oct. 1811 - **Roy**, David to Mary Shiner
1 May 1808 - **Roy**, Elizabeth to David Gustin
22 June 1816 - **Roy**, Elizabeth to Joseph Predmore Jr.
3 Dec. 1835 - **Roy**, Elizabeth to George VanSickle
23 Jan. 1817 - **Roy**, Ensley to Ketache Dodder
12 July 1812 - **Roy**, John to Esther Dodder
13 Feb. 1805 - **Roy**, John Casper to Mary Armstrong
24 Mar. 1812 - **Roy**, Joseph to Phebe Harker
24 Apr. 1817 - **Roy**, Joseph I. to Sarah Linn
12 Mar. 1823 - **Roy**, Joseph I. to Nancy Drake
17 Apr. 1817 - **Roy**, Margaret to Jacob Gruver
6 Nov. 1819 - **Roy**, Maria to Daniel Predmore
27 Jan. 1810 - **Roy**, Mary to Reuben Fitzrandolph
16 June 1803 - **Roy**, Petty to David Gustin
1 June 1826 - **Roy**, Phebe to Allen Coursen
10 May 1824 - **Roy**, Robert to Metildah Roleback
13 Nov. 1800 - **Roy**, Sally to (Dr) David Hunt
17 Nov. 1811 - **Roy**, Sarah to James Rosenkrans
24 June 1852 - **Roy**, Sarah M. to Jacob C. Beach
10 Aug. 1810 - **Roy**, Stephen to Martha Teats
6 Mar. 1817 - **Roy**, Stephen (Hardwick) to (Wid) Anna Margaret Wintermute
16 Jan. 1817 - **Roy**, William to

Anny Hankinson
16 Aug. 1801 - **Rozel**, Isaac to Elizabeth Shuran
12 Oct. 1806 - **Rozel**, Isaac to Elizabeth Strowdy
5 May 1821 - **Rozle**, Joseph to Hettee Roleson
15 May 1800 -**Robeck**, Peter to Mary VanGorder
5 Mar. 1803 - **Rubalee**, Elizabeth to William Basking
7 June 1801 - **Rubart**, Jacob to Experience Emery
1 Jan. 1848 - **Rubert**, Henry (Sandyston) to Elizabeth Plinford
30 Jan. 1844 -**Rubert**, Lucy to Nelson Hawley
25 Sept. 1817 - **Rubert**, Mary (Sandyston) to Jacob Emery
25 Nov. 1801 - **Rude**, Caleb to Elizabeth Simpson
15 Mar. 1818 - **Rude**, Calricy to Ebenezer Derue
4 Jan. 1827 - **Rude**, Henry to Mary Winfield
3 Mar. 1842 - **Rude**, James (Vernon) to Rebecca Stackhouse
28 Dec. 1801 - **Rude**, Levi (Oxford) to Elizabeth Saxson
9 Sept. 1815 - **Rude**, Sarah to Samuel Burwell
Jan. 1844 - **Rude**, William to Elizabeth Edsall
16 Apr. 1812 - **Ruff**, Mary to Benjamin Jones
2 Apr. 1831 - **Ruff**, Susan to John Blackford
3 Jan. 1811 - **Rulephson**, Ann to John VanZant
27 Oct. 1807 - **Rulifson**, Experience to Robert Pork
15 Sept. 1814 - **Rull**, Daniel to Catherine Shirts
10 Sept. 1814 - **Rull**, Mary to Charles Wood
30 Oct. 1847 - **Rumage**, Catherine to Joseph Crane
13 Jan. 1831 - **Rumels**, Richard to Sarah Ann Parker
16 Nov. 1839 - **Rumerfield**, Cornelia to Isaac Bartow
22 Dec. 1838 - **Runion**, William T. (Green) to Electa Betson
20 Nov. 1797 - **Runkle**, Adam (Hardwick) to Peggy Corsen
28 Dec. 1813 - **Runkle**, Mary to Jonathan W. Ingram
14 Dec. 1821-**Runnel**, Courtland to Mariah Foster
24 Oct. 1832 - **Runnels**, Peter to Mary Parker
12 July 1813 - **Runnion**, Elizabeth to John McCollister
26 Feb. 1850 - **Runnion**, Jomes H. (Newton) to Mercy R. B. McCan
4 Dec. 1822 - **Runyan**, William to Elizabeth Bowlby
10 Jan. 1846 - **Runyon**, Joseph C. to Perina Ayers
31 Aug. 1833 - **Runyon**, Margaret to Henry Dickerson
19 Aug. 1804 - **Runyon**, Nancy to William Major
26 Dec. 1840 -**Runyon**, Robert T. (Green) to Susanna Cook
23 Jan. 1823 - **Runyon**, William to Luticia Poyers
31 Aug. 1822 - **Rusco**, Betsey to Eleana Mead
14 Sept. 182 **Rusco**, Isaac to Fanny Casterlin
Nov. 1821 - **Rusling**, Mary E. to John Sharp
25 Apr. 1821 - **Russell**, Caleb to Elizabeth Compton
1 Dec. 1805 - **Rusel**, Sarah (Knowlton) to William Lineberry
6 Nov. 1813 - **Russel**, Anny to Thomas House
5 Apr. 1806 - **Russell**, Caty (Wantage) to David Rutan
6 Feb. 1809 - **Russell**, John to Huldah Simerson
21 Nov. 1818 - **Russell**, John (Newton) to Catherine Onsted
7 July 1803 - **Russell**, Richard to Elizabeth Kimble
28 May 1810 - **Russell**, Ruhama to Peter Drake
18 Oct. 1825 - **Rutan**, Abraham to Anna Hazen

12 Dec. 1807 - **Rutan**, Ally to Tobias VanGelder
13 Feb. 1808 - **Rutan**, Bout to Sarah Derew
27 Apr. 1811 - **Rutan**, Daniel to Hannah Corselius
5 Apr. 1806 - **rutan**, David to Caty Russell
8 Jan 1848 - **Rutan**, David B. to Elizabeth Jane Cassidy
25 Mar. 1843 - **Rutan**, Gideon W. to Mary Ann Litts
12 Dec. 1801 - **Rutan**, Hannah to Joseph Shurtz
23 July 1835 - **Rutan**, John L. (Frankford) to Elizabeth Van-Horn
1 June 1833 - **Rutan**, Lavinda to Peter N. Ryerson
24 Jan. 1831 - **Rutan**, Maria to Isaac Layton
1 OCt. 1797 - **Rutan**, Peter (Frankford) to Charity Corciluis
5 Sept. 1846 - **Rutan**, Peter to Maria Hursh
25 Apr. 1830 -**Rutan**, Peter C. to Rebecca Jane Hough
2 Feb. 1811 - **Rutan**, Rebecca to James Mattison Jr.
17 Sept. 1804 -**Rutan**, Samuel (Frankford) to Susannah Cymer
22 Aug. 1813 - **Rutman**, Sarah to Icoda Spencer
4 Nov. 1843 -**Rutan**, Stuart C. (Frankford) to Margaret S. VAnover
14 Feb. 1808 - **Ruttan**, Catherine to Garret Shoute
23 Oct. 1839 - **Ryerson**, Adetra to Peter J. Brown
9 Feb. 1843 -**Ryerson**, Amelia H. (Hamburg) to Theodore F. ANderson
21 May 1835 -**Ryerson**, Catharine (Vernon) to Evi A. Martin
4 Nov. 1851 - **Ryerson**, Catharine V (Wantage) to Joshua S. Holbart
5 Dec. 1815 - **Ryerson**, David to Mary Linn
29 Apr. 1826 - **Ryerson**, Dorothy to John Givens Jr.
30 Dec. 1816 - **Ryerson**, Elizabeth (Hamburg) to Robert A. Linn
14 Jan. 1824 - **Ryerson**, Elizabeth to Amos Munson
3 June 1826 - **Ryerson**, Elizbeth to Jacob Ross
8 Mar. 1809 - **Ryerson**, Emma to Daniel Everit
13 Apr. 1843 - **Ryerson**, George M. (Newton) to Catherine Hagerty
15 Apr. 1805 - **Ryerson**, John to Martha Hunt
15 Feb. 1843 - **Ryerson**, Martin (Newton) to Anna B. Halsted
10 June 1834 - **Ryerson**, Mary to John Rayner
28 Oct. 1804 - **Ryerson**, Nicholas to Anna Farber
10 Dec. 1840 - **Ryerson**, Paul F. to (Mrs) Sarah Drew
15 Oct. 1808 - **Ryerson**, Peter to Elizabeth Farber
5 Oct. 1848 - **Ryerson**, Peter to (Mrs) Jane Haynes
1 June 1833 -**Ryerson**, Peter Jr. to Lavinda Rutan
29 Jan. 1829 - **Ryerson**, Sarah to William Space
9 Nov. 1814 - **Ryerson**, Thomas C. to Amelia Hannah Ogden
15 June 1816 - **Ryfinberry**, Richard to Lydia Fortner
31 Mar. 1803 - **Ryle**, John (Greenwich) to Hannah Donecker
6 Mar. 1844 - **Ryman**, David H. (Warren Co.) to T. Snover
31 Mar. 1799 - **Sabrisco**, George to Mary DeWitt
7 Mar. 1802- **Sackman**, Susanah to Daniel Stickle
1 Jan. 1852 - **Sager**, Ann to Henry VanGilder
29 Apr. 1803 - **Sagar**, Anna to George Washington Wise
23 Aug. 1806 - **Sager**, Catherine to Philip Stires
15 June 1816 - **Sager**, George (Newton) to Elizabeth Aber

20 Dec. 1846 - **Sager**, Mary E. (Newton) to John Anderson Jr.
8 Apr. 1826 - **Salaven**, Sarah (Vernon) to John Daniels
25 Aug. 1804 - **Salmon**, Elizabeth to Joseph Y. Miller
14 Jan. 1811 - **Salmon**, Elizabeth to John VanDeren
29 Mar. 1806 - **Salmon**, Hannah to Lem'l. D'Camp.
28 Dec. 1815 - **Salmon**, Hannah (Newton) to Lewis Howell
28 Apr. 1819 - **Salmon**, Hannah to Aaron Bedford
24 July 1833 -**Salmon**, Mahala to Jacob VanSickle
1 Jan. 1819 - **Salmon**, Nathaniel to Elizabeth Hunt
11 Dec. 1845 - **Sammis**, Joseph to Jane Wentworth
6 Apr. 1811 - **Sammis**, Sarah to Peter Vanhauten
12 Nov. 1844 - **Sanders**, Alver (Pompton, Penna.) to Elizabeth Cuttin
2 July 1842 - **Sanders**, George (Hardyston) to Deborah Demorest
23 May 1846 - **Sanders**, Joseph to Matilda Spencer
24 Oct. 1802 - **Sanders**, Mary to Joseph Kinnan
18 Jan. 1834 - **Sanders**, Mary Ann (Roxbury) to Nathan Smith
8 May 1798 - **Sanders**, Ruth to William Dunn
14 Jan. 1837 - **Sands**, Josephus to Maria H. Miller
3 Nov. 1816 - **Sands**, Samuel to Elizabeth Tomkins
25 Aug. 1801 - **Sanford**, Hannah to Neri Willson
4 Dec. 1847 - **Sanford**, William to Emeline Perrigo
11 Oct. 1798 - **Sankanon**, Frederick to Mary Manning
1835? - **Santiga** Sarah to Adam West
18 Mar. 1798 - **Sapier**, Elizabeth to Peter Dils
15 Nov. 1804 - **Sarch**, Martin to Elizabeth Rorick
3 May 1811 - **Sarch**, William to Mary Harpree
5 Mar. 1797 - **Sarien**, Christiane to Johgn Peter Faust
31 Mar. 1807 - **Satin** Andrew to Sallyl Drae
17 Dec. 1818 - **Saurman**, Catherine to Asa Hale
18 May 1816 - **Sausman**, Ann to Moore Armstrong
27 Dec. 1803 - **Sausman**, Barshena to VanCleve Moore
12 July 1815 - **Sauseman**, Elizabeth (Newton) to John H. Hall
18 Apr. 1844 - **Savacool**, Jacob to Margaret Stickles
22 Mar. 1842 - **Savacool**, Lydia to Joseph Mattison
13 Oct. 1838 - **Savanool**, Mary (Stillwater) to Joseph Mills
19 Nov. 1840 - **Savacool**, Peter to Amy Hockingberry
26 Mar. 1842 - **Savacool**, Philip to Mary Eagor
22 Mar. 1849 - **Savacool**, Sarah Ann to Philip D. Field
22 June 1839 - **Savacool**, Sary Ann to Christopher Losey
17 Feb. 1844 - **Savacool**, Susan to Jacob Emery
19 April 1802 - **Savacool**, Henry to Elcey Ulp
11 Aug. 1814 - **Savekool**, Abraham to Mary Lomerson
14 Apr. 1814 - **Savekool**, Christina to Joseph Greer
13 Feb. 1808 - **Savekool**, John to Mary Grover
27 July 1848 - **Savercool**, Alpheus to Sarah Fenner
30 Dec. 1834 - **Savercool**, Amey Ann (Stillwater) to Sampson Howell
9 Mar. 1815 - **Savercool**, Ann (Newton) to Jacob Coursen
24 Oct. 1819 - **Savercool**, Henry to Catherine Cook
19 July 1832 - **Savercool**, Julian (Hardwick) to William Wintermute

29 Aug. 1829 - **Savercool**, Margaret to Peter Devore
30 Aug. 1832 - **Savercool**, Martin to Mariah Sliker
22 Dec. 1806 - **Savicool**, William to Caty Wikor
1831? - **Sawares**, Benjamin to Susana McDermick
10 Jan. 1813 - **Sayer**, James to Catherine Nearpass
22 Jan. 1814 - **Saxon**, Sally to Moses Shoff
28 Dec. 1801 - **Saxson**, Elizabeth (Oxford) to Levi Rude
11 July 1822 - **Saxson**, Thomas to Delilah Longsheet
2 July 1809 - **Saxton**, Elizabeth to Morris Ming
1 May 1823 - **Saxton**, Hannah to John Livingston
8 July 1819 - **Saxton**, Jerred to Nancy Albright
21 Dec. 1815 - **Saxton**, Rebecca to William Parr
10 Nov. 1834 - **Saxton**, Stephen D. to Hannah Norris
13 Feb. 1820 - **Sayrs**, Frederick to Luna Snook
28 Dec. 1826 - **Sayre**, Lydia I. to Henry Hammon
15 Jan. 1820 - **Sayre**, Peggy to Ephram Hows
9 Feb. 1799 - **Sayre**, Permely to Robert Brodrick
24 Jan. 1807 - **Sayre**, Susan to James Stoll
1815 - **Schank**, John to M. Kere
5 July 1806 - **Schank**, William (Independence) to Ann Cummings
1815 - **Schank**, William to M. Garrison
15 Nov. 1831 - **Schellenger**, Sarah to Harris Nollan
13 Nov. 1834 - **Schoemaker**, Benjamin T. to Ila Howell
7 May 1842 - **Schofield**, ___ to Henry Willson
27 Sept. 1807 - **Schofield**, Anna to John Newman
21 Aug. 1806 - **Schofield**, Carind to Jonahhan
12 Mar. 1831 - **Schofield**, Charlotte to Levi Congleton
10 Nov. 1833 - **Schofield**, David to Prudence Stalter
15 July 1819 - **Schofield**, John to Joerush Struble
8 Apr. 1835 - **Schofield**, Mariah (Wantage) to Henry Caskey
6 Nov. 1814 - **Schofield**, Samuel to Anna Coymer
7 May 1842 -**Schofield**, Samuel to Temperence Willson
27 June 1839 - **Schoner**, George A. to Phebe C. Fiazler
24 Feb. 1821 - **Schooley**, Aaron to Pamelia Howell
17 Mar. 1808 - **Schooley**, Benjamin to Hetta Vance
27 Oct. 1816 - **Schooley**, Benjamin (Newton) to Patience Coon
23 May 1829 - **Schooley**, Benjamin to Sarah Hustin
5 Oct. 1807 - **Schooley**, Elizabeth to Samuel McNeal
30 Nov. 1801 - **Schooley**, Rachel to John Hyner
4 Feb. 1811 - **Schooley**, Rachel to Jesse Barber
1 Jan. 1807 - **Schooley**, Samuel to Elizabeth Everitt
10 June 1837 - **Schooley**, Sarah (Balesville) to Peter Bale
12 Nov. 1825 - **Schooley**, Susan to George Vance
3 Dec. 1801 - **Schooley**, Thoams (Knowlton) to Esther Hopkins
16 Oct. 1805 - **Schooly**, Anna (Mansfield) to Thomas Cox
20 Aug. 1821 - **Schoonover**, Catherine to James Armstrong
9 Mar. 1839 - **Schoonover**, Dennis to Sarah Stewart
21 Feb. 1824 - **Schoonover**, Elizabeth to Jonathan Stage
15 Dec. 1804 - **Schoonover**, Hannah to David Murry
22 Dec. 1799 - **Schoonover**, Henry to Rebecca Layton
24 Dec. 1806 - **Schoonover**,

Henry Jr. to Anna Snider
27 Aug. 1797 - **Schoonover**, Isaac to Elizabeth Hendershot
28 June 1812 - **Schoonover**, Isaac to Elizabeth Grover
30 Nov. 1795 - **Schoonover**, James to Rachel Kennedy
13 July 1800 - **Schoonover**, Joseph to Elizabeth Martin
5 Jan. 1797 - **Schoonover**, Joseph M. to Anna Hendershot
20 Mar. 1814 - **Schoonover**, Levina to Obediah Roleson
19 Aug. 1837 - **Schoonover**, Martha to John Bocklone
7 Jan. 1825 - **Schoonover**, Nancy to Abraham Coyted Jr.
13 Dec. 1812 - **Schoonover**, Rebecca to Casper Locey
9 Apr. 1848 - **Schoonover**, Rhoda (Stillwater) to Peter Keen
25 Feb. 1843 - **Schoonover**, Richard to Lucinda Hendershot
10 June 1804 - **Schoonover**, Modolphus (Newton) to Martha Martin
14 Dec. 1824 - **Schoonover**, Sarah to Elisha Smith
1 Mar. 1812 - **Schoonover**, SeLache to Alexander M. Shaw
2 Nov. 1816 - **Schott**, Benjamin to Phebe Kimble
20 June 1811 - **Schuester**, Mary to Adam Simmons
25 Dec. 1817 - **Schultz**, Jacob to Susannah Easterline
25 Feb. 1819 - **Scidman**, Selile to Jones Courtrite
27 Jan. 1820 - **Scidmore**, Sarah to Peter Rogers
5 Nov. 1837 - **Scofiled**, Silas (Wantage) to Eliza Caskey
8 Sept. 1849 - **Scoot**, Frances (Wantage) to Gabriel Shorter
6 Feb. 1819 - **Scoot**, Sarah (Hardwick) to Levi Cook
29 Jan. 1804 - **Scot**, William to Mary Moffet
14 Nov. 1840 - **Scott**, Elisha H. to Catherine Slout
2 Jan. 1815 - **Scott**, Fanny to Frederick Shirts
24 Nov. 1849 - **Scott**, Hannah to Bradford Skelenger
6 Mar. 1817 - **Scott**, Isaac to Effee Widner
5 Mar. 1820 - **Scott**, Isaiah to Eliza Stuart
10 June 1825 - **Scott**, John to Elizabeth Devenport
14 Dec. 1844 - **Scott**, Kimble (Hardyston) to Experience Cox
22 Aug. 1810 - **Scott**, Phebe to Peter Wyker
2 Jan. 1853 - **Scott**, Phebe (Deerpark, N.Y.) to Josiah Conklin
3 Oct. 1840 - **Scott**, Rebecca to William Allen
14 ___ 1831 - **Scott**, Robert to Robert Christy
4 Feb 1815 - **Scott**, Stephen to Sarah Hammond
13 Aug. 1831 - **Scott**, Stephen, Jr. to Hannah Simpson
6 Jan. 1807 - **Scott**, William to Christean Decoy
21 Aug. 1814 - **Scott**, William to Abigail Slack
13 Apr. 1820 - **Scudder**, Rosetta to Joseph Miller
16 Jan. 1822 - **Scureman**, Mary H. to John Hoglin
13 Dec. 1817 - **Scuresnah**, Rachel to George VanSickle
23 Oct. 1802 - **Seaface**, Susannah (Greenwich) to George Barenhart
12 Dec. 1822 - **Seafus**, Catharine to George Lyts
8 Apr. 1826 - **Seaman**, Catherine to John Smith
31 July 1849 - **Seaman**, Charles L. to Mary Ann Shuster
12 Jan. 1828 - **Seaman**, Jemima to Samuel Roberts
30 Aug. 1814 - **Search**, Christopher to Julia Relshen
1 Jan. 1848 - **Search**, Electa to Noah C. Marring
27 Jan. 1808 - **Searles**, Adaline to Michael Butts

11 Dec. 1847 - **Sears**, Barbara Ann to William E. Wildrick
5 Apr. 1817 - **Sears**, John (Wantage) to Eliza Pallet
22 Feb. 1812 - **Seely**, Clarissa to Charles Dekay
8 Mar. 1802 - **Seely**, Esther to Henry Snook
24 Dec. 1812 - **Seely**, Harriet to Isaac C. Burwell
30 June 1805 - **Seely**, Jonathan to Caty Washer
16 Dec. 1809 - **Seely**, Maria to John Ennis
14 May 1814 - **Seely**, William to Abigail Bakehorn
19 Sept. 1805 - **Segar**, Catharine to Peter Teates
18 Aug. 1803 - **Segar**, Lenah to Jacob McCollum
29 Mar. 1821 - **Segerfoos**, Elizabeth to Solomon Westbrook
22 Sept. 1814 - **Segular**, Nancy to Nathan Courter
9 Nov. 1833 - **Selver**, Sarah to James Corwin
27 Oct. 1840 - **Selyards**, Elizabeth to Alpheus Dunham
1 Feb. 1818 - **Senyler**, Philip to Mary Wire
16 July 1797 - **Serangson**, Margaret to Joseph Woolcocks
8 Oct. 1814 - **Serch**, Nathaniel to Ann Jameson
4 Aug. 1831 - **Seward**, Almira to Aaron Graver
21 Oct. 1824 - **Seward**, Hyley Mariah to John Hiles
1807 - **Seward**, John to Eliza Armstrong
5 Nov. 1808 - **Seward**, Nancy to George Courson
21 Oct. 1824 - **Sexton**, George to Ann Kimbal
- **Seymour**, see Cemor
18 May 1845 - **Shackleton**, Caroline to Lewis I. Olmsted
31 Mar. 1814 - **Shackleton**, Catherine to Abraham Snyder
24 Feb. 1810 - **Shackleton**, Elizabeth to George Wintermute
23 Oct. 1823 - **Shackleton**, Richard to Sarah Gevinop
22 Jan. 1839 - **Shafer**, Casper (Hardwick) to Caroline Hasen
30 Nov. 1840 - **Shafer**, Catharine E. to William Sickles
25 Jan. 1851 - **Shafer**, Charles A. (Newton) to Margaret Mains
1 Jan. 1816 - **Shafer**, Elizabeth H. to (Rev) Isaac Newton
7 Nov. 1816 - **Shafer**, Euphemia W. (Hardwick) to Henry Miller
22 Jan. 1825 - **Shafer**, Jane to Henry Beardslee
2 Mar. 1822 - **Shafer**, Martha to George Beardslee Jr.
4 Feb. 1824 - **Shafer**, Peter to Nancy Cassady
2 Feb. 1814 - **Shafer**, Sarah to (Rev) Jacob Casner
17 Feb. 1841 - **Shafer**, Rebeca J. (Newton) to (Rev) Thaniel B. Condit
5 Dec. 1811 - **Shackleton**, Elizabeth to William Raub
23 Sept 1813 - **Shackleton**, John to Mary Wintermute
5 Dec. 1805 - **Shackleton**, Mary to David Howell
28 June 1810 - **Shackleton**, Mary to William Hibbler
26 Mar. 1812 - **Shackleton**, Rachel to Peter Wintermute
11 June 1799 - **Shae**, Elizabeth (Sandyston) to James Farote
15 Nov. 1844 - **Shafer**, Mary E. (Stillwater) to Joseph H. Coursen
16 Mar. 1800 - **Shandenberge**, Henry to Sarah Dilistone
19 Mar. 1818 - **Shangle**, Mary (Newton) to Samuel Youngs
19 Nov. 1812 - **Shank**, Fabey to Levi Hart
3 Nov. 1795 - **Shank**, Joseph (Penna.) to Sarah Ervine
14 Feb. 1796 - **Shannon**, Catherine (Knowlton) to Garret VanSeater
22 June 1806 - **Shannon**, Charlotte to Adam Sharrer

4 May 1800 - **Shannon**, Daniel to Elizabeth Ribble

13 Jan. 1801 - **Shannon**, John (Oxford) to Ann Woolever

1 July 1808 - **Shannon**, Lanty to Mary Bogart

5 Aug. 1812 - **Shannon**, Mary to Peter Blair

26 June 1805 - **Shannon**, Nodiah to Sarah Little

1 Sept. 1805 - **Shannon**, Noadiah to Sarah Little

4 July 1814 - **Shardevoyne**, Martha to Jacob Freeland

12 Dec. 1812 - **Shardewine**, Ann to James Cooper

25 Dec. 1812 - **Shardewine**, Elizabeth to Thomas Davis

12 Dec. 1812 - **Shardwine**, Johana to Richard Young Jr.

14 Oct. 1813 - **Shareman**, Elizabeth to John Swick

12 Aug. 1800 - **Sharer**, Esther to John Dolin

30 Dec. 1800 - **Sharp**, Ann (Greenwich) to John Melick

27 Dec. 1808 - **Sharp**, Ann to Francis Hamilton

31 Aug. 1850 - **Sharp**, Ann (Byram) to John M. Johnson

30 Aug. 1804 - **Sharp**, Anthony to Patience Case

21 Jan. 1817 - **Sharp**, Betsey to David Welch

12 Oct. 1839 - **Sharp**, Catherine to Gilliam Demarest

30 Sept. 1817 - **Sharp**, Deobrah to Horace Vibbert

22 Feb. 1817 - **Sharp**, Eliza to James Fowler

20 Sept. 1798 - **Sharp**, Elizabeth to William Petterson

27 Apr. 1820 - **Sharp**, Isaac to (Miss) Mackey

22 Apr. 1805 - **Sharp**, Jacob to Elizabeth Titman

8 May 1803 - **Sharp**, John (Morris Co.) to Anna Frise

Nov. 1821 - **Sharp**, John to Mary E. Rusling

21 Aug. 1806 - **Sharp**, Jonathan to Carind Schofield

1 Oct. 1795 - **Sharp**, Joseph to Elizabeth Simpson

22 Mar. 1834 - **Sharp**, Lawrance to Catharine Ackerson

5 July 1829 - **Sharp**, Lorecto (Green) to John Cox

1 May 1806 - **Sharp**, Margaret (Greenwich) to Jacob Milick

13 Dec. 1814 - **Sharp**, Margaret to Jacob Poucher

28 Jan. 1844 - **Sharp**, Margaret to Henry Smith

15 July 1815 - **Sharp**, Maria to Samuel Price

8 July 1810 - **Sharp**, Mary to Isaac VanCamp Brown

8 June 1822 - **Sharp**, Mary to Benjamin Winters

2 Feb. 1832 - **Sharp**, Mary Ann to William H. Dunn

31 Nov. 1835 - **Sharp**, Mary Ann (Frankford) to John E. Bunnell

29 Dec. 1849 - **Sharp**, Matilda (Stanhope) to John Willson

22 Aug. 1811 - **Sharp**, Morris to Sarah Andrews

26 Oct. 1839 - **Sharp**, Morris to Rosanna Shelly

5 Jan. 1832 - **Sharp**, Peter to Caroline Weeks

10 Dec. 1799 - **Sharp**, Sally to Edward Dormany

28 Feb. 1850 - **Sharp**, Samuel to Hester Johnson

1 May 1809 - **Sharp**, Sarah to Joseph Welsh

6 Nov. 1810 - **Sharp**, Sarah to John Fine

12 Dec. 1804 - **Sharp**, William to Anna Sutton

16 Mar. 1802 - **Sharps**, George to Mary Sharps

8 May 1803 - **Sharps**, John (Morris Co.) to Anna Frien

16 Mar. 1802 - **Sharps**, Mary to George Sharps

22 June 1806 - **Sharrer**, Adam to Charlotte Shannon

10 Sept. 1842 - **Sharron**, George B. (Frankford) to Mary Ann Ellot

8 Aug. 1835 - **Shauger**, Esther to William W. Shauger
8 Aug. 1835 - **Shauger**, William W. to Esther Shauger
25 Mar. 1805 - **Shaugh**, Sarah to Thomas Rice
13 Sept. 1803 - **Shaver**, Abraham to Lydia Armstrong
8 May 1811 - **Shaver**, Abraham to Mark Kirrel
11 Apr. 1818 - **Shaver**, Ann to John Platz/Plots
28 Feb. 1802 - **Shaver**, Anne to William James McGown
29 Sept. 1803 - **Shaver**, Elizabeth to John Stinson
34 May 1808 - **Shaver**, Elizabeth to John Armstrong
3 July 1806 - **Shaver**, Isaac to Elizabeth Turner
25 Mar. 1815 - **Shaver**, John to Ann Ribble
24 Jan. 1805 - **Shaver**, Lanah (Hardwick) to Nathan Cook
16 Oct. 1806 - **Shaver**, Margaret to Richard Turner
5 Feb. 1816 - **Shaver**, Margaret to Ross Crane
24 May 1808 - **Shaver**, Mary to John VanDeren
28 Apr. 1804 - **Shaver**, Polly to John Johnson
9 Mar. 1802 - **Shaver**, Suffiah (Hardwick) to Isaac Howell
1 Apr. 1819 - **Shaver**, Susanah to Andrew Freece
1 Mar. 1812 - **Shaw**, Alexander M. to Selache Schoonover
4 Aug. 1813 - **Shaw**, Bridget to John Strate
19 Oct. 1822 - **Shaw**, Elizabeth to John Paddock, Jr.
17 June 1820 - **Shaw**, Elliner to william Bartallif
22 Aug. 1812 - **Shaw**, Huldah to Isaac Dennis
1 Sept. 1824 - **Shaw**, Jeremiah to Sarah Gale
9 Feb. 1809 - **Shaw**, John to Mary Hill
12 Jan. 1812 - **Shaw**, Robert to Keziah Johnson
30 Oct. 1800 - **Shaw**, Sally to Joseph Ogden
15 Oct. 1836 - **Shay**, ___ to Lucinda Lewis
5 Oct. 1839 - **Shay**, Ann to Benjamin Hursh
15 Jan. 1804 - **Shay**, David to Johannah Emery
5 Apr. 1823 - **Shay**, Elizabeth (Hardwick) to Joseph Fleming
8 May 1808 - **Shay**, Ephraim to Nancy Ogden
18 Dec. 1824 - **Shay**, Hannah to Levy Lewis
12 Nov. 1842 - **Shay**, Hiram (Wantage) to Adeline Mathers
17 Jan. 1813 - **Shay**, John to Sarah Whiting
8 Oct. 1809 - **Shay**, Joshua to Experience Ogden
2 Dec. 1838 - **Shay**, Joshua (Sandyston) to Experience Youngs
30 Dec. 1841 - **Shay**, Joshua to Jane Aber
13 Apr. 1800 - **Shay**, Phebe to John Depue
17 Jan. 1813 - **Shay**, Polly to Jacob Probasco
27 Feb. 1817 - **Shay**, Ruth (Sandyston) to Silsby Weed
21 Mar. 1828 - **Shay**, Sarah to John Layton
26 Jan. 1825 - **Shay**, Timothy to (Wid) Polly Emry
8 Jan. 1831 - **Shay**, Timothy C. to Catherine Layton
22 Feb. 1820 - **Shea**, Ocy to Whitfield VanNest
17 Aug. 1816 - **Shealor**, Elizabeth to Stephen Fesher
12 Mar. 1809 - **Shealor**, Margaret to Aaron Hibbler
1 Mar. 1818 - **Shearman**, Stephen to Sarah Taylor
9 Mar. 1811 - **Shearer**, Andrew to Elizabeth Smith
2 Jan. 1819 - **Sheckelton**, Robert to Lydia Kirkpatrick
24 July 1819 - **Shee**, Susanna to

James Hankinson
21 Mar. 1829 - **Sheeler**, Abraham (Newton) to Emily Coates
18 Aug. 1835 - **Sheeler**, Mary Ann to Adam Bird
13 Sept. 1846 - **Sheeler**, Matilda I. to John S, Smalley
26 Apr. 1821 - **Sheeler**, Philip to Sarah English
21 Nov. 1835 - **Sheeler**, William to Eliza Little
20 Jan. 1821 - **Sheephard**, (Mrs) Harriet to Nathaniel Roe
28 May 1814 - **Sheerman**, Frederick to Phebe Smith
30 Jan. 1817 - **Sheffer**, Samuel to Charity Googill
12 Nov. 1812 - **Sheffer**, Sophia to Robert Cooper
16 May 1833 - **Shegur**, Hannah to Charles Onsted
23 Dec. 1849 - **shelden**, Jacob (Newton) to Mary Tuttle
27 Mar. 1841 - **Sheldon**, Catherine (Byram) to Hampton Kishpaw
23 Nov. 1844 - **Sheldon**, Charles to Mary Ann Rolason
13 Apr. 1837 - **Sheldon**, dAniel (Newton) to Rachel Willgus
15 Jan. 1814 - **Shelds**, Sarah to William Balden
26 Jan. 1796 - **Sheler**, Mary to Lewis Ayres
28 May 1816 - **Sheler**, Mary to Mathews Rogers
17 July 1814 - **Shellinger**, John to Jane Givens
14 Oct. 1837 - **Shelly**, Ford M. (Wantage) to E. Mariah Hiles
26 Oct. 1839 - **Shelly**, Rosanna to Morris Sharp
22 Mar. 1798 - **Shengles**, William to Cornelia Smith
16 Mar. 1812 - **Shepard**, Henry to Sarah Fuller
3 Feb. 1819 - **Shepard**, Julian to Peter Main
24 Apr. 1824 - **Shephard**, Anna to Harvey Westfall
30 Sept. 1810 - **Shephard**, Henry to Mary Stout
21 Nov. 1840 - **Shepherd**, Abraham (Orange Co.) to Margaret Jane Carr
28 Aug. 1844 - **Shepherd**, Asenath to Theodore Durling
6 Aug. 1825 - **Shepherd**, Charlotte to Joseph Adams
1 Oct. 1803 - **Shepherd**, Eleanor to Francis Gustin
18 June 1831 - **Shepherd**, Faney to Silas Lewis
8 Dec. 1795 - **Shepherd**, Jacob to Rachel VanSickle
5 Sept. 1814 - **Shepherd**, Jacob to Rebecca Sutton
14 Oct. 1837 - **Shepherd**, James K. (Wantage) to Emeline Sweze
23 Dec. 1846 - **Shepherd**, Lavina (Wantage) to Lewis Adams
17 Jan. 1852 - **Shepherd**, Levi (Wantage) to Nancy Decker
14 Jan. 1837 - **Shepherd**, Lydia Ann to David Willson
27 Nov. 1851 - **Shepherd**, Mary to Archibald Fountain
10 Apr. 1834 - **Shepherd**, Nathan, Jr. to Jane Coss
25 Feb. 1804 - **Sheppard**, Jacob to Martha Linn
26 Feb. 1825 - **Shepherd**, Matilda to Elijah Coykendoll
3 Aug. 1800 - **Sheppard**, Nathan to Tempey Ayres
25 May 1813 - **Shepperd**, Ann to Daniel Fauger
25 May 1833 - **Shepperd**, Hancy to Eleanor Lewis
26 Nov. 1831 - **Shepperd**, Katherine to James Howell
17 Mar. 1834 - **Shepperd**, Margaret to John Tenyke
10 Sept. 1801 - **Shepperd**, Mary to Isaac Lyons
1 Jan. 1831 - **Shepperd**, Morris to Eleanor Phillips
11 Feb. 1802 - **Sherred**, Nancy to Jacob Kerr
18 Apr. 1835 - **Sherred**, Richard to Flora Hunt
23 May 1807 - **Sherred**, Susan to

William Little
2 Dec. 1822 - **Sherred**, Susan to William M. Warne
27 Dec. 1812 - **Sherry**, John to Sally Hopper
29 Aug. 1815 - **Sherry**, Sally to Henry Snover
9 Oct. 1803 - **Sheward**, Mary (Frankford) to Edward Hunt
7 May 1851 - **Sherwood**, Benjamin (New York City) to Catharine Townsend
3 July 1839 - **Sherwood**, George A. to Gertrude M. Ludlow
16 Aug. 1823 - **Sherwood**, Isaac to ___ Adams
18 Feb. 1821 - **Shields**, Mary to David Emery
11 Jan. 1821 - **Shields**, Samuel to Eliza Emery
2 Sept. 1803 - **Shiff**, Richard (Indenpendence) to Sarah Bell
16 Oct. 1798 - **Shillenger**, Elisha to Mary Cemor
27 Oct. 1798 - **Shimer**, Abraham (Montague) to Margaret Willson
24 Dec. 1810 - **Shimer**, Abraham to Triphena Benjamin
14 Feb. 1814 - **Shimer**, Esther to Jeremiah Wainwright
27 Feb. 1814 - **Shimer**, Isaac to Elizabeth Wood
22 May 1814 - **Shimer**, Jacob to Sarah Westbrook
27 July 1816 - **Shiner**, Jacob (Hardwick) to Catherine Poder
12 Dec. 1816 - **Shimer**, Laney to Daniel Pool
6 Mar. 1814 - **Shimer**, Lydia to Peter Westbrook
10 Mar. 1799 - **Shimer**, Mary (Montague) to Benjamin Hornbeck
17 June 1840 - **Shimer** Mary (Montague) to Peter Swartwout
21 May 1847 - **Shiner**, Joseph (Wantage) to Elizabeth Thomas
15 May 1844 - **Shiner**, Mary Ann to David Tidaback
13 Nov. 1845 - **Shiner**, Robert T. (Newton) to Emma Drake
16 Oct. 1824 - **Shiner**, Stephen to Sally Ann Pierson
11 Aug. 1808 - **Shiner**, Isaac to Martha Post
2 July 1807 - **Shiner**, Jacob to Elizabeth Rice
11 Feb. 1808 - **Shiner**, John to Elizabeth Vorhees
10 Oct. 1811 - **Shiner**, Mary to David Roy
7 Nov. 1812 - **Shiner**, Mary to John Van
17 Nov 1821 - **Shiner**, Rosetta to Thomas Hadley
2 June 1821 - **Shiner**, Stephen to Anney Sovercool
28 Jan. 1806 - **Shimers**, Susannah (Montague) to Corn. Brink
15 Aug. 1799 - **Shingles**, Andrew to Sarah Jones
20 Mar. 1834 - **Shinner**, Joseph to Elizabeth Perrigo
21 Mar. 1802 - **Shipman**, Hester to James Wallace
22 Jan. 1818 - **Shipman**, Matthias to Ann Carter
21 Jan. 1807 - **Shipman**, Mary to Christian Andres
4 July 1807 - **Shippen**, Abigail to James VanTier
15 Sept. 1803 - **Shippen**, Ann to John W. Martin
1 Jan. 1806 - **Shippen**, Susan to Isaac Chrisman
5 Oct. 1803 - **Shippens**, Maria (Oxford) to Samuel Blair
5 June 1824 - **Ships**, Joseph to Elizabeth Bale
17 July 1816 - **Ships**, Martha to Isaac Hendershot
8 Apr. 1847 - **Ships**, Mary Ann to Thomas McDavit Jr.
15 Sept. 1821 - **Shirts**, Catherline to Daniel Rull
24 July 1815 - **Shirts**, Deborah to Peter Fenner
2 Jan. 1815 - **Shirts**, Frederick to Fanny Scott
18 Jan. 1824 - **Shirts**, Margaret to Jacob Lummis
4 Mar. 1820 - **Shirts**, Mary to

John E. Hammond
21 Jan. 1810 - **Shisler**, Cosper to Elizabeth Strickland
22 Sept. 1808 - **Shisler**, Susan to William A. Williams
8 Jan. 1807 - **Shoemaker**, Abr'm. to Elizabeth Swisher
1 June 1807 - **Shoemaker**, Daniel to Polly Taylor
4 Mar. 1802 - **shoemaker**, Elizabeth to Lawrence Somerson
21 Oct. 1826 - **Shoemaker**, Susan to Philip H. Depue
10 July 1800 - **Shoemaker**, Susannah (Walpack) to Thomas Decker
8 June 1806 - **Shoeman**, John to Lena Hammond
22 Jan. 1814 - **Shoff**, Moses to Sally Saxon
9 Nov. 1802 - **Shoff**, Nancy to Richard Folk
13 May 1826 - **Shoop**, Caty to John Merring
1836 - **Shorter**, Eliza to Sidney Teasdale
5 Dec. 1840 - **Shorter**, Andrew to Margaret J. Morris
5 Feb. 1848 - **Shorter**, David to Martha McCoy
8 Sept. 1849 - **Shorter**, Gabriel (Wantage) to Frances Scoot
8 Dec. 1832- **Shorter**, John W. (Hardyston) to Eliza Cassady
3 Nov. 1832 - **Shorter**, Julia to Eleazar Cassidy
31 Mar. 1812 - **Shottwell**, Abraham to Martha Inglis
6 Oct. 1841 - **Shotwell**, Effy (Frankford) to Daniel P. Case
5 Apr. 1834 - **Shotwell**, Elizabeth to Dennis Morris
6 Dec. 1817 - **Shotwell**, James (Frankford) to Mary VanGorden
10 Aug. 1839 - **Shotwell**, James (Frankford) to Jane Roe
4 Jan. 18454 - **Shotwell**, James I. to Mary Benjamin
1 July 1818 - **Shotwell**, Jonathan to Phebe Willson
13 July 1843 - **Shotwell**, Mariah (Frankford) to Oliver Struble
29 Apr. 1802 - **Shotwell** Nancy to John Green
20 June 1818 - **Shotwell**, Sally (Frankford) to Jacob Bale
14 Jan. 1841 - **Shotwell**, Sally Ann (Frankford) to Samuel Smith
31 Dec. 1809 - **Shotwell**, Samuel to PhebePoyer
16 June 1838 - **Shotwell**, Samuel (Newton) to Emeline Bross
11 May 1844 - **Shotwell**, Samuel (Newton) to Phebe W. Kays
28 Mar. 1808 - **Shotwell**, William to Mary Ayres
25 May 1842 - **Shotwell**, William (Newton) to Sarah Northrup
10 May 1797 - **Shouemaker**, Charity to John Alwood
8 Oct. 1808 - **Shouak**, Mary to James Edwards
17 Mar. 1803 - **Shourts**, Anna to John Simonson
14 Feb. 1808 - **Shouts**, Garret to Catherine Ruttan
1 Dec. 1810 - **Show**, Moses to Catherine Mires
Nov. 1817 - **Shiriner**, Christopher to Polly Hunt
30 Sept. 1815 - **Shuet**, John to Rachel Vanostrand
13 Mar. 1813 - **Shuet**, Mary to Bryce Perry
21 Feb. 1813 - **Shuffield**, Richard H. to Sarah Hendrie
2 July 1820 - **Shults**, Margaret to Daniel Thomas
18 May 1815 - **Shumaker**, William to Margaret Snider
9 Feb. 1822 - **Shuman**, Antone to Margaret Hunt
21 June 1807 - **Shuman**, Christiana to Arch Winans
12 Aug. 1839 - **Shumar**, Phebe (Frankford) to William Myres
24 Sept. 1812 - **Shuman**, Philip to Eupheme Willson
16 Aug. 1801 - **Shurman**, Elizabeth to Isaac Hozell
25 Apr. 1720 - **Shurt**, Letty to

Hugh Longwell
21 Feb. 1824 - **Shurte**, Margaret to David Longwell
15 Oct. 1839 - **Shurte**, Rachel (Vernon) to Henry Lasher
4 Jan. 1817 - **Shurtwere**, Sarah to Peter Fountain
12 Dec. 1801 - **Shurtz**, Joseph to Hannah Rutan
8 Apr. 1826 - **Shurum**, William to Susannah Moorhouse
18 Mar. 1824 - **Shuster**, Abraham to Lydia Ulp
19 Jan. 1843 - **Shuster**, Elizabeth (Warren Co.) to William VanCampen
2 Mar. 1820 - **Shuster**, George to Lydia Dodder
19 June 1852 - **Shuster**, Jacob S. to Ann M. Mackerly
9 July 1815 - **Shuster**, John to Sarah Main
31 July 1849 - **Shuster**, MaryAnn to Charles L. Seaman
18 Feb. 1798 - **Shuster**, Rebecca to Samuel Odell
27 Apr. 1800 - **Shuts**, Elizabeth to David Lash
16 Mar. 1803 - **Shuts**, Lowrance to Elizabeth Medler
25 Nov. 1804 - **Shymer**, Hester to Wilhelmus VanAuken
15 Mar. 1818 - **Sickle**, Abraham Jr. to Easter Clawson
24 Apr. 1823 - **Sickels**, Ann to Zachariah Hibler
18 Oct. 1815 - **Sickle**, William (Frankford) to Mary Drake
14 Apr. 1804 - **Sickles**, Daniel to Phebe Ayres
22 Sept. 1812 - **Sickles**, Daniel to Elizabeth Sidner
11 Nov. 1845 - **Sickles**, Elizabeth to William Chambers
26 May 1796 - **Sickles**, Henry to Elizabeth Bails
14 Mar. 1818 - **Sickles**, John to Margaret Clark
8 Jan. 1808 - **Sickles**, (Wid) Mary to John Hendricks
22 Nov. 1807 - **Sickles**, Phebe to

Nathan Youngs
12 Apr. 1821 - **Sickles**, Sarah (Hardwick) to John Widner
30 Nov. 1840 -**Sickles**, William to Catharine E. Shafer
25 Mar. 1817 - **Sickley**, Archibald to Sarah Hazen
19 Mar. 1822 -**Sicksfoss**, Mary to John D. Smith
13 Aug. 1821 - **Siddles**, Nancy to Henry Brass
Nov. 1842 - **Sidman**, Lydia to John Gordon
10 Mar. 1845 - **Sidman**, Sarah Jane to Elias Riggs
5 Sept. 1840 - **Sidner**, Eli (Green) to Susan Ayres
22 Sept. 1812 - **Sidner**, Elizabeth to Daniel Sickles
13 July 1807 - **Sidner**, John to Susan Noble
28 Aug. 1847 - **Sidner**, Robert to Hannah Heldebrant
5 Apr. 1848 - **Sidner**, William T. (Independence) to Sarah C. Cooper
31 Oct. 1840 - **Sigafoos**, Hannah (Newton) to Isaac Cron
20 July 1816 - **Sigler**, Oliver (Vernon) to Hannah Carter
13 Mar. 1822 - **Sigler**, Samuel to Peggy Evens
11 Feb. 1824 - **Silcox**, Joseph to Catherine Notts
9 July 1812 - **Silliman**, Elizabeth to John Wolf
30 Mar. 1844 - **Silsbe**, Jane to More Crill
23 May 1840 - **Silsbe**, Melinda (Frankford) to John Pullin
1 Jan. 1831 - **Silsbee**, Christen to Peter Stephenfield
13 Dec. 1821 - **Silsbee**, John to Juliann Conklin
8 Dec. 1810 - **Silsley**, John to Lavina Milledge
15 Jan. 1816 - **Silsby**, Christina to Dexter Pearce
5 Oct. 1800 - **Silverthorn**, Henry (Hardwick) to Elizabeth Albertson

17 July 1823 - **Silverthorn**, Mary to Amos Anderson
23 June 1810 - **Silverthorn**, Nicholas to Margaret Lynn
21 Jan. 1819 - **Silverthorn**, Rebeckah to John Hendershot
20 Sept. 1795 - **Silverthorn**, Sarha (Knowlton) to William Howel
12 Apr. 1816 - **Silvester**, Jerusha (Frankford) to John Dalrymple
1 Mar. 1817 - **Silvey**, William to Elizabeth Davis
26 Feb. 1809 - **Simerson** Huldah to John Russell
1800 - **Simerson**, Phebe to Willima Simpson
9 Jan. 1797 - **Simmon**, Mary (Hardwick) to George Anderson
20 June 1811 - **Simmons**, Adam to Mary Schuester
30 Dec. 1815 - **Simmons**, Calvin to Margaret Benjamin
23 Nov. 1815 - **Simmons**, Catherine (Hardwick) to Joseph Tillman
11 Jan. 1812 - **Simmons**, Caty to Ira Burwell
20 May 1826 - **Simmons**, Charlotte to John Kishpaugh
7 Jan. 1843 - **Simmons**, David (Frankford) to Eleanor Dalrymple
24 May 1798 - **Simmons**, Elizabeth (Hardwick) to David Smith
10 Apr. 1803 - **Simmons**, Elizabeth (Frankford) to Robert Lambert
10 Dec. 1836 - **Simmons**, Elizabeth (Newton) to William Cox
4 Dec. 1817 - **Simmons**, Jacob to Easter Dodder
2 Mar. 1814 - **Simmons**, John to Lydia Manes
1 Nov. 1840 - **Simmons**, John to Emeline Space
22 May 1841 - **Simmons**, Margaret (Vernon) to Andrew F. Voss
11 Aug. 1829 - **Simmons**, Mary (Frankford) to William Gunteryman
13 May 1837 - **Simmons**, Mary to Schoby Case
21 Dec. 1805 - **Simmons**, Philip to Alice Likins
5 May 1813 - **Simmons**, Philip to Susanah Struble
12 Apr. 1802 - **Simmons**, Sarah to William David Hopkins
21 Oct. 1815 - **Simmons**, Safvona (Frankford) to James Hopkins (Esq)
13 Jan. 1811 - **Simmons**, Susan to Coonrad Struble
20 Aug. 1818 - **Simmonson**, Bont to Mary Talmage
13 Oct. 1832 - **Simmonson**, Levina to Denman Cortright
30 Nov. 1844 - **Simmonson**, Nicholas to Clarissa Conkllin
23 Sept. 1826 - **Simonson**, Ann to John Edsall
25 Sept. 1814 - **Simonson**, Anna to Oliver Henchman
13 Mar. 1806 - **Simonson**, Catherine to Peter Edsall
20 Oct. 1820 - **Simonson**, Catherine to William Winans
21 Sept. 1799 - **Simonson**, Christopher to Hannah Perry
1840 - **Simonson**, Elizabeth to John Townsend
17 Mar. 1803 - **Simonson**, John to Anna Shurte
10 Sept. 1818 - **Simonson**, John to Mary Hixson
28 Oct. 1826 - **Simonson**, Joseph to Lydia Townsend
23 Mar. 1803 - **Simonson**, Sarah to Thomas Osborn
17 Feb. 1803 - **Simonson**, Simon to Catherine Perry
3 Apr. 1813 - **Simpson**, Ann to Jacob Blue
19 Feb. 1814 - **Simpson**, Ann to Jacob Hue
2 Apr. 1825 - **Simpson**, Ann to Alfred Barton
9 Jan. 1847 - **Simpson**, Anna M. (Lafayette) to George Reed
5 June 1806 - **Simpson**, Catherine to Abraham Dennis

1 June 1806 - **Simpson**, Christian to Van T. Coursen
24 Dec. 1840 - **Simpson**, Edward to Catharine Perry
15 Sept. 1838 - **Simpson**, Eliza (Hardyston) to John Smith
1 Oct. 1795 - **Simpson**, Elizabeth to Joseph Sharp
25 Nov. 1801 - **Simpson**, Elizabeth to Caleb Rude
13 Oct. 1821 - **Simpson**, Elizabeth to David J. Perrige
5 Sept. 1840 - **Simpson**, Elizabeth to Jesse Smith
1 May 1824 - **Simpson**, George to Mary Townsend
13 Aug. 1831 - **Simpson**, Hannah to Setphen Scott Jr.
23 Oct. 1852 - **Simpson**, Helen M. (Newton) to Jacob M. Crober
17 Dec. 1808 - **Simpson**, Henry to Ann McIlroy
17 Apr. 1824 - **Simpson**, James to Sarrah Townsend
4 Sept. 1803 - **Simpson**, Jane to John Struble
29 Mar. 1834 - **Simpson**, Jane to Stephen Smith
14 June 1817 - **Simpson**, Jemimah to William Edsall
12 Jan. 1814 - **Simpson**, John to Sarah Weisner
19 Aug. 1824 - **Simpson**, John H. to Safiah Munson
1 Feb. 1849 - **Simpson**, Joseph to Sarah P. Bailey
23 Oct. 1804 - **Simpson**, Margaret A. (Vernon) to Ira Perigo
26 Dec. 1838 - **Simpson**, (Mrs) Martha to Calvin Lybolt
14 Oct. 1804 - **Simpson**, Mary to James Edsall Jr.
25 Mar. 1809 - **Simpson**, Mary to James Gibson
28 Nov. 1815 - **Simpson**, Mary to Aaron Powers
6 July 1839 - **Simpson**, Mary to Zenus Wilkins
3 Sept. 1839 - **Simpson**, Matilda (Marksboro) to Jacob Blair
27 Feb. 1823 - **Simpson**, Morris to Susannah Force
15 Oct. 1808 - **Simpson**, Phebe to Thomas Perry
15 Dec. 1832 - **Simpson**, Rachel to Charles Perigo
28 Nov. 1841 - **Simpson**, Robert to Catharine Smith
Aug. 1833 - **Simpson**, Sally Ann to James Wisner
12 Dec. 1813 - **Simpson**, Sarah to Alexander Allen
21 Feb. 1818 - **Simpson**, Sary to William Butler
29 Oct. 1831 - **Simpson**, Walter to JuliaAnn Woodhull
1800 - **Simpson**, William to Phebe Simerson
21 Dec. 1816 - **Simpson**, William to Nancy Card
17 June 1852 - **Simpson**, William to Frances A. Smith
20 Sept. 1804 - **Sims**, John to Catherine Come
30 Sept. 1798 - **Simson**, Margaret to Samuel Granline
6 Jan. 1814 - **Sinclair**, Elizabeth to Henry Snyder
27 July 1817 - **Sine**, Joseph to Mele Ayres
31 July 1803 - **Sion**, Sarah to Benjamin Gouble
3 June 1820 - **Siphers**, William to Rebecca Force
2 Sept. 1838 - **Siple**, John to Harriet Cox
6 June 1847 - **Siples**, Rhoda to Henry D. Coleman
15 Sept. 1833 - **Sipley**, Elizabeth to John Hawk
7 Mar. 1813 - **Sipley**, John to Elizabeth Berk
24 Nov. 1833 - **Sipley**, Lydia to Frederick Manos Jr.
16 May 1833 - **Sipley**, Philip to Sary Sliker
9 May 1812 - **Sipley**, Robert to Elizabeth Puder
14 June 1828 - **Sipperley**, Elizabeth to William Mills
22 Oct. 1797 - **Sippily**, Martin to Sophia Keen

4 June 1798 - **Sisser**, Deborah to Peter Wintermute
28 Oct. 1810 - **Sites**, Andrew to Elizabeth Robbins
3 Jan. 1843 - **Sites**, Cornelius V. (Stillwater) to Susan Morris
10 Sept.1820 - **Sits**, Sarh to John More
21 Nov. 1842 - **Skank**, Casper to Mary Autom
24 Nov. 1849 - **Skelenger**, Bradford to Hannah Scott
8 Mar. 1800 - **Skelenger**, Lois to Jonathan Bedell
16 Oct. 1816 - **Skellenger**, James (Wantage) to Elizabeth Ayres
15 Mar. 1851 - **Skellenger**, Allen (Sandyston) to Sarah Pough
6 Mar. 1841 - **Skellenger**, Charlotte to William T. Hockenberry
19 Feb. 1843 - **Skellenger**, Esther to John Casterline
11 Sep. 1852 - **Skellinger**, Phebe (Sandyston) to John Thomas Reemer
3 Feb. 1814 - **Skidmore**, Julia to Andrew Thomson
8 Feb. 1811 - **Skillman**, John to Margaret Hart
31 Dec. 19836 - **Skiner**, ___ to Jacob Trinberland
30 Aug. 1821 - **Skinner**, Ann to ____
18 Jan. 1853 - **Skinner**, Catherine (Wantage) to George Skinner
18 Jan. 1853 - **Skinner**, George (Wantage) to Catherine Skinner
1 Feb. 1817 - **Skinner**, James (Oxford) to Catharine Skinner
5 Dec. 1843 - **Skinner**, Machael B. to Esther Decker
9 Mar. 1839 - **Skiekegast**, Susan to Michael Bedell
21 Aug. 1814 - **Slack**, Abigail to William Scott
1 Oct. 1836 - **Slack**, Ann to Frederick Grill
20 Dec. 1811 - **Slack**, Readma to Susannah Byrd
8 Apr. 1804 - **Slack**, Susanna to Joseph Temple
19 June 1832 - **Slack**, Thomas to Myram VanSickles
16 Feb. 1833 - **Slacker**, Eliza to William Tillman
24 Oct. 1833 - **Slacker**, Eliza to William Blackford
22 Sept. 1816 - **Slakbower**, Andrew (Newton) to Margaret Onsted
28 Sept. 1816 - **Slakbower**, Sarah (Newton) to Robert Beaty
5 Jan. 1807 - **Slater**, Elizabeth to Samuel Sutton
31 Mar. 1833 - **Slate**, Samuel to Catherine Moore
22 Sept. 1809 - **Slate**, (Mrs) Susan to Benjamin Masters
Dec. 1845 - **Slater**, Bartine (Warren Co.) to Sarah Ann Blackwell
6 Sept. 1806 - **Slater**, Charlotte to Joseph Weller
8 Feb. 1820 - **Slater**, E. to Leonard Hipp
25 Oct. 1809 - **Slater**, Effey to Thomas Barkley
14 Nov. 1822 - **Slater**, James to Mary Heavener
26 May 1827 - **Slater**, Joseph to Eliza Primrose
21 Feb. 1828 - **Slater**, William to Hannah Hankinson
13 May 1804 - **Slaugh**, Rachel to John Rishoop
9 Dec. 1843 - **Slaughbower**, Edward (Newton) to Malinda Strader
7 Oct. 1824 - **Sleitor**, Simoen to Rachel Vandemark
18 Aug. 1832 - **Sliker**, Andrew to Catherine Hemmon
15 Jan. 1842 - **Sliker**, Corcas to William Locy
16 May 1807 - **Sliker**, John to Margaret Hamilton
30 Aug. 1832 - **Aliker**, Mariah to Martin Savercool
27 Mar. 1814 - **Sliker**, Mary to Phineas Bell
3 Nov. 1824 - **Sliker**, Samuel to Peggy Space

24 July 1828 - **Sliker**, Samuel to Mariah Smith
16 May 1833 - **Sliker**, Sary to Philip Sipley
17 Nov. 1832 - **Sliker**, Susan to David Mann
25 Sept. 1841 - **Sloan**, James to Ruth Willson
9 Jan. 1822 - **Sloan**, (Dr) John to Katurah Hankinson
7 Dec. 1837 - **Sloane**, Mary Ann (Hardyston) to Mahlon Bailey
15 May 1822 - **Slockbower**, Margaret to Philip Stuble
22 Aug. 1812 - **Slockbower**, Mary to Peter Boid
14 Feb. 1826 - **Slockbower**, William to Charlotte Young
4 Jan. 1841 -**Sloughbour**, Peter (Newton) to Phebe Curran
27 Nov. 1841 - **Sloughbower**, Chalres to Elizabeth Hendershot
14 Nov. 1840 - **Slout**, Catharine to Elisha H. Scott
27 Jan. 1814 - **Slyker**, David to Betsey Apgar
11 Dec. 1800 - **Slyker**, Jacob (Indenpendence) to Temperence Wright
17 Apr. 1830 - **Small**, Jane to William Cole
26 Sept. 1837 - **Smalley**, Andrew A. (New York) to Charlotte Ann Bell
22 Oct. 1828 - **Smally**, Catherine to Isaiah Windfield
10 June 1806 - **Smally**, John to Sarah Linn
13 Sept. 1846 - **Smally**, John S. to Matilda I. Sheler
24 May 1853 - **Smally**, Susahhah to Abraham Veek
30 June 1824 - **Smith**, Abraham (Hardwick) to Margaret McCurdy
27 Mar. 1806 - **Smith**, Abigail (Oxford) to William Christy
6 Jan. 1805 - **Smith**, Ab'm. to Rachel Robbins
14 May 1805 - **Smith**, Ackey to David Looce
1816 - **Smith**, Adam (Bergen Co.) to Catherine Strate
2 July 1824 - **Smith**, Alexander H. Harriet L. Drake
1 Jan. 1844 - **Smith**, Almira (Newton) to Abraham McMurtry
2 Feb. 1833 - **Smith**, Amos to Hannah Fields
28 June 1801 - **Smith**, Ann (Knowlton) to Jacob Hazen
22 Sept. 1821 - **Smith**, Ann to John Maybee
2 Mar. 1806 - **Smith**, Anna to Philip Hauk
24 Jan. 1802 - **Smith**, Anne to Cornelius VanEtten
27 June 1830 - **Smith**, Annis to James Bartolof
30 Sept. 1835 - **Smith**, Asa to Sarah Mariah Cooper
29 Feb. 1829 - **Smith**, Barbara to Adam Ashback
23 Jan. 1826 - **Smith**, Barbary to Daniel Smith
20 July 1801 - **Smith**, Barnabas (Oxford) to Elizabeth Wier
14 Dec. 1803 - **Smith**, Benjamin to Anna Lose
15 Feb. 1817 - **Smith**, Benjamin to Anny Richards
13 Oct. 1821 - **Smith**, Benjamin to Hester Heft
4 Jan. 1824 - **Smith**, Benjamin to Phebe Jones
28 Oct. 1848 - **Smith**, Bernell to Mary Ann Willson
22 Jan. 1807 - **Smith**, Boad to Lydia Gibbs
2 May 1804 - **Smith**, Cadwallader to Mary Hendershot
25 Jan. 1820 - **Smith**,Caleb to Jane Cummins
29 Oct. 1808 - **Smith**, Catey to George Staley
19 Oct. 1794 - **Smith**, Catherine to Martin Martinus
18 Oct. 1795 - **Smith**, Catherine (Knowlton) to John Parrs
20 Oct. 1797 - **Smith**, Catherine (Knowlton) to William Maskey

8 Jan. 1798 - **Smith**, Catherine to William Benny
28 June 1806 - **Smith**, Catherine to Lyel Stevens
25 June 1818 - **Smith**, Catherine to Abraham Decker
16 Dec. 1823 - **Smith**, Catherine to Bartly Miller
11 Sept. 1818 - **Smith**, Catharine to David Bonnel
28 Nov. 1841 - **Smith**, Catherine to Robert Simpson
Nov. 1846 - **Smith**, Catherine to James Grey
2 Feb. 1806 - **Smith**, Caty to John Creveling
20 Mar. 1807 - **Smith**, Caty to James Milick
23 Dec. 1811 - **Smith**, Caty to Benjamin Hull
26 Sept. 1819 - **Smith**, Caty to Lenard Coal
26 Dec. 1817 - **Smith**, Charles to Lodicia Chichester
14 Mar. 1826 - **Smith**, Charles K. to Mary Drake
27 July 1806 - **Smith**, Christian to Mary Highlin
13 Feb. 1817 - **Smith**, Christian to Burtis Burd
24 Mar. 1829 - **Smith**, Christena to Calvin Decker
22 June 1844 - **Smith**, Conrad to Margaret Stout
22 Mar. 1798 - **Smith**, Cornelia to William Shengles
2 June 1810 - **Smith**, Daniel to Elizabeth Dotey
18 Oct. 1807 - **Smith**, Daniel to Mehetable Canfield
23 Jan. 1826 - **Smith**, Daniel to Barbary Smith
21 Jan. 1796 - **Smith**, David to Mary Kennedy
24 May 1798 - **Smith**, David to Elizabeth Simmons
11 May 1822 - **Smith**, David to Margaret Cole
26 Aug. 1847 - **Smith**, David W. to Mary A. Bellew
6 Oct. 1829 - **Smith**, Delia to Samuel Knapp
23 Oct. 1803 - **Smith**, Eave to Andrew Keighline
17 Nov. 1810 - **Smith**, Elias to Sarah Ayres
24 June 1804 - **Smith**, Elidea (Frankford) to George Gustin
14 Dec. 1824 - **Smith**, Elisha to Sarah Schoonover
22 Mar. 1827 - **Smith**, Eliza to Lyman Edwards
17 Apr. 1796 - **Smith**, Elizabeth (Hardwick) to Jonathan Collins
28 June 1801 - **Smith**, Elizabeth to George Coss
1 Apr. 1802 - **Smith**, Elizabeth (Walpack) to John Peters
1 Nov. 1810 - **Smith**, Elizabeth to Henry Garner
9 Mar. 1811 - **Smith**, Elizabeth to Andrew Shearer
25 July 1813 - **Smith**, Elizabeth to Charles Cougle
19 Apr. 1817 - **Smith**, Elizabeth to John Hubbard
29 Mar. 1826 - **Smith**, Elizabeth to Philip Smith
9 Dec. 1828 - **Smith**, Elizabeth to Philip Smith
3 July 1852 - **Smith**, Elizabeth (Stillwater) to James L. Snover
27 Dec. 1849 - **Smith**, Ellen (Newton) to Peter M. Case, Jr.
31 Dec. 1835 - **Smith**, Emely (Wantage) to Matthew Henry Cooper
22 Dec. 1838 - **Smith**, (Mrs) Emely M. (Hardyston) to David Stalter
6 Apr. 1850 - **Smith**, Eveline (Newton) to Peter Townsend
25 Aug. 1832 - **Smith**, Fountain to Marial Cox
17 June 1852 - **Smith**, Frances A. to William Simpson
10 Feb. 1803 - **Smith**, Francis to Margaret Talor
3 Sept. 1845 - **Smith**, Franklin to Mary Northrup
8 July 1823 - **Smith**, Frederick to Margaret Smith
17 June 1830 - **Smith**, Frederick

L. to Catherine Snover
1 May 1808 - **Smith**, George to Sarah Compton
3 Mar. 1821 - **Smith**, George to Elizabeth Hatheway
26 Feb. 1824 - **Smith**, George to Mary Ann Struble
14 Nov. 1839 - **Smith**, George to Margaret Tharp
7 Jan. 1833 - **Smith**, George T. to Nancy Huston
11 July 1807 - **Smith**, Gilbert Jr. to Scntha Crossman
21 Apr. 1807 - **Smith**, George to Margaret Personn
9 Jan. 1812 - **Smith**, Hannah to John Benjamin
24 Dec. 1818 - **Smith**, Hannah to John Hillman
27 Jan. 1822 - **Smith**, Hannah to Joseph Debonport
4 May 1853 - **Smith**, Hannah E. (Stanhope) to Francis E. Bell
5 Dec. 1802 - **Smith**, Henry to Sarah Archer
20 Apr. 1819 - **Smith**, Henry to Polly Swayze
16 Dec. 1820 - **Smith**, Henry to Sarah Loder
14 Dec. 1836 - **Smith**, Henry (New York) to Sarah Couse
20 Dec. 1837 - **Smith**, Henry to Eunice Dunlap
30 Nov. 1839 - **Smith**, Henry (Vernon) to Ann W. Cubberled
28 Jan. 1844 - **Smith**, Henry to Margaret Sharp
23 Aug. 1823 - **Smith**, Hester to Peter Bross
6 Mar. 1847 - **Smith**, Howell G. to Mary Puder
19 Apr. 1810 - **Smith**, Isaac to Effy Matthews
27 Dec. 1810 - **Smith**, Isaac to Sarah Anderson
20 Oct. 1831 - **Smith**, Isaac to Mary Ann Cummings
20 Feb. 1819 - **Smith**, Isaac Jr. to Eliza Willson
9 Dec. 1804 - **Smith**, Jacob to Elizabeth Farver
23 Mar. 1844 - **Smith**, Jacob to Jane Cramer
11 Oct. 1810 - **Smith**, Jacob D. to Ann Park
18 Feb. 1826 - **Smith**, Jacob K. to Selache Decker
29 July 1802 - **Smith**, James to Jane Davenport
3 Oct. 1805 - **Smith**, James to Anna Lance
17 June 1812 - **Smith**, James to Elizabeth Wier
22 Apr. 1820 - **Smith**, James to Ann Willson
5 Feb. 1821 - **Smith**, James to Margaret McKinney
22 Dec. 1827 - **Smith**, James to Nancy Couse
14 Dec. 1839 - **Smith**, James (Newton) to Mary Couse
22 May 1834 - **Smith**, James D. to Milly Horlick
22 Apr. 1820 - **Smith**, Jane to Jacob Winters
5 Sept. 1840 - **Smith**, Jesse to Elizabeth Simpson
10 Nov. 1852 - **Smith**, Jesse M. (Goundefield, Ohio) to Hetea Maria Cox
5 Dec. 1796 - **Smith**, John (Wantage) to Elizabeth Lyon
16 Feb. 1797 - **Smith**, John (Oxford) to Elenor Mackey
1 Jan. 1811 - **Smith**, John to Margaret Kinney
27 Jan. 1812 - **Smith**, John to Mary Cutlip
24 Oct. 1813 - **Smith**, John to Elizabeth Chamberlin
13 Feb. 1814 - **Smith**, John to Anne Oliver
29 Apr. 1815 - **Smith**, John to Catherine Beemer
22 Jan. 1822 - **Smith**, John (Newton) to Jane Pettit
8 Apr. 1826 - **Smith**, John to Catherine Seaman
15 Sept. 1838 - **Smith**, John (Wantage) to Eliza Simpson
1 Dec. 1838 - **Smith**, John (Hardyston) to Jane Cassimore

1 July 1845 - **Smith**, John (West Milford) to Phebe Ann Motts

5 Oct. 1846 - **Smith**, John Jr. to Hester Ann Rose

19 Mar. 1822 - **Smith**, John D. to Mary Sicksfoss

8 Mar. 1835 - **Smith**, John H. to Margaret Westfall

22 Aug. 1824 - **Smith**, Joseph (Hunterdon Co.) to Elizabeth Andriss

3 Nov. 1837 - **Smith**, Julia (Vernon) to Peter Yetman

30 Oct. 1819 - **Smith**, Lotty to George Edsall

26 Feb. 1825 - **Smith**, Lawson (Wantage) to Lydia Ackerman

28 May 1810 - **Smith**, Levi to Hahhah Morgan

18 Mar. 1815 - **Smith**, Lois to Samuel Beemer

6 July 1811 - **Smith**, Luther to Clarissa Knapp

17 Dec. 1831 - **Smith**, Luzetta to John Apgar

15 June 1809 - **Smith**, Lydia to Isaac Laffee

1 May 1796 - **Smith**, (Wid) Margaret (Knowlton) to John Conger

20 Nov. 1816 - **Smith**, Margaret (Sparta) to Liba Riock

12 Oct. 1814 - **Smith**, Margaret to Martin Swartswelder

8 July 1823 - **Smith**, Margaret to Frederick Smith

26 Nov. 1846 - **Smith**, Margaret to Baldwin Kimble

8 Mar. 1851 - **Smith**, Margaret to John Hill

11 Mar. 1830 - **Smith**, Margery to Peter Decker

24 July 1828 - **Smith**, Mariah to Samuel Sliker

27 July 1836 - **Smith**, Mariah (Wantage) to Thomas Cole

30 Mar. 1806 - **Smith**, Martha (Greenwich) to Moses Allen

15 Sept. 1809 - **Smith**, Mary to Benjamin Bird

13 May 1812 - **Smith**, (Wid) Mary to Jospeh Teeple

10 Oct. 1813 - **Smith**, Mary to Daniel Devore

19 Sept. 1815 - **Smith**, Mary to John Garrison

23 July 1818 - **Smith**, Mary (Pomoton) to John Monroe

7 Oct. 1818 - **Smith**, Mary to Elijah Doan

13 Dec. 1818 - **Smith**, Mary to Samuel Cares

8 Feb. 1820 - **Smith**, Mary to John Ames

9 Nov. 1820 - **Smith**, Mary to Moses Garner

21 Mar. 1822 - **Smith**, Mary to Everet Rosenkrans

3 Sept. 1825 - **Smith**, Mary to Francis W. Moran

7 Nov. 1840 - **Smith**, Mary to Daniel Kimble

8 Jan. 1848 - **Smith**, Mary (Lafayette) to Spencer Kishpaugh

3 Dec. 1848 - **Smith**, Mary (Newton) to Christopher McDanolds

18 Dec. 1848 - **Smith**, Mary I. to Isaac Garrison

30 Dec. 1843 - **Smith**, Mary J. to William Gray

8 May 1823 - **Smith**, Matilda to Edward Ward

21 May 1801 - **Smith**, Michael to Sarah Losey

1 Feb. 1834 - **Smith**, Morgan L. to Margaret Iliff

2 July 1814 - **Smith**, Nancy to John Backster

16 Feb. 1818 - **Smith**, Nancy to Daniel Cole

22 Mar. 1834 - **Smith**, Nancy to James Willis

18 Jan. 1834 - **Smith**, Nathan (Byram) to Mary Ann Sanders

19 Jan. 1832 - **Smith**, Nathaniel to Mary Welch

23 Jan. 1839 - **Smith**, Nathaniel M. (Orange, N.J.) to Mary Lantz

26 Aug. 1843 - **Smith**, Nathaniel F. to Mary A. Pound

17 Dec. 1842 - **Smith**, Nelson (Warren Co.) to Mary Diver

12 Sept. 1840 - **Smith**, Obadiah B. (Hardyston) to Susan Crill
9 July 1797 - **Smith**, Oliver to Roseannah Robyer
5 Nov. 1840 - **Smith**, Parker to HAnnah Vail
4 Feb. 1826 - **Smith**, Permelia to Samuel W. Rorick
Nov. 1818 - **Smith**, Patty to Philip Welkler
10 Jan. 1796 - **Smith**, Peter to Elizabeth McCoy
26 Jan. 1802 - **Smith**, Peter to Sarah Morris
11 Apr. 1805 - **Smith**, Peter (Oxford) to Rebecca Stack
25 Apr. 1818 - **Smith**, Peter to Anne Hubbard
5 Jan. 1826 - **Smith**, Peter to Eliza Beemer
10 Jan. 1826 - **Smith**, Peter to Lizy Beemer
19 June 1836 - **Smith**, Peter (Frankford) to Sarah Compton
28 July 1796 - **Smith**, Phebe (Knowlton) to Levi Howell
28 May 1814 - **Smith**, Phebe to Frederick Sheerman
16 Apr. 1853 - **Smith**, Phebe Ann (Snufftown) to Clark Day
29 Mar. 1826 - **Smith**, Philip to Elizabeth SMith
9 Dec. 1828 - **Smith**, Philip to Elizabeth Smith
27 Mar. 1847 - **Smith**, Philip W. to Eliza Franzer
29 Dec. 1805 - **Smith**, Polly to George VanHorn
3 July 1851 - **Smith**, Rachel to Levi H. Straley
7 Mar. 1846 - **Smith**, Rachel E. to (Rev) William Iliff
27 Oct. 1838 - **Smith**, Rebecca (Newton) to J. Daggart
27 July 1827 - **Smith**, Rhoda to Joshua Walton
23 Nov. 1816 - **Smith**, Robert to Phebe Putton
2 Jan. 1827 - **Smith**, Robert L. to Mary Strong
23 June 1804 - **Smith**, Rode (Knowlton) to Hetty Auter
17 June 1802 - **Smith**, Rynean to Elizabeth Trusdall
6 Oct. 1797 - **Smith**, (Mrs) Sally (Independence) to Joseph Case
20 July 1811 - **Smith**, Sally to John Hudinot
12 Nov. 1831 - **Smith**, Sally to Sidney Growell
27 Nov. 1829 - **Smith**, Sally Ann to Elida B. Brindle
2 Aug. 1801 - **Smith**, Samuel to Nelly Campbell
4 June 1817 - **Smith**, Samuel (New York) to Margaret DeWitt
1 Mar. 1834 - **Smith**, Samuel to Elizabeth Reggs
14 Jan. 1841 - **Smith**, Samuel (Newton) ato Sally Ann Shotwell
Nov. 1842 - **Smith**, Samuel to Emeline Willson
7 Apr. 1822 - **Smith**, Samuel K. to Rhoda Hall
12 Mar. 1840 - **Smith**, Samuel S. (Newton) to Eunice Wilgus
22 Oct. 1813 - **Smith**, Sarah to Levi Ayres
10 Sept. 1814 - **Smith**, Sarah to George Beatty
14 Dec. 1815 - **Smith**, Sarah (Newton) to (Col) Aaron Griggs
4 Sept. 1824 - **Smith**, Sarah to John Wickoff
9 Feb. 1825 - **Smith**, Sarah (Newton) to Esekill Dennis
19 May 1831 - **Smith**, Sarah to David Hill
3 Mar. 1842 - **Smith**, Sarah to Charles Knapp
2 Aug. 1845 - **Smith**, Sarah (Stillwater) to James Swayze
6 Dec. 1845 - **Smith**, Sarah Ann to Theodore Longcor
29 Mar. 1834 - **Smith**, Stephen to Jane Simpson
19 Oct. 1827 - **Smith**, Steven (Wantage) to Rebecca Spencer
15 Jan. 1814 - **Smith**, Susan to Jacob Column
3 Apr. 1819 - **Smith**, Susan to Anthoney Westbrook

8 July 1829 - **Smith**, Susan to Absalom Reamer
25 Dec. 1830 - **Smith**, Susanna to Philip Hull
9 Jan. 1847 - **Smith**, Susannah to William Garriss
15 Sept. 1815 - **Smith**, Theophilus to Levina Wallen
3 June 1810 - **Smith**, Thompson to Abby Parkhurst
13 Sept. 1817 - **Smith**, Tobiah (Wantage) to Susan Rolison
31 May 1806 - **Smith**, William to Mary Conclin
2 Sept. 1809 - **Smith**, William Mary Decker
9 Feb. 1814 - **Smith**, William to Sally Frimmer
27 June 1813 - **Smith**, William F. to Lucy Harden
28 July 1821 - **Smith**, William to Saviah Perrigo
4 Feb. 1841 - **Smith**, William (Byram) to Mary Williamson
18 Mar. 1848 - **Smith**, William to Elizabeth Stiphenfield
1 Oct. 1838 - **Smith**, William B. (Wantage) to Elizabeth F. Randolph
24 May 1823 - **Smith**, William L. to Nancy McKee
3 June 1808 - **Smock**, Elizabeth to Peter Weller
15 Dec. 1805 - **Smoke**, Sarah to Samuel Howey
24 Mar. 1816 - **Smyth**, Garret (Oxford) to Elizabeth Jones
14 Dec. 1815 - **Smyth**, Henry to Elizabeth Money
16 Apr. 1809 - **Smyth**, John to Ellenor Clance
4 Mar. 1802 - **Smythe**, Johannis (Walpack) to Elizabeth Ennis
7 Dec. 1800 - **Smul**, Elizabeth to James Field
14 May 1803 - **Smults**, William (Byram) to Abagail Cronk
12 Sept. 1846 - **Snable**, George (Frankford) to Jane Stoll
6 Sept. 1826 - **Snavel**, George to (Wid) Mary Drake

10 Oct. 1825 - **Snerhe**, Sally to Jonathan Davis
30 Apr. 1797 - **Sneider**, Anna (Knowlton) to Israel Doddy
24 Dec. 1806 - **Snider**, Anne to Henry Schoonover Jr.
7 June 1817 - **Snider**, Catherine to Ebeneser Tuttle
14 Feb. 1822 - **Snider**, Daniel to Catherine Bowers
21 Aug. 1827 - **Snider**, Dorches to James Kiney
16 Feb. 1806 - **Snider**, Elizabeth to James Batson
27 Mar. 1817 - **Snider**, Elizabeth T. (Independence) to John L. Hall
17 July 1800 - **Snider**, Eva to Andrew Little
16 Feb. 1806 - **Snider**, George to Rebecca Hendershot
5 July 1797 - **Snider**, Hannah (Hardwick) to John Blackford
13 Mar. 1803 - **Snider**, Hannah to Vinsent Johnson
5 Feb. 1831 - **Snider**, John to Letean Johnson
22 Feb. 1823 - **Snider**, John W. to Elizabeth Kennedy
8 Feb. 1807 - **Snider**, Jacob to Nancy Thatcher
18 May 1815 - **Snider**, Margaret to William Shumaker
14 Jan. 1816 - **Snider**, Margaret to William Huet
22 May 1808 - **Snider**, Mary to John Winter Jr.
4 Apr. 1807 - **Snider**, Mary to Anthony Bellis
17 Oct. 1805 - **Snider**, Unice to Jacob Fisher
5 Dec. 1848 - **Snook**, Alfred to Malinda Predmore
24 Oct. 1835 - **Snook**, Almira to Nelson Moore
6 Oct. 1799 - **Snook**, Anna to James Phillips
20 Nov. 1841 - **Snook**, Caroline to Thomas Struble
20 Dec. 1823 - **Snook**, Casper to Sarah Main

8 Jan. 1801 - **Snook**, Catherine to John Onstatt
26 May 1816 - **Snook**, Caty to Joseph Kishpaugh
15 Jan. 1853 - **Snook**, Charity (Frankford) to George G. Struble
26 Mar. 1833 - **Snook**, Daniel to Sarah M. Inglis
23 Mar. 1817 - **Snook**, Elizabaeth (Wantage) to James Haggerty
28 Apr. 1823 - **Snook**, Elizabeth to Downs Cotoman
22 Jan. 1828 - **Snook**, Elizabeth to Henry Grener
29 Nov. 1828 - **Snook**, Elizabeth to Moses McMickle
29 June 1833 - **Snook**, Elizabeth to Peter Bale
17 May 1837 - **Snook**, Enis (Sandyston) to (Mrs) Maria Winters
25 Feb. 1830 - **Snook**, Enoch to Deoborah Crossman
23 July 1801 - **Snook**, Eva to John Narragone
21 Aug. 1819 - **Snook**, Eve to Mahlon Hull
8 Mar. 1802 - **Snook**, Henry to Esther Seel
15 Feb. 1823 - **Snook**, Henry to Mary Ann Bennet
21 Jan. 1826 - **Snook**, Jacob to Sarah Northrop
22 Dec. 1838 - **Snook**, Jane (Newton) to Levi Howell
29 May 1813 - **Snook**, John to Martha Williams
7 Feb. 1826 - **Snook**, John to Eunice Primrose
13 Feb. 1801 - **Snook**, Margaret to Michale Onstatt
15 Sept. 1805 - **Snook**, Margaret (Independence) to Nicholas South
30 Jan. 1811 - **Snook**, Margaret to John Carey
1 July 1811 - **Snook**, Mary to William Christie
5 Jan. 1806 - **Snook**, Mary to Joseph Chester
22 Jan. 1809 - **Snook**, Mary to Moses Ribble
4 Mar. 1824 - **Snook**, Mary to George Merrin
1 Apr. 1824 - **Snook**, Mary to William Carmer
1 May 1824 - **Snook**, Mary (Newton) to Sparling Drake
9 Oct. 1803 - **Snook**, Marthes to Anna Divers
6 July 1816 - **Snook**, Matthias to Charity Coursen
19 July 1817 - **Snook**, Matthias to Elizabeth Predmore
19 Jan. 1826 - **Snook**, Peter to Jane Kishpaugh
9 Feb. 1845 - **Snook**, Robert to Mary McManimon
15 Oct. 1818 - **Snook**, Sally to Morris Crammer
10 July 1817 - **Snook**, Susan (Newton) to Morris Crammer
14 Sept. 1808 - **Snook**, William to Mary Lance
21 June 1817 - **Snook**, William to Christina Stivers
25 Feb. 1826 - **Snook**, William to Elizabeth Drake
24 Dec. 1805 - **Snover**, Catherine to Peter Wintermute
26 Sept. 1812 - **Snover**, Catherine to Daniel Van
17 June 1830 - **Snover**, Catherine to Frederick L. Smith
15 Feb. 1834 - **Snover**, Charles to Elizabeth Wiltds
1 Mar. 1817 - **Snover**, Christeen to John Willson
8 Feb. 1840 - **Snover**, Daniel H. to Catherine Buchannon
26 Feb. 1809 - **Snover**, Elizabeth to Philip Hauck
1 Dec. 1808 - **Snover**, Ellenor to Daniel Cook
5 Jan. 1804 - **Snover**, Frederick to Elizabeth West
7 July 1812 - **Snover**, Frederick to Charlotte Squier
27 Nov. 1827 - **Snover**, Hannah to George Lambert
29 Aug. 1815 - **Snover**, Henry to Sally Sherry

24 Aug. 1843 - **Snover**, Henry (Warren Co.) to Mary Ann Perry
12 May 1821 - **Snover**, Isaac to Clarressy Purkins
5 Aug. 1824 - **Snover**, Jacob Jr. to Susan Cortright
18 Oct. 1846 - **Snover**, Jacob Jr. to Sarah Stewart
21 Oct. 1848 - **Snover**, Jacob F. to Mary Ann VanGuilder
3 July 1852 - **Snover**, James L. (Stillwater) to Elizabeth Smith
7 Feb. 1813 - **Snover**, John to Mary Dunfield
20 Jan. 1824 - **Snover**, Julia to William Lanning
24 Oct. 1829 - **Snover**, Lucetta to Jacob Vaugh
11 May 1839 - **Snover**, Lydia to Aaron W. Clawson
4 Feb. 1813 - **Snover**, Margaret to John Lanterman
14 Aug. 1819 - **Snover**, Margaret to Daniel South
6 May 1819 - **Snover**, Mary to John France
2 Mar. 1797 - **Snover**, Polly (Hardwick) to James Cook
3 Jan. 1811 - **Snover**, Sally to Jacob V. Vought
3 Jan. 1811 - **Snover**, Samuel to Mary Armstrong
9 Jan. 1841 - **Snover**, Sarah to Adam S. Knoff
6 Feb. 1813 - **Snover**, Susan to Jonah Crisman
6 Mar. 1844 - **Snover**, T. to David H. Ryman
18 Dec. 1824 - **Snover**, William to Ann Stiff
21 Nov. 1852 - **Snover**, Zebedu to Abba Jane Spangenburgh
7 Mar. 1815 - **Snoweral**, Molley to Jacob Stolz
31 Dec. 1797 - **Snuk**, John to Maria Hayne
20 Jan. 1814 - **Snyder**, Abigail to William Yard
31 Mar. 1814 - **Snyder**, Abraham to Catherine Shackleton
13 May 1818 - **Snyder**, Catherine to Abraham Lanterman
3 Nov. 1795 - **Snyder**, Christopher to Martha Dillingham
28 Feb. 1824 - **Snyder**, Elizabeth to Benjamin Dalrymple
24 June 1817 - **Snyder**, Frederick to Elizabeth Kitchen
11 May 1817 - **Snyder**, Frances (Oxford) to Abner Rittenhouse
22 Feb. 1824 - **Snyder**, George to March Teal
14 Aug. 1847 - **Snyder**, George H. (Lafayette) to Ann Ackerson
18 June 1799 - **Snyder**, Hannah to Daniel Twining
6 Jan. 1814 - **Snyder**, Henry to Elizabeth Sinclair
14 Apr. 1842 - **Snyder**, Henry to Sarah Dence
17 Dec. 1831 - **Snyder**, Jacob to Bathia Titman
9 Dec. 1824 - **Snyder**, John to Sarah Warbasse
17 Mar. 1810 - **Snyder**, John Jr. to Ann Mayberry
13 June 1802 - **Snyder**, John Jacob to Eleanor Stanford
20 Mar. 1805 - **Snyder**, Joseph to Elizabeth Lose
10 Apr. 1847 - **Snyder**, Joseph to Catharine Thompson
5 Feb. 1805 - **Snyder**, Margaret (Knowlton) to Abraham Swisher
7 Apr. 1800 - **Snyder**, Mary to Joseph VanWhye
4 Mar. 1819 - **Snyder**, Mary to Charles Lanning
5 Jan. 1804 - **Snyder**, Philip (Oxford) to Anna McCray
22 Jan. 1809 - **Snyder**, Polly to Henry Peppenger
7 Feb. 1839 - **Snyder**, Sarah Ann to William Ackerson
18 Nov. 1804 - **Snyder**, Susannah to Peter Keen
13 Feb. 1813 - **Snyder**, Tunis to sarah Hulix
10 Apr. 1824 - **Soace**, Susan (Newton) to Matthias Brown
16 May 1808 - **Sollars**, Ritchard to Ann Mineer

7 Jan. 1804 - **Solloman**, William to Hannah Broadbury
7 Sept. 1803 - **Solomon**, Samuel to Johanna Likens
24 Dec. 1818 - **Solomons**, Isaiah to Sarah McMurtrie
4 May 1802 - **Somerson**, Lawrence to Elizabeth Shoemaker
30 Mar. 1820 - **Soren**, Jeremiah to Elizabeeth Markrem
12 Nov. 1839 - **South**, Anna (Newton) to Lewis Decker
25 Dec. 1810 - **South**, Anne to John Roberson
26 Aug. 1812 - **South**, Bartholomew to Mary Divens
19 Sept. 1813 - **South**, Benjamin T. to Mary Bennet
5 Mar. 1846 - **South**, Caroline to John Rodney
30 June 1815 - **South**, Charlotte to Daniel Brands
14 Aug. 1819 - **South**, Daniel to Margaret Snover
14 Nov. 1818 - **South**, David H. (Newton) to Anna Hendershot
19 Dec. 1805 - **South**, Edmund to Susannah Bratt
16 July 1810 - **South**, Edmund to Elizabeth Tuple
10 Mar. 1811 - **South**, Hannah to John Paugh
31 July 1819 - **South**, Joseph to Sophia Hendershot
3 July 1842 - **South**, Joseph to Mary Degroat
Oct. 1846 - **South**, Matilda to Jacob Gruver.
15 Sept. 1805 - **South**, Nicholas to Margaret Snook
20 Dec. 1798 - **South**, Thomas to Catherine Hendershot
6 Jan. 1799 - **Southard**, Aaron to Mary Hankinson
4 Apr. 1811 - **Southworth**, Elizabaeth to David Lewis
3 Dec. 1807 - **Southworth**, Sarah to John Lewis
2 Jan. 1804 - **Southworth**, William (Hardwick) to Mary Hughy
19 Nov. 1831 - **Southworth**, William to Elizabeth VanGelder
2 June 1821 - **Sovercool**, Anney to Stephen Shiner
23 July 1825 - **Soward**, Alonson to Prudence Ketchum
20 Apr. 1802 - **Sowers**, Peter (Hunterdon Co.) to Mary Gibs
25 Dec. 1824 - **Space**, Ann Eliza to David Lot
25 Dec. 1796 - **Space**, Catherine to Joseph Crampton
31 Oct. 1826 - **Space**, Dorcas to Archibald Ayres Jr.
10 Aug. 1803 - **Space**, Edward to Margaret Main
27 Oct. 1805 - **Space**, Effy to Moses Case
28 Oct. 1838 - **Space**, Elizabeth (Newton) to Joseph Anderson
6 Sept. 1823 - **Space**, Elsey (Newton) to Paul Ackerson
1 Nov. 1840 - **Space**, Emeline to John Simmons
10 Aug. 1795 - **Space**, George to Hannah Compton
20 Apr. 1806 - **Space**, Henry to M___ Pough
8 May 1830 - **Space**, Henry to Nancy Conn
4 Dec. 1830 - **Space**, John to Rachel Quick
25 Jan. 1845 - **Space**, Mahala (Newton) to William Hull
25 Aug. 1805 - **Space**, Mary to Michael Hendershot
24 Dec. 1834 - **Space**, Mary (Newton) to Mark T. Swarts
20 Aug. 1800 - **Space**, Monas to Elizabeth Meain
3 Nov. 1824 - **Space**, Peggy to Samuel Sliker
25 June 1831 - **Space**, Peter to Nancy Stevens
29 Jan. 1829 - **Space**, William to Sarah Ryerson
2 Jan. 1798 - **Spadenbage**, Thomas to Susannah Headly
Feb. 1831 - **Spangenberg**, Elizabeth to Benjamin Drakes
20 July 1806 - **Spandenberg**, Fred

to Sarah Eldridge
21 May 1806 - **Spandenberg**, Henry to Caty Bartlow
18 Feb. 1819 - **Spandenberg**, Jacob to Dolly Bartlow
8 Apr. 1837 - **Spandenberg**, (Frankford) to Maria Myers
13 Oct. 1806 - **Spandenberg**, Margaret to William Bartlow
31 Oct. 1835 - **Spandenberg**, Jesse to Margaret Kizer
4 Nov. 1811 - **Spandenberg**, Margaret to John Vance
5 Feb. 1807 - **Spandenberg**, Mary to Henry Beemer
23 Dec. 1843 - **Spandenburg**, Hannah to Horace Mitten
21 Nov. 1852 - **Spangenburgh**, Abba Jane to Zebedu Snover
9 Aug. 1800 - **Spangenburgh**, John to Mary Perigo
23 May 1820 - **Spangenburgh**, Susan to John Bartlow
30 Dec. 1847 - **Spangenburgh**, Charles to Margaret Youngs
2 Jan. 1841 - **Spangenburgh**, Sarah Ann (Frankford) to Vincent Howell
15 May 1853 - **Spargo**, Benjamin to Catherine Handy
10 Oct. 1818 - **Sparlling**, Peter to Lydia Rose
12 Oct. 1840 - **Spear**, William to Emely Decker
1 Mar. 1845 - **Spencer**, Elizabeth to Michael McElroy
1 Dec. 1838 - **Spencer**, Esther to Samuel Hayward
22 Aug. 1813 - **Spencer**, Icoda to Sarah Rutman
1 Dec. 1820 - **Spencer**, James to Johanah Hayward
10 Aug. 1816 - **Spencer**, John to Sarha Northrip
13 May 1818 - **Spencer**, Joh nto Mary Conger
23 May 1846 - **Spencer**, Matilda to Joseph Sanders
19 Oct. 1827 - **Spencer**, Rebecca (Wantage) to Steven Smith
22 Jan. 1842 - **Spencer**, Sarah to Stephen Cole
6 Oct. 1845 - **Stevens**, Sarah Ann to Charles Miller
26 Aug. 1839 - **Spencer**, William H. to Emeline Riggs
3 June 1820 - **Spergo**, Mary to William Perlemen
31 Jan. 1841 - **Spice**, (Mrs) Jane (Newton) to James Dennis
6 Feb. 1830 - **Spiel**, William to Jane Hunt
30 Sept. 1807 - **Sprag**, Anna to Isaac Fairchild
28 Apr. 1816 - **Sprague**, Elizabeth to William Longwell
18 Oct. 1828 - **Sprage**, John to Sally Mariah Retán
24 May 1823 - **Sprage**, Josiah to Rachel Mott
14 May 1825 - **Sprague**, Phebe to Gilbert Drew Jr.
21 Nov. 1808 - **Sprague**, Randolph to Sarah Garrison
13 Mar. 1825 - **Sprague**, Sarah Ann to Isaac Townsend
15 Nov. 1834 - **Sprague**, Susan to Aaron Blanchard
22 Sept. 1832 - **Sprague**, William to Elizabeth VanGuilder
26 July 1806 - **Springer**, Andrew to Elizabeth Coulter
15 Aug. 1810 - **Springer**, Mary to Abraham Ackerman
13 Feb. 1823 - **Springsted**, Betsey to James Curan
31 Dec. 1823 - **Springster**, Thomas to Abigail Walling
Dec. 1825 - **Spuner**, Joseph to Sarah Decker
7 July 1812 - **Squier**, Charlotte to Frederick Snover
5 Oct. 1800 - **Squires**, Jesse to Susan Briasted
23 Feb. 1815 - **Sroger**, Jonathan to Jane Flemming
11 Apr. 1805 - **Stack**, Rebecca to Peter Smith
3 May 1801 - **Stacker**, Margaret to Matthew Ayres
16 Dec. 1837 - **Stackhouse**, Aaron (Newton) to Sarah McKinney

29 Dec. 1819 - **Stackhouse**, Ann to Samuel Crooker
1 Apr. 1820 - **Stackhouse**, Charity to Gabriel Croen
11 Apr. 1822 - **Stackhouse**, Eliza to Joseph Bell
24 Feb. 1821 - **Stackhouse**, Hannah to Andrew Youngs
30 Oct. 1842 - **Stackhouse**, Julia (Frankford) to Henry Clark
29 Nov. 1847 - **Stackhouse**, Julia A. to Jacob Palloson
29 Mar. 1821 - **Stackhouse**, Margaret to Isaac France
1 Sept. 1838 - **Stackhouse**, Mary (Andover) to Joseph White
30 Dec. 1847 - **Stackhouse**, Mary A. to Nathan P. White
3 Mar. 1842 - **Stackhouse**, Rebecca (Wantage) to James Rude
26 Oct. 1850 - **Stackhouse**, Samuel W. (Newton) to Lorance V. Connellow
5 Mar. 1828 - **Stage**, Catherine to John Edsall
7 Aug. 1824 - **Stage**, Henry to Racel Reed
24 May 1828 - **Stage**, Isaac to Catharine Johine
21 Feb. 1824 - **Stage**, Jonathan to Elizabeth Schoonover
9 Mar. 1825 - **Stage**, Mary to Peter Courter Jr.
28 Dec. 1817 - **Staddard**, William D. (New York) to Eliza Willson
16 Nov. 1839 - **Staley**, George (Sandyston) to Abigail Carmer
16 Oct. 1841 - **Staley**, George to Mary Vought
16 May 1840 - **Staley**, Mary (Stillwater) to Benjamin Quick
27 Mar. 1841 - **Staley**, Nancy to William Williams
11 Oct. 1838 - **Staller**, Sylvester to Harriet Rorick
22 Dec. 1838 - **Stalter**, David (Hardyston) to (Mrs) Emily M. Smith
23 May 1805 - **Staly**, Abraham to Elizabeth Hammon
18 May 1811 - **Staley**, Catherine to Soloman Westbrook
22 May 1834 - **Staley**, Elizabeth to John Opdyke
29 Oct. 1808 - **Staley**, George to Catey Smith
1 Feb. 1827 - **Staley**, Jacob G. to Maria Struble
30 July 1836 - **Staley**, James (Warren Co.) to Hannah Chron
10 May 1828 - **Staley**, Margaret to William Hill
8 Feb. 1834 - **Staley**, Peter to Cinthia Losey
24 Dec. 1811 - **Stalley**, Jacob to Margaret McClure
Dec. 1811 - **Stally**, Jacob (Hardwick) to Margaret McClure
10 Nov. 1833 - **Stalter**, Prudence to David Schofield
10 Sept. 1814 - **Stanaback**, Jacob to Jane Uptegrove
13 June 1802 - **Stanford**, Eleanor to John Jacob Snyder
26 June 1839 - **Stansborough**, Mary to Albert Riggs
29 Oct. 1836 - **Staples**, James to Mariah Swarts
11 Nov. 1804 - **Staples**, Samuel (Byram) to Hannah Daly
25 Sept. 1824 - **Staples**, William to Catharine McGarvey
8 Mar. 1818 - **Stark**, Reading (Flanders) to Sarah Munson
4 July 1829 - **Stark**, William to Nancy Hayward
8 Apr. 1814 - **Starks**, Elizabeth to Joseph Kennedy
25 Dec. 1850 - **Steadworthy**, Joseph (Newton) to Ann Johnson
4 Apr. 1818 - **Stearns**, Albert to Elizabeth Quick
17 Aug. 1841 -**Steel**, Elener (Penna.) to Abraham VanAuken
5 Jan. 1806 - **Steel**, Jacob to Peggy Birk
1833 - **Steel**, Samuel to Margaret Genderman
16 Oct. 1824 - **Steels**, Daniel to Susan Stickles
12 Apr. 1851 - **Stenaback**, Zenas

(Hardyston) to Mary Jane Cortright
26 Feb. 1820 - **Stephens**, Abraham to Mary Howell
31 Oct. 1808 - **Stephens**, Ann to Jacob Miller
29 June 1845 - **Stephens**, Butler (Newton) to Margaret E. Marring
10 Apr. 1837 - **Stephens**, Eliza (Frankford) to Jacob Struble
30 Aug. 1816 - **Stephens**, George (Morris Co.) to Sarah Willgus
17 Dec. 1795 - **Stephens**, John to Elizabeteh Millage
5 June 1833 - **Stephens**, Joseph to Sarah Perrigo
21 Jan. 1819 - **Stephens**, Mary to Robert Caskey
15 Feb. 1812 - **Stephens**, Phebe to George Westfall
31 May 1815 - **Stephens**, Ricahrd to Ellenor Addis
2 May 1839 - **Stephens**, Sarah Ann to Samuel Ellet
7 Apr. 1830 -**Stephenson**, Eliza to Philip Gest
2 Mar. 1839 - **Stephenson**, Jane to Stephen W. Rose
10 July 1828 - **Stephenson**, Sarah to John Cammill
24 Dec. 1844 - **Stephenson**, Ellinor to Joseph Pray
27 Nov. 1809 - **Stevens**, Elizabeth to Elisha Bird
20 Jan. 1813 - **Stevens**, Hannah to Jacob Cosad
18 Nov. 1838 - **Stevens**, John (Jefferson) to Mahala Pool
23 Oct. 1817 - **Stevens**, Joseph (Byram) to Jane Nanna
28 June 1806 - **Stevens**, Lyel to Catherine Smith
4 Jan. 1817 - **Stevens**, Maria (Newton) to Carret Cook
25 June 1831 - **Stevens**, Nancy to Peter Space
23 July 1809 - **Stevens**, Richard D. to Mary Youngs
16 June 1825 - **Steven**, Sophiah to James Williams
8 Nov. 1816 - **Stevens**, William to Mary Brown
22 Dec. 1827 - **Steward**, Margaret to Peter McWhorter
22 June 1850 - **Stewart**, Benjamin to Mary Ann Sutton
21 Dec. 1831 - **Stewart**, Catherine to William Leach
11 Mar. 1848 - **Stewart**, Ephe to Amziah H. Moore
20 Oct. 1849 - **Stewart**, Hannah Maria to Lewis L. Kent
24 Aug. 1800 - **Stewart**, John (Mansfield) to Sarah Bird
21 Oct. 1807 -**Stewart**, Robert D. to Sarah Carpenter
19 Jan. 1807 - **Stewart**, Samuel to Caty Carpenter
4 Nov. 1810 - **Stewart**, Sarah to Joseph Carpenter
17 Mar. 1835 - **Stewart**, Sarah to John Huston
9 Mar. 1839 - **Stewart**, Sarah to Dennis Schoonover
18 Oct. 1846 - **Stewart**, Sarah to Jacob Snover, Jr.
31 Aug. 1833 - **Stewart**, Susan to Benjamin Knapp
7 Sept. 1850 -**Stewart**, Susan C. to Lewis F. VanAtten
2 Dec. 1837 - **Stewart**, William to Sarah Willever
18 dec. 1852 - **Stewart**, William to Eliza M. Dermer
11 Mar. 1804 - **Stiars**, Richard to Roady Bennet
12 Oct. 1823 - **Stickels**, Philip to Jane Nixon
30 Aug. 1798 - **Stickle**, Andrew to Mary Drake
7 Mar. 1802 - **Stickle**, Daniel to Susanah Sackman
20 Mar. 1796 - **Stickle**, Frederick to Maria Kohler
21 June 1804 - **Stickle**, John to Eve Onstott
5 July 1804 - **Stickle**, Joh to Elizabeth Onstott
16 Sept. 1805 - **Stickle**, (Wid) Margaret to John Hanna
24 Oct. 1831 - **Stickles**, Abraham to Elizabeth Johnston

10 Aug. 1844 - **Stickles**, Abraham to Esther Havens
4 Sept. 1823 - **Stickles**, Elizabeth to Peter W. Garey
7 Mar. 1823 - **Stickles**, Elizabeth to Peter McGarry
10 Aug. 1795 - **Stickles**, Isaac to Mary Gonterman
22 Dec. 1849 - **Stickles**, Isaac (Newton) to Sarah H. Vail
22 Jan. 1844 - **Stickles**, James S. to Mary McClune
5 Feb. 1831 - **Stickles**, Lachaniah M. to Susana Onsted
21 Feb. 1833 - **Stickles**, Margaret to Jacob F. Orner
18 Apr. 1844 - **Stickles**, Margaret to Jacob Savacool
8 Oct. 1836 - **Stickles**, Sarah (Hardwick) to Peter Counterman
16 Oct. 1824 - **Stickles**, Susan (Newton) to Daniel Steele
28 Jan. 1806 - **Stiff**, Ann to John Farnsworth
18 Dec. 1824 - **Stiff**, Ann to William Snover
3 Aug. 1815 - **Stiff**, Benjamin to Sarah Snider
14 Nov. 1812 - **Stiff**, Elizabeth to David Bratron
27 July 1850 -**Stiff**, Hannah (Byram) to Samuel Wright
20 May 1843 - **Stiff**, Jane to James E. Sutton
17 June 1824 - **Stiff**, John to Mary Cutchler
1808 - **Stiff**, John Jr. to Jane Bell
30 Sept. 1837 - **Stiff**, Margaret to James White
1 Aug. 1846 - **Stiff**, Mary Ann to Edmond D. F. Randolph
11 Mar. 1815 -**Stillwell**, Richard to Elizabeth Willets
25 July 1808 - **Stilwell**, William to (Wid) Hannah Green
29 Jan. 1823 - **Stilwell**, Ann to Abraham Egbert
9 Oct. 1821 - **Stilwell**, Richard to Sarah Coursen
18 Feb. 1817 - **Stilwell**, Stephen to Mary Holley

13 Nov. 1817 - **Stine**, Sally to Nicholas Hains
13 Nov. 1818 - **Stine**, Sally to Nicholas Harris
3 Nov. 1838 - **Stinson**, Aaron to Sarah Cook
11 Feb. 1823 - **Stinson**, George W. to Ruth Hoagland
29 Sept. 1803 - **Stinson**, John to Elizabeth Shaver
26 Dec. 1818 - **Stinson**, Mary to William Dildine
4 Mar. 1819 - **Stinson**, Sarah Ann to Lewis Freeman
18 Mar. 1848 - **Stiphenfield**, Elizabeth to William Smith
1 Jan. 1831 - **Stippenfield**, Peter to Christen Silabee
20 Nov. 1852 - **Stire**, Charlotte (Knowlton) to James Auble
30 Mar. 1806 - **Stire**, Sarah (Knowlton) to David Ribble
23 Aug. 1806 - **Stires**, Philip to Catherine Sager
28 June 1807 - **Stirr**, Elizabeth to Isaac Engle
28 Feb. 1816 - **Stites**, Daniel to Ann Yard
3 June 1798 - **Stites**, Isaac to Nancy Willges
30 Sept. 1848 - **Stites**Jullia Anna to John Chambers
15 Apr. 1830 -**Stites**, Samuel to Sarah VanSickle
13 Oct. 1838 - **Stites**, William (Byram) to Mary Nixon
10 Mar. 1828 - **Stivas**, John to Margaret Dunning
21 June 1817 - **Stivers**, Christina to William Snoook
21 Jan. 1847 - **Stivers**, Jacob to Elizabeth Haines
22 Feb. 1848 - **Stoddard**, William D. to (Mrs) Sarha Northrup
29 Aug. 1843 - **Stoddart**, John to Sarah I. Foster
15 Jan. 1797 - **Stolham**, Jacob (Newton) to Sarah Hagerty
27 Mar. 1844 - **Stoll**, ___ (Branchville) to Nathan L. Brown
26 May 1835 - **Stoll**, Aaron

(Frankford) to Mary Aan Merring
9 Sept. 1815 - **Stoll**, Abraham (Frankford) to Mary Hufman
20 Nov. 1833 - **Stoll**, Alanson to Mary Edsall
18 July 1837 - **Stoll**, Albert S. (Montague) to Charlotte Price
3 Mar. 1832 - **Stoll**, Anah to Nathaniel B. Leport
4 Jan. 1848 - **Stoll**, Catherine to Richard Salrymple
6 Dec. 1834 - **Stoll**, Chillion to Nancy Ackerson
3 May 1834 - **Stoll**, Daniel E. to Lydia Kays
26 Apr. 1833 -**Stoll**, David F. (Hardyston) to Sarah D. Ogden
4 Oct. 1836 - **Stoll**, Eliza Ann (Newton) to David Townsend
4 Oct. 1845 - **Stoll**, Elizabeth to George Crissman
29 Dec. 1833 - **Stoll**, Emaline (Hardsyton) to Henry Ogden
27 Nov. 1839 - **Stoll**, Emeline (Frankford) to Alfred Canfield
22 Sept. 1840 - **Stoll**, Emly (Montague) to Henry R. Brodhead
23 Sept. 1840 - **Stoll**, Henry B. (Stanhope) to Susan Hall
4 Mar. 1802 - **Stoll**, Jacob (Frankford) to Phebe Case
20 Apr. 1815 - **Stoll**, Jacob to Catherine VanHorne
24 Apr. 1807 - **Stoll**, James to Susan Sayre
13 Apr. 1796 - **Stoll**, Jane to John Hagerty
12 Sept. 1846 - **Stool**, Jane (Frankford) to George Snable
12 Mar. 1836 - **Stoll**, Jemina (Hardyston) to John R. Sutton
9 Nov. 1812 - **Stoll**, John Jr. to Sally House
10 Jan. 1836 - **Stoll**, Malinda (Newton) to John Lante
26 Feb. 1836 - **Stoll**, Maria (Frankford) to George Backster
30 Oct. 1847 - **Stoll**, Mary Ann to James Moore
14 Nov. 1846 - **Stoll**, Rebecca (Newton) to William P. Mains
23 May 1807 - **Stoll**, Rilly to Daniel Jaggers
20 Jan. 1813 - **Stoll** Richard to Mark Keen
4 Dec. 1847 - **Stoll**, Stephen M. to Henrietta Coulpin
31 Mar. 1805 - **Stoll**, Susannah to David Hayward
30 Oct. 1847 - **Stoll**, Thomas H. to Elizabeth Predmore
12 Nov. 1825 - **Stoll**, William to Margaret Gatson
26 July 1845 - **Stoll**, William E. to Mary M. Roof
Oct. 1801 - **Stolt**, Adera (Frankford) to Nicholas Youst
12 June 1841 - **Stolter**, Hannah (Hamburg) to Enoch Hall
7 Mar. 1815 - **Stolz**, Jacob to Molley Snoweral
11 May 1809 - **Stone**, Catherine to John Greace
28 Sept. 1839 - **Stone**, Elizabeth (Johnsonburg) to Joseph Karr
22 Jan. 1813 - **Stone**, Wiliam to Rachel Nearpass
25 Dec. 1841 - **Stonebeck**, Emeline to Linus Clark
5 Oct. 1844 -**Stonebeck**, John to Sarah Hotalen
16 Dec. 1798 - **Stootle**, Susannah to Jacob Struble
12 Aug. 1848 - **Storm**, Sarah Catherine (Vernon) to Abraham R. Givans
23 Dec. 1847 - **Storms**, F. T. to Mary E. Montin
20 Nov. 1818 - **Storms**, Frederick to Mary Cronk
26 May 1819 - **Storms**, Frederick to Mary Cronk
3 Aug. 1850 -**Storms**, Henry to Mary Ann McConnell
22 Oct. 1846 - **Storms**, Horace Shaw to Susan Edsall
9 Nov. 1833 - **Storms**, Jacob to Margaret Taylor
3 July 1851 - **Straley**, Levi H. to Rachel Smith

29 Dec. 1810 - **Storms**, Richard to Sarah Dunn
20 May 1831 - **Storms**, Thomas to Mandy Oddle
11 Apr. 1797 - **Story**, Janet to Aaron Delly
15 Feb. 1821 - **Stoud**, Joseph D. to Elizabeth Merring
15 Aug. 1824 - **Stout**, Cornelia to Abraham Deremer
13 Jan. 1816 - **Stout**, Cornelius to ElizabethLanning
4 Mar. 1819 - **Stout**, Jane to Samuel Van Atta
17 Sept. 1797 - **Stout**, Jehu to Sarah Dildine
22 June 1844 - **Stout**, Marget to Conrad Smith
30 Sept. 1810 - **Stout**, Mary to Henry Shephard
10 Nov. 1799 - **Stout**, Rebeeah (Mansfield) to Garack, Lish
11 Dec. 1824 - **Stout**, Sarah to Anthony Rinehart
6 Aug. 1819 - **Stouts**, Hetty to John J. Harris
23 Sept. 1815 - **Strader**, Cornelius to Hetty Dunning
19 Dec. 1818 - **Strader**, Fanna to Isaiah Bunn
10 May 1811 - **Strader**, Henry to Mary Willer
6 Aug. 1839 - **Strader**, Jacob to Bathsheba Curran
22 Dec. 1819 - **Strader**, John Jr. to Charlotte Rhoades
31 Jan. 1838 - **Strader**, Joseph (Frankford) to Harriet Baxter
10 Nov. 1842 - **Strader**, Lydia J. (Stillwater) to (Dr) Joseph B. Dunlap
9 Dec. 1843 - **Strader**, Malinda (Newton) to Edward Slaughbower
17 Feb. 1820 - **Strader**, Mary to John Rechey Jr.
28 Apr. 1813 - **Strader**, Mathias to Betsey Havens
18 Jan. 1812 - **Strader**, Peter to Mary Bunn
26 May 1805 - **Strader**, Sarah to James Mills
4 nov. 1847 - **Strader**, Sarah A. (Lafayette) to Samuel Ingersall
11 June 1797 - **Strader**, Susannah to Caleb Dunn
25 Feb. 1818 - **Strader**, William to Catherine Willson
17 Oct. 1835 - **Strader**, William to Mary Ann Main
15 Aug. 1846 - **Strait**, George to Rhoda Matwell
14 July 1833 - **Straitt**, Harriet to Samuel Cumer
3 July 1851 - **Straley**, Levi H. to Rachel Smith
1816 - **Strate**, Catherine (Vernon) to Adam Smith
14 Dec. 1816 - **Strate**, David to Sarah Card
3 Dec. 1806 - **Strate**, Elizabeth to John Paddick
5 Apr. 1840 - **Strate**, Henrietty (Vernon) to Garry Cole
4 Mar. 1826 - **Strate**, Jane to William Dunn
4 Aug. 1813 - **Strate**, John to Bridget Shaw
12 Apr. 1817 - **Strate**, Lucinder (Vernon) to Paul Farber
1 Aug. 1840 - **Strate**, Sarah to Benjamin Owen
13 Mar. 1806 - **Stratton**, Daniel Jr. to Sarh Rogers
Jan. 1801 - **Stratton**, John to Christian Osborn
5 Dec. 1807 - **Stratton**, Joseph to Elizabeth Perrigo
3 Apr. 1802 - **Stratton**, Martha to George Osburn
Mar. 1818 - **Stratton**, Tyler to Rachel Demund
4 Jan. 1844 - **Straway**, Abigail (Morris Co.) to Joseph Plumstead
3 Mar. 1832 - **Straway**, Nancy to Jacob VanAuken
Nov. 1818 - **Striker**, Polly to Peter Wise
17 Feb. 1814 - **Strickler**, John to Polly Howell

21 Jan. 1810 - **Stickland**, Elizabeth to Cosper Shisler
19 Mar. 1801 - **Strickland**, Joseph to (Wid) Rachel Quick
6 May 1813 - **Stricklen**, Mary to Garret Albertson
20 Dec. 1796 - **Straight**, Sarah to William Robinson
5 Mar. 1819 - **Striker**, Sarah to William Youngs
17 July 1813 - **Stroat** Margaret to Stephen Green
23 Dec. 1837 - **Strobridge**, Austin (Newton) to Hannah Hedden
27 Aug. 1824 - **Strong**, Jesse to Mary Northrup
31 May. 1822 - **Strong**, Mary to James Hamelton
2 Jan. 1827 - **Strong**, Mary to Robert L. Smith
26 Dec. 1821 - **Strouble**, John to Hannah Maybee
14 Aug. 1817 - **Stroud**, Jacob to Polly Probasco
2 Dec. 1812 - **Stroud**, Jesse to Catherine VanDyke
20 Mar. 1824 - **Stroud**, Sarah to Peter Probasco
1 Oct. 1823 - **Stroud**, William (Penna.) to Mary P. Robeson
21 Jan. 1826 - **Strouds**, Anny to Nodiah Carmer
12 Oct. 1806 - **Strowdy**, Elizabeth to Isaac Rozel
15 July 1807 - **Struble**, Adam to Mary Deen
8 Mar. 1821 - **Struble**, Adam to Fily Potter
14 Feb. 1818 - **Struble**, Anna (Newton) to William McDevit
14 Nov. 1820 - **Struble**, Anna Maria (Newton) to Benjamin Griggs
14 Feb. 1796 - **Struble**, Anthony to Mary Kays
17 Mar. 1796 - **Struble**, Catherine to John Kufman
29 Jan. 1820 - **Struble**, Catherine to Henry Laycock
25 Feb. 1832 - **Struble**, Catherine to David Compton Jr.
30 Oct. 1804 - **Struble**, Caty to John Trusdale
26 June 1847 - **Struble**, Charlotte (Newton) to Asa Cook
19 Oct. 1797 - **Struble**, Conrad to Rhody Morris
1 Jan. 1809 - **Struble**, Conrod to Rhoda Maines
13 Jan. 1811 - **Struble**, Coonrad to Susam Simmone
18 Jan. 1834 - **Struble**, Daniel (Frankford) to Ann Main
23 Sept. 1804 - **Struble**, Daniel Jr. (Wantage) to Margaret Wyker
2 May 1824 - **Struble**, David to Hannah Wodell
23 Aug. 1845 - **Struble**, Elias to Francis Fuller
27 May 1837 - **Struble**, Elingua (Newton) John Berthold
13 Nov. 1825 - **Struble**, Eliza to Christopher Decker
25 Dec. 1798 - **Struble**, Elizabeth (Wantage) to Peter Struble
11 Sept. 1808 - **Struble**, Elizabeth to John Washer
7 Oct. 1821 - **Struble**, Elizabeeth (Newton) to Robert Ayres
20 Aug. 1825 - **Struble**, Elizabeth (Newton) to Peter Dodderer
3 Nov. 1832 - **Struble**, Elizabeth to Abram Decker
15 May 1847 - **Struble**, Elizabeth to Isaac Merring
19 Dec. 1800 - **Struble**, George to Catherine Henn
19 Feb. 1815 - **Struble**, George to Phebe Moore
23 Jan. 1839 - **Struble**, George to Nancy Darrah
29 Dec. 1799 - **Struble**, George Sr. to Catherine Mering
15 Jan. 1853 - **Struble**, George G. (Lafayette) to Charity Snook
28 Jan. 1824 - **Struble**, Isac to Sarah Ackerson
25 May 1833 - **Struble**, Isaac to Emma Teasdale
16 Dec. 1798 - **Struble**, Jacob to Susannah Stoutle
28 Mar. 1802 - **Struble**, Jacob to

Barbary Taylor
29 Jan. 1831 - **Struble**, Jacob to Phebe W. Kilgore
10 Apr. 1837 - **Struble**, Jacob (Frankford) to Eliza Stephens
3 Jan. 1846 - **Struble**, Jacob to Elizabeth Case
1 Dec. 1810 - **Struble**, James to James Christie
9 Dec. 1837 - **Struble**, James (Wantage) to Jane McMichael
15 July 1819 - **Struble**, Joerush to John Schofield
4 Sept. 1803 - **Struble**, John to Jane Simpson
23 Feb. 1806 - **Struble**, John to Julia Demarest
8 June 1816 - **Struble**, John (Frankford) to Elizabeth Buth
16 Feb. 1828 - **Struble**, John to Catherine J. Morrs
26 Mar. 1831 - **Struble**, John A. to Mary Ketcham
25 Apr. 1833 - **Struble**, John A. to Elizabeth Bell
5 Mar. 1821 - **Struble**, John W. to Sally Lacock
17 Feb. 1843 - **Struble**, Leonard (Newton) to Jane McDanolds
17 Sept. 1797 - **Struble**, Margaret (Newton) to George Roe
1 Feb. 1827 - **Struble**, Maria to Jacob G. Staley
29 Aug. 1835 - **Struble**, Maria to Andrew Gray
19 May 1836 - **Struble**, Martha (Newton) to John Hendershot
29 Dec. 1799 - **Struble**, Mary to Rebert Bell
10 Nov. 1806 - **Struble**, Mary to Jacob Roof
13 Mar. 1808 - **Struble**, Mary to Robert Mills
19 Aug. 1837 - **Struble**, Mary to James Matber
26 Feb. 1824 - **Struble**, Mary Ann (Newton) to George Smith
24 Dec. 1834 - **Struble**, Mary H. Jacob Kimble
10 Apr. 1832 - **Struble**, Nancy to Israel McDanolds
20 Oct. 1833 - **Struble**, Nancy to William Hough
13 July 1843 - **Struble**, Olvier (Newton) to Mariah Shotwell
25 Dec. 1798 - **Struble**, Peter (Wantage) to Elizabeth Struble
10 Feb. 1803 - **Struble**, Peter to Ann Cramer
31 Aug. 1800 - **Struble**, Peter to Margaret Lance
7 Oct. 1834 - **Struble**, Peter to Catherine Osborn
24 Feb. 1816 - **Struble**, Peter L. (Newton) to Ruth Morris
13 Dec 1807 - **Struble**, Peter T. to Amey Washer
5 May 1836 - **Struble**, Phebe (Newton) to Azariah Drake
15 May 1822 - **Struble**, Philip to Margaret Slockbower
9 Nov, 1839 - **Struble**, Philip (Newton) to Mary Pettit
22 Nov. 1851 - **Struble**, Philip (Newton) to Mary Hendershot
19 June 1796 - **Struble**, Richard to Jereshe DeWit
1 May 1808 - **Struble**, Richard to Polly Demarest
26 Nov. 1834 - **Struble**, Robert to Delilah Dockerty
15 Nov. 1845 - **Struble**, Robert to Margaret Longcor
7 Nov. 1818 - **Struble**, Sally Ann to Peter Northrup
12 Sept. 1835 - **Struble**, Sally Ann to Joseph Kinney
16 Oct. 1841 - **Struble**, Sarah (Frankford) to Levi Anderson
14 Dec. 1844 - **Struble**, Savina (Frankford) to David Anderson
7 Mar. 1811 - **Struble**, Susan to Jane Wyker
7 Mar. 1802 - **Struble**, Susannah (Newton) to William Roe
5 May 1813 - **Struble**, Susanah to Philip Simmons
20 Nov. 1841 - **Struble**, Thomas to Caroline Snook
24 Dec. 1825 - **Struble**, William to Abigail Hull
14 Feb. 1838 - **Struble**, William

to Mary Predmore
Oct. 1802 - **Stryder**, Margaret to Sylvanus Hoel
14 Apr. 1821 - **Stuart**, ___ to Caty Lewis
19 Nov. 1809 - **Stuart**, Charles to Naomi Dennis
5 Mar. 1820 - **Stuart**, Eliza to Isaiah Scott
11 Dec. 1811 - **Stuart**, JAne to Robert Ferrel
24 Sept. 1815 - **Stuart**, John to Maria Young
4 June 1833 - **Stuart**, (Dr) John R. to Henrietta Morrow
27 Apr. 1842 - **Stuart**, Lucinda A. (Frankford) to James W. Willson
8 Sept. 1795 - **Stuber**, Margaret to Joel oykendall
24 Dec. 1806 - **Stule**, John to Mary Blair
7 Jan. 1843 - **Stull**, Aaron (Newton) to Salina Northrup
18 June 1797 - **Stull**, Jane to John Putman
22 Feb. 1812 - **Stull**, Jane to James Chadwick
7 Mar. 1812 - **Stull**, John to Polly Dennis
16 May 1813 - **Stull**, Joseph to Pamela Bell
21 Dec. 1844 - **Stull**, Oakley to Lucinda Crissman
1 Apr. 1826 - **Stull**, Ranaid to Catherine Richards
15 Jan. 1804 - **Stute**, Elizabeth (Oxford) to Christopher Merricle
23 Feb. 1805 - **Sulaven**, Benjamin to Rachel Cord
11 May 1833 - **Sulford**, Isaac to Elizabeth Huff
25 Sept. 1823 - **Sullivan**, Charles Lee to Polly Pyres
24 Dec. 1818 - **Sullivan**, John to Hannah Bogart
9 Feb. 1843 - **Summerbell**, Nickolas (Hope) to Euphema Sutton
25 Dec. 1807 - **Summers**, David to Polly Horn
1 Nov. 1801 - **Summers**, George (Oxford) to Sarah Hoagland
10 Mar. 1811 - **Summers**, Jacob to Mary Hiles
5 Jan. 1802 - **Summers**, John to Mary Dillenham
11 Oct. 1807 - **Summers**, John Jr. to Jane Gardner
18 Dec. 1806 - **Summers**, William to Rachel Hogland
17 Feb. 1844 - **Sunders**, Amos G. to Susan M. Hubert
25 Feb. 1808 - **Surls**, Andrew F. to Sarah Molden
1 Apr. 1804 - **Sutfin**, Jacob (Independence) to Mary Anderson
Dec. 1832 - **Sutfin**, Mary Ann to Nathaniel Drake
11 Aug. 1827 - **Sutherd**, William to Nancy Hull
12 Jan. 1828 - **Sutton**, Aaron to Sarah Ann Davis
28 Oct. 1797 - **Sutton**, Abraham to Mary Vliet
13 Nov. 1799 - **Sutton**, Amy (Knowlton) to Andrew Freeman
12 Dec. 1804 - **Sutton**, Anna to William Sharp
11 Mar. 1813 - **Sutton**, Benjamin to Elizabeth Raub
12 Jan. 1836 - **Sutton**, David (Byram) to Elize Williams
11 Dec. 1823 - **Sutton**, Eliza to John Burd
18 Feb. 1811 - **Sutton**, Elizabeth to Abraham Ayres
9 Feb. 1837 - **Sutton**, Elizabeth to James Kishpaugh
13 Dec. 1851 - **Sutton**, Esther E. to Henry Fox
9 Feb. 1843 - **Sutton**, Euphema (Hope) to Nicholas Summerbell
30 Jan. 1807 - **Sutton**, Hannah to Jacob Gardner
22 Mar. 1842 - **Sutton**, Harriet F. to Samuel D. Groover
27 Sept. 1832 - **Sutton**, James to Elizabeth Williams
20 May 1843 - **Sutton**, James E. to Jane Stiff
14 Sept. 1812 - **Sutton**, John to Martha Bates

13 Feb. 1816 - **Sutton**, John to Elizabeth Williams
Apr. 1817 - **Sutton**, John to Johanna Williamson
12 Mar. 1836 - **Sutton**, John R. (Hardyston) to Jemima Stoll
13 Oct. 1832 - **Sutton**, Jonathan (Hardyston) to Delilah Predmore
3 Nov. 1838 - **Sutton**, Joseph (Newton) to Phebe Washer
1 Jan. 1815 - **Sutton**, Lewis to Jane Catcham
28 June 1817 - **Sutton**, Margaret (Newton) to Jacob Crammer
24 July 1806 - **Sutton**, Martha to Henry Brasted
1 Nov. 1815 - **Sutton**, Mary to George Heberton
22 June 1850 - **Sutton**, Mary Ann to Benjamin Stewart
22 Sept. 1818 - **Sutton**, Masey to Thomas Champnor
27 Feb. 1836 - **Sutton**, Mercy to Daniel B. Read
12 Feb. 1820 - **Sutton**, Nancy to John Cool Jr.
18 Nov. 1812 - **Sutton**, Nathan to Martha Beardslee
Aug. 1818 - **Sutton**, Phebe to John Roll
3 Feb. 1848 - **Sutton**, Phebe to Abraham Lawrence
6 Apr. 1813 - **Sutton**, Prudence to Ebenezer Drake
14 July 1812 - **Sutton**, Rachel to John French
6 June 1812 - **Sutton**, Rebecca to Cornelius Wesner
5 Sept. 1814 - **Sutton**, Rebecca to Jacob Shepherd
18 Feb. 1824 - **Sutton**, Samuel to Elizabeth Slate
5 Jan. 1807 - **Sutton**, Samuel to Elizabeth Slate
July 1846 - **Sutton**, Samuel K. to Jane E. Predmore
30 Jan. 1817 - **Sutton**, Sarah (Oxford) to David Johnson
14 Aug. 1841 - **Sutton**, Sarah W. (Newton) to William Kerr
11 Aug. 1830 - **Sutton**, William to Mary Ann Demarest
3 Jan. 1835 - **Swackhamer**, Samuel to Rhody Fulford
9 July 1814 - **swan**, William Jr. to Hannah VanOstram
5 May 1811 - **Swaney**, Barney to (Wid) Elizabeth Devore
10 Nov. 1816 - **Swarthout**, Philip to Easter Westfall
14 June 1812 - **Swartwort**, Simeon to Alche Westfall
14 Mar. 1835 - **Swarts**, George to Jane Meddaugh
30 Jan. 1828 - **Swarts**, Jacob to Catherine DeWitt
8 Aug. 1828 - **Swarts**, James to Elizabeth Hibler
29 Oct. 1836 - **Swarts**, Mariah to James Staples
24 Dec. 1834 - **Swarts**, Mark T. (Newton) to Mary Space
8 Apr. 1804 - **Swarts**, Peter to Mary Dennis
11 July 1802 - **Swarts**, Tewalt to Margaret Dean
7 Jan. 1819 - **Swartswelder**, Margaret to George Merring
12 Oct. 1814 - **Swartswelder**, Martin to Margaret Smith
22 June 1817 - **Swartsweller**, John to Susan Harden
3 Aug. 1839 - **Swartwout**, James to Hester Lamber
17 June 1840 - **Swartwout**, Peter (Orange Co.) to Mary Shimer
28 Feb. 1833 - **Swartz**, John to Elizabeth DeWitt
23 Feb. 1832 - **Swartze**, Charity to Lewis Bunnel
16 Jan. 1839 - **Swartzwelder**, Matthias to Margaret Locy
2 Feb. 1821 - **Swaze**, (Miss) to Thomas Bird
6 Oct. 1805 - **Swayze**, Annah to Daniel Swayze
23 Feb. 1822 - **Swayze**, Barnabas Jr. to Rachel Reoas
23 June 1805 - **Swayze**, Benjamin to Phebe Righenbargh
23 Mar. 1809 - **Swayze**, Caleb to Charity Merrill

24 Dec. 1811 - **Swayze**, Caleb to Elizabeth Drake
3 Aug. 1823 - **Swayze**, Catherine to Joseph Parr
6 Oct. 1805 - **Swayze**, Daniel to Annah Swayze
12 Aug. 1824 - **Swayze**, Edward Hunt to Charlotte Wygant Day
16 June 1807 - **Swayze**, Elizabeth to Philip Vastbinder
15 Feb. 1821 - **Swayze**, Elizabeth (Newton) to Alex Lockard
12 June 1813 - **Swayze**, Fanny to Tunis Hummer
10 Feb. 1816 - **Swayze**, Hannah to John Rodenback
3 Aug. 1813 - **Swayze**, Israel to Hannah Clayton
20 Sept. 1801 - **Swayze**, Jacob (Hunterdon Co.) to Nancy Beavers
30 Dec. 1835 - **Swayze**, James (Stillwater) to Mary Rice
2 Aug. 1845 - **Swayze**, James to Sarah Smith
8 Apr. 1804 - **Swayze**, John (Oxford) to Catherine Deats
15 Feb. 1810 - **Swayze**, Margaret to James Gibbs
25 Sept. 1796 - **Swayze**, Mary to Richard Vaughan
May 1817 - **Swayze**, Mary to Wiliam Hawn
7 Nov. 1818 - **Swayze**, Mary to John Heldebrant
31 Jan. 1824 - **Swayze**, Mary to Jacob Johnson
17 Mar. 1807 - **Swayze**, Patience to William Yard
21 June 1821 - **Swayze**, (Mrs) Phebe to John Belless
20 Apr. 1819 - **Swayze**, Polly to Henry Smith
10 Apr. 1814 - **Swayze**, Richard to Rachel Drake
25 Apr. 1818 - **Swayze**, Temperence (Wantage) to Robert Adams Jr.
18 Jan. 1820 - **Swayze**, William to Charrity Johnson
13 Jan. 1844 - **Swayze**, John to Mary Ann Devanport
3 July 1798 - **Sweazy**, Daniel (Knowlton) to Sally Hunt
19 Apr. 1799 - **Sweazy**, Mary (Hardwick)to Peter Riman
28 Dec. 1804 - **Sweazy**, Rebecca (Mansfield) to William Woolover
5 Nov. 1799 - **Sweazy**, Sarah (Knowlton) to Elijah Allen
8 Feb. 1827 - **Sweney**, Elizabeth to John P. Anthony
15 Dec. 1802 - **Sewsy**, Elizabeth to Jedediah Finch
1   1837 - **Sweze**, Emeline (Wantage) to James K. Shepherd
19 Sept. 1797 - **Swezy**, Susannah (Knowlton) to Jeremiah Danby
14 Oct. 1813 - **Swick**, John to Elizabeth Shareman
28 Aug. 1803 - **Swick**, Mary to Ezekiel VanEtten
1 Apr. 1843 - **Swicke**, Lydia to William Kise
3 Sept. 1799 - **Swift**, Richard (Penn.)to Jemima DeWitt
5 Feb. 1805 - **Swisher**, Abraham to Margaret Snyder
14 Feb. 1805 - **Swisher**, Abraham to Charlotte Butts
8 Jan. 1807 - **Swisher**, Elizabeth to Abraham Shoemaker
25 Jan. 1803 - **Swisher**, Jacob (Knowlton) to Betsey Person
12 Sept. 1802 - **Swisher**, John (Knowlton) to Mary Peterson
15 Nov. 1804 - **Swisher**, Margaret (Knowlton) to Elijah Person
27 Nov. 1803 - **Swisher**, Philip (Knowlton) to Mahala Peterson
9 June 1824 - **Syckles**, Hannah to Shearman Carter
20 Dec. 1806 - **Sylsby**, George to Charity Hendershot
30 May 1802 - **Sylvester**, Hannah to John Kelso
30 Dec. 1795 - **Symmons**, Lydia to John Kanoff
11 Feb. 1798 - **Syphers**, Peter to Mary Wolever
24 Dec. 1845 - **Syples**, Mary

(Newton) to Martin Myers
9 Sept. 1815 - **Sysco**, William to Jane Wright
28 Nov. 1829 - **Tailor**, James (Wantage) to Fanny Elston
30 Mar. 1799 - **Talbut**, Edward to Thankful Everit
14 Sept. 1824 - **Talhan**, Elizabeth to Geroge Bigs
1 Jan. 1831 - **Talmadge**, Abraham to Elizabeth Ketcham
18 Mar. 1823 - **Talmander**, Elizabeth to James Byram
1 May 1823 -**Talmadge**, Sarah D. to Job B. Woodruff
18 Jan. 1817 - **Talmage**, Benjamin to Jane Maunson
7 Apr. 1808 - **Talmage**, Estheer to Martin Cox
17 Mar. 1832 - **Talmage**, Hannah to James Wood
19 May 1826 - **Talmage**, James to Mary Carol
5 July 1825 - **Talmage**, Joseph to Marian LAsun
20 Aug. 1818 - **Talmage**, Mary to Bont Simmonson
13 Sept. 1809 - **Talmage**, Phebe to Timothy Pierson
18 May 1820 - **Talmage**, Samuel to Sarah Ayers
10 Feb. 1803 - **Talor**, Margaret to Francis Smith
8 Mar. 1810 - **Tammage**, David to Rachel Norman
11 Jan. 1827 - **Tapan**, Jacob to Eliz Nulton
10 Sept. 1831 - **Tapans**, Clarry to John Conling
14 Dec. 1833 - **Tappens**, Jacob to Jennie Curlas
22 Aug. 1809 - **Tapping**, John to Elizabeth Maybee
10 Feb. 1813 - **Taylor**, Andrew to Mary Lemmons
6 July 1801 - **Taylor**, Ann (Frankford) to William Williams
28 Mar. 1802 - **Taylor**, Barbary to Jacob Struble
9 Dec. 1826 - **Taylor**, Eliza to Jacob Kline
29 Jan. 1801 - **Taylor**, Henry Jr. to Elizabeth Oliver
17.Sept. 1822 - **Taylor**, Hugh to Martha Linn
15 Feb. 1807 - **Taylor**, Jacob to Mary Bray
25 July 1797 - **Taylor**, John (Sandyston) to Rhoda Carter
9 Nov. 1833 - **Taylor**, Margaret to Jacob Storms
11 July 1827 - **Taylor**, Martha to Richard H. Morris
8 May 1803 - **Taylor**, Mary to Isaac Bassett
9 May 1818 - **Taylor**, Peter to Hannah D. Ackerman
1 Nov. 1809 - **Taylor**, Philip to Mary Kinarn
1 June 1807 - **Taylor**, Polly to Daniel Shoemaker
19 Aug. 1809 - **Taylor**, Sarah to Thomas Norman
1 Mar. 1818 - **Taylor**, Sarah to Stephen Shearman
20 June 1832 - **Taylor**, Sheldon to Mary Ann Titman
21 Feb. 1821 - **Taylor**, Thomas to Mary Ann Aleck
3 Apr. 1805 - **Taylor**, William to Susanah Rhodes
31 May 1830 - **Teabout**, Mary to John Depeu
8 May 1805 - **Teader**, Susan to Samuel Johnson
22 Feb. 1824 - **Teal**, Mercy to George Snyder
25 Oct. 1795 - **Teal**, William (Knowlton) to Anna Cline
18 Nov. 1801 - **Teapott**, (Wid) Lydia to William Little
25 May 1833 - **Teasdale**, Emma to Isaac Struble
27 Dec. 1842 - **Teasdale**, Experience (Deckertown)to Lewis Lee
3 Apr. 1813 - **Teasdale**, Prudence to William Simonson
24 Aug. 1806 - **Teasdale**, Robert Lydia Willson
1836 - **Teasdale**, Sidney to Eliza Shorter
10 Dec. 1803 - **Teasdale**, Thomas

Jr. to Hannah Cox
19 Sept. 1805 - **Teates**, Peter to Catharine Segar
1809 - **Teats**, Adam to Hannah Robertson
17 Feb. 1810 - **Teats**, Elizabeth to Azel Whitehead
9 May 1810 - **Teats**, John to Hannah Freaky
10 Aug. 1810 - **Teats**, Martha to Stephen Roy
11 Oct. 1851 - **Tebout**, John to Julia Ann Johnson
12 July 1795 - **Teedar**, Elizabeth (Hardwick) to James Johnson
8 Dec. 1807 **Teel**, Catherine to Jacob Carrhback
28 June 1829 - **Teel**, Harriet to Abijah Myers
22 Jun. 1839 - **Teel**, Henry to Huldah Lanning
28 May 1812 - **Teel**, William to Elizabeth Newbakeer
11 Sept. 1813 - **Teeple**, Catherine to Thomas B. Morgan
1 July 1818 - **Teeple**, Elizabeth to Anthony Gelsinger
13 May 1812 - **Teeple**, Joseph to (Wid) to Mary Smith
24 Nov. 1803 - **Teets**, Ann to Richard Hunt
22 Apr. 1813 - **Teets**, Elizabeth to John Titman
24 July 1796 - **Teets**, Peter to Sarah Hamilton
13 Feb. 1819 - **Teets**, Susan to Samuel Wells
10 Mar. 1811 - **Teitrich**, Mary to James Thomson
24 Dec. 1815 - **Teke**, Phebe to Lewis Munson
8 Apr. 1804 - **Temple**, Joseph (Oxford) to Susanna Slack
11 July 1808 - **Templeton**, John to (Wid) Ann Eveland
3 Mar. 1821 - **Templeton**, John to Sarah Derenberger
5 July 1795 - **Templeton**, Mary (Oxford) to Abraham Johnson
17 Mar. 1834 - **Tenyke**, John to Margaret Shepperd
24 Mar. 1832 - **Tenyke**, William to Mary Ann Denyke
2 Jan. 1844 - **Terhune**, James A. to Elizabeth Pinkey
14 Dec. 1848 - **Terry**, Gabriel S. (Hardyston) to Elizabeth Hough
23 Dec. 1804 - **Terry**, Noah to Margaret Westfall
24 Dec. 1816 - **Terry**, Ruth to ... Vallentine
18 June 1839 - **Terwilliger**, Crinis to Helen Ackerson
24 Mar. 1842 - **Terwilliger**, Mathas (Montague) to Mary L. Freeman
23 Oct. 1836 - **Terwilliger**, Olive to John Bradberry
20 Mar. 1834 - **Tests**, Elizabeth to William Hendershot
10 Mar. 1807 - **Tharp**, Ann to John Hockaberry
24 May 1828 - **Tharp**, Elizabeth to James Whiteford
19 Feb. 1833 - **Tharp**, Idey to Daniel G. VanSickle
12 Sept. 1812 - **Thapp**, James to Leah Decker
14 Nov. 1839 - **Thapp**, Margaret to George Smith
8 Oct. 1804 - **Tharp**, Mary to David Robinson
6 Aug. 1811 - **Tharp**, Moses to Elizabeth McDevitt
6 Sept. 1817 - **Tharp**, Moses to Ida Nixon
3 Apr. 1805 - **Tharp**, Patty to John Howell
27 Aug. 1815 - **Tharr**, Permelah to Jonathan Clark
1 June 1820 - **Tharr**, Tebulin to Ann Danly
16 Aug. 1807 - **Thatcher**, Anna (Greenwich) to Isaac Parke
4 Aug. 1810 - **Thatcher**, David to Ann Bartholomeu
1 Jan. 1797 - **Thatcher**, Enoch to Sarah Egnew
22 June 1820 - **Thatcher**, John to Almira Miller
9 Nov. 1820 - **Thatcher**, Mary to Jacob Valleit

8 Feb. 1808 - **Thatcher**, Nancy to Jacob Snider
18 May 1812 - **Thatcher**, Thomas to Mary VanKirk
2 Nov. 1795 - **Thirstan**, Moses to Catherine Bodenhimer
28 June 1844 - **Thomas**, Aaron to Phebe Davis
2 July 1820 - **Thomas**, Daniel to Margaret Shultz
21 May 1847 - **Thomas**, Elizabeth (Wantage) to Joseph Shiner
19 Jan. 1850 - **Thomas**, Harriet J. (Newton) to Phazier Thompson
26 Mar. 1812 - **Thomas**, James to Jannet Oliver
3 Apr. 1796 - **Thomas**, Joseph to Hoopey Watkins
26 Sept. 1814 - **Thomas**, Mary to Simeon Quick
2 Jan. 1809 - **Thomas**, Michael to Sarah Howe
11 Feb. 1819 - **Thomas**, Nancy to Peter Hockeberry
7 Nov. 1815 - **Thomas**, Susan (Hardwick) to W. Elias Mushback
1 Mar. 1803 - **Thompson**, Catherine to Henry French
10 Apr. 1847 - **Thompson**, Catharine to Joseph Snyder
8 Mar. 1813 - **Thompson**, Cristien to John Tims
31 Dec. 1798 - **Thompson**, David to Rachel Bonham
Jan. 1850 - **Thompson**, Emily (Newton) to Jacob Hendershot
1815 - **Thompson**, Fanny to Henry Chamberlin
28 July 1801 - **Thompson**, Hannah to Manning Meccar
2 Oct. 1818 - **Thompson**, Jonathan to Elizabeth Locey
15 Dec. 1827 - **Thompson**, Margaret to Jesse Hendershot
19 Jan. 1850 - **Thompson**, Phazier (Newton) to Phazier Thompson
26 Mar. 1812 - **Thomas**, James to Jannet Oliver
3 Apr. 1796 - **Thomas**, Joseph to Hoopey Watkins
26 Sept. 1814 - **Thomas**, Mary to Simeon Quick
2 Jan. 1809 - **Thomas**, Michael to Sarah Howe
11 Feb. 1819 - **Thomas**, Nancy to Peter Hockenberry
7 Nov. 1815 - **Thomas**, Susan (Hardwick) to W. Elias Mushback
1 Mar. 1803 - **Thompson**, Catherine to Henry French
10 Apr. 1847 - **Thompson**, Catharine to Joseph Snyder
8 Mar. 1813 - **Thompson**, Cristen to John Tims
31 Dec. 1798 - **Thompson**, David to Rachel Bonham
Jan. 1850 - **Thompson**, Fanny to Henry Shamberlin
28 July 1801 - **Thompson**, Hannah to Manning Meccar
2 Oct. 1818 - **Thompson**, Jonathan to Elizabeth Locey
15 Dec. 1827 - **Thompson**, Margaret to Jesse Hendershot
19 Jan. 1850 - **Thompson**, Phazier (Newton) to Harriet J. Thomas
30 Dec. 1813 - **Thompson**, William to Elsey Beavers
28 Dec. 1834 - **Thompson**, William to Julia Ann Woodhull
3 Feb. 1814 - **Thomson**, Andrew to Julia Skidmore
2 May 1799 - **Thomson**, Anna to Leonard Longhair
31 Jan. 1807 - **Thomson**, Anthony to Nancy Halms
19 Nov. 1801 - **Thomson**, Eliza to Jonathan Courter
22 Aug. 1802 - **Thomson**, James to Susannah Corsely
10 Mar. 1811 - **Thomson**, James to Mary Teitrich
16 Nov. 1797 - **Thomson**, Jeremiah (Newton) to Anne Price
24 Dec. 1815 - **Thomson**, Margaret to Thomas B. Mount
5 Jan. 1800 - **Thomson**, Maria to James Anderson

30 Mar. 1811 - **Thomson**, Maria to Andrew Raub Jr.
22 June 1808 - **Thomson**, Nancy to (Dr) William Fowler
15 Dec. 1818 - **Thomson**, Nancy B. to David Green
20 Feb. 1801 - **Thomson**, Robert C. to Maria Woodruff
1 July 1798 - **Thomson**, Samuel to Eve Raman
26 Sept. 1813 - **Thoris**, Margaret to Joseph Right
5 July 1812 - **Thorn**, Ann to Jacob Phillips
4 May 1822 - **Thornton**, Phebe to Henry Egbert
2 May 1809 - **Thorp**, Abigail to Peter Bockoven
20 May 1844 - **Thorp**, James to Lydia Moor
22 Jan. 1800 - **Thorp**, John Sr. to Lydia White
28 May 1847 - **Tice**, Sophia C. (Passaic Co.) to Cornelius Townsend
20 Sept. 1846 - **Tidaback**, Catherine A. to George Washington Greer
15 May 1844 - **Tidaback**, David to Mary Ann Shiner
29 June 1807 - **Til**, Nathan to Elizabeth Buyden
27 Dept. 1839 - **Tillaback**, Elizabeth to Daniel Odell
3 Jan. 1797 - **Tillman**, John to Elizabeth Midlesworth
29 Jan. 1829 - **Tillman**, John to Peggy Courter
23 Nov. 1815 - **Tillman**, Joseph to Catharine Simmons
31 Aug. 1820 - **Tillman**, Sally to Henry Quick
11 July 1802 - **Tillman**, William to Anna VanDyke
16 Feb. 1833 - **Tillma**, William to Eliza Slacker
5 Apr. 1828 - **Tilman**, Caty to Elijah Depue
8 Oct. 1833 - **Tilman**, Polly to Daniel Depue
8 Mar. 1813 - **Tims**, John to Christien Thompson
3 Aug. 1822 - **Tindal**, Hannah to William Peat
13 Jan. 1816 - **Tindale**, Mary (Mansfield) to William VanAtta
24 Feb. 1810 - **Tindall**, (Miss) to William White
9 Sept. 1809 - **Tingley**, Deidama to John Dennis
14 Feb. 1809 - **Tingley**, John to Elsa VanGorder
1 Jan. 1811 - **Tingley**, Margaret to Jacob Warner
4 Mar. 1841 - **Tingley**, Samuel to Martha Hunt
22 Jan. 1853 - **Tinkey**, Elizabeth (Hardyston) to John Henry
28 Mar. 1802 - **Tinsonan**, Leticia to Mahlon Welsh
5 Mar. 1797 - **Tinsman**, Catrin to Isac Bennet
Apr. 1796 - **Tinsman**, Elizabeth to John Myers
17 Feb. 1805 - **Tinsman**, Rebecah (Knowlton) to Richard Green
9 Jan. 1806 - **Tinsman**, William to Elizabeth Green
8 June 1841 - **Titaback**, George Jr. (Hardyston) to Sarah Odle
15 Feb. 1816 - **Titman**, Abraham to Jane Robins
2 Feb. 1833 - **Titman**, Bartley to Eleanor Hagerty
17 Dec. 1831 - **Titman**, Bathia to Jacob Snyder
10 Feb. 1820 - **Titman**, Benjamin to Marcy Blase
16 Dec. 1811 - **Titman**, Catherine to Joseph Raub
22 Apr. 1805 - **Titman**, Elizabeath (Oxford) to Jacob Sharp
4 Apr. 1802 - **Titman**, Jacob to Elizabeth Mabury
22 Apr. 1813 - **Titman**, John to Elizabeth Teets
12 Oct. 1820 - **Titman**, Lanah to Walter Wilson
14 Apr. 1796 - **Titman**, Margaret t William Miles
1 July 1817 - **Titman**, Margaret (Knowlton) to George Crouse

22 Dec. 1842 - **Titman**, Margaret to John Iliff
11 May 1819 - **Titman**, Mary to Isaac France
20 June 1832 - **Titman**, Mary Ann to Sheldon Taylor
8 Feb. 1838 - **Titman**, Sarah Ann to Sachariah Price
18 Sept. 1817 - **Titman**, William to Jude Hill
25 Mar. 1842 - **Titsward**, Simeon (Wantage) to Rhoday Gould
28 June 1826 - **Titsword**, Barret to Elizabeth Vandemark
27 Oct. 1850 - **Titsworth**, Abigail Jane (Montague) to Edward E. Litts
12 Oct. 1837 - **Titsworth**, Dewitt (Wantage) to Eliza Decker
22 Mar. 1814 - **Titsworth**, Eunice to Stephen Pray
11 Aug. 1838 - **Titsworth**, Hannah to Dennis McLees
9 Feb. 1805 - **Titsworth**, Jane to Barret Havens
20 Aug. 1809 - **Titsworth**, Mahaly to Richard Westbrook
9 May 1815 - **Titsworth**, Martin to Elizabeth Evens
4 May 1805 - **Titsworth**, Phebe to Isaac Tullet
24 Nov. 1811 - **Titsworth**, Richard to Hester Quick
14 June 1828 - **Titsworth**, Simeon to Abigail Read
8 Sept. 1825 - **Tittes**, James to Anne Mosher
3 Mar. 1821 - **Titus**, Caturah to John VanKirk
20 July 1812 - **Titus**, Jacob to Clarissa Wills
2 Nov. 1809 - **Titus**, John to Elizabeth Chambers
3 Feb. 1820 - **Titus**, John to Ann Freeman
3 June 1820 - **Titus**, John to Elizabeth Clauson
16 Aug. 1819 - **Titus**, Kesiah to Jacob Clawson
11 Mar. 1819 - **Titus**, Nesiah to Jacob Clawson

4 Nov. 1849 - **Titus**, Ralph (Green) to Frances Hill
8 Feb. 1814 - **Titus**, Sarah to Robert Fish
28 Sept. 1811 - **Toiner**, Mary to Peter Killer
12 Jan. 1814 - **Toland**, Julia to William Ketchen
18 Feb. 1847 - **Toland**, William (Vernon) to Alzida Bailey
21 July 1805 - **Tomer**, Christian (Hunderdon Co.) to Esther Pittingham
19 Jan. 1820 - **Tomkins**, David to Harriet Canfield
3 Nov. 1816 - **Tomkins**, Elizabeth to Samuel Sands
29 Oct. 1819 - **Timkins**, Samuel to Elias Jessup
15 Dec. 1795 - **Tompking**, Peter to Sarah Fairchild
23 Mar. 1833 - **Tompkins**, ___ to Vincent Walling
9 May 1807 - **Tompkins** Elizabeth to William Jennings
28 Sept. 1834 - **Tompkins**, Evi L. to Maria Crabtree
26 Oct. 1833 - **Tompkins**, Harriet to John McGanaghan
8 July 1814 - **Tompkins**, Isaac to Malinda Givens
18 Feb. 1804 - **Toms**, Jonathan to Anna Gonger
1 Sept. 1795 - **Tomsen**, James to Anne Ayres
10 Jan. 1824 - **Totten**, Betsey to Thomas Cormick
11 Sept. 1852 - **Totten**, Drake to Mary Ann Pitney
7 Aug. 1814 - **Totten**, Elizabeth to David Billsby
2 Nov. 1844 - **Totten**, Henry to Jane Lewis
13 Jan. 1844 - **Totten**, John H. to Laura Decker
10 June 1807 - **Totten**, Lewis to Rachel Updegrove
23 Dec. 1848 - **Totten**, Mariah to Pettit B. Devore
19 Apr. 1842 - **Totten**, Mary Jane (Frankford) to Leonard Roe

23 Aug. 1845 - **Totten**, Sarah to William Aurnic
18 Nov. 1847 - **Totten**, William P. to Mary E. Marsh
24 Dec. 1846 - **Tottin**, Abraham M. (Essex Co.) to Sarah E. Widner
28 May 1847 -**Tounsend**, Cornelius (Passaic Co.) to Sophia C. Tice
6 Oct. 1840 - **Townley**, Albert C. (Elizabeth) to Mary Mattison
23 Mar. 1817 - **Townsen**, John to Ruth Dickerson
2 Sept. 1804 - **Townsend**, Amos to Phebe Townsend
6 Oct. 1836 - **Townsend**, Betsey to William Cole Jr.
7 May 1851 - **Townsend**, Catharine (Newton) to Benjamin Sherwood
4 Oct. 1836 - **Townsend**, David (Newton) to Eliza Ann Stoll
19 June 1824 - **Townsend**, Drusilla to William Welch
16 Oct. 1802 - **Townsend**, Ebenezer to Elizabeth Finch
31 Aug. 1844 - **Townsend**, Goodsel to Debby VanSickle
13 Feb. 1803 - **Townsend**, Halsted to Mary Townsend
13 Mar. 1825 - **Townsend**, Isaac to Sarah Ann Sprague
1840 - **Townsend**, John to Elizabeth Simonson
14 Sept. 1839 - **Townsend**, John J. to Sarah Case
28 Oct. 1826 - **Townsend**, Lydia to Joseph Simonson
19 Nov. 1810 - **Townsend**, Margaret to Uriah Goodsell
30 July 1831 - **Townsend**, Martha to Levi Cole
13 Feb. 1803 - **Townsend**, Mary to Halsted Townsend
1 May 1824 - **Townsend**, Mary to George Simpson
12 Mar. 1836 - **Townsend**, Mary Ann to M. William Bunn
29 June 1811 - **Townsend**, Nancey to Isaac Davis

6 Apr. 1850 - **Townsend**, Peter (Newton) to Eveline Smith
2 Sept. 1804 - **Townsend**, Phebe to Amos Townsend
4 Mar. 1811 - **Townsend**, Phebe to James Jackson
2 Dec. 1820 - **Townsend**, Polly to Martin Hinchman
28 May 1836 - **Townsend**, Samuel to Marice Meeker
15 Sept. 1821 - **Townsend**, Sarah to John Force
17 Apr. 1824 - **Townsend**, Sarrah to James Simpson
3 Apr. 1834 - **Townsend**, William D. to Elizabeth Trusdale
28 Aug. 1825 - **Townsend**, Zebulum to Lyde Perrigo
14 Apr. 1853 - **Transue**, Catharine (Penna.) to Christopher Newgent
5 Nov. 1818 - **Treat**, Horan (Oxford) to Elsa Bennet
Sept. 1800 - **Triller**, Mary to Sampson Howell
24 Mar. 1796 - **Trimber**, David (Penna.) to Elizabeth Houser
20 Feb. 1819 - **Trimmer**, Catherine to Ranson Gray
21 Feb. 1821 - **Trimmer**, Catherine to Theodore Trimmer
21 Feb. 1821 - **Trimmer**, Theodore to Catherine Trimmer
31 Dec. 1836 - **Trinberland**, Jacob to ___ Skinner
26 Sept. 1829 - **Trotter**, Mary (Wantage) to William Ellison
17 Apr. 1796 - **Trout**, Achsa to Frederick Hildebrant
28 Dec. 1844 - **Trout**, Mark to Mary Ann Halwick
29 April 1802 - **Troy**, Elizabeth (Greenwich) to Henry Haney
4 May 1831 - **Truet**, Abraham to Elizabeth Reed
3 Apr. 1834 - **Trusdale**, Elizabeth to William D. Townsend
30 Oct. 1804 - **Trusdale**, John to Caty Struble
3 Jan. 1807 - **Trusdale**, Phebe t Peter J. Coykendall
11 Mar. 1826 - **Trusdel**, John to

Susan Ellot
2 Feb. 1822 - **Trusdel**, Lanner to Zeophia Carnes
30 Nov. 1806 - **Trusdel**, Phebe to John Hendershot
17 June 1802 - **Trusdell**, Elizabeth to Rynean Smith
30 July 1850 - **Trusdell**, James (Wantage) to Emla Layton
21 Jan. 1841 - **Trusdell**, John Jr. (Newton) to Elizabeth Hathaway
30 June 1850 - **Trusdell**, H. Maria (Montague) to Samuel Paugh
25 Oct. 1827 - **Trusdell**, Mary to Samuel Johnson
20 Apr. 1844 - **Trusdell**, Rachel (Wantage) to Henry Mede
3 Feb. 1845 - **Trusdell**, Rebecca Jane (Wantage) to Lewis Abers
22 Feb. 1823 - **Trusdell**, Sarah to Abraham Coleman
23 Sept. 1826 - **Trusdell**, Sarah to Lewis Hathaway
13 Dec. 1828 - **Trusdell**, Stephen to Rebecca Bassett
2 June 1824 - **Trusell**, Stephen Jr. to Judith Ann Hindswere
9 Oct. 1815 - **Tucker**, Henry to Clarissa DeWitt
21 Nov. 1806 - **Tufferd**, Jacob to Jeane VanSickle
4 May 1805 - **Tullet**, Isaac to Phebe Titsworth
28 Nov. 1795 - **Tumbler**, Cahterine (Oxford) to John Whitenson
12 Dec. 1820 - **Tunison**, Cornelius to (Miss) Johnson
10 Dec. 1814 - **Tunison**, John C. to Sarah Roof
16 Aug. 1810 - **Tuple**, Elizabeth to Edmund South
29 May 1700 - **Turnblazen**, Anna to John Flemming
18 Sept. 1815 - **Turner**, Anne (Frankford) to John Vanarden
21 Jan. 1826 - **Turner**, Clarricy to Abraham Emmings
3 July 1806 - **Turner**, Elizabeth to Isaac Shaver
5 Mar. 1814 - **Turner**, Elizabeth to Joseph Laycock
9 Feb. 1833 - **Turner**, Elizabeth to Asbury Ketchem
25 Apr. 1833 - **Turner**, Harriet to Albert Lits
31 May 1820 - **Turner**, Margaret to Levi Anderson
20 Apr. 1817 - **Turner**, Mary (Wantage) to John Decker
29 June 1809 - **Turner**, Polley to Thomas Babcock
4 Aug. 1814 - **Turner**, Richard to Euphemia Armstrong
26 Dec. 1812 - **Turner**, Rachel to William Fredericks
25 Aug. 1812 - **Turner**, Rebecca to Thomas Hunt Jr.
16 Oct. 1806 - **Turner**, Richard to Margaret Shaver
18 June 1825 - **Turner**, Thompson to Caty Casad
14 Dec. 1833 - **Tuttle**, Amy (Hardystson) to Robert Buckley
3 July 1823 - **Tuttle**, Ann to James Warbasse
30 Aug. 1832 - **Tuttle**, Caroline to Obediah Wright
23 Feb. 1832 - **Tuttle**, Charlotte to Paul Beardslee
7 June 1817 - **Tuttle**, Ebeneser to Catherine Snider
26 Feb. 1840 - **Tuttle**, Isaac Jr. to Elizabeth Hough
28 Feb. 1829 - **Tuttle**, James to Ruth Maria Wickham
19 Nov. 1808 - **Tuttle**, Joh to Anne Youngs
18 Dec. 1845 - **Tuttle**, Julia to David Congleton
3 May 1834 - **Tuttle**, Mariah to Clark Edwards
23 Dec. 1849 - **Tuttle**, Mary (Newton) to Jacob Sheldon
9 June 1807 - **Tuttle**, Nathaniel to Elizabeth Youngs
19 Sept. 1801 - **Tuttle**, Phebe to John Rickey
24 Sept. 1831 - **Tuttle**, Phebe to Jesse Events
3 Oct. 1840 - **Tuttle**, Phebe to Moses Martin
17 Oct. 1829 - **Tuttle**, Phinias

(Vernon) to Eunid Martin
2 May 1802 - **Tuttle**, Rachel to Abraham Howard
10 Oct. 1812 - **Tuttle**, Rachel to Thomas Beardslee
3 July 1823 - **Tuttle**, Sally to Peter B. Harford
20 Mar. 1817 - **Tuttle**, Sarah (Walpack) to John Lanning
6 Oct. 1810 - **Tuttle**, Samuel to Lydia Hopkins
11 Feb. 1833 - **Tuttle**, Vincent to Lorana Gustin
3 Nov. 1826 - **Tuttle**, William to Hannah Beemer
3 Mar. 1842 - **Tuttle**, William (Sandyston) to Dorcas Primrose
18 June 1799 - **Twining**, Daniel to Hannah Snyder
16 June 1821 - **Twingin**, john to (Mrs) Ann Kishpech
24 Aug. 1822 - **Twitchel**, Horis W. to Elnor Havens
19 Apr. 1802 - **Ulp**, Elcey to Henry Savacool
18 Mar. 1824 - **Ulp**, Lydia (Hardwick) to Abraham Shuster
19 Aug. 1835 - **Uldegrove**, Catherine to Frederick Burn
3 Aug. 1808 - **Updegrove**, James to Jane O'Neal
9 Sept. 1815 - **Updegrove**, Lydia to Henry Ackerson
10 June 1807 - **Updegrove**, Rachel to Lewis Totten
23 Aug. 1813 - **Updegrove**, William (no bride's name given)
11 Mar. 1798 - **Updike**, Henry to Katherine Liepen
8 June 1811 - **Udycke**, Gersham to Sally Deater
17 Mar. 1838 - **Updyke**, Mary to Frederic S. Wintermute
1 Nov. 1801 - **Updyke**, Sally to William Bear
6 Dec. 1801 - **Uptegrove**, Elizabeth to Frederick Youmans
10 Sept. 1814 - **Uptegrove**, Jane to Jacob Stanaback
7 July 1801 - **Uptegrove**, Peter Jr. to Elizabeth Kennebrook

4 Feb. 1800 - **Uselton**, Elizabeth to Simon VanHorn
14 Nov. 1848 - **Uter**, Hester Jane (Vernon) to John W. Boid
2 Mar. 1822 - **Utt**, Jane to Charles Edgeton
11 Dec. 1852 - **Utter**, Almeda (Wantage) to Gabriel Valentine
11 Feb. 1840 - **Utter**, Benjamin (Vernon) to Elmira Green
14 July 1831 - **Utter**, James to Sally McCann
26 Dec. 1829 - **Utter**, Jane to David Canin
3 May 1828 - **Utter**, Nancy to James Paddock Jr.
29 Oct. 1835 - **Utter**, Sary Ann (Vernon) to John Mosure
7 July 1852 - **Vail**, Abram M. (Warren Co.) to Jane C. Craig
6 Mar. 1813 - **Vail**, Anna to Stephen Barns
5 Nov. 1840 - **Vail**, Hannah to Parker Smith
17 Apr. 1819 - **Vail**, James H. to Rebecca H. Hendria
27 Jan. 1814 - **Vail**, John to Elizabeth Gardnier
4 Aug. 1818 - **Vail**, John S. to Mary Derue
21 Jan. 1841 - **Vail**, Phebe to Michale VanGelder
22 Dec. 1849 - **Vail**, Sarah H. (Newton) to Isacc Stickles
10 Dec. 1808 - **Valentine**, Caleb H. to Anny Likings
11 Dec. 1852 - **Valentine**, Gabriel (Wantage) to Almeda Utter
10 Dec. 1809 - **Valentine**, Jacob to Leviney Hamilton
17 Jan. 1810 - **Valentine**, Lydia to Brown Brookfield
26 Mar. 1853 - **Valentine**, Mary E. (Wantage) to Benjamin Gould
8 Mar. 1807 - **Valentine**, Patty to Jonathan Chidester
7 Jan. 1811 - **Valentine**, Samuel to Christrien McCurdy
9 Nov. 1820 - **Valleit**, Jacob to Mary Thatcher
24 Dec. 1816 - **Vallentine**, Jere-

miah to Ruth Terry
26 Sept. 1812 - **Van** Daniel to Catherine Snover
7 Nov. 1812 - **Van**, John to Mary Shiner
21 May 1826 - **VanAken**, James to Cathern Fuller
18 Sept. 1815 - **VanArden**, John (Frankford) to Anne Turner
24 May 1853 - **VanArsdale**, John (Stanhope) to Hannah Smally
26 June 1814 - **VanAken**, Leanah to Wilhelmus VanAuken
30 Dec. 1812 - **VanAken**, Sarah to Matthew Brink
23 Mar. 1800 - **VanAllen**, Sarah to Asey Brown
12 Feb. 1810 - **VanAnlen** Daniel to Mary Decker
23 Jan. 1820 - **VanAtta**, Catherine to Jesse Youngs
12 Sept. 1818 - **VanAtta**, Elizabeth to Joseph Force
19 Sept. 1835 - **VanAtta**, Elizabeth to Isaac Lambert
6 Nov. 1800 - **VanAtta**, John (Frankford) to Mary Devens
14 Nov. 1822 - **VanAtta**, Maria to Elisha Weller
20 Dec. 1806 - **VanAtta**, Samuel to Hahhan Havens
4 Mar. 1819 - **VanAtta**, Samuel to Jane Stout
13 Jan. 1816 - **VanAtta**, William (Mansfield) to Mary Tindale
27 Sept. 1805 - **VanAtten**, Cat. to John Loder
15 June 1828 - **VanAtten**, Christien to John VanAuken Jr
10 Sept. 1803 - **VanAtten**, Isaiah to Blandina Westbrook
12 Sept. 1819 - **VanAtten**, James to Sally Vandemark
11 July 1813 - **VanAtten**, John to Catherine Ennis
12 Mar. 1836 - **VanAtten**, Joseph to Susan Freeman
7 Sept. 1850 - **VanAtten**, Lewis F. to Susan C. Stewart
13 June 1799 - **VanAtten**, William to Sarah Lambard

6 Jan. 1817 - **VanAucan**, Jesse (Wantage) to Susan Adams
18 Dec. 1824 - **VanAucan**, Joseph to Elizabeth Paterson
8 Mar. 1821 - **VanAuken**, Bowdewine to Lidah Dodder
17 Aug. 1841 - **VanAuken**, Abraham (Penna.) to Elenor Steel
2 Apr. 1831 - **VanAuken**, Abraham C. to Martha Reeves
21 Oct. 1811 - **VanAuken**, Catey to John Cole
31 Oct. 1811 - **VanAuken**, Catherine to Peter Rose
19 June 1819 - **VanAuken**, Catherine to Jacob Vradenburgh
3 Aug. 1811 - **VanAuken**, Elijah to Mary Laycook
27 Oct. 1804 - **VanAuken**, Elizabeth to Richard French
26 Jan. 1819 - **VanAuken**, Isaac to Mary Beedle
25 Jan. 1821 - **VanAuken**, James to Jane VanNoy
25 Jan. 1801 - **VanAuken**, Jacob (Penna.) to Hannah Johnson
29 Nov. 1807 - **VanAuken**, Jacob to (Wid) Mary Bethron
3 Mar. 1832 - **VanAuken**, Jacob to Nancy Straway
28 Dec. 1809 - **VanAuken**, Joh to Rachel Rosenkranse
31 Oct. 1824 - **VanAuken**, John to Ann Depy
15 June 1828 - **VanAuken**, John J. to Christeen VanAtten
25 Sept. 1819 - **VanAuken**, Lenah to David VanNoy
2 May 1812 - **VanAuken**, Mary to William Graham
29 Nov. 1812 - **VanAuken**, (Mrs) Mary to James B. Armstrong
26 Feb. 1825 - **VanAuken**, Nanah to John Denning
24 June 1830 - **VanAuken**, Richard to Phebe Dimon
6 June 1811 - **VanAuken**, Sarah to Henry B. Wintermute
15 Aug. 1816 - **VanAuken**, Sally to Thomas VanEtten
16 Sept. 1820 - **VanAuken**,

Samuel to Hannah VanNoy
27 Jan. 1844 - **VanAuken**, Sarah (Frankford) to Alfred Volentine
25 Nov. 1804 - **VanAuken**, Wilhelmus to Hester Shymer
26 June 1814 - **VanAuken**, Wilhelmus to Leanah VanAken
1 May 1819 - **Vanay**, Nicholas to Sarah Bennet
23 Jan. 1815 - **VanBidren**, William to Sarah Green
8 Apr. 1823 - **VanBlarcom**, Peter (Bergen Co.) to Mary Winter
1 Apr. 1798 - **VanBuscaret**, Cornelius to Charlotta Buppinger
23 Sept. 1798 - **VanBuskirk**, Catherine to William Dusunberry
26 July 1817 - **VanBuskirk**, Elizabeth to Gilbert Mintawne
4 Oct. 1823 - **VanBuskirk**, Elizabeth (Newton) to Jeremiah Holly
12 May 1799 - **VanBuskirk**, John (no bride's name given)
20 Apr. 1833 - **VanBuskirk**, John to Mary Ann Read
4 Apr. 1816 - **VanCamp**, Elizabeth (Hardwick) to Richard Coursen
8 Oct. 1809 - **VanCamp**, Mary to Samuel Walter
25 Apr. 1811 - **VanCampen**, Ann to Absolom Osburn
2 June 1799 - **VanCampen**, Catherine to John Lits
Nov. 1851 - **VanCampen**, Emma E. C. to James Davis
10 May 1804 - **VanCampen**, Enos to Elizabeth Dingman
20 Oct. 1819 - **VanCampen**, Ester to Stephens Robins
7 Dec. 1811 - **VanCampen**, Jacob to Sarah Billince
18 Nov. 1819 - **VanCampen**, Mariah to John Nyce Jr.
9 Sept. 1843 - **VanCampen**, Mary to Philip Rose
11 Mar. 1851 - **VanCampen**, Mary Ann to James M. Harker
10 May 1801 - **VanCampen**, Sarah to ISaac Losey
11 Feb. 1802 - **VanCampen**, Saral (Wallpack) to Andrew Jameson
26 Jan. 1811 - **VanCampen**, Susannah to Samuel Riggs
19 Jan. 1843 - **VanCampen**, William (Warren Co.) to Elizabeth Shuster
8 Jan. 1851 - **Vance**, Alanson A. to Mary E. Martin
2 Aug. 1818 - **Vance**, Elizabeth to Ecubed B. Miller
12 Nov. 1825 - **Vance**, George to Susan Schooley
17 Mar. 1808 - **Vance**, Hetta to Benjamin Schooley
26 Jan. 1830 - **Vance**, Hild (Sparta) to Zebulon Doty
19 July 1802 - **Vance**, James (Newton) to Lucrecia Boss
1 Jan. 1829 - **Vance**, Jane to David Drake
4 Nov. 1811 - **Vance**, John to Margaret Spangenberg
26 Apr. 1814 - **Vance**, Lucretia to Samuel Cosad
3 Mar. 1831 - **Vandamark**, Abram to Elizabeth Conklin
20 Oct. 1801 - **VanDamarke**, Elizabeth to Benjamin VanGorder
1 Sept. 1832 - **VanDegriff**, Ann to John Gale
28 Sept. 1816 - **VanDegriff**, John to Sally Edsall
12 Oct. 1816 - **VanDegriff**, Phebe to Jacob Welch
21 Nov. 1812 - **VanDegriffe**, Nicholas to Esther Osburn
1 Aug. 1814 - **VanDegrift**, Hester to Richard Edsall
29 Aug. 1812 - **VanDegrift**, John to Almeda Edsall
28 June 1826 - **VanDemark**, Elizabeth to Barret Titswort
20 Dec. 1821 - **VanDemark**, Jasper to Coziah Norris
21 Apr. 1807 - **VanDemark**, Mary to Macke Reve
7 Oct. 1824 - **VanDemark**, Rachel to Simeon Sleitor
12 Sept. 1819 - **VanDemark**, Sally to James VanAtten

27 Feb. 1817 - **VanDebelt**, William to Mary Belles
24 May 1808 - **VanDeren**, John to Mary Shaver
14 Jan. 1811 - **VanDeren**, John to Elizabeth Salmon
1 May 1830 - **VanDeren**, John I. to Elizabeth Hart
23 Mar. 1852 - **VanDeren**, John J. (Port Jervis, N.Y.) to Margery Cochran
10 Apr. 1814 - **VanDergrift**, Millard to Eliza Robbins
18 Oct. 1814 - **VanDerhoof**, Elziabeth to Jacob VanDerhoof
Nov. 1842 - **VanDerhoof**, Emily to Ford Martin
18 Oct. 1814 - **VanDerhoof**, Jacob to Elizabeth VanDerhoof
28 Nov. 1807 - **VanDerhoof**, Margaret to William Boyd
30 Mar. 1848 - **VanDerhoof**, Mary (Wantage) to J. R. Odell
22 Oct. 1814 - **VanDerhuf**, Temperance to Joseph Jay
15 Nov. 1819 - **VanDervoort**, John C. to Eliza Miller
2 May 1813 - **VanDroff**, John to Elizabeth Cronk
10 Dec. 1817 - **VanDerouff**, Ann to George Rhodes
25 Mar. 1847 - **VanDoren**, Aaron (Newton) to Isabella Gruver
25 Dec. 1815 - **VanDoren**, John to Rebecka Plum
10 Aug. 1803 - **VanDruff**, Anne to Caleb Gold
28 Dec. 1811 - **VanDure**, Effy to Benjamin Pridmore
1 Nov. 1810 - **VanDuren**, Sally to Patrick Hagerty
11 Jan. 1802 - **VanDyke**, Anna to William Tillman
15 Feb. 1817 - **VanDyke**, John to Margaret Cunningham
2 Dec. 1812 - **VanDyke**, Catherine to Jesse Stroud
16 Dec. 1819 - **VanDyke**, James to Hannah Landes
12 Dec. 1798 - **VanDyke**, Martin to Caty Beadle

18 Feb. 1808 - **Vaness**, Judith to Peter Lance
3 Dec. 1831 - **Vanest**, Abner to Mary Wyckoff
7 Jan. 1808 - **Vanest**, Peter to Susanna Mattison
27 Aug. 1800 - **VanEtta**, Joshua to Cahterine Warts
4 June 1820 - **VanEtten**, Alexander to Catherine Quick
26 July 1825 - **VanEtten**, Camelia to Edward Litts
24 Jan. 1802 - **VanEtten**, Cornelius to Anne Smith
13 Aug. 1798 - **VanEtten**, Elizabeth to Jonathan Pettit
28 Aug. 1803 - **VanEtten**, Ezekiel to Mary Swick
23 Oct. 1824 - **VanEtten**, Margory to Simon Quick
10 June 1840 - **VanEtten**, Peter (Sandyston) to Eliza Gummauer
19 Aug. 1842 - **VanEtten**, Phebe to Bray Ayers
15 Feb. 1831 - **VanEtten**, Sarah to Michael Mackley
10 Sept. 798 - **VanEtten**, Mary (Sandyston) to David Bartron
15 Aug. 1816 - **VanEtten**, Thomas to Sally VanAuken
1 July 1820 - **VanFleet**, James S. to Mary Vradenburgh
19 Feb. 1813 - **VanFleet**, Jane to John F. Perry
12 July 1849 - **VanFleet**, John D. (Hardyston) to Mary Predmore
6 Feb. 1822 - **VanFleet**, Simeon to Highly Adams
22 Mar. 1815 - **VanFleet**, Susannah to John Riggs
30 June 1802 - **VanGelden**, Elizabeth to Abraham Batton
4 Mar 1802 - **VanGelden**, John to Mary Batton
18 May 1833 - **VanGelder**, Catherine M. to Abraham Larno
19 Nov. 1831 - **VanGelder**, Elizabeth to William Southworth
13 Nov. 1824 - **VanGelder**, Issac to Catherine Huff
7 Nov. 1835 - **VanGelder**, Jane to

Peter Larue
21 Jan. 1841 - **VanGelder**, Michael to Phebe Vail
12 Dec. 1807 - **VanGelder**, Tobias to Ally Rutan
3 July 1813 - **VanGelder** William to Catherine Courtright
9 July 1837 - **VanGelder**, William W. to Mary Guntramin
9 Nov. 1833 - **VanGieson**, John to Mary Polhamus
1 Jan. 1852 - **VanGilder**, Henry to Ann Sager
28 Jan. 1846 - **VanGilder**, Nancy (Newton) to James Iliff
18 Oct. 1823 - **VanGiver**, Rebecca to Nathan Cole
1 Sept. 1796 - **VanGorda**, Catherine to Hendrick Courtwright
1807 - **VanGorden**, Aaron to Sally Warner
14 Dec. 1809 - **VanGorden**, Benjamin to Betsey Rosenkranse
22 Oct. 1801 - **VanGorden**, Elizabeth to Adam Harrington
11 June 1845 - **VanGorden**, Elizabeth to Thomas Bross
9 Oct. 1796 - **VanGorden**, Felitie to Samuel Filman
13 Apr. 1796 - **VanGorden**, Gideon (Sandyston) to Elizabeth Ennis
(1853?) - **VanGorden**, Helen to Enos Brink
6 Dec. 1817 - **VanGorden**, Mary (Frankford) to James Shotwell
20 Oct. 1801 - **VanGorder**, Benjamin to Elizabeth Vandamarke
23 Sept. 1827 - **VanGorder**, Cornelius to Susan Odle
17 Feb. 1844- **VanGorder**, Elizabeth (Penna.) to Washington Litts
14 Feb. 1809 - **VanGorder**, Elsea to John Tingley
29 Jan. 1804 - **VanGorder**, Gideon to Sarah VanGorder
10 Nov. 1800 - **VanGorder**, Levi to Caty Fradenburg
29 Jan. 1825 - **VanGorder**, Levy to Fanny Cole
5 Mar. 1825 - **VanGorder**, Martha to Samuel Wickham
15 May 1800 - **VanGorder**, Mary to Peter Ruback
9 Aug. 1834 - **VanGorder**, Moses to Charlotte Easton
26 June 1800 - **VanGorder**, Sarah to Jacob Gramonson
29 Jan. 1804 - **VanGorder**, Sarah to Gideon VanDorder
22 Sept. 1832 - **anGuilder**, Elizabeth to William Sprague
21 Oct. 1848 - **VanGuilder**, Mary Ann to Jacob F. Snover
6 Apr. 1811 - **VanHäuten**, Peter to Sarah Sammis
5 Jan. 1813 - **VanHerte**, George to Hannah Emmery
3 Jan. 1838 - **VanHin**, Isaac to Polly S. Pierson
29 Oct. 1795 - **VanHook**, Elizabeth (Oxford) to Joseph Dansfuils
21 Feb. 1811 - **VanHorn**, Abraham to Esther Bell
28 Aug. 1841 - **VanHorn**, Abraham to Catherine Warner
17 Apr. 1818 - **VanHorn**, Anna to Jacob Craun
28 Sept. 1802 - **VanHorn**, Anne (Hardwick) to Henry Marvin
5 June 1841 - **VanHorn**, Catharine to Henry Huff
23 Jan. 1829 - **VanHorn**, David to Elizabeth Coss
28 Nov. 1838 - **VanHorn**, David G. (Johnsonburg) to Harriet Young
23 July 1835 - **VanHorn**, Elizabeth (Frankford) to John L. Rutan
29 Dec. 1805 - **VanHorn**, George to Polly Smith
22 Dec. 1797 - **VanHorn**, Mathias to Susannah Cline
12 Feb. 1842 - **VanHorn**, PEter to Mary Ann Hammond
10 Jan. 1843 - **VanHorn**, Rhoda to John Hill
5 Feb. 1809 - **VanHorn**, Sally to John Peppenger

9 Aug. 1822 - **VanHorn**, (Mrs) Sarah to Cornelius Vessells
12 Aug. 1826 - **VanHorn**, Sarah to George Butts
4 Feb. 1800 - **VanHorn**, Simon to Elizabeth Uselton
18 Apr. 1816 - **VanHorn**, William to Rhoda Bell
25 June 1818 - **VanHorn**, William N. to Elizabeth Kimble
23 Mar. 1815 - **VanHorne**, Catherine to Jacob W. VanHorne
20 Apr. 1815 - **VanHorne**, Catherine to Jacob Stoll
24 Jan. 1822 - **VanHorne**, Isaac to Elizabeth Hibler
23 Mar. 1815 - **VanHorne**, Jacob W. to Catherine VanHorne
20 Jan. 1811 - **VanHorne**, Jame to John Robbins
21 Jan. 1804 - **VanHoughten**, Henry to Mary Luckey
8 Nov. 1838 - **VanHouten**, (Mrs) Caroline (Vernon) to William Drew
18 Sept. 1804 - **VanHouten**, Isaac to Mary Elston
14 Oct. 1804 - **VanHouten**, John to Betsy Hammond
21 June 1809 - **VanHouten**, Leah to William Woodruff
9 Aug. 1804 - **VanHouten**, Margaret (Frankford) to John Hamilton
26 Dec. 1805 - **VanHouten**, Peter to Mary Brady
2 Feb, 1806 - **VanHouten**,Ralph to Nancy Glan
10 Jan. 1811 - **Vaniven**, Eliza to Wiliam Mayberry
13 Feb. 1819 - **VanInwagen**, Jane to John Ackerson
27 May 1844- **VanKirk**, Aba M. to Peter Chandler
8 Aug. 1840 - **VanKirk**, Abigail (Newton) to Joseph P. Price
15 Sept. 1810 - **VanKirk**, Ann to John Lennington
4 Apr. 1807 - **VanKirk**, Drusilly to Benjamin Roe Jr.
29 June 1839 - **VanKirk**, Elizabeth to James J.McCarrick
29 Nov. 1836 - **VanKirk**, Ellen (Newton) to John Kelsey
3 Mar. 1821 - **VanKirk**, John to Caturah Titus
4 June 1853 - **VanKirk**, Louise (Sparta) to Jacob Dennis
9 Feb. 1806 - **VanKirk**, Mary (Hardyston) to John Price
18 May 1812 - **VanKirk**, Mary to Thomas Thatcher
1813 - **VanKirk**, Patrick to Polly Woodruff
30 Mar. 1806 - **VanKirk**, Peter to Elizabeth Mills
31 Jan. 1813 - **VanKirk**, Ralph to Mary Drake
17 Apr. 1834 - **VanKirk**, Robert to Helen Headey
17 Feb. 1816 - **VanKirk**, Sarah to Christopher Hagerty
22 July 1820 - **VanKirk**, Thomas to (Mrs) Martha Phillips
18 Aug. 1802 - **VanKirk**, Thomas Jr. (Hardyston) to Ann S. Dalrymple
1 Dec. 1809 - **VanNat**, John to Elizabeth Hammon
17 Nov. 1803 - **VanNatten**, Aaron (Frankford) to Mary Mattix
25 Oct. 1795 - **VanNest**, (Wid) Anna to Henry Johnson Sr.
4 Jan. 1825 - **VanNest**, Hannah to Daniel Wyckoff
3 Nov. 1814 - **VanNest**, John to Sally Dunn
31 Dec. 1836 - **VanNest**, Peter to Maria McKinney
22 Feb. 1820 - **VanNest**, Whitefield to Ocy Shea
16 Sept. 1811 - **VanNeste**, Catherine to Elijah Rosenkranse
14 Apr. 1814 - **VanNeste**, John to Jane Robbins
3 May 1815 - **VanEtter**, Sarah to George Kern
25 June 1798 - **VanNote**, William to Margaret Gunterman
25 Sept. 1819 - **VanNoy**, David to Lenah VanAuken
16 Sept. 1820 - **VanNoy**, Hannah

to Samul VanAuken
25 Jan. 1821 - **VanNoy**, Jane to James VanAuken
14 Oct. 1838 - **VanNoy**, John (Montague) to Bathsheba Ammerman
23 Dec. 1810 - **VanNoy**, Peter to Mary Westbrook
19 Dec. 1813 - **VanNoy**, Polley to Joseph Bennit
17 May 1817 - **VanNoy**, Rachel to Cornelius Hornbeck
24 Apr. 1841 - **VanNoyse**, Elias (Montague) to Sarah Harker
9 July 1814 - **VanOstram**, Hannah to William Swan Jr.
1 Jan. 1805 - **VanOstrand**, Mathias to Rachel Raton
4 Nov. 1843 - **Vanover**, Margaret S. (Hardwick) to Stuart C. Rutan
21 June 1822 - **VanSans**, Aliica to Joseph M. Northrup
25 Oct. 1827 - **VanScoder**, Mary to Daniel D. Decker
30 Sept. 1815 - **VanOstrand**, Rachel to John Shuet
9 Jan. 1828 - **VanScoda**, Jacob to Elizabeth Knecht
5 Jan. 1826 - **VanScoder**, Elizabeth to William A. Hull
7 Feb. 1822 - **VanScoder**, John to Sarah Adams
28 Feb. 1813 - **VanScoder**, Milly to Elias Carcuff
21 Mar. 1812 - **VanScoten**, Catherine to Paul Cummins
18 May 1800 - **VanScotte**, John to Mary Lennard
21 Sept. 1816 - **VanScoyt**, Abraham to Margaret House
14 Feb. 1796 - **VanSeater**, Garret (Knowlton) t Catherine Shannon
1 Apr. 1813 - **VanSick**, George to Amey Chardewine
9 Dec. 1837 - **VanSickle**, Aaron (Newton) to Susan Hunt
20 Mar. 1844 - **VanSickle**, Amos to Thurza Arnold
8 Sept. 1800 - **VanSickle**, Andrew to Sarah Cortright

10 May 1846 - **VanSickle**, Ann to James W. James
25 Apr. 1819 - **VanSickle**, Catherine to John Kilpatrick
14 Nov. 1840 - **VanSickle**, Charlotte to Jacob VanSickle
30 Jan. 1829 - **VanSickle**, Christian to Josiah Middan
19 Feb. 1833 - **VanSickle**, Daniel G. to Idey Tharp
31 Aug. 1844 - **VanSickle**, Debby to Goodsel Townsend
22 June 1833 - **VanSickle**, Dyha to William Black
12 Sept. 1844 - **VanSicle**, Elizabeth to John U. Roff
30 Dec. 1799 - **VanSickle**, Furman (Oxford) to Charity Vliet
13 Dec. 1817 - **VanSickle**, George (Hunterdon Co) to Rachel Scuresnan
3 Dec. 1835 - **VanSickle**, George to Elizabeth Roy
16 Aug. 1801 - **VanSickle**, (Wid) Hannah to James Porter
24 July 1833 - **VanSickle**, Jacob to Mahala Salmon
14 Nov. 1840 - **VanSickle**, Jacob to Charlotte VanSickle
21 Nov. 1806 - **VanSickle**, Jeane (Independence) to Jacob Tufferd
9 Jan. 1799 - **VanSickle**, Jinna to Andrew Hull
7 Oct. 1802 - **VanSickle**, John (Oxford) to Prudence Lannen
22 Apr. 1806 - **VanSickle**, John to Getty Dudder
18 Oct. 1821 - **VanSickle**, John to Ann Kinney
24 Feb. 1839 - **VanSickle**, John (Wantage) to (Mrs) Martha Cole
19 Jan. 1804 - **VanSickle**, Margaret to John Hull
29 Jan. 1804 - **VanSickle**, Mary to Holmes Ketcham
5 Mar. 1814 - **VanSickle**, Mary to Henry Wiker
22 May 1798 - **VanSickle**, Neomy to James Huffman
28 Dec. 1844 - **VanSickle**, Peter K.

(Newton) to Sarah Bird
8 Dec.1795 - **VanSickle**, Rachel to Jacob Shepherd
18 Nov. 1824 - **VanSickle**, Rachel to John Hay
9 Apr. 1796 - **VanSickle**, Samuel to Elizabeth Axford
10 July 1816 - **VanSickle**, Sarah (Oxford) to John Kenell
15 Apr. 1830 - **VanSickle**, Sarah to Samuel Stites
8 Mar. 1812 - **VanSiele**, Jacob to Phebe Rosecranse
26 Feb. 1813 - **VanSicle**, Thomas to Meriem Rorick
19 June 1832 - **VanSickles**, Myram to Thomas Slacy
14 Mar. 1818 - **VanSile**, Jane (Hardwick) to Samuel Goucher
20 Feb. 1847 - **VanStone**, Henry to Rebecca Emmons
29 Nov. 1817 - **VanStowder**, Isaac to Catherine Randle
16 Nov. 1828 - **VanSucket**, Benjamin to Fanny Brink
31 Aug. 1803 - **VanSyckle**, Abraham (Wantage) to Rachel Coykendall
30 Sept. 1812 - **VanSyckle**, Abraham to Catherine Green
18 Feb. 1809 - **VanSyckle**, Amy to Clawson Drake
25 Dec.1852 - **VanSyckle**, Andrew Jackson (Huntsville) to Catharine S. Hibler
14 Sept. 1822 - **VanSyckle**, Daniel to Sarah VanSyckle
3 Jan. 1811 - **VanSyckle**, Elizabeth to Daniel Finch
29 Dec. 1811 - **VanSyckle**, Mary to Peter Quick
27 June 1811 - **VanSyckle**, Prescilla to William Andrews
14 Sept. 1822 - **VanSyckle**, Sarah to Daniel VanSyckle
1 Jan. 1820 - **VanSyckle**, Sarah Ann to Richard Greer
4 July 1807 - **VanTier**, James to Abigail Shippen
1 Jan. 1818 - **VanTil**, Lotty (Wantage) to Bowdewine Brink

8 Mar. 1801 - **VanUckle**, Mary to William Coykendall
7 Feb. 1799 - **VanUkel**, James (Hardwick) to Rachel Albertson
5 Sept. 1817 - **VanVliet**, Catherine to Benjamin Vradenburgh
25 Sept. 1824 - **VanWart**, Mary to William Rabcock
8 Jan. 1817 - **VanWey**, James to Mary Ranb
7 Apr. 1800 - **VanWhye**, Joseph to Mary Snyder
19 May 1803 - **VanWie**, Burris to Pecah Osborn
19 Aug. 1811- **Vanwy**, Charles to Sarah Drake
18 July 1814 - **Vanwy**, Isaac to Catherine Maybery
8 July 1804 - **Vanwye**, John to Anne Main
3 Jan. 1811 - **Vanzant**, John to Ann Rulephson
27 Aug. 1808 - **VanZile**, Isaac to Rachel Wright
26 June 1805 - **VanSile**, Unice to Ephraim Woodruff
2 Mar. 1818 - **Vastbinder**, (Wid) Mary (Hope) to Francis McQuire
16 June 1807 - **Vastbinder**, Philip to Elizabeth Swayze
14 Mar. 1799 - **Vaugh**, Elizabeth (Knowlton) to Aaron Hazen
24 Oct. 1829 - **Vaugh**, Jacob to Lucetta Snover
8 Apr. 1819 - **Vaughn**, Benjamin to Margaret Frese
10 Sept. 1810 - **Vaughn**, Dinah to Jason Payne
29 Apr. 1826 - **Vaughn**, Mary to James Northrop
25 Sept. 1796 - **Vaughn**, Richard to Mary Swayze
3 Jan. 1801 - **Vaughn**, Sarah to John Manning
7 Mar. 1833 - **Vaughn**, Sarah Ann to John Lanteman Jr.
22 June 1816 - **Vaught**, Andrew (Hardwick) to Ann Hixon
12 June 1824 - **Vaught**, Andrew Jr. to Elizabeth Reamer
9 Mar. 1824 - **Vaught**, Joseph to

Jane Harding
23 Oct. 1800 - **Vaun**, Catherine (Gteenwich) to Levi Howell
9 Dec. 1831- **Vaun**, Phebe (Newton) to Ephraim Potter
1 July 1798 - **Veal**, Grace (Knowlton) to Anthony Lineberger
2 Dec. 1819 - **Vernon**, Richard to Elizabeth Casterlin
6 Sept. 1819 - **Vibbert**, Elitia to Anna Curtice
30 Sept. 1817 - **Vibbert**, Horace to Deborah Shapp
20 Nov. 1845 - **Vibbert**, Priscilla to John Goble
30 June 1810 - **Victor**, David to Jane Norman
10 Jan. 1802 - **Viles**, Joseph (Independence) to Catherine Woodruff
30 Dec. 1824 - **Viles**, Joseph to Julia Ann Devour
7 June 1823 - **Vilgus**, Elizabeth to Aaron F. Masters
8 Apr. 1813 - **Vliet**, Abraham to Lydia Cummings
28 June 1823 - **Vliet**, Abraham to Ann Boiles
30 Dec. 1899 - **Vliet**, Charity (Independence) to Charity VanSickle
16 Aug. 1803 - **Vliet**, Charlity to Isaac Giles
25 Aug. 1838 - **Vliet**, Daniel (Transquility) to Parmlia Lundy
2 Feb. 1842 - **Vliet**, Daniel (New Brunswick) to Mary McIntine
26 Sept. 1811 - **Vliet**, Ellinor to John Robbins
31 Jan. 1816 - **Vliet**, Joseph to Ann Axford
5 Feb. 1829 - **Vliet**, Kershon to Maria W. Willgus
28 Oct. 1797 - **Vliet**, Mary to Abraham Sutton
25 Dec. 1816 - **Vliet**, Sarah to David Freligh
23 Aug. 1803 - **Vliet**, William to Margaret Ramsey
1 July 1821 - **Vliet**, William to Martha Axford
9 Nov. 1847 - **Vliet**, Willliam to Harriet Drake
5 Mar. 1797 - **Vock**, Abraham to Susannah Smally
8 June 1833 - **Voft**, Andrew to Mary Lomon
11 Sept. 1799 - **Voght**, Catherine (Hardwick) to Abner Johnson
27 Jan. 1844 - **Volentine**, Alfred (Frankford) to Sarah VanAuken
24 July 1803 - **Volenine**, Catherine to Moses Osben
12 Nov. 1803 - **Voliver**, John to Mary Beam
23 Nov. 1850 - **Voluntu**, Elizabeth (Wantage) to James McMichael
7 Dec. 1809 - **Voorhees**, Albert to Rachel Groof
16 Nov. 1811 - **Voorheiss**, John to Betsey Oliver
24 Nov. 1805 - **Vorence**, Phebe to Samuel Bird
11 Feb. 1808 - **Vorhees**, Elizabeth to John Shiner
29 May 1813 - **Vorman**, Charles to Sarah Mackley
22 May 1841 - **Voss**, Andrew F. (Warren Co) to Margaret Simmons
16 Oct. 1813 - **Voss**, Mary to Michael Wildrick
31 Aug. 1805 - **Voss**, Suffy to Nicholas Boice
14 July 1811 - **Vought**, Elizabeth to Aaron Lundey
17 Feb. 1848 - **Vought**, Elizabeth (Tranquility) to Abraham N. Gibbs
3 Jan. 1811 - **Vought**, Jacob V. to Sally Snover
2 Aug. 1808 - **Vought**, Leanah to Thomas Miller
16 Oct. 1841 - **Vought**, Mary to George Staley
4 Dec. 1846 - **Vought**, Mary to John C. Hetsel
5 Sept. 1817 - **Vradenburgh**, Benjamin to Catherine VanVliet
12 June 1819 - **Vradenburgh**, Catherine to Joseph Neely
29 June 1830 - **Vrendenburgh**,

Elizabeth to Thomas Davis
19 June 1819 - **Vradenburgh**, Jacob to Cahternine VanAuken
1 July 1820 - **Vradenburgh**, Mary to James S. VanFleet
18 Feb. 1821 - **Vroom**, (Miss) to John Pace
13 Dec. 1823 - **Vroom**, (Capt) Thomas to Christen Weller
May 1817 - **Wack**, David to Peggy Ayres
20 June 1802 - **Wade**, Clarissa to John Buckley
20 Sept. 1812 - **Wade**, Martha to David Corey
9 Aug. 1845 - **Wade**, Morris (Sparta) to Jane S. Roe
8 Nov. 1804 - **Wade**, Noadiah to Anna Farver
19 Mar. 1807 - **Wade**, Noadiah to Martha Woolverton
15 Nov. 1807 - **Wade**, Sarah to Reuben Builer
21 Dec. 1816 - **Wade**, Serren to Lahany Cory
21 Feb. 1799 - **Wager**, Sarah to Esick Roleson
30 Apr. 1818 - **Wainer**, Daniel to Elizabeth Ayres
30 Dec. 1824 - **Wainright**, Jacob to Deborah Paterson
5 Mar. 1840 - **Waldord**, Elizabeth A. to Jonathan H. Maines
26 Feb. 1845 - **Waldorf**, Phebe to Robert Gray
6 Mar. 1842 - **Waldorff**, Hannah M. (Newton) to John W. Lane
1 Feb. 1816 - **Waldrieff**, Peter to Elisa Anderson
9 Dec. 1802 - **Waldroff**, Anne to Michael Roof
20 Apr. 1801 - **Walk**, William (Hunterdon Co.) to (Miss) Larch
31 Dec. 1850 - **Walker**, Catherine E. (Sparta) to James McPeak
28 Feb. 1824 - **Walker**, George W. to Clarissa King
13 Aug. 1808 - **Walker**, Henry to Catherine Green
1 Sept. 1803 - **Walker**, John to Isabel Roche

1 Sept. 1847 - **Walker**, Mary E. To Moses McCollum
7 Sept. 1818 - **Walker**, Phebe (Montague) to Leonard Gray
12 Feb. 1797 - **Walker**, Sam to Nancy Decker
24 May 1801 - **Walker**, Sarah to Abraham Arnick
21 Mar. 1802 - **Wallace**, James to Hester Shipman
25 Jan. 1823 - **Wallen**, Catherine to Winens Devenport
15 Sept. 1815 - **Wallen**, Levina to Theophilus Smith
31 Dec. 1823 - **Walling**, Abigail to Thomas Springster
11 Jan. 1816 - **Walling**, Amy to Jacob Masterson
25 July 1808 - **Walling**, Francis to Margaret Perrey
19 Nov. 1808 - **Walling**, Gabriel to Lucy Rorick
9 Mar. 1844 - **Walling**, Hannah to Frederick Gulick
19 Oct. 1839 - **Walling**, Isaiah to Lanna Pettit
1 Jan. 1820 - **Walling**, Inman to Sarah Beemer
28 Jan. 1830 - **Walling**, Joseph to Margaret Campbell
28 Aug. 1813 - **Walling**, Phebe to John Brady
23 May 1843 - **Walling**, Sarah (Warwick) to Robert Martin
23 Mar. 1833 - **Walling**, Vincent to __ Tompkins
19 Mar. 1816 - **Walsh**, Elizabeth to Robert McD vit
8 June 1822 - **Walter**, Coonrod to (Mrs) Mary Fulkerson
8 Oct. 1809 - **Walter**, Samuel to Mary VanCamp
23 May 1850 - **Walters**, John H. (Newburgh) to Sarah C. Lane
14 Nov. 1822 - **Walters**, Joseph to Mary Myers
3 June 1843 - **Walters**, Sarah Ann (Warren Co.) to Andrew H. Hill
21 July 1827 - **Walton**, J shua to Rhoda Smith
2 Dec. 1822 - **Wame**, William M. to

Susan Sherred
6 Nov. 1823 - **Wandling**, Ann to John Bebee
17 Feb. 1820 - **Wandling**, Catherine to John Hornbaker
16 Oct. 1824 - **Warbase**, William to Elizabeth McMickle
3 Apr. 1815 - **Warbass**, John (Newton) to Maria Armstrong
15 Apr. 1842 - **Warbass**, Phebe M. (Newton) to Jonathan H. Cotton
3 July 1823 - **Warbasse**, James to Ann Tuttle
29 Sept. 1841 - **Warbasse**, Mary (Newton) to Charles W. Fitch
9 Dec. 1824 - **Warbasse**, Sarah to John Snyder
25 Dec. 1817 - **Ward**, Catherine (Morris Co.) to Edmond Williams
8 May 1823 - **Ward**, Edward to Matilda Smith
26 May 1824 - **Ward**, Elizabeth to Thomas H. Rorback
8 Jan. 1848 - **Ward**, Electa to John Wintermute
21 July 1821 - **Ward**, Isaac to Abigail Ferris
28 Jan. 1798 - **Ward**, Jacob to Mary Gess
28 Feb. 1810 - **Ward**, John to Ester Coossman
30 Aug. 1815 - **Ward**, Jude B. to Samuel Crulip
17 Dec. 1842 - **Ward**, Lucinda (Frankford) to Oliver Conklin
9 Jan. 1812 - **Ward**, Mary to John Landing
20 Oct. 1799 - **Ward**, Sarah to Jacob Woolever
8 Mar. 1831 - **Ward**, Stephen to Eleanor Moore
26 Oct. 1845 - **Ward**, Susan to Ebenezer Jackson
9 Aug. 1817 - **Ward**, William to Ocey Greggory
15 Nov. 1809 - **Warden**, Archibald to Amy Youngs
20 Sept. 1845 - **Warren**, Pamela to Edward Kimble
29 Aug. 1813 - **Wares**, Sarah to

Aaron Goble
3 June 1816 - **Warford**, Mary (Hunterdon Co.) to Thomas Okeley
9 Aug. 1807 - **Warman**, David to Ann Oliver
18 Jan. 1807 - **Warne**, Benjamin to Phebe Welch
2 July 1806 - **Warne**, Elijah (Mansfield) to Martha T. Hunt
10 Aug. 1820 - **Waren**, Elizabeth to Chapman Warner
18 Aug. 1805 - **Warne**, Peggy (Mansfield) to Jacob LAmerson
28 Jan. 1818 - **Warner**, Adam (Hardwick) to Catherine Congle
28 Aug. 1841 - **Warner**, Catherine to Abraham VanHorn
10 Aug. 1820 - **Wanrer**, Chapman to Elizabeth Warne
16 Mar. 1815 - **Warner**, Frederick Jr. to Mary Garis
1 Jan. 1811 - **Warner**, Jacob to Margaret Tingley
13 Apr. 1825 - **Warner**, John to Nnacy Gauger
2 May 1822 - **Warner**, Rachel to Noah Osborn
1807 - **Warner**, Sally to Aaron VanGorden
31 Dec. 1836 - **Warner**, William J. Martha Ann Howard
30 Aug. 1818 - **Warren**, Daniel to Anne Abers
27 Aug. 1800 - **Warts**, Catherine to Joshua VanEtta
1 Nov. 1839 - **Washburn**, Catharine to Henry Ingham
9 Nov. 1832- **Washburn**, Sarah to Jessee Perrigo
23 Nov. 1816 - **Washer**, Abraham to Sarah Winfield
13 Dec. 1807 - **Washer**, Amey to Peter T. Struble
4 July 1845 - **Washer**, Ann (Newton) to Edward Ousey
16 Mar. 1816 - **Washer**, Anne to Aumanas Rogers
10 Mar. 1827 - **Washer**, Catherine to Robert P. Opdyke
30 June 1805 - **Washer**, Caty to

Jonathan Seely
23 Aug. 1846 - **Washer**, Francis M. to Lucinda Carey
26 Aug. 1848 - **Washer**, George (Monroe) to Isabella Haggerty
19 Sept. 1846 - **Washer**, Harriet to Jacob Bedell
11 Mar. 1845 - **Washer**, Ida to Lewis Main
12 Sept. 1846 - **Washer**, Jacob (Sparta) to Catherine Jane Bowman
11 Sept. 1808 - **Washer**, John to Elizabeth Struble
26 Oct. 1844 - **Washer**, John to Hannah D. Polhamus
30 Oct. 1813 - **Washer**, Magdalana to Isaac DeWitt
11 July 1802 - **Washer**, Mary to John DeWitt
1 Mar. 1849 - **Washer**, Mary Ann to John D. Johnson
14 June 1823 - **Washer**, Phebe (Newton) to Nicholas M. Ackerman
3 Nov. 1838 - **Washer**, Phebe (Newton) to Joseph Sutton
20 Dec. 1837 - **Washer**, Robert P. to E. Jane Reed
19 Sept. 1846 - **Washer**, Sarah Elizabeth (Sparta) to PEter Ackerson
16 Sept. 1852 - **Washer**, Sarah M. (Newton) to Henry Champion
15 Feb. 1802 - **Washer**, Susannah to Peter Coss Jr.
22 Feb. 1817 - **Washer**, William C. to Jane Onsted
20 Mar. 1814 - **Wass**, Anne (Hardwick) to Nathaniel Aber
24 Apr. 1816 - **Wass**, Caty (Hardwick) to George Keen
29 Jan. 1813 - **Wass**, Elizabeth to Charles Hammell
16 Mar. 1816 - **Wass**, George to Elizabeth Mackey
24 Dec. 1797 - **Wass**, Margaret (Knowlton) to Jacob Kunkell
23 May 1802 - **Waterhouse**, Mary to Stephen Brown
14 Mar. 1804 - **Waters**, John to Elizabeth Cox
8 Aug. 1799 - **Waters**, Samuel to Sarah Anderson
24 Sept. 1823 - **Waters**, Thomas C. to Emaline Darrah
3 Apr. 1796 - **Watkins**, Hoppey to Joseph Thomas
19 May 1832 - **Watking**, Phebe Jane to Richard Masterson
24 Oct. 1844 - **Watkins**, Sally Ann to William Elston
13 Dec. 1817 - **Watson**, Betsey to Amos McCan
9 Nov. 1823 - **Watson**, Jacob to Rachel Hornbeck
15 Oct. 1811 - **Watters**, William to Hannah McDaniels
7 May 1844 - **Watts**, Ausker (Wantage) to Caty Goold
15 Oct. 1814 - **Weasner**, Robert to Sarah Force
23 Oct. 1808 - **Weaver**, Effy to Matthias Flock
11 Sept. 18?? - **Weaver**, Henry to Catherine Jennings
8 Dec. 1805 - **Web**, Elizabeth (Greenwich) to John Andruss
1 Apr. 1835 - **Webb**, Elijah Jr. to Elizabeth Decker
1 Nov. 1812 - **Webb**, Jacob to Hila Crampton
31 Jan. 1802 - **Webb**, Mercy to Joseph Bonker
24 Oct. 1839 - **Webb**, Moses (Vernon) to Sarah Williams
22 Aug. 1829 - **Webb**, Phebe to Elias Gadle
15 June 1852 - **Webster**, Johnson to Margaret Dunn
27 Feb. 1817 - **Weed**, Silsby to Ruth Shay
5 Jan. 1832 - **Weeks**, Caroline to Peter Sharp
20 July 1801 - **Weir**, Elizabeth (Oxford) to Barnabas Smith
30 Mar. 1811 - **Weir**, Elizabeth to John Delaney
12 Jan. 1814 - **Weisner**, Sarah to John Simpson
8 Jan. 1805 - **Welch**, Catherine to John Hagerty Jr.

21 Jan. 1817 - **Welch**, David to Betsey Sharp
10 Jan. 1818 - **Welch**, Elizabeth to Seth Willcox
18 Nov. 1826 - **Welch**, Gabriel to Jane Benjamin
10 Jan. 1819 - **Welch**, Jane to Nicholas McClain
9 Sept. 1815 - **Welch**, Jacob (Duck Valley) to Susan Couse
12 Oct. 1816 - **Welch**, Jacob to Phebe Vandegriff
27 Sept. 1817 - **Welch**, Jasen to Sarah Bright
26 July 1795 - **Welch**, John to Ruby Opdike
10 May 1823 - **Welch**, Juliann to William Woodhull
Nov. 1818 - **Welch**, Mary to M. Cretor
19 Jan. 1832 - **Welch**, Mary to Nathaniel Smith
8 Dec. 1847 - **Welch**, Mary L. (Vernon) to David T. K. Harris
18 Jan. 1807 - **Welch**, Phebe to Benjamin Warne
18 June 1838 - **Welch**, Phebe (Vernon) to Enos R. Booth
19 June 1824 - **Welch**, William to Drusella Townsend
24 Aug. 1808 - **Weller**, (Miss) to Siman Hibler
13 Dec. 1823 - **Weller**, Christen to (Capt) Thomas Broom
14 Nov. 1822 - **Weller**, Elisha to Maria VanAtta
28 Nov. 1818 - **Weller**, Elizabeth to Peter G. Boylor
6 Sept. 1806 - **Weller**, Joseph (Greenwich) to Charlotte Slater
22 Apr. 1804 - **Weller**, Margaret to Walter Kerr
11 Oct. 1823 - **Weller**, Mary to John Lidy
3 June 1808 - **Weller**, Peter to Elizabeth Smock
Nov. 1818 - **Weller**, Philip to Patty Smith
7 Jan. 1819 - **Weller**, Rebecca to Samuel David
17 Oct. 1822 - **Weller**, Rebecca to Nathansil Carns
8 Mar. 1821 - **Weller**, Samuel to Jane Lomeson
20 May 1804 - **Weller**, W. Jacob to Barbery Willever
31 July 1803 - **Weller**, Barbara to John Butler
31 Oct. 1835 - **Wells**, Betsey (Wantage) to John S. Decker
7 Oct. 1837 - **Wells**, Elizabeth (Frankford) to Stephen Sobbin
26 Nov. 1840 - **Wells**, Eunice (Stillwater) to Ralph Dildine
12 Mar. 1846 - **Wells**, Katurah (Wantage) to Silas Burley
17 Sept. 1842 - **Wells**, Mary Jane to Peter Cronk
27 June 1816 - **Wells**, Sauel (Mendham) to Sally Hunt
13 Feb. 1819 - **Wells**, Samuel to Susan Teets
24 Sept. 1825 - **Wells**, Viney to Peter Hotalen
19 Mar. 1842 - **Wells**, Warren to Elizabeth Rhodes
14 Apr. 1819 - **Wels**, Rhoda to John Drake
1 May 1809 - **Welsh**, Joseph to Sarah Sharp
28 Mar. 1802 - **Welsh**, Mahlon to Leticia Tinsonan
3 Aug. 1822 - **Welter**, Mary to William Tims
11 Dec. 1845 - **Wentworth**, Jane to Joseph Sammis
6 June 1812 - **Wesner**, Cornelius to Rebecca Sutton
9 Aug. 1822 - **Wessells**, Cornelius to (Mrs) Sarah VanHorn
(1853?) - **West**, Adam to Sarah Santiga
31 Dec. 1834 - **West**, Abraham to Hannah Gardener
2 July 1815 - **West**, Charles to Elizabeth Blane
5 Jan. 1804 - **West**, Elizabeth to Frederick Snover
15 May 1814 - **West**, M. to Mary Andrews
5 Apr. 1808 - **West**, Robert to Rachel Bellas

2 Apr. 1814 - **Westbrook**, Abia to Aseneth Pellet
23 Feb. 1806 - **Westbrook**, Abraham (Sandyston) to Phebe Ennis
15 May 1811 - **Westbrook**, Agens to John Hoppaugh
23 Jan. 1841 - **Westbrook**, Alexander (Sandyston) to Hannah L. Youngs
27 Mar. 1830 - **Westbrook**, Andrew H. to Hesta Casttun
28 Sept. 1805 - **Westbrook**, Ann to Ia. Cool
3 Apr. 1819 - **Westbrook**, Anthoney to Susan Smith
8 July 1820 - **Westbrook**, Benjamin A. to Mary Nearpass
10 Sept. 1803 - **Westbrook**, Blandina to Isaiah VanAtten
8 Feb. 1800 - **Westbrook**, Daniel to Mary Dinn
12 May 1811 - **Westbrook**, Deborah to Henry Winfield
29 Sept. 1803 - **Westbrook**, Esther to Jacob Hornbeck
5 Jan. 1812 - **Westbrook** Esther to John D. Westfall
10 June 1826 - **Westbrook**, Esther to John W. Fisher
19 Aug. 1812 - **Westbrook**, Frederick to Elizabeth Decker
25 Sept. 1825 - **Westbrook**, Giceon to Hannah Everitt
24 Feb. 1826 - **Westbrook**, Joanna to Warren Woolsey
19 June 1850 - **Westbrook**, John I. (Montague) to Clara Buckley
15 Jan. 1807 - **Westbrook**, Joseph to Sally Ennis
22 Jan. 1831 - **Westbrook**, Kelly to Emily J. Decker
5 June 1808 - **Westbrook**, Lydia to Peter Decker
23 Jan. 1812 - **Westbrook**, Lydia to Jeptha Clark
23 Dec. 1810 - **Westbrook**, Mary to Peter VanNoy
6 Mar. 1814 - **Westbrook**, Peter to Lydia Shimer
5 July 1851 - **Westbrook**, Richard R. (Wantage) to Esther Wood
17 Nov. 1842 - **Westbrook**, Reuben B. (Branchville) to Mary Ann Woster
20 Sept. 1798 - **Westbrook**, Sally to Abraham Decker
20 Aug. 1809 - **Westbrook**, Richard to Mahaly Titsworth
22 May 1814 - **Westbrook**, Sarha to Jacob Shimer
23 Dec. 1820 - **Westbrook**, Sarah to Baltis Nearpass
18 June 1804 - **Westbrook**, Sharlotte (Wantage) to Obediah Pellet
18 May 1811 - **Westbrook**, Soloman to Catherine Staley
29 Mar. 1821 - **Westbrook**, Solomon to Elizabeth Segerfgoos
30 Mar. 1850 - **Westbrook**, Susannah to John Hopkins
9 May 1805 - **Westbrook**, Yereon to Olche Cortright
16 Sept. 1810 - **Westfall**, Abraham to Cornelia Cortright
14 June 1812 - **Westfall**, Alche to Simeon Swarthwort
4 Dec. 1814 - **Westfall**, Anna to Robert Evans Jr.
19 Mar. 1801 - **Westfall**, Caty to Jopah Clark
8 Jan. 1814 - **Westfall**, Charlotte to William Winfield
10 Nov. 1816 - **Westfall**, Easter to Philip Swarthout
6 Feb. 1823 - **Westfall**, Eliza to Jacob Youngs
20 Jan. 1839 - **Westfall**, Elizabeth (Wantage) to Israll Edwards
4 Apr. 1840 - **Westfall**, (Mrs) Elizabeth to James Bennett
25 Sept. 1805 - **Westfall**, George to Mary Hornbeck
15 Feb. 1812 - **Westfall**, George to Phebe Stephens
9 June 1838 - **Westfall**, Hannah (Newton) to James L. Coffin
24 Apr. 1824 - **Westfall**, Harvey to Anna Shephard
29 Dec. 1826 - **Westfall**, Hulda to

John Quick
18 Aug. 1827 - **Westfall**, Jacob to Susan Cole
11 Apr. 1830 - **Westfall**, Jane to David Owins
5 Jan. 1812 - **Westfall**, John D. to Esther Westbrook
28 May 1827 - **Westfall**, John D. to Caty Decker
26 June 1824 - **Westfall**, Levy to Betsy Courtright
8 Mar. 1835 - **Westfall**, Margaret to John H. Smith
30 Nov. 1826 - **Westfall**, Mehale to Ebenezer Cole
23 Dec. 1804 - **Westfall**, Margaret to Noah Terry
28 Dec. 1816 - **Westfall**, (Wid) Nancy to Samuel Decker
22 July 1799 - **Westfall**, Sally to William Winfield
31 Jan. 1799 - **Westfall**, Simon (Montague) to Mary McDaniels
4 May 1806 - **Westfall**, Simeon to Esther Brink
28 Sept. 1822 - **Wever**, Harman to Wineford A. Richard
26 Apr. 1827 - **Wheet**, Emson to Sarah Rosenkrans
15 June 1824 - **Whitaker**, John to Mary Parker
10 Dec. 1825 - **Whitaker**, Jonathan to Emelline Pettit
1 Nov. 1834 - **Whitaker**, Julia (Hardyston) to Robert Brasted
2 Jan. 1828 - **Whitaker**, Lewis (Wantage) to Ann Wintermute
1 Dec. 1838 - **Whitaker**, Lewis to Anglin Dunn
1 Nov. 1821 - **White**, (Mrs) Catherine to William Cool
9 Feb. 1813 - **White**, James to Marsa Rose
30 Sept. 1837 - **White**, James to Margaet Sliff
19 Jan. 1811 - **White**, John to Jane Robertson
1 Sept. 1838 - **White**, Joseph to Nany Stackhouse
22 Jan. 1800 - **White**, Lydia to John Thorp Sr.
15 May 1836 - **White**, Margaret to Abel Miller
16 Dec. 1837 - **White**, Margaret to Anthony Hemmover
30 Dec. 1847 - **White**, Nathan P. to Mary A. Stackhouse
15 Feb. 1797 - **White**, Patty to Isaac Williss
17 July 1810 - **White**, Rebecca to David Jolley
7 Dec. 1821 - **White**, Sally An to Benjamin Hotal
26 Nov. 1836 - **White**, Samuel to Mary Ann Huffman
24 Jan. 1833 - **White**, Sarah to Stephen O. Chidester
23 June 1814 - **White**, Vincent to Ackey Lambert
24 Feb. 1810 - **White**, William to (Miss) Tindall
24 May 1828 - **Whiteford**, James to Elizabeth Tharp
17 Feb. 1810 - **Whitehad**, Azel to Elizabeth Teats
23 Mar. 1834 - **Whitehead**, Loreta to Barnes Lane
13 Aug. 1831 - **Whitehead**, Margaret M. to Thomas I. Oliver
8 Jan. 1810 - **Whitehead**, Phebe to John Hibbler
3 Oct. 1819 - **Whitehead**, Phebe to John Blackwell
24 May 1824 - **Whitehead**, Sally to James McNear
23 Feb. 1822 - **Whitehead**, Susannah to William Oliver
28 Nov. 1795 - **Whitenson**, John (Esopus, N.K.) to Catherine Tumbler
27 Dec. 1823 - **Whitsel** Margaret A. to David Deates
17 Mar. 1798 - **Whitesell**, Elizabeth to Wholter Brauers
21 Oct. 1819 - **Whitesell**, John to Phebe Green
16 Dec. 1809 - **Whitesell**, Mary to Benjamin Ozmum
21 May 1811 - **Whiting**, Anna to Josiah Myers
17 Jan. 1813 - **Whitling**, Sarah to John Shay

1 Nov. 1798 - **Whitman**, Phebe to William Foster
14 Oct. 1826 - **Whitney**, William to Frances Johnson
24 June 1804 - **Whiton**, Polly to Benjamin Jones
14 Feb. 1814 - **Wainwright**, Jeremiah to Esther Shimer
1 Mar. 1838 - **Wickham**, Eliza to (Rev) John B. Case
30 Aug. 1818 - **Wickham**, Elizabeth to William Jennings
23 Nov. 1823 - **Wickham**, Almida to Gabriel Owens
27 May 1824 - **Wickham**, Hannah to Josiah W. Cole
21 Nov. 1846 - **Wickham**, Hester Ann to Noah Bross
Mar. 1824 - **Wickham**, John to Almira Clay
8 Oct. 1831 - **Wickham**, Josiah to Frances Chandler
26 June 1816 - **Wickham**, Julia (Wantage) to Simon Kilpatrick
10 June 1826 - **Wickham**, Mariah t Moses Lay Lindale
5 Dec. 1840 - **Wickham**, Mary (Vernon) to Harman Beeman
10 Jan. 1818 - **Wickham**, Ruth to Asa Carr
28 Feb. 1829 - **Wickham**, Ruth Maria to James Tuttle
5 Mar. 1825 - **Wickham**, Samuel to Martha VanGorder
16 Sept. 1819 - **Wickham**, Sarah to David Decker
2 Feb. 1850 - **Wickham**, Selah to Mary Gould
12 Feb. 1804 - **Wickham**, Seth to Peggy Decker
23 Apr. 1797 - **Wickham**, William t Phebe Meeker
30 Jan. 1799 - **Widener**, Henry to Elizabeth Mitchel
14 Aug. 1823 - **Widenner**, James to Caty Linn
6 Mar. 1817 - **Widner**, Effee to Isaac Scott
12 Apr. 1821 - **Widner**, John to Sarah Sickles
24 Dec. 1846 - **Widner**, Sarah E. (Essex Co.) to Abraham M. Tottin
17 June 1812 - **Wier**, Elizabeth to James Smith
25 Nov. 1843 - **Wiggins**, David (Morris Co.) to Helen Dow
24 Dec. 1799 - **Wiggins**, Sary to Derrick Deats
29 Apr. 1809 - **Wiggins**, Thomas to Eleanor Ackerman
4 June 1816 - **Wight**, Aaron (Morris Co.) to Clarricy McNeer
24 Nov. 1805 - **Wight**, Jane (Byram) to Samuel Wright
25 Dec. 1822 - **Wight**, Mary to Benjamin Knight
27 Dec. 1845 - **Wightman**, James Little to Margaret Stuart McGuffie
30 May 1798 - **Wigton**, William to Elizabeth Moshback
1 Jan. 1814 - **Wiker**, Effe to Benjamin Lum
25 Apr. 1818 - **Wiker**, Elizabeth to Abraham N. Richards
5 Mar. 1814 - **Wiker**, Henry to Mary VanSickle
10 Dec. 1812 - **Wiker**, Margaret to Edward Lytts
15 Jan. 1809 - **Wiker**, Mary to John Beemer
26 Mar. 1814 - **Wiker**, Philip to Lucy Ayres
15 June 1816 - **Wiker**, Sarah to Cornelius Richards
22 Dec. 1806 - **Wikor**, Caty to William Savicool
3 Mar. 1799 - **Wilcox**, Samuel to Elizabeth Arnet
Wilcox, See "Woolcocks"
29 Mar. 1823 - **Wildrick**, Catherine to Abraham Johnson
26 May 1849 - **Wildrick**, Charles G. to Catherine Field
21 Feb. 1796 - **Wildrick**, George (Hardwick) to Catherine Erwine
20 Oct. 1816 - **Wildrick**, Jacob to sarah Hartman
16 Oct. 1813 - **Wildrick**, Michael to Mary Voss
9 Nov. 1816 - **Wildrick**, Rachel to

Lowerance Hartman
14 Feb. 1835 - **Wildrick**, Sary to Elias Dangler
11 Dec. 1847 - **Wildrick**, William E. to Barbara Ann Sears
8 Feb. 1807 - **Wilgus**, Catherine (Newton) to Jacob Merrin
11 July 1835 - **Wilgus**, Elizabeth to David Hedden
12 Mar. 1840 - **Wilgus**, Eunice (Newton) to Samuel S. Smith
6 Jan. 1839 - **Wilgus**, Samuel to Mary Ackerman
4 June 1829 - **Wilguss**, Joh nto Eliza Ann McCann
25 Jan. 1809 - **Wilkes**, John to Mary Benjamin'
10 Apr. 1824 - **Wilkins**, James to Hannah Fogerson
13 June 1822 - **Wilkison**, James to Elizabeth Poyers
8 Apr. 1804 - **Wilkins**, John to Susannah Reggs
19 Oct. 1833 - **Wilkins**, Sybil to Minthorn Woodhill
6 July 1839 - **Wilkins**, Zenus to Mary Simpson
10 Dec. 1815 - **Willbrought**, Solomon to Elizabeth Acer
8 July 1802 - **Willcocks**, Jane to Abraham Doty
6 Nov. 1819 - **Willcox**, Daniel to Sarah Demorest
23 Feb. 1820 - **Willcox**, Elsey to Samuel Hill
11 Oct. 1823 - **Willcox**, Evert to Sally Reed
10 Jan. 1818 - **Willcox**, Seth to Elizabeth Welch
Sept. 1811 - **Willer**, Ann to William Miller
2 Feb. 1807 - **Willer**, Elias to Peggy Marvin
29 Mar. 1807 - **Willer**, Elizabeth to David Parke
28 Sept. 1810 - **Willer**, John to Elizabeth Henderickson
10 May 1811 - **Willer**, Mary to Henry Strader
17 Nov. 1799 - **Willet**, David to Catherine Drake
2 Nov. 1800 - **Willet**, Robert to Elizabeth Burn
11 Mar. 1815 - **Willets**, Elizabeth to Richard Stillwell
2 Dec. 1843 - **Willets**, Euphemy to Elijah Dimon
16 Jan. 1808 - **Willets**, Jeremiah to Margaret McCollum
20 May 1804 - **Willever**, Barbery to W. Jacob Weller
2 Dec. 1837 - **Willever**, Sarah to William Stewart
3 June 1798 - **Willges**, Nancy to Isaac Stites
29 Apr. 1843 - **Willgus**, Daniel V. (Newton) to Bathshebe Current
5 Feb. 1829 - **Willgus**, Maria W. to Kershon Vliet
7 Jan. 1813 - **Willgus**, Mary to Michael Osburn
13 Apr. 1837 - **Willgus**, Rachel (Newton) to Daniel Sheldon
31 May 1812 - **Willguss**, Sally to Noah Hunt
30 Aug. 1816 - **Willgus**, Sarah (Byram) to George Stephens
3 May 1821 - **Willhout**, (Mrs) Elizabeth to Jacob Cregor
27 May 1824 - **Williams**, Abraham to Elizabeth Hunt
12 Mar. 1797 - **Williams**, Alexander to Juliam Hagerty
16 June 1836 - **Williams**, Andrew L. to Harriet Dunning
14 Oct. 1839 - **Williams**, Barzilla to Mary C. Davis
9 Feb. 1822 - **Williams**, Becky to Levy Rosencrance
8 Mar. 1807 - **Williams**, Benjamin to Martha Casebear
4 Mar. 1830 - **Williams**, Caty to John Ayres
25 Dec. 1817 - **Williams**, Edmond (Morris Co.) to Catherine Ward
12 Jan. 1836 - **Williams**, Eliza (Newark) to David Sutton
24 Jan. 1852 - **Williams**, Eliza Ann to Benjamin B. Edsall
17 Sept. 1808 - **Williams**, Elizabeth to William Hunt
13 Feb. 1816 - **Williams**, Elizabeth

(Newton) to John Sutton
28 Dec. 1824 - **Williams**, Elizabeth to Isaac P. Williams
27 Sept. 1832 - **Williams**, Elizabeth to James Sutton
28 Apr. 1835 - **Williams**, Ezra to Martha Dennis
13 Jan. 1816 - **Williams**, Frank (Hardiston) to Polly Ann Williams
19 Dec. 1812 - - **Williams**, Hannah to George Onstoll
4 Oct. 1815 - **Williams**, Hannah (Byram) to William Knight
27 Aug. 1853 - **Williams**, Henry (Wantage) to Sarah E. Huff
7 Nov. 1812 - **Williams**, Isaac to Elizabeth Huff
15 July 1851 - **Williams**, Isaac to Sarah Ann Willson
28 Dec. 1824 - **Williams**, Isaac P. to Elizabent Williams
1 July 1824 - **Williams**, Jacob to Ruth Forgerson
9 Mar. 1798 - **Williams**, Jacobus to Rhoda Heath
22 Jan. 1820 - **Williams**, James to Anna Rolason
16 June 1825 - **Williams**, James to Sophiah Stevens
2 Feb. 1838 - **Williams**, James to Mary Jones
28 Apr. 1796 - **Williams**, John to Elizabeth Cortwright
2 Dec. 1804 - **Williams**, Jonn (Penna.) to Christina More
28 Apr. 1832 - **Williams**, John to Sally Ann Kerr
21 Feb. 1839 - **Williams**, John A. (Vernon) to Aletta Drew
2 June 1808 - **Williams**, John J. to Jane Hunt
8 Sept. 1849 - **Williams**, John R. to Elizabeth T. Collver
28 July 1818 - **Williams**, Jsoeph to Hannah Carter
9 Mar. 1831 - **Williams**, Joseph to Cornelia Cyger
24 Apr. 1803 - **Williams**, Leticia to Abraham Carmer
11 Feb. 1847 - **Williams**, Lewis N. to Elvira Meacham
16 Nov. 1839 - **Williams**, Lydia Maria (Frankford) to Thomas Gunn
28 Nov. 1798 - **Williams**, Margaret to William Allison
29 May 1813 - **Williams**, Martha to John Snook
13 Nov. 1814 - **Williams**, Mary to David Mills
11 Mar. 1826 - **Williams**, Matthew to Patty Heagelor
25 Jan. 1806 - **Williams**, Matthew to Sarah Crampton
15 Jan. 1806 - **Williams**, Mary to John Maxwell
16 Oct. 1842 - **Williams**, Owen C. (Newton) to Mary Harrison
24 Dec. 1830 - **Willilams**, Peter to Caty Beemer
13 Jan. 1816 - **Williams**, Polly Ann (Hardyston) to Frank Williams
26 Apr. 1823 - **Williams**, Sally to Samuel Myers
18 Oct. 1815 - **Williams**, Sarah to James Pitney
24 Oct. 1839 - **Williams**, Sarah (Vernon) to Moses Webb
29 Sept. 1849 - **Williams**, Sarah to John G. HAncy
6 July 1833 - **Williams**, Sarah Ann to Francis Hall
6 July 1801 - **Williams**, William (Frankford) to Ann Taylor
27 Mar. 1841 - **Williams**, William to Nancy Staley
22 Sept. 1808 - **Williams**, William A. to Susan Shisler
7 Jan. 1819 - **Williamson**, Daniel to Mary Kinney
11 Dec. 1796 - **Williamson**, Jacob to Hannah Ritchey
Apr. 1817 - **Williamson**, Johanna to John Sutton
18 Mar. 1848 - **Williamson**, Margaret to Paul Garrison
4 Feb. 1841 - **Williamson**, Mary (Mansfield) to William Smith
26 Mar. 1808 - **Williamson**, Peter to Joanah Bird
12 Jan. 1817 - **Williamson**,

Rebecka to Stuart Brown
15 Feb. 1797 - **Williss**, Isaac to Patty White
21 Aug. 1841 - **Willitts**, Margaret (Hardwick) to David Porter
21 Apr. 1811 - **Willits**, Mary to Lewis Belcher
4 Aug. 1800 - **Willover**, Christian to Lucy Devore
14 Jan. 1798 - **Willrick**, Catren (Hardwick) to Laurence Laureson
20 July 1812 - **Wills**, Clarissa to Jacob Titus
22 Mar. 1834 - **Wills**, James to Nancy Smith
24 June 1826 - **Wills**, Marthy to Benjamin Rosenkrans
16 Nov. 1836 - **Wills**, Richard to Martha Decker
1 Jan. 1814 - **Willson**, (Miss) to Cornelius Hoff
26 Jan. 1839 - **Willson**, Abiah to Adaline Killpatrick
19 Apr. 1801 - **Willson**, Abigail to James Morris
23 Mar. 1833 - **Willson**, Abraham A. to Tabathy Campbell
30 Oct. 1803 - **Willson**, Addie (Independence) to Margaret Anglish
23 July 1815 - **Willson**, Amey to William Nelson
10 Feb. 1816 - **Willson**, Amey to Stinson Demund
26 May 1813 - **Willson**, Andrew to Meriem DeWitt
14 Feb. 1816 - **Willson**, Ann to Nathaniel Drake Jr.
22 Apr. 1820 - **Willson**, Ann to James Smith
Jan. 1829 - **Willson**, Ann M. to Bowdewine Roy
6 June 1829 - **Willson**, Anna (Newton) to Aaron Polhemus
25 Feb. 1818 - **Willson**, Catherine to William Strader
12 Mar. 1842 - **Willson**, Clorinda to Thomas Rayner
5 Oct. 1850 - **Willson**, Cornelia (Wantage) to Nathan A. Cole
14 Jan. 1837 - **Willson**, David to Lydia Ann Shepherd
25 Mar. 1805 - **Willson**, Elam to Nancy Osmun
11 Feb. 1837 - **Willson**, Elida to James Coe
28 Dec. 1817 - **Willson**, Eliza (Wantage) to William B. Staddard
20 Feb. 1819 - **Willson**, Eliza to Isaac Smith Jr.
30 Sept. 1801 - **Willson**, Elizabeth to Jacob Roriek
24 Mar. 1813 - **Willson**, Elizabeth to Abraham McMurtrie
26 Feb. 1818 - **Willson**, Elizabeth (Mansfield) to Philip Larew
Nov. 1842 - **Willson**, Emeline to Samuel Smith
22 Sept. 1817 - **Willson**, Estill to Mary MacHurter
24 Sept. 1812 - **Willson**, Eupheme to Philip Shuman
21 Feb. 1818 - **Willson**, George to Sarah Simpson
20 June 1819 - **Willson**, Hannah to James Perry
6 Apr. 1850 - **Willson**, Hannah to Justice W. Beardslee
7 May 1842 - **Willson**, Henry to ___ Scofield
15 Sept. 1814 - **Willson**, Hugh to Elizabeth Osmun
5 Feb. 1814 - **Willson**, Isaac to Matilda Adams
3 Aug. 1811 - **Willson**, Jacob to Lydia Hayne
25 June 1814 - **Willson**, James to Elizabeth Hunt
27 Apr. 1842 - **Willson**, James W. (Earlandale) to Lucinda A. Stuart
23 Jan. 1830 - **Willson**, Jane (Green) to John Laing
19 Jan. 1839 - **Willson**, Jane (Newton) to George W. Hart
10 Aug. 1839 - **Willson**, Jane to Tharp Hardin
13 Mar. 1808 - **Willson**, John to Ruth Johnson
31 Aug. 1812 - **Willson**, John to

Jane Hunt
12 Nov. 1814 - **Willson**, John to Mary Ayres
1 Mar. 1817 - **Willson**, John to Christian Snover
4 Oct. 1827 - **Willson**, John to Susan Onsted
29 Dec. 1849 - **Willson**, John to Matilda Sharp
29 Dec. 1810 - **Willson**, Joseph to Hannah Carr
14 Feb. 1816 - **Willson**, Joseph to Elizabeth Kennedy
5 Mar. 1807 - **Willson**, Levi to Margaret Willson
23 June 1838 - **Willson**, Libens to Huldah Haggerty
20 Nov. 1824 - **Willson**, Lucindy to John H. Price
24 Aug. 1806 - **Willson**, Lydia (Wantage) to Robert Teasdale
Nov. 1807 - **Willson**, Lydia to John Decker
19 Feb. 1836 - **Willson**, Lydia (Wantage) to Allanson D. Beemer
19 Feb. 1820 - **Willson**, Mardicai to eriam Carr
27 Oct. 1798 - **Willson**, Margaret (Wantage) to Abraham Shimer
8 Aug. 1892 - **Willson**, Margaret to David Colsher
5 Mar. 1807 - **Willson**, Margaret to Levi Willson
5 Oct. 1822 - **Willson**, Martha to Cleopheas Leteer
31 Dec. 1840 - **Willson**, Martha (Stanhope) to Thomas McDowell
1 Feb. 1797 - **Willson**, Mary to Obediah King
1 Apr. 1813 - **Willson**, Mary to John Dennis
28 Oct. 1848 - **Willson**, Mary Ann to Bernell Smith
27 Feb. 1836 - **Willson**, Mordecai Jr. to Phebe Alwood
28 July 1816 - **Willson**, Moriah to Evi Adams
25 Aug. 1801 - **Willson**, Neri to Hannah Sanford
9 Mar. 1822 - **Willson**, Obed to Elizabeth O. Carcuff
1 Jun. 1809 - **Willson**, Polly to John Demmerest Jr.
2 Aug. 1845 - **Willson**, Peter D. to Mary Longcor
2 Apr. 1842 - **Willson**, Peter S. B. to Charlotte Potter
1 July 1818 - **Willson**, Phebe to Jonathan Shotwell
24 Dec. 1835 - **Willson**, Philetus to Clarissa Wilson
25 Sept. 1841 - **Willson**, Ruth to James Sloan
22 June 1800 - **Willson**, Sarah to David Black
30 Sept. 1800 - **Willson**, Sarah to Peter DeWitt
3 July 1813 - **Willson**, Sarah to Joshua Benjamin
6 July 1822 - **Willson**, Sarah to John Lomison
20 Aug. 1836 - **Willson**, Sarah to Ezariah Martin
Dec. 1836 - **Willson**, Sarah to Sidney Lateer
24 Feb. 1844 - **Willson**, Sarah (Warren Co.) to William Hardin
15 July 1851 - **Willson**, Sarah Ann to Isaac Williams
18 July 1807 - **Willson**, Sophia to Frederick Haynes
14 Feb. 1839 - **Willson**, Sophia (Wantage) to Chancy Ketcham
7 May 1842 - **Willson**, Temperence to Samuel Schofield
8 Mar. 1819 - **Willson**, W. W. to Eleanor Blist
18 July 1818 - **Willson**, William to Rachel Clark
15 Aug. 1851 - **Willson**, William (Vernon) to Julia Paddock
5 June 1823 - **Wilson**, Christen to John O. Flanagan
24 Dec. 1835 - **Wilson**, Clarissa to Philetus Willson
1 Dec. 1849 - **Wilson**, Eliza (Wantage) to Samuel Longcor
24 Jan. 1797 - **Wilson**, Isac to (Wid) Rachel Drake
15 Oct. 1825 - **Wilson**, Lewis to Hannah Elston

17 Jan. 1827 - **Wilson**, Lucinda to Alexander Cromwell
18 Jan. 1823 - **Wilson**, Margaret to Samuel Meteler
6 Feb. 1823 - **Wilson**, Margaret to Rolf Deremer
27 Aug. 1837 - **Wilson**, Mary (Newton) to Henry Lawrence
5 Nov. 1834 - **Wilson**, Peter (Hardyston) to Phebe Ann Price
10 Feb. 1810 - **Wilson**, Rue to Jeremiah Kittle
1 Oct. 1825 - **Wilson**, Samuel Jr. to Jane McCarrick
12 Oct. 1820 - **Wilson**, Walter to Lanah Titman
4 Dec. 1806 - **Wilson**, William to Mary Promasco
15 Feb. 1834 - **Wiltds**, Elizabeth to Charles Snover
23 Oct. 1823 - **Wiltz**, Lena to Peter Bowllby
25 Dec. 1839 - **Wims**, Mary (Green) to James Cobert
1 June 1813 - **Winans**, Elizabeth to Isaiah Hull
20 Sept. 1798 - **Winans**, John to Caroline Gardner
10 Sept. 1853 - **Winans** John (Wantage) to Abba J. Davis
3 May 1818 - **Winans**, Margaret (Newton) to Patterson Morris
13 Nov. 1814 - **Winans**, Sally to Calvin Munson
10 Sept. 1820 - **Winans**, William to Electa Rigs
20 Oct. 1821 - **Winans**, William to Catherine Simonson
26 Aug. 1841 - **Windfield**, Catharine to Isaac D. Hulse
22 Oct. 1828 - **Windfield**, Isaiah to Catherine Smally
16 Mar. 1822 - **Windfield**, Lena to Philip Decker Jr.
2 Dec. 1848 - **Windfield**, Milley A. to Adley Winters
9 Feb. 1797 - **Wineland**, Polly (Oxford) to John Cimball
11 Oct. 1822 - **Winens**, Abigail to John Hyder
3 Nov. 1852 - **Winens**, William M. to Francis A. DeKay
20 Feb. 1815 - **Winfield**, Ann to William Fountain
12 May 1811 - **Winfield**, Henry to Deborah Westbrook
19 Sept. 1817 - **Winfield**, HEnry to Highley Wisner
24 Feb 1808 - **Winfield**, James to Margaret Cortright
25 Aug. 1813 - **Winfield**, Jane to Moses Bross
19 Mar. 1836 - **Windfields**, John to Mary Barber
Mar. 1831 - **Windfield**, Joseph to Jane Decker
18 June 1811 - **Winfield**, Levy to Polly Quick
4 Jan. 1827 - **Winfield**, Mary to Henry Rude
3 Mar. 1821 - **Winfield**, Richard to Elizabeth Force
23 Nov. 1816 - **Winfield**, Sarah to Abraham Washer
8 Jan. 1814 - **Winfield**, William to Charlotte Westfall
22 July 1821 - **Winfield**, William to Sally Westfall
21 June 1807 - **Winnans**, Arch. to Christiana Shuman
11 Nov. 1805 - **Winnans**, Benjamin to Hannah Estil
14 Feb. 1807 - **Winnans**, (Mrs) Charity to Abijah Woods
2 Dec. 1820 - **Winter**, Ann to Marrhias Freema
4 Aug. 1801 - **Winter**, Christian to William Poland
2 Sept. 1820 - **Winter**, Elizabeth (Newton) to Peter Ackerman
22 May 1808 - **Winter**, John Jr. to Mary Snider
8 Apr. 1823 - **Winter**, Mary (Newton) to Peter VanBlarcom
7 Feb. 1802 - **Winter**, Peggy to Christopher Bower
15 Sept. 1821 - **Winter**, Zopher to ann Wright
29 Sept. 1810 - **Wintermote**, Phebe to Samuel Hough
6 Mar. 1817 - **Wintermute**, (Wid) Anna Margaret to Stephen Roy

2 Jan. 1828 - **Wintermute**, Ann to LEwis Whitaker
10 Jan. 1799 - **Wintermute**, Anny (Knowlton) to John Kykendall
(1848?) - **Wintermute**, Catherine to Jacob A. Middlesworth
15 Nov. 1847 - **Wintermute**, Charlotte (Stillwater) to Reuben F. Randolph
13 Apr. 1797 - **Wintermute**, Elizabeth (Hardwick) to John Hankinson
14 Mar. 1811 - **Wintermute**, Elizabeth to Patrick Cassady
29 Mar. 1845 - **Wintermute**, Elizabeth to William Oliver
3 Jan. 1843 - **Wintermute**, Esther (Stillwater) to Aaron Mitchiel
17 Mar. 1838 - **Wintermute**, Frederic S. to Mary Updyke
24 Feb. 1810 - **Wintermute**, George to Elizabeth Shackleton
6 June 1811 - **Wintermute**, Henry B. to Sarah VanAuken
29 Jan. 1817 - **Wintermute**, Isaac to Marther Hankinson
9 Sept. 1843 - **Wintermute**, Isaac to Sarah Keen
23 Jan. 1819 - **Wintermute**, Jacob to Elsie H. Force
8 Jan. 1848 - **Wintermute**, John to Electa Ward
12 Sept. 1840 - **Wintermute**, Joseph (Stanhope) to Marietta Bird
2 Jan. 1838 - **Wintermute**, Lucy Ann to Silas C. Pierson
2 Oct. 1796 - **Wintermute**, Margaret (Hardwick) to Abraham Doder
28 Nov. 1812 - **Wintermute**, Margaret to Ralph Hunt
23 Sept. 1813 - **Wintermute**, Mary to John Shackleton
24 Dec. 1846 - **Wintermute**, Mary to John Rorick
11 Jan. 1851 - **Wintermute**, Mary (Stanhope) to Abraham Hin
4 June 1798 - **Wintermute**, Peter to Deborah Sisser
24 Dec. 1805 - **Wintermute**, Peter to Catherine Snover
26 Mar. 1812 - **Wintermute**, Peter to Rachel Shackleton
25 Dec. 1833 - **Wintermute**, Rachel to John Huff
5 Feb. 1818 - **Wintermute**, William to Julian Savercool
10 Dec. 1795 - **Wintermuth**, Elsey (Hardwick) to David Hazens
2 Dec. 1848 - **Winters**, Adley to Milly A. Windfield
8 June 1822 - **Winters**, Benjamin to Mary Sharp
1 May 1804 - **Winters**, Elizabeth to Philip Kline
15 Oct. 1818 - **Winters**, Hannah to George DeWitt
30 June 1810 - **Winters**, Jacob to Hannah Arnold
22 Apr. 1820 - **Winters**, Jacob to Jane Smith
2 May 1796 - **Winters**, John to Charity Reed
15 Feb. 1816 - **Winters**, Joseph to Sarah McClane
13 June 8107 - **Winters**, Margaret (Easton, Penna.) to Abram DeHart
17 May 1837 - **Winters**, (Mrs) Maria (Sandyston) to Enis Snook
9 Mar. 1824 - **Winters**, Maret to William McKinney
19 May 1819 - **Winters**, Martha to Abraham Ackerson Jr.
1802 - **Winters**, Nancy to Peter Ingle
22 Feb. 1797 - **Winterstein**, Catherine (Knowlton) to William Fries
14 May 1814 - **Winterstein**, Philip to Catherine Wolf
28 Aug. 1815 - **Winterstun**, Jane to James Henn
14 Oct. 1804 - **Winfield**, ISabella to John Cippling
31 May 1805 - **Winter**, Elizabeth to Jacob DeWitt
8 Mar. 1835 - **Wintworth**, Mary (Wantage) to Norton Beemer
13 Mar. 1805 - **Wire**, Catherine to

Amos Little
17 Mar. 1818 - **Wire**, George to (Wid) Anne Frapser
20 Feb. 1814 - **Wire**, John to Susannah Barclay
1 Feb. 1818 - **Wire**, Mary to Philip Senyler
14 May 1809 - **Wire**, Peter to Nancy Burd
18 Feb. 1824 - **Wire**, William to Rebecca Sutton
29 Apr. 1803 - **Wise**, George (Washington) to Anna Sagar
6 Mar. 1819 - **Wise**, John to Jane Anderson
8 May 1824 - **Wise**, Mary to Samuel Kerr
Nov. 1818 - **Wise**, Peter to Polly Striker
23 Sept. 1826 - **Wisner**, Benjamin D. to Phebe Ann Canfield
27 Apr. 1806 - **Wisner**, Elizabeth to James Ozburn
19 Sept. 1817 - **Wisner**, Highley to Henry Winfield
Aug. 1833 - **Wisner**, James to Sally Ann Simpson
6 Dec. 1817 - **Wisner**, Mariah to William Broadrick
5 May 1814 - **Wisner**, William to Dosi Beardslee
14 July 1817 - **Wisner**, William to Aletta Howell
15 Dec. 1832 - **Wisner**, William to Mahala Boyd
2 May 1824 - **Wodell**, Hannah (Hamburg) to David Struble
11 Feb. 1798 - **Wolever**, Mary to Peter Syphers
15 Nov. 1807 - **Wolf**, Benjamin to ___ Deacon
14 May 1814 - **Wolf**, Catherine to Philip Winterstein
25 Dec. 1823 - **Wolf**, Delilah to George Cummins
9 July 1812 - **Wolf**, John to Elizabeth Silliman
7 June 1808 - **Wolf**, Mary to Joseph Plotts
26 Apr. 1809 - **Wolf**, Rebecka to Peter Roushberry

8 Apr. 1798 - **Wolf**, Thomas (Knowlton) to Caroline Compton
16 Nov. 1822 - **Wolverton**, Delia (Hardyston) to Gasper Roreck
7 Feb. 1822 - **Wood**, Chandler to Mary Richard
10 Sept. 1814 - **Wood**, Charles to Mary Rull
19 Dec. 1833 - **Woo**, Daniel to Julia Ann Gustin
27 Feb. 1814 - **Wood**, Elizabeth to Isaac Shimer
5 July 1851 - **Wood**, Esther (Wantage) to Richard R. Westbrook
26 Dec. 1806 - **Wood**, George to Nancy Hull
18 Feb. 1807 - **Wood**, Hannah to Isaac Ennis
28 Dec. 1822 - **Wood**, Israel to Eliza Norman
3 May 1823 - **Wood**, Jacob to Mary Fuller
17 Mar. 1832 - **Wood**, James to Hannah Talmage
20 Oct. 1832 - **Wood**, James to Lucinder Paddock
15 Feb. 1823 - **Wood**, Levingston to Thankful Evert
15 Jan. 1801 - **Wood**, Rachel to daniel Predmore III
6 Apr. 1802 - **Wood**, Ruth to Stephen Matony
3 Mar. 1812 - **Wood**, Ruth to Samuel Woodhull
1 Aug. 1808 - **Wood**, William to Susannah Young
18 May 1809 - **Wood**, William to Polly Ransier
8 Feb. 1823 - **Wood**, William to Martha Angles
19 Oct. 1833 - **Woodhill**, Minthorn to Sybil Wilkins
7 Mar. 1812 - **Woodhull**, Catherine to Morrison Beardslee
29 Oct. 1831 - **Woodhull**, Julia Ann to Walter Simpson
28 Dec. 1834 - **Woodhull**, Julia Ann to William Thompson
3 Mar. 1812 - **Woodhull**, Samuel to Ruth Wood

10 May 1823 - **Woodhull**, William to Juliann Welch
16 Nov. 1817 - **Woodring**, John to ann Lerch
14 June 1834 - **Woodruff**, Abigail (Hardyston) to John Buckley
24 June 1815 - **Woodruff**, Benjamin to REbecca Consalay
25 Dec. 1852 - **Woodruff**, Benjamin P. (Stillwater) to Harriet Roberts
10 Jan. 1802 - **Woodruff**, Catherine (Independence) to Joseph Viles
17 Nov. 1846 - **Woodruff**, Elias R. to Terrissa Cox
26 June 1805 - **Woodruff**, Ephraim to Unice VanZile
1 May 1823 - **Woodruff**, Job B. to Sarah D. Talmadge
17 Oct. 1808 - **Woodruff**, Jonathan to Sarah Hudson
20 Feb. 1801 - **Woodruff**, Maria to Reobert C. Thomson
1813 - **Woodruff**, Polly to Patrick VanKirk
May 1831 - **Woodruff**, Samuel to Tebecca Reading
3 Feb 1816 - **Woodruff**, Stephen to Elizabeth Kensay
21 June 1809 - **Woodruff**, William to Leah VanHouten
14 Feb. 1807 - **Woods**, Abijah to (Mrs) Charity Winnans
14 Nov. 1796 - **Woods**, Abigail to Edward Wright
17 Oct. 1796 - **Woods**, Beverly to Charles Roszel
8 May 1804 - **Woods**, Debby to John Dorsler
3 Aug. 1811 - **Woods**, Jacob to Julia Arnot
14 Oct. 1809 - **Woods**, James to Nancy Larrison
26 Jan. 1802 - **Woods**, Mary to James Moore
31 Aug. 1823 - **Woods**, Mary to James Bonker
1 July 1825 - **Woods**, William H. to Sarah Ann Barton
16 July 1797 - **Woolcocks**, Joseph to Margaret Searingson
13 Jan. 1801 - **Woolever**, Ann (Knowlton) to John Shannon
11 Dec. 1797 - **Woolever**, Baley to Elizabeth Perry
18 Mar. 1809 - **Woolever**, Elizabeth to Daniel Miller
20 Oct. 1799 - **Woolever**, Jacob to Sarah Ward
6 Mar. 1819 - **Woolever**, Jane to Peter Kinneman
25 Dec. 1800 - **Woolever**, Jacob (Mansfield) to Nancy Lacock
22 Sept. 1799 - **Woolever**, John (Knowlton) to Mary Kicheson
1 Apr. 1815 - **Woolever**, John to Catey Huffman
8 May 1796 - **Woolever**, Oily to Henry Miller
17 Nov. 1801 - **Woolever**, Philip to Elizabeth Abbot
11 Aug. 1828 - **Woolf**, Catherine to Joseph Hankinson
28 Dec. 1804 - **Woolover**, William (Mansfield) to Rebecca Sweazy
4 Mar. 1824 - **Woolsey**, Amy to Timothy Frote
24 Feb. 1826 - **Woolsey**, Warren to Joanna Westbrook
14 Dec. 1801 - **Woolston**, Abraham (Mansfield) to Anna Bray
19 Mar. 1835 - **Woolverton**, Martha to Noadiah Wade
5 Apr. 1823 - **Woolverston**, Sally Ann to Charles Deremer
27 Mar. 1815 - **Woolverton**, Lydia to John Lewis
30 Sept. 1815 - **Woolverton**, Rebecca to Isaac Carcuff
2 Jan. 1813 - **Woolverton**, Sally to Simon McCoy
22 Feb. 1823 - **Worden**, Honethon to Peggy Richards
28 Oct. 1805 - **Work**, John (Ohio) to Ann Kirkpatrick
8 Feb. 1798 - **Workman**, Elizabeth to Christopher Mott
24 Jan. 1802 - **Worsted**, John to Susey Morris
19 Dec. 1803 - **Worster**, Ann to Timothy Brusiter

5 Mar. 1809 - **Worster**, George to Elizabeth Kisher
7 Dec. 1833 - **Worton**, John to Catherine Campbell
16 Apr. 1806 - **Woss**, Elizabeth (Hardwick) to William Divis
17 Nov. 1842 - **Woster**, Mary Ann (Conn.) to Reuben B. Westbrook
1 Jan. 1844 - **Woster**, William N. to Esther Barstow
21 Aug. 1814 - **Wright**, Abraham to Jemima Benjamin
15 Sept. 1821 - **Wright**, Ann to Zoipher Winter
23 July 1807 - **Wright**, Caty to William DAvis
14 Nov. 1807 - **Wright**, Edward to Abigail Woods
8 Dec. 1819 - **Wright**, Elizabeth to John Paddock Jr.
25 Jan. 1817 - **Wright**, Hannah to Daniel Haycock
23 Aug. 1828 - **Wright**, Isaac to Harlet Lasier
9 Sept. 1815 - **Wright**, Jane to William Sysco
1 July 1824 - **Wright**, John A. to Ann Doughty
3 Feb. 1849 - **Wright**, Mary Ann (Unionville, N.Y.) to Charles W. Boughton
22 Dec. 1838 - **Wright**, McCarty to Sarah Ann Peters
26 Dec. 1807 - **Wright**, Moses to Anna Allenton
11 Jan. 1848 - **Wright**, Obadiah A. to Lucy Decker
30 Aug. 1832 **Wright**, Obediah to Caroline Tuttle
22 Jan. 1804 - **Wright**, Polly (Byram) to W. Edward Kerl
27 Aug. 1808 - **Wright**, Rachel to Isaac VanZile
12 Apr. 1817 - **Wright**, Rachel to Vincence Carr
24 Nov. 1805 - **Wright**, Samuel (Byram) to Jane Wight
27 July 1850 - **Wright**, Samule (Byram) to Hannah Stiff
5 May 1824 - **Wright**, Sarah to Samuel Piggett
13 Feb. 1807 - **Wright**, Sary (Independence) to Joseph Round
11 Dec. 1800 - **Wright**, Temperence (Independence) to Jacob Slyker
28 June 1815 - **Write**, Daniel to Abigail Mabe
11 Sept. 1824 - **Write**, John to Mary Clark
16 Dec. 1842 - **Writenor**, Rebecca to Horace Bailey
4 Jan. 1825 - **Wyckoff**, Daniel to Hannah VanNest
28 Aug. 1806 - **Wyckoff**, Jacob to Sarah Kitchen
4 Sept. 1824 - **Wyckoff**, John to Sarah Smith
18 Oct. 1834 - **Wyckoff**, Lucetta to Abraham Doran
3 Dec. 1831 - **Wyckoff**, Mary to Abner Vanest
7 Mar. 1811 - **Wyker**, John to Susan Struble
23 Sept. 1804 - **Wyker**, Margaret (Frankford) to David J. Struble
22 Aug. 1810 - **Wyker**, Peter to Phebe Scott
4 July 1846 - **Wyker**, Philip (Frankford) to (Mrs) Phebe Ackerson
29 June 1839 - **Wykoff**, Alletta (Green) to Charles Keanns
28 Feb. 1816 - **Yard**, Ann (Newton) to Daniel Stites
3 Jan. 1808 - **Yard**, Rebecca to Joseph Barton
9 Aug. 1812 - **Yard**, Lewis to Ruth Martin
16 Apr. 1797 - **Yard**, Lidia to Joseph Murry
17 Mar. 1807 - **Yard**, William to Patience Swayze
20 Jan. 1814 - **Yard**, William to Abigail Snyder
22 Dec. 1811 - **Yaw**, Sarah to Joh Broadbury Jr.
30 Jan. 1816 - **Yeoman**, Benjamin to Returah Hill
23 Sept. 1799 - **Yeomans**, Cornelius to Easter Fairchild

28 June 1809 - **Yetman**, David to Elizabeth Eldridge
6 Oct. 1823 - **Yetman**, David to Sarah Durang
18 Aug. 1832 - **Yetman**, Esekial (Hardyston) to Assena Powelesson
30 Aug. 1834 - **Yetman**, Mary (Hardyston) to Calvin Mede
3 Nov. 1837 - **Yetman**, Peter (Hardyston) to Julia Smith
4 Sept. 1834 - **Yetman**, Samuel (Vernon) to Hester J. Dunning
28 Jan. 1826 - **Yetter**, Catherine to Nicholas Depuy
31 Mar. 1816 - **Yetter**, Mary to William Dusen
25 Oct. 1832 - **Yetter**, Simeon to Sarah Losey
21 May 1801 - **Yew**, Lawrence to Mary Durmer
9 Aug. 1845 - **York**, Elizabeth to Henry Murphy
26 Feb. 1820 - **York**, Jacob to Patience Benjamin
10 Aug. 1800 - **Yost**, Michael to Dorrity Durmer
7 Dec. 1839 - **Yotter**, Charlotte to Abraham Hockenberry
9 Feb. 1825 - **Yotter**, Jacob to Elizabeth Grureer
17 Nov. 1811 - **Youman**, Isaac to Charlotte McConnell
6 Dec. 1801 - **Youmans**, Frederick to Elizabeth Uptogrove
11 Aug. 1821 - **Youmans**, Osey to Edward Meigor
14 Apr. 1801 - **Youmans**, Peter to Sarah Perrygo
9 Dec. 1849 - **Young**, Abijah (Morris Co.) to Amelia Leport
13 Jan. 1800 - **Young**, Ann to Conrad Misner
27 Jan. 1800 - **Young**, Catherine to William McKinney
14 Feb. 1826 - **Young**, Charlotte to William Slockbower
28 Nov. 1838 - **Young**, Harriet (Newton) to David G. VanHorn
3 Mar. 1842 - **Young**, Jane to William Tuttle
4 Oct. 1807 - **Young**, John to Margaret Perrigo
15 July 1809 - **Young**, John to Maria Middaugh
28 Feb. 1824 - **Young**, Laury to John Read
16 Mar. 1826 - **Young**, Mahala to George Morrow
8 July 1824 - **Young**, Margaret to Samuel Hibbler
24 Sept. 1815 - **Young**, Maria (Newton) to John Stuart
16 Aug. 1804 - **Young**, Mary (Independence) to Nathaniel Reed
1 Sept. 1821 - **Young**, (Mrs) Mely to Ezekiel Price
12 Dec. 1812 - **Young**, Richard Jr. to Johana Shardwine
26 Jan. 1846 - **Young**, Sarah (Stanhope) to Rankins Brown
1 Aug. 1808 - **Young**, Susannah to William Wood
29 June 1846 - **Young**, Temperance to Samuel Barclay
8 Jan. 1800 - **Young**, William to Ann McCracken
11 Mar. 1815 - **Young**, William to Mary Price
15 Nov. 1800 - **Youngs**, Amy to Archibald Warden
24 Feb. 1821 - **Youngs**, Andrew to Hannah Stackhouse
19 Nov. 1808 - **Youngs**, Anne to John Tuttle
18 Jan. 1837 - **Youngs**, Eleanor (Lafayette) to William L. McClure
6 Sept. 1795 - **Youngs**, Elias to Mary McMickle
15 Jan. 1829 - **Youngs**, Eliza to Henry Cattler
6 Sept. 1807 - **Youngs**, Eliz. to Someon Fisher
9 June 1807 - **Youngs**, Elizabeth to Nathaniel Tuttle
27 Dec. 1823 - **Youngs**, Elizabeth to Jesse Bell
11 May 1848 - **Youngs**, Emily S. to David Roe
2 Dec. 1838 - **Youngs**, Experience

(Sandyston) to Joshua Shay
23 dec. 1818 - **Young**, George to Fanna Johnson
23 Jan. 1841 - **Youngs**, Hannah L. (Sandyston) to Alexander Westbrook
14 Dec. 1819 - **Youngs**, Henry to Elizabeth Estele
6 Feb. 1823 - **Youngs**, Jacob to Eliza Westfall
28 Mar. 1832 - **Youngs**, James to Elizabeth Inglis
26 Jan. 1841 - **Youngs**, James (Newton) to Jane McKinney
1847 - **Youngs**, James (Stillwater) to Harriet J. Dangler
23 Jan. 1820 - **Youngs**, Jesse to Catherine VanAtta
24 Dec. 1818 - **Youngs**, John to Rachel Headly
12 May 1815 - **Youngs**, John Jr. (Sandyston) to Arcanchy Rosenkrans
26 Feb. 1823 - **Youngs**, John C. (Newton) to Catharine Bucker
12 Nov. 1814 - **Youngs**, Margaret to William Devore
26 Dec. 1820 - **Youngs**, Margaret to James Crofort
30 Dec.1847 - **Youngs**, Margaret to Charles Spangenburgh
3 June 1827 - **Youngs**, Mariah to Peter Corselius
23 July 1809 - **Youngs**, Mary to Richard Stevens
22 May 1811 - **Youngs**, Mary to Henry Harden
30 Sept. 1818 - **Youngs**, Mary R. to William Rose
22 Nov. 1807 - **Youngs**, Nathan to Phebe Sickles
26 July 1804 - **Youngs**, Patuner to Isaac Clark
19 May 1811 - **Youngs**, Peter to Jena Brinks
18 Dec. 180 - **Youngs**, Phebe to Jacob Probasco
8 July 1804 - **Youngs**, Ruth to Aaron Clark
19 Mar. 1818 - **Youngs**, Samuel to Mary Shangle

14 Aug. 1796 - **Youngs**, Silvanas to Margaret Kyser
5 Mar. 1819 - **Youngs**, William to Sarah Striker
23 Dec. 1826 - **Youngs**, William to Lavida Masters
Oct. 1801 - **Youst**, Nicholas * (Newton) to Adera Stolt

Colored Marriages
13 June 1822 - **Armstrong**, Dina (Newton) to Ephraim Moore
28 Sept. 1816 - **Beach**, Betsey (Newton) to Thomas Buskirk
1 Jan. 1816 - **Bird**, Mary to Cato
28 Sept. 1816 - **Buskirk**, Thomas to Betsey Beach
1 Jan. 1816 - **Cato**, to Mary Bird
Nov. 1818 - **Clark**, Stephen to Susan Kelan
23 Dec. 1821 -**Coursan**, Mary (Hardwick) to Michael (Cous)
23 Dec. 1821 - **Cous**, Michael to Mary (Coursan)
18 Jan. 1818 - **Burtis**, Cuff to Ann ___
3 Oct. 1821 - **Cullard**, Elizabeth to Richard Lyreen
30 June 1821 - **Frelan**, Thomas to Lavina Montgomery
6 Dec. 1823 - **Grove**, Lydia to John Tumbler
18 May 1818 - **Harris**, James to Rachel ___
28 Sept. 1822 - **Johnson**, Chloe to Samuel Peters
18 Dec. 1833 - **Johnson**, John (Hardyston) to Mary Tezbout
15 Oct. 1825 - **Johnson**, Susanna (Newton) to Samuel Thomas
Nov. 1818 - **Uelan**, Susan to Stephen Clark
13 Aug. 1836 - **Latesha**, Tisha A. (Newton) to John Smith
3 Oct. 1821 - **Lyreen**, Richard to Elizabeth Cullard
30 June 1821 - **Montgomery**, Lavina (Newton) to Thomas Frelan
13 June 1822 - **Moore**, Ephraim to

Dina Armstrong
25 Dec. 1813 - **Negro**, Thomas to Phebe __
3 Apr. 1819 - **Peters**, Elizabeth to Williams Sands
24 Dec. 1822 - **Peters**, Nancy to Cuff Rosencrants
28 Sept. 18?? - **Peters**, Samuel to Chloe Johnson
24 Dec. 1822 - **Rosencrants**, Cuff to Nancy Peters
3 Apr. 1819 - **Sands**, William to Elizabeth Peters
13 Dec. 1816 - **Sharp**, Peter to Mary __
13 Aug. 1836 - **Smith**, John (Newton) to Tisha A. Latseha
18 May 1822 - **Smith**, Simon to Phebe __
18 Dec. 1833 - **Tezbout**, Mary (Hardyston) to John Johnson
15 Oct. 1825 - **Thomas**, Samuel to Susanna Johnson
6 Dec. 1823 - **Tumjbler**, John to Lydia Grove

BOOK B
Sussex Co., N.J.
Marriages
(1834-1878)

297 - 5 Oct. 1868 - **Abel**, Hester (Byram) to John McAllister

271 - 5 Dec. 1860 - **Aber**, John to Catherine Haines

355 - 3 Jan. 1874 - **Acker**, Margaret A. (Lafayette) to Theodore F. Smith

275 - 9 Dec. 1863 - **Ackerman**, Davis (Springdale) to Frences B. Auble

349 - 17 Nov. 1872 - **Ackerman**, George to Prudence N. Hunt

275 - 5 Dec. 1864 - **Ackerman**, Leah M. (Colesville) to Daniel M. Vansickel

297 - 26 Sept. 1868 - **Ackerman**, Susan E. (Byram) to Joseph Burdett

188 - 15 Oct. 1845 - **Ackerson**, Cahterine (Lafayette) to John W. Broughman

278 - 26 Sept. 1866 - **Ackerson**, Charles M. (Lafayette) to Mollie J. Slater

326 - 28 Sept. 1871 - **Ackerson**, David (Sparta) to Susan A. Lyon

282 - 15 Aug. 1866 - **Ackerson**, Emanuel (Lafayette) to Maggie A. Onsted

338 - 13 Dec. 1870 - **Ackerson**, Emma D. (Lafayette) to William Hiles

187 - 9 Aug. 1845 - **Ackerson**, (Lafayette) to George B. Snyder

330 - 28 Dec. 1870 - **Ackerson**, Harmon to Charlotte E. Anderson

285 - 22 Aug. 1866 - **Ackerson**, James P. to Emma M. Barber

240 - 23 Jan. 1858 - **Ackerson**, Ann (Sparta) to James Current

314 - 13 Dec. 1868 - **Ackerson**, John D. (Lafayette) to Hattie E. Pollison

379 - 22 Dec. 1875 - **Ackerson**, John D. (Newton) to Minnie Kay

368 - 25 Sept. 1873 - **Ackerson**, Joseph (Andover) to Lottie E. Hinds

315 - 15 Dec. 1868 - **Ackerson**, Martha A. (Lafayette) to Thomas Dormida

273 - 26 Jan. 1866 - **Ackerson**, Nancy C. (Stanhope) to Manuel Snyder

314 - 18 Nov. 1868 - **Ackerson**, Sarah C. (Lafayette) to Joseph Vanblarcom

218 - 6 Oct. 1861 - **Ackerson**, Sarah F. to Andrew S. Ward

219 - 26 Jan. 1862 - **Adams**, Amzie (Byram) to Elizabeth McDavit

369 - 2 May 1874 - **Adams**, Charles (Andover) to Mary E. Rivers

394 - 23 Dec. 1875 - **Adams**, Elizabeth (Frankford) to George Warren Roe

420 - 18 Oct. 1877 - **Adams**, Franklin Pierce (Deckertown) to Mary Elizabeth

272 - 19 May 1866 - **Adams**, Gabriel (Frankford) to Harriet B. Crane (Decker)

412 - 4 July 1877 - **Adams**, Henry (Yellow Frame) to Sarah Rebecca Davis

199 - 24 Oct. 1857 - **Adams**, John D. to Mary Willis

287 - 8 Jan. 1867 - **Adams**, John D. (Wantage) to Mary E. Demarest

350 - 7 Mar. 1872 - **Adams**, Mrs. Mary (Unionville NY) to Edward Wilson

387 - 18 June 1876 - **Adams**, Mary E. (Sparta) to Abram C. Cooper

233 - 29 Sept. 1835 - **Adams**, Mary Ann (Newton) to Israel

Hendershot
205 - 24 Nov. 1858 - **Adams**, Parkinson (Wantage) to Mary Ann Wilson
232 - 24 June 1834 - **Adams**, William (Frankford) to Margaret A. Kithcart
323 - 10 Sept. 1870 - **Adams**, William H. (Sparta) to Anna Mains
275 - 4 Dec. 1863 - **Allen**, Anna (Andover) to John Ellis
390 - 9 Sept. 1877 - **Alen**, Almira (Stanhope) to Marshal Lance
284 - 1 April 1867 - **Allen**, Edward D. (Hurdtown) to Julia A. Mitton
316 - 12 Jan. 1870 - **Allen**, Elen (Stanhope) to Joseph K. Osborn
222 - 9 Oct. 1862 - **Allen**, Elias L. (Newton) to Lucy A. Ward
283 - 28 Nov. 1866 - **Allen**, John to Emma R. Wedder
309 - 29 Nov. 1866 - **Allen**, John (Stillwater) to Emma R. Weeden
301 - 25 Mar. 1869 - **Allen**, Joseph (Woodhull, Steuhen Co. NY) to Amanda Northrup
301 - 31 Mar. 1873 - **Allen**, Joseph (Port Jarvis NY) to Mary Paget
231 - 22 Jan. 1853 - **Alllen**, Lucy (Stillwater) to John Anderson 3rd
362 - 18 Aug. 1874 - **Allen**, Mackey (Newark) to Luceta H. Pope
201 - 24 Aug. 1858 - **Allen**, Mahala to Jacob Minton
193 - 13 Oct. 1855 - **Allen**, Nancy (Newton) to Wm. W. Backster
232 - 2 April 1834 - **Allen**, Ruth (Stillwater) to John P. Smith
276 - 10 May 1865 - **Allen**, Watson (Stanhope) to Anna G. King
257 - 9 July 1863 - **Ammerman**, David (Newton) to Mary Space
212 - 1 Nov. 1856 - **Ammerman**, Eliza A. (Newton) to John Jones
382 - 6 Oct. 1875 - **Ancust**, John to Sarah E. Hayne

322 - 9 June 1870 - **Anderson**, Anna D. (Newton) to Theodore Bell
274 - 9 June 1863 - **Anderson**, Austin (Newton) to Josephine M. Ingersoll
382 - 2 Feb. 1876 - **Anderson**, Benjamin, Jr. (Hampton) to Sarah Anderson
330 - 28 Dec. 1870 - **Anderson**, Charlotte to Harmon Ackerman
394 - 27 May 1876 - **Anderson**, Edgar D. (Stillwater) to Trenhenna Southard
321 - 10 Dec. 1870 - **Anderson**, Gerta Louise (Sweden) to Benton J. Olsson
193 - 24 Dec. 1855 - **Anderson**, James (Newton) to Phebe C. Marsh
194 - 14 May 1856 - **Anderson**, John (Newton) to Phebe Ann Thompson
231 - 22 Jan. 1853 - **Anderson**, John 3rd (Lusern, Pa.) to Lucy Allen
431 - 25 Oct. 1877 - **Anderson**, Mariel R. to thomas M. Kays
214 - 31 Aug. 1854 - **Anderson**, Martha A. (Newton) to James H. Commings
250 - 25 Nov. 1863 - **Anderson**, Mary to James Snyder
331 - 12 June 1872 - **Anderson**, Phehe A (Newton, to Theodore Arvis
333 - 21 Nov. 1872 - **Anderson**, S. Lorrie (Hampton) to Albert O. Smith
382 - 2 Feb. 1876 - **Anderson**, Sarah (Hampton) to Benjamin Anderson, Jr.
285 - 16 Jan. 1867 - **Anderson**, Sarah Elizabeth to Andrew N. Vought
368 - 18 Mar. 1874 - **Anderson**, Theodore G. (Newton) to Sarah E. Kinney
291 - 15 Jan. 1868 - **Anderson**, Watson H. to Emma L. Hagaman

271 - 10 Oct. 1865 - **Andress**, Dr. F. H. (Sparta) to S. Cecelia Cutler
328 - 25 Sept. 1871 - **Angel**, Edward to Sarah Willias
191 - 8 Nov. 1855 - **Angell**, Mary Jane (Sansyston) to Alexander VanEtten, Jr
187 - 5 Jan. 1845 - **Angle**, John (Pike Co., Pa.) to Phehe Shay
302 - 31 Dec. 1868 - Sarah C. (Dingman's, Pa.) to John S. Losey
353 - 13 Nov. 1869 - **Anthony**, Almida (Newton) to Archibald Fergusson
243 - 14 Aug. 1858 - **Anthony**, Ann (Wantage) to William Cassady
207 - 28 April 1860 - **Anthony**, Catherine to Charles Odle
272 - 1 Jan. 1866 - **Anthony**, Catharine to Reuben O'Del
191 - 3 July 1855 - **Applegate**, Elizabeth (Newton) to Henry D. Kishpaugh
200 - 19 June 1858 - **Applegite**, Nathan M. to Sarah E. Boman
213 - 20 May 1858 - **Armstrong**, Brandrord P. (Lafayette) to Cornelia M. (Northrup)
298 - 14 Nov 1867 - **Armstrong**, John B. to Sarah D. Price
199 - 5 May 1857 - **Armstrong**, Martha (Lafayette) to John Cummings
213 - 16 Aug. 1857 - **Arner**, Catherine (Brighton) to William H. Porter
254 - 18 Feb. 1864 - **Arner**, Sarah E. (Frankford) to James E. Hamler
436 - 28 Nov. 1877 - **Arnst**, Margaret C. (Sandyston) to John Snyder
410 - 13 Aug. 1873 - **Artmen**, Emanuel (Turbutville, Pa.) to Mary A. Wilson
331 - 12 June 1872 - **Arvis**, Theodore (Newton) to Phebe A. Anderson

310 - 7 Jan. 1868 - **Ashley**, Joseph (Warwick NY) to Susan Conklin
271 - 2 Aug. 1865 - **Atkins**, Wm. M. (Boonton) to Jane Brown
387 - 28 Dec. 1874 - **Atkins**, Wm. M. (Boonton) to (widow) Emma Merritt
218 - 6 July 1861 - **Atno**, C. Mahala to Jno. S. Ganarsdale
219 - 12 Aug. 1861 - **Atno**, Jane (Byram) to William Oliver
227 - 1 Jan. 1839 - **Auble**, Ann (Stillwater) to Andrew McCamly
275 - 9 Dec. 1863 - **Auble**, Frances B. (Springdale) to David Ackerman
193 - 30 June 1855 - **Auble**, Joseph (Green) to Margaret Wintermute
193 - 26 April 1856 - **Auble**, May M. (Newton) to Charles Walker
247 - 4 Sept. 1863 - **Aumic**, Maria (Stillwater) to John Sanders
251 - 19 Sept. 1863 - **Aumick**, Ann to Peter Snyder
326 - 25 July 1870 - **Aumick**, John L. (Branchville) to Martha J. Rodney
323 - 23 Sept. 1870 - **Aumick**, Matilda to Ellridge S. Coursen
317 - 12 Jan. 1870 - **Auter**, Joseph C. (Wantage) to Sarah F. Vangorder
251 - 16 July 1864 - **Avery**, Abraham to Jane Hooey
400 - 27 Nov. 1875 - **Ayers**, A. Ogden (Huntsville) to Alice V. Wolfe
364 - 9 Dec. 1874 - **Ayers**, C. Fletcher (Huntsville) to Mollie Coleman
293 - 25 Dec. 1866 - **Ayers**, Caroline (Waterloo) to George W. Maring
364 - 24 Dec. 1874 - **Ayers**, Carrie E. (Greenville) to Howell Hamilton
270 - 15 Nov. 1865 - **Ayers**, Catherine S. (Wantage) to Peter

S. Hockenberry
290 - 17 Aug. 1867 - **Ayers**, Dayton to Sarah Ann Roe
353 - 18 June 1873 - **Ayers**, Emma A. (Wantage) to Theodore Coykendall
436 - 6 Dec. 1877 - **Ayers**, Frances H. (Sandyston) to Fletcher B. Longcor
321 - 27 Oct. 1870 - **Ayers**, Hortense D. (Wantage) to William Clark
208 - 20 April 1860 - **Ayers**, James (Frankford) to Margery C. Phillips
428 - 30 Oct. 1877 - **Ayers**, James Harris (Green) to Ella A. Hough
207 - 25 Dec. 1859 - **Ayers**, John (Waterloo) to Allice Smith
223 - 17 Nov. 1861 - **Ayers**, John (Newton) to Susan Davis
362 - 12 Dec. 1874 - **Ayers**, John D. (Allamuchy) to Cebine Lemons
237 - 17 Sept. 1853 - **Ayers**, John H. (Tranquility) to Mary M. Main
369 - 6 Sept. 1874 - **Ayers**, Mahala (Mount Rose, Pa.) to Stephen McDavit
323 - 25 Oct. 1870 - **Ayers**, Mary (Stanhope) to Isaac J. Shields
218 - 30 July 1861 - **Ayers**, Nancy to George Washington Shauger
400 - 15 Nov. 1876 - **Ayers**, Orin K. (Beemerville) to Maggie E. Williams
334 - 11 Dec. 1871 - **Ayers**, Rebecca M. (Wantage) to Warren Clark
320 - 10 Nov. 1870 - **Ayers**, Watson R. (Andover) to Maggie C. Freeman
353 - 4 July 1871 - **Babb**, Mary E. (Wantage) to Lewis G. Johnson
366 - 31 Dec. 1874 - **Babbit**, Frank M. to Julia W. Smith
205 - 4 Sept. 1858 - **Babcock**, Abner (Vernon) to Sarah Ellen Perrigo
240 - 1 Jan. 1859 - **Babcock**, Abraham (Vernon) to Hannah Decker
356 - 3 May 1874 - **Babcock**, Charles (Ogdensburg) to Sarah Hennion
434 - 20 Oct. 1877 - **Babcock**, Cornelia M. (Glenwood) to Horace Belcher
433 - 7 Jan. 1876 - **Babcock**, Emma Jean (Glenwood) to Nathaniel Lott
356 - 30 May 1874 - **Babcock**, Hannah (Sparta) to George L. Rice
354 - 17 Jan. 1874 - **Babcock**, Ira to Sarah C. Smith
240 - 8 Jan. 1858 - **Babcock**, Jabez (Vernon) to Charlotte Decker
244 - 1 Dec. 1858 - **Babcock**, Jacob (Wantage) to Frances Hawkins
354 - 29 Nov. 1873 - **Babcock**, Lueretia Ann (Franklin Furnace) to Isaac DeGrot
336 - 3 July 1872 - **Babcock**, Mary Ophelia (Vernon) to Ira M. Mann
206 - 3 Jan. 1860 - **Babcock**, Thompson to Phebe Ellen Havens
224 - 29 Sept. 1862 - **Babcock**, William to Sarah E. Youmans
339 - 5 May 1873 - **Babcock**, William (Vernon) to Sarah Guilliland
368 - 22 Jan. 1873 - **Backster**, John J. (Lafayette) to Emma C. Titus
358 - 28 Oct. 1873 - **Backster**, Mary E. (Lafayette) to S. Roy Randolph
193 - 13 Oct. 1855 - **Backster**, Wm. M. (Newton) to Nancy Allen
403 - 23 June 1875 - **Bailey**, Delilah Jane to John Ogden
262 - 9 July 1864 - **Bailey**, Frederick to Sarah E. Morris
351 - 18 Feb. 1869 - **Bailey**, Hulday (Vernon) to Farber Parker
352 - 7 Dec. 1871 - **Bailey**, John

(Deckertown) to Catherine Doyle
332 - 15 April 1872 - **Baily**, Phebe A. to William Willis
261 - 17 Dec. 1864 - **Baley**, Susan A. to Benjamin Valentine
434 - 16 Nov. 1876 - **Bailey**, Townsend (Vernon) to Eliza Wilcox
273 - 28 Apr. 1866 - **Baird**, David (Morristown) to Mary J. Stevens
373 - 7 May 1874 - **Baker**, C. Irene (Lafayette) to Horatio Space
295 - 6 Nov. 1867 - **Baker**, Mary E. (Green) to Thomas J. Freedinburg
362 - 6 Jan. 1875 - **Baker**, Sarah (Sparta) to John O. Maxwell
292 - 8 April 1868 - **Ball**, George (Vernon) to Catharine Jane VanStrander
245 - 4 Feb. 1864 - **Ball**, Mary L. (Hardyston) to Abraham L. Simpson
313 - 24 May 1868 - **Ball**, Nancy D. (Lafayette) to Levi N. Lewis
355 - 2 May 1874 - **Ball**, Sarah M. (Budd's Lake) to William Cole
294 - 2 Mar. 1867 - **Ball**, William H. (Sparta) to Mary A. Spangenburg
347 - 27 June 1872 - **Ball**, William M. (Blairstown) to Laura C. Osenbaugh
242 - 26 Mar. 1863 - **Barber**, Edgar to Sarah Wright (also page 248)
285 - 22 Aug. 1866 - **Barber**, Emma to James B. Ackerson
188 - 25 Feb. 1846 - **Barber**, Mary Ann (Newton) to Eleazer Ogden
213 - 19 Dec. **Barber**, S. (Newton) to Esther C. Fox
253 - 15 Aug. 1863 - **Barker**, Susan M. (Blairstown) to Garret M. Sewsher
415 - 9 Aug. 1877 - **Barkman**, B. Barrett (Sparta) to Annie M. Schaff
293 - 8 Dec. 1866 - **Barkman**, John P. (Warren Co.) to Frances Stackhouse
239 - 17 Jan. 1857 (Barrett, David, Jr. (Vernon) to Mary Jane Wilson
335 - 22 Nov. 1872 - **Barritt**, John W. (Waterloo) to Mary J. Elliot
192 - 8 Apr. 1856 - **Barret**, Rev. Myron to Emma Elizabeth Ryerson
412 - 9 July 1877 - **Barrett**, Teressa (Carpenter's Point NY) to James H. Brown
425 - 27 Jan. 1878 - **Bartman**, Sarah A. (Sparta) to Haney A. Magee
410 - 19 May 1877 - **Barton**, Jason (Hope) to Martha Schultz
346 - 10 Oct. 1871 - **Bassett**, Moses (Newton) to Jenny Snover
363 - 15 Dec. 1874 - **Bastedo**, Charlotte (Newton) to James W. Randall
350 - 14 Aug. 1873 - Baxter, Charles J. (Glenwood) to Arabel Dunn
351 - 19 Jan. 1870 - **Baxter**, Kate (Glenwood) to Charles Crisey
338 - 18 Jan. 1871 - **Baxter**, Nancy R. (Factoryville, Pa.) to John B. Miller
298 - 13 Dec. 1866 - **Bayken**, Wm. W. to Charlotte L. McCarter.
315 - 9 Jan. 1870 - **Bayle**, Anna H. (Baleville) to John P. Northrup
279 - 15 Dec. 1865 - **Bayles**, Elizabeth (Byram) to Israel Cole
296 - 10 June 1868 - **Bayles**, James (Sparta) to Mary A. Lozier
193 - 16 April 1856 - **Bayles**, John (Byram) to Margaret Ann Dockerty
323 - 13 Dec. 1870 - **Bayles**, Samuel (Sparta) to Sarah E. Lozier
280 - 8 Jan. 1866 - **Bayles**, Stephen H. (Bryam) to Mary Cole
313 - 6 Sept. 1868 - **Bayles**, Wm. N. (Sparta) to Mary Reynolds
380 - 21 Oct. 1875 - **Bazier**, John

(Newton) to Sophie Miller
387 - 20 Jan. 1876 - **Beach**, Charles (Newton) to Jemima Edsall
419 - 8 Nov. 1877 - **Beach**, Joseph D. C. to Emma Cecilia Cox
376 - 6 Oct. 1875 - **Beach**, Irene (Newton) to John J. Case
315 - 12 Feb. 1870 - **Beegle**, Aroon H. (Lafayette) to Ellen McManus
193 - 11 Aug. 1855 - **Beagle**, John B. to Mary Crouse
258 - 5 May 1864 - **Beagle**, John S. (Stillwater) to Susan Harrie. Vought
348 - 18 Oct. 1873 - **Beegle**, John S. (Stillwater) to Arminda S. Savacool
194 - 22 Sept. 1855 - **Bealy**, Amos P. (Sparta) to Mary Hunt
199 - 30 Dec. 1857 - **Beardslee**, Daniel S. (Ogdensburh) to Mary H. Lanyerman
385 - 29 Mar. 1876 - **Beardsley**, Saddie M. (Ogdensburg) to Elmer S. Struble
200 - 22 May 1858 - **Beardsley**, David J. (Ogdensburg) to Mary A. Lanterman
265 - 7 Mar. 1865 - **Beardslee**, Wade to Catherine Losey
396 - 3 Aug. 1876 - **Batty**, Abby J. (Morris Co.) to Charles Vanderhoof
295 - 25 Feb. 1868 - **Beatty**, Calvin (Sparta) to Ellen McKinney
349 - 12 Dec. 1872 - **Beatty**, Eliza Jane to David K. Fisher
330 - 30 Mar. 1872 - **Beatty**, Elizabeth F. (Hardyston) to Jiles Sisco (also p. 33)
327 - 13 July 1871 - **Beatty**, Elizabeth J. to Napoleon B. Hamler
367 - 25 Feb. 1875 - **Beatty**, Hannah (Andover) to Seymour Mains
260 - 1 Sept. 1864 - **Beatty**, Margaret to Christopher Peacock
404 - 16 Nov. 1876 - **Beatty**, Robert S. (Hampton) to Annie Bevans
187 - 5 Oct. 1875 - **Beatty**, Thomas to Hannah Pierson
395 - 18 Aug. 1876 - **Beazy**, Louis to Mary Jane Weare
338 - 11 May 1870 - **Bebout**, Emma L. (Newton) to Daniel T. Vanness
203 - 29 Dec. 1859 - **Bedell**, Andrew (Frankford) to Sarah Dennis
343 - 13 Sept. 1871 - **Bedell**, Angeline (Beemerville) to Henry F. Simonson
232 - 1 Sept. 1835 - **Bedell**, Emily (Stillwater) to Alexander J. Locy
362 - 20 Aug. 1874 - **Bedell**, Henry J. (Branchville) to Martha A. Potter
244 - 12 Nov. 1859 - **Bedell**, Leman to Delilah Brink
358 - 18 Dec. 1872 - **Bedell**, Rebecca (Frankford) to Isaac Decker
382 - 9 Feb. 1876 - **Bedell**, William H. (Sparta) to Almira Smith
335 - 21 Nov. 1875 - **Bedford**, Melvina to Isaac Kennicutt
189 - 4 Feb. 1855 - **Beebe**, Stephen H. to Sarah A. Bowman
232 - 11 Nov. 1834 - **Beemer**, Amos (Bald Mount. Pa.) to Elizabeth Farrier
321 - 30 Nov. 1870 - **Beemer**, Harrison (Beemerville) to Hester Compton
194 - 15 Jan. 1856 - **Beemer**, Jane (Wantage) to Harrison Hough
204 - 9 Feb. 1859 - **Beemer**, Jane (Frankford) to John F. Shoemaker
235 - 26 Dec. 1860 - **Beemer**, Jane (Newton) to Henry Oldenbrow
327 - 31 Dec. 1870 - **Beemer**, Joseph S. to Harriet B. McGre-

gor
353 - 16 April 1874 - **Beemer**, Maria (Wantage) to Mathew Westfall
290 - 16 Oct. 1867 - **Beemer**, S. L. to Rev. S. D. Noyes
282 - 24 Dec. 1842 - **Beemer**, Solomon to Mary Decker
202 - 5 Jan. 1858 - **Beers**, Frances (Greenville NY) to Martin Decker
434 - 10 Dec. 1877 - **Belcher**, Charles A. (Hamburg) to Isa Drake
320 - 29 Mar. 1870 - **Belcher**, Etheline (Wantage) to Henry Stevens
434 - 20 Oct. 1877 - **Belcher**, Horace (Glenwood) to Cornelia M. Babcock
434 - 4 Nov. 1877 - **Belcher**, John (Glenwood) to Delia Decker
402 - 20 Oct. 1876 - **Belcher**, Mary E. (Glenwood) to Warren Drake (also p. 406)
351 - 25 May 1867 - **Belcher**, Peter (Vernon) to Elizabeth Hagencamp
351 - 6 Dec. 1869 - **Belcher**, Sarah Ann (Glenwood) to George M. Jenkins
340 - 16 Jan. 1873 - **Bell**, Alwida to Benjamin W. Jager
364 - 10 Oct. 1874 - **Bell**, Andrew (Tranquility) to Edith D. Savercool
322 - 9 June 1870 - **Bell**, E. Theodore (Paterson) to Anna D. Anderson
190 - 3 Mar. 1855 - **Bell**, Eliza to James Hagerty
338 - 31 May 1870 - **Bell**, John (Lafayette) to Lydia K. Lantz
387 - 29 Mar. 1876 - **Bell**, Julia (Newton) to Joseph Hill
321 - 11 Mar. 1870 - **Bell**, Lydia A. (Sandyston) to Samuel Magor
337 - 31 Dec. 1872 - **Bell**, Maggie A. (Walpack) to Joseph C. Warren
184 - 8 Feb. 1853 - **Bell**, Mary (Frankford) to Apram Stickle
429 - 22 Nov. 1878 - **Bellew**, James E. (Hamburg) to Laura Booth
196 - 5 Nov. 1856 - **Bells**, H. D. (Sioux City, Iowa) to Susan E. McCoy
427 - 6 Mar. 1878 - **Benjamin**, Alice J. (Wantage) to John H. Young
358 - 9 Aug. 1875 - **Benjamin**, Clara C. (colored) (Warwick NY) to Adam Wells
252 - 20 Oct. 1863 - **Benjamin**, Elenor to Benjamin K. Jones
190 - 5 May 1855 - **Benjamin**, Elizabeth (Corning NY) to Albert Smith
336 - 25 Dec. 1872 - **Bennett**, John (Horseheads NY) to Josie Whitaker
346 - 29 Dec. 1870 - **Bennet**, Nicholas V. (Sandyston) to Jenny Sigler
385 - 1 April 1876 - **Bennet**, Peter C. to Anna M. Newel
315 - 19 Mar. 1870 - **Benson**, David D. (Hardyston) to Mary J. Boucher
335 - 4 July 1872 - **Benson**, Sarah E. to Wm. T. Hubert
203 - 24 Nov. 1858 - **Berry**, Boyton (Frankford) to Mary Jemima VanAuken
415 - 24 Nov. 1858 - **Berry**, Britton to Mary J. VanAuken
234 - 24 May 1838 - **Berry**, Emma Rebecca (Independence) to John Wacter
234 - May 1859 - **Berry**, Emma R. to John Wade
239 - 11 Feb. 1857 - **Berry**, John J. (Stanhope) to Dorothea Williams
438 - 25 May 1878 - **Berry**, Sarah E. ("near Deckertown") to Geo. Doty
310 - 7 Oct. 1868 - **Berry**, Watson F. (Greensville) to Katie M. Cook
283 - 29 Nov. 1851 - **Bertholf**, William (Newton) to Jane Hill
280 - 19 Sept. 1866 - **Bertron**,

Caroline L. to John Nixon, Jr.
284 - 13 Jan. 1867 - **Bertron**, Catherine to Albert J. Nixon
227 - 9 Mar. 1839 - **Besdle**, Michael (Stillwater) to Susan Shickagast
349 - 4 Feb. 1874 - **Best**, Amanda (Stanhope) to Peter Struble
349 - 17 Sept. 1873 - **Best**, Andrew J. (Stanhope) to Mary F. Cook
324 - 23 Feb. 1871 - **Best**, Catherine (Stanhope) to John S. Vanarsdale
324 - 8 Dec. 1870 - **Best**, Catherine E. (Waterloo) to Aaron T. Meeker
335 - 9 Nov. 1872 - **Best**, John (Waterloo) to Hannah A. Landers
319 - 2 May 1870 - **Best**, Mary E. (Waterloo) to Almon Dunn
256 - 4 July 1863 - **Best**, Matilda (Waterloo) to Jesse Sickel
248 - 22 Jan. 1863 - **Bevans**, Alfred (Sandyston) to Emma Jane Brink
404 - 16 Nov. 1876 - **Bevans**, Annie (Sandyston) to Robert S. Beatty
303 - 18 Mar. 1869 - **Bevans**, Ella (Sandyston) to Jason Cole
422 - 16 Jan. 1878 - **Bevans**, John J. (Centerville) to Laura S. Williams
340 - 5 Feb. 1873 - **Bevans**, Mary (Centerville) to Coe B. Shay
388 - 20 May 1875 - **Biddenger**, John L. (Stanhope) to Dora Glover
230 - 26 Oct. 1850 - **Bingham**, Elizabeth (Stillwater) to Wm. A. Shepherd
223 - 25 Feb. 1863 - **Bird**, Aaron (Sparta) to Bethania Chidester
355 - 25 Dec. 1873 - **Bird**, Apraham S. (Newton) to Anna Hamler
297 - 26 Sept. 1863 - **Bird**, Albert I. to Sarah A. Perry
349 - 14 June 1873 - **Bird**, Amos (Port Jervis NY) to Maria C. Sergeant
259 - 4 June 1859 - **Bird**, Carrie C. (Sparta) to Exekiel Stanaback
403 - 28 Dec. 1876 - **Bird**, Clarkson, Jr. (Hamburg) to Fannie G. Pellett
382 - 22 June 1876 - **Bird**, Ellen to William Courtright
297 - 29 Dec. 1862 - **Bird**, Elsey H. to Hohn Heater
389 - 3 Oct. 1875 - **Bird**, Isa (Port Morris) to Mahlon Merritt
245 - 4 Feb. 1860 - **Bird**, John W. (Vernon) to Mary Doty
335 - 21 Dec. 1872 - **Bird**, Mary M. (Stanhope) to Samuel Davis
196 - 12 July 1857 - **Bird**, Nancy to Andrew J. Landon
391 - 8 Mar. 1875 - **Bird**, Sarah J. (Port Morris) to Elias S. Sickles
369 - 30 June 1875 - **Bird**, Steward A. (Vienna) to Lizzie Willson
354 - 7 Jan. 1874 - **Bishop**, Anna Mary (Lafayette) to Fowler Kemble
244 - 26 Nov. 1859 - **Bird**, Francis (Wantage) to Mary Devenport
249 - 26 Nov. 1859 - **Bird**, Franklin S. (Wantage) to Mary Devenport
298 - 9 Mar. 1867 - **Bird**, Mary F. (Deckertown) to George C. Hayne
184 - 27 Oct. 1853 - Bissel, Joseph H. to Susan B. Oliver
280 - 17 Dec. 1865 - **Black**, John (Byram) to Sarah J. Mains
294 - 29 April 1867 - **Black**, Lewis (Frankford) to Margaret Williams
293 - 2 May 1867 - **Black**, Margaret J. (Allamuchy) to William H. Howell
335 - 22 July 1872 - **Black**, Mary E. (Lockwood) to Wm. H. Hazleton
316 - 14 Nov. 1868 - **Black**, Sarah Elizabeth (Sparta) to Charles C. Mains

275 - 18 Feb. 1864 - **Blackford**, Rehekah C. (Stillwater) to William Semmons
238 - 9 Sept. 1854 - **Blackford**, Temperance Jane (Stillwater) to Mark A. Hooey
333 - 19 Feb. 1873 - **Blackwell**, Anna C. (Newton) to J. Finley Weller
421 - 1 Jan. 1878 - **Blanchard**, Charles (Andover) to Mary Emma Savercool
205 - 30 July 1859 - **Blanchard**, Jeptha (Newton) to Rachel A. Smith
303 - 14 Nov. 1867 - **Blanchard**, Samuel to Harriet O. Hubbard
184 - 25 Dec. 1853 - **Blanchard**, William (Green) to Margaret L. Hinman
239 - 29 Sept. 1856 - **Blanchford**, Aaron S. (Monroe) to Amelia Ann Farber
231 - 23 Oct. 1851 - **Bloom**, Hannah (Stillwater) to William Divers
233 - 4 Oct. 1836 - **Bloom**, Jane (Stillwater) to John Shuster
233 - 1 Nov. 1835 - **Bloom**, John D. (Stillwater) to Susan E. Hill
238 - 29 Sept. 1855 - **Bloom**, Ruth (Hardyston) to Sisas B. Day
186 - 24 Sept. 1854 - **Boden**, Fredericka (Andover) to Charles Korn
207 - 5 April 1860 - **Bodine**, Giles to Mary Ann Hinkle
375 - 31 July 1875 - **Bogan**, James C. (Newton) to Emma C. Coursen)
353 - 10 Aug. 1872 - **Bond**, Joseph E. (Branchville) to Lila E. Roloson
372 - 5 Oct. 1874 - **Bond**, Wm. (NYC) to Julia A. Decker
322 - 25 Jan. 1871 - **Bonnel**, Marth J. to John Youngs
213 - 17 Dec. 1857 - **Bonnell**, Fannie C. (Newton) to William C. Westbrook
218 - 24 Sept. 1861 - **Bonnell**, Thomas J. (Montague) to Mary Hornbeck
351 - 12 Oct. 1872 - **Bonter**, Martha E. (Warwick NY) to Pierson Paddock
415 - 4 Aug. 1877 - **Booth**, Ella (Sparta) to George H. Shelley
262 - 25 July 1865 - **Booth**, Mrs. Emma to Albert F. Quick
409 - 1877 - **Booth**, George S. (Hamburg) to Abbie D. Haight
201 - 4 Sept. 1858 - **Booth**, Jane (Lafayette) to Nelson Maxwell
313 - 1 July 1868 - **Booth**, John B. (Sparta) to Emma E. Mains
258 - 4 July 1864 - **Booth**, Joseph (Newton) to Mrs. Sarah A. Moshier
200 - 12 Dec. 1857 - **Booth**, Julia F. to John C. Sexton
429 - 22 Nov. 1878 - **Booth**, Laura (Newton) to James E. Bellew
279 - 20 Sept. 1865 - **Boss**, Elizabeth (Sparta) to John W. Drake
295 - 18 June 1867 - **Boss**, Mary E. (Sparta) to Edward P. Christie
315 - 19 Mar. 1870 - **Boucher**, Mary J. (Wantage) to David D. Benson
236 - 29 Jan. 1863 - **Bowers**, Searing P. (Washington NJ) to Margaret C. Swartswelder
384 - 18 Mar. 1876 - **Bowman**, Francis E. (Branchville) to Huldah A. Tidaback
189 - 4 Feb. 1855 - **Bowman**, Sarah A. (Montague) to Setphen H. Beebe
200 - 19 June 1858 - **Boman**, Sarah E. to Nathan M. Applegite
214 - 19 Mar. 1859 - **Boyed**, Nathan (Green) to Rachel Wark
255 - 21 Feb. 1863 - **Bradberry**, James B. (Newark) to Joan Chidester
280 - 20 Dec. 1865 - **Bradbury**, John (Newark) to Delia Sickles
340 - 15 May 1872 - **Brady**, Hannah (Montague) to Theodore Shay

212 - 27 Oct. 1856 - **Braady**, Kate (Newton) to Henry Landen
305 - 3 Apr. 1869 - **Brady**, Michael (Long Island NY) to Sarah Matilda Hubert
253 - 2 Jan. 1864 - **Brands**, Nelson L. (Hainesburg) to Euphemia A. Willson
414 - 15 Feb. 1877 - **Branson**, Anna M. (Deckertown) to Sam F. Vandruff
362 - 9 Sept. 1874 - **Brant**, David (Lockwood) to Ella Fox
410 - 13 Mar. 1877 - **Branwin**, Henry C. (Dover) to Virginia A. Lewis
246 - 4 Jan. 1862 - **Bray**, Nathaniel K. (Frankford) to Mary C. Phillip
399 - 7 July 1876 - **Brewer**, Charles W. (Marinette, Wis.) to Susie P. Shoemaker
421 - 28 June 1877 - **Brewer**, James (Newton) to Catherine Collbacker
295 - 24 May 1868 - **Briggs**, Alanson (Newton) to Mary Mains
244 - 12 Nov. 1859 - **Brink**, Delilah to Leman Bedell
237 - 28 Jan. 1843 - **Brink**, Elias (Wantage) to Susan Staley
395 - 13 Nov. 1875 - **Brink**, Eliza (Wantage) to John C. Mackerley
248 - 22 Jan. 1863 - **Brink**, Emma Jane (Walpack) to Alfred Bevans
439 - 14 Sept. 1878 - **Brink**, James to Elizabeth A. Lambert
414 - 30 June 1877 - **Brink**, Marcus (Wantage) to Carmelia Washer
319 - 19 July 1870 - **Brink**, Martha L. (Franklin Furnace) to Winfield S. Case
270 - 10 Oct. 1865 - **Brink**, Newton (Wantage) to Sarah Lewis
290 - 12 Nov. 1867 - **Brink**, Sarah to Samuel VanEtten
237 - 8 Jan. 1851 - **Brirtt**, Sarah Elizabeth (Succasunna) to Henry Halsey (Flanders)
359 - 22 Mar. 1861 - **Bristol**, H. W. (Port Jervis NY) to Martha D. Porter
263 - 17 Nov. 1864 - **Bristol**, Peter D. (Paterson) to Martha Puden
320 - 2 July 1870 - **Brodhead**, Benjamin D. (Newton) to Melissa E. Brooks
316 - 24 Dec. 1868 - **Brooks**, Benjamin D. (Pike Co., Pa.) to Mary A. Doyle
262 - 24 Feb. 1864 - **Brooks**, Hannah to Isaac K. Vanstrander
243 - 31 Dec. 1863 - **Brooks**, Henry (Newton) to Mary Augusta Miller
190 - 22 Mar. 1855 - **Brooks**, Joseph H. (Sparta) to Amanda Goble
264 - 15 Dec. 1864 - **Brooks**, Julia A. (Montague) to William H. Sprague
320 - 2 July 1870 - **Brooks**, Melissa E. (Newton) to Benjamin D. Brodhead
274 - 16 Aug. 1863 - **Brook**, Samuel (Washington DC) to Delia A. Walker
261 - 8 June 1861 - **Broso**, Sarah E. to Calvin Case
381 -16 July 1875 - **Broson**, Henry to Mary C. Card
334 - 21 Dec. 1870 - **Bross**, Sarah O. (Frankford) to John E. Vansyckle
188 - 15 Oct. 1845 - **Broughman**, John W. to Catherine Ackerson
255 - 24 Jan. 1863 - **Brower**, Mary (Hamburg) to George Hagerdy
248 - 14 Feb. 1863 **Brown**, Albanas L. (Marshall's Creek, Pa.) to Elizabeth Drake
310 - 14 June 1868 - **Brown**, Emily C. (Vernon) to David T. Sayer
311 - 22 Aug. 1868 - **Brown**, George S. (Vernon) to Margaret Tichenor
285 - 20 Mar. 1866 - **Brown**, Ezra Henry (Stanhope) to Widow

Mary L. Stephens
393 - 5 Aug. 1876 - **Brown**, Jacob (Hardwick) to Hannah E. Simonson
412 - 9 July 1877 - **Brown**, James H. (Carptneter's Point NY) to Teressa A. Barrett
271 - 2 Aug. 1865 - **Brown**, Jane (Stanhope) to Wm. M. Atkins
354 - 14 Dec. 1872 - **Brown**, Jude A. (Stillwater) to Levi Hendershot
195 - 9 Oct. 1856 - **Brown**, Julia Anna to William Jennings
352 - 2 Feb. 1872 - **Brown**, Libbie (Hamburg) to Joseph Burrow
373 - 27 Mar. 1875 - **Brown**, Lucy (Newton) to John B. Hendershot
324 - 1 Jan. 1871 - **Brown**, Mary E. (Phillipsburg) to Robert F. Sickles
261 - 11 Jan. 1865 - **Brown**, Nance (Hardyston) to James DeWitt
302 - 2 Feb. 1868 - **Brown**, Peter L. (Walpack) to Sarah E. Fuller
246 - 27 Oct. 1862 - **Brown**, Robert (Smyrna, Maine) to Jane Campbell
373 - 22 Jan. 1875 - **Brown**, Sarah (Morris Co.) to George Foley
338 - 29 Dec. 1870 - **Brugler**, J. Milton (Hope) to Lizzie Decker
262 - 16 Dec. 1863 - **Buchanan**, Jane to Isaac Halstead
373 - 7 Jan. 1875 - **Buchanan**, Mary E. (Unionville NY) to James L. Round
350 - 9 April 1872 - **Buckley**, Harriet E. (Wantage) to Anson McBride
406 - 30 Nov. 1876 - **Buckley**, James A. (Wantage) to Sarah C. Wilson
265 - 23 Nov. 1864 - **Buckley**, Samuel T. (Port Jarvis NY) to Cornelia C. Corey
320 - 15 Mar. 1870 - **Buckley**, Wade (Port Jarvis NY) to Emeline V. Whitaker

399 - 26 Jan. 1877 - **Budd**, Eliza Jane to Peter J. Kays
201 - 15 Oct. 1858 - **Budd**, Whitfield H. (Chester) to Emma Jane Hathaway
331 - 1 July 1871 - **Bunn**, Charles W. (Bordentown) to Lucilla Linn
216 - 12 Feb. 1861 - **Bunn**, Philip S. (Stillwater) to Hannah R. Emmans
297 - 12 Feb. 1861 - **Bunn**, Phillip T. to Sarah B. Emmons
253 - 9 Apr. 1864 - **Bunn**, Sarah (Stillwater) to David B. Martin
377 - 13 Oct. 1875 - **Buneal**, John (Newton) to Margaret A. Cron
398 - 20 Sept. 1876 - **Bunnell**, Jacob Lanterman (Newton) to Jennie Smith
29 Dec. 1874 - **Burailt**, Elisabeth to Gilbert Manderville
247 - 28 Dec. 1863 - **Burchell**, Harrite to John Risedike
349 - 2 April 1873 - **Burd**, Clarkson to Ellen VanNorden
293 - 9 May 1868 - **Burdett**, Jacob (Ogdensburg) to Amanda Terry
297 - 26 Sept. 1868 - **Burdett**, Joseph (Ogdensburg) to Susan E. Ackerman
421 - 10 Oct. 1877 - **Burdett**, Sidney Francis (Newton) to Emma Valeria Rolloson
289 - 10 Dec. 1857 - **Burk**, Cynthia to Jacob Struble
343 - 28 Sept. 1872 - **Burlyes**, John I. (Columbia) to Mary Laura Cool
272 - 1 Jan. 1866 - **Burrell**, Jonathan A. to Mary Emaline Rawley (also p. 352)
353 - 2 Feb. 1872 - **Burrow**, Joseph (Hamburg) to Libbie Brown
226 - 10 Mar. 1863 - **Burtsall**, Frederick (Vernon) to Malissa A. Butler
313 - 15 June 1867 - **Butler**, Alfred (Frankford) to Susan A. Rodimer
366 - 16 Feb. 1875 - **Butler**,

Emma J. (Lafayette) to Wm. E. Weller (also p. 375)
241 - 29 Dec. 1848 - **Butler**, Levi (Frankford) to Mary Perry
198 - 20 June 1858 - **Butler**, Michael (Newton) to Bridgett Jone
226 - 10 Mar. 1863 - **Butler**, Milisa A. (Amity NY) to Frederic Burtsall
428 - 24 May 1877 - **Butler**, Phebe M. (Stillwater) to Frank Labar
265 - 22 Sept. 1864 - **Byram**, Caroline E. (Byram) to Job J. Drake
309 - 27 Nov. 1867 - **Butler**, Daniel (Andover) to Anna M. Hunt
358 - 4 Feb. 1874 - **Byram**, Elton (Sparta) to Sarah E. Little
374 - 26 Dec. 1874 - **Byram**, Horace D. (Andover) to Rebecca Jane Evritt
195 - 10 Dec. 1856 - **Byram**, Job to Nancy Lyon
224 - 18 April 1863 - **Byram**, May E. (Sparta) to Sandford Garsus
311 - 1 Feb. 1868 - **Cadmus**, S. DeWitt (Unionville NY) to Esther J. Longwell
193 - 14 Aug. 1855 - **Caffrey**, Rebecca (Newton) to William S. Richardson
312 - 24 Nov. 1869 - **Calsin**, John N. to Susie M. Hunt
430 - 19 Mar. 1878 - **Campbell**, Albert (Frankford) to Mary Camnpell
330 - 4 May 1872 - **Campbell**, Anna to George Nixon
269 - 31 Jan. 1869 - **Campbell**, Anna E. (Vernon) to William Campbell
254 - 9 July 1864 - **Campbell**, Azariah to Jenny Sigler
377 - 30 Oct. 1875 - **Campbell**, Harriet (Branchville) to Daniel Pagett
246 - 27 Oct. 1862 - **Campbell**, Jane (Frankford) to Robert Brown
225 - (1863?) - **Campbell**, Jason to Sarah M. Slaght
216 - 2 Jan. 1861 - **Campbell**, Jane Ann (Newton) to Thomas Gray, Jr.
259 - 20 Aug. 1859 - **Campbell**, Martin to Julia A. Storms
204 - 24 Aug. 1859 - **Campbell**, Martin to Julia A. Storms
430 - 19 Mar. 1878 - **Campbell**, Mary (Frankford) to Albert Campbell
269 - 31 Jan. 1869 - **Campbell**, William (East Orange) to Anna E. Campbell
256 - 20 Feb. 1864 - **Campes**, Ann Penden to Jason K. LeHomadieu
322 - 11 Jan. 1871 - **Canfield**, Albert (Hampton) to Auletta M. VanSickle
204 - 21 Jan. 1859 - **Canfield**, John Jr. to Mary R. VanSickle
208 - 20 Dec. 1859 - **Camfeild**, Mary S. (Frankford) to John Karser
299 - 9 Dec. 1868 - Cannon, Benjamin to Mary E. Hinds
334 - 11 Nov. 1872 - **Cannon**, Frederick M. (Deckertown) to Charlotte E. Pellet
357 - 15 June 1873 - **Cannon**, Mary (Newton) to George Harden
310 - 22 Dec. 1868 - **Cannon**, Mary S. (Newton) to John H. Westbrook
424 - 30 Nov. 1877 - **Canton**, Lydia (Stockholm) to Oscar Pierson
311 - 24 Oct. 1868 - **Card**, Catharine L. (Vernon) to William H. Williams
311 - 1 Jan. 1870 - **Card**, Ira R. (Vernon) to Elizabeth Morse
211 - 11 Dec. 1860 - **Card**, Israel to Mary Elizabeth Fener
192 - 27 Mar. 1856 - **Card**, John, Jr. to Milly Talmage
2239 - 11 May 1856 - **Card**, Julia (Vernon) to Henry S. Utter

381 - 16 July 1875 - **Card**, Mary C. to Henry Broson
438 - 22 Nov. 1877 - **Card**, Martha L. to Gilbert Drew
371 - 29 Oct. 1874 - **Card**, Whitfield (Newfoundland) to Sarah Predmore
325 - 9 June 1871 - **Carman**, Louisa J. (Banchville) to Russell M. Davis
211 - 16 Sept. 1860 - **Carmer**, Jane (Sandyston) to Joseph Sylcox
209 - 13 Aug. 1860 - **Carmar**, William to Elen Parman
313 - 22 Aug. 1868 - **Carmer**, Wm. M. (Augusta) to Jennie Willson
192 - 24 Mar. 1856 - **Carpenter**, Christian (Andover) to Adam Summer
196 - 26 July 1857 - **Carpenter**, Elizabeth to Richard Thomas
274 - 27 Oct. 1863 - **Carpenter**, Mary Ann (Andover) to William Grant
244 - 23 Feb. 1859 - **Carr**, Harriet (Wantage) to Albria Willson
433 - 3 July 1875 - **Carr**, John (Glenwood) to Harriet Adelia Risdek
310 - 11 July 1868 - **Carrick**, Delia M. (Ogdensburg) to George M. Perigo
204 - 5 June 1858 - **Carson**, Jane (Stanhope) to Robert Hellenbrant
187 - 27 Jan. 1845 - **Carter**, Nancy (Newton) to Christopher Roof
244 - 30 Oct. 1858 - **Cartright**, Parmelia (Wantage) to Theodore Decker
295 - 23 Mary 1867 - **Cary**, Charlotte to Joseph C. Boss
408 - 18 Jan. 1877 - **Cary**, Ella K. (Sparta) to William H. Everett
314 - 21 Aug. 1869 - **Cary**, Mary E. (Lafayette) to John Roehell
193 - 6 Nov. 1855 - **Cary**, Rosina (Newton) to Edward Knott
294 - 20 Oct. 1866 - **Cary**, Sarah E. (Sparta) to John Richards
266 - 25 Jan. 1865 - **Case**, Anna E. (Lafayette) to Abram W. Rutan
214 - 5 Feb. 1859 - **Case**, Calvin (Sparta) to Sarah Stoll
261 - 8 June 1861 - **Case**, Calvin to Sarah E. Broso
330 - 6 Dec. 1870 - **Case**, Catharine to Jacob W. Wack
194 - 19 Mar. 1856 - **Case**, Charles (Sparta) to Margaret Ann Struble
316 - 1 Dec. 1869 - **Case**, Daniel H. (Lafayette) to Phebe O. Simmons
283 - 8 Nov. 1866 - **Case**, Edward to Mary Case
433 - 13 Dec. 1877 - **Case**, Elizabeth Ann (North Church) to Levi Kays
315 - 12 June 1870 - **Case**, Ellen (Franklin) to Wm. H. Monell
297 - 16 Nov. 1865 - **Case**, Elmer to Sarah A. Struble
352 - 13 Dec. 1871 - **Case**, Emma C. (Lafayette) to Vanclive L. Drake
294 - 5 Dec. 1866 - **Case**, George B. (Andover) to Lydia H. Durling
304 - 21 April 1869 - **Case**, Hannah A. (Lafayette) to John D. Smith
257 - 16 Feb. 1863 - **Case**, Harriet O. (Lafayette) to John Hubbard
228 - 5 Dec. 1840 - **Case**, James (Stillwater) to Margaret Hankinson
376 - 6 Oct. 1875 - **Case**, John J. (Newton) to Irene Beach
283 - 8 Nov. 1866 - **Case**, Mary to Edward Case
218 - 3 April 1861 - **Case**, Mary E. (Newton) to William C. Quick
237 - 24 Dec. 1853 - **Case**, Obadiah P. (Newton) to Jane Slockbower
295 - 14 Nov. 1867 - **Case**, Phebe (Andover) to Daniel Marvin (also p. 313)
285 - 9 Jan. 1867 - **Case**, Phebe

Jane to Daniel W. Havell
387 - 3 July 1875 - **Case**, William (Succasunna) to Ella Haggerty
342 - 4 Dec. 1843 - **Case**, William P. (Frankford) to Mary O. Munson
239 - 22 Aug. 1857 - **Case**, William I. (Sparta) to Mary A. Pitney
319 - 19 July 1870 - **Case**, Winfield S. to Martha L. Brink
339 - 9 Aug. 1873 - **Casimore**, Sarah (Newton) to Josenh W. Kinner
236 - 14 June 1862 - **Cassida**, Anna M. (Newton) to John S. West
258 - 26 May 1864 - **Cassidy**, Elizabeth A. (Newton) to Daniel C. Logue
230 - 19 Jan. 1848 - **Cassida**, Elizabeth J. (Stillwater) to David B. Ruta
218 - 5 June 1861 - **Cassidy**, Euphemia S. (Newton) to Samuel Johnson
288 - 16 Dec. 1865 - **Cassidy**, Lydia A. (widow of James Cassidy) to Frederick Vanriper
189 - 7 Oct. 1854 - **Cassady**, Pamelia to Theodore Harding
219 - 27 Dec. 1860 - **Cassidy**, Samuel (Newton) to Elizabeth McMickle
204 - 9 Mar. 1859 - **Cassady**, Sarah to Levi J. Howell
243 - 14 Aug. 1858 - **Cassady**, William (Wantage) to Ann Anthony
438 - 18 Jan. 1866 - **Cassmore**, William (Milton) to Lucetta Lozier
234 - 27 Sept. 1838 - **Casterline**, Hannah E. (Stillwater) to Abram Shafer
266 - 31 Dec. 1864 - **Casterline**, Joseph (Sparta) to Sarah E. Cooper
295 - 4 July 1867 - **Castmore**, Alice (Sparta) to Peter Henion (also p. 313)
425 - 18 Aug. 1877 - **Castimore**,

James L. to Anna Youman
256 - 23 Aug. 1863 - **Castmore**, Samuel to Matilda Shoars (also see Kastimore)
321 - 11 Dec. 1870 - **Cazzad**, Carrie to Joel D. Vanauken
295 - 17 Nov. 1867 - **Chamberlin**, Arthur (Sparta) to Lydia E. Maxwell
356 - (1874?) - **Chamberlain**, Charles (Lake Hopatcong) to Mary S. Frederic
225 - 16 June 1863 - **Chamberlin**, Cynthia to Richard Tuttle
265 - 1 April 1865 - **Chamberlin**, John H. (Jefferson) to Harriet M. Riker
349 - 2 April 1863 - **Chamberlain**, Jos. R. to Rachel Cole
367 - 29 June 1872 - **Chamberlin**, Lizzie S. to William Polhemus
310 - 29 Nov. 1868 - **Chamberlain**, Louisa (Allamuchy) to Isaac K. Wildrick
323 - 3 Sept. 1870 - **Chamberlain**, Mahlon (Ogdensburg) to Emma Jane Day
294 - 13 Mar. 1867 - **Chamberlin**, Mary M. (Milton) to James C. Ross
328 - **Chamberlin**, Elizabeth (Newton) to John Grover
353 - 8 Oct. 1869 - **Chambers**, George (Byram) to Lucretia Stiles
332 - 23 Nov. 1872 - **Chambers**, Lucy Ann to Walter Charles Totten
277 - 23 June 1866 - **Chambers**, Newman to Isabella J. Knox
341 - 3 Aug. 1873 - **Chambers**, Samuel (Byram) to Eveline Hazleton
231 - 23 June 1853 - **Chambers**, Sarah (Pahaquarry) to John Ozenbaugh
205 - 4 Oct. 1858 - **Chambers**, Samuel to Martha Wolverton
204 - 3 Mar. 1859 - **Chambers**, Whalson to Mary Deal
271 - 2 Jan. 1862 - **Chandler**,

Theodore L. to Ann E. Strader
266 - 9 Feb. 1865 - **Chandler**, William (Lafayette) to Margaret Ann Demarest
321 - 27 Oct. 1870 - **Chapin**, Henry D. (Deckertown) to Martha J. Newton
194 - 5 June 1855 - **Chardovyne**, Gilbert (Hardyston) to Julia Simpson
195 - 29 Nov. 1856 - **Chardevoyne**, Phebe Jane (Hardyston) to Israel Davinport
288 - 11 Oct. 1864 - **Chardavoyne**, William H. to Frances Adeline Hynard
333 - 15 Aug. 1872 - **Charles**, Simon (Stanhope) to Emma Vandyne
331 - 2 April 1872 - **Chefferfield**, Francis Maddams (Stroudsburg, Pa.) to Mathy L. Price
343 - 25 Mar. 1871 - **Chidester**, Aaron to Mary Jane Dennis
223 - 25 Feb. 1863 - **Chidester**, Bethania (Sparta) to Aaron Bird
218 - 6 Oct. 1860 - **Chidester**, Elsie A. to Alanson Leake
255 - 21 Feb. 1863 - **Chidester**, Joana (Stanhope) to James E. Bradberry
313 - 4 May 1867 - **Chidester**, Stephen (Sparta) to Emily Dunlap
207- 27 Oct. 1859 - **Chitester**, Wm. H. (Stanhope) to Jane Lawrence
243 - 31 Aug. 1863 - **Christie**, Cornelia F. (Newton) to Gershom Hull
295 - 18 June 1867 - **Christie**, Edward P. (Springfield, Ohio) to Mary E. Ross
345 - 22 Feb. 1860 - **Christie**, John M. (Jersey City) to Charity Wickham
404 - 25 Feb. 1874 -**Christy**, Adelia Ann (Sparta) to Wm. A. Hammell
286 - 9 Nov. 1866 - **Cisco**, Bouman F. to Julia A. Miller
403 - 27 Dec. 1876 - **Cisco**, Sarah A. (McAfee Valley) to George Lozier
206 - 8 Dec. 1859 - **Clark**, Adison (Minisink NY) to Mary Elston
209 - Dec. 1859 - **Clark**, Emeline (Greenville NY) to Eli Hovenborgh
379 - 1 Dec. 1875 - **Clark**, George W. (Frankford) to A. Bell Vanauken
208 - 29 Sept. 1869 - **Clark**, John W. (Andover) to Lizzie Ann Courtright
385 - 8 Dec. 1875 - **Clark**, Julius Herbert (Frelinghuysen) to Luise B. Phillips
199 - 9 Sept. 1857 - **Clark**, Mary to Janes G. Scott
393 - 4 July 1876 - **Clark**, Mary (Hardwick) to Isaac Huff
199 - 2 Sept. 1857 - **Clark**, Richard H. (Walnut Grove) to Mary Valentine
343 - 8 May 1873 - **Clark**, Simon (Boonton) to Esther Lyon
334 - 11 Dec. 1871 - **Clark**, Warren (Frankford) to Rebecca M. Ayers
321 - 27 Oct. 1870 - **Clark**, William (Frankford) to Hortense D. Ayers
285 - 16 Mar. 1867 - **Clark**, Winifred A. to Thomas Thompson
228 - 11 May 1839 - **Clawson**, Aaron (Stillwater) to Lydia Snoover
335 - 17 Oct. 1872 - **Clawson**, Jos. C. (Hackettstown) to Sarah E. Dell
236 - 18 Feb. 1863 - **Clawson**, Mary E. (Stillwater) to Abram Kishpaugh
256 - 24 Dec. 1863 - **Clawson**, William D. (Morris Co.) to Sarah M. Meddlebrook
390 - 12 Sept. 1874 - **Cliff**, James J. (Stanhope) to Caroline Huyler
304 - 2 May 1869 - **Clifford**, Harmon to Mary Ann Rutan
425 - 28 Feb. 1878 - **Clifford**,

Rachel (Dingman's Ferry, Pa.) to Elias L. Steele
426 - 28 Feb. 1878 - **Clifford**, Rachall to Elias L. Little
396 - 14 Aug 1875 - **Clifford**, Sarah M. (Branchville) to Thomas Decker
373 - 1 July 1875 - **Clogg**, Henry (Baltimore, Md.) to Lucretea Moor Reeder
343 - 5 July 1870 - **Clough**, Ella A. (Stanhope) to William Parker
343 - 1 July 1870 - **Clough**, Mary S. (Stanhope) to Joseph W. Oliver
297 - 1 Mar. 1862 - **Clouse**, Joseph W. to Ann H. Reed
274 - 25 May 1863 - **Clouse**, Lydia Ann (Stanhope) to David Willguss
294 - 24 June 1866 - **Clouse**, Martha (Byram) to John Diltz
276 - **Clouse**, William (Newton) to Elizabeth A. Dickerson
189 - 23 Mar. 1854 - **Coats**, Sarah Ann (Green) to George N. Whims
308 - 15 Nov. 1865 - **Cobb**, Rosetta J. (Newfoundland) to Ira Zeek
321 - 13 Oct. 1869 - **Cochran**, Lewis (Newton) to Ella Shinn
193 - 16.Nov. 1855 - **Cochran**, Margaret Ann (Newton) to John Winans
365 - 10 July 1872 - **Cochran**, Mary (Newton) to Robert A. Sheppcrd
213 - 25 May 1858 - **Cochran**, Michael (Branchville) to Margaret E. Price
297 - 7 Jan. 1863 - **Cochran**, Phebe to Edward M. Wildrick
214 - 20 Oct. 1858 - **Cochran**, Sarah Chambers (Newton) to Robert Alexander Shepard
359 - 16 Sept. 1874 - **Coddington**, Edward M. (Beemerville) to Mary E. Swarts
223 - 11 Dec. 1862 - **Coe**, George W. (Wantage) to Lucy Stoddard
388 - 3 July 1875 - **Coit**, Mattie Frank (Green) to John Misner
187 - 29 Mar. 1845 - **Cole**, Amanda (Frankford) to Anthony Polhemus
435 - 12 Feb. 1878 - **Cole**, Annie E. (Montague) to James M. Lundy
345 - 25 Dec. 1873 - **Cole**, Arminda (Walpack) to James E. Hazen
302 - 23 Dec. 1868 - **Cole**, Dayton (Wallace) to Evaline Shay
348 - 10 Apr. 1873 - **Cole**, Ellen Pruella (Stillwater) to Benjamin C. Morris
264 - 27 Sept. 1864 - **Cole**, Emily A. (Wantage) to James Everty, Jr.
262 - 18 Nov. 1863 - **Cole**, Fanny E. to Rohert J. Smith
437 - 19 June 187(8?) - **Cole**, Frank C. (Stockholm) to Adda C. Leek
340 - 7 Nov. 1872 - **Cole**, George N. (Montague) to Emma Kyte
309 - 15 Jan. 1868 - **Cole**, Hannah L. (Sparta) to Wm. J. Davenport
279 - 15 Dec. 1865 - **Cole**, Israel (Sparta) to Elizabeth Maylis
200 - 17 Dec. 1857 - **Cole**, Isabella (Deckertown) to Simen Steven
346 - 26 Nov. 1870 - **Cole**, Jacoh (Walpack) to Mary A. VanCamp
303 - 18 Mar. 1869 - **Cole**, Jason (Walpack) to Ella Bevans
194 - 3 July 1856 - **Cole**, Joel (Newton) to Mary Elizabeth Tuttle
280 - 8 Jan. 1866 - **Cole**, Mary (Sparta) to Stephen M. Bayles
432 - 5 Dec. 1857 - **Cole**, Miraim (Hainesville) to Abraham VanAuken
187 - 26 July 1845 - **Cole**, Nancy (Frankford) to Richard A. Ryerson
250 - 11 Oct. 1863 - **Cole**, Nathan A. (Wantage) to Eliza A. McClure
333 - 15 Jan. 1873 - **Cole**, Peter H. (Colesville) to Mary H. Sharp

349 - 2 April 1873 - **Cole**, Rachel to Jos. R. Chamherlain

187 - 26 Aug. 1845 - **Cole**, Ramah to Susan Holden

401 - 31 Aug. 1875 - **Cole**, Sarah Ann (Deckertown) to Nelson D. Wright

224 - 23 Mar. 1850 - **Cole**, Sarah Jane to Nelson Courtright

345 - 25 April 1873 - **Cole**, Simeon (Walpack) to Sarah J. Stoll

220 - 9 June 1860 - **Cole**, Solomon (Montague) to Ann E. Cortright

348 - 26 Jan. 1874 - **Cole**, Varia (Budd's Lake) to William H. Stevens

355 - 2 May 1874 - **Cole**, William (Budd's Lake) to Sarah M. Ball

316 - 23 Feb. 1870 - **Cole**, William H. (Sparta) to Josephine Search

240 - 29 Jan. 1859 - **Coalman**, Charles S. (Wantage) to Mary Ann Long

202 - 28 Aug. 1858 - **Coleman**, Charlotte (Wantage) to Alexander A. Swinton

203 - 7 Feb. 1859 - **Coleman**, Hannah to Andrew D. Rose

364 - 9 Dec. 1874 - **Coleman**, Mollie (Tranquility) to Fletcher Ayers

322 - 9 Feb. 1871 - **Coleman**, Prudence (Tranquility) to George Taylor

421 - 28 June 1877 - **Collhacker**, Catherine (Newton) to James Brewer

386 - 28 Aug. 1875 - **Collins**, Frank W. (Newton) to Mary Jane Coon

297 - 28 Dec. 1865 - **Collver**, Gabriel to Agustus (female) D. Osborn

329 - 16 July 1870 - **Collíver**, Nathan (Lafayette) to Phebe C. Southard

204 - 5 May 1859 - **Colt**, Joseph, Jr. (NY) to Frances Osborne

352 - 7 Nov. 1871 - **Compton**, Albert (Beemerville) to Sarah Willis

187 - 15 June 1845 - **Compton**, Catherine J. (Frankford) to John A. Hough

287 - 7 July 1867 - **Compton**, Elizabeth to Benjamin Norton

271 - 2 Oct. 1861 - **Compton**, Henry J. to Mary E. Snook

321 - 30 Nov. 1870 - **Compton**, Hester (Beemerville) to Harrison Beemer

318 - 17 Nov. 1869 - **Compton**, Joseph to Margaret Preston

275 - 10 Jan. 1865 - **Compton**, Mary (Hampton) to Isaac V. Coursen

392 - 4 July 1876 - **Compton**, Victor (Montague) to Rosa Phillips

233 - 6 May 1836 - **Condit**, Alberta A. (Stillwater) to Andrew M. Grover

233 - 10 May 1835 - **Congle**, Mary C. (Hardwick) to Andrew J. Hill

203 - 2 Dec. 1858 - **Congleton**, Mark N. to Cucretta S. Ross

374 - 15 June 1875 - **Conklin**, Albert N. (Newton) to Elizabeth Dickisson

229 - 30 Nov. 1844 - **Conklin**, Clarissa (Stillwater) to Nicholas Simonson

437 - 17 Nov. 1877 - **Conklin**, Elias J. (Swartswood) to Sarah E. Kays

351 - 23 July 1870 - **Conklin**, Hannah (Glenwood) to Morris Decker

349 - 28 Feb. 1873 - **Conklin**, Lavina to Michail Tidaback

394 - 1 Feb. 1876 - **Conklin**, Philin H. (Hampton) to Susan M. VanHorn

202 - 25 April 1858 - **Conklin**, Samuel to Catherine Sargent

310 - 7 Jan. 1868 - **Conklin**, Susan (Warwick NY) to Joseph Ashley

318 - 6 July 1869 - **Conklin**, Susan to L. Nathan Plumstead

270 - 7 Apr. 1866 - **Conklin**,

Walter (Newton) to Lydia Robbins
267 - 8 Jan. 1866 - **Conkling**,
Carrie Emily to Hesekian Heady
375 - 30 July 1875 - **Conkling**,
James A. to Mary Doremas
434 - 20 Oct. 1877 - **Conkling**,
Kate (Glenwood) to George L. Lewis
337 - 14 Aug. 1872 - **Cook**, Amanda (Hamburg) to Estin Selonbet
352 - 6 Mar. 1873 - **Cook**, Anna W. (Glenwood) to Charles H. Longwell
351 - 4 Feb. 1868 - **Cook**, Delia (Vernon) to John Wilson
306 - 28 April 1869 - **Cook**, James Hervey (Fishkill NY) to Caroline Smith
310 - 7 Oct. 1868 - **Cook**, Katie M. (Huntsville) to Watson F. Berry
407 - 3 Mar. 1877 - **Cook**, Mary Ellen (Hardwick) to James Edward Main
349 - 17 Sept. 1873 - **Cook**, Mary F. (Stanhone) to Andrew J. Best
290 - 17 Jan. 1867 - **Cook**, Netta to Henry F. Simonson
227 - 3 Nov. 1858 - **Cook**, Sallie (Green) to Aron Stinson
228 - 18 July 1841 - **Cook**, Sarah H. to Frederick M. Savercool
343 - 28 Sept. 1872 - **Cook**, Mary Laura to John I. Burlyes
319 - 19 Dec. 1869 - **Cooley**, Mary E. (Stanhope) to George Ladd
290 - 7 Dec. 1867 - **Cooley**, Patrick to Ann Curly
386 - 28 Aug. 1875 - **Coon**, Mary Jane to Frank W. Collins
215 - 24 Mar. 1860 - **Coon**, Rachel (Newton) to Thompson Mard
387 - 18 June 1876 - **Cooper**, Apram C. (Sparta) to Mary E. Adams
374 - 19 April 1875 - **Cooper**, Andrew J. (Warren Co.) to Angie S. Kishpaugh
351 - 17 May 1868 - **Cooper**, J. Harry (New York) to Jennie Cooper

351 - 17 May 1868 - **Cooper**, Jennie (Bloomingdale) to J. Marry Cooper
193 - 10 May 1856 - **Cooper**, Mary Ann (Sparta) to Wm. Martin
186 - 19 Aug. 1854 - **Cooper**, Ruth (Newton) to William B. Sayers
224 - 28 Aug. 1858 - **Cooper**, Salina to Peter Guy
351 - 6 Dec. 1869 - **Cooper**, Sarah (Bloomingdale) to Levi Tintle
266 - 31 Dec. 1864 - **Cooper**, Sarah E. (Sparta) to Joseph Casterline
310 - 4 Dec. 1867 - **Cooper**, Sarah J. (Vernon) to Edvid B. Ross
352 - 27 Aug. 1872 - **Cooper**, Sylvester (Sparta) to Margaret Devore
267 - 6 Feb. 1846 - **Cooper**, Thomas (Newton) to Mary Ann Poff
352 - 7 Nov. 1871 - **Cope**, Anson (Lafayette) to Mrs. Sarah A. Walker
255 - 10 Mar. 1863 - Corby, Cornelius (Stanhope) to Dosia Slack
265 - 23 Nov. 1864 - **Corey**, Cornelia C. (Sparta) to Samuel T. Buckley
372 - 24 June 1874 - **Cornell**, Jeremiah Hobson (Frankford) to Susan Dalrimple
366 - 4 Oct. 1873 - **Cornine**, Fanny (Hackettstown) to Watson Doremus
314 - 11 Sept. 1869 - **Cornine**, Maria L. (Sparta) to Anderson D. Sidener
303 - 1 Jan. 1857 - **Cornine**, Sarah H. to John H. Totten
327 - 23 Sept. 1871 - **Counterman**, Jonas G. to Frances E. Snyder
323 - 23 Sept. 1870 - **Coursen**, Ellridge S. to Matilda Aumick
322 - 10 Feb. 1870 - **Coursen**, Emma C. (Fredon) to William P. Coursen

297 - 27 Dec. 1860 - **Coursen**, Samuel to Emily H. Horton
322 - 10 Feb. 1870 - **Coursen**, William P. (Fredon) to Emma C. Coursen
228 - 1 May 1841 - **Corwin**, Wm. B. (Stillwater) to Huldah S. Dennis
279 - 29 Oct. 1865 - **Corwine**, Theodor Waterloo) to Eliza Mozier
194 - 19 Mar. 1856 - **Cory**, John (Lafayette) to Sarah Mitten
222 - 11 June 1862 - **Cory**, Petty (Newton) to Bettie Caroline Rorback
192 - 30 Sept. 1849 - **Coss**, Margaret to Abraham Rutan
198 - 5 Dec. 1857 - **Costogen**, Bridget (Newton) to John Mahon
343 - 10 April 1873 - **Cotton**, Thomas to Elizabeth Keen
268 - 7 Oct. 1865 - **Coulter**, Susan (Jersey City) to Theodore Hartwick
279 - 7 Oct. 1865 - **Coulter**, Susan (Hudson City) to Theodore Hartwick
358 - 20 Aug. 1874 - **Counterman**, Jacob L. (Swartswood) to Lydia C. Robbin
227 - 31 Oct. 1858 - **Cours**, Charlotte (Newton) to Calvin Price
259 - 29 Aug. 1862 - **Coursen**, Elizabeth Ann (Newton) to Austin Meeker
375 - 31 July 1875 - **Coursen**, Emma C. (Newton) to James C. Bogan
275 - 10 Jan. 1865 - **Coursen**, Isaac V. (Frankford) to Mary Compton
216 - 16 Jan. 1861 - **Coursen**, Jacob A. (Newton Twp.) to Emma E. Everett
200 - 8 Aug. 1857 - **Coursen**, John B. G. (Beemerville) to Sarah A. Stephens
388 - 15 May 1875 - **Coursen**, John D. (Byram) to M. Ellen McFinney
229 - 14 Nov. 1844 - **Coursen**, Joseph H. (Stillwater) to Mary E. Shafer
249 - 28 Jan. 1863 - **Coursen**, Marrietta to Joseph Smith
221 - 2 June 1860 - **Coursen**, Martha (Newton) to Leonard S. Decker
242 - 2 June 1860 - **Coursen**, Martha A. (Newton) to Leonard S. Decker
371 - 20 Mar. 1875 - **Coursen**, Mary E. (Andover) to William Kinney
370 - 21 April 1875 - **Coursen**, Zille L. to Thomas C. Ryerson
247 - 3 April 1862 - **Courtney**, Sarah (Newton) to Theodore Lozier
334 - 10 Jan. 1871 - **Courtright**, Alva J. (Bramchville) to Lydia Decker
220 - 9 June 1860 - **Cortright**, Ann E. (Frankford) to Solomon Cole
414 - 14 July 1877 - **Cortright**, Elmer (Newton) to Catherine Obell
398 - 25 Oct. 1876 - **Courtright**, Eloise (Lafayette) to Charles E. Zeek
216 - 24 Jan. 1861 - **Courtright**, Henriette (Newton) to Job Farriday
398 - 28 Oct. 1876 - **Courtright**, Ira, Jr. (Wantage) to Sarah J. Hough
423 - 4 Feb. 1878 - **Courtright**, Jackson (Beemerville) to Sarah A. Sites
399 - 30 Nov. 1876 - **Courtright**, John J. (Montague) to Flora S. Hunt
200 - 4 June 1857 - **Courtright**, Lewis (Wantage) to Harriet A. Johnson
287 - 17 Sept. 1866 - **Courtright**, Linda (Sandyston) to Cornelius Kithcart
308 - 29 Sept. 1869 - **Courtright**,

Lizzie Ann (Wantage) to John W. Clark
206 - 8 Jan. 1860 - **Cortright**, Melissa (Frankford) to Isaac Kint
224 - 23 Mar. 1850 - **Courtright**, Nelson to Sarah Jane Cole
244 - 30 Oct. 1858 - **Cartright**, Parmelia (Wantage) to Theodore Decker
262 - 19 Nov. 1864 - **Courtright**, Peter to Susan J. Kinner
382 - 22 June 1872 - **Courtright**, William to Ellen Bird
276 - 5 Oct. 1865 - **Couse**, Mrs. A. Jane (Frankford) to Barnet Matthias
227 - 27 Dec. 1838 - **Couse**, Eveline (Frankford) to Wm. C. Osborn
358 - 12 Feb. 1874 - **Couse**, Hortense (Newton) to William M. Dutcher
376 - 20 Sept. 1875 - **Couse**, James Halsey (Deckertown) to Alice C. Lane
322 - 25 Jan. 1871 - **Couse**, John (Hampton) to Laura Kays
308 - 16 Oct. 1869 - **Couse**, Hattie L. Beemerville) to Floyd C. Williams
353 - 15 Nov. 1871 - **Couse**, Peter (Fredericksburg, Va.) to Emily Cox
296 - 10 June 1868 - **Cowl**, Elizabeth (Sparta) to Robert D. Lozier
298 - 16 Oct. 1867 -**Cox**, Alfred B. to A. Florence Horton
291 - 27 Nov. 1867 - **Cox**, Dallas to Kate Elizabeth Vansickle
353 - 15 Nov. 1871 - **Cox**, Emily (Wantage) to Peter Couse
419 - 8 Nov. 1877 - **Cox**, Emma Cecilia ("near Newton") to Joseph D.C. Beach
320 - 22 Nov. 1870 - **Cox**, Margaret (Hampton) to Dawson toodruff
299 - 21 Oct. 1876 - **Cox**, Priscilla V. (Libertyville) (dau. Frederick Kilpatrick) to Michael Quick

186 - 25 Oct. 1854 - **Cox**, Rebecca (Vernon) to Edward Wilson
187 - 30 Nov. 1844 - **Cox**, Sarah (Newton) to John W. Moore
350 - 19 June 1872 - **Cox**, Vernelia (Wantage) to Albert E. Vanfleet
226 - 1 Feb. 1860 - **Coxy**, McCoy (Vernon) to Caroline Roe
345 - 12 Oct. 1870 - **Coykendall**, Ada B. (Deckertown) to John H. Rhodimer
306 - 11 April 1868 - **Coy**, Mary to George H. Wells
353 - 18 June 1873 - **Cox**, Theodore (Wantage) to Emma G. Ayers
434 - 27 Nov. 1877 - **Crabtree**, Josephine (Vernon) to Ira Drew
311 - 7 April 1869 - **Crabtree**, Kate (Vernon) to James H. Mayre
309 - 5 Sept. 1866 - **Crabtree**, William (Vernon) to Matilad A. Freeman
207 - 18 April 1860 - **Craig**, George (Ogdensburg) to Elizabeth Grecian
262 - 27 Sept. 1862 - **Cram**, John to Loniza Owen
309 - 9 Sept. 1866 - **Cramer**, Clara (Staten Island NY) to Maximilian Pensky
364 - 14 Jan. 1875 - **Cramer**, to Oliver P. Woodford
209 - 13 June 1860 - Crandell, John to Margaret Emaline Johnson
310 - 10 Sept. 1867 - **Crane**, David S. (Vernon) to Mary E. Forgerson
397 - 10 April 1877 - **Crane**, Eliza (Branchville) to Mahlon Predmore
272 - 19 May 1866 - **Crane**, Harriet B. (Frankford) to Gabriel Adams
198 - 11 Nov. 1857 - **Crane**, Obedian P. (Wantage) to Sarah Perigo
308 - 1 June 1866 - **Crane**, Phebe

(Canisteer) to John G. Welling
357 - 11 Sept. 1873 - **Crane**, S. Ocmine (Newton) to Hairam A. Huson
402 - 20 Oct. 1875 - **Crasby**, Andrew R. (Port Jervis NY) to Eva M. Hammond
220 - 27 Mar. 1861 - **Crawford**, Charles R. (Dindman's, Pa.) to Phebe VanEtten
202 - 14 June 1858 - **Crawford**, Easter (Wantage) to Sedgewick Rutan
344 - 20 Nov. 1873 - **Crawn**, Abram (Frankford) to Mary Ann Spargo
379 - 13 Nov. 1875 - **Craun**, Augusta A. to George M. Litz
411 - 24 April 1877 - **Crawn**, Elizabeth (Montague) to David Mead
387 - 8 Dec. 1875 - **Cron**, Emma Jane (Andover) to Silas Franklin Hedden
414 - 6 Jan. 1877 - **Cron**, George (Newton) to Dorinda Weaver
348 - 6 Dec. 1873 - **Crawn**, Isaac M. (Hampton) to Elizabeth G. Pettinger
376 - 3 June 1875 - **Cron**, Joseph (Andover) to Fanny J. Oliver
377 - 13 Oct. 1875 - **Cron**, Margaret A. (Hampton) to John Buneal
391 - 17 Mary 1876 - **Crawn**, Sandford J. (Fredon) to Martha E. Morris
270 - 23 Sept. 1865 - **Cronn**, Mrs. Setta A. (Andover) to David Hendden (Crawn/Cron - also see Crown
276 - 29 Nov. 1865 - **Criggar**, Sarah J. (Newton) to James Meeker Jervis
437 - 15 Oct. 1877 - **Crill**, Harriet to George A. Osborne
351 - 19 Jan. 1870 - **Crisey**, Charles (Warwick NY) to Kate Baxter
231 - 13 Nov. 1852 - **Crissman**, Horace V. (Stillwater) to Sarah Tunison
253 - 4 July 1863 - **Crisman**, Joseph M. (Demnock, Pa.) to Mary E. Henry
347 - 12 Dec. 1872 - **Crisman**, Samuell (Blairstown) to Emma J. Sipley
368 - 20 Dec. 1873 - **Crispan**, Thomas J. (Philadelphia, Pa.) to Susan Runion
205 - 22 Oct. 1859 - **Cronk**, Sarah Ann to Andrew C. Fisher
256 - 2 Feb. 1864 - **Crosson**, Fannie E. (Stanhope) to C. A. Wintermute
193 - 11 Aug. 1855 - **Crouse**, Mary (Hardwick) to John Beagle
353 - 3 Dec. 1872 - **Crowell**, Nettie (Wantage) to Henry Heater
400 - 24 Nov. 1875 - **Crowell**, Sandford C. V. (Orange Co. NY) to Amelia M. Dunning
368 - 15 April 1873 - **Crowley**, Henry J. (Byram) to Olive Maines
333 - 27 Nov. 1872 - **Crown**, Amzi R. (Fredon) to Amanda C. Hardin
336 - 6 April 1872 - **Crown**, Stalla T. (Walpack) to Philip G. Huff
229 - 5 April 1845 - **Crows**, Ellenor (Stillwater) to John Garis
232 - 10 Feb. 1835 - **Crows**, Mary Ann (Stillwater) to Philip J. Garris
353 - 16 Sept. 1873 - **Crum**, George H. (Unionville NY) to Minerva A. Wilson
217 - 25 Mar. 1861 - **Cruver**, John (Frankford) to Sarah Ann Skellinger
214 - 14 April 1859 - **Cullen**, Elizabeth (Newton) to John Steuart
383 - 29 Feb. 1876 - **Cummings**, Agnes G. M. (Newton) to Garret K. Predmore
214 - 31 Aug. 1854 - **Commings**, James H. (Newton) to Martha A. Anderson
199 - 5 May 1857 - **Cummings**,

John (Jersey City) to Martha Armstrong
215 - 30 Sept. 1858 - **Cummings**, Mary Elizabeth (Newton) to Levi DeWitt Miller
366 - 5 Dec. 1873 - **Cummins**, Alice Kate to Ezra Green
190 - 13 Nov. 1854 - **Cummins**, Catharine (Newton) to Frederick Richmond
366 - 18 Mar. 1874 - **Cummins**, Charlotte C. (Hardwick) to Henry Kice
331 - 17 Oct. 1871 - **Cummins**, Mrs. Mary (Marksboro) to Lewis VanBlarcom
411 - 13 June 1877 - **Cummins**, Mary Lillian (Newton) to James Edward Howell
374 - 6 Mar. 1875 - **Cummins**, (Minuey?) (Greenville) to Alice Koker
290 - 7 Dec. 1867 - **Curly**, Ann to Patrick Cooley
224 - 16 Oct. 1853 - **Curran**, Mary Jane to William Doty
244 - 16 Feb. 1859 - **Curran**, Naomie (Wantage) to James Doty
206 - 3 Dec. 1859 - **Curran**, Phebe (Wantage) to Hardin Dennis
340 - 16 Aug. 1873 - **Current**, Anna M. (Sparta) to Jacob Current
386 - 12 Nov. 1874 - **Current**, Hattie (Andover) to Theodore Roof
340 - 16 Aug. 1873 - **Current**, Jacob (Sparta) to Anna M. Current
240 - 23 Jan. 1858 - **Current**, James (Sparta) to Jane Ann Ackerson
284 - 30 June 1866 - **Current**, Thomas W. (Andover) to Delphina Goble
271 - 10 Oct. 1865 - **Cutler**, S. Cecelia (Sparta) to Dr. F. H. Andress
325 - 21 April 1871 - **Dagen**, Daniel to Catherine Wright
422 - Nov. 1877 - **Dalrimple**, Danl., Jr. (Branchville) to Carnelia Vanauken Roe
372 - 10 Feb. 1875 - **Dalrimple**, Margaret Ophelia to Frank Roe
372 - 24 June 1872 - **Dalrymple**, Susan to Jeremiah Hobson Cornell
378 - 16 Sept. 1875 - **Dalrymple**, Susan Irene (Branchville) to Jacob Irving
423 - 1 Jan. 1878 - **Dalrymple**, Wm. Henry (Branchville) to Anna M. Williamson
297 - 24 Sept. 1863 - **Dandy**, Elisabeth to Wm. H. Sharp
317 - 28 April 1870 - **Danes**, Abraham (Sparta) to Phebe Shoars
199 - 4 July 1857 - **Dangert**, Frederick D. to Ellen McDormady
226 - 25 Dec. 1860 - **Daniels**, Sarah O. (Vernon) to Joseph C. Welch
335 - 2 Aug. 1872 - **Danley**, Josie (Flanders) to John Hormess
230 - 1 June 1850 - **Danley**, Robert (Stillwater) to Margaret Decker
297 - 8 April 1861 - **Darmada**, Henry to Caroline Dowey
345 - 16 Aug. 1873 - **Darrohn**, Seeley (Walpack) to Emma Straley
292 - 30 Oct. 1867 - **Davenport**, David J. (Hardyston) to Mary F. Day
350 - 12 Jan. 1874 - **Davenport**, Frances (Bloomingdale) to Francis Shreve
195 - 29 Nov. 1856 - **Davinport**, Israel (Hardyston) to Phebe Jane Chardevoyne
312 - 9 Feb. 1870 - **Davenport**, Jansen R. (Newton) to Mary G. Morrow
360 - 28 Oct. 1874 - **Davenport**, Lewis L. (Wilkes Barre, Pa.) to Mary F. Everitt
386 - 13 May 1876 - **Danenport**,

Sarah to Mathias Romer
309 - 15 Jan. 1868 - **Davenport**, Wm. J. (Milton) to Hannah L. Cole
201 - 14 July 1858 - **Davey**, Mary to Thomas Shean
319 - 19 May 1870 - **Davis**, Frank I. Washington) to Melvina Heaton
319 - 9 Apr. 1870 - **Davis**, John, Jr. (Stanhope) to Elizabeth Yeomans
273 - 18 Dec. 1865 - **Davis**, John K. (Drakesville) to Martha A. Wilgus
293 - 1 Jan. 1867 - **Davis**, Josephine (Hopatcong Lake) to John M. Todd
325 - 9 June 1871 - **Davis**, Russell M. (Franklin) to Louisa J. Carman
335 - 21 Dec. 1872 - **Davis**, Samuel (Brooklyn) to Mary M. Bird
293 - 16 June 1867 - **Davis**, Sarah K. (Drakesville) to Samuel Strobridge
412 - 4 July 1877 - **Davis**, Sarah Rebecca (Yellow Frame) to Henry Adams
223 - 17 Nov. 1861 - **Davis**, Susan (Newton) to John Avers
267 - 7 Sept. 1872 - **Davison**, Christopher S. (Andover) to Maggie A. Vansyckle
369 - 20 May 1873 - **Davison**, Rev. John C. (Andover) to Mary E. Stout
369 - 20 May 1873 - **Davison**, Mary F. (Andover) to Rev. Julius Soper
323 - 3 Sept. 1870 - **Day**, Emma Jane (Ogdensburg) to Mahlon Chamberlain
351 - 26 June 1870 - **Day**, Fanny (Florida NY) to Charles E. Hersha
324 - 15 Oct. 1870 - **Day**, James L. (Canistear) to Mary E. Saddock
193 - 15 Dec. 1855 - **Day**, Laura to Benjamin Pickel
292 - 30 Oct. 1867 - **Day**, Mary F. (Hardyston) to David J. Danvenport
393 - 1 July 1876 - **Day**, Mary F. (Franklin Furnace) to William H. Spanbenberg
368 - 24 Dec. 1873 - **Day**, Sarah C. (Andover) to William S. Miller
238 - 29 Sept. 1855 - **Day**, Silab (Brooklyn NY) to Ruth Bloom
371 - 22 April 1875 - **Dayton**, Phebe Anna (Newton) to Joseph Hasbrouck, M.D.
204 - 3 Mar. 1859 - **Deal**, Mary (Newton) to Whelson Chambers
323 - 17 Dec. 1870 - Dean, Elizabeth (Byram) to Theodore Martin
273 - 4 June 1866 - **Dean**, Mary E. (Stanhope) to G. Augustus Thatcher
242 - 31 Jan. 1860 - **Deanes**, David to Elizabeth Prickett
409 - 21 Nov. 1874 - **Deats**, Ingham W. (Stroudsburg, Pa.) to Julia A. Hoover
269 - 8 Mar. 1866 - **Deazley**, Louisa to George S. McCarter
333 - Oct. 1872 - **Deck**, Susan A. (Easton, Pa.) to Henry Icke (Deck?)
342 - 20 Aug. 1873 - **Decker**, Apram to Arminda Decker
288 - 18 Aug. 1865 - **Decker**, Alfred to Catharine A. Guy (Wid. Pvt. John Guy)
372 - 12 Nov. 1875 - **Decker**, Anna (Montague) to Jackson Quick
372 - 5 Sept. 1874 - **Decker**, Annie Augusta (Vernon) to James Edward Decker
342 - 30 Aug. 1873 - **Decker**, Arminda to Abram Decker
413 - 16 July 1877 - **Decker**, Britten (Swartswood) to Eliza Henyon
240 - 8 Jan. 1858 - **Decker**, Charlotte (Sparta) to Jabez C. Babcock

238 - 22 Nov. 1855 - **Decker**, Coe (Wantage) to Armand T. Tompkins
434 - 4 Nov. 1877 - **Decker**, Delia (Mt. Salem) to John Belcher
360 - 4 Feb 1874 - **Decker**, Edmond (Sandyston) to Mary J. Rubert
269 - 6 Dec. 1865 - **Decker**, Edward A. to Susan VanAuken
367 - 23 Feb. 1873 - **Decker**, Emma (Byram) to Henry W. Willson
205 - 13 Jan. 1859 - **Decker**, Emma R. (Wantage) to Judson J. Wickham
314 - 28 Jan. 1869 - **Decker**, Hala J. (Montague) to Wm. Thornton
240 - 1 Jan. 1859 - **Decker**, Hannah (Sparta) to Ahraham Babcock
257 - 26 Mar. 1863 - **Decker**, Henry (Wantage) to Mary Howard
432 - 8 May 1878 - **Decker**, Rev. I. Davison (Baldwin, Pa.) to Kate M. Goble
358 - 18 Dec. 1872 - **Decker**, Isaac (Wantage) to Rebecca Redell
322 - 8 Jul. 1870 - **Decker**, James to Sarah E. Spargo
285 - 29 May 1867 - **Decker**, James A. (Newton) to Levilla M. Hunt
372 - 5 Sept. 1874 - **Decker**, James Edward (Vernon) to Annie Augusta Decker
221 - 4 June 1862 - **Decker**, Jane (Newton) to Nelson Jervis
214 - 16 Nov. 1858 - **Decker**, Job S. (Green) to Sarah M. Hardin
265 - 18 Jan. 1865 - **Decker**, Joel (Sparta) to Lenora Stites
189 - 20 Mar. 1855 - **Decker**, John B. (Wantage) to Charity Kilpatrick
369 - 18 July 1874 - **Decker**, John M. (Andover) to Melissa Smith
320 - 21 May 1870 - **Decker**, Johathan (Wantage) to Susan Snook

326 - 10 Nov. 1870 - **Decker**, Julia (Wantage) to George DeLancy
372 - 5 Oct. 1874 - **Decker**, Julia A. (Warwick NY) to Wm. Bond
398 - 16 Sept. 1876 - **Decker**, Julia Ann (Hampton) to Patrica Robbins
221 - 2 June 1860 - **Decker**, Leonard S. (Newton) to Martha A. Coursen (also p. 242)
351 - 14 Nov. 1872 - **Decker**, Lewis (Glenwood) to Sarah C. Osborn
308 - 18 Dec. 1869 - **Decker**, Lizzie (Beemerville) to Isaac H. Dillistin
338 - 29 Dec. 1870 - **Decker**, Lizzie (Hope) to Milton Brugler
334 - 10 Jan. 1871 - **Decker**, Lydia (Beemerville) to Alva J. Courtright
334 - 25 Mar. 1871 - **Decker**, Mahala (Hampton) to Charles Robbins
230 - 1 June 1850 - **Decker**, Margaret (Stillwater) to Robert Danley
200 - 15 Oct. 1857 - **Decker**, Martha (Wantage) to George C. Kyte
257 - 25 Aug. 1864 - **Decker**, Martha (Hampton) to Isaiah Hendershot
294 - 10 Jan. 1867 - **Decker**, Martha E. (Sparta) to Charles S. Middaugh
422 - 12 Jan. 1878 - **Decker**, Martha Jane (Sandyston) to Benjamin F. Drake
202 - 5 Jan. 1858 - **Decker**, Martin (Greenville NY) to Frances Beers
282 - 24 Dec. 1842 - **Decker**, Mary to Solomon Beemer
368 - 4 July 1873 - **Decker**, Mary E. (Stillwater) to Wesley Morris
438 - 30 May 1878 - **Decker**, Mary E. (Deckertown) to Lewis H. Hankinson
420 - 18 Oct. 1877 - **Decker**, Mary Elizabeth (Deckertown) to

Franklin Pierce Adams
221 - 2 June 1860 - **Decker**, Matilda (Newton) to Cornelius Kithcart
334 - 2 Feb. 1871 - **Decker**, Michael (Waterloo NY) to Susan Havens
351 - 23 July 1870 - **Decker**, Morris (Vernon) to Hannah Conklin
195 - 15 Sept. 1856 - **Decker**, Moses to Mary J. Orsbon
408 - 3 Aug. 1876 - **Decker**, Moses (Roxbury) to Mary Alice McMickle
396 - 3 July 1875 - **Decker**, Olivia (Wantage) to Andrew R. Washer
375 - 11 Feb. 1854 - **Decker**, Phebe (Newton) to William Southard
334 - 19 Feb. 1871 - **Decker**, Phebe C. (Papakating) to Richard Hill
372 - 24 Oct. 1874 - **Decker**, Sarah Annie (Andover) to David W. Willson
316 - 5 Dec. 1868 - **Decker**, Solomon M. (Deckertown) to Delohina McKinney
369 - 5 Sept. 1874 - **Decker**, Sophia (Stillwater) to Elig Roy
244 - 30 Oct. 1858 - **Decker**, Theodore (Wantage) to Marmelia Cartright
396 - 14 Aug. 1875 - **Decker**, Thomas (Branchville) to Sarah M. Clifford
309 - 27 Nov. 1867 - **Decker**, Thomas A. (Andover) to Mary Wilson
435 - 16 Mar. 1878 - **Decker**, Wm. E. (Swartswood) to Alice A. Hunt
345 - 18 Jan. 1870 - **Decker**, William H. (Montague) to Henrietta Fetts
340 - 30 Aug. 1873 - **Degraw**, Harriet to Joseph Willson
361 - 24 Oct. 1874 - **Degraw**, Martha to Andrew N. Purdy
337 - 19 Dec. 1872 - **Degraw**,

Mary E. (Franklin) to Ishmall Talmen
315 - 23 Dec. 1869 - **Degroat**, Peter to Adelia Ann Lawson
354 - 29 Nov. 1873 - **DeGrot**, Isaac to Lucretia Ann Babcock
239 - 29 Jan. 1857 - **Dekay**, Harrison (Vernon) to Christianna J. Truesdall
326 - 10 Nov. 1870 - **DeLancy**, George (Wantage) to Julia Decker
203 - 7 Feb. 1859 - **Delaney**, Johanna to Michael McCarty
335 - 17 Oct. 1872 - **Dell**, Sarah E. (Stanhope) to Jos. C. Clawson
253 - 16 Sept. 1863 - **Demarest**, Elizabeth (Hardwick) to George W. Yetter
201 - 4 Sept. 1858 - **Demarest**, Gabriel (Lafayette) to Cath. M. VanGuilder
314 - 15 June 1869 - **Demarest**, John P. (Lafayette) to Mary K. Loder
343 - 9 July 1870 - **Demarest**, Margaret (Andover) to Sylvester Hoyt
266 - 9 Feb. 1865 - **Demarest**, Margaret Ann (Lafayette) to William Chandler
188 - 1 Jan. 1846 - **Demarest**, Mary Ann (Lafayette) to Hampton Hagerman
287 - 8 Jan. 1867 - **Demarest**, Mary E. (Lafayette) to John D. Adams
365 - 4 Nov. 1873 - **Demarest**, Mary H. to John O. Simmons
371 - 11 Mar. 1875 - **Dence**, Elizabeth (Vienna) to Andrew Sutton
247 - 3 Sept. 1861 - **DeMott**, James H. (of a circus) to Josephine Tourmarill
213 - 1 Sept. 1857 - **Dempsey**, Julia (Newton) to William Fargus
228 - 14 April 1842 - **Denee**, Sarah (Stillwater) to Henry Snyder

291 - 23 Sept. 1865 - **Denee**, William to Jemiam Johnson (wid. Pvt. James Johnson
353 - 4 Dec. 1873 - **Dennis**, Almira (Lafayette) to Marcus Huston
328 - 30 Jan. 1872 - **Dennis**, Charles H. (Beemer Church) to Mary Potter (also p. 330 & 332)
276 - 9 Sept. 1865 - **Dennis**, Chlorinda (Andover) to George Hellebrant
232 - 30 Dec. 1834 - **Dennis**, David W. (Stillwater) to Sarah E. Read
406 - 7 Oct. 1876 - **Dennis**, Elizabeth (Frankford) to Amos Washer
304 - 18 Nov. 1868 - **Dennis**, Emma C. (Branchville) to William C. House
228 - 1 May 1841 - **Dennis**, Huldah S. (Stillwater) to Wm. B. Corwin
217 - 23 Mar. 1861 - **Dennis**, Isaac C. (Byram) to Elizabeth I. McKain
207 - 6 Dec. 1859 - **Dennis**, Jacob (Frankford) to Anna Mary Struble
244 - 14 Dec. 1859 - **Dennis**, James H. to Millie Winfield
373 - 2 July 1875 - **Dennis**, Jane (Green) to Henry Stang
259 - 28 Sept. 1864 - **Dennis**, Jesse (Wantage) to Anna Mary Mabee
262 - 5 Mar. 1863 - **Dennis**, John to Zeliah McCoy
186 - 19 Jan. 1854 - **Dennis**, John (Wantage) to Eliza McCoy
234 - 9 Sept. 1848 - **Dennis**, Mary (Newton) to Samuel Pellett
203 - 5 Jan. 1859 - **Dennis**, Mary (Frankford) to Thomas S. Hiles
343 - 25 Mar. 1871 - **Dennis**, Mary Jane (Byram) to Aaron Chidester
347 - 21 Dec. 1872 - **Dennis**, Nathan D. (Hampton) to Mary C. Roof
361 - 12 Dec. 1874 - **Dennis**, Phebe (Lafayette) to Jacob Kinner
231 - 29 Aug. 1853 - **Dennis**, Robert F. (Frelinghuysen) to Mariah A. Shafer
186 - 16 Nov. 1854 - **Dennis**, Samuel (Wantage) to Sarah Jane VanFleet
406 - 27 Sept. 1876 - **Dennis**, Samuel E. (Wantage) to Lauretta Vansickle
203 - 29 Dec. 1859 - **Dennis**, Sarah (Frankford) to Andrew Bedell
310 - 3 Oct. 1867 - **Denton**, Julia M. (Vernon) to Edward L. Wallace
345 - 4 Oct. 1870 - **DePue**, Alice (Sandyston) to Oscar Stoll
192 - 14 Feb. 1856 **DePue**, Amanda (Sandyston) to Charles Wells
233 - 5 Dec. 1856 - **DePue**, Hannah (Pahaquarry) to Benjamin VanCampen
346 - 14 Feb. 1871 - **DePue**, John S. (Sandyston) to Mary J. Dusenberry
374 - 3 July 1875 - **Deremer**, Eli L. (Allamuchy) to Sarah E. Wheeler
203 - 17 Jan. 1859 - **Devenny**, Parrick to Maria Quinn
202 - 4 July 1857 - **Devenport**, Joseph (Wantage) to Jane Vail
244 - 26 Nov. 1859 - **Devenport**, Mary (Wantage) to Francis Bishop
249 - 26 Nov. 1859 - **Devenport**, Mary (Wantage) to Franklin S. Bishop
Devenport also see Davenport
343 - 14 June 1873 - **Dever**, George F. (Harrington, Pa.) to Arminda Snover
377 - 23 Sept. 1875 - **Devore**, Jane (Sparta) to Isaac Henyon
317 - 17 Feb. 1875 - **Devore**, Maggie E. (Sparta) to Frank Wilgus

352 - 27 Aug. 1872 - **Devore**, Margaret (Andover) to Sylvester Cooper
193 - 9 Feb. 1856 - **Devore**, Mary (Lafayette) to Wm. C. Washer
195 - 27 July 1856 - **Devore**, Milton to Lusetta Mains
223 - 24 Dec. 1862 - **DeWitt**, Charity (Wantage) to Joseph D. McCoy
261 - 11 Jan. 1865 - **DeWitt**, James (Wantage) to Nance Brown
353 - 28 Nov. 1872 - **DeWitt**, James L. (Port Jervis NY) to Maggie A. Swarts
262 - 8 Jan. 1862 - **DeWitt**, Mary Jane to Humphrey Martin
405 - 7 Feb. 1877 - **DeWitt**, Mortimer (San Francisco, Cal.) to Mrs. Sarah A.
261 - 13 Nov. 1861 - **DeWitt**, Nelson to Emaline McCoy
205 - 18 Oct. 1859 - **DeWitt**, Robert C. (Wantage) to Catherine Scott
276 - 18 Mary 1865 - **Dickerman**, Elizabeth A. (Hackettstown) to William Clouse
347 - 2 Nov. 1872 - **Dickerson**, Almira (Walpack) to Franklin P. Huff
285 - 8 Dec. 1866 - **Deckerson**, Henry W. to Mary E. Price
374 - 15 June 1875 - **Dickisson**, Elizabeth (Newton) to Albert N. Conklin
268 - 1 Dec. 1865 - **Dickson**, Darius (Hampton) to Alice Swartz
248 - 24 Dec. 1862 - **Dickson**, Elizabeth (Walpack) to Alfred Dimon
335 - 2 July 1872 - **Dikeson**, Caroline to John Waldron
308 - 18 Dec. 1869 - **Dillistin**, Isaac H. to Lizzie Decker
294 - 24 June 1866 - **Diltz**, John (Byram) to Martha Clouse
273 - 3 Sept. 1865 - **Dimmick**, David R. P. (Phillipsburg) to Caroline S. Hubert
248 - 24 Dec. 1862 - **Dimon**, Alfred (Sandyston) to Elizabeth Dickson
274 - 21 Nov. 1863 - **Dimon**, James (Walpack) to Sarah A. Major
409 - 31 Jan. 1877 - **Dimon**, Lissie J. (Branchville) to William McCain
424 - 14 Feb. 1878 - **Dingle**, Hattie (Newton) to William Elliot
377 - 29 Sept. 1875 - **Ditmars**, Abraham (Newton) to Lucinda Earls
346 - 21 April 1871 - **Divers**, Elizabeth (Stillwater) to William Kilter
411 - 4 Jan. 1877 - **Divers**, Emma (Stillwater) to George W. Roof
348 - 6 July 1873 - **Divers**, Maggie E. (Stillwater) to Jessie R. Smith
237 - 1 Nov. 1853 - **Divers**, Margaret (Stillwater) to Robert J. Roy
232 - 2 Dec. 1834 - **Divers**, Mary Ann (Hardwick) to Barnet S. Huff
231 - 24 Oct. 1851 - **Divers**, William (Stillwater) to Hannah Bloom
236 - 13 Dec. 1862 - **Diverse**, John (Hardwick) to Aramminta C. Savercool
193 - 3 June 1856 - **Dobbins**, Catherine (Andover) to Michael Schultz
369 - 6 June 1874 - **Dobbins**, Phebe E. (Andover) to James Green
287 - 18 Sept. 1867 - **Dobson**, Ellen to Malcolm Dunn
255 - 30 May 1863 - **Dockerdy**, James to Catherine Ann Howard
193 - 16 Apr. 1856 - **Docerty**, Margaret Ann (Byram) to James Bayles
245 - 4 Feb. 186 - **Dodd**, Edwin F. (Montclair) to Sarah Simpson
358 - 24 Dec. 1873 - **Doel**, Anna (Newton) to William H. Richard-

son
367 - 20 Feb. 1873 - **Doel**, Charles (Hampton) to Phebe Morris
252 - 10 Dec. 1863 - **Dolan**, Mary E. (Beaver Run) to Peter Simpson
256 - 15 Feb. 1864 - **Dolan**, Owen (Waterloo) to Sarah Drake
268 - 13 Jan. 1866 - **Doland**, Anna Mary (Hardyston) to Timothy Squires
205 - 27 Nov. 1858 - **Doland**, George w. (Hardyston) to Anna M. Mains
376 - Sept. 1875 - **Dolson**, Alice J. (Beemerville) to Ervin Stivers
333 - 19 Feb. 1873 - **Dolson**, Charles Y. (Newton) to Hannah VanBlarcom
361 - 21 Oct. 1874 - **Donar**, Margaret (Newton) to Wallace A. McKirogn
232 - 17 Aug. 1834 - **Dondle**, Jane (Sillwter) to Elias Wintermute
375 - 30 July 1875 - **Doremas**, Mary to James A. Conkling
366 - 4 Oct. 1873 - **Doremus**, Watson (Hackettstown) to Fanny E. Cornine
352 - 1 Nov. 1873 - **Dorman**, Nancy (Franklin Furnace) to John Gallagher
233 - 5 Feb. 1836 - **Dorrnida**, Phebe E. (Sparta) to Jeremiah Savercool
313 - 24 June 1868 - **Dormida**, Sarah A. (Lafayette) to Peter C. Gunderman
315 - 15 Dec. 1869 - **Dormida**, Thomas (Lafayette) to Martha A. Ackerson
438 - 25 May 1878 - **Doty**, Geo. (near Deckertown) to Sarah E. Berry
244 - 16 Feb. 1859 - **Doty**, James (Wantage) to Naomie Curran
245 - 4 Feb. 1860 - **Doty**, Mary (Deckertown) to John W. Bird
266 - 1 April 1865 - **Doty**, Nancy to George Horton
224 - 16 Oct. 1853 - **Doty**, William to Mary Jane Curran
245 - 20 Oct. 1861 - **Dougherty**, Charles (Green) to Elizabeth C. Reed
341 - 20 Nov. 1873 - **Dougherty**, Jane (Ogden Mine) to Warren Drake
199 - 21 Mar. 1849 - **Dougherty**, Mary to Philip Smith
215 - April 1860 - **Douglas**, Francis (Newton) to William H. West
345 - 7 Nov. 1869 - **Dove**, George (Port Jervis NY) to Mary Jane Westbrook
297 - 8 April 1861 - **Doway**, Caroline to Henry Darmada
383 - 30 Sept. 1875 - **Doyle**, Anna (Newton) to Edward Osborn
352 - 7 Dec. 1871 - **Doyle**, Catherine (Franklin) to John Bailey
397 - 11 Feb. 1877 - **Doyle**, John (Ogden's Mine) to Emma Amelia Sisco
316 - 24 Dec. 1868 - **Doyle**, Mary A. (Stockholm) to Benjamin D. Brooks
408 - 24 Jan. 1877 - **Drake**, Amanda D. (Montrose, Pa.) to Reuben R. Wintermute
312 - 13 May 1869 - **Drake**, Annie E. (Hampton) to Job J. Drake
422 - 12 Jan. 1878 - **Drake**, Benjamin F. (Sandyston) to Martha Jane Decker
212 - 27 Nov. 1856 - **Drake**, Caroline (Newton) to James L. Northrup
215 - 18 Nov. 1859 - **Drake**, Catharine (Newton) to David Austin Wells
297 - 18 July 1863 - **Drake**, Edwin to Elsey Johnson
248 - 14 Feb. 1863 - **Drake**, Elizabeth (Millbrook) to Albanas L. Brown
273 - 10 Feb. 1866 - **Drake**, Henrietta (Roxbury) to William T. Hills
193 - 17 Nov. 1855 - **Drake**, Hezekiah (Green) to Sarah Vought

434 - 19 Dec. 1877 - **Drake**, Ida (Glenwood) to Charles A. Belcher

240 - 13 Mar. 1859 - **Drake**, Jacob B. (Sparta) to Elizabeth Howard

395 - 9 Oct. 1875 - **Drake**, James (Flatbrookville) to Catherine Rodimer

265 - 22 Sept. 1864 - **Drake**, Job J. (Newburg NY) to Caroline E. Byram

321 - 13 May 1869 - **Drake**, Job J. (Drakesville) to Annie E. Drake

355 - 1 Feb. 1872 - **Drake**, Joel (Byram to Slack

215 - 15 Oct. 1859 - **Drake**, John B. (Andover) to Mary E. Stackhouse

279 - 20 Sept. 1865 - **Drake**, John W. (Flanders) to Elizabeth Boss

199 - 4 July 1857 - **Drake**, Margret to Charles McManis

255 - 6 Sept. 1862 - **Drake**, Margaret (Morris Co.) to Isaac P. Hull

195 - 16 Aug. 1856 - **Drake**, Martha (Sandyston) to Peter Medan

357 - 24 Dec. 1873 - **Drake**, Martha (Frankford) to Caleb Rasher Gordon

198 - 11 Sept. 1857 - **Drake**, Mary to Richard Ryerson

365 - 31 Oct. 1874 - **Drake**, Mary Elizabeth (Ogden Mine) to John S. Masker

435 - 7 Mar. 1878 - **Drake**, Mary M. (Milford, Pa.) to Reuben Resor

363 - 9 Jan. 1875 - **Drake**, Nelson to Harriet E. Rutan

213 - 12 Sept. 1857 - **Drake**, Rachel Ann (Independence) to Stephen McCoy

286 - 27 June 1867 - **Drake**, Sarah to Lewis H. S. Martin

256 - 15 Feb. 1864 - **Drake**, Sarah E. (Waterloo) to Owen Dolen

250 - 27 Dec. 1862 - **Drake**, Susan (Frankford) to Jacob D. Mills

193 - 8 Nov. 1855 - **Drake**, Susan C. (Sandyston) to James Hornbeck

352 - 13 Dec. 1871 - **Drake**, Vanclive L. (Greenville) to Emma C. Case

341 - 20 Nov. 1873 - **Drake**, Warren (Ogden Mine) to Jane Dougherty

406 - 29 Oct. 1876 - **Drake**, Warren (Glenwood) to Mary E. Belcher

314 - 24 Dec. 1868 - **Drake**, Wm. C. (Lafayette) to Carrie E. Harkans

239 - 24 June 1856 - **Drew**, Ellen C. (Vernon) to Abram C. Rutan

438 - 22 Nov. 1877 - **Drew**, Gilbert to Martha L. Card

434 - 27 Nov. 1877 - **Drew**, Ira (Vernon) to Josephine Crabtree

311 - 6 Oct. 1869 - **Drew**, Jacob (Vernon) to Anna M. Rutan

311 - 24 Nov. 1869 - **Drew**, William M. (Vernon) to Frances E. Hunt

295 - 2 April 1868 - **Duffy**, Mary E. to Jacob H. Shuman

188 - 21 Feb. 1846 - **Dumont**, Hannah (Lafayette) to William McConnell

186 - 4 Nov. 1854 - **Dunham**, Elizabeth to Henry Thomas, Jr.

189 1855 - **Dunham**, Elizabeth (Byram) to Henry Thomas Gunn

294 - 4 May 1867 - **Dunlap**, Emily (Sparta) to Stephen Chidister (also p. 313)

239 - 6 June 1857 - **Dunlap**, John B. (Sparta) to Emily Haywood

257 - 18 Nov. 1863 - **Dunlap**, Joseph M. (Sparta) to Mary C. Moore

240 - 27 Feb. 1859 - **Dunlap**, Maelia B. (Sparta) to John M. Pollard

437 - 25 May 1878 - **Dunn**, Alice (Stockholm) to William H. Farber

319 - 2 May 1870 - **Dunn**, Almon (Waterloo) to Mary E. Best

350 - 14 Aug. 1873 - **Dunn**, Arabel

(Unionville NY) to Charles J. Baxter
316 - 24 June 1869 - **Dunn**, George (Sparta) to Sarah E. McPeek
287 - 18 Sept. 1867 - **Dunn**, Malcolm to Ellen Dobson
203 - 19 Jan. 1859 - **Dunn**, Mary (Wantage) to Lawrence Potter
195 - 12 Nov. 1856 - **Dunn**, Moses C. (Vernon) to Harriet L. Harden
353 - 22 Oct. 1872 - **Dunn**, Thomas Jefferson (Wantage) to Ellen Havens
400 - 12 Nov. 1875 - **Dunning**, Amelia M. (Orange Co. NY) to Sandford C. V. Crowell
322 - 22 Feb. 1870 - **Dunning**, G. Beaks to Maggie Rorback
334 - 31 May 1871 - **Dunning**, James H. Beemerville to Mary C. Tull
202 - 3 July 1858 - **Duninng**, Julian (Wantage) to William H. Rutan
348 - 31 May 1873 - **Durham**, William M. (Hardwick) to Fanny May Hagaman
362 - 18 Aug. 1874 - **Durling**, Homer (Sparta) to Emma Quackenbush
354 - 31 Dec. 1873 - **Durling**, John T. (Passaic) to Lydia Wade
197 - 20 Oct. 1856 - **Durling**, Joseph N. (Newton) to Nancy L. Noxon
294 - 5 Dec. 1866 - **Durling**, Lydia H. (Sparta) to George B. Case
236 - 12 Dec. 1837 - **Durling**, Mary (Sandyston) to John W. Loder
404 - 23 Dec. 1876 - **Durling**, Mary F. (Lafayette) to Whitfield S. Hopper
317 - 30 Dec. 1869 - **Durie**, Andrew W. (Wantage) to Fannie J. Kinner
253 - 7 Nov. 1863 - **Durie**, Susan M. (Frankford) to Wm. Spangenberg
238 - 1 Oct. 1854 - **Durmer**, Mary Ann (Newton) to James C. Smith
304 - 15 Dec. 1868 - **Durrie**, John D. (New Providence) to Christine Fletcher
283 - 20 Mar. 1867 - **Duryea**, Martin (Port Jervis NY) to Mary E. Halwick
346 - 1 Feb. 1871 - **Dusenberry**, Mary J. (Sandyston) to John S. Depue
358 - 12 Feb. 1874 - **Dutcher**, William M. (Newton) to Hortense Couse
402 - 4 May 1876 - **Dyneff**, Leonard (Deckertown) to Ellen Gardner
238 - 9 Dec. 1854 - **Eager**, Jacob S. (Stillwater) to Rhoda Margaret Ogden
221 - 2 April 1862 - **Eakley**, Jabez (Newton) to Hester Hopper
418 - 2 May 1877 - **Earl**, Delilah C. (Sparta) to James B. Titman
407 - 7 Mar. 1877 - **Earl**, Margaret (Branchville) to Jacob Struble
321 - 1 May 1870 - **Earle**, Lydia Maria (Walpack) to Simon Quick
335 - 17 June 1872 - **Earles**, Linda Ann to William Emmery
377 - 20 Sept. 1875 - **Earls**, Lucinda (Newton) to Abraham Ditmars
212 - 25 Nov. 1856 - **Earles**, Margaret (Newton) to Samuel Nicholl
250 - 9 Nov. 1857 - **Earles**, Margaret (Byram) to Job D. Hunt
297 - 24 Aug. 1865 - **Earles**, Robert H. to Charlotte C. Struble
193 - 18 Feb. 1856 - **Earls**, John (Newton) to Mary Ann McKain
277 - 8 Dec. 1851 - **Earls**, Martha J. (Stillwater) to Adam Rodney
221 - 22 Apr. 1861 - **Earls**, Nathan (Stillwater) to Lydia Ann Hendershot (p. 241)
286 - 27 Feb. 1867 - **Earls**, William L. (Andover) to Amelia B.

Pitney
391 - 19 June 1876 - **Easton**, Mary A. (Sparta) to John L. Rigles
243 - 28 Jan. 1860 - **Ebrli**, Louisa to John Schanz
314 - 10 Mar. 1869 - **Edge**, Margaret (Lafayette) to John M. Longcoy
314 - 9 Nov. 1869 - **Edge**, Mary A. (Lafayette) to James P. Vanakin
429 - 23 Mar. 1878 - **Edgarton**, John L. (Marksboro) to Sarah M. Peaster
424 - 23 Dec. 1877 - **Edsall**, Frank (Hamburg) to Laura Simpson
314 - 1 Nov. 1869 - **Edsall**, Harriet (Hamburg) to James Thompson
387 - 20 Jan 1876 - **Edsall**, Jemima (Hamburg) to Charles Beach
248 - 28 Oct. 1854 - **Edsall**, Joseph (Hardyston) to Prisila Marchal
292 - 21 Nov. 1867 - **Edsall**, Joseph (Hardyston) to Sarah J. Everman
265 - 1 April 1865 - **Edsall**, Sarah Ann (Hamburg) to Charles S. Inslee
283 - 8 Nov. 1866 - **Edsall**, Thomas B. to Sarah E. Hardin
239 - 7 Oct. 1856 - **Edsel**, Thomas S. (Edenville NY) to Phebe Ann Miller
190 - 17 May 1855 - **Edsel**, William (Hardyston) to Sarah P. Hamilton
321 - 9 June 1870 - **Edwards**, Ellas T. (Pine Brook) to Alice Medaugh
246 - 5 June 1862 - **Edwards**, John J. (Newton) to Susan Gustin
314 - 25 Feb. 1869 - **Ellet**, Emma (Sparta) to Joseph Everman
335 - 22 Nov. 1872 - **Elliot**, Mary J. to John W. Barritt
424 - 1 Feb. 1878 - **Elliot**, William (Newton) to Hattie Dingle
275 - 4 Dec. 1863 - **Ellis**, John (Andover) to Anna Allen
275 - 30 Mar. 1865 - **Elmer**, Mary (Newton) to Edwin Owen
206 - 8 Dec. 1859 - **Elston**, Mary (Wantage) to Adison Clark
312 - 12 July 1869 - **Elston**, Samuel (Elmira NY) to Mrs. Jennie Jones
372 - 21 April 1874 - **Ely**, Wm. S. (Quarryville) to Christine Reeves
221 - 1 June 1861 - **Emery**, Margaret (Stillwater) to John L. Shaff
335 - 17 June 1872 - **Emmery**, William to Linda Ann Earls
234 - 17 Feb. 1838 - **Emmans**, Elizabeth Ann (Stillwater) to Job Woodruff
216 - 12 Feb. 1861 - **Emmans**, Hannah R. (Stillwater) to Philip S. Bunn
297 - 12 Feb. 1861 - **Emmons**, Hannah to Phillip T. Bunn
234 - 3 July 1838 - **Emmans**, Lydia Jane (Hardwick) to Jacob S. Savacool
291 - 29 Dec. 1860 - **Emmons**, Margratt to Philip Edgar Groover
392 - 8 April 1876 - **Emons**, Mariah to Alanson Stevens
295 - 13 July 1867 - **Emmons**, Martha (Lafayette) to Richard D. Riker (also p. 313)
228 - 10 Feb. 1840 - **Emmans**, Matilda (Stillwater) to Wm. Schoonover
413 - 12 Apr. 1877 - **Emmons**, Melissa (Lafayette) to Walter Stites
252 - 3 Dec. 1863 - **Emmans**, Merabah (Wantage) to Austin Mabee
230 - 20 Feb. 1847 - **Emmans**, Rebecca (Stillwater) to Henry VanStone
431 - 13 Feb. 1878 - **Emmans**, William (Stillwater) to Anna E. Lane
230 - 21 Jan. 1848 - **Emmans**, Wm. R. (Stillwater) to Madalene

W. Hill
327 - 10 Aug. 1870 - **Emory**, David to Mary J. Wilcox
439 - 1 Apr. 1864 - **Engle**, Elizabeth (Andover) to Calvin Marker
330 - 23 Mar. 1872 - **Ervey**, James B. to Mrs. Alira H. Westrook
326 - 23 Aug. 1871 - **Estel**, Theodore (Hamburg) to Hattie Rude
351 - 24 Oct. 1870 - **Estile**, John W. (Vernon) to Phebe Jost
186 - 24 Dec. 1853 - **Evans**, Edward (Wantage) to Margaret Lyons
305 - 24 Dec. 1868 - **Evans**, Laura (Morristown) to Edward Lyon
216 - 16 Jan. 1861 - **Everett**, Emma E. (Frankford) to Jacob A. Coursen
264 - 27 Sept. 1864 - **Evert**, Jesse, Jr. (Wantage) to Emily A. Cole
205 - 13 Nov. 1859 - **Everitt**, John D. (Sandyston) to Diana Kittle
217 - 5 Nov. 1860 - **Everett**, Martin R. (Frankford) to India Ann Roe
360 - 28 Oct. 1874 - **Everitt**, Mary F. (Newton) to Lewis L. Davenport
374 - 26 Dec. 1874 - **Evritt**, Rebecca Jane (Andover) to Horace D. Byram
408 - 1 Jan. 1877 - **Everett**, William H. (Newark) to Ella K. Cary
314 - 25 Feb. 1869 - **Everman**, Joseph (Hamburg) to Emma Ellet
250 - 11 Feb. 1863 - **Everman**, James to Eliza Fredericks
415 - 8 June 1877 - **Everman**, Harriet (Frankford) to Jacob Maxwell
292 - 21 Nov. 1867 - **Everman**, Sarah J. (Hardyston) to Joseph Edsall
410 - 24 May 1877 - **Ewald**, Frank B. (Newton) to Emma Heyder
343 - 13 Oct. 1872 - **Ewald**, Mary (Newton) to Carl Gillmann

228 - 7 Mar. 1840 - **Eylenburg**, Henry (Stillwater) to Margaret Keen
236 - 4 Feb. 1863 - **Eylenberg**, Mary E. (Stillwater) to Peter H. Snook
213 - 3 Oct. 1857 - **Fagg**, Charlotte (Newton) to Rufus Underwood
239 - 9 Nov. 1856 - **Farber**, Abby Jane (Vernon) to William H. Shaw
239 - 29 Sept. 1856 - **Farber**, Amelia Ann (Vernon) to Aaron S. Blanchard
338 - 21 Sept. 1870 - **Farber**, Mary A. (Monroe Corner) to Dayton C. Sutten
437 - 25 May 1878 - **Farber**, William H. (Vernon) to Alice Dunn
213 - 1 Sept. 1857 - **Fergus**, William (Newton) to Julia Dempsey
249 - 15 Aug. 1861 - **Farnell**, Anna Mary to Samuel Augustus Straway
216 - 24 Jan. 1861 - **Farriday**, Job (Newton) to Henrietta Courtright
232 - 11 Nov. 1834 - **Farrier**, Elizabeth (Stillwater) to Amos Beemer
206 - 5 Dec. 1859 - **Farris**, Ann to Patrick King
431 - 31 July 1876 - **Feezler**, Hattie Mariah (Deckertown) to Wm. Schoonover
269 - 17 Nov. 1865 - **Feazler**, Jeremiah to Phebe Catherine Hinkle
191 - 13 July 1855 - **Febzler**, John L. (Wantage) to Elmira Mosier
211 - 11 Dec. 1860 - **Fener**, Mary Elizabeth to Israel Card
329 - 16 Sept. 1871 - **Fenigan**, Ann E. to Charles Pierson
238 - 17 Feb. 1855 - **Fenner**, Thomas (Stillwater) to Rachel Savercool
314 - 4 Nov. 1868 - **Fenton**, Anna (Sparta) to Charles E. Lozier
351 - 4 Jan. 1866 - **Ferison**,

Susan (Glenwood) to Pierson Fuller
311 - 29 Dec. 1869 - **Feruson**, Hezekiah L. (New Milford NY) to Julia VanWagoner
353 - 13 Nov. 1869 - **Fergusson**, Archibald (Newton) to Almida Anthony
345 - 18 Jan. 1870 - **Fetts**, Henrietta (Montague) to William H. Decker
271 - 7 Nov. 1861 - **Ficker**, Hannah to Barrett P. Kymer
229 - 6 Feb. 1845 - **Field**, John R. (Stillwater) to Henretta Goble
230 - 22 Mar. 1849 - **Field**, Philip D. (Stillwater) to Sarah Ann Savacool
205 - 22 Oct. 1859 - **Fisher**, Andrew C. to Sarah Ann Cronk
349 - 12 Dec. 1872 - **Fisher**, David K. to Eliza Jane Beatty
364 - 26 Aug. 1874 - **Fisher**, Ellen R. to Hezekiah S. Timbrel
254 - 5 April 1864 - **Fisher**, John B. (Sandyston to Mary Labar
191 - 21 Oct. 1855 - **Fisk**, Roselle to Abner Shuman
434 - 23 June 1878 - **Fitts**, Phillip (Hardyson to Elzie H. Rice
329 - 29 Dec. 1871 - **Fitzherbert**, Agnes to Harry Hopkins
237 - 8 Jan. 1851 - **Flanders**, Henry Halsey to Sarah Elizabeth Brirtt
293 - 7 June 1868 - **Fleet**, Marshal (Lafayette) to Mark Link
271 - 20 Oct. 1861 - **Fleming**, Clarissa to James Sloan
323 - 3 Oct. 1870 - **Fleming**, Joseph R. (Sparta) to Mary E. Lozier
304 - 15 Dec. 1868 - **Fletcher**, Christinne (Lafayette) to John D. Durrie
349 - 3 Sept. 1873 - **Fluke**, Anna (Waterloo) to George Wanamaker
251 - 22 Oct. 1863 - **Flumerfelt**, Sarah M. to Daniel H. Struble
373 - 22 Jan. 1875 - **Foley**, George (Morris Co.) to Sarah Brown
213 - 2 Jan. 1858 - **Folk**, Henry (Newton) to Eliza Murry
200 - 1 May 1858 - **Forbes**, Newell W. (Petersburg NY) to Emeline M. Hurd
279 - 26 April 1865 - **Force**, Anna (Paramus) to Casper D. VanDien
307 - 18 Sept. 1861 - **Ford**, Hannah E. (Hardyston) to Samuel Morrow, Jr.
195 - 9 Aug. 1856 - **Foreman**, Jane (Stillwater) to George Staley
308 - 1 Sept. 1865 - **Forgerson**, Barrit M. (Canisteer) to Ahizah Holden
310 - 10 Sept. 1867 - **Forgerson**, Mary E. (Vernon) to David S. Crane
378 - 2 Nov. 1875 - **Foster**, Mary M. (Newton) to Robert R. Howell
423 - 25 Dec. 1877 - **Fountain**, Charles H. (Branchville) to Ella Simmons
357 - 18 Mar. 1874 - **Fountain**, George Calvin (Jersey City) to Charlotte Phillips
420 - 18 Sept. 1877 - **Fountain**, Jesse M. (Branchville) to Maryone E. Wyker
362 - 9 Sept. 1874 - **Fox**, Ella (Newton) to David Brant
213 - 19 Dec. 1857 - **Fox**, Esther C. (Newton) to Morris S. Barber
215 - 14 April 1860 - **Fox**, Wilson H. (Newton) to Delalia Rafferty
234 - 6 Nov. 1837 - **France**, John H. (Blair's Twp.) to Louisa Welch
280 - 28 Feb. 1866 - **Francisco**, John J. (Sparta) to Martha J. Siney
204 - 13 Jan. 1859 - **Franell**, Eleonor Elizabeth (Frankford) to Thomas State
298 - 2 Jan. 1867 - **Franks**, Annie E. to A. L. MacKinney
366 - 3 Sept. 1873 - **Franks**,

Louisa to Joshua Hill
212 - 4 July 1856 - **Frazier**, Cornelius A. (Penna.) to Mary Jane Mood
352 - 1 Feb. 1873 - **Fredenburg**, Joanna L. (Hardyston) to James W. Montanry
356 - (187?) - **Fredrick**, Mary S. (Morris Co.) to Charles Chamberlain
250 - 11 Feb. 1863 - **Fredricks**, Eliza to James Everman
295 - 25 Dec. 1867 - **Fredrickson**, Phebe E. (Rockaway) to John D. Hammel
210 - 30 Sept. 1860 - **Freidenburg**, Martha Ann (Minn., to Rev. Robert Hovenden
295 - 6 Nov. 1867 - **Freedinburg**, Thomas G. (Green) to Mary E. Baker
334 - 30 Mar. 1871 - **Freeman**, Amos H. (Hampton) to Elisabeth A. Kenner
403 - 2 Jan. 1877 - **Freeman**, Mrs. Elizabeth (Kinney) (Wantage) to John Swartswelder
258 - 6 Aug. 1864 - **Freeman**, Hiram C. (Succasunna) to Sarah Ann Norman
320 - 10 Nov. 1870 - **Freeman**, Marie C. (Andover) to Watson R. Ayers
309 - 5 Sept. 1866 - **Freeman**, Matilda A. (Hampton) to Wm. Crabtree
333 - 25 Dec. 1872 - **Freese**, Harvey C. (Trenton) to Amelia Howell
335 - 4 June 1872 - **Frike**, Mary E. to Samuel B. Hayward
374 - 25 Nov. 1874 - **Fritts**, Ella S. (Andover) to Hugh Youmans
404 - 30 Jan. 1877 - **Fritts**, Francis G. (Springdale) to William M. Slater
434 - 23 June 1878 - **Fritts**, Philip to Elsie R. Rice
227 - 29 Dec. 1860 - **Fuller**, Benjamin M. to Amy Jones
336 - 4 Sept.1872 - **Fuller**, Mary Alice (Walpack) to Horace Zimmerman
351 - 4 Jan. 1866 - **Fuller**, Pierson (Wantage) to Susan Fergison
302 - 2 Feb. 1868 - **Fuller**, Sarah E. (Walpack) to Peter L. Brown
222 - 4 Sept. 1862 - **Furman**, Caroline M. (Andover) to Joseph Quackinsbush
239 - 29 July 1856 - **Gale**, Charity M. (Marwick NY) to John Hamel
354 - 19 Nov. 1873 - **Gallagher**, John to Nancy Dorman
218 - 6 July 1861 - **Ganarsdale**, Jno. to C. Mahala Atno
402 - 4 May 1876 - **Gardner**, Ellen (Deckertown) to Leonard Dynaff
296 - 30 Jan. 1868 - **Gardner**, Emily S. to Nathan Alonzo Stackhouse
371 - 28 May 1874 - **Gardner**, Janius (Portland, Pa.) to Lissie Sigafus
390 - 25 April 1875 - **Garibrand**, John E. (Flanders) to Mary A. Sprague
348 - 22 July 1873 - **Garris**, Elba A. (Stillwater) to Albert S. Preston
248 - 4 July 1850 - **Garis**, Elizabeth (Walpack) to Adam Hill
220 - 9 Feb. 1861 - **Garris**, Ilen (Walpack) to John VanEtten
393 - 4 Mar. 1876 - **Garis**, George D. (Stillwater) to Maggie S. Hill
318 - 15 Feb. 1870 - **Garris**, Hamilton P. to Lizzie H. Wintermute
229 - 5 April 1845 - **Garis**, John (Stillwater) to Ellenore Crows
421 - 14 Dec. 1877 - **Garriss**, Margaret (Newton) to W. S. Ingersoll
356 - (187?) - **Garris**, Mary A. (Stillwater) to Moses H. Spencer
383 - 16 Feb. 1876 - **Gariss**, Mary Irene (Newton) to Horace B. Pipher
336 - 8 Oct. 1872 - **Garris**, Mason J. (Pahaquarry) to Mary Ellen Walter

232 - 10 Feb. 1835 - **Garris**, Philip J. (Stillwater) to Mary Ann Crows
274 - 3 July 1855 - **Gariss**, Sarah (Walpack) to Asa Welter
329 - 24 Dec. 1870 - **Garris**, Sarah to Theodore S. Sutton
261 - 10 Nov. 1864 - **Garrison**, Catharine Elizabeth (Newton) to Elvin A. Vernon
400 - 10 Nov. 1875 - **Garrison**, Laura E. to R. Ernest Willson
186 - 29 Dec. 1853 - **Garrison**, Simeon (Newton) to Martha E. Roe
224 - 18 April 1863 - **Garfus**, Sandford (Orange) to May E. Byram
201 - 26 Sept. 1858 - **Gaucher**, Else to Edward Rice
250 - 8 Nov. 1862 - **Gaylord**, Jackson (Johnsonburg) to Harriet Vliet
409 - 1 Jan. 1877 - **George**, (Ogdensburg) to Amelia Munson
349 - 10 Dec. 1873 - **George**, Rebecca Ann to George H. Munson
215 - 23 Oct. 1859 - **Gibbs**, Edwin Hampden (Brooklyn NY) to Helen E. VanDeren
343 - 10 April 1871 - **Gillan**, Thomas (Green) to Catherine E. Snook
215 - 21 Dec. 1859 - **Gilleland**, Ellen (Newton) to George W. Porter
215 - 20 Nov. 1860 - **Gilleland**, Thomas (Green) to Ann Gray
343 - 13 Oct. 1872 - **Gillmann**, Carl to Mary Ewald
373 - 5 Aug. 1874 - **Gillum**, John W. (Newton) to Emma F. Swartz
349 - 22 Dec. 1873 - **Gilson**, Warren F. (Port Morris) to Mary Catharine Sickles
289 - 18 Dec. 1859 - **Giveans**, Elizabeth to Thomas J. Steele
311 - 21 Dec. 1869 - **Givens**, John (Vernon) to Mary E. Storms
388 - 20 May 1875 - **Glover**, Dora (Stanhope) to John L. Biddenger
293 - 1 June 1867 - **Glover**, Elenora (Stanhope) to Thomas Oliver, Jr.
331 - 8 May 1872 - **Glover**, Richard (Stanhope) to Ellen Hall
365 - 30 Dec. 1874 - **Goble**, Abia to George McMickle
190 - 22 Mar. 1855 - **Goble**, Amanda (Sparta) to Joseph N. Brooks
432 - 16 Dec. 1877 - **Goble**, Amanda C. (Roseville) to Andriss Waldron
189 - 13 Feb. 1855 - **Goble**, David (Byram) to Sarah Wright
284 - 30 June 1866 - **Goble**, Delphina (Sparta) to Thomas W. Current
342 - 10 Dec. 1873 - **Goble**, Edward Stewart (Sparta) to Margaret J. Haggerty
309 - 1 Jan. 1867 - **Goble**, Elizabeth (Amity) to Joseph Hamilton
272 - 21 Mar. 1866 - **Goble**, George M. (Sparta) to Hylinda Mains
229 - 6 Feb. 1845 - **Goble**, Henryetta (Stillwater) to John R. Field
432 - 8 May 1878 - **Goble**, Kate M. (Fredon) to Rev. I. Davison Decker
279 - 16 Dec. 1865 - **Goble**, Lewis (Sparta) to Susan L. Niper
367 - 4 Mar. 1875 - **Goble**, Mary Ann (Sparta) to John McMickle
280 - 1 Jan. 1866 - **Goble**, Mary J. (Sparta) to Nathan Wilcox
335 - 12 June 1872 - **Goble**, Oscar (Sparta) to Nancy M. Hammell
228 - 8 Dec. 1842 - **Goble**, Phebe E. (Stillwater) to Samuel O. Ramsay
233 - 28 Feb. 1836 - **Goble**, Philip (Byram) to Margarett Goarck
211 - 16 Nov. 1860 - **Goble**, Sarah (Newton) to Martin Masters
294 - 24 Dec. 1866 - **Goble**, Sarah J. (Sparta) to Peter S. Gunderman

335 - 11 Nov. 1872 - **Goble**, Sidney R. (Hope) to Alvina Swayze
272 - 10 Jan. 1866 - **Goble**, Zachariah P. (Sparta) to Phebe Lanterman
312 - 18 Jan. 1869 - **Gocher**, Shelton T. (Lafayette) to Elizabeth McCann
243 - 18 Aug. 1864 - **Goldsmith**, Charles W. to Louisa Little
270 - 25 Mar. 1866 - **Goldsmith**, Eugene (Unionville NY) to Louisa Goldsmith
270 - 25 Mar. 1866 - **Goldsmith**, Louisa (Newton) to Eugene Goldsmith
233 - 28 Feb. 1836 - **Gorack**, Margarett (Randolph) to Philip Goble
357 - 24 Dec. 1873 - **Gordon**, Caleb Rasher, Widower (Frankford) to Martha Drake
215 - 10 Nov. 1859 - **Gordon**, William (Newton) to Mary Grada
241 - 3 July 1859 - **Gouer**, John M. to Mary Jane Perry
305 - 5 Nov. 1868 - **Gouger**, Mrs. Mary J. to John Stephenfield
233 - 21 Dec. 1836 - **Gougher**, Shelton T. (Hardyston) to Susanna Smith
405 - 17 Nov. 1876 - **Gould**, Lizzie (Stanhope) to Samuel Lay
308 - 26 Oct. 1865 - **Gould**, Richard (Macopin) to Elizabeth Mabee
290 - 25 Oct. 1867 - **Gould**, Thomas B. to Susan Orsborn
429 - 16 Mar. 1878 - **Gould**, Thomas B. (Stillwater) to Maggie A. Mackey
215 - 10 Nov. 1859 - **Grada**, Mary (Newton) to William Gordon
270 - 26 Oct. 1865 - **Granden**, Elijah W. C. (New York) to Rosa M. Wright
274 - 27 Oct. 1863 - **Grant**, William (Andover) to Mary Ann Carpenter
272 - 28 Feb. 1866 - **Grasean**, Sophia (Sparta) to Pierson Tharp
215 - 20 Nov. 1860 - **Gray**, Ann (Newton) to Thomas Gilleland
229 - 28 Nov. 1846 - **Grey**, James (Stillwater) to Catharine Smith
383 - 12 Sept. 1875 - **Gray**, James W. (Newton) to Catharine Malone
193 - 22 Nov. 1855 - **Gray**, Nancy (Newton) to Daniel Porter
222 - 28 Aug. 1862 - **Gray**, Sarah Amanda (Newton) to William Mosher
216 - 2 Jan. 1861 - **Gray**, Thomas, Jr. (Wantage) to Jane Ann Campbell
229 - 30 Dec. 1843 - **Grey**, William (Stillwater) to Mary J. Smith
286 - 7 Mar. 1867 - **Greatsinger**, Almon to Mary Stoll
207 - 18 April 1860 - **Grecian**, Elizabeth L. (Ogdensur) to George B. Craig
312 - 6 Jan. 1869 - **Green**, Carrie C. (Headquarters) to Wm. G. Laioshe
309 - 5 Jan. 1867 - **Green**, Charity (Hackettstown) to James Vansyckle
312 - 4 Feb. 1879 - **Green**, Charles A. (Hamburg) to Sarah C. Haggerty
366 - 5 Dec. 1873 - **Green**, Ezra to Alice Kate Cummins
369 - 6 June 1874 - **Green**, James (Stillwater) to Phebe E. Dobbins
204 - 15 Sept. 1859 - **Green**, Margaret S. to Christopher VanSickle
309 - 24 Oct. 1867 - **Green**, Mary (Lambertville) to George Udy
426 - 30 Jan. 1878 - **Gregory**, Lewis (Frankford) to Sue Washer
196 - 14 Mar. 1857 - **Grier**, Phebe H. to William Richardson
382 - 27 Jan. 1876 - **Grigs**, Ellen H. (Newton) to William S. Layton (nkrans)
231 - 2 Aug. 1852 - **Groover**,

Andrew M. (Romer, Mich.) to Catharine M. Rose
267 - 7 Oct. 1865 - **Groover**, Elijah (Sillwater) to Mary C. Hendershot
229 - 1 Oct. 1846 - **Groover**, Jacob (Stillwater) to Matilda South
363 - 2 Sept. 1874 - **Groover**, Joseph to Sarah E. South
193 - 24 Dec. 1855 - **Groover**, Minerva (Newton) to Lewis Grusdel
231 - 15 Nov. 1851 - **Groover**, Peter B. (Stillwater) to Catharine Wintermute
271 - 29 Dec. 1860 - **Groover**, Philip Edgar to Margaratt Emmons
233 - 6 May 1836 -**Grover**, Andrew M. (Romer, Mich.) to Alberta A. Condit
237 - 19 Nov. 1853 - **Grover**, Elizabeth (Newton) to John B. Pittenger
296 - 13 April 1868 - **Grover**, George to Anna Mary Hendershot
232 - 1 Sept. 1835 - **Grover**, Harrison (Stillwater) to Mary Mills
234 - 26 Sept. 1837 - **Grover**, Harrison (Stillwater) to Mary Kice
238 - 26 Nov. 1854 - **Grover**, John (Stillwater) to Elizabeth Chambers
234 - 5 Oct. 1837 - **Grover**, Margaret (Blairs Twp.) to Adonijah Gunderman
347 - 4 July 1872 - **Grover**, Mary C. (Stillwater) to George Savacool
233 - 22 Sept. 1835 - **Grover**, Phebe (Newton) to Thomas Pittinger
228 - 22 Mar. 1842 - **Grover**, Samuel D. (Stillwater) to Hannah Sutton
235 - 18 Dec. 1835 - **Grover**, Triphene E. (Stillwater) to Joseph Yetter
364 - 2 Sept. 1874 - **Groves**, Edward M. to Emma J. Stidworthy
434 - 23 Mar. 1878 - **Guamaer**, George (Benton, Pa.) to Susan V. Buamaer
334 - 23 Mar. 1878 - **Guamaer**, Susan V. (Sandyston) to George Gumaer
339 - 5 May 1873 - **Guilliland**, Sarah (Vernon) to William Babcock
193- 24 Jan. 1854 - **Guilly**, James M. (Frankford) to Sarah Maxwell
234 - 5 Oct. 1837 - **Gunderman**, Adonijah (Hardwick) to Margaret Grover
436 - 6 Dec. 1877 - **Gunderman**, Austin W. (Sandyson) to Frances M. Young
417 - 22 Oct. 1877 - **Gunderman**, George (Sparta) to Almira Riker
271 - 3 Oct. 1865 - **Gunderman**, James E. (Lafayette) to Harriet D. Roe
313 - 24 June 1868 - **Gunderman**, Peter C. (Sparta) to Sarah A. Dormida
294 - 24 Dec. 1866 - **Gunderman**, Peter S. (Sparta) to Sarah J. Goble
184 - 10 Dec. 1853 - **Gunderman**, Samuel (Lafayette) to Susan Simmons
229 - 15 June 1844 - **Gunison**, Margaret (Stillwater) to John Keen
196 - 12 Feb. 1857 - **Gunn**, Cornelius, to Permila C. Hoover
187 - 6 Sept. 1845 - **Gunn**, Ephraim to Jane Hotalen
189 - 1855 - **Gunn**, Henry Thomas (Byram) to Elizabeth Dunham
331 - 3 Feb. 1872 - **Guntner**, Henrika (Newton) to Frederick Lehman
204 - 16 Feb. 1859 - **Gustin**, Richard to Emily C. Stoll
246 - 5 June 1862 - **Gustin**,

Susan F. (Frankford) to John J. Edwards
288 - 18 Aug. 1865 - **Guy**, Catharine A. (wid. of Pvt. Joh Guy) to Alfred Decker
241 - 6 Jan. 1855 - **Guy**, John (Newton) to Catharine A. Kithcard
224 - 28 Aug. 1858 - **Guy**, Peter to Salins Coopyer
286 - 2 July 1867 - **Guyot**, Arnold (Princeton) to Sarah D. Haines
372 - 14 Mar. 1874 - **Gyle**, Mrs. A Louisa (Tunkanic, Pa.) to John Hogencamp
291 - 15 Jan. 1868 - **Hagaman**, Emma L. to Watson Anderson
348 - 31 May 1873 - **Hagaman**, Fanny May (Hardwick) to William M. Durham
351 - 25 May 1867 - **Hagencamp**, Elizabeth (Vernon) to Peter Belcher
188 - 1 Jan. 1846 - **Hagerman**, Hampton to Mary Ann Demarest
255 - 24 Jan. 1863 - **Hagerdy**, George (Newton) to Mary Brower
387 - 3 July 1875 - **Hagerty**, Ella (Stanhope) to William Case
407 - 30 Sept. 1876 - **Hagerty**, Harriet (Frankford) to Joseph Mercer
109 - 3 Mar. 1855 - **Hagerty**, James to Eliza Bell
276 - 16 Jan. 1866 - **Hagerty**, John M. (Springdale) to Elizabeth A. Young
342 - 10 Dec. 1873 - **Hagerty**, Margaret J. (Sparta) to Edward Stewart Goble
295 - 28 Dec. 1867 - **Hagerty**, Merritt Pinkney (Andover) to Martha E. Roe
198 - 19 Dec. 1857 - **Haggerty**, Nelson to Malinda VanAllen
225 - 19 Dec. 1857 - **Hagerty**, Nelson to Melinda VanEtten
193 - 27 Dec. 1855 - **Haggerty**, Robert (Newton) to Nancy Hill
312 - 4 Feb. 1870 - **Haggerty**,

Sarah C. (Hamburg) to Charles A. Green
409 - 1877 - **Haight**, Abbie D. (Franklin Furnace) to George S. Booth
271 - 5 Dec. 1860 - **Haines**, Catharine to John Aber
300 - 17 Dec. 1868 - **Haines**, Henrietta A. (Hamburg) to Henry L. Pierson, Jr.
286 - 2 July 1867 - **Haines**, Sarah D. to Arnold Guyot
196 - 17 Mar. 1857 - **Hall**, Catharine (Newton) to John B. Sandborn
331 - 8 May 1872 - **Hall**, Ellen (Stanhope) to Richard Glover
11 Sept. 1866 - **Hall**, Jackson to Emeline D. Hornbeck
252 - 18 Mar. 1864 - **Hall**, Lewis M. to Hanah Wanamaker
261 - 1 Jan. 1862 - **Hall**, Sarah E. to George Shepherd
389 - 1 Dec. 1875 - **Hall**, Stephen (Stanhope) to Anna I. McKinney
411 - 22 Nov. 1876 - **Hall**, William H. (Newton) to Ella L. Pierson
210 - 4 Aug. 1860 - **Halsey**, Benjamin to Sussan Marvin
189 - 5 Dec. 1854 - **Halsey**, Catherine (Newton) to John S. House
297 - 15 May 1861 - **Halsey**, Henry C. to Prudence Townsend
262 - 16 Dec. 1863 - **Halstead**, Isaac (Bergen Co.) to Jane Buchanan
194 - 12 Aug. 1856 - **Halstead**, Mary M. to Martin Ryerson
283 - 20 Mar. 1867 - **Halwick**, Mary E. (Colesville) to Martin Duryea
197 - Sept. 1857 - **Ham**, George (Newton) to Martha Kishpaugh
382 - 5 Feb. 1876 - **Ham**, Isaac (Montague) to Nancy Ellen Marshall
329 - 2 Feb. 1872 - **Hamber**, Cornelius to Anna M. Morgan
186 - 16 Nov. 1853 - **Hamilton**, Esther Antoinette (Newton) to William Stewarts

376 - 6 Oct. 1875 - **Hamilton**, Frank (Washington DC) to Carrie L.J. Struble
204 - 7 Oct. 1858 - **Hamilton**, George W. to Mary E. Hull
323 - 4 Feb. 1870 - **Hamilton**, Horace E. (Andover) to Susan J. Pollard
364 - 24 Dec. 1874 - **Hamilton**, Howell (Tranquility) to Carie E. Ayers
309 - 1 Jan. 1867 - **Hamilton**, Joseph (Roseville) to Elizabeth Goble
389 - 28 Nov. 1874 - **Hamilton**, Martha V. (Byram) to Anson C. McMurtrie
190 - 17 May 1855 - **Hamilton**, Sarah P. (Hardyston) to William Edsal
431 - 10 Aug. 1876 - **Hamilton**, Virginia E. (Newton) to Milton I. Southard
239 - 29 July 1856 - **Hamel**, John (Warwick NY) to Charity M. Gale
355 - 25 Dec. 1873 - **Hamler**, Anna (Newton) to Ahraham S. Bird
254 - 18 Feb. 1864 - **Hamler**, James E. (Green) to Sarah E. Arner
327 - 13 July 1871 - **Hamler**, Napoleon B. to Elizabeth J. Beatty
344 - 27 Oct. 1873 - **Hamler**, Sarah (Andover) to Theodore Harrington
295 - 25 Dec. 1867 - **Hammell**, John D. (Sparta) to Phebe E. Frederickson
335 - 12 June 1872 - **Hammell**, Nancy M. to Oscar Goble
383 - 17 Feb. 1876 - **Hammell**, William (Augusta) to Phebe J. Kinney
404 - 25 Feb. 1874 - **Hammell**, Wm. A. (Sparta) to Adelia Ann Christy
223 - 28 Nov. 1860 - **Hammon**, Almira W. to Ananias Westbrook (the date 1 Dec. 1860 is also given)
235 - 23 Jan. 1861 - **Hammond**, Almira W. (Stillwater) to Ananias Westbrook
402 - 20 Oct. 1875 - **Hammond**, Eva M. (Port Jarvis NY) to Andrew R. Crasby
418 - 7 June 1877 - **Hammond**, Julia F. (Deckertown) to David B. Heater
404 - 21 Dec. 1876 - **Hancock**, Maria Cornelia (Andover) to Hugh Maguire
375 - 26 May 1875 - **Hancy**, Usal S. to Cornelia R. Rose
193 - 12 Jan. 1856 - **Hand**, Charles H. (Morris Co.) to Eliza Johnson
196 - 7 Feb. 1857 - **Hand**, Mary to Matthias Swartswelder
429 - 26 Mar. 1878 - **Hand**, Nancy J. (Newton) to Cornelius Wright
232 - 31 July 1834 - **Handly**, Ann (Stillwater) to Wm. Hooen
264 - 2 July 1864 - **Hankins**, Stephen (Wantage) to Sette Pinkle
395 - 19 April 1876 - **Hankinson**, David S. to Mary J. Niper
189 - 21 Nov. 1854 - **Hankinson**, Elizabeth A. (Newton) to Charles Roy
236 - 4 July 1863 - **Hankinson**, Elsy M. (Blairs Twp.) to George W. Hartman
438 - 30 May 1878 - **Hankinson**, Lewis H. (Hampton) to Mary E. Decker
235 - 18 Feb. 1839 - **Hankinson**, Margaret (Stillwater) to Robert Struble
228 - 5 Dec. 1840 - **Hankinson**, Margaret (Stillwater) to James Case
237 - 29 Oct. 1853 - **Hardick**, Isaac B. (Stillwater) to Mary Meguire
238 - 28 Sept. 1854 - **Hjadrick**, Uriah H. (Stillwater) to Mary Jane Mulholen
333 - 7 Nov. 1872 - **Hardin**,

Amanda C. (Fredon) to Amzi R. Crown
433 - 25 Feb. 1878 - **Hardin**, Arvilla J. (Deckertown) to Richard A. Quick
206 - 3 Dec. 1859 - **Hardin**, Dennis (Wantage) to Phebe Curran
357 - 15 June 1873 - **Harden**, George (Newton) to Mary Cannon
195 - 12 Nov. 1856 - **Harden**, Harriet L. (Wantage) to Moses C. Dunn
220 - 30 June 1862 - **Harden**, Marcus A. (Green) to Maggie E. Wilson
214 - 10 Nov. 1858 - **Hardin**, Robert M. (Newton) to Elisabeth Laurence
383 - 8 Nov. 1866 - **Hardin**, Sarah E. to Thomas B. Edsall
214 - 16 Nov. 1858 - **Hardin**, Sarah M. (Newton) to Job S. Decker
189 - 7 Oct. 1854 - **Hardin**, Theodore (Newton) to Pamelia Cassacy
327 - 19 Sept. 1870 - **Hardwick**, Nelson S. to Matilda Robins
317 - 17 Oct. 1869 - **Harison**, Fanny to Edward Masecar (Masker?)
314 - 24 Dec. 1868 - **Harkans**, Carrie E. (Lafayette) to Wm. C. Drake
343 - 27 Sept. 1871 - **Harmony**, Elizabeth A. (Long Island) to Thomas Parsil
401 - 21 Oct. 1875 - **Harring**, Maurice (Deckertown) to Amelia C. Wright
344 - 27 Oct. 1873 - **Harrington**, Theodore (Andover) to Sarah Hamler
211 - 4 Jan. 1860 - **Harris**, George Washington to Sarah Ann Roof
349 - 1 Jan. 1873 - **Harris**, Mary to George Whtford
405 - 7 Feb. 1877 - **Harris**, Mrs. Sarah A. (Wantage) to Mortimer DeWitt
240 - 9 Feb. 1859 - **Hart**, Elias D. (Byram) to Margaret D. McCain
425 - 6 Jan. 1878 - **Hart**, John (Hoboken) to Lydia O. Kinney
335 - 4 July 1872 - **Hart**, William K. (Hackettstown) to Ruth Swayze
192 - 10 Jan. 1854 - **Hartford**, Malinda to Jacob Stickles
236 - 4 July 1863 - **Hartman**, George W. (Blairs Twp.) to Elsy M. Hankinson
437 - 12 Oct. 1877 - **Hartman**, Mary J. (Hainesville) to Solomon VanInwegin
268 - 7 Oct. 1865 - **Hartwick**, Theodore (Newton) to Susan Coulter (also p. 279)
219 - 11 Feb. 1862 - **Harty**, Julia (Sandyston) to Thomas Whaling
371 - 22 April 1875 - **Hasbrouck**, Joseph, M.D. (Dobb's Ferry NY) to Phebe Dayton Anna
218 - 25 Sept. 1861 - **Hathaway**, Amanda Thompson (Newton) to Lewis Writer
201 - 15 Oct. 1858 - **Hathway**, Emma Jane (Newton) to Whitfield H. Budd
285 - 9 Jan. 1867 - **Havell**, Daniel W. to Phebe June Case
349 - 7 May 1873 - **Haven**, Sarah C. to Henry Ricker
426 - 31 Oct. 1877 - **Havens**, Asa (Wantage) to Sarah N. Northrup
298 - 1 Oct. 1867 - **Havens**, Caroline L. to A. P. Themann
189 - 22 Feb. 1855 - **Havens**, Elizabeth (Wantage) to John P. Lewis
353 - 22 Oct. 1872 - **Havens**, Ellen (Wantage) to Thomas Jefferson Dunn
322 - 25 Jan. 1871 - **Havens**, Jonathan, M.D. (Newton) to Margaret A. Nelden
206 - 3 Jan. 1860 - **Havens**, Phebe Ellen to Thompson Babcock
205 - 19 Jan. 1859 - **Havens**, Robert A. (Wantage) to Emeline

Moore
363 - 4 Oct. 1874 - **Havens**, Robert A. (Wantage) to Susan A. Hubbard
414 - 4 Mar. 1877 - **Havens**, Sam S. (Deckertown) to Mary Parsels
334 - 2 Feb. 1871 - **Havens**, Susan (Owego NY) to Michael Decker
414 - 14 April 1877 - **Havey**, Temperance J. (Lafayette) to Stanley L. Preston
309 - 26 May 1866 - **Hawk**, Katie (Newton) to George McPeek
351 - 4 Oct. 1870 - **Hawkins**, Andrew (Wantage) to Julia Lott
244 - 1 Dec. 1858 - **Hawkins**, Frances (Wantage) to Jacob Babcock
298 - 9 Mar. 1867 - **Hayne**, George O. (Deckertown) to Mary F. Bishop
382 - 6 Oct. 1875 - **Hayne**, Sarah E. to John Ancust
279 - 16 Dec. 1865 - **Hayward**, Anthony (Sparta) to Catharine Lozier
279 - 23 Nov. 1865 - **Hayward**, Sarah (Sparta) to Hartman C. Kinney
335 - 4 June 1872 - **Hayward**, Samuel B. (Sparta) to Mary E. Frike
272 - 10 Dec. 1865 - **Haywood**, Elizabeth (Sparta) to John C. Kinney
239 - 6 June 1857 - **Haywood**, Emily (Sparta) to John B. Dunlap
351 - 6 Nov. 1870 - **Hazen**, Benjamin (Liberty Corners NY) to Mary Hogencamp
345 - 25 Dec. 1873 - **Hazen**, James E. (Wayne Co., Pa.) to Arminda Cole
433 - 15 May 1878 - **Hazleton**, Eliza (Springdale) to Wm. W. Niper
341 - 3 Aug. 1873 - **Hazleton**, Eveline (Ogdensburg) to Samuel Chambers

273 - 27 Jan. 1866 - **Hazleton**, John D. (Byram) to Susan Teets
316 - 13 June 1869 - **Hazleton**, William (Huntsville) to Lucinda Sergeant
335 - 22 July 1872 - **Hazleton**, H. (Greenville) to Mary E. Black
245 - 10 Mar. 1860 - **Heady**, George (Wantage) to Mary Parks
267 - 8 Jan. 1866 - **Heady**, Hesekiah to Carrie Emily Conkling
418 - 7 June 1877 - **Heater**, David B. (Deckertown) to Julia F. Hammond
193 - 13 Oct. 1855 - **Heater**, David D. (Stillwater) to Julia Huff
297 - 28 Nov. 1863 - **Heater**, Davisin D. to Clara Hull
353 - 3 Dec. 1872 - **Heater**, Henry (Wantage) to Hattie Crowell
433 - 6 April 1878 - **Heater**, Henry (Sparta) to Huldah A. Kithcard
297 - 29 Dec. 1862 - **Heater**, John to Elsey H. Bird
402 - 24 May 1876 - **Heater**, John R. to Gertrude M. Kern
319 - 19 May 1870 - **Heaton**, Malvina (Stanhope) to Frank I. Davis
414 - 6 July 1877 - **Heband**, Edward Warren (Washington) to Charlotte A. Perry
387 - 8 Dec. 1875 -**Hedden**, Silas Franklin to Emma Jane Cron
333 - 7 Dec. 1872 - **Hedden**, Thomas B. (Greenville) to Mary Jane Schooley
185 - 17 Nov. 1853 - **Hedges**, Elizabeth (Newton) to George H. Nelson
198 - 17 May 1857 - **Hedges**, Joseph to Angeline Shimer
287 - 7 Aug. 1867 - **Heislein**, Katie to Edward Shepherd
338 - 22 Nov. 1870 - **Heinick**, Daniel W. (Wantage) to Jennie Marshall
308 - 24 Jan. 1866 - **Heisley**, John C. (Williamsport, Pa.) to Mary F. Lyon
212 - 6 Jan. 1857 - **Heldabrant**,

Eliza (Newton) to James Maines
276 - 9 Sept. 1865 - **Hellebrant**, George (Andover) to Chorinda Dennis
204 - 5 June 1858 - **Hellenbrant**, Robert (Stanhope) to Jane Carson
324 - 8 Feb. 1871 - **Heminover**, Eliza (Stanhope) to George E. Pettit
255 - 27 Sept. 1862 - **Heminover**, Margaret to William H. Whitmore
255 - 3 Dec. 1862 - **Heminover**, S. O. to Susan E. Tompkins
270 - 23 Sept. 1865 - **Hendden**, David, Sr. (Andover) to Mrs. Setta A. Cronn
296 - 13 April 1868 - **Hendershot**, Anna Mary to George Grover
247 - 4 Sept. 1863 - **Hendershot**, Caroline (Newton) to John Hendershot
334 - 27 Dec. 1871 - **Hendershot**, Catharine (Beemerville) to Theodore F. Hull
348 - 8 Dec. 1873 - **Hendershot**, Godfrey (Hampton) to Opehlia Struble
249 - 28 Mar. 1863 - **Hendershot**, Hannah Mary to Peter W. Kanouse
233 - 29 Sept. 1835 - **Hendershot**, Israel (Frelinghuysen) to Mary Ann Adams
408 - 3 Feb. 1877 - **Hendershot**, Ira M. (Hardwick) to Emma G. Simmons
257 - 25 Aug. 1864 - **Hendershot**, Isaiah (Hampton) to Martha Decker
247 - 4 Sept. 1863 - **Hendershot**, John (Newton) to Caroline Hendershot
373 - 27 Mar. 1875 - **Hendershot**, John B. (Newton) to Lucy Brown
253 - 16 Sept. 1863 - **Hendershot**, John S. (Newton) to Sarah E. Hill
236 - 26 Aug. 1863 - **Hendershot**, Joseph A. (Newton) to Amela Predmore
235 - 4 Oct. 1860 - **Hendershot**, Levi (Newton) to Anna M. Hull
354 - 14 Dec. 1872 - **Hendershot**, Levi (Stillwater) to Juda A. Brown
221 - 22 April 1861 - **Hendershot**, Lydia Ann (Newton) to Nathan Earls (also p. 241)
231 - 13 Feb. 1851 - **Hendershot**, Malinda (Newton) to Milton Roy
267 - 7 Oct. 1865 - **Hendershot**, Mary G. (Hampton) to Elijah Groover
235 - 1 Dec. 1839 - **Hendershot**, Mary E. (Stillwater) to Austin Huff
329 - 7 June 1870 - **Hendershot**, Mary Elizabeth (Stillwater) to Thomas Price
235 - 9 Nov. 1861 - **Hendershot**, Michael (Stillwater) to Susan Swartswelder
270 - 24 Jan. 1866 - **Hendershot**, Ophelia (Sparta) to Edward L. Space
341 - 22 Aug. 1873 - **Hendershot**, Simon (Hampton) to Sarah M. Williams
348 - 6 Dec. 1873 - **Hendershot**, Sophia (Stillwater) to Baltis H. Titman
341 - 21 Aug. 1873 - **Hendershot**, William to Rebecca Smith
341 - 11 June 1873 - **Hendershot**, William H. to Lydia A. Robins
258 - 3 Aug. 1864 - **Henderson**, Nancy to John Lewis
192 - 19 Feb. 1856 - **Hendricks**, James (Deckertown) to Eliza Young
245 - 13 Mar. 1860 - **Hendershot**, James (Deckertown) to Emma Hutchinson
295 - 4 July 1867 - **Henion**, Peter (Sparta) to Alice Castmore (also p. 313)
356 - 3 May 1874 - **Hennion**, Sarah (Ogdensburg) to Charles Babcock
302 - 30 Oct. 1867 - **Henry**, David

(Walpack) to Mary Jane Huff

253 - 4 July 1863 - **Henry**, Mary E. (Blairstown) to Joseph M. Cisman

413 - 16 July 1877 - **Henyon**, Eliza (Ogdensburg) to Britten Decker

377 - 23 Sept. 1875 - **Henyon**, Isaac (Ogdensburg) to Jane Devore

201 - 29 Aug. 1858 - **Herman**, Henry to Mary Hovencamp

339 - 4 May 1873 - **Herrman**, Joseph (Vernon) to Elizabeth Osborn

191 - 19 Aug. 1855 - **Herns**, Sarah (Sparta)-to Daniel Struble

351 - 26 June 1870 - **Hersha**, Charles E. (Michigan) to Fanny Day

317 - 5 Feb. 1870 - **Hetzel**, John C. to Mary Allis Smith (also p. 319)

201 - 1 Sept. 1858 - **Hetzel**, Lidia M. to Jacob Stoll

357 - 20 Nov. 1873 - **Hewitt**, Richard (Frankford) to Adelia Roe

410 - 24 May 1877 - **Heyder**, Emma (Newton) to Frank B. Ewald

190 - 28 Feb. 1855 - **Hibler**, Amanda H. (Springdale) to Jesse Willson

257 - 5 April 1864 - **Hibler**, Idell (Swartswood) to John Tallman

327 - 4 Dec. 1870 - **Hibler**, Irving H. to Kate Smith

346 - 9 April 1871 - **Hibler**, Jacob (Swartswood) to Malinda Kithcart

245 - 31 Dec. 1859 - **Hibler**, James R. (Andover) to Electa Vansyckle

218 - 21 Mar. 1861 - **Hibler**, Margaret (Newton) to Henry C. Northrup

411 - 29 Nov. 1876 - **Hiles**, Ella (Newton) to Merrett Strader

282 - 10 Oct. 1866 - **Hiles**, Jacob (Lafayette) to Hannah A. Stoll

282 - 22 Dec. (1866?) -**Hiles**, Mary E. (Lafayette) to George Shotwell

289 15 Jan. 1868 - **Hiles**, Rachel S. to Allen Smith

203 - 5 Jan. 1859 - **Hiles**, Thomas S. (Lafayette) to Mary Dennis

338 - 13 Dec. 1870 - **Hiles**, William (Lafayette) to Emma D. Ackerson

248 - 4 July 1850 - **Hill**, Adam (Walpack) to Elizabeth Garis

318 - 25 Dec. 1869 - **Hill**, Adam W. to Hannah B. Main

233 - 10 Nov. 1835 - **Hill**, Andrew J. (Walpack) to Mary G. Congle

347 - 14 Nov. 1872 - **Hill**, Celia M. (Stillwater) to John B. Layton

347 - 14 Nov. 1872 - **Hill**, Charlotte A. (Stillwater) to Matthew George Oliver

237 - 29 Nov. 1853 - **Hill**, Cornelius (St. Josephs, Mich.) to Margaret VanHorn

397 - 17 Oct. 1876 - **Hill**, Elizabeth (Springdale) to Abram C. Hopkins

396 - 17 Oct. 1876 - **Hill**, Emma (Springdale) to Wm. Lafayette Westbrook

387 - 29 Mar. 1876 - **Hill**, Jacob to Julia Bell

237 - 4 July 1854 - **Hill**, Jacob N. (Stillwater) to Charlotte VanHorn

283 - 29 Nov. 1851 - **Hill**, Jane (Pahaquarry) to William Bertholf

215 - 10 Sept. 1860 - **Hill**, Joanna (Newton) to Jacob L. Swayse

366 - 3 Sept. 1873 - **Hill**, Joshua (Fredonia KS) to Louisa Franks

235 - 6 Jan. 1839 - **Hill**, Julia Ann (Blairs Twp.) to John W. Wass

381 - 3 July 1875 - **Hill**, Lucinda M. (Stillwater) to Oscar A. Oliver

198 - 18 Nov. 1857 - **Hill**, Luther to Susan R. Stackhouse

263 - 20 Aug. 1864 - **Hill**, Lydia J. (Stillwater) to Charles M. Williams

230 - 21 Jan. 1818 - **Hill**, Magdalena W. (Stillwater) to Wm. R.

Emmans
393 - 4 Mar. 1876 - **Hill**, Maggie S. (Stillwater) to George D. Garis
227 - 20 Feb. 1838 - **Hill**, Mary Ann (Stillwater) to Charles Newbake
357 - 19 Nov. 1873 - **Hill**, Mary C. (Hardwick) to M. Edmund Tranger
193 - 27 Dec. 1855 - **Hill**, Nancy (Newton) to Robert Haggerty
345 - 27 Nov. 1873 - **Hill**, Ohadiah F. (Stillwater) to Phebe A. Simpson
334 - 19 Feb. 1871 - **Hill**, Richard (Stillwater) to Phebe C. Decker
253 - 16 Sept. 1863 - **Hill**, Sarah E. (Stillwater) to John S. Hendershot
243 - 6 Jan. 1864 - **Hill**, Sarah E. (Newton) to Joseph H. Snover
253 - 16 Jan. 1864 - **Hill**, Rhods (Stillwater) to Henry Marvin
257 - 30 April 1864 - **Hill**, Sarah Jane (Lafayette) to George H. Scott
233 - 1 Nov. 1835 - **Hill**, Susan E. (Stillwater) to John D. Bloom
273 - 10 Feb. 1866 - **Hills**, William T. (Roxbury) to Henrietta Drake
297 - 1 April 1861 - **Hilton**, James E. to Mary E. Johnson
195 - 3 Dec. 1856 - **Hindrell**, Amanda to Daniel Stillwall
368 - 25 Sept. 1873 - **Hinds**, Lottie E. (Andover) to Joseph Ackerson
299 - 9 Dec. 1868 - **Hinds**, Mary E. to Benjamin Cannon
207 - 5 April 1860 - **Hinkle**, Mary Ann (Sandyston) to Giles Bodine
269 - 17 Nov. 1869 - **Hinkle**, Phebe Catherine to Jeremiah Feazler
184 - 25 Dec. 1853 - **Hinman**, Margaret (Canton, Ill.) to William Blanchard
271 - 18 Dec. 1861 - **Hockenberry**, Alfred B. to Rachel Hunt
290 - 23 Mar. 1867 - **Hockenberry**, Mary E. to Frederick Simonson
270 - 15 Nov. 1865 - **Hockenberry**, Peter S. (Wantage) to Catharine S. Ayers
314 - 13 Oct. 1868 - **Hockenberry**, Sarah E. (Lafayette) to Jacob H. Hoffman
314 - 13 Oct. 1868 - **Hoffman**, Jacob H. (Lafayette) to Sarah E. Hockenberry
395 - 17 Aug. 1876 - **Hoffman**, Samuel H. to Laura H. Hubert
277 - 21 Jan. 1866 - **Hogan**, John to Catharine Mullen
307 - 21 Jan. 1866 - **Hogan**, Joseph to Catharine Mullen
13 Sept. 1865 - **Holden**, Ahizah (Cherry Ridge) to Harriet M. Forgerson
187 - 26 Aug. 1845 - **Holden**, Susan (Frankford) to Ramah Cole
188 - 29 Dec. 1845 - **Hollowick**, Ann(Lafayette) to Mark Trout
361 - 4 July 1874 - **Holly**, Augusta A. (West Milford) to Ford L. Strait
219 - 22 Nov. 1861 - **Holly**, Edward W. to Mary Ann Willis
351 - 12 Jan. 1871 - **Holly**, Hannah (Glenwood) to Theodore Vanostrand
271 - 16 May 1866 - **Holey**, Michael to Anna M. Strate
220 - 20 Nov. 1861 - **Holly**, William to Phebe Maloy
392 - 2 July 1876 - **Holmes**, Caleb (Newton)(colored) to Elnora Smith
352 - 8 Mar. 1867 - **Holmes**, Hudson (Newton)(colored) to Rebecca Johnson
328 - 22 Dec. 1871 - **Holmes**, Wm. L. to Carrie Prine
246 - 16 Dec. 1863 - **Holten**, Mary Ann (Frankford) to William Jervis
430 - 6 Mar. 1878 - **Holton**, Charlotte (Branchville) to Ephraim Morrison, M.D.
245 - 22 Jan. 1862 - **Homelton**,

William (Deckertown) to Catherine Queren
258 - 10 Jan. 1867 - **Homes**, Sarah A. to Moses Pigary
310 - 24 Dec. 1868 - **Homler**, Joseph H. (Byram) to Augusta Spitzer
228 - 21 Dec. 1842 - **Honawell**, Thomas (Stillwater) to Epha Osborn
236 - 25 Dec. 1862 - **Honey**, Christopher (Hardwick) to Ellen (Nulton?)
232 - 31 July 1834 - **Hooan**, Wm. (Stillwater) to Ann Handley
360 - 18 Jan. 1874 - **Hooey**, Frederick (Branchville) to Ella Stephens
231 - 20 June 1853 - **Hooey**, Hannah (Stillwater) to Nathan Westbrook
251 - 16 July 1864 - **Hooey**, Jane to Abraham Avery
238 - 9 Sept. 1854 - **Hooey**, Mark A. (Stillwater) to Temperance Jane Blackford
230 - 24 May 1849 - **Hooey**, Martha (Stillwater) to George Titman
233 - 22 Nov. 1836 - **Hooey**, Mary (Stillwater) to George L. Ogden
276 - 4 July 1865 - **Hoover**, Eliphalet (Hackettstown) to Elizabeth Vannattta
409 - 21 May 1874 - **Hoover**, Julia A. (Flatbrookville) to Ingham W. Deats
427 - 4 July 1877 - **Hoover**, Melissa (Warren Co.) to John Kennedy
196 - 12 Feb. 1857 - **Hoover**, Permila C. to Cornelius Gunn
347 - 4 July 1872 - **Hoovery**, Annie Mary (Stillwater) to Jacob C. Pettinger
205 - 5 Oct. 1859 - **Hope**, James M. (Hardyston) to Martha Longwell
397 - 17 Oct. 1876 - **Hopkins**, Abram C. (Paterson) to Elizabeth Hill
315 - 21 Dec. 1869 - **Hopkins**, Alfred B. (Lafayette) to Sarah E. Swarts
397 - 11 April 1877 - **Hopkins**, Benjamin K. (Lafayette) to Annie McKinney (p. 415)
403 - 1 Jan. 1877 - **Hopkins**, David (Hopkin's Corner) to Mary Alice Welling
291 - 18 Mar. 1868 - **Hopkins**, Cornelia Wheeler (Vernon) to George Morrill Stage
200 - 2 Nov. 1857 - **Hopkins**, Frank (female) to Andrew J. Rogers
329 - 29 Dec. 1871 - **Hopkins**, Henry to Agnes Fitzherbert (also p. 329)
199 - 24 Feb. 1858 - **Hoppaugh**, Henry Cooper (Ogdensburg) to Eliza Wolverton
214 - 1 Dec. 1858 - **Hoppaugh**, Peter (Newton) to Marcia Ward
409 - Nov. 1876 - **Hoppaugh**, Ruth P. to Wm. Riddle
358 - 24 June 1874 - **Hopper**, Elizabeth (Lafayette) to Wm. A. McPeek
221 - 2 April 1862 - **Hooper**, Hester (Newark) to Jabez Eakley
404 - 23 Dec. 1876 - **Hooper**, Whitfield S. (Lafayette) to Mary F. Durling
335 - 2 Aug. 1872 - **Hormess**, John (Hackettstown) to Josie Danley
285 - 11 Sept. 1866 - **Hornbeck**, Emeline D. to Jackson Hall
193 - 8 Nov. 1855 - **Hornbeck**, James to Susan C. Drake
218 - 24 Sept. 1861 - **Hornbeck**, Mary (Montague) to Thomas J. Bonnell
209 - 14 Mar. 1860 - **Hortan**, Charles to Sarah Rowe
195 -13 Aug. 1856 - **Horten**, Ely to Mary Kishpaugh
298 - 16 Oct. 1867 - **Horton**, A. Florence to Albert B. Cox
297 - 27 Dec. 1860 - **Horton**, Emily H. to Samuel J. Coursen

266 - 1 April 1865 - **Horton**, George to Nancy Doty
212 - 13 April 1857 - **Horton**, George W. (Amity NY) to Hannah Laurence
258 - 9 Mar. 1864 - **Horton**, Pemberton B. (Newton) to Sallie Northrup
187 - 6 Sept. 1845 - **Hotalen**, Jane (Sandyston) to Ephraim Gunn
346 - 20 Dec. 1870 - **Hotalen**, John (Sandyston) to Maria Sigler
428 - 30 Oct. 1877 - **Hough**, Ella A. Swartswood) to James Harris Ayers
276 - 19 Oct. 1865 - **Hough**, Frank M. (Newton) to Sophia M. Shimer
237 - 21 Jan. 1854 - **Hough**, Harriet S. (Swartswood) to Andrew J. Staley
194 - 15 Jan. 1856 - **Hough**, Harrison (Wantage) to Jane Beemer
308 - 18 Oct. 1865 - **Hough**, James (Newfoundland) to Lydia A. Post
187 - 15 Jan. 1845 - **Hough**, John A. to Catherine J. Compton
374 - 4 Mar. 1875 - **Hough**, John S. (Branchville) to Mary C. VanHorn
331 - 19 Sept. 1871 - **Hough**, Lester W. (Newton) to Rose Roy
238 - 19 Jan. 1856 - **Hough**, Martin E. (Swartswood) to Sarah Ann Marvin
398 - 28 Oct. 1876 - **Hough**, Sarah J. (Wantage) to Ira Courtright Jr.
188 - 31 Jan. 1846 - **Hough**, Senea (Frankford) to Benjamin Roseberry
409 - 29 Dec. 1875 - **House**, David N. (Walpack Center) to Susie D. Petty
189 - 5 Dec. 1854 - **Holuse**, John S. (Wilsonville, Pa.) to Catherine Halsey
360 - 8 Nov. 1873 - **House**, Obadiah F. (Waloack Center) to Cath. A. Sheets
304 - 18 Nov. 1868 - **House**, William C. (Branchville) to Emma C. Dennis
434 - 16 Jan. 1878 - **Houston**, Susan (Glenwood) to Thomas Pickens
209 - 8 Dec. 1859 - **Hovenborgh**, Eli (Saugherties NY) to Emeline Clark
433 - 10 July 1875 - **Hogencamp**, Amos (Glenwood) to Marietta Sammis
351 - 25 May 1867 - **Hogencamp**, Elizabeth (Vernon) to Peter Belcher
372 - 14 Mar. 1874 - **Hogencamp**, John (Glenwood) to Mrs. Abba Louise Gyle
201 - 29 Aug. 1858 - **Hovencamp**, Mary to Henry Herman
351 - 6 Nov. 1870 - **Hogencamp**, Mary (Vernon) to Benjamin Hazen
202 - 27 Aug. 1858 - **Hovencamp**, Mary Jane (Wantage) to John L. Mead
220 - 3 Jan. 1861 - **Hougencamp**, Phebe (Hainesville) to Ephriam Odell
336 - 24 Aug. 1872 - **Hovencamp**, William H. (Vernon) to Joanna Mark
210 - 30 Sept. 1860 - **Hovenden**, Rev. Robert (Ohio) to Martha Ann Freidenburg
255 - 30 May 1863 - **Howard**, Catherine (Marren) to James Dockerdy
240 - 13 Mar. 1859 - **Howard**, Elizabeth (Sparta) to Jacob B. Drake
293 - 22 Sept. 1867 - **Howard**, James S. (Waterloo) to Sarah L. Kent
293 - 24 Nov. 1867 - **Howard**, Louisa E. (Warren Co.) to Thomas Benton Rose
257 - 26 Mar. 1863 - **Howard**, Mary (Newton) to Henry Decker

433 - 3 Nov. 1875 - **Howard**, W. H. (Glenwood) to Minnie York
246 - 10 Feb. 1863 - **Howe**, Freeman S. (Newton) to Sarah Stoll
333 - 25 Dec. 1872 - **Howell**, Amelia (Trenton) to Harvey C. Freese
321 - 7 Apr. 1870 - **Howell**, Delpheni (Wantage) to George VanSyckle
411 - 13 June 1877 - **Howell**, James Edward (Newark) to Mary Lillian Cummins
257 - 2 Dec. 1863 - **Howell**, Jonah (Newton) to Salina Strader
204 - 9 Mar. 1859 - **Howell**, Levi J. to Sarah Cassady
317 - 30 Dec. 1869 - **Howell**, Mary A. (Wantage) to John Stewart
308 - 10 Nov. 1869 - **Howell**, Noah (Wantage) to Phebe Smith
353 - 10 Mar. 1874 - **Howell**, Phebe C. (Wantage) to Peter D. Wells
378 - 2 Nov. 1875 - **Howell**, Robert H. (Newton) to Mary M. Foster
338 - 20 April 1870 - **Howell**, Sarah (Pinkneyville) to Oliver Morris
289 - 5 Dec. 1867 - **Howell**, Susan A. to Andrew S. Morris
310 - 24 Dec. 1868 - **Howell**, Thomas W. (Lafayette) to Emma J. Marshall
293 - 2 May 1867 - **Howell**, William H. (Allamuchy) to Margaret J. Black
400 - 23 Dec. 1876 - **Hoyt**, Dewitt C. (Deckertown) to Frances Schoonover
209 - 28 Mar. 1860 - **Hoyt**, Sarah (Wantage) to Byram Winters
343 - 9 July 1870 - **Hoyt**, Sylvester (Lafayette) to Margaret Demarest
316 - 18 Apr. 1869 - **Hubbard**, George W. (Lafayette) to Elizabeth A. Smith
303 - 14 Nov. 1867 - **Hubbard**, Harriet O. (wid. John Hubbard) to Samuel Blanchard
285 - 15 May 1866 - **Hubbard**, Harvey F. to Anna H. Warbasse
257 - 16 Feb. 1863 - **Hubard**, John (Hardyston) (Co. D, 15th Regt., NJ Vols.) to Harriet O. Case
363 - 4 Oct. 1874 - **Hubbard**, Susan A. (Hardyston) to Robert A. Havens
368 - 5 Jan. 1874 - **Hubert**, Bethnel G. (Stanhope) to Miranda White
273 - 3 Sept. 1865 - **Hubert**, Caroline S. (Stanhope) to David R. P. Dimmick
328 - 11 Jan. 1872 - **Hubert**, George C. (Brooklyn NY) to Margaret Talmadge (p. 331)
335 - 7 Dec. 1872 - **Hubert**, Joseph C. (Tranquility) to Ellen E. Wright
395 - 17 Aug. 1876 - **Hubert**, Laura H. to Samuel H. HHoffman
305 - 21 May 1868 - **Hubert**, Mary F. (Roxbury) to Jacob Shaeffer
319 - 30 July 1870 - **Hubert**, Nettie to John Seagraves
305 - 3 April 1869 - **Hubert**, Sarah Matilda (Stanhone) to Michael Brady
335 - 4 July 1872 - **Hubert**, Wm. T. (Stanhope) to Sarah E. Benson
344 - 15 Jan. 1873 - **Hueston**, Hannah (Hampton) to Theodore F. Spangenbirgh
346 - 4 July 1871 - **Huff**, Addie (Stillwater) to Marris W. Losey
347 - 27 Dec. 1871 - **Huff**, Alonso M. C. (Stillwater) to Sarah A. Roy
238 - 4 Nov. 1854 - **Huff**, Amy E. (Stillwater) to Casper Losey
348 - 27 Dec. 1873 - **Huff**, Annie Mary (Stillwater) to Robert M. Savercool
235 - 1 Dec. 1839 - **Huff**, Austin (Stillwater) to Mary E. Hendershot

232 - 2 Dec. 1834 - **Huff**, Marnett S. (Stillwater) to Mary Ann Divers
230 - 19 Oct. 1850 - **Huff**, Elizabeth Jane (Stillwater) to Joseph G. Voss
347 - 2 Nov. 1872 - **Huff**, Franklin P. (Walpack) to Almira Dickerson
394 - 4 July 1876 - **Huff**, George C. (Stillwater) to Margen J. Totten
393 - 4 July 1876 - **Huff**, Isaac (Stillwater) to Mary C.Clark
402 - 15 April 1876 - **Huff**, Isaac A. (Morristown) to Susan Ophelia Jefferson
346 - 4 July 1871 - **Huff**, Jemima (Stillwater) to Jacob L. Vanhorn
336 - 18 Dec. 1872 - **Huff**, Joseph (Walpack) to Augusta Stoll
252 - 31 Dec. 1863 - **Huff**, Josenh W. to Susan M. Kithcart
193 - 13 Oct. 1855 - **Huff**, Julia (Stillwater) to David D. Heater
300 - 26 Dec. 1868 - **Huff**, Lizzie D. to Silas C. Osborn
231 - 23 Sept. 1853 - **Huff**, Margaret (Stillwater) to Abram Schuster
229 - 25 May 1846 - **Huff**, Mary (Stillwater) to John Roof
409 - 4 July 1874 - **Huff**, Mary E. (Newton) to George E. Keen
302 - 30 Oct. 1867 - **Huff**, Mary Jane (Walpack) to David Henry
336 - 6 April 1872 - **Huff**, Philip G. (Walpack) to Stella T. Crown
370 - 15 Dec. 1874 - **Huff**, Sarah A. (Middleville) to Joseph A. Losey
211 - 24 Nov. 1860 - **Huffman**, Joseph (Vernon) to Hannah Oshorn
235 - 4 Oct. 1860 - **Hull**, Anna M. (Newton) to Levi Hendershot
345 - 23 Oct. 1873 - **Hull**, Catharine (Walpack) to Robert Stoll
297 - 28 Nov. 1863 - **Hull**, Clara to Davisin D. Heater
297 - 23 June 1868 - **Hull**, David R. to Julia A. Thompson
243 - 31 Aug. 1863 - **Hull**, Gershom (Newton) to Cornelia F. Christie
255 - 6 Sept. 1862 - **Hull**, -Issac P. (Warren Co.) to Margaret E. Drake
344- 19 Feb. 1873 - **Hull**, Martin (Flatbrookville) to Sarah J. Maines
204 - 7 Oct. 1858 - **Hull**, Mary E. (Hackettstown) to George W. Hamilton
255 - 30 July 1862 - **Hull**, Mary M. (Andover) to John Washer
352 - 13 Nov. 1872 - **Hull**, Peter L. (Port Jervis NY) to Jennie Lindsley
334 - 27 Dec. 1871 - **Hull**, Theodore F. (Swartswood) to Catharine Hendershot
418 - 1 July 1877 - **Hulmes**, Emma A. (Berkshire Valley) to Joseph T. Smith
265 - 2 Dec. 1864 - **Hulmes**, Margaret A. (BerkshireValley) to Henry Parliament
274 - 26 Nov. 1863 - **Hunt**, Aaron D. (Tranquility) to Elizabeth Wilson
435 - 16 Mar. 1878 - **Hunt**, Alice A. (Swartswood) to Wm. E. Decker
262 - 25 July 1865 - **Hunt**, Anna (Sparta) to Lyran J. States
309 - 27 Nov. 1867 - **Hunt**, Anna M. (Andover) to Daniel Byram
381 - 16 Oct. 1875 - **Hunt**, Daniel H. (Swartswood) to Lizzie Unangst
315 - 24 Nov. 1869 - **Hunt**, Fanny S. (Branchville) to Hugh L. Phillips
399 - 30 Nov. 1876 - **Hunt**, Flora S. (Montague) to John J. Courtright
311 - 24 Nov. 1869 - **Hunt**, Frances E. (Fernon) to William M. Drew
430 - 31 Dec. 1877 - **Hunt**, Jennie to Livingston Stackhouse

240 - 9 Nov. 1857 - **Hunt**, Job D. (Hardyston) to Margaret Earles
249 - 22 July 1863 - **Hunt**, John M. (Sparta) to Mary Elizabeth Simmons
306 - 28 Aug. 1869 - **Hunt**, Joseph O. to Sarah A. Totten
285 - May 1867 - **Hunt**, Lavilla M. (Green) to James A. Decker
367 - 30 Oct. 1872 - **Hunt**, Lizzie (Andover) to Steward Stickles
309 - 30 Mar. 1867 - **Hunt**, Lydia (Andover) to John V. Vansyckle
230 - 7 Dec. 1848 - **Hunt**, Margretta (Stillwater) to Peter C. Osborn
189 - 17 Oct. 1854 - **Hunt**, Martha to Isaac Mattison (also p. 190)
194 - 22 Sept. 1855 - **Hunt**, Mary (Sparta) to Amos F. Bealy
349 - 17 Nov. 1872 - **Hunt**, Prudence N. (Sparta) to George Ackerman
271 - 18 Dec. 1861 - **Hunt**, Rachel to Alfred B. Hockenberry
312 - 24 Nov. 1869 - **Hunt**, Susie M. to John N. Calsin
310 - 24 Dec. 1868 - **Hunt**, Wm. H. (Andover) to Jennie H. Longcore
200 - 13 May 1858 - **Hurd**, Emeline M. (Sparta) to Newell W. Forbes
345 - 13 Nov. 1873 - **Hursh**, George E. (Centerville) to Mary A. Rosenkrans
357 - 11 Sept. 1873 - **Huson**, Hiram A. (N.Y.C.) to S. Comine Crane
370 - 20 Mar. 1875 - **Huston**, Abram (Hardwich) to Sallie Allas Mann
370 - 20 Dec. 1876 - **Huston**, Anna M. (Hampton) to James E. Phillips
352 - 25 Jan. 1872 - **Huston**, Ernest (Lafayette) to Maggie C. Shupe
353 - 4 Dec. 1873 - **Huston**, Marcus (Lafayette) to Almira Dennis

245 - 13 Mar. 1860 - **Hutchinson**, Emma (Deckertown) to James Hendricks
390 - 12 Sept. 1874 - **Huyler**, Caroline (Byram) to James J. Cliff
294 - 4 Oct. 1866 - **Hulyer**, Mary E. (Byram) to William Vantassel
281 - 12 Dec. 1866 - **Hyde**, Francis N. (Malugins Grove, IL) to Phebe E. Youngs
288 - 11 Oct. 1864 - **Hynard**, Frances Adeline to Wm. H. Chardavoyne
281 - 10 June 1866 - **Ike**, Albert to Caroline Straway
324 - 28 Dec. 1870 - **Ike**, Isaac A. (Branchville) to Elsy M. Kishnaugh
293 - 1 June 1867 - **Ike**, Jacob (Allamuchy) to Mary J. Mosier
395 - 5 Aug. 1876 - **Ike**, William (Star Port) to Julia Mosher
233 - 29 Dec. 1835 - **Iliff**, Elizabeth (Newton) to Hiram M. Rhodes
236 - 24 Dec. 1861 - **Iliff**, Isaac (Newton) to Mary Smith
355 - 24 Dec. 1873 - **Iliff**, Lydia (Newton) to Merrit P. Strader
352 - 26 Feb. 1863 - **Ingersol**, Charles W. (Belleville) to Kate A. Sharpe
274 - 9 June 1863 - **Ingersoll**, Josephine (Newton) to B. Austin Anderson
324 - 14 Nov. 1870 - **Ingersoll**, Sarah B. (Hamburg) to Hough T. Lawrence
421 - 12 Dec. 1877 - **Ingersoll**, W. S. (Newton) to Margaret Garriss
265 - 19 April 1865 - **Inslee**, Charles S. (N. Y. City) to Sarah Ann Edsall
201 - 13 Sept. 1858 - **Jackson**, Eliza Ann (Port Jervis NY) to Thomas J. Rogers
335 - 18 June 1872 - **Jackson**, Elizabeth (Drakesville) to Isaac W. Ward
355 - 6 Mar. 1874 - **Jackson**,

George W. (Newton) to Emma M. Smith
278 - 17 Mar. 1860 - **Jakcson**, Henry to Elizabeth Milligan
297 - 14 Sept. 1863 - **Jackson** - Mary to Thomas Thompson
391 - 12 June 1876 - **Jakcson**, Nelson (Byram) to Julia Ward
340 - 16 Jan. 1873 - **Jager**, Benjamin W. (Hainesville) to Alwilda Bell
402 - 15 April 1876 - **Jefferson**, Susan Ophelia (Deckertown) to Isaac A. Huff
314 - 28 Nov. 1868 - **Jenkins**, Calvin (Franklin) to Mary S. Shimer
351 - 6 Dec. 1869 - **Jenkins**, George M. (Unionville NY) to Sarah Ann Belcher
380 - 12 Jan. 1876 - **Jennings**, Charles (Milton) to Mary Mains
434 - 26 Dec. 1877 - **Jennings**, Robert (Glenwood) to Josephine Minnon
195 - 9 Nov. 1856 - **Jennings**, William to Julia Anna Brown
429 - 19 Mary 1877 - **Jervis**, Bethewel (Swartswood) to Phebe C. Southard
276 - 29 Nov. 1865 - **Jervis**, James Meeker (Deckertown) to Sarah J. Criggar
326 - 23 Feb. 1871 - **Jarvis**, Kittie E. (Deckertown) to Obediah Pellett,Jr.
221 - 4 June 1862 - **Jervis**, Nelson (Newton) to Jane Decker
381 - 27 Nov. 1875 - **Jervis**, Sarah E. (Swartswood) to John Robbins
246 - 16 Dec. 1863 - **Jervis**, William (Frankford) to Mary Ann Holten
311 - 17 Nov. 1869 - Jessup, James J. (Florida NY) to Dillie A. VanOstrand
191 - 3 Nov. 1855 - **Johnson**, Abraham (Walpack) to Sarah Elizabeth Warner
340 - 20 Nov. 1872 - **Johnson**, Alfred W. (Lafayette) to Julia A. Lish
269 - 4 Oct. 1869 - **Johnson**, Catherine T. to George Smith
347 - 22 June 1872 - **Johnson**, David T. (Stillwater) to Laura A. Keen
194 - 1 May 1856 - **Johnson**, E. Anna (Newton) to Henry J. Rudd
193 - 12 Jan. 1856 - **Johnson** (Green) to Charles H. Hand
297 - 18 July 1863 - **Johnson**, Elsey to Edwin Drake
200 - 4 June 1857 - **Johnson**, Harriet A. (Wantage) to Lewis Courtright
282 - 19 Dec. 1869 - **Johnson**, James M. (Tranquility) to Remembrance Stoll
291 - 23 Sept. 1865 - **Johnson**, Jemima (widow of Pvt. James Johnson) to William Denee
340 - 26 June 1872 - **Johnson**, Jennie K. (Tranquility) to J. Anson Vought
228 - 18 Mar. 1843 - **Johnson**, John (Hardwick) to Lucy Rosenkrans
204 - 24 Feb. 1859 - **Johnson**, John H. to Hannah Knox
222 - 24 May 1862 - **Johnson**, Kate A. (Newton) to William McCarty
353 - 4 July 1871 - **Johnson**, Lewis G. (Wantage) to Mary E. Babb
209 - 13 June 1860 - **Johnson**, Margaret Emaline to John Crandell
255 - 8 Nov. 1862 - **Johnson**, Mariah to J Springsteel
407 - 17 Mar. 1877 - **Johnson**, Martha Jane (Stillwater) to George A. VanHorn
218 - 6 Aug. 1861 - **Johnson**, Mary to Wm. M. C. McDougal
285 - 5 June 1867 - **Johnson**, Mary A. to William W. Woodward
297 - 1 April 1861 - Johnson,

Mary E. to James E. Hilton
352 - 6 Mar. 1867 - **Johnson**, Rebecca (colored) (Newton) to Hudson Holmes
218 - 5 June 1861 - **Johnson**, Samuel (Newton) to Euphemia S. Cassidy
334 - 17 Feb. 1872 - **Johnson**, Thomas M. (Port Jervis NY) to Jennie Young
413 - 4 July 1877 - **Johnson**, William J. (Chester) to Mary E. Thompson
366 - 17 Feb. 1875 - **Jones**, Albert (Elmira NY) to Martha J. Vanetten
227 - 29 Dec. 1860 - **Jones**, Amy (North Vernon) to Benjamin M. Fuller
364 - 19 Sept. 1874 - **Jones**, Anna M. to Byram Pitney
252 - 20 Oct. 1863 - **Jones**, Benjamin K. (Beaver Run) to Elenor Benjamin
198 - 20 Jan. 1858 - **Jones**, Bridgett (Newton) to Michael Butler
332 - 25 Sept. 1872 - **Jones**, Edward Payton (Detroit, Mich.) to Lucy Carolina
258 - 8 Sept. 1864 - **Jones**, Henry H. (N.Y. City) to Laura E. Kelsey (Woodford)
312 - 12 July 1869 - **Jones**, Mrs. Jennie (Hamburg) to Samuel Elston
212 - **Jones**, John (Stillwater) to Eliza A. Ammerman
233 - 13 Sept. 1836 - **Jones**, Joshua (Blairs Twp.) to Sarah VanScotten
432 - 12 June 1877 - **Jones**, Martha A. (Hampton) to Joseph Mackey
184 - 19 Oct. 1853 - **Jones**, William (Newton) to Jane Kean
258 - 25 Feb. 1864 - **Joralemon**, Mary Florence (Lockwood) to Aaron S. Wells
351 - 2 Oct. 1870 - **Jost**, Phebe (Vernon) to John W. Estile

200 - 1 May 1858 - **Jurgensen**, Peter Detty Christian to Margaret Maui
249 - 28 Mar. 1863 - **Kanouse**, Peter W. to Hannah Mary Hendershot
208 - 20 Dec. 1859 - **Karser**, John (Frankford) to Mary S. Camfeild
323 - 21 Feb. 1870 - **Kastimore**, Charles K. (Woodport) to Mary E. Lozier
379 - 22 Dec. 1875 - **Kay**, Minnie (Swartswood) to John D. Ackerson
1 Sept. 1839 - **Kays**, Amos (Penna.) to Hannah S. Pellett
297 - 27 Dec. 1865 - **Kays**, Clara N. to John B. Pettit
268 - 4 Jan. 1866 - **Kays**, John (Sparta) to Mary VanBlarcom
322 - 25 Jan. 1871 - **Kays**, Laura (Lafayette) to John Couse
433 - 13 Dec. 1877 - **Kays**, Levi (Beaver Run) to Elizabeth Ann Case
329 - 12 Nov. 1870 - **Kays**, Martha A. (Branchville) to Jacob S. Slacker
325 - 24 July 1871 - **Kays**, Mary (Newton) to Merritt Terhune
399 - 26 Jan. 1877 - **Kays**, Peter J. to Eliza Jane Budd
437 - 17 Nov. 1877 - **Kays**, Sarsh E. (Walpack) to Elias J. Conklin
199 - 24 Sept. 1857 - **Kays**, Thomas to Emanda E. Sates
431 - 25 Oct. 1877 - **Kays**, Thomas M. to Mariel R. Anderson
284 - 4 April 1867 - **Kays**, Keech James to Elizabeth Snyder
316 - 13 April 1869 - **Keef**, Mary (Sparta) to John Lozier
184 - 19 Oct. 1853 - **Kean**, Jane (Newton) to William Jones
343 - 10 April 1873 - **Keen**, Elizabeth (Newton) to Thomas Cotton
347 - 4 July 1872 - **Keen**, Georg F. (Stillwater) to Mary E. Youmans
409 - 4 July 1874 - **Keen**, George M. (Middleville) to Mary E. Huff

229 - 15 June 1844 - **Keen**, John (Stillwater) to Margaret Gunison
347 - 22 June 1872 - **Keen**, Laura A. (Stillwater) to David T. Johnson
228 - 7 Mar. 1840 - **Keen**, Margaret (Stillwater) to Henry Eylenburg
347 - 27 Jan. 1872 - **Keen**, Martha A. (Stillwater) to Alfred Robbens
348 - 17 Jan. 1874 - **Keen**, Mary A. (Hampton) to George A. Savacool
230 - 8 April 1848 - **Keen**, Peter, Jr. (Stillwater) to Rhoda Schoonover
346 - 8 July 1871 - **Keen**, Phebe J. (Stillwater) to Amos L. Pettit
228 - 9 Sept. 1842 - **Keen**, Sarah (Stillwater) to Isaac Wintermute
232 - 21 Sept. 1834 - **Keen**, Susana (Stillwater) to Joseph Thompson
273 - 26 Nov. 1865 - **Keinnicut**, Abraham J. (Stanhope) to Julia A. Vandine
383 - 15 Feb. 1867 - **Keitheart**, (wid.) Jane Elisabeth (Hampton) to Gersham South
316 - 10 Jan. 1870 - **Kelley**, Harvey (Madison) to Ella C. Smith
358 - 8 Sept. 1864 - **Kelsey**, Laura E. (Sparta) to Henry H. Jones
377 - 19 May 1875 - **Kemble**, Alice (Franklin Furnace) to William S. Newman
354 - 7 Jan. 1874 - **Kemble**, Fowler (Monroe) to Anna Mary Bishop
427 - 4 July 1877 - **Kennedy**, John (Green) to Melissa Hoover
334 - 30 Mar. 1871 - **Kenner**, Elisabeth A. (Wantage) to Amos H. Freeman
335 - 21 Nov. 1872 **Kennicutt**, Isaac (Stanhope) to Melvina Bedford
242 - 20 Oct. 1849 - **Kent**, Lewis L. to Hannah M. Stewart
293 - 22 Sept. 1867 - **Kent**, Sarah L. (Morristown) to James S. Howard
377 - 12 July 1875 - **Kent**, William (Hamburg) to Harriet S. Paulison
402 - 24 May 1876 - **Kern**, Gertrude M. to John R. Heater
263 - 15 Mar. 1865 - **Kern**, John to Julia Ann Margerom
426 - 16 Mar. 1878 - **Ketcham**, Benjamin F. (Stanhope) to Henrietta C. Wills
366 - 18 Mar. 1874 - **Kice**, Henry to Charlotte C. Cummins
234 - 26 Sept. 1837 - **Kice**, Mary (Stillwater) to Harrison Grover
300 - 19 Jan. 1869 - **Kidney**, Isaiah to Sarah (Lettle?)
372 - 2 April 1875 - **Kilbey**, Catherine (Frankford) to Patrick McGottigen
330 - 2 Aug. 1871 - **Kilough**, Catharine to Edward Smith
189 - 20 Mar. 1855 - **Kilpatrick**, Charity to John B. Decker
244 - 2 Oct. 1858 - **Kilpatrick**, Joseph D. (Wantage) to Phebe J. Smith
346 - 21 Apr. 1871 - **Kilter**, William (Hardwick) to Elizabeth Divers
196 - 22 Nov. 1856 - **Kimball**, Elizabeth to William A. Kimbal
294 - 10 Nov. 1866 - **Kimble**, James D. (Sparta) to Emma Rodgers
205 - 15 May 1858 - **Kimble**, Joseph to Jane Shorter
284 - 17 Jan. 1867 - **Kimble**, Maria (Sparta) to Nelson Washer
317 - 18 Feb. 1870 - **Kimble**, Mary J. to Walter J. Ross
359 - 26 Sept. 1874 - **Kimble**, Sarah (Hardyston) to Ira W. Strait
196 - 15 Nov. 1856 - **Kimball**, Sidney (Newfoundland) to Nancy Jane Pittenger
363 - 26 Aug. 1874 - **Kimble**,

Sophia (Monroe Corner) to Dullas Washer
196 - 22 Nov. 1856 - **Kimball**, William A. (Newfoundland) to Elizabeth Kimball
262 - 25 Oct. 1862 - Kimer, Martha A. to George A. Middaugh
279 - 22 Aug. 1865 - **Kindred**, Phebe (Sparta) to Elias Slack
276 - 10 May 1865 - **King**, Anna G. (Stanhope) to Watson Allen
197 - 15 June 1857 - **King**, John D. to Mary A. Smith
368 - 11 Nov. 1873 - **King**, Julia D. (Stanhope) to George McDavit
357 - 16 June 1874 - **King**, Matthew Ridgeway (Stanhope) to Laura Young
256 - 10 Feb. 1864 - **King**, Owen W. (Roxbury) to Mariah Wright
206 - 5 Dec. 1859 - **King**, Patrick to Anna Farris
317 - 30 Dec. 1869 - **Kinner**, Fannie J. (Wantage) to Andrew W. Durie
361 - 12 Dec. 1874 - **Kinner**, Jacob to Phebe Dennis
362 - 11 Oct. 1874 - **Kinnner**, James E. (Newton) to Jane Struble
339 - 9 Aug. 1873 - **Kinner**, Joseph W. (Newton) to Sarah Casimore
226 - 29 Dec. 1860 - , Mary (Lewisburg) to Nathan Purdy
278 - 14 July 1866 - **Kinnery**, Frances M. (LaMayette) to Zimiri Littz
262 - 19 Nov. 1864 - **Kinney**, Susan J. to Peter Courtright
351 - 30 June 1870 - **Kinney**, Chauncy (Lafayette) to Lydia Kishpaugh
316 - 11 Nov. 1818 - **Kinney**, David S. N. (Sparta) to Emma J. Washer
369 - 3 Mar. 1875 - **Kinney**, Edwin L. to Susan E. Lynn
379 - 23 Nov. 1865 - **Kinney**, Hartman C. (Sparta) to Sarah Hayward
209 - 5 Sept. 1860 - **Kinney**, Horatio N. to Ann Elizabeth Struble
295 - 14 Aug. 1867 - **Kinney**, Huldah A. to Elias H. Roe
309 - 25 Mar. 1868 - **Kinney**, Jane (Andover) to Enoch Meachem
272 - 10 Dec. 1865 - **Kinney**, John C. (Sparta) to Elizabeth Haywood
425 - 6 Jan. 1878 - **Kinney**, Lydia O. (Andover) to John Hart
343 - 24 Aug. 1871 - **Kinney**, Mahlon B. (Sparta) to Sarah M. Washer
383 - 17 Feb. 1876 - **Kinney**, Phebe J. (Franklin) to William Hammell
368 - 18 Mar. 1874 - **Kinney**, Sarah E. (Frank)in) to Theodore G. Anderson
371 - 20 Mar. 1875 - **Kinney**, William D. (Andover) to Mary E. Coursen
206 - 31 Oct. 1859 - **Kinneybrook**, John to Mary J. Teabough
275 - 6 Feb. 1865 - **Kinsey**, Joseph H. C. (Newark) to Sallie A. Snider
206 - 8 Jan. 1860 - **Kint**, Isaac (Sandyston) to Mclissa Cortright
276 - 27 July 1865 - **Kintner**, Martin (Newton) to Harriet A. Walker
213 - 3 Nov. 1857 - **Kisam**, John Rushmore (Springfield NY) to Lydia P. Smith
236 - 18 Feb. 1863 - **Kishpaugh**, Abram (Walpack) to Mary E. Clawson
302 - 27 Mar. 1869 - **Kishpaugh**, Abram (Hardwick) to Margaret Kishpaugh
373 - 19 April 1875 - **Kishpaugh**, Angie S. (Andover) to Andrew J. Cooper
420 - 18 Oct. 1877 - **Kishpaugh**, Anna Mariah to George R.

Sickles
204 - 9 May 1858 - **Kishpaugh**, Elizabeth (Andover) to Peter Miller
324 - 28 Dec. 1870 - **Kishpaugh**, Elsy M. (Branchville) to Isaac A. Ike
191 - 3 July 1855 - **Kishpaugh**, Henry D. (Newton) to Elizabeth Applegate
351 - 30 June 1870 - **Kishpaugh**, Lydia (Pine Island NY) to Chauncy Kinney
302 - 27 Mar. 1869 - **Kishpaugh**, Margaret (Walpack) to Abram Kishpaugh
197 - Sept. 1857 - **Kishpaugh**, Martha (Newton) to George Ham
327 - 16 Apr. 1870 - **Kishpaugh**, Martin to Martha Wildrick
195 - 13 Aug. 1856 - **Kishpaugh**, Mary to Ely Horten
306 - 15 April 1869 - **Kishpaugh**, Simeon to Ellen Nixen
241 - 6 Jan. 1855 - **Kithcard**, Catherine A. (Newton) to John Guy
278 - 17 Sept. 1866 - **Kithcart**, Cornelius (Hampton) to Linda Courtright
221 - 2 June 1860 - **Kithcart**, Cornelius (Newton) to Matilda Decker
278 - 22 Sept. 1866 - **Kithcart**, Henry P. (Stillwater) to Mrs. Abbie J. Snoover
433 - 6 April 1878 - **Kithcart**, Hulday A. (Beaver Run) to Henry Heater
382 - 15 Jan. 1876 - **Kithcart**, Joseph to Emma Miller
406 - 28 Jan. 1877 - **Kithcart**, Joseph (Hampton) to Mary Marston
360 - 8 June 1874 - **Kithcart**, Joseph M. to Jennie Stafford
346 - 9 April 1871 - **Kithcart**, Malinda (Swartswood) to Jacob Hibler
232 - 24 June 1834 - **Kithcart**, Margaret A. (Newton) to William Adams
233 - 22 Dec. 1835 - **Kithcart**, Mary (Stillwater) to Baltus Titman
268 - 24 Mar. 1866 - **Kithcart**, Sarah E. to Jacob South
252 - 31 Dec. 1863 - **Kithcart**, Susan M. to Joseph W. Huff
401 - 1 July 1875 - **Kithcart**, Wm. R. to Anna W. Wilson
205 - 13 Nov. 1859 - **Kittle**, Diane (Sandyston) to John D. Everitt
234 - 20 Mar. 1838 - **Klasener**, Joseph (Jersey Shore, Pa.) to Mary Smith
351 - 1 Jan. 1870 - **Knapp**, Eugine (Florida NY) to Mary Sandusky Ward
238 - 21 Oct. 1855 - **Knapp**, James W.(Warwick NY) to Mary F. Ryerson
331 - 21 Nov. 1871 - **Kniffin**, Albert (Otisville NY) to Lydia M. Taylor
341 - 16 Nov. 1873 - **Kniffin**, Alice M. to Richard Terhune
293 - 16 Jan. 1868 - **Knight**, Lucy M. (Stanhope) to Jacob McConnell
417 - 4 Oct. 1877 - **Knight**, Mary Rose (Stanhope) to James Haggerty Struble
193 - 6 Nov. 1855 - **Knott**, Edward (Newton) to Rosina Cary
276 - 24 Oct. 1865 - **Knox**, Benjamin E. (Newton) to Mrs. Sarah E. Reed
318 - 1 Feb. 1870 - **Knox**, Eliza to Levi Solomon
204 - 24 Feb. 1850 - **Knox**, Hannah (Newton) to John H. Johnson
277 - 23 June 1866 - **Knox**, Isabella J. to Newman Chambers
327 - 20 Feb. 1871 - **Knox**, Josephine to Geo. Lawrence
193 - 24 Dec. 1855 - **Knox**, Sarah A. (Newton) to Ira B. Stuart
374 - 6 Mar. 1875 - **Koker**, Alice (Newton) to (Minuey?) Cummins
209 - 24 April 1860 - **Konkle**,

Lorette to John D. McCann
186 - 24 Sept. 1854 - **Korn**, Charles (Andover) to Fredericka Boden
428 - 17 Jan. 1878 - **Koyt**, Sarah A. (Johnsonburg) to Jonathan T. Willett
243 - 29 Sept. 1863 - **Krager**, John (Newton) to Elizabeth Smith
301 - 18 Mar. 1869 - **Kun**, John (Waterloo) to Mary H. Stickles
347 - 11 Jan. 1873 - **Kyce**, Jacob S. (Hardwick) to Hulda a. Sinerson
185 - 12 Dec. 1866 - **Kyle**, James H. to Mary C. Snook
27 Mar. 1861 - **Kyle**, Peter (Hainesville) to Fanny VanEtten
271 - 7 Nov. 1861 - **Kymer**, Barret P. to Hannah Ficker
201 - 24 July 1858 - **Kyser**, Cornelius (Frankford) to Margaret Potter
268 - 16 Nov. 1865 - **Kyte**, Asa W. (Newton) to Anna Mary Struble
436 - 21 Nov. 1877 - **Kyte**, Charles (Sandyston) to Emma C. Mettler
340 - 7 Nov. 1872 - **Kyte**, Emma (Sandyston) to George N. Cole
200 - 15 Oct. 1857 - **Kyle**, George C. (Wantage) to Martha Decker
354 - 21 May 1874 - **Kyte**, Mrs. Lucend (Sandyston) to Francis Layton
346 - 1 Feb. 1871 - **Kyte**, Mary E. (Sandyston) to Oscar Westbrook
428 - 24 May 1877 - **Labar**, Frank (Green) to Phebe M. Butler
330 - 26 Jan. 1871 - **Labar**, John S. to Susan M. Runion
254 - 5 April 1864 - **Labar**, Mary (Sandyston) to John B. Fisher
319 - 19 Dec. 1869 - **Ladd**, George (Stanhope) to Mary E. Cooley
312 - 6 Jan. 1869 - **Laioshe**, Wm. G. (Oakdale) to Carrie C. Green
336 - 30 Oct. 1872 - **Lake**, Andrew (Morris) to Mary Ann Mitten
439 - 14 Sept. 1878 - **Lambert**, Elizabeth A. to James Brink
368 - 5 July 1873 - **Lambert**, Mary E. (Hardwick) to Elizh Stephens
253 - 4 July 1863 - **Lambert**, Wm. H. (Green) to Susan C. Newbaker
390 - 9 Sept. 1877 - **Lance**, Marshal (Stanhope) to Almira Allen
212 - 27 Oct. 1856 - **Landen**, Henry (Newton) to Kate Brady
335 - 9 Nov. 1872 - **Landers**, Hannah A. (Mudd Lake) to John West
196 - 12 July 1857 - **Landon**, Andrew J. to Nancy Bird
376 - 20 Sept. 1875 - **Lance**, Alice C. (Deckertown) to Hames Halsey Couse
431 - 13 Feb. 1878 - **Lane**, Anna E. (Newton) to William Emmans
188 - 8 Jan. 1846 - **Lane**, Elizabeth (Sparta) to William Shepherd
298 - 24 April 1865 - **Lane**, Fannie J. to Edwin D. Osborne
337 - 2 Nov. 1872 - **Lanterman**, Lana T. (Ogdensburg) to Abram Utter
200 - 22 May 1858 - **Lanterman**, Mary A. (Ogdensburg) to David J. Beardsley
199 - 30 Dec. 1857 - **Lanterman**, Mary H. (Ogdensburg) to Daniel S. Beardslee
257 - 29 Jan. 1864 - **Lanterman**, Peter (Sparta) to Lucy Jane Potter
272 - 10 Jan. 1866 - **Lanterman**, Phebe (Sparta) to Zachariah P. Goble
373 - 23 Feb. 1875 - **Lantz**, Edward W. (Lafayette) to C. Angeline Peters
338 - 31 May 1870 - **Lanta**, Lydia K. (Lafayette) to John Bell
340 - 28 Jan. 1873 - **Lantz**, Washington (Hainesville) to Dollie J. Rubert
377 - 9 Oct. 1875 - **Latier**, Libbie (Colesville) to Lot S. Peterson

214 - 10 Nov. 1858 - **Laurence**, Elisabeth (Newton) to Robert M. Hardin
212 - 13 Apr. 1857 - **Laurence**, Hannah (Byram) to George W. Horton
29 Jan. 1878 - **Lauson**, Sarah C. (Sandyston) to Moses Shaffer
370 - 31 Mar. 1875 - **Law**, John M. to Eveline W. Struble
327 - 20 Feb. 1871 - **Lawrence**, Geo. to Josephine Knox
375 - 3 July 1875 - **Lawrence**, Harriet (Andover) to Albert P. Washer
324 - 14 Nov. 1870 - **Lawrence**, Hough T. (Franklin) to Sarah B. Ingersoll
207 - 27 Oct. 1859 - **Lawrence**, Jane (Stanhope) to Wm. H. Chitester
277 - 28 Feb. 1866 - **Lawrence**, Mary A. (Stanhope) to Edward L. Mains
368 - 25 Dec. 1873 - **Lawrence**, Mary J. (Andover) to Hiram Shay
264 - 12 Nov. 1874 - **Lawrence**, Samuel F. (Tranquility) to Permetta M. Riman
205 - 2 June 1859 - **Lawrence**, Step. C. to Sarah A. Rose
207 - 2 June 1859 - **Lawrence**, Stephen O. (Stanhope) to Sarah A. Rose
315 - 23 Dec. 1869 - **Lawson**, Adelia Ann to Peter Degroat
405 - 17 Nov. 1876 - **Lay**, Samuel (Whitehall) to Lizzie Gould
354 - 21 May 1874 - **Layton**, Francis (Sandyston) to Mrs. Lucend Kyte
347 - 14 Dec. 1872 - **Layton**, John B. (Walpack) to Celia M. Hill
382 - 27 Jan. 1876 - **Layton**, William S. (Newton) to Ellen H. Griggs
218 - 6 Oct. 1860 - **Leake**, Alanson to Elsie A. Chidester
437 - 19 June (1878?) - **Leek**, Adda C. (Stockholm) to Frank C. Cole
389 - 28 April 1875 - **Lee**, John H. (Newark) to Margery V. Mains
327 - 26 Nov. 1870 - **Lee**, Margaret L. to Alvah B. Maines
331 - 3 Feb. 1872 - **Lehman**, Frederick (Newton) to Henrike Gunter
210 - 28 Oct. 1860 - **Lehmer**, Mary to Frederick Lodges
194 - 25 Aug. 1856 - **Lehmes**, Frederick (Andover) to Anna Martha Muller
256 - 20 Feb. 1864 - **Lemadieu**, Jason K. to Ann Penden Campes
383 - 20 Nov. 1875 - **Leigh**, Daniel, Jr. (Vienna) to Amanda Misner
353 - 14 Dec. 1873 - **Lemon**, Harriet (Wantage) to W. A. Lewis
362 - 12 Dec. 1874 - **Lemons**, Cebina (Newton) to John D. Ayers
297 - 28 Mar. 1868 - **Lemons**, Margaret E. to William B. Mattis
318 - 19 June 1869 - **Leport**, Mary E. (Stanhope) to George D. Wear
225 - (1863?) - **Lering**, Jacob to Phebe Lime
300 - 19 Jan. 1869 - **Lettle** (Little?) Sarah to Isaiah Kidney
392 - 27 April 1876 - **Lewin**, Wm (Andover) to Susie Richardson
325 - 22 Sept. 1871 - **Lewis**, Clara (Combs Hollow) to Charles S. Oliver
397 - 8 Mar. 1877 - **Lewis**, Elizabeth (Clifton, England) to James Shorter (p. 326)
428 - 1 Nov. 1877 - **Lewis**, Emily Jane (Stillwater) to Obediah VanHorn
402 - 1 June 1876 - **Lewis**, Freeman J. (Irvington) to Assenath Wright
434 - 20 Oct. 1877 - **Lewis**, George L. (Glenwood) to Kate Conkling
205 - 25 Oct. 1859 - **Lewis**, James W. (Newton) to Margarey McCoy

258 - 3 Aug. 1864 - **Lewis**, John to Nancy Henderson
305 - 23 Aug. 1868 - **Lewis**, John (Stanhope) to Virginia A. Ware
189 - 22 Feb. 1855 - **Lewis**, John P. (Wantage) to Elizabeth Havens
313 - 24 May 1868 - **Lewis**, Levi N. (Lafayette) to Nancy D. Ball
270 - 10 Oct. 1865 - **Lewis**, Sarah (Wantage) to Newton Brink
410 - 13 Mar. 1877 - **Lewis**, Virginia A. (widow, dau. Southard Weir)(Stanhope) to Henry C. Branwin
353 - 14 Dec. 1873 - **Lewis**, W. A. (Kentucky) to Harriet Lemon
352 - 13 Nov. 1872 - **Lindsley**, Jennie (Branchville) to Peter L. Hull
225 - (1863?) - **Line**, Phebe to Jacob Lering
293 - 7 June 1868 - **Link**, Mary (Newton) to Marshal Fleet
1 July 1871 - **Linn**, Lucilln (Newton) to Charles W. Bunn
198 - 18 Aug. 1857 - **Linn**, Martha E. to Rev. Rollin A. Sawyer
259 - 6 July 1864 - **Linn**, Susan to Rev. Wm. Travis
340 - 20 Nov. 1872 - **Lish**, Julia A. (Sandyston) to Alfred W. Johnson
426 - 28 Feb. 1878 - **Little**, Elias L. to Rachall Clifford
356 - 25 Dec. 1873 - **Little**, Howard to Margaret Mulrearoy
243 - 18 Aug. 1864 - **Little**, Louisa to Charles W. Goldsmith
381 - 4 Oct. 1875 - **Little**, Lydia Catharine (Sparta) to Theodore Norman
426 - 9 Mar. 1878 - **Littell**, Marzilla (Montague) to George Morris
353 - 18 June 1873 - **Little**, Owen J. (Wantage) to Prudia A. Martin
358 - 4 Feb. 1874 - **Little**, Sarah E. (Sparta) to Elton Byram
300 - 19 Jan. 1869 - **Lettle**, Sarah to Isaiah Kidney
438 - 15 May 1878 - **Little**, Sarah E. (Deckertown to Louis Van-Sickle
278 - 14 July 1866 - **Littz**, Zimiri (Lafayette) to Frances M. Kinner
379 - 13 Nov. 1875 - **Litz**, George M. to Augusta A. Craun
232 - 1 Sept. 1835 - **Locy**, Alexander J. (Stillwater) to Emily L. Bedell
227 - 16 June 1839 - **Locy**, Margaret (Stillwater) to Matthias Swartswelder
373 - 10 June 1875 - **Lockburner**, Conrad (Newton) to Dorthia Loyes
236 - 12 Dec. 1837 - **Loder**, John W. (Sandyston) to Mary Durling
314 - 15 June 1869 - **Loder**, Mary K. (Milford, Pa.) to John P. Demarest
210 - 28 Oct. 1860 - **Loges**, Frederick to Mary Lehmer
258 - 26 May 1864 - **Logne**, Daniel C., M.D. (N.Y.C.) to Elizabeth A. Cassidy
271 - 14 July 1860 - **Long**, Addranna to Francis A. Totten
240 - 29 Jan. 1859 - **Long**, Mary Ann (Lafayette) to Charles S. Coalman
304 - 17 Feb. 1869 - **Longcor**, Anna E. (Andover) to John Vaughn
193 - 9 Feb. 1856 - **Longcor**, Hannah (Newton) to Joseph I. Rose
413 - 3 July 1877 - **Longcor**, David F. (Hardyston) to Mary L. Tichner
436 - 6 Dec. 1877 - **Longcor**, Fletcher B. (Greenville) to Frances H. Ayers
310 - 24 Dec. 1868 - **Longcore**, Jennie H. (Andover) to Wm. H. Hunt
314 - 10 Mar. 1869 - **Longcoy**, John M. (Lafayette) to Margaret Edge
325 - 5 July 1871 - **Longcor**, Levi

(Washington) to Mary L. Miller
330 - 5 Jan. 1871 - **Longcor**, Mary E. to John W. Young
424 - 13 Feb. 1878 - **Longcor**, Mary F. (Johnsonburg) to Joseph F. Csmun
341 - 27 Sept. 1873 - **Longcoy**, William K. to Harriet E. Malone
352 - 6 Mar. 1873 - **Longwell**, Charles H. (Warwick NY) to Anna W. Cook
311 - **Longwell**, Esther J. (Vernon) to DeWitt S. Cadmus
205 - 5 Oct. 1859 - **Longwell**, Martha (Hardyston) to James M. Hope
399 - 30 Nov. 1876 - **Longwill**, Timothy S. to Phehe A. Roe
188 - 7 Mar. 1846 - **Lonison**, Susan (Lafayette) to Isaac VanGilder
232 - 1 Sept. 1835 - **Locy**, Alexander J. (Sttlwater) to Emily L. Bedell
302 - 18 Dec. 1867 - **Losey**, Amos (Walpack) to Catharine Mitten
238 - 4 Nov. 1854 - **Losey**, Casper (Stillwater) to Amy E. Huff
265 - 7 Mar. 1865 - **Losey**, Catharine (Hardyston) to Wade Beardslee
346 - 18 Mar. 1871 - **Losey**, David (Sandyston) to Amanda C. Talford
346 - 4 July 1871 - **Losey**, Harris W. (Newton) to Addie Huff
302 - 31 Dec. 1868 - **Losey**, John S. (Walpack) to Sarah C. Angle
370 - 15 Dec. 1874 - **Losey**, Joseph A. (Middleville) to Sarah A. Huff
227 - 16 June 1839 - **Locy**, Margaret (Stillwater) to Matthias Swartswelde
297 - 5 Dec. 1865 - **Losey**, Susan to Samuel Mourey
369 - 13 Feb. 1875 - **Loosey**, William to Esther Yeomans
351 - 4 Oct. 1870 - **Lott**, Julia (Wantage) to Andrew Hawkins
433 - 7 Jan. 1876 - **Lott**, Nathaniel (Glenwood) to Emma Jean Babcock
373 - 10 June 1875 - **Loyes**, Dorthea (Newton) to Conrad Lockburner
405 - 28 Jan. 1877 - **Lozaw**, Sedgewick R. (Port Morris) to Nellis Frances Miller
279 - 16 Dec. 1865 - **Lozier**, Catharine (Sparta) to Anthony Hayward
314 - 4 Nov. 1868 - **Lozier**, Charles E. (Sparta) to Anna Fenton
280 - 26 April 1866 - **Lozier**, David A. (Sparta) to Susan Young
403 - 27 Dec. 1876 - **Lozier**, George (Hamburg) to Hannah A. Cisco
321 - 15 Oct. 1870 - **Lozier**, Jane C. to John R. Riker
316 - 13 Apr. 1869 - **Lozier**, John (Sparta) to Mary Keef
430 - 23 Mar. 1878 - **Lozier**, John J. (Sparta) to Sarah L. Norman
438 - 18 Jan. 1866 - **Lozier**, Lucetta (Sparta) to William Cassmore
218 - 4 Feb. 1861 - **Lozier**, Margaret to Isaac Snider
296 - 10 June 1868 - **Lozier**, Mary A. (Sparta) to James Bayles
218 - 13 Nov. 1861 - **Lozier**, Mary E. to Levi Morris
323 - 3 Oct. 1870 - **Lozier**, Mary E. (Sparta) to Joseph R. Fleming
323 - 21 Feb. 1870 - **Lozier**, Mary E. (Sparta) to Charles K. Kastimore
296 - 10 June 1868 - **Lozier**, Robert D. to Elizabeth Cowl
323 - 13 Dec. 1870 - **Lozier**, Sarah E. (Sparta) to Samuel Bayles
247 - 3 April 1862 - **Lozier**, Theodore (Newton) to Sarah Courtney
432 - 1 Jan. 1878 - **Lozier**, William W. (Sparta) to Katie Masker

434 - 25 May 1878 - **Lunday**, Isaac (Montague) to Anna C. Ormiston

435 - 12 Feb. 1878 - **Lundy**, James M. (Montague) to Annie E. Cole

435 - 17 Jan. 1878 - **Lundy**, Phebe J. (Montague) to Wm. C. Morse

345 - 23 Dec. 1869 - **Lundy**, William C. (Montague) to Maggie H. Snook

346 - 28 Dec. 1870 - **Lundy**, Cabillice (Montague) to Townshend W. Westbrook

198 - 14 Sept. 1857 - **Lungar**, Alice A. to George Sligh

190 - 7 May 1855 - **Lynch**, George Thom. (Wantage) to Lavina Smith (also 299)

251 - 9 Jan. 1864 - **Lyon**, Armeda (Sparta) to Andrew J. Smith

305 - 24 Dec. 1868 - **Lyon**, Edward (Stanhope) to Laura Evans

343 - 8 May 1873 - **Lyon**, Esther (Boonton) to Simon Clark

308 - 24 Jan. 1866 - **Lyon**, Mary F. (Snufftown) to John C. Heisley

195 - 10 Dec. 1856 - **Lyon**, Nancy to Job Byram

326 - 28 Sept. 1871 - **Lyon**, Susan A. (Sparta) to David Ackerman

369 - 3 Mar. 1875 - **Lyon**, Susan F. to Edwin L. Kinney

186 - 24 Dec. 1853 - **Lyons**, Margaret (Wantage) to Edward Evans)

259 - 28 Sept. 1864 - **Mabee**, Anna Mary (Hardyston) to Jesse Dennis

252 - 3 Dec. 1863 - **Mabee**, Austin (Hardyston) to Merabah Emmans

308 - 26 Oct. 1865 - **Mabee**, Elizabeth (Macopin) to Richard Gould

372 - 23 Sept. 1874 - **Mabee**, Lissie (Canisteer) to Wm. J. Roe

352 - 30 Oct. 1872 - **Mabee**, Martin B. (Hardyston) to Sarah M. Roe

423 - 24 Jan. 1878 - **Maberry**, John M. (Stanhope) to Mame M. Uhler

226 - 22 Dec. 1849 - **MacFoy**, Hester J. to Johathan Middaugh

423 - 6 Dec. 1877 - **Mackerly**, Chas. E. (Lafayette) to Mattie L. Mattison

262 - 25 July 1865 - **Mackerly**, Harriet (Lafayette) to George M. Sutton

395 - 13 Nov. 1875 - **Mackerly**, John C. (Wantage) to Eliza Brink

432 - 12 June 1877 - **Mackey**, Joseph (Hardwick) to Martha A. Jones

429 - 16 Mar. 1878 - **Mackey**, Maggie A. (Stillwater) to Thomas B. Gould

425 - 27 Jan. 1878 - **Magee**, Henry A. (Canisteer) to Sarah A. Bartman

205 - 3 July 1858 - **Maghee**, Ann (Lafayette) to John W. Shorter

321 - 11 Mar. 1870 - **Magor**, Samuel (Sandyston) to Lydia A. Bell

198 - 5 Dec. 1857 - **Mahon**, John (Newton) to Bridget Costogan

404 - 21 Dec. 1876 - **Maguire**, Hugh (Wakefield, Canada) to Maria Cornelia

407 - 3 Mar. 1877 - **Main**, Edmund James (Stillwater) to Mary Ellen Cook

318 - 25 Dec. 1869 - **Main**, Hannah B. to Adam W. Hill

407 - 21 Dec. 1876 - **Main**, Martha (Newark) to John W. Thompson

237 - 17 Sept. 1853 - **Main**, Mary M. (Stillwater) to John H. Ayers

327 - 26 Nov. 1870 - **Maines**, Alvah B. to Margaret L. Lee

323 - 10 Sept. 1870 - **Mains**, Anna to William H. Adams

205 - 27 Nov. 1858 **Mains**, Anna M. (Hardyston) to George W. Doland

276 - 4 July 1865 - **Mains**, Casper (Newton) to Nancy E. Vliet
316 - 14 Nov. 1868 - **Mains**, Charles C. (Sparta) to Anna Elizabeth Black
277 - 28 Feb. 1866 - **Mains**, Edward L. (Andover) to Mary A. Lawrence
373 - 5 Aug. 1874 - **Maines**, Emma (Sparta) to William Simmons
313 - 1 July 1868 - **Mains**, Emma E. (Sparta) to John B. Booth
276 - 4 July 1865 - **Mains**, Hannah (Blairstown) to George Myers
272 - 21 Mar. 1866 - **Mains**, Hylinda (Sparta) to George M. Goble
212 - 6 Jan. 1857 - **Maines**, James (Newton) to Eliza Heldebrant
212 - 6 Jan. 1857 - **Maines**, James (Newton) to Eliz Heldabrant
386 - 14 Nov. 1874 - **Mains**, Jane (Hampton) to William H. Savacool
195 - 27 July 1856 - **Mains**, Lusetta to Milton Devore
389 - 28 April 1875 - **Mains**, Margery V. (Sparta) to John H. Lee
295 - 24 May 1868 - **Mains**, Mary (Sparta) to Alanson Briggs
380 - 12 Jan. 1876 - **Mains**, Mary (Milton) to Charles Jennings
368 - 15 Apr. 1873 - **Maines**, Olive (Sparta) to Henry J. Crowley
327 - 6 July 1871 - **Maines**, Remembrance to Albert Stoll
280 - 17 Dec. 1865 - **Mains**, Sarah J. (Byram) to John Black
344 - 19 Feb. 1863 - **Maines**, Sarah J. (Flatbrookville) to Martin Hull
367 - 25 Feb. 1875 - **Mains**, Seymour (Andover) to Hannah Beatty
367 - 25 Dec. 1872 - **Mains**, Steward (Sparta) to Elizabeth Reed
22 Dec. 186 - **Mains**, William H. (Sparta) to Abby Jane Wade
383 - 6 Oct. 1875 - **Major**, Mary L. (Sandyston) to John Orr
274 - 21 Nov. 1863 - **Major**, Sarah A. (Walpack) to James Dimon
12 Sept. 1875 - **Malone**, Catharine (Newton) to James W. Gray
341 - 27 Sept. 1873 - **Malone**, Harriet E. to William K. Longcoy
264 - 26 Mar. 1865 - **Mandeville**, Ann to Sylvanus Weider (also p. 296)
205 - 26 Mar. 1859 - **Manderville**, Caroline to Morris McCormick
260 - 6 June 1858 - **Mandeaville**, David to Mary Jane Storms
363 - 29 Dec. 1874 - **Manderville**, Gilbert H. to Elisabeth Burailt
291 - 5 April 1868 - **Mandeville**, Mary Jane to George W. Westfall
336 - 1 July 1872 - **Mann**, Ira M. (Vernon) to Mary Ophelia Bahcock
353 - 22 April 1871 - **Mann**, Isaac (Warren Co.) to Margaret Vangorden
370 - 20 Mar. 1875 - **Mann**, Sallie Allas (Blairstown) to Abram Huston
338 - 1 Feb. 1873 - **Margan**, Mary Ann (Hamburg) to David A. Talmadge
395 - 15 Sept. 1876 - **Margan**, William to Mary F. McConnell
336 - 15 Feb. 1872 - **Margarum**, Theodore F. (Newton) to Isabell Whitager
263 - 15 Mar. 1865 - **Margerom**, Julia Ann to John Kern
235 - 3 Nov. 1860 - **Maring**, George W. (Hardwick) to Amilla Transue
293 - 25 Dec. 1866 - **Maring**, George W. (Warren Co.) to Caroline Ayers
228 - 14 June 1843 - **Maring**, Mary Ann (Stillwater) to Aaron Vandoren

204 - 24 Nov. 1858 - **Marring**, Sarah H. to Edward S. Newberry
190 - 27 May 1855 - **Marks**, B. H. (Sherbourne NY) to Susan A. Woodruff
190 - 27 Nov. 1870 - **Marlatt**, Daniel W. (Newark) to Marth Ellen Strader
194 - 22 Aug. 1855 - **Marsh**, Lewis H. (Newark) to Sarah A. E. Mattison
193 - 24 Dec. 1855 - **Marsh**, Phebe C. (Newton) to James Anderson
310 - 24 Dec. 1868 - **Marshall**, Emma J. (Greensville) to Thomas W. Howell
338 - 22 Nov. 1870 - **Marshall**, Jennie (Wantage) to Daniel W. Heinick
353 - 4 July 1871 - **Marshall**, Jennie (Wantage) to William I. Williams
261 - 4 Dec. 1861 - **Marshall**, Mary E. to Lewis Price
382 - 5 Feb. 1876 - **Marshall**, Nancy Ellen (Montague) to Isaac Ham
248 - 28 Oct. 1854 - **Marshall**, Prisila (Hardyston) to Joseph Edsall
406 - 28 Jan. 1877 - **Marston**, Mary (Frankford) to Joseph Kithkart
244 - 22 Dec. 1859 - **Marthis**, Ruth (Wantage) to Richard W. Potter
327 - 14 May 1871 - **Marthus**, Mary to Chas. Shimer
285 - 10 June 1867 - **Martin**, Alice L. to Arthur C. Searles
262 - 5 Jan. 1865 - **Martin**, Annie to Samuel Shelley
270 - 26 Dec. 1865 - **Martin**, Annie F. to Gabriel Wickham
253 - 9 Apr. 1864 - **Martin**, David B. (Stillwater) to Sarah Bunn
262 - 8 Jan. 1862 - **Martin**, Humphrey to Mary Jane DeWitt
191 - 22 Nov. 1855 - **Martin**, James (Wantage) to Sarah Northrop
185 - 9 Nov. 1853 - **Martin**, Jane H. (Wantage) to Moses B. Northrup
192 - 27 Dec. 1855 - **Martin**, John to Caroline Rogers
411 - 28 Jan. 1877 - **Martin**, Josephine (Deckertown) to Wm. Scott Titsworth
286 - 27 June 1867 - **Martin**, Lewis H. S. to Sarah Drake
300 - 14 Oct. 1868 - **Martin**, Lewis J. to Francis M. Shaw
200 - 27 Mar. 1858 - **Martin**, Mary (Vernon) to John J. VanHouten
353 - 18 June 1873 - **Martin**, Prudia A. (Wantage) to Owen J. Little
323 - 17 Dec. 1870 - **Martin**, Theodore (Byram) to Elizabeth Dean
193 - 10 May 1856 - **Martin**, Wm. (Sparta) to Mary Ann Cooper
239 - 1 Jan. 1857 - **Martine**, Marietta (Middletown NY) to William S. Reeve
295 - 14 Nov. 1867 - **Marvin**, Daniel (Stillwater) to Phebe Case (also p. 313
253 - 16 Jan. 1864 - **Marvin**, Henry (Stroudsburg, PA) to Rhoda Hill
238 - 19 Jan. 1856 - **Marvin**, Sarah Ann (Newark) to Martin E. Hough
210 - 4 Aug. 1860 - **Marvin**, Sussan to Benjamin Halsey
317 - 17 Oct. 1869 - **Masecar**, (Masker?) Edward to Fanny Harison
362 - 19 Sept. 1874 - **Masker**, Henry L. (Newton) to Sarah S. Spangenburg
365 - 31 Oct. 1874 - **Masker**, John S. to Mary Elizabeth Drake
432 - 1 Jan. 1878 - **Masker**, Katie (Stanhope) to William W. Lozier
256 - 26 Sept. 1863 - **Master**, Elias (Stanhope) to Emily J. Ward
298 - 11 Aug. 1866 - **Master**,

Lucinda E. to Samuel Ross
211 - 16 Nov. 1860 - **Masters**, Martin (Hardwick) to Sarah Goble
193 - 19 Jan. 1856 - **Masters**, Wm. B. (Warren Co.) to Mary E. Sidner
275 - 9 Jan. 1864 - **Mathers**, Harriet B. (Newton) to Thomas McGrigan
276 - 5 Oct. 1865 - **Matthias**, Barnet (Westchester Co. NY) to Mrs. A. Jane
193 - 12 Jan. 1856 - **Mattis**, Rachel (Newton) to Richard W. Vansucken (Couse)
297 - 28 Mar. 1868 - **Mattis**, William B. to Margaret E. Lemons
189 - 17 Oct. 1854 - **Mattison**, Isaac to Martha Hunt (also p. 190)
423 - 6 Dec. 1877 - **Mattison**, Mattie L. (Branchville) to Chas. E. Mackerly
194 - 22 Aug. 1855 - **Mattison**, Sarah A. E. (Newark) to Lewis H. Marsh
307 - 29 Sept. 1869 - **Mattison**, William R. (Newton) to Fannie L. Smith
200 - 1 May 1858 - **Maui**, Barbara to Peter Dotty Christian Jurgensen
415 - 5 June 1877 - **Maxwell**, Jacob (Frankford) to Harriet Everman
362 - 6 Jan. 1875 - **Maxwell**, John O. (Sparta) to Sarah Baker
295 - 17 Nov. 1867 - **Maxwell**, Lydia E. (Sparta) to Arthur Chamberlin (also 313)
201 - 4 Sept. 1858 - **Maxwell**, Nelson (Lafayette) to Jane Booth
193 - 24 Jan. 1854 - **Maxwell**, Sarah (Frankford) to James M. Guilly
297 - 5 Oct. 1868 - **McAllister**, John (Byram) to Hester Abel
350 - 9 April 1872 - **McBride**, J. Anson (Wantage) to Harriet E. Buckley
240 - 9 Feb. 1859 - **McCain**, Margaret D. (Andover) to Elias D. Hart
409 - 31 Jan. 1877 - **McCain**, William (Branchville) to Lizzie J. Dimon
227 - 1 Jan. 1839 - **McCamly**, Andrew (Stillwater) to Ann Auble
327 - 11 Sept. 1870 - **McCann**, Alice to Cheney Miller
312 - 18 Jan. 1869 - **McCann**, Elizabeth (Andover) to Sheldon T. Gocher
209 - 24 April 1860 - **McCann**, John D. to Loretta Konkle
209 - 6 July 1860 - **McCarmel**, Frances A. to John Slack
298 - 13 Dec. 1866 - **McCarter**, Charlott to Wm. W. Bayken
198 - 27 Oct. 1857 - **McCarter**, Fanny to Samuel H. Potter
269 - 8 Mar. 1866 - **McCarter**, George S. to Louisa S. Deazley
203 - 7 Feb. 1859 - **McCarty**, Michael to Johanna Delaney
222 - 24 May 1862 - **McCarty**, William (Newton) to Kate A. Johnson
343 - 7 Mar. 1872 - **McCollum**, Charles W. (Newton) to Katy McKinney
348 - 28 May 1873 - **McCloughan**, Joseph D., M.D. (Swartswood) to Tillie
250 - 11 Oct. 1863 - **McClure**, Eliza A. (Andover) to Nathan A. Cole (Struble)
240 - 5 Sept. 1857 - **McConnell**, David (Byram) to Jane Sutton
196 - 1 Mar. 1857 - **McConnel**, Elizabeth (Andover) to Robert H. Quackenbush
412 - 30 May 1877 - **McConnell**, Emma (Andover) to Hugh McDanold Struhle, M.D.
293 - 16 Jan. 1868 - **McConnell**, Jacob (Stanhope) to Lucy M. Wright
292 - 10 Oct. 1866 - **McConnell**, Mary A. (Stanhope) to Daniel H.

Wright
395 - 15 Sept. 1876 - **McConnell**, Mary F. to William Morgan
319 - 23 Feb. 1870 - **McConnell**, Julia A. (Stanhope) to James L. Pettit
188 - 21 Feb. 1846 - **McConnel**, William (Newark) to Hannah Dumont
212 - 3 Jan. 1857 - **McCormick**, Ann (Newton) to Abraham Rinkle
205 - 30 Dec. 1858 - **McCormick**, Milton Lewis to Sarah VanDuzer
205 - 26 Mar. 1859 - **McCormick**, Morris to Caroline Manderville
300 - 19 Jan. 1869 - **McCowen**, William to Emma Stickle
226 - 13 Oct. 1859 - **McCoy**, Elisabeth (Wantage) to John Roy
186 - 19 Jan. 1854 - **McCoy**, Eliza (Wantage) to John L. Dennis
261 - 13 Nov. 1861 - **McCoy**, Emaline to Nelson DeWitt
198 - 30 Jan. 1858 - **McCoy**, James (Frankford) to Sarah J. Smith
410 - 27 Dec. 1876 - **McCoy**, James (Bramchville) to Lizzie D. Meeker
205 - 9 Oct. 1858 - **McCoy**, John to Hiley Riker
223 - 23 Dec. 1862 - **McCoy**, Joseph D. - (Unionville NY) to Charity DeWitt
205 - 25 Oct. 1859 - **McCoy**, Margaret (Wantage) to James W. Lewis
361 - 17 Sept. 1874 - **McCoy**, Martha F. (Wantage) to Edward Willson
262 - 22 Dec. 1863 - **McCoy**, Mary J. to William H. Sprague
194 - 26 Jan. 1856 - **McCoy**, Merida (Wantage) to Andrew Roy
213 - 12 Sept. 1857 - **McCoy**, Stephen (Independence) to Rachel Ann Drake
196 - 5 Nov. 1856 - **McCoy**, Susan E. to H. D. Bells
262 - 5 Mar. 1863 - **McCoy**, Zeliah to John Dennis
418 - 16 Sept. 1877 **McCue**, Thomas (Deckertown) to Katie VanNorden
250 - 1 Nov. 1859 - **McCullen**, Margaret (Frankford) to Jacob Rancher
288 - 10 Sept. 1856 - **McDaniels**, James to Catharine Simpson
195 - 10 Sept. 1856 - **McDanolds**, James (Hardyston) to Catherine Simpson
198 - 10 Oct. 1857 - **McDanolds**, William to Margaret E. Struble
208 - 28 Dec. 1859 - **McDanolds**, William M. (Frankford) to Margaret Ophelia Shotwell
194 - 8 Sept. 1855 - **McDavitt**, Eliza (Newton) to Peter Smith
219 - 26 Jan. 1862 - **McDevit**, Elizabeth (Byram) to Amzie Adams
368 - 11 Nov. 1863 - **McDavit**, George (Stanhope) to Julia D. King
309 - 4 July 1868 - **McDavit**, Isaac (Andover) to Sarah J. Scott
339 - 28 May 1873 - **McDavit**, Isabel (Sparta) to John A. Potter
210 - 20 Oct. 1860 - **McDavit**, Joseph (Newton Twp.) to Margaret Willson
369 - 6 Sept. 1874 - **McDavit**, Stephen (Andover) to Mahala A. Ayers
298 - 1 Dec. 1866 - **McDevit**, Westley B. to Carrie M. Post
200 - 19 May 1858 - **McDeed**, Annie (Allamuchy) to Thomas McGary
199 - 4 July 1857 - **McDormady**, Ellen to Frederick Dangert
218 - 6 Aug. 1861 - **McDougal**, Wm. M. C. to Mary Johnson
200 - 19 May 1858 - **McGary**, Thomas (Branchville) to Anne McDeed
256 - 1 Jan. 1864 - **McGill**, Henry A. (Newton) to Eliza Myers

307

372 - 2 April 1875 - **McGottigan**, Patrick (Stillwater) to Catherine Kilbey
327 - 21 Dec. 1870 - **McGregor**, Harriet B. to Joseph S. Beemer
275 - 9 Jan. 1864 - **McGrigan**, Thomas (Newton) to Harriet B. Mathers
217 - 23 Mar. 1861 - **McKain**, Elizabeth I. (Byram) to Isaac C. Dennis
200 - 18 May 1858 - **McKain**, John (Andover) to Phebe M. Pierson
193 - 18 Feb. 1856 - **McKain**, Mary Ann (Newton) to John Earls
184 - 7 Oct. 1853 - **McKain**, William (Newton) to Catherine A. Seplo
298 - 2 Jan. 1867 - **McKinney**, A. L. to Annie E. Franks
389 - 1 Dec. 1879 - **McKinney**, Anna L. (Byram) to Stephen Hall
397 - 11 Apr. 1877 - **McKinney**, Annie (Lafayette) to Benjamin K. Hopkins (also 415)
419 - 1 Nov. 1877 - **McKinney**, Annie (Andover) to Anthony F. O'Donnell
316 - 5 Dec. 1868 - **McKinney**, Delphina (Sparta) to Solomon M. Decker
295 - 25 Feb. 1868 - **McKinney**, Ellen (Sparta) to Calvin Beatty
298 - 16 Sept. 11868 - **McKinney**, Harriet to Lewis O. Therburn
343 - 7 Mar. 1872 - **McKinney**, Katy (Soarta) to Charles W. McCollum
368 - 25 Feb. 1874 - **McKinney**, Lorenzo (Byram) to Elizabeth Schoonover
388 - 15 May 1875 - **McKinney**, M. Ellen (Byram) to John D. Coursen
361 - 21 Oct. 1874 - **McKirgon**, Wallace A. (Summit) to Margaret Donar
252 - 11 Jan. 1855 - **McMahon**, James A. to Malinda Walling
199 - 4 July 1857 - **McManis**, Charles to Margaret Drake
315 - 12 Feb. 1870 - **McManus**, Ellen (Lafayette) to Aaroon H. Beegle
411 - 7 Dec. 1876 - **McMickle**, Bell (near Beemerville) to John Roy
219 - 27 Dec. 1860 - **McMickle**, Elizabeth (Newton) to Samuel Cassidy
365 - 30 Dec. 1874 - **McMickle**, George to Abia B. Goble
367 - 4 Mar. 1875 - **McMickle**, John (Byram) to Mary Ann Gohle
343 - 17 Dec. 1873 - **McMickle**, Elizabeth to Jesse H. Phillins
408 - 3 Aug. 1876 - **McMickle**, Mary Alice (Byram) to Moses Decker
373 - 12 June 1875 - **McMickle**, Robert (Beemerville) to June M. Vanauken
201 - 11 Sept. 1858 - **McMillen**, Thomas (Frankford) to Margaret Rowley
389 - 28 Nov. 1874 - **McMurtrie**, Anson C. (Byram) to Martha V. Hamilton
331 - 22 Nov. 1871 - **McMurtrie**, Mary E. (Newton) to David Rutter
260 - 21 Mar. 1858 - **McNally**, Catharine to Patrick Timmons
279 - 19 Aug. 1865 - **McPeek**, Addie (Sparta) to Lamuel Minton, Jr.
193 - 27 Feb. 1856 - **McPeck**, Abby Jane (Sparta) to Alva Polley
341 - 23 Nov. 1873 - **McPeak**, Anna M. to James Wood
363 - 30 Sept. 1874 - **McPeak**, Anna Mary (Hamburg) to Aaron Leport Wilson
191 - 22 Nov. 1855 - **McPeak**, Charles to Caroline Spencer
309 - 26 May 1866 - **McPeek**, George (Newton) to Katie

294 - 7 July 1866 - **McPeek**, Isaac (Byram) to Margaret E. Pitney
427 - 1 Jan. 1878 - **McPeek**, John M. (Green) to Alice A. Young
265 - 31 Dec. 1864 - **McPeek**, Mrs. Mahala (Sparta) to Henry Stepp
277 - 9 July 1866 - **McPeek**, Margaret Ann to Newton Pope
316 - 24 June 1869 - **McPeek**, Sarah E. (Sparta) to George Dunn
358 - 24 June 1874 - **McPeek**, Wm. A. (Newton) to Elizabeth Hopper
309 - 25 Mar. 1868 - **Meachem**, Enoch (Andover) to Jane Kinney
411 - 24 April 1877 - **Mead**, David (Montague) to Elizabeth Crawn
202 - 27 Aug. 1858 - **Mead**, John L. (Wantage) to Mary Jane Hovencamp
195 - 16 Aug. 1856 - **Medan**, Peter (Sandyston) to Martha Drake
256 - 24 Dec. 1863 - **Meddlebrook**, Sarah M. (Stanhope) to William D. Clawson
324 - 8 Dec. 1870 - **Meeker**, Aaron T. (Waterloo) to Catherine E. Best
259 - 29 Aug. 1862 - **Meeker**, Austin (Newton) to Elizabeth Ann Coursen
386 - 17 April 1876 - **Meeker**, Catherin (Newton) to Wm. H. Parliman
266 - 28 Oct. 1865 - **Meeker**, Eliza Ann to Robert Washer
362 - 15 Oct. 1874 - **Meeker**, George R. (Hamton) to Delia Paddock
410 - 27 Dec. 1876 - **Meeker**, Lizzie C. (Branchville) to James McCoy
328 - 7 Nov. 1871 - **Meeker**, Phebe A. to George Pettit
321 - 9 June 1870 - **Medaugh**, Alice (Beemerville) to Elles T. Edwards
294 - 10 Jan. 1867 - **Middaugh**, Charles S. (Wantage) to Martha E. Decker
262 - 25 Oct. 1862 - **Middaugh**, George A. to Martha A. Kimer
226 - 22 Dec. 1849 - **Middaugh**, Jonathan to Hester J. MacFoy
237 - 20 Oct. 1853 - **Maguire**, Mary (Stillwater) to Isaac B. Hardick
407 - 30 Sept. 1876 - **Mercer**, Joseph (Frankford) to Harriet Hagerty
283 - 22 Jan. 1867 - **Merring**, Francis (Sandyston) to Mary E. Morris
290 - 11 Feb. 1868 - **Merring**, Julia to George W. Stewart
387 - 27 Dec. 1874 - **Merrit**, (widow) Emma (Boonton) to William M. Atkins
389 - 3 Oct. 1875 - **Merrit**, Mahlon (Port Morris) to Ida Bird
275 - 1 Dec. 1863 - **Mesler**, Margaret (Morristown) to William Vanetten
437 - 21 Nov. 1877 - **Metler**, Emma E. (Sandyston) to Charles Kyte
338 - Oct. 1870 - **Meyers**, Hattie S. (Panakating) to Daniel C. Vanorden
17 Nov. 1835 - **Michaels**, Susan (Pahaquarry) to Bowdewine VanAuken
230 - 15 July 1848 - **Middlesworth**, Jacob A. (Walpack) to Catharine Wintermute
231 - 1 Dec. 1853 - **Mileham**, Wm. (Newton) to Lehina H. Wintermute
185 - 1 Jan. 1854 - **Milhan**, Nancy (Newton) to Elias Roloson
327 - 11 Sept. 1870 - **Miller**, Chaney to Alice McCann
382 - 15 Jan. 1876 - **Miller**, Emma to Joseph Kithcart
193 - **Miller**, Frank (Newton) to Roxanna Vanaucken
338 - 18 Jan. 1871 - **Miller**, John B. (Factoryville, Pa.) to Nancy R. Baxter
286 - 9 Nov. 1866 - **Miller**, Julia A.

to Bouman F. Cisco
234 - 23 Oct. 1858 - **Miller**, Lavina (Stillwater) to John L. Morris
214 - 30 Sept. 1858 - **Miller**, Levi DeWitt (Lafayette) to Mary Elisabeth Cummings
299 - 26 Sept. 1868 - **Miller**, Margaret (Hardyston) to Campfield South
362 - 24 Dec. 1874 - **Miller**, Martha A. (Stanhope) to Frederick Brooks
243 - 31 Dec. 1863 - **Miller**, Mary Augusta (Newton) to Henry Brooks
188 - 25 Oct. 1845 - **Miller**, Mary E. (Sparta) to Job VanLeish
325 - 5 July 1871 - **Miller**, Mary L. (Newton) to Levi Longcor
405 - 28 Jan. 1877 - **Miller**, Nellie Frances (Rockaway) to Sedgewick R. Lozaw
204 - 9 May 1858 - **Miller**, Peter to Elizabeth Kishpaugh
239 - 7 Oct. 1856 - **Miller**, Phebe Ann (Vernon) to Thomas S. Edsel
380 - 21 Oct. 1875 - **Miller**, Sophie (Newton) to John Bazier
205 - 27 Sept. 1859 - **Miller**, Tunis S. (Sparta) to Martha C. Town
262 - 4 Sept. 1862 - **Miller**, William S. to Harriet Parcel
368 - 24 Dec. 1873 - **Miller**, William S. (Andover) to Sarah C. Day
278 - 17 Mar. 1860 - **Milligan**, Elizabeth (oolored) to Henry Jackson
378 - 9 Oct. 1875 - **Milliner**, Hannah Stevens Scripture (widow) to John Lawrence Roberts
184 - 8 Oct. 1853 - **Mills**, Cyrus N. (Lafayette) to Phebe A. Roe
235 - 31 Dec. 1839 - **Mills**, Ira C. (Newton) to Effe Ann Snoover
250 - 27 Dec. 1862 - **Mills**, Jacob D. (Frankford) to Susan Drake
227 - 13 Oct. 1838 - **Mills**, Joseph (Stillwater) to Mary Savercool
232 - 1 Sept. 1835 - **Mills**, Mary (Hardwick) to Harrison Grover
292 - 3 Nov. 1867 - **Mills**, Mary Frances to Isaac Williams
346 - 8 May 1871 - **Mills**, William (Hardwick) to Rachel Mosher
343 - 5 Aug. 1871 - **Minion**, Isaac (Huntsville) to Rebecca Straley
282 - 17 Sept. 1866 - **Minion**, Mrs. Jene (Allamuchy) to Jacob Sheldon
434 - 26 Dec. 1877 - **Minnon**, Josephine (Edenville NY) to Robert Jennings
201 - 24 Aug. 1858 - **Minton**, Jacob to Mahala Allen
279 - 19 Aug. 1865 - **Minton**, Lemuel, Jr. (Woodport) to Addie McPeek
383 - 20 Nov. 1875 - **Misner**, Amanda (Andover) to Daniel Leigh, Jr.
388 - 3 July 1875 - **Misner**, John (Andover) to Mattie Frank Coit
302 - 18 Dec. 1867 - **Mitten**, Catharine (Walpack) to Amos Losey
203 - 12 Feb. 1859 - **Mitten**, John to Phebe C. Smith
284 - 1 Apr. 1867 - **Mitton**, Julia A. (Woodport) to Edward D. Allen
336 - 30 Oct. 1872 - **Mitten**, Mary Ann (Walpack) to Andrew Lake
194 - 19 Mar. 1856 - **Mitten**, Sarah (Hardyston) to John Cory
316 - 19 Dec. 1869 - **Mitten**, Sylvester H. (Hardyston) to Mary A. Smith
220 - 20 Nov. 1861 - **Moloy**, Phebe to William Holly
315 - 12 June 1870 - **Monell**, Wm. H. (Franklin) to Ellen Case
295 - 4 July 1867 - **Monks**, H race E. (Sparta) to Hulda A. Pittenger (p. 313)
271 - 21 Nov. 1861 - **Monroe**, Sarah E. to Garret VanBlarcom
352 - 1 Feb. 1873 - **Montaney**, James W. (Hardyston) to Joanna L. Fredenburgh

212 - 4 July 1856 - **Mood**, Mary Jane (Penna.) to Cornelius A. Frazier
195 - 20 Nov. 1856 - **Mooney**, Andrew to Lidia C. Tillotson
261 - 20 Aug. 1864 - **Moore**, Albert (Morris Co.) to Margaret M. Titherson
188 - 28 Feb. 1846 - **Moore**, Charith (Lafayette) to Lewis H. Moshier
205 - 19 Jan. 1859 - **Moore**, Emeline (Lafayette) to Robert A. Havens
257 - 23 Dec. 1863 - **Moore**, Harriet C. (Lafayette) to William S. Northrup
353 - 8 Oct. 1873 - **Moore**, John (Wantage) to S. Ella Pellet
187 - 30 Nov. 1844 - **Moore**, John W. (Newton) to Sarah Ann Cox
221 - 8 Feb. 1861 - **More**, Mary Ann (Newton) to Peter Sheldon
257 - 18 Nov. 1863 - **Moore**, Mary C. (Sparta) to Joseph M. Dunlap
316 - 25 Dec. 1869 - **Moore**, Sanford (Morris Co.) to Rachel Norman
193 - 27 Feb. 1856 - **Moran**, Francis (Newark) to Ellen M. Shafer
351 - 8 Feb. 1871 - **Morehouse**, John (Glenwood) to Anna Mary Riggs
212 - 23 Dec. 1856 - **Morford**, Theadore (Newton) to Mary E. Morris
329 - 2 Feb. 1872 - **Morgan**, Anna M. to Cornelius Hamber
337 - 30 Sept. 1872 - **Morgan**, Wm. H. (Hamburg) to Anna M. Sliff
289 - 5 Dec. 1867 - **Morris**, Andrew S. to Susan A. Howell
198 - 18 Feb. 1858 - **Morris**, Arminda (Frankford) to Coalman Snook
348 - 10 Apr. 1873 - **Morris**, Benjamin C. (Hampton) to Ellen Pruella Cole
234 - 28 Sept. 1838 - **Morris**, David H. (Iowa City) to Lucilla L. Shafer
426 - 9 Mar. 1878 - **Morris**, George (Montague) to Merzilla Littell
234 - 23 Oct. 1838 - **Morris**, John L. (Stillwater) to Lavina Miller
269 - 21 Sept. 1865 - **Morris**, Jonathan Edward to Louisa A. Shafer
218 - 13 Nov. 1861 - **Morris**, Levi to Mary E. Lozier
391 - 17 Nov. 1876 - **Morris**, Martha E. (Fredon) to Sandford J. Crawn
212 - 23 Dec. 1856 - **Morris**, Mary E. (Sparta) to Theodore Morford
283 - 22 Jan. 1863 - **Morris**, Mary E. - (Hampton) to Francis Merring
236 - 27 Aug. 1862 - **Morris**, Mary E. (Newton) to John Sherred
338 - 20 April 1870 - **Morris**, Oliver (Newton) to Sarah Howell
312 - 27 Nov. 1854 - **Morris**, Patrick to Mary Slater
312 - 23 Dec. 1869 - **Morris**, Peter J. to Sarah Jane Smith
367 - 20 Feb. 1873 - **Morris**, Phebe (Hampton) to Charles Doel
262 - 9 July 1864 - **Morris**, Sarah E. to Frederick Bailey
368 - 8 July 1873 - **Morris**, Wesley (Stillwater) to Mary E. Decker
430 - 6 Mar. 1878 - **Morrison**, Ephriam, M.D. (Newton) to Charlotte Holton
244 - 3 Nov. 1859 - **Morrow**, Charles (Deckertown) to Sarah E. Westbrook
312 - 9 Feb. 1870 - **Morrow**, Mary G. (Deckertown) to Jansen R.Davenport
307 - 18 Sept. 1861 - **Morrow**, Samuel, Jr. (Wantage) to Hannah E. Ford
311 - 1 Jan. 1870 - **Morse**, Elizabeth (Vernon) to Ira R. Card
419 - 22 Sept. 1877 - **Morse**, Joseph H. (Deckertown) to

Violettia G. Speer
435 - 17 Jan. 1878 - **Morse**, Wm. C. (Port Jervis NY) to Phebe J. Lundy
191 - 18 June 1854 - **Moscher**, Bede Ann to Isaac W. Orsbon
279 - 29 Oct. 1865 - **Mozier**, Eliza (Waterloo) to Theodor Corwine
366 - 7 Nov. 1872 - **Mosher**, John H. to Sarah E. Smally
395 - 5 Aug. 1876 - **Moshier**, Julia (Star Port) to William Ike
439 - 10 Jan. 1846 - **Mozier**, Peter (Sparta) to Susanna Riker
346 - 8 May 1871 - **Mosher**, Rachel (Stillwater) to William Mills
222 - 28 Aug. 1862 - **Mosher**, William (Hackettstown) to Sarah Amanda Gray
188 - 28 Feb. 1846 - **Moshier**, Lewis H. to Charity Moore
258 - 4 July 1864 - **Moshier**, Mrs. Sarah A. (Newton) to Joseph Booth
191 - 13 July 1855 - **Mosier**, Elmira (Wantage) to John L. Feazler
293 - 1 June 1867 - **Mosier**, Mary J. (Allamuchy) to Jacob Ike
297 - 5 Dec. 1865 - **Mourey**, Samuel to Susan Losey
355 - 1 Jan. 1874 - **Moursson** (Morrison?) Jacob to Catharine Willis
328 - 28 Sept. 1854 - **Mulholen**, Mary Jane (Stillwater) to Uriah H. Hardick
307 - 21 Jan. 1866 - **Mullen**, Catherine (wid. Patrick Mullen) to Joseph Hogan (also p. 277)
194 - 25 Aug. 1856 - **Muller**, Anna Martha (Andover) to Frederick Lehmes
195 - 25 Aug. 1856 - **Muller**, Anna Mary (Andover) to Valentine Stough
356 - 25 Dec. 1873 - **Mulrearoy**, Margaret to Howard Little
409 - 13 Jan. 1877 - **Munson**, Amelia (Franklin Furnace to

___ George
349 - 10 Dec. 1873 - **Munson**, George H. to Rebecca Ann George
381 - 26 Sept. 1875 - **Munson**, Lydia to Andrew J. VanCott
342 - 4 Dec. 1843 - **Munson**, Mary O. (Sparta) to .William P. Case
203 - 25 Dec. 1858 - **Murphy**, Mary Ann to John Parliament
198 - 25 Nov. 1857 - **Murry**, Miss (Franklin) to Thomas Welch
213 - 2 Jan. 1858 - **Murry**, Eliza (Newton) to Henry Folk
363 - 7 Jan. 1875 - **Mutton**, Anthony (Hampton) to Adeline Snoover
221 -26 April 1862 - **Myers**, Albert (colored) to Lucreta Matilda Stackhouse
256 - 1 Jan. 1864 - **Myers**, Eliza (Branchville) to Henry A. McGill
217 - 29 Nov. 1860 - **Myers**, Emma (Frankford) to Moses Chency West
276 - 4 July 1865 - **Myers**, George (Newton) to Hannah Mains
350 - 20 Sept. 1871 - **Myers**, Geo. K. (Wantage) to Emma VanOrden
193 - 20 Jan. 1854 - **Myers**, Peter (Sandyston) to Lydia Sylcox
329 - 1 Jan. 1872 - **Myers**, Philelis to Drucilla Roe (also see Meyers)
322 - 25 Jan. 1871 - **Nelden**, Margaret A. (Newton) to Jonathan Havens, M.I
185 - 17 Nov. 1853 - **Nelson**, George H. (Newton) to Elizabeth Hedges
227 - 20 Feb. 1838 - **Newbake**, Charles (Hardwick) to Mary Ann Hill
347 - 28 Dec. 1871 - **Newbaker**, Emma M. (Hardwick) to Lewis Rice
253 - 4 July 1863 - **Newbaker**, Susan (Hardwick) to Wm. H. Lambert
204 - 24 Nov. 1858 - **Newberry**, Edward S. (Washington) to

Sarah H. Marrin
385 - 1 Apr. 1876 - **Newel**, Anna M. to Peter C. Bennet
346 - 25 Dec. 1870 - **Newell**, Jennie (Sandyston) to William Shafer
187 - 24 Sept. 1845 - **Newman**, David to Mary Jane Roe
316 - 24 Apr. 1869 - **Newman**, Ellen (Sparta) to William Osborn
246 - 26 Feb. 1863 - **Newman**, George K. (Wantage) to Margaret Simonson
199 - 12 Sept. 1857 - **Newman**, Isaac to Elizabeth Warbass
321 - 27 Oct. 1870 - **Newman**, Martha J. (Papakating) to Henry D. Chapin
307 - 20 Jan. 1869 - **Newman**, Mary E. (Wantage) to Henry D. Struble
377 - 19 May 1875 - **Newman**, William S. (Dover) to Alice H. Kemble
212 - 25 Nov. 1856 - **Nicholl**, Samuel (Lafayette) to Margaret Earles
256 - 5 Sept. 1863 - **Niper**, Margaret (Stanhope) to George Spencer
395 - 19 Apr. 1876 - **Niper**, Mary J. to David S. Hankinson
279 - 16 Dec. 1865 - **Niper**. Susan L. (Byram) to Lewis Goble
433 - 15 May 1878 - **Niper**, Wm. W. (Springdale) to Eliza Hazleton
284 - 13 Jan. 1867 - **Nixon**, Albert J. to Catharine Bertron
240 - 2 Sept. 1857 - **Nixon**, Albert James (Woodport) to Elvira Pierson
324 - 3 July 1870 - **Nixon**, Anna E. (Stanhope) to William H. Ward
306 - 15 Apr. 1869 - **Nixon**, Ellen to Simeon Kishpaugh
330 - 4 May 1872 - **Nixon**, George to Anna Campbell
280 - 19 Sept. 1866 - **Nixon**, John, Jr. to Caroline Bertron
281 - 2 May 1866 - **Nixon**, Nancy E. to William Straway
255 - 31 Dec. 1863 - **Nolan**, Elizabeth (Morris Co.) to John Vanetten
305 - 4 July 1868 - **Norman**, Ann Julia (Shippenport) to Ephraim M. Ward
265 - 3 Apr. 1865 - **Norman**, Charles (Jefferson, to Eliza Ann Riker
240 - 24 Oct. 1857 - **Norman**, Mary (Sparta) to Thomas Reynolds
210 - 24 Mar. 1860 - **Norman**, Mary (Sparta) to Millege Ricker
316 - 25 Dec. 1869 - **Norman**, Rachel (Morris Co., to Sanford Moore
418 - 1 Sept. 1877 - **Norman**, Saml. L. (Milton) to Delia Whittle
258 - 6 Aug. 1864 - **Norman**, Sarah Ann (Sparta) to Hiram C. Freeman
430 - 23 Mar. 1878 - **Norman**, Sarah L. to John J. Lozier
381 - 4 Oct. 1875 - **Norman**, Theodore (Newark) to Lydia Catherine Little
301 - 25 Mar. 1869 - **Northrup**, Amanda (Hampton) to Joseph Allen
222 - 7 Jan. 1863 - **Northup**, Catharine A. (Lafayette) to Alexander Roe
271 - 25 May 1861 - **Northrup**, Charlott L. to Edward Wheeler
213 - 20 May 1858 - **Northrup**, Cornelia M. (Lafayette) to Bradford P. Armstrong
315 - 22 Mar. 1870 - **Northrup**, Elizabeth (Pleasant Valley) to David R. War
252 - 12 Nov. 1863 - **Northrup**, Emma C. (Pleasant Valley to Samuel Warbasse
219 - 28 Nov. 1860 - **Northrup**, Harriet Delphina (Newton, to Joseph Warbasse

218 - 21 Mar. 1861 - **Northrup**, Henry C. (Newton) to Margaret Hibler
212 - 27 Nov. 1856 - **Northrup**, James L. (Andover) to Caroline A. Drake
315 - 9 Jan. 1870 - **Northrup**, John P. (Baleville) to Anna H. Bayle
185 - 9 Nov. 1853 - **Northrup**, Moses B. (Lafayette) to Jane H. Martin
258 - 9 Mar. 1864 - **Northrup**, Sallie (Newton) to Pemberton B. Horton
191 - 22 Nov. 1855 - **Northrop**, Sarah (Newton) to James Martin
196 - 1 Jan. 1857 - **Northrop**, Sarah to John Pinkney
426 - 31 Oct. 1877 - **Northrup**, Sarah N. (Lafayette) to Asa Havens
320 - 5 Oct. 1870 - **Northrop**, Theodore F. (New York) to Amanda Whitaker
257 - 23 Dec. 1863 - **Northrup**, William S. (Lafayette) to Harriet C. Moore
287 - 7 July 1867 - **Norton**, Benjamin to Elizabeth Compton
197 - 20 Oct. 1856 - **Noxon**, Mary (Stillwater) to Joseph N. Durling
290 - 16 Oct. 1867 - **Noyes**, Rev. S. D. (Baltimore, Md.) to S. L. Beemer
236 - 25 Dec. 1862 - **Nulton?**, Ellen to Christopher Honey
238 - 2 Sept. 1854 - **Nugent**, Richard (Hardwick) to Hannah E. Savercool
272 - 1 Jan. 1866 - **O'Del**, Reuben to Catharine Antony
414 - 14 July 1877 - **Odell**, Catherine (Newton) to Elmer Cortright
220 - 3 Jan. 1861 - **Odell**, Ephriam (Hainesville) to Phebe Hogencamp
207 - 28 Apr. 1860 - **Odle**, Charles to Catherine Anthony
419 - 1 Nov. 1877 - **O'Donnell**, Anthony F. (Andover) to Annie McKinney
340 - 15 Apr. 1873 - **Ogden**, Amos (Newton) to Abbie Ann Seguyne
188 - 25 Feb. 1846 - **Ogden**, Eleazer to Mary Ann Barber
233 - 22 Nov. 1836 - **Ogden**, George L. (Stillwater) to Mary Hooey
403 - 23 June 1875 - **Ogden**, John to Delilah Jane Bailey
251 - 10 Mar. 1864 - **Ogden**, Mary to Philip VanHorn
238 - 9 Dec. 1854 - **Ogden**, Rhoda Margaret (Stillwater) to Jacob S. Eager
199 - 27 June 1857 - **Ogden**, Robert M. to Sarah Ann States
263 - 24 Dec. 1863 - **Ogden**, Susan J. (Stillwater) to George A. Sisley
235 - 26 Dec. 1860 - **Oldenbrow**, Henry (N.Y.) to Jane Beemer
325 - 22 Sept. 1871 - **Oliver**, Charles S. (Comhs Hollow) to Clara Lewis (also p. 326)
376 - 3 June 1875 - **Oliver**, Fanny J. (Andover) to Joseph Cron
343 - 5 July 1870 - **Oliver**, Joseph W. to Mary S. Clough
347 - 14 Nov. 1872 - **Oliver**, Mathew George (Stillwater) to Charlotte A. Hill
372 - 22 Dec. 1874 - **Oliver**, Millie (Frankford) to Sylvester D. Savacoll
381 - 3 July 1875 - **Oliver**, Oscar A. (Swartswood) to Lucinda M. Hill
184 - 27 Oct. 1853 - **Oliver**, Susan I. to Joseph H. Bissel
293 - 1 June 1867 - **Oliver**, Thomas, Jr. (Stanhope) to Elenore Glover
229 - 29 Mar. 1845 - **Oliver**, Wm. (Newton) to Elizabeth Wintermute
219 - 12 Aug. 1861 - **Oliver**, William (Byram) to Jane Atno
321 -10 Dec. 1870 - **Olsson**, Benton J. (Sweden) to Gerta

Louise Anderson
273 - 15 Nov. 1874 - **Onsted**, Anna M. (Lafayette) to Charles B. Stuart
282 - 15 Aug. 1866 - **Onsted**, Maggie A. (Hampton) to Emanuel Ackerson
227 - 17 Mar. 1838 - **Opdyke**, May (Stillwater) to Frederick Wintermute
307 - 17 Feb. 1869 - **Oram**, Elmira (Wantage) to Hezrd Smith
434 - 25 May 1878 - **Ormiston**, Anna C. (Sandyston) to Isaac Lunday
383 - 6 Oct. 1875 - **Orr**, John (Branchville) to Mary L. Major
232 - 10 April 1835 - **Orrie?** Thomas (Stillwater) to Ann Swasy
297 - 28 Dec. 1865 **Osborn**, Augustis D. (female) to Gabriel Collver
383 - 30 Sept. 1875 - **Osborn**, Edward (Newton) to Anna Doyle
298 - 24 April 1865 - **Osborne**, Edwin D. to Fannie J. Lane
339 - 4 May 1873 - **Osborn**, Elizabeth (Vernon) to Joseph Herrman
228 - 21 Dec. 1842 - **Osborn**, Epha (Stillwater) to Thomas Honawell
204 - 5 May 1859 - **Osborne**, Francis (etc.)(Frankford) to Joseph Colt, Jr
437 - 15 Oct. 1877 - **Osborne**, George A. to Harriet Crill
211 - 24 Nov. 1860 - **Osborn**, Hannah (Vernon) to Joseph Huffman
191 - 18 June 1854 - **Orsbon**, Isaac W. to Bede Ann Moscher
316 - 12 Jan. 1870 - **Osborn**, Joseoh K. (Madison) to Elen Allen
351 - 9 Aug. 1871 - **Osbotn**, Lillie G. (Wantage) to Thomas Terwilliger
195 - 15 Sept. 1856 - **Orsbon**, Mary J. to Moses Decker

230 - 7 Dec. 1848 - **Osborn**, Peter C. (Frankford) to Margretta Hunt
193 - 1 Jan. 1856 - **Osburn**, Sarah (Lafayette) to John H. VanGilder
352 - 14 Nov. 1872 - **Osborn**, Sarah C. (Glenwood) to Lewis Decker
300 - 26 Dec. 1868 - **Osborn**, Silas C. to Lizzie D. Huff
290 - 25 Oct. 1867 - **Orsborn**, Susan to Thomas B. Gould
386 - 22 Dec. 1875 - **Osborne**, Sybella A. (Morris Co.) to Gilbert D. Young
316 - 24 Apr. 1869 - **Osborn**, William (Sparta) to Ellen Newman
227 - 27 Dec. 1838 - **Osborn**, Wm. C. (Frankford) to Eveline Couse
347 - 27 June 1872 - **Osonbaugh**, Laura C. (Blairstown) to William M. Ball
185 - 30 Mar. 1854 - **Osman**, Elizabeth (Hackettstown) to Absalom L. Talmadge
424 - 13 Feb. 1878 - **Osmun**, Joseph F. (Hackettstown) to Mary F. Longcor
253 - 24 Nov. 1863 - **Oulick**, Hester I. (Hardwick) to William Safford
244 - 27 Dec. 1859 - **Overhiser**, Samuel T. (Wantage) to Lydia Stoddard
275 - 30 Mar. 1865 - **Owen**, Edwin (Newton) to Mary Elmer
262 - 27 Sept. 1862 - **Owen**, Loniza (Orange Co., NY) to John Cram
231 - 23 June 1853 - **Ozenbaugh**, Jacob (Pahaquarry) to Sarah E. Chambers
318 - 21 Aug. 1868 - **Ozenbaugh**, Mary A. to John Talmadge
212 - 18 Sept. 1856 - **Packson**, John (Bushkill, PA) to Adelia Tuttle
362 - 15 Oct. 1874 - **Paddock**, Delia (Hampton, to George R. Meeker

433 - 29 Nov. 1878 - **Paddock**, Nathan (Hamburg, to Mary Roloson

351 - 12 Oct. 1872 - **Paddock**, Pierson (Warwick NY) to Martha E. Bonter

377 - 30 Oct. 1875 - **Pagett**, Daniel (Andover) to Harriet Campbell

416 - 15 Sept. 1877 - **Padgett**, John D. (Andover) to Olivia Ramage

343 - 31 Mar. 1873 - **Paget**, Mary (Andover) to Joseph Allen

263 - 22 July 1865 - **Page**, Anna K. (New Hampshire) to Stephen P. Stiles

262 - 4 Sept. 1862 - **Parcel**, Harriet to William S. Miller

336 - 24 Aug. 1872 - **Park**, Joanna (Vernon) to William Hovencamp

357 - 27 Mar. 1873 - **Parker**, Benjamin (Newton) to Frances West

439 - 1 Apr. 1864 - **Parker**, Calvin (Stanhope) to Elizabeth Engle

351 - 18 Feb. 1869 - **Parker**, Farber (Vernon, to Huldah Bailey

343 - 5 July 18?0 - **Parker**, William to Ella A. Clough

245 - 10 Mar. 1860 - **Parks**, Mary (Wantage) to George Heady

386 - 17 Apr. 1876 - **Parliaman**, Wm. H. (Oxford) to Catherin Meeker

265 - 2 Dec. 1864 - **Parliament**, Henry (Ogdensburg) to Margaret A. Hulmes

203 - 25 Dec. 1858 - **Parliament**, John to Mary Ann Murphy

209 - 13 Aug. 1860 - **Parman**, Elen to William Carmer

414 - 3 Mar. 1877 - **Parsels**, Mary (Deckertown) to Sam S. Havens

343 - 27 Sept. 1871 - **Parsil**, Thomas (Millburn) to Elizabeth A. Harmony

328 - 29 Nov. 1871 - **Paterson**, Lorra to John H. Sanders

377 - 12 July 1875 - **Paulison**, Harriet S. (Hamburg) to William Kent

429 - 23 Mar. 1878 - **Peaster**, Sarah M. (Stillwater) to John L. Edgerton

260 - 1 Sept. 1864 - **Peacock**, Christopher to Margaret Beatty

352 - 6 May 1871 - **Peck**, Isabella W. (Sparta) to Dolson Sickles

334 - 11 Nov. 1872 - **Pellet**, Charlotte E. (Papakating) to Frederick M. Cannon

403 - 28 dec. 1876 - **Pellett**, Fannie G. (Hamburg) to Clarkson Bird, Jr.

235 - 1 Sept. 1839 - **Pellet**, Hnnnah (Pennsylvania) to Amos Kays

326 - 23 Feb. 1871 - **Pellet**, Obadiah, Jr. (Newton) to Kittie E. Jarvis

353 - 8 Oct. 1873 - **Pellet**, S. Ella (Papakating) to John Moore

234 - 9 Sept. 1838 - **Pellett**, Samuel (Newton) to Mary Dennis

309 - 9 Sept. 1866 - **Pensky**, Maximilian (Staten Island NY) to Olsra Cramer

310 - 11 July 1868 - **Perigo**, George M. (Ogdensburg) to Delia M. Carrick

198 - 11 Nov. 1857 - **Perigo**, Sarah (Wantage) to Obediah P. Crane

205 - 4 Sept. 1858 - **Perrigo**, Sarah Ellen (Vernon) to Abner Babcock

213 - 17 April 1858 - **Perris**, Bethuel (Paterson) to Julia Ann Southard

212 - 10 Feb. 1857 - **Perry**, Alias (Branchville) to Chaterine I. Truax

414 - 6 July 1877 - **Perry**, Charlotte A. (Newton) to Edward Warren Heband

227 - 21 Feb. 1858 - **Perry**, Margaret (Stillwater) to Abram Predmore

241 - 29 Dec. 1848 - **Perry**, Mary (Frankford) to Levi Butler

241 - 3 July 1859 - **Perry**, Mary Jane to John M. Gouger
297 - 26 Sept. 1863 - **Perry**, Sarah A. to Albert I. Bird
273 - 23 Feb. 1875 - **Peters**, C. Angeline (Lafayette) to Edward E. Lantz
339 - 2 July 1873 - **Peters**, John H. (Port Morris) to Anna S. Shires
377 - 9 Oct. 1875 - **Peterson**, Lot B. (Deckertown) to Libbie Latier
Pettenger, see Pittinger
346 - 8 July 1871 - **Petit**, Amos L. (Newton, to Phebe J. Keen
328 - 7 Nov. 1871 - **Pettit**, George to Phebe A. Meeker
324 - 8 Feb. 1871 - **Pettit**, George E. (Newton) to Eliza A. Heminover
319 - 23 Feb. 1870 - **Pettit**, James L. (Stanhope) to Julia A. McConnell
297 - 27 Dec. 1865 - **Pettit**, John B. to Clara N. Kays
409 - 29 Dec. 1875 - **Petty**, Susie D. (Walpack Center) to David N. House
246 - 4 Jan. 1862 - **Phillip**, Mary C. (Frankford) to Nathaniel F. Bray
357 - 18 Mar. 1874 - **Phillips**, Charlotte (Frankford) to George Calvin Fountain
315 - 24 Nov. 1869 - **Phillips**, Hugh L. (Branchville) to Fanny S. Hunt
404 - 20 Dec. 1876 - **Phillips**, James E. (Newton) to Anna M. Huston
343 - 17 Dec. 1873 - **Phillips**, Jessie H. to M. Elizabeth McMickle
385 - 8 Dec. 1875 - **Phillips**, Louise B. (Frankford) to Julius Herbert Clark
208 - 20 April 1860 - **Phillips**, Margery C. (Frankford) to James Ayers
392 - 4 July 1876 - **Phillips**, Rose (Frankford) to Victor Compton

193 - 15 Dec. 1855 - **Pickel**, Benjamin (Newton) to Laura Day
434 - 16 Jan. 1878 - **Pickens**, Thomas (Newburg NY) to Susan Houston
275 - 3 Dec. 1864 - **Pierce**, William H. (Allamuchy) to Phebe A. Sickles
316 - 6 Jan. 1870 - **Pierson**, Amelia (Sparta) to Fowler Smith
329 - 16 Sept. 1871 - **Pierson**, Charles to Ann E. Fenigan
411 - 22 Nov. 1876 - **Pierson**, Ella L. (Newton) to Wm. H. Hall
240 - 2 Sept. 1857 - **Pierson**, Elvira (Sparta) to Albert James Nixon
187 - 5 Oct. 1854 - **Pierson**, Hannah (Sparta) to Thomas Beatty
300 - 17 Dec. 1868 - **Pierson**, Henry L., Jr. (N.Y.C.) to Hemrietta B. Haines
295 - 8 April 1868 - **Pierson**, Isaac C. to Bethania Wintermute
424 - 30 Nov. 1877 - **Pierson**, Oscar (Stockholm) to Lydia Canton
200 - 18 May 1858 - **Pierson**, Phebe M. (Warren Co.) to John McKain
227 - 3 Jan. 1838 - **Pierson**, Polly S. (Stillwater) to Isaac Vanhice
298 - 10 Jan. 1867 - **Pigary**, Moses to Sarah A. Homes
264 - 2 July 1864 - **Pinkle**, Sette (Wantage) to Stephen Hankins
196 - 1 Jan. 1857 - **Pinkney**, John to Sarah Northrop
383 - 16 Feb. 1876 - **Pipher**, Horace B. (Newton) to Mary Irene Gariss
286 - 27 Feb. 1867 - **Pitney**, Amelia B. (Sparta) to William L. Earls
364 - 19 Sept. 1874 - **Pitney**, Byram to Anna M. Jones
294 - 4 July 1866 - **Pitney**, Margaret E. (Lafayette) to Isaac McPeek

239 - 22 Aug. 1857 - **Pitney**, Mary A. (Byram) to William I. Case
331 - 13 Jan. 1872 - **Pittinger**, Charles M. (Swartswood) to Amelia R. Rulon
348 - 6 Dec. 1873 - **Pettinger**, Elizabeth G. (Hampton) to Isaac M. Crawn
295 - 4 July 1867 - **Pittenger**, Hulda A. (Sparta) to Horace E. Monks (p. 313)
347 - 4 July 1872 - **Pettinger**, Jacob C. (Stillwater) to Annie Mary Hoovey
237 - 19 Nov. 1853 **Pittinger**, John B. (Stillwater) to Elizabeth Grover
196 - 15 Nov. 1856 - **Pettenger**, Nancy Jane to Sidney Kimball
234 - 2 Jan. 1838 - **Pittenger**, Rebecca (Newton) to Hampton South
233 - 22 Sept. 1835 - **Pittinger**, Thomas (Newton) to Phebe Grover
318 - 6 July 1869 - **Plumstead**, Nathan to Susan Conklin
267 - 6 Feb. 1846 - **Poff**, Mary Ann (Pennsylvania) to Thomas Cooper
187 - 29 Mar. 1845 - **Polhemus**, Anthony (Sparta) to Amanda Cole
367 - 29 June 1872 - **Polhemus**, William L. (Allamuchy) to Lizzie S. Chamberlin
240 - 27 Feb. 1859 - **Pollard**, John M. (Dover) to Amelia B. Dunlap
323 - 4 Feb. 1870 - **Pollard**, Susan J. (Byram) to Horace E. Hamilton
193 - 27 Feb. 185 - **Pollry**, Alva (Hardyston) to Abey Jane McPeck
314 - 13 Dec. 1868 - **Pollison**, Hattie E. (Lafayette) to John D. Ackerson
362 - 24 Dec. 1874 - **Pool**, Frederick (Stanhope) to Martha A. Miller
419 - 14 Nov. 1877 - **Pool**, Nancy H. (Newton) to George A. Rose
204 - 1 Jan. 1859 - **Pool**, Samuel V. (Newton) to Nancy Stewart
362 - 18 Aug. 1874 - **Pope**, Luceta H. (Newark) to Mackey Allen
277 - 9 July 1866 - **Pope**, Newton to Margaret Ann McPeek
193 - 22 Nov. 1855 - **Porter**, Daniel A. (Green) to Nancy Gray
215 - 21 Dec. 1859 - **Porter**, George W. (Newton) to Ellen Gilleland
359 - 22 Mar. 1861 - **Porter**, Martha D. (Newton) to H. W. Bristol
213 - 16 Aug. 1857 - **Porter**, William H. (Andover) to Catharine Arner
345 - 12 Jan. 1870 - **Porterfield**, Annie F. (Sandyston) to Benjamin F. Tuttle
298 - 1 Dec. 1866 - **Post**, Carrie M. to Westley B. McDavit
291 - 14 Jan. 1868 - **Post**, Elvira to William F. Schall
320 - 3 Oct. 1870 - **Post**, Gabriel H. (Unionville NY) to Sarah E. Tiderback
398 - 3 July 1876 - **Post**, Jages (Greenville, Morris Co.) to Emma Jane Smith
308 - 18 Oct. 1865 - **Post**, Lydia A. (Posterville) to James Hough
340 - 29 May 1873 - **Post**, Richard (Schooley's Mtn.) to Ann K. Willetts
238 - 13 Mar. 1856 - **Potter**, Jesse (Wantage) to Mary Ann Rutan
339 - 28 May 1873 - **Potter**, John A. (Sparta, to Isabel McDavit
203 - 19 Jan. 1859 - **Potter**, Lawrence (Wantage) to Mary Dunn
257 - 29 Jan. 1864 - **Potter**, Lucy Jane (Sparta) to Peter Lanterman
201 - 24 July 1858 - **Potter**, Margaret (Frankford) to Cornelius Kyser
362 - 20 Aug. 1874 - **Potter**, Martha A. (Ogdensburg) to

Henry J. Bedell
328 - 30 Jan. 1872 - **Potter**, Mary (Monroe Cor.) to Charles H. Dennis (also pages 330 & 332)
244 - 22 Dec. 1859 - **Potter**, Ridhard W. (Wantage) to Ruth Marthis
197 - 24 Oct. 1857 - **Potter**, Sarah Ann to David Skellenger
360 - 12 Mar. 1874 - **Potter**, Samuel (Stillwater) to Mary E. Smith
198 - 27 Oct. 1857 - **Potter**, Samuel H. to Fanny McCarter
312 - 30 Jan. 1870 - **Poyer**, Euphemia A. (Hope) to James V. Roe
227 - 21 Feb. 1858 - **Predmore**, Abram, Sparta) to Margaret Perry
236 - 26 Aug. 1863 - **Predmore**, Amelia (Newton) to Johseph A. Hendershot
229 - 10 Oct. 1844 - **Predmore**, Ann (Newton) to John Rhodes
232 - 14 Oct. 1834 - **Predmore**, Daniel H., Esq. (Newton) to Jane Snavel
370 - 16 June 1874 - **Predmore**, Frank (Swartswood) to Emma S. Staley
383 - 29 Feb. 1876 - **Predmore**, Garret K. (Swartswood) to Agnus G. M. Cummings
229 - 12 Dec. 1846 - **Predmore**, Hannah (Newton) to Frederick Roof
15 Feb. 1844 - **Predmore**, Jacob C. (Newton) to Susan Rosenkrans
229 - 4 July 1846 - **Predmore**, Jane E. (Stillwater) to Samuel Sutton
397 - 10 Apr. 1877 - **Predmore**, Mahlon (Branchville) to Eliza S. Crane
230 - 3 Dec. 1848 - **Predmore**, Malinda (Newton) to Alfred Snook
227 - 11 Apri. 1838 - **Predmore**, Mary (Newton) to Wm. Struble

371 - 29 Oct. 1874 - **Predmore**, Sarah (Newfoundland) to Whitfield Card
348 - 22 July 1873 - **Preston**, Albert S. (Stillwater) to Elba A. Garris
318 - 17 Nov. 1869 - **Preston**, Margaret to Joseph Compton
414 - 14 April 1877 - **Preston**, Stanley L. (Lafayette - to Temperence J. Havey
284 - 25 Dec. 1866 - **Price**, Ann (Port Jervis NY) to George P. Wintermute
232 - 31 Mar. 1835 - **Price**, Archibald (Newton) to Susan R. Vansycle
227 - 31 Oct. 1838 - **Price**, Calvin (Newton) to Charlotte Couse
420 - 2 Oct. 1875 - **Price**, Charles C. (Deckertown) to Emma Struble
333 - 10 Oct. 1872 - **Price**, Daniel H. (Newton) to Georgie Ann White
267 - 28 Nov. 1865 - **Price**, David to Emma Stull
385 - 18 April 1876 - **Price** Jacob Cole, M.D. (Frankford) to Elba Jane Shotwell
261 - 4 Dec. 1861 - **Price**, Lewis to Mary E. Marshall
213 - 25 May 1858 - **Price**, Margaret E. (Papakating) to Michael Cochran
224 - 10 Oct. 1862 - **Price**, Mary Ann to Rosmen Shaw
285 - 8 Dec. 1866 - **Price**, Mary E. to Henry W. Dickerson
331 - 2 April 1872 - **Price**, Mathy L. (Newton) to Francis Maddams Chefferfield
334 - 22 Jan. 1873 - **Price**, Mattie E. (Frankford) to Albert Struble
298 - 14 Nov. 1867 - **Price**, Sarah D. to John B. Armstrong
329 - 7 June 1870 - **Price**, Thomas (Stillwater) to Mary Elizabeth Hendershot
251 - 1 Jan. 1864 - **Prickett**, Amanda S. (Byram) to Joseph

Terry
242 - 31 Jan. 1860 - **Prickett**, Elizabeth to David Deanes
313 - 16 July 1868 - **Pritchard**, Margaret (Lafayette) to Thomas B. Thomas
328 - 22 Dec. 1871 - **Prine**, Carrie to Wm. L. Holmes
197 - 3 Sept. 1857 - **Pruden**, Charles M. (Byram) to Margaget Wright
293 - 14 Mar. 1868 - **Prudent**, Margaret J. (Stanhope) to Alvin H. Roberts
263 - 17 Nov. 1864 - **Puden**, Martha E. (Stillwater) to Peter Bristol
296 - 2 Aug. 1868 - **Puder**, Ellen to Herman Thompson
361 - 24 Oct. 1874 - **Purdy**, Andrew N. to Martha DeGraw
226 - 29 Dec. 1860 - **Purdy**, Nathan (Unionville NY) to Mary Kinner
185 - 18 Dec. 1853 - **Purth**, Mary (Lafayette) to John Talmadge
196 - 18 Feb. 1856 - **Quackingbush**, Catharine to John Staley
190 - 17 Feb. 1855 - **Quackenboss**, Charity (Sparta) to Wm. Snook
362 - 18 Aug. 1874 - **Quackenbush**, Emma (Sparta) to Homer Durling
222 - 4 Sept. 1862 - **Quackinbush**, Joseph to Caroline M. Furman
196 - 1 Mar. 1857 - **Quackenbush**, Robert H. (Andover) to Elizabeth McConnel
390 - 10 Jan. 1875 - **Quail**, Robert J. (Port Morris) to Lydia J. Sickles
245 - 22 Jan. 1862 - **Queren**, Catharine (Roseville NY) to William Homelton
262 - 25 July 1865 - **Quick**, Albert F. to Mrs. Emma Booth
230 - 2 Oct. 1848 - **Quick**, Charles B. (Pennsylvania) to Almira Westbrook
375 - 12 Nov. 1874 - **Quick**, Jackson (Montague) to Anna Decker
299 - 21 Oct. 1876 - **Quick**, Michael (Hunt's Mills) to Priscilla V. Cox
433 - 25 Feb. 1878 - **Quick**, Richard A. (Deckertown) to Arvilla J. Hardin
298 - 16 Mar. 1865 - **Quick**, Simon to Matilda Spargo
321 - 1 May 1870 - **Quick**, Simon (Frankford) to Lydia Maria Earle
218 - 3 Apr. 1861 - **Quick**, William C. (Hackettstown) to Mary E. Case
203 - 17 Jan. 1859 - **Quinn**, Maria to Patrick Devenny
258 - 8 Feb. 1864 - **Raber**, Henry to Josephine Tovel
215 - 14 Apr. 1860 - **Rafferty**, Delalia (Newton) to Wilson H. Fox
322 - 10 June 1870 - **Ramage**, Arminda (Sparta) to William Jackson Whitehead
223 - 14 Jan. 1863 - **Ramage**, Mary (Frankford) to William Spargo
416 - 15 Sept. 1877 - **Ramage**, Olivia (Andover) to John D. Padgett
434 - 19 Jan. 1876 - **Rammond**, (Raymond?) Sarah (Vernon) to Brice Simpson
228 - 8 Dec. 1842 - **Ramsay**, Samuel O. (Harmony) to Phebe E. Goble
250 - 1 Nov. 1859 - **Rancher**, Jacob (Frankford) to Margaret McCullen
337 - 2 Dec. 1872 - **Rancier**, Jesss J. (Frankford) to Sarah A. Williams
297 - 6 Aug. 1863 - **Randall**, Alexander to Mary E. Space
363 - 15 Dec. 1874 - **Randall**, James W. (Newton) to Charlotte Bastedo
297 - 9 Jan. 1866 - **Randall**, S. Clark to Mary J. Smith
358 - 28 Oct. 1873 - **Randolph**, S.

Roy (Unionville NY) to Mary E. Backster
237 - 24 Sept. 1853 - **Raub**, Lutishia (Blairstown) to Isaac Vansyckle
272 - 1 Jan. 1866 - **Rawley**, Mary Emaline to Honathan A. Burrell (also 352)
351 - 7 Jan. 18 4 - **Raymond**, Louisa (Vernon) to Jacob Welsh
298 - 27 May 1867 - **Raymond**, Mary E. to James Morton Vreeland
188 - 31 Jan. 1846 - **Reasor**, Daniel to Martha S over
435 - 7 Mar. 1878 - **Resor**, Reuben (Montague) to Mary M. Drake
193 - 22 May 1875 - **Reed**, Amos (Green) to Hannah Youngs
271 - 26 Oct. 1861 - **Reed**, Alonzo to Mary Simmons
297 - 1 Mar. 1862 - **Reed**, Ann H. to Joseph W. Clouse
367 - 25 Dec. 1872 - **Reed**, Elizabeth (Sparta) to Steward Msins
245 - 20 Oct. 1861 - **Reed**, Elizabeth C. (Deckertown) to Charles Dougherty
314 - 10 Jan. 1869 - **Reed**, Frank S. (Port Jervis NY) to Effie A. Roof
309 - 28 Nov. 1866 - **Reed**, Isaac M. (Andover) to Phebe Slockbower
193 - 6 Nov. 1855 - **Reed**, Jane (Green) to Joseph L. Vought
218 - 3 Oct. 1860 - **Reed**, Jane to Charles Spencer
232 - 2 Nov. 1834 - **Reed**, Margaret A. (Stillwater) to Isaac W. Smally
196 - 23 July 1857 - **Reed**, Nicholas to Mary Riley
300 - 19 Nov. 1868 - **Reed**, Phebe to Charles W. Roof
232 - 30 Dec. 1834 - **Reed**, Sarah E. (Stillwater) to David W. Dennis
276 - 23 Oct. 1865 - **Reed**, Mrs. Sarah E. (Lafayette) to Benjamin E. Knox

193 - 15 Mar. 1856 - **Reed**, Susan Eliz (Newton) to Daniel M. Williams
273 - 2. Dec. 1865 - **Reed**, Susanna (Morris Co.) to Ira Youman
373 - 1 July 1875 - **Reeder**, - Lucretea Moor (Stanhope) to Henry Clogg
297 - 30 July 1861 - **Reeve**, Oliver D. to Luticia B. Walker
239 - 1 Jan. 1857 - **Reeve**, William S. (Middletown NY) to Marietta Martine
372 - 21 April 1874 - **Reeves**, Christine (Quarryville) to Wm. S. Ely
313 - 6 Sept. 1868 - **Reynolds**, Mary (Sparta) to Wm. N. Bayles
362 - 30 July 1874 - **Reynolds**, Sarah Alice (Warwick NY) to Anthony Thibout
240 - 14 Oct. 1857 - **Reynolds**, Thomas (Sparta) to Mary Norman
233 - 29 Dec. 1835 - **Rhodes**, Hiram M. (Newark) to Elizabeth Iliff
229 - 10 Oct. 1844 - **Rhodes**, John (Newton) to Ann Predmore
184 - 9 Oct. 1853 - **Rhodes**, Wm. A. to Margaret White
201 - 26 Sept. 1858 - **Rice**, Edward to Elsey Gaucher
434 - 23 June 1878 - **Rice**, Elsie R. (Hardyston) to Phillip Fritts
356 - 30 May 1874 - **Rice**, George L. (Andover) to Hannah Babcock
347 - 28 Dec. 1871 - **Rice**, Lewis (Marksboro) to Emma M. Newbaker
391 - 7 July 1876 - **Richards**, Ezra H. to Alice A. VanStrander
294 - 20 Oct. 1866 - **Richards**, John (Sparta) to Sarah E. Cary
338 - 25 Dec. 1872 - Richardson, Moses to Margaret Sanders
392 - 27 April 1876 - **Richardson**, Susie (Newton) to William Lewin
358 - 24 Dec. 1873 - **Richardson**, William H. (Scranton, Pa.) to Anna Doel

196 - 14 Mar. 1857 - **Richardson**, William J. to Phebe H. Grier
193 - 14 Aug. 1855 - **Richardson**, William S. (Frankford) to Rebecca Caffrey
190 - 13 Nov. 1854 - **Richmond**, Frederick (Newton) to Catharine Cummins
210 - 24 Mar. 1860 - **Ricker**, Milledge (Sparta) to Mary Norman
409 - Nov. 1876 - **Riddle**, Wm. (Ogdensburg) to Ruth P. Hoppaugh
351 - 8 Feb. 1871 - **Riggs**, Anna Mary (Glenwood) to John Morehouse
185 - 3 Apr. 1853 - **Riggs**, Charles B. (Bradford Co., Pa.) to Tabitha Ann Van Scoden
391 - 19 June 1876 - **Rigles**, John L. (Riglesville, PA) to Mary A. Easton
417 - 22 Oct. 1877 - **Riker**, Almira (Sparta) to George Gunderman
265 - 3 April 1865 - **Riker**, Eliza Ann (Sparta) to Charles Norman
265 - 1 April 1865 - **Riker**, Harriet M. (Sparta) to John H. Chamberlin
349 - 7 May 1873 - **Riker**, Henry to Sarah C. Haven
205 - 9 Oct. 1858 - **Riker**, Hiley to John McCoy
321 - 15 Oct. 1870 - **Riker**, John R. to Jane C. Lozier
273 - **Riker**, Lambert (Flanders) to Matilda Youmans
295 - 13 July 1867 - **Riker**, Richard D. (Sparta) to Martha Emmons
313 - 13 July 1867 - **Riker**, Richard R. (Sparta) to Martha Emmons
439 - 10 Jan. 1846 - **Riker**, Susanna (Sparta) to Peter Mozier
251 - 2 July 1863 - **Riley**, Anne to Guthrie Stratton
196 - 23 July 1857 - **Riley**, Mary to Nicholas Reed
197 - 1 Aug. 1857 - **Riley**, Thomas to Elizabeth Smith
364 - 12 Nov. 1874 - **Riman**, Permetta (Tranquility) to Samuel F. Lawrence
212 - 3 Jan. 1857 - **Rinkle**, Abraham (Newton) to Ann McCormick
433 - 3 July 1875 - **Risdek**, Harriet Adelia (Glenwood) to John Carr
247 - 28 Dec. 1863 - **Risedike**, John to Harriet Burchel
369 - 2 May 187 - **Rivers**, Mary E. (Charleston SC) to Charles Adams
347 - 27 Jan. 1872 - **Robbens**, Alfred (Frankford, to Martha A. Keen
334 - 25 Mar. 1871 - **Robbins**, Charles (Hampton) to Mahala Decker
381 - 27 Nov. 1875 - **Robbins**, John (Hampton) to Sarah E. Jarvis
270 - 7 Apr. 1866 - **Robbins**, Lydia (Newton) to Walter Conklin
341 - 11 June 1873 - **Robins**, Lydia A. to William H. Hendershot
358 -20 Aug. 1874 - **Robbins**, Lydia C. (Branchville) to Jacob L. Counter
327 - 19 Sept. 1870 - **Robins**, Matilda to Nelson S. Hardwick
398 - 16 Sept. 1876 - **Robbins**, Patrick (Frankford) to Julia Ann Decker
293 - 14 Mar. 1868 - **Roberts**, Alvin H. (Stanhope) to Margaret J. Rudent
378 - 9 Oct. 1875 - **Roberts**, John Lawrence (widower) (South Stanhope) to Hannah Stevens Scripture Milliner
319 - 18 Dec. 1869 - **Robinson**, James (Bartleyville) to Catherine E. West
316 - 27 Oct. 1869 - **Rochelle**, B lle M. (Sparta) to Wm. Woodruff
319 - 16 Feb. 1870 - **Rodda**, Wil-

liam (Franklin Furnace) to Margaret E. Woods
294 - 10 Nov. 1866 - **Rodgers**, Emma (Sparta) to James D. Kimble
395 - 9 Oct. 1875 - **Rodimer**, Catherine (Branchville) to James Drake
313 - 15 June 1867 - **Rodimer**, David (Frankford) to Martha Williams
345 - 12 Oct. 1870 - **Rhodimer**, John H. (Deckertown) to Ada B. Coykendall
313 - 15 June 1867 - **Rodimer**, Susan A. (Frankford) to Alfred Butler
294 - 15 June 1867 - **Rodimer**, David (Frankford) to Martha Williams
185 - 21 Jan. 1854 - **Rodmon**, John (Newton) to Ellen Hussell
277 - 8 Dec. 1851 - **Rodney**, Adam (Stillwater) to Martha J. Earls
326 - 25 July 1870 - **Rodney**, Martha J. (Branchville) to John L. Aumick
357 - 20 Nov. 1873 - **Roe**, Adelia (Frankford) to Richard Hewitt
222 - 7 Jan. 1863 - **Roe**, Alexander F. (Hardyston) to Catharin A. Northup
407 - 7 Feb. 1877 - **Roe**, Arthur W. (Frankford) to Lelpha Speicher
226 - 1 Feb. 1860 - **Roe**, Carolina (Wantage) to McCoy Cox
329 - 1 Jan. 1872 - **Roe**, Drucilla to Phileus Myers
295 - 14 Aug. 1867 - **Roe**, Elias H. to Huldah A. Kinney
372 - 10 Feb. 1875 - **Roe**, Frank to Margaret Ophelis Dalrimple
394 - 23 Dec. 1875 -**Roe**, George Warren (Frankford) to Elizabeth Adams
271 - 3 Oct. 1865 - **Roe**, Harriet D. (Sparta) to James E. Gunderman
217 - 5 Nov. 1860 - **Roe**, India Ann (Frankford) to Martin R. Everett
200 - 12 Nov. 1857 - **Roe**, Jacob D. (Wantage) to Sarah A. Stevens
378 - 16 Sept. 1875 - **Roe**, Jacob Irving (Vienna) to Susan Irene Dalrymple
312 - 30 Jan. 1870 - **Roe**, James V. (Independence) to Euphemina A. Poyer
186 - 29 Dec. 1853 - **Roe**, Martha E. (Newton) to Simeon Garrison
295 - 28 Dec. 1867 -**Roe** , Martha E. (Sparta) to Merritt Pinkney Haggerty
221 - 15 Feb. 1862 - **Roe**, Mary Arabella (Sparta) to Samuel Willson
187 - 24 Sept. 1845 - **Roe**, Mary Jane (Frankford) to David Newman
203 - 2 Dec. 1858 - **Roe**, Philinda D. to Charles F. Wickham
399 - 30 Nov. 1876 - **Roe**, Phebe A. to Timothy Longwill
184 - 8 Oct. 1853 - **Roe**, Phebe A. (Frankford) to Cyrus N. Mills
368 - 2 Oct. 1873 - **Roe**, Robert (Johnsonburg) to Annie Susie Vansyckle
290 - 17 Aug. 1867 - **Roe**, Sarah Ann to Dayton Aysrs
352 - 30 Oct. 1872 - **Roe**, Sarah M. (Lafayette) to Martin B. Mabee
250 - 21 Oct. 1853 - **Roe**, Susan A. (Green) to Manning R. Slockbower
372 - 23 Sept. 1874 - **Roe**, Wm. J. (Warwick NY) to Lizzie Mabey
314 - 21 Aug. 1869 - **Roehell**, John (Lafayette) to Mary E. Cary
200 - 2 Nov. 1857 - **Rogers**, Andrew J. to Frank Hopkins
192 - 27 Dec. 1855 - **Rogers**, Caroline to John Martin
201 - 13 Sept. 1858 - **Rogers**, Thomas J. (Westchester Co. NY) to Eliza Jane Jackson
190 - 18 June 1855 - **Roloson**, Albert (Montague) to Elizabeth Westfall

323

185 - 1 Jan. 1854 - **Roloson**, Elias (Newton) to Nancy Milham
421 10 Oct. 1877 - **Rolloson**, Emma Valeria (Newton) to Sidney Francis Burdett
194 - 6 May 1856 - **Roloson**, Eliza (Beemerville) to Joseph Stout
353 - 10 Aug. 1872 - **Roloson**, Lila E. (Wantage) to Joseph E. Bone
433 - 29 Nov. 1878 - **Roloson**, Mary (Hamburg) to Nathan Paddock
386 - 13 May 1876 - **Romer**, Mathias to Sarah Davenport
300 - 19 Nov. 1868 - **Roof**, Charles W. to Phebe Reed
187 - 27 Jan. 1845 - **Roof**, Christopher (Frankford) to Nancy Carter
314 - 10 Jan. 1869 - **Roof**, Effie A. (Andover) to Frank S. Reed
229 - 12 Dec. 1846 - **Roof**, Frederick (Newton) to Hannah Predmore
411 - 4 Jan. 1877 - **Roof**, George W. (Stillwater) to Emma Divers
229 - 25 May 1846 - **Roof**, John (Stillwater) to Mary Huff
390 - 29 Dec. 1868 - **Roof**, Kate E. to Raymond Snyder
347 - 21 Dec. 1872 - **Roof**, Mary O. (Stillwater) to Nathan D. Dennis
211 - 4 Jan. 1860 - **Roof**, Sarah Ann to George Washington Harris
386 - 12 Nov. 1874 - **Roof**, Theodore (Andover, to Hattie Current
263 - 27 Mar. 1862 - **Rorbach**, Emily to Israel Sigler
222 - 11 June 1862 - **Rorback**, Bettie Caroline (Newton) to Perry Cory
322 - 22 Feb. 1870 - **Rorback**, Maggie (Newton) to G. Geaks Dunning
293 - 19 Oct. 1867 - **Rorick**, Ezekiel (Roxburg) to Mary Topping
229 - 24 Dec. 1846 - **Rorick**, John (Sparta) to Mary Wintermute
235 - 24 May 1839 - **Rorick**, Wm. (Michigan) to Almire Wintermute
251 - 14 Mar. 1864 - **Rose**, Albert H. (Newark) to Anna Jane Smith
203 - 7 Feb. 1859 - **Rose**, Andrew D. (Morgan Co., IN) to Hannah Coleman
184 - 3 Dec. 1853 - **Rose**, Anthony H. (Byram) to Sarah A. White
375 - 26 May 1875 - **Rose**, Cornelia R. to Uzal S. Hancy
419 - 14 Nov. 1877 - **Rose**, George A. (Newton) to Nancy H. Pool
193 - 9 Feb. 1856 - **Rose**, Joseph I. (Newton) to Hannah Longtor
205 - 2 June 1859 - **Rose**, Sarah A. to Step. C. Lawrence
207 - 27 Oct. 1859 - **Rose**, Sarah A. (Stanhope) to Stephen O. Lawrence
293 - 24 Nov. 1867 - **Rose**, Thomas Benton (Byram) to Louisa E. Howard
273 - 3 May 1866 - **Rose**, Watson B. (Hackettstown) to Hattie A. Smith
188 - 31 Jan. 1846 - **Rosenberry**, Benjamin to Senea Hough
346 - 20 Mar. 1871 - **Rosenkrans**, Allen (Montague) to Mary C. Wintermute
231 - 2 Aug. 1851 - **Rosenkrans**, Catharine M. (Stillwater) to Andrew M. Groover
345 - 10 Dec. 1873 - **Rosenkrans**, John S. (Walpack) to Mary A. Schooley
228 - 18 Mar. 1843 - **Rosenkrans**, Luch (Stillwater) to John Johnson
325 - 21 Mar. 1871 - **Rosenkrans**, Martin (Newton) to Martha VanBlarcom
345 - 13 Nov. 1873 - **Rosenkrans**, Mary A. (Sandyston) to George E. Hursh
229 - 15 Feb. 1844 - **Rosenkrans**, Susan (Stillwater) to Jacob C. Predmore
310 - 4 Dec. 1867 - **Ross**, David B.

(Hardyston) to Sarah J. Cooper
202 - 22 Dec. 1858 - **Ros**, Harriet to Jesse J. Ros
294 - 13 Mar. 1867 - **Ross**, James C. (Snufftown) to Mary M. Chamberlin
202 - 22 Dec. 1858 - **Ros**, Jesse G. (Frankford) to Harriet Ros
295 - 23 May 1867 - **Ross**, Joseph C. to Charlotte Cary
203 - 2 Dec. 1858 - **Ros**, Lucretia to Mark N. Congleton
298 - 11 Aug. 1866 - **Ross**, Samuel to Lucinda E. Master
317 - 10 Feb. 1870 - **Ross**, Walter J. to Mary J. Kimble
285 - 5 June 1866 - **Ross**, William E. to Emma J. Ward
372 - 7 Jan. 1875 - **Round**, Jages L. (Unionville NY) to - Mary E. Buchanan
209 - 14 Mar. 1860 - **Rowe**, Sarah to Charles Hortan
201 - 11 Sept. 1858 - **Rowley**, Margaret (Frankford) to Thomas McMillen
234 - 4 Feb. 1837 - **Roy**, Albert (Slillwater) to Emily S. Stickles
194 - 26 Jan. 1856 - **Roy**, Andrew (Wantage) to Meriba
230 - 2 June 1849 - **Roy**, Bowdewine (Stillwater) to Mary Maria Wilson
189 - 21 Nov. 1854 - **Roy**, Charles (Stillwater) to Elizabeth M. A. Hankinson
231 - 23 Dec. 1852 - **Roy**, Charles A. (Stillwater) to Mary Shuster
369 - 5 Sept. 1874 - **Roy**, Elig (Stillwater) to Sophia Decker
234 - 4 Mar. 1857 - **Roy**, Insley - Jr. (Stillwater) to Jane Wilson
228 - 4 Mar. 1841 - **Roy**, Irena (Stillwater) to Isaac Snook
226 - 13 Oct. 1859 - **Roy**, John (Wantage) to Elisabeth McCoy
411 - 7 Dec. 1876 - **Roy**, John (near Beemerville) to Bell McMickle
231 - 13 Feb. 1851 - **Roy**, Milton (Stillwater) to Malinda Hendershot
237 - 1 Nov. 1853 - **Roy**, Robert J. (Stillwater) to Margaret Divers
331 - 19 Sept. 1871 - **Roy**, Rose (Newton) to Lester W. Hough
347 - 27 Dec. 1871 - **Roy**, Sarah A. (Stillwater) to Alonso M. C. Huff
340 - 28 Jan. 1873 - **Rubert**, Dollie J. to Washington Lantz
360 - 4 Feb. 1874 - **Rubert**, Mary J. (Sandyston) to Edmond Decker
194 - 1 May 1856 - **Rudd**, Henry J. (Newton) to Anna E. Johnson
326 - 23 Aug. 1871 - **Rude**, Hattie (Hamburg) to Theodore Estel
200 - 14 Dec. 1857 - **Rude**, Mary E. to William B. Rude
200 - 14 Dec. 1857 - **Rude**, William B. to Mary E. Rude
257 - 4 April 1863 - **Rue**, Mrs. S. Jane (Stanhope) to Peter C. Stevens
220 - 11 Mar. 1861 - **Rugest**, Ann (Hainesville) to William Vuset
331 - 13 Jan. 1872 - **Rulon**, Amelia R. (Easton, Pa.) to Charles M. Pittinger
368 - 20 Dec. 1873 - **Runion**, Susan (Huntsville) to Thomas J. C Span
330 - 26 Jan. 1871 - **Runion**, Susan M. to John S. Labar
328 - 15 Nov. 1871 - **Runion**, Watson to Miley Straley
245 - 13 Feb. 1862 - **Rusling**, Robert to Sarah J. Stackhouse
185 - 21 Jan. 1854 - **Russell**, Ellen (Newton) to John Rodman
192 - 30 Sept. 1849 - **Rutan**, Abraham to Margaret Coss
239 - 24 June 1856 - **Rutan**, Abram C. (Vernon) to Ellen C. Drew
266 - 25 Jan. 1865 - **Rutan**, Abram W. (Lafayette) to Anna E. Case
253 - 15 Aug. 1863 - **Rutan**, Ann M. (Hardwick) to Philip Teeter
311 - 6 Oct. 1869 - **Rutan**, Anna

to Jacob Drew
230 - 19 Jan. 1848 - **Rutan**, David B. (Stillwater) to Elizabeth J. Cassida
338 - 4 June 1870 - **Rutan**, Emma (Hainesville) to Hiram Transo
363 - 9 Jan. 1875 - **Rutan**, Harriet E. to Nelson Drake
221 - 3 April 1862 - **Rutan**, John (Newton) to Elizabeth Snook
315 - 15 Dec. 1869 - **Rutan**, Martha (Hainesville) to Nelson J. Willson
238 - 13 Mar. 1856 - **Rutan**, Mary Ann (Vernon) to Jesse Potter
304 - 2 May 1869 - **Rutan**, Mary Ann to - Harmon Clifford
436 - 10 Jan. 1878 - **Rutan**, S. Lizzie (Sandyston) to James P. Vanauken
202 - 14 June 1858 - **Rutan**, Sedgewick (Wantage) to Easter Crawford
202 - 3 July 1858 - **Rutan**, William H. (Wantage) to Julian Dunning
331 - 22 Nov. 1871 - **Rutter**, David (Chicago, Ill.) to Mary E. McMurtrie
360 - 29 Oct. 1874 - **Ryerson**, Amelia O. (Newton) to Lennox Turnbull
192 - 8 April 1856 - **Ryerson**, Emma Elizabeth to Rev. Myron Barret
238 - 21 Oct. 1855 - **Ryerson**, Mary F. (Vernon) to James W. Knapp
198 - 23 Dec. 1857 - **Ryerson**, Mary L. to William Erskine Skinner
194 - 12 Aug. 1856 - **Ryerson**, Martin to Mary M. Halsted
198 - 11 Sept. 1857 - **Ryerson**, Richard to Mary Drake
187 - 26 July 1845 - **Ryerson**, Richard A. to Nancy Cole
370 - 21 April 1875 - **Ryerson**, Thomas C. to Zille L. Coursen
311 - 4 Jan. 1870 - **Ryerson**, William D. (New Milford NY) to Jennie Toland
195 - 28 Sept. 1856 - **Ryker**, Lucinda (Sparta) to Charles A. Youmans
381 - 29 Dec. 1875 - **Ryman**, Mary E. (Pahaquarry) to William J. VanCamp
324 - 15 Oct. 1870 - **Saddock**, Mary E. (Canisteer) to James L. Day
253 - 24 Nov. 1863 - **Safford**, William (Lawson, Mich.) to Hester I. Oulick
204 - 11 Jan. 1859 - **Sager**, Sarah (Newton) to Henry C. Vanguilder
433 - 10 July 1875 - **Sammis**, Marietta (Glenwood) to Amos Hogencamp
196 - 17 Mar. 1857 - **Sandborn**, John B. (St. Paul, MN) to Catherine Hall
269 - 26 Dec. 1865 - **Sanders**, Gilbert C. to Nancy E. Wintermute
247 - 4 Sept. 1863 - **Sanders**, John (Stillwater) to Maria Aumic
328 - 29 Nov. 1871 - **Saunders**, John H. to Lorre Paterson
338 - 25 Dec. 1872 - **Sanders**, Margaret to Moses Richardson
324 - 15 Feb. 1871 - **Saunders**, Sarah A. (Budd Lake) to John VanWagner
202 - 25 April 1858 - **Sargent**, Catherine to Samuel Conklin
349 - 29 Jan. 1874 - **Sergeant**, Charles W. (Andover) to Delilah M. Washer
316 - 13 June 1869 - **Sergeant**, Lucinda (Andover) to William Hazelton
349 - 14 June 1873 - **Seargent**, Maria C. (Stanhope) to Amos Bird
336 - 1 Jan. 1873 - **Sergeant**, Morris to Amanda Shay
236 - 13 Dec. 1862 - **Savercool**, Armminda C. (Hardwick) to John Diverse
348 - 18 Oct. 1873 - **Savacool**, Arminda D. (Stillwater) to John

T. Beegle
364 - 10 Oct. 1874 - **Savercool**, Edith D. (Tranquility) to Andrew Bell
228 - 18 July 1841 - **Savercool**, Frederick M. (Stillwater) to Sarah H. Cook
347 - 4 July 1872 - **Savacool**, George (Stillwater) to Mary C. Grover
348 - 17 Jan. 1874 - **Savacool**, George A. (Stillwater) to Mary A. Keen
238 - 2 Sept. 1854 - **Savercool**, Harriet E. (Hardwick) to Richard Nugent
347 - 26 Oct. 1872 - **Savacool**, Jacob. Jr. (Stillwater) to Mary Staley
234 - 3 July 1838 - **Savacool**, Jacob S. (Stillwater) to Lydia Jane Emmans
233 - 5 Feb. 1836 - **Savercool**, Jeremiah (Stillwater) to Phebe E. Dorrind
227 - 13 Oct. 1838 - **Savercool**, Mary (Hardwick) to Joseph Mills
421 - 1 Jan. 1878 - **Savercool**, Mary Emma (Newton) to Charles Blanchard
238 - 17 Feb. 1855 - **Savercool**, Rachel (Stillwater) to Thomas Fenner
348 - 27 Dec. 1873 - **Savacool**, Rohert M. (Stillwater) to Annie Mary Huff
230 - 22 Mar. 1849 - **Savacool**, Sarah Ann (Hardwick) to Philip D. Field
372 - 22 Dec. 1874 - **Savacoll**, Sylvester D. to Minnie Oliver
366 - 14 Nov. 1874 - **Savacool**, William H. (Hamnton) to Jane Mains
198 - 18 Aug. 1857 - **Sawyer**, Rev. Rollin A. to Martha E. Linn
310 - 14 June 1868 - **Sawyer**, David T. (Warwick NY) to Emily C. Brown
311 - 7 April 1869 - **Sayre**, James H. (Newark) to Kate Crabtree
186 - 19 Aug. 1854 - **Sayers**, William B. (Newton) to Ruth Cooper
415 - 9 Aug. 1877 - **Schaff**, Annie M. (Sandyston) to S. Barret Barkman
291 - 14 Jan. 1868 - **Schall**, William F. to Elvira Post
243 - 28 Jan. 1860 - **Schanz**, John to Louisa Eberli
238 - 9 Dec. 1854 - **Schooley**, Evi B. (Stillwater) to Mary Tunison
345 - 10 Dec. 1873 - **Schooley**, Mary A. (Sandyston) to John S. Rosenkrans
333 - 7 Dec. 1872 - **Schooley**, Mary Jane (Andover) to Thomas B. Hedden
227 - 9 Mar. 1839 - **Schoonover**, Dennis (Stillwater) to Sarah Stewart
368 - 25 Feb. 1874 - **Schoonover**, Elizabeth (Byram) to Lorenzo McKinney
400 - 23 Dec. 1876 - **Schoonover**, Frances (Frankford Plains) to Dewitt C. Hoyt
253 - 30 Dec. 1863 - **Schoonover**, James (Pahaquarry) to Sarah Stires
302 - 2 Jan. 1868 - **Schoonover**, Martha E. (Hardwick) to George H. Wilcox
297 - 27 Jan. 1863 - **Schoonover**, Morris to Sarah E. Sears
230 - 8 April 1848 - **Schoonover**, Rhoda (Stillwater) to Peter Keen, Jr.
228 - 10 Feb. 1840 - **Schoonover**, Wm. (Stillwater) to Matilda Emmans
431 - 4 July 1876 - **Schoonover**, William (Montague) to Hattie Mariah Feezler
410 - 19 May 1877 - **Shultz**, Martha (Hope) to Jason Barton
193 - 3 June 1856 - **Shultz**, Michael (Newton) to Catherine Dobbins
205 - 18 Oct. 1859 - **Scott**, Catherine (Hardyston) to Robert C.

DeWitt
257 - 30 April 1864 - **Scott**, George H. (Sparta, to Sarah Jane Hull
326 - 16 Aug. 1871 - **Scott**, George Henry (Franklin Furnice) to Jane Williams
199 - 9 Sept. 1857 - **Scott**, James G. to Mary Clark
309 - 4 July 1868 - **Scott**, Sarah J. (Andover) to Isaac McDavit
299 - 30 Dec. 1868 - **Search**, (Emma E. (Dau. Wm. Lanterman and wid. of Edward Search) to George Whitford
316 - 23 Feb. 1870 - **Search**, Josephine (Sparta) to William H. Cole
262 - 1 June 1865 - **Search**, Judson B. (Byram) to Elizabeth Smith
319 - 30 July 1870 - **Seagraves**, John to Nettie Hubert
285 - 10 June 1867 - **Searles**, Arthut C. to Alice L. Martin
297 - 27 Jan. 1863 - **Sears**, Sarah E. to Morris Schoonover
340 - 15 April 1873 - **Seguyne**, Abbie Ann (Newton) to Amos Ogden
309 - 25 Dec. 1867 - **Seidner**, John C. (Springdale) to Martha E. Vanhorn
202 - 7 Sep . 1857 - **Seley**, Daniel (Gardnerville NY) to Mary E. VanFleet
337 - 14 Aug. 1872 - **Selonbet**, Estin (Hamburg) to Amanda Cook
275 - 18 Feb. 1864 - **Semmins**, William (Newton) to Rebekah C. Blackford
184 - 7 Oct. 1853 - **Sepin**, Catherine (Newton) to Wm. McKain
200 - 12 Dec. 1857 - **Sexton**, John C. to Julia F. Booth
234 - 27 Sept. 1838 - **Shafer**, Abraham (Stillwater) to Hannah F. Casterline
193 - 27 1856 - **Sharer**, Ellen M. (Fredon) to Francis Moran
305 - 21 May 1868 - **Shaeffer**, Jacob (Waterloo) to Mary P. Hubert
269 - 21 Sept. 1865 - **Shafer**, Louisa L. to Jonathan Edward Morris
234 - 28 Sept. 1838 - **Shafer**, Lucilla L. (Stillwater) to David H. Morris
231 - 29 Aug. 1853 - **Shafer**, Mariah A. (Stillwater) to Robert F. Dennis
229 - 14 Nov. 1844 - **Shager**, Mary E. (Stillwater) to Joseph H. Coursen
435 - 29 Jan. 1878 - **Shaffer**, Moses (Sandyston) to Sarah C. Lawson
346 - 25 Dec. 1870 - **Shafer**, William (Dingman's Ferry, PA) to Jenny Newel
221 - 1 June 1861 - **Shaff**, John L. (Walpack) to Margaret Emery
345 - 2 Feb. 1870 - **Sharpe**, Edward A. (Walpack) to Amanda A. Smith
368 - 8 Jan. 1874 - **Sharp**, Ella D. (Green) to Robert Washer
255 - 3 Dec. 1862 - **Sharp**, Joseph to Lucinda J. White
352 - 26 Feb. 1863 - **Sharpe**, Kata A. (Lafayette) to Charles W. Intersoll
333 - 15 Jan. 1873 - **Sharp**, Mary H. (Hunt's Mills) to Peter H. Cole
315 - 25 Nov. 1869 - **Sharp**, Sarah E. (Lafayette) to Charles R. Thornton
297 - 24 Sept. 1863 - **Sharp**, Wm. H. to Elisabeth Dandy
240 - 17 Oct. 1857 - **Shauger**, Elizabeth (Sparta) to Reuben Stidworthy
218 -30 July 1861 - **Shauger**, George Washington to Nancy Ayres
349 - 3 July 1873 - **Shauger**, William (Stanhope) to Laura Shuman
300 - 14 Oct. 1868 - **Shaw**, Fran-

cis M. to Lewis J. Martin
224 - 10 Oct. 1862 - **Shaw**, Rodmen to Mary Ann Price
239 - 19 Nov. 1856 - **Shaw**, William H. (West Milford) to Abby Jane Farber
336 - 1 Jan. 1873 - **Shay**, Amanda to Morris Sergeant
340 - 5 Feb. 1873 - **Shay**, Coe B. (Hainesville) to Mary Bevans
237 - 4 Mar. 1854 - **Shay**, Ephriam, Jr. (Sandyston) to Mary Ann VanHorn
302 - 23 Dec. 1868 - **Shay**, Emeline (Sandyston) to Dayton Cole
368 - 25 Dec. 1873 - **Shay**, Hiram (Andover) to Mary J. Lawrence
188 - 2 April 1846 - **Shay**, Jesse to Margaret Warner
187 - 5 Jan. 1845 - **Shay**, Phebe (Sandyston) to John Angle
340 - 15 May 1872 - **Shay**, Theodore (Hainesville) to Hannah Brady
201 - 14 July 1858 - **Shean**, Thomas to Mary Davey
360 - 8 Nov. 1873 - **Sheets**, Cath. A. (Walpack Center) to Obediah F. House
235 - 30 Apr. 1839 - **Sheirer**, Elizabeth W. (Hardwick) to Charles Shuster
221 - 8 Feb. 1861 - **Shelden**, Peter (Frankford) to Mary Ann More
282 - 17 Sept. 1866 - **Sheldon**, Jacob (Allamuchy) to Mrs. Jane Minion
415 - 4 Aug. 1877 - **Shelley**, George H. (Sparta) to Ella Booth
262 - 5 Jan. 1865 - **Shelley**, Samuel to Annie Martin
287 - 7 Aug. 1867 - **Shepherd**, Edward to Katie Heslein
261 - 1 Jan. 1862 - **Shepherd**, George to Sarah E. Hall
430 - 22 Mar. 1878 - **Shepherd**, Jacob M. to Margaret P. Stotter
365 - 10 July 1872 - **Shepperd**, Robert A. (Newton) to Mary Cochran (Cochran)
214 - 20 Oct. 1858 - **Sheppared**, Robert Alexander (Newton) to Sarah Chambers
188 - 8 Jan. 1846 - **Shepherd**, William (Lafayette) to Elizabeth Lane
230 - 26 Oct. 1850 - **Shepherd**, Wm. A. (Stillwater) to Elizabeth Bingham
236 - 27 Aug. 1862 - **Sherred**, John (Newton) to Mary E. Morris
428 - 13 Jan. 1878 - **Sherred**, Ruth (Hampton) to Andrew Jacob Williams
370 - 13 Jan. 1875 - **Shieckgast**, John (Stillwater) to Abbie H. Wintermute
227 - 9 Mar. 1839 - **Shickagest**, Susan (Stillwater) to Michael Beadle
228 - 9 Oct. 1841 - **Shrekighast**, Daniel F. (Stillwater) to Eveline Stewart
384 - 28 Mar. 1876 - **Shrekaugst**, Marrie E. to John A. Wintermute
323 - 25 Oct. 1870 - **Shields**, Isaac J. (Hackettstown) to Mary Ayers
198 - 17 May 1870 - **Shimer**, Angeline to Joseph Hedges
327 - 14 May 1871 - **Shimer**, Chas. to Mary Marthus
314 - 28 Nov. 1868 - **Shimer**, Mary S. (Franklin) to Calvin Jenkins
276 - 19 Oct. 1865 - **Shimer**, Sophia M. (Newton) to Frank M. Hough
312 - 13 Oct. 1869 - **Shinn**, Ella (Newton) to Lewis Cochran
339 - 2 July 1873 - **Shires**, Anna S. (Stanhope) to John H. Peters
349 - 3 July 1873 - **Shires**, Katie (Stanhope) to William B. Woodhull
204 - 9 Feb. 1859 - **Shoemaker**, John P. (Pahaquarry) to Jane Beemer
399 - 7 July 1876 - **Shoemaker**, Susie P. (Branchville) to Charles W. Brewer

256 - 23 Aug. 1863 **Shoars**, Matilda to Samuel Castmore
294 - 4 July 1866 - **Shores**, Mary (Byram) to Joseph Sutton
317 - 28 April 1870 - **Shoars**, Phebe (Sparta) to Abraham Danes
205 - 15 May 1858 - **Shorter**, Jane (Wantage) to Joseph Kimble
397 - 8 Mar. 1877 - **Shorter**, James (Hamburg) to Elizabeth Lewis (also p. 415)
205 - 3 July 1858 - **Shorter**, John W. (Lafayette) to Ann Maghee
385 - 18 April 1876 - **Shotwell**, Elba Jane (Frankford) to Jacob Cole Price, M.D.
282 - 22 Dec. (1866?) - **Shotwell**, George (Andover) to Mary E. Hiles
249 - 29? Mar. 1863 - **Shotwell**, Lucy Irena to Henry S. Smith
208 - 28 Dec. 1859 - **Shotwell**, Margaret Ophelia (Frankford) to William M. McDanolds
350 - 12 Jan. 1874 - **Shreve**, Francis (Bloomingdale) to Frances Davenport
191 - 21 Oct. 1855 - **Shuman**, Abener to Rosella Fisk
235 - 3 Feb. 1839 - **Shuman**, Catharine A. (Newton) to Jacob M. Snook
295 - 2 April 1868 - **Shuman**, Jacob H. to Mary E. Duffy
349 - 3 July 1873 - **Shuman**, Laura (Stanhope) to William Shauger
352 - 25 Jan. 1872 - **Shupe**, Mageie C. (Hampton) to Ernest Huston
231 - 23 Sept. 1853 - **Shuster**, Abram (Hardwick) to Margaret Huff
235 - 30 Apr. 1839 - **Shuster**, Charles (Hardwick) to Elizabeth W. Sheirer
428 - 7 April 1877 - **Sjuster**, Isaac (Hardwick) to Mary A. Yetter
233 - 4 Oct. 1836 - **Shuster**, John (Stillwater) to Jane Bloom
231 - 23 Dec. 1852 - **Shuster**, Mary (Hardwick) to Charles A. Roy
256 - 4 July 1863 - **Sickel**, Jesse (Waterloo) to Matilda Best
280 - 20 Dec. 1865 - **Sickles**, Delia (Sparta) to John Bradbury
352 - 6 May 1871 - **Sickles**, Dolson (Sparta) to Isabella W. Peck
391 - 8 Mar. 1875 - **Sickles**, Elias S. (Port Morris) to Sarah J. Bird
420 - 18 Oct. 1877 - **Sickles**, George R. to Anna Maria Kishpaugh
367 - 29 July 1872 - **Sickles**, Lydia (Vienna) to George Vansickle
390 - 10 Jan. 1875 - **Sickles**, Lydia J. (Port Morris) to Robert J. Quail
349 - 22 Dec. 1873 - **Sickles**, Mary Catherine (Port Morris) to Warren F. Gilson
275 - 3 Dec. 1864 - **Sickles**, Phebe A. (Allamuchy) to William H. Pierce
324 - 1 Jan. 1871 - **Sickles**, Robert F. (Stanhope) to Mary E. Brown
314 - 11 Sept. 1869 - **Sidner**, Anderson D. (Hackettstown) to Maria L. Cornine
193 - 19 Jan. 1856 - **Sidner**, Mary E. (Newton) to Wm. R. Masters
371 - 28 May 1874 - **Sigafus**, Lizzie (Flatbrookville) to Janius Gardner
262 - 27 Mar. 1862 - **Sigafus**, Israel to Emily Rorbach
254 - 9 July 1864 - **Sigler**, Jenny to Azariah Campbell
346 - 29 Dec. 1870 - **Sigler**, Jenny (Sandyston) to Nicholas B. Bennet
20 Dec. 1870 - **Sigler**, Maria (Sandyston) to John Hotalen
347 - 11 Jan. 1872 - **Simerson**, Hulda A. (Hardwick) to Jacob S. Kyce
423 - 25 Dec. 1877 - **Simmons**,

Ella (Beemerville) to Charles H. Fountain
408 - 3 Feb. 1877 - **Simmons**, Emma G. (Hardwick) to Ira M. Hendershot
365 - 4 Nov. 1874 - **Simmons**, John O. to Mary H. Demarest
271 - 26 Oct. 1861 - **Simmons**, Mary to Alonzo Reed
249 - 22 July 1863 - **Simmons**, Mary Elizabeth (Lafayette) to John M. Hunt
316 - 1 Dec. 1869 - **Simmons**, Phebe O. (Lafayette) to Daniel H. Case
184 - 10 Dec. 1853 - **Simmons**, Susan (Lafayette) to Samuel Gunderman
373 - 5 Aug. 1874 - **Simmons**, William (Sparta) to Emma Maines
290 - 23 Mar. 1867 - **Simonson**, Frederick to Mary E. Hockenberry
393 - 5 Aug. 1876 - **Simonson**, Hannah E. (Hardwick) to Jacob Brown
290 - 17 Jan. 1867 - **Simonson**, Henry F. to Netta Cook
343 - 13 Sept. 1871 - **Simonson**, Henry F. (Beemerville) to Angeline Bedell
366 - 13 Jan. 1875 - **Simonson**, Malvina to Chas. M. Woodruff
246 - 26 Feb. 1863 - **Simonson**, Margaret (Wantage) to George K. Newman
229 - 30 Nov. 1844 - **Simonon**, Nicholas (Stillwater) to Clarissa Conklin
272 - 27 Mar. 1866 - **Simpson**, A. T. (Sparta) to Charity A. Terwilliger
245 - 4 Feb. 1864 - **Simpson**, Abraham L. (Hardyston) to Mary L. Ball
434 - 19 Jan. 1876 - **Simpson**, Brice (Glenwood) to Sarah Rammond (Raymond?)
195 - 10 Sept. 1856 - **Simpson**, Catherine (Hardyston) to James McDanolds
288 - 10 Sept. 1856 - **Simpson**, Catharine to James McDaniels
356 - 8 July 1874 - **Simpson**, James A. (Brooklyn NY) to Sarah Adelia Wade
194 - 5 June 1855 - **Simpson**, Julia (Hardyston, to Gilbert Chardevoyne
424 - 23 Dec. 1877 - **Simpson**, Laura - (Hamburg) to Frank Edsall
431 - 24 May 1876 - **Simpson**, Mary H. (Newton) to Martin R. Snyder
265 - 7 Dec. 1864 - **Simpson**, Oscar (Hamburg) to Nettis Townsend
252 - 10 Dec. 1863 - **Simpson**, Peter (Beaver Run) to Mary E. Dolan
345 - 27 Nov. 1873 - **Simpson**, Phebe A. (Centerville) to Ohadiah F. Hill
245 - 4 Feb. 1864 - **Simpson**, Sarah (Hardyston) to Edwin F. Dodd
195 - 18 Mar. 1857 - **Simpson**, Seely (Hardyston) to Ellen Smith
280 - 28 Feb. 1866 - **Siney**, Martha J. (Sparta) to John J. Francisco
347 - 12 Dec. 1872 - **Sipley**, Emma J. (Blairstown) to Samuel Crisman
263 - 5 Nov. 1864 - **Sipley**, John (Frelinghuysen) to Hannah M. Snoover
397 - 11 Feb. 1877 - **Sisco**, Emma Amelia (Stockholm) to John Doyle
330 - 30 Mar. 1872 - **Sisco**, Jiles (Hardyston) to Elizabeth F. Beatty (also 332)
423 - 4 Feb. 1878 - **Sites**, Sarah A. (Swartswood) to Jackson Courtright
197 - 24 Oct. 1857 - **Skellenger**, David to Sarah Ann Potter
217 - 25 Mar. 1861 - Skellinger,

Sarah Ann (Frankford) to John Gruver
198 - 23 Dec. 1857 - **Skinner**, William Erskine to Mary L. Ryerson
335 - 1 Feb. 1873 - **Slack**, ____ to Joel Drake
401 - 26 Dec. 1876 - **Slack**, Charles N. (Newton) to Louisa Steffan
255 - 10 Mar. 1863 - **Slack**, Dosia (Stanhope) to Cornelius Corby
279 - 22 Aug. 1865 - **Slack**, Elias (Sparta) to Phebe Kindred
209 - 6 July 1860 - **Slack**, John to Frances A. McCarmel
329 - 12 Nov. 1870 - **Slacker**, (Sliker?) Jacob S. (Swartswood) to Martha A. Kays
225 - (1863?) - **Slaght**, Sarah M. to Jason Campbell
190 - 27 Nov. 1854 - **Slater**, Mary to Patrick Morris
278 - 26 Sept. 1868 - **Slater**, Mollie J. (Lafayette) to Charles M. Ackerson
404 - 30 Jan. 1877 - **Slater**, William M. (Springdale) to Frances C. Fritts
198 - 14 Sept. 1857 - **Sligh**, George to Alice A. Lungar
271 - 20 Oct. 1861 - **Sloan**, James to Clarissa Fleming
309 - 27 Dec. 1866 - **Slockbower**, Amanda (Byram) to Lewis A. Youngs
237 - 27 Dec. 1853 - **Slockbower**, Jane (Newton) to Obadiah P. Case
250 - 21 Oct. 1863 - **Slockbower**, Manning R. (Andover) to Susan A. Roe
238 - 20 Aug. 1855 - **Slockbower**, Morris (Vernon) to Phebe Ann Utter
309 - 28 Nov. 1866 - **Slockbower**, Phebe (Andover) to Isaac M. Reed
232 - 2 Nov. 1834 - **Smally**, Isaac W. (Stillwater) to Margaret Ann Read
366 - 7 Nov. 1872 - **Smally**, Sarah E. to John H. Mosher
190 - 5 May 1855 - **Smith**, Albert (Corning NY) to Elizabeth Benjamin
333 - 21 Nov. 1872 - **Smith**, Albert O. (Hampton) to S. Lorrie Anderson
289 - 15 Jan. 1868 - **Smith**, Allen to Rachel S. Hiles
207 - 25 Dec. 1859 - **Smith**, Allice (Waterloo) to John Ayers
382 - 9 Feb. 1876 - **Smith**, Almira (Sparta) to William H. Bedell
345 - 2 Feb. 1870 - **Smith**, Amanda A. (Walpack) to Edward A. Sharpe
215 - 20 Nov. 1860 - **Smith**, Amelia Dilts (Newton) to Rutherford Tuttle
251 - 9 Jan. 1864 - **Smith**, Andrew J. (Sparta) to Armeda Lyon
251 - 14 Mar. 1864 - **Smith**, Anna Jane (Stanhope) to Albert H. Rose
234 - 20 Mar. 1838 - **Smith**, Barbara (Stillwater) to Joseph Klasener
306 - 28 April 1869 - **Smith**, Caroline (Waterloo) to James Hervey Cook
229 - 28 Nov. 1846 - **Smith**, Catharine (Stillwater) to James Grey
345 - 28 Nov. 1869 - **Smith**, Coleman (Huguenot NY) to Sarah Jane Snable
197 - 1 Aug. 1857 - **Smith**, Elizabeth to Thomas Riley
243 - 29 Sept. 1863 - **Smith**, Elizabeth (Newton) to John Kraber
262 - 1 June 1865 - **Smith**, Elizabeth (Byram) to Judson B. Search
316 - 18 Apr. 1869 - **Smith**, Elizabeth A. (Hardyston) to George W. Hubbard
214 - 26 May 1858 - **Smith**, Elizabeth to W. (Newton) to Isaac A.

Walker
316 - 10 Jan. 1870 - **Smith**, Ella C. (Millburn) to Harvey Kelly
195 - 18 Mar. 1857 - **Smith**, Ellen (Vernon) to Seely Simpson
392 - 2 July 1876 - **Smith**, Elnora (colered) (Newton) to Caleb Holmes
398 - 3 July 1876 - **Smith**, Emma Jane (Wykertown) to James Post
355 - 6 Mar. 1874 - **Smith**, Emma M. (Newton) to George W. Jackson
307 - 29 Sept. 1869 - **Smith**, Fannie L. (Newton) to William R. Mattison
316 - 6 Jan. 1870 - **Smith**, Fowler (Vernon) to Amelia Pierson
231 - 23 Mar. 1852 - **Smith**, Frederick F. (Stillwater) to Nancy Wintermute
269 - 4 Oct. 1869 - **Smith**, George S. to Catherine T. Johnson
273 - 3 May 1866 - **Smith**, Hattie A. (Stanhope) to Walson B. Rose
202 - 28 July 1858 - **Smith**, Hester A. to Daniel Wilcox
249 - 29? Mar. 1863 - **Smith**, Henry S. to Lucy Irena Shotwell
307 - 17 Feb. 1869 - **Smith**, Hezrd (Wantage) to Elmira Oram
238 - 14 Oct. 1854 - **Smith**, James C. (Stillwater) to Mary Ann Durmer
262 - 13 June 1865 - **Smith**, Jehiel T. to Lucy M. Smith
398 - 20 Sept. 1876 - **Smith**, Jennie to Jacob Lanterman Bunnell
348 - 6 July 1873 - **Smith**, Jesse R. (Hamburg) to Maggie E. Divers
304 - 21 Apr. 1869 - **Smith**, John D. (Hardyston) to Hannah A. Case
331 - 30 June 1872 - **Smith**, John J. to Mary A. Smith
232 - 2 Apr. 1834 - **Smith**, John P. (Stillwater) to Ruth Allen
249 - 28 Jan. 1863 - **Smith**, Joseph to Marrietta Coursen
418 - 1 July 1877 - **Smith**, Joseph T. (Mt. Pleasant) to Emma A. Hulmes
366 - 31 Dec. 1874 - **Smith**, Julia W. to Frank Babbit
327 - 4 Dec. 1870 - **Smith**, Kate to Irving H. Hibler
190 - 7 May 1855 - **Smith**, Lavina (Wantage) to George Thom. Lynch (also p. 299)
213 - 3 Nov. 1857 - **Smith**, Lidia P. (Newton) to John Rushmore Kisam
262 - 13 June 1865 - **Smith**, Lucy to Jehiel T. Smith
297 - 1 Mar. 1862 - **Smith** Margaret A. to Peter Vanest
333 - 7 Nov. 1872 - **Smith**, Margaret A. (Fredon) to Theodore A. VanDoren
236 - 24 Dec 1861 - **Smith**, Mary (Stillwager) to Isaac Iliff
197 - 15 June 1857 - **Smith**, Mary A. to John D. King
316 - 19 Dec. 1869 - **Smith**, Mary A. (Sparta) to Sylvester H. Mitten
331 - 30 June 1872 - **Smith**, Mary A. to John J. Smith
317 - 5 Feb. 1870 - **Smith**, Mary Allis to John C. Hetzel (also p. 319)
360 - 12 Mar. 1874 - **Smith**, Mary E. (Walpack Center) to Samuel Potter
229 - 30 Dec. 1843 - **Smith**, Mary J. (Stillwater) to William Grey
297 - 9 Jan. 1866 - **Smith**, Mary J. to S. Clark Randall
369 - 18 July 1874 - **Smith**, Melissa (Andover) to John M. Decker
194 - 8 Sept. 1855 - **Smith**, Peter (Newton) to Eliza McDavitt
308 - 10 Nov. 1869 - **Smith**, Phebe (Wantage) to Noah Howell
203 - 12 Feb. 1859 - **Smith**, Phebe G. to John Mitten
244 - 2 Oct. 1858 - **Smith**, Phebe J. (Wantage) to Joseph D. Kil-

patrick
199 - 21 Mar. 1849 - **Smith**, Philip to Mary Dougherty
262 - 24 Jan. 1863- **Smith**, Philip L. to Bethiah Valentine
205 - 30 July 1859 - **Smith**, Rachel A. (Newton) to Jeptha Blanchard
341 - 21 Aug. 1873 - **Smith**, Rebecca to William Hendershot
262 - 18 Nov. 1863 - **Smith**, Robert J. to Fanny E. Cole
354 - 17 Jan. 1874 - **Smith**, Sarah C. (Franklin Furnace) to Ira Babcock
339 - 8 May 1873 - **Smith**, Sarah J. (Sparta) to M. Tharp
380 - 30 Dec. 1875 - **Smith**, Sarah Emma (Stanhope) to Whitfield Frederick Wilcox
198 - 30 Jan. 1858 - **Smith**, Sarah J. (Easton, PA) to James McCoy
312 - 23 Dec. 1869 - **Smith**, Sarah Jane to Peter J. Morris
345 - 28 Nov. 1869 - **Smith**, Sarah Jane (Huguenot NY) to Coleman Smith
233 - 22 Nov. 1836 - **Smith**, Susanna (Stillwater) to Sheldon T. Gouger
355 - 3 Jan. 1875 - **Smith**, Theodore F. (Stillwater) to Margaret A. Acker
232 - 14 Oct. 1834 - **Savel**, Jane (Newton) to Daniel H. Predmore, Esq.
345 - 4 July 1869 - **Smith**, Jane (Montague) to William Tice
314 - 3 July 1869 - **Snagell**, Charity J. (Lafayette) to Benjamin Vanerder
230 - 3 Dec. 1848 - **Snook**, Alfred (Newton) to Malinda Predmore
343 - 10 Apr. 1871 - **Snook**, Catherine E. to Thomas Gillen
198 - 18 Feb. 1858 - **Snook**, Coalman (Frankford) to Arminda Morris
221 - 3 April 1862 - **Snook**, Elizabeth (Frankford) to John Rutan

228 - Mar. 1841 - **Snook**, Isaac (Stillwater) to Irena Roy
235 - 3 Feb. 1839 - **Snook**, Jacab M. (Newton) to Catharine A. Shuman
345 - 23 Dec. 1869 - **Snook**, Maggie H. (Sandyston) to William C. Lundy
370 - 2 Aug. 1874 - **Snook**, Mary (Swartswood) to Alfred Ward
271 - 2 Oct. 1861 - **Snook**, Mary E. to Henry J. Compton
285 - 12 Dec. 1866 - **Snook**, Mary E. to James H. Kyle
231 - 10 Jan. 1853 - **Snook**, Matilda (Newton) to Ira VanAtta
236 - 4 Feb. 1863 - **Snook**, Peter H. (Newton) to Mary E. Eylenberg
327 - 3 April 1871 - **Snook**, Rachel to D. H. Stickles
379 - 8 Dec. 1875 - **Snook**, Sarah A. (Hampton) to Wm. Elias Snook
320 - 21 May 1870 - **Snook**, Susan (Sandyston) to Johaon Decker
190 - 17 Feb. 1855 - **Snook**, Wm. (Lafayette) to Charity Quackinboss
379 - 8 Dec. 1879 - **Snook**, Wm. Elias (Hampton) to Sarah A. Snook
278 - 22 Sept. 1866 - **Snover**, Mrs. Abbie J. (Walpack) to Henry P. Kithcart
363 - 7 Jan. 1875 - **Snoover**, Adeline (Newton) to Anthony Mutton
417 - 26 Sept. 1877 - **Snover**, Anna (Newton) to George Wilson
343 - 14 June 1873 - **Snover**, Arminda (Stillwater) to George F. Dever
234 - 11 July 1857 - **Snover**, Benjamin (Stillwater) to Mary E. Stewart
235 - 31 Dec. 1839 - **Snoover**, Effe Ann (Newton) to Ira C. Mills
263 - 5 Nov. 1864 - **Snoover**, Hannah M. (Blairstown) to John

Siples
346 - 10 Oct. 1871 - **Snover**, Jenny (Stillwater) to Moses Bassset
243 - 6 Jan. 1864 - **Snover**, Joseph H. (Blairstown) to Sarah E. Hill
228 - 11 May 1849 - **Snoover**, Lidia (Stillwater) to Aaron Clawson
188 - 31 Jan. 1846 - **Snover**, Martha (Sandyston) to Daniel Reasor
408 - 3 Mar. 1877 - **Snover**, Mary E. (Pahaquarry) to Oliver Yetter
287 - 7 Nov. 1866 - **Snyder**, Catherine to George A. Truex
297 - 26 Mar. 1861 - **Snider**, E. N. to Nathan VanCampen
284 - 4 Aprl. 1867 - **Snider**, Elizabeth to James Beech
327 - 23 Sept. 1871 - **Snider**, Frances E. to Jonas G. Counterman
187 - 9 Aug. 1845 - **Snyder**, George B. (Frankford) to Hannah Ackerson
228 - 14 Apr. 1842 - **Snyder**, Henry (Stillwater) to Sarah Denee
218 - 4 Feb. 1861 - **Snider**, Isaac to Margaret Losier
249 - 6 Nov. 1862 - **Snyder**, Jacob (Newton) to Phebe Strader
250 - 25 Nov. 1863 - **Snyder**, James to Mary Anderson
436 - 28? Nov. 1877 - **Snyder**, John (Sandyston) to Margaret C. Arnst
273 - 26 Jan. 1866 - **Snyder**, Manual (Warren Co.) to Nancy C. Ackerson
431 - 24 May 1876 - **Snyder**, Martin R. (Newton) to Mary H. Simpson
251 - 19 Sept. 1863 - **Snyder**, Peter to Ann Aumick
300 - 29 Dec. 1868 - **Snyder**, Raymond to Kate E. Roof
275 - 6 Feb. 1865 - **Snider**, Sallie A. (Newton) to Joseph H. C.

Kinsey
187 - 11 Sept. 1845 - **Snyder**, Sarah Ann (Lafayette) to Mahlon B. States
318 - 1 Feb. 1870 - **Solomon**, Levi to Eliza Knox
369 - 20 May 1873 - **Soper**, Rev. Julius (Georgetown, D.C.) to Mary F. Davison
299 - 26 Sept. 1868 - **South**, Campfield (Frankford) to Margaret Miller
330 - 2 Aug. 1871 - **South**, Edward to Catharine Kilough
383 - 15 Feb. 1867 - **South**, Gersham (Hampton) to (widow) Jane Elizabeth Keithheart
234 - 2 Jan. 1838 - **South**, Hampton (Newton) to Rebecca Pittinger
268 - 24 Mar. 1866 - **South** Jacob to Sarah E. Kithcart
229 - 1 Oct. 1846 - **South**, Matilda (Newton) to Jacob Groover
363 - 2 Sept. 1874 - **South**, Sarah E. to Joseph Groover
213 - 17 Apr. 1858 - **Southard**, Julia Ann (Paterson) to Bethuel Perris
431 - 10 Aug. 1876 - **Southard**, Milton I. (Lanesville, Ohio) to Virgina E. Hamilton
429 - 19 May 1877 - **Southard**, Phebe (Swartswood) to Bethewel Jervis
329 - 16 July 1870 - , **Southard**, Phebe C. (Frankford) to Nathan Collver
394 - 27 May 1876 - **Southard**, Trephenna (Stillwater) to Edgar D. Anderson
375 - 11 Feb. 1854 - **Southard**, William (Newton) to Phebe Decker
270 - 24 Jan. 1866 - **Space** - Edward L. (Andover) to Ophelia Hendershot
270 - 14 Mar. 1866 - **Space**, Elizabeth (Andover) to Philio Struble
373 - 7 May 1874 - **Space**, Horatio (Lafayette) to C. Irene Baker

257 - 9 July 1863 - **Space**, Mary (Newton) to David Ammerman
297 - 6 Aug. 1863 - **Space**, Mary E. to Alexander Randall
429 - 1 Jan. 1878 - **Spangenberg**, (Branchville) to Jemima Williams
271 - 15 Feb. 1862 - **Spangenberg**, Henry to Jane Westfall
294 - 2 Mar. 1867 - **Spangenburg**, Mary A. (Sparta) to William H. Ball
382 - 12 June 1875 - **Spangenburg**, Phebe - to Daniel Stephens
362 - 19 Sept. 1874 - **Spanenburg**, Sarah S. (Warren Co.) to Henry L. Masker
344 - 15 Jan. 1873 - **Spangenbirgh**, Theodore F. (Peter's Valley) to Hannah Hueston
340 - 13 July 1872 - **Spangenburgh**, Thomas M. (Sandyston) to Jane Stephens
253 - 7 Nov. 1863 - **Spangenberg**, Wm. (Frankford) to Susan M. Durie
393 - 1 July 1876 - **Spangenberg**, William H. (Franklin Furn.) to Mary F. Day
344 - 20 Nov. 1873 - **Spargo**, Mary Ann (Frankford) to Abram Crawn
298 - 16 Mar. 1865 - **Spargo**, Matilda (wid. of Pvt. Wm. Spargo) to Simon Quick
322 - 8 Aug. 1870 - **Spargo**, Sarah to James Decker
222 - 15 Jan. 1862 - **Spargo**, William to Matilda VanGelder
223 - 15 Jan. 1863 - **Spargo**, William (Frankford) to Mary Ramage
326 - 1 Apr. 1871 - **Speer**, Kata A. (Deckertown) to George R. Trunsdell
419 - 22 Sept. 1877 - **Speer**, Violetta G. (Deckertown) to Joseph H. Morse
407 - 7 Feb. 1877 - **Speicher**, Lelpha (Frankford) to Arthur W. Roe
191 - 22 Nov. 1855 - **Spencer**, Caroline to Charles McPeak
197 - 4 July 1857 - **Spencer**, Caroline (Washington Twp.) to Henry Valentine
218 - 3 Oct. 1860 - **Spencer**, Charles to Jane Reed
256 - 5 Sept. 1863 - **Spencer**, George to Margaret Niper
356 - (1874?) - **Spencer**, Moses H. (Lake Hopatcong) to Mary A. Garris
310 - 24 Dec. 1868 - **Spitzer**, Augusta (Andover) to Joseph H. Homler
239 - 29 Nov. 1856 - **Sprague**, Levina (Vernon) to Redmond Wherry
390 - 25 Apr. 1875 - **Sprague**, Mary A. (Flanders) to John E. Gariband
311 - 28 Jan. 1869 - **Sprague**, Samuel S. (Vernon) to Palthenia E. Williams
262 - 22 Dec. 1863 - **Sprague**, William H. to Mary J. McCoy
264 - 15 Dec. 1864 - **Sprague**, William H. (Montague) to Julia A. Brooks
255 - 8 Nov. 1862 - **Springsteel**, J to Mariah Johnson
268 - 13 Jan. 1866 - **Squire**, Timothy (Hardyston) to Anna Mary Doland
190 - 8 Sept. 1854 - **Stackhouse**, Caroline (Newton) to Thomas J. White
293 - 8 Dec. 1866 - **Stackhouse**, Frances (Stanhope) to John P. Barkman
226 - 28 Mary 1863 - **Stackhouse**, Frances A. (Newton) to John L. Woodruff
430 - 31 Dec. 1877 - **Stackhouse**, Livingston to Jennie Hunt
221 - 26 April 1862 - **Stackhouse**, Lucreta Matilda (colored) to Alhert Myers
215 - 15 Oct. 1859 - **Stackhouse**, Mary E. (Andover) to John B.

Drake
245 - 11 Sept. 1861 - **Stackhouse**, Mary E. (Green) to Obed O. Willson
296 - 30 Jan. 1868 - **Stackhouse**, Nathan Alonzo to Emily S. Gardner
245 -13 Feb. 1862 - **Stackhouse**, Sarah J. (Green) to Robert Rusling
198 - 18 Nov. 1857 - **Stackhouse**, Susan R. to Luther Hill
360 - 8 June 1874 - **Stafford**, Jennie to Joseph M. Kithcart
405 - 25 Dec. 1876 - **Stage**, Galon Gay (Lake View) to Mary O. Stoll
291 - 18 Mar. 1868 - **Stage**, George Morrill (Vernon) to Cornelia Wheeler Hopkins
237 - 21 Jan. 1854 - **Staley**, Andrew J. (Stillwater) to Harrist S. Hough
370 - 16 June 1874 - **Staley**, Emma S. (Swartswood) to Frank Predmore
195 - 9 Aug. 1856 - **Staley**, George (Walpack) to Jane Foreman
263 - 24 Dec. 1864 - **Staley**, Geo. A. (Stillwater) to Susan J. Ogden
196 - 18 Feb. 1856 - **Staley**, John (Stillwater) to Catharine Quackingbush
259 - 12 Dec. 1846 - **Staley**, Magdalene to Daniel Ward
347 - 26 Oct. 1872 - **Staley**, Mary (Stillwater) to Jacob Savacool, Jr
237 - 28 Jan. 1843 - **Staley**, Susan (Wantage) to Elias Brink
259 - 4 June 1859 - **Stanaback**, Ezekial (Sparta) to Carrie C. Bird
373 - 2 July 1875 - **Stang**, Henry (Green) to Jane Dennis
256 - 3 Jan. 1864 - **Starr**, Rachael (Flanders) to Isaac Vandyke
204 - 13 Jan. 1859 - **State**, Thomas (Frankford) to Eleonor Elizabeth Crane
199 - 24 Sept. 1857 - **States**, Emanda E. to Thomas Kays
262 - 25 July 1865 - **States**, Lyman J. (Lafayette) to Anna Hunt
187 - 11 Sept. 1845 - **States**, Mahlon B. to Sarah Ann Snider
199 - 27 June 18 - **States**, Sarah Ann to Robert M. Ogden
425 - 28 Feb. 1878 - **Steele**, Elias L. (Dingman's Ferry, PA) to Rachel Clifford
289 - 18 Dec. 1859 - **Steele**, Thomas J. to Elizabeth Giveans
401 - 26 Dec. 1876 - **Steffan**, Louisa (Sandyston) to Charles N. Slack
422 - 24 Dec. 1877 - **Stem**, Irene Marsha (Stanhope) to Samuel Wills
305 - 5 Nov. 1868 - **Stephenfield**, John to Mrs. Mary J. Gouger
392 - 8 April 1876 - **Stevens**, Alanson to Marish Emmons
367 - 10 Oct. 1872 - **Stephens**, Andrew (Andover) to Catharine Washer
382 - 12 June 1875 - **Stephens**, Daniel to Phebe Spangenburg
368 - 5 July 1873 - **Stephens**, Elish (Newton) to Mary E. Lambert
205 - 21 Nov. 1858 - **Stevens**, Eliza to John VanKirk
360 - 18 Jan. 1874 - **Stephens**, Ella (Branchville) to Fredsrick Hooey
320 - 29 Mar. 1870 - **Stevens**, Henry (Utica NY) to Etheline Belcher
340 - 13 July 1872 - **Stephens**, Jane (Sandyston) to Thomas M. Spangenburg
432 - 6 Apr. 1878 - **Stephens**, Laura (Byram) to Alfred Stiff
285 - 20 Mar. 1866 - **Stephens**, widow Mary J. (Stanhope) to Ezra Henry Brown
273 - 28 Apr. 1866 - **Stevens**, Mary J. (Morristown) to David Baird
257 - 4 Apr. 1863 - **Stevens**, Peter

C. (Stanhope) to Mrs. S. Jane Rue
200 - 8 Aug. 1857 - **Stephens**, Israh A. (Beemervllle) to John B. C. Coursen
200 - 12 Nov. 1857 - **Stevens**, Sarah A. (Lafayette) to Jacob D. Roe
200 - 17 Dec. 1857 - **Steven**, Simon (Branchville) to Isabella Cole
348 - 26 Jan. 1874 - **Stevens**, William H. (Budd's Lake) to Varrla Cole
265 - 31 Dec. 1864 - **Stenp**, Henry (Sparta) to Mrs. Mahala McPeek
214 - 4 Apr. 1859 - **Steuart**, John (Newton) to Elisabeth Cullen
228 - 9 Oct. 1841 - **Stewart**, Eveline (Stillwater) to Daniel F. Shrekighast
290 - 11 Feb. 1868 - **Stewart**, George W. to Julia Merring
242 - 20 Oct. 1849 - **Stewart**, Hannah M. to Lewis L. Kent
317 - 30 Dec. 1869 - **Stewart**, John (Wantage) to Mary A. Howell
234 - 11 July 1857 - **Stewart**, Mary E. (Stillwater) to Benjamin Snover
204 - 1 Jan. 1859 - **Stewart**, Nancy (Huntsville) to Samuel V. Pool
227 - 9 Mar. 1839 - **Stewart**, Sarah (Stillwater) to Dennis Schoonover
186 - 16 Nov. 1853 - **Stewarts**, William (Port Jervis NY) to Antoinette Ham
184 - 8 Feb. 1853 - **Stickle**, Abram (Frankford) to Mary Bell
300 - 19 Jan. 1869 - **Stickle**, Emma to William McCowan
383 - 1 Jan. 1876 - **Stickle**, Laura - E. (Newton) to George D. Titsworth
327 - 3 Apr. 1871 - **Stickles**, D. H. to Rachel Snook
234 - 4 Feb. 1837 - **Stickles**, Emily S. (Stillwater) to Albert Roy
192 - 10 Jan. 1854 - **Stickles**, Jacob to Malinda Hartford
301 - 18 Mar. 1869 - **Stickles**, Mary H. (Newton) to John Kun
196 - 4 Nov. 1857 - **Stickles**, Stewart, to Sarah M. Walker
367 - 30 Oct. 1872 - **Stickles**, Steward (Andover) to Lizzie Hunt
364 - 2 Sept. 1874 - **Stidworthy**, Emma J. to Edward M. Groves
240 - 17 Oct. 1857 - **Stidworthy**, Reuben (Sparta) to Elizabeth Shauger
401 - 20 Nov. 1875 - **Stiff**, Abby C. (Hamburg) to Charles V. Tharp
432 - 6 Apr. 1878 - **Stiff**, Alfred (Andover) to Laura Stephens
337 - 30 Sept. 1872 - **Stiff**, Annie M. (Monroe Corner) to Wm. H. Morgan
353 - 8 Oct. 1869 - **Stiles**, Lucretia (Byram) to George Chambers
263 - 22 July 1865 - **Stiles**, Stephen P. (Sparta) to Anna K. Page
270 - 21 Dec. 1865 - **Still**, Elizabeth (Newton) to W. E. Taylor
195 - 3 Dec. 1856 - **Stillwell**, Daniel to Amanda Hindrell
227 - 3 Nov. 1858 - **Stinson**, Aaron (Green) to Sallie Cook
253 - 30 Dec. 1863 - **Stires**, Sarah (Pahaquarry) to James Schoonover
265 - 18 Jan. 1865 - **Stites**, Lenore (Sparts) to Joel Decker
405 - 27 Jan. 1877 - **Stites**, Mahlon H. (Sparta) to Sarah E. Wright
413 - 12 Apr. 1877 - **Stites**, Walter (Andover) to Melissa J. Emmons
376 - 23 Sept. 1875 - **Stivers**, Ervin (Beemerville) to Alice J. Dolson
223 - 11 Dec. 1862 - **Stoddard**, Lucy (Wantage) to George W. Coe
244 - 27 Dec. 1859 - **Stoddard**, Lydia (Wantage) to Samuel T.

Overhiser
327 - 6 July 1871 - **Stoll**, Albert to Remembrance Maines
371 - 12 Mar. 1874 - **Stoll**, Anthony S. (Peter's Valley) to Anna Mary Vansickle
336 - 18 Dec. 1872 - **Stoll**, Augudta (Sandyston) to Joseph Huff
282 - 10 Oct. 1866 - **Stoll**, Hannah A. (Lafayette) to Jacob Hiles
267 - 28 Nov. 1865 - **Stull**, Emma to David Price
201 - 1 Sept. 1858 - **Stoll**, Jacob to Lidia M. Hetzel
370 - 15 Dec. 1874 - **Stoll**, Jacob R. (Swartswood) to Effie C. Swartswilder
286 - 7 Mar. 1867 - **Stoll**, Mary to Almon Greatsinger
405 - 25 Dec. 1876 - **Stoll**, Mary B. (Brooklyn) to Galon Gay Stage
345 - 4 Oct. 1870 - **Stoll**, Oscar (Sandyston) to Alice DePue
282 - 19 Dec. 1869 - **Stoll**, Remembrance (Walpack) to James M. Johnson
345 - 23 Oct. 1873 - **Stoll**, Robert (Peter's Valley) to Catharine Hull
214 - 5 Feb. 1859 - **Stoll**, Sarah (Hardyston) to Calvin Case
246 - 10 Feb. 1863 - **Stoll**, Sarah (Frankford) to Freeman S. Howe
345 - 25 Apr. 1875 - **Stoll**, Sarah J. (Walpack) to Simeon Cole
287 - 12 Mar. 1867 - **Stoll**, Sidney O. (Hardyston) to Eliza VanSickle
377 - 24 July 1875 - **Stoops**, William H. (Oak Ridge) to Martha Tallman
204 - 24 Aug. 1859 - **Storms**, Julia A. to Martin Campbell (also page 259
311 - 21 Dec. 1869 - **Storms**, Mary E. (Vernon) to John Givens
260 - 6 June 1858 - **Storms**, Mary Jane to David Mandeaville

430 - 22 Mar. 1878 - **Stotter**, Margaret P. to Jacob M. Shepherd
195 - 25 Aug. 1856 - **Stough**, Valentine (Andover) to Anna Mary Muller
369 - 20 May 1873 - **Stout**, Mary E. (Andover) to Rev. John C. Davison
271 - 2 Jan. 1861 - **Strader**, Ann E. to Theodore L. Chandler
301 - 30 Dec. 1868 - **Strader**, Joseph D. to Mary E. Struble
321 - 24 Nov. 1870 - **Strader**, Marth Ellen (Frankford) to Daniel W. Marlatt
411 - 29 Nov. 1876 - **Strader**, Merrett (Newton) to Ella Hiles
355 - 24 Dec. 1873 - **Strader**, Merritt P. (Newton) to Lydia Iliff
301 - 16 Dec. 1868 - **Strader**, Nancy E. to Peter L. Struble
249 - 6 Nov. 1869 - **Strader**, Phebe (Newton) to Jacob Snyder
257 - 2 Dec. 1863 - **Strader**, Salina (Newton) to Jonah Howell
271 - 16 May 1866 - **Strate**, Anna M. (Passaci Co.) to Michael Holey
299 - 14 Mar. 1868 - **Strait**, Bradford R. (Vernon) to Elizabeth Zech
303 - 14 May 1868 - **Strait**, Bradford R. to Nancy E. Zeek
361 - 4 July 1874 - **Strait**, Ford L. (Vernon) to Augusta A. Holly
359 - 26 Sept. 1874 - **Strait**, Ira W. (Hardyston) to Sarah Kimble
345 - 16 Aug. 1873 - **Straley**, Emma (Stillwater) to Seeley Darrohn
328 - 15 Nov. 1871 - **Straley**, Miley to Watson Runion
343 - 5 Aug. 1871 - **Straley**, Rebecca (Johnsonburg) to Isaac Minion
251 - 2 July 1863 - **Stratton**, Guthrie to Anne Riely
281 - 10 June 1866 - **Straway**, Caroline to Albert Ike

386 - 7 Aug. 1875 - **Straway**, James (Newton) to Emma VanSickle
249 - 15 Aug. 1861 - **Straway**, Samuel Augustus to Anna Mary Farnell
281 - 2 May 1866 - **Straway**, William to Nancy E. Nixon
293 - 16 June 1867 - **Strobridge**, Samuel (Succasunna) to Sarah K. David
334 - 22 Jan. 1873 - **Struble**, Albert (Hampton) to Mattie E. Price
209 - 5 Sept. 1860 - **Struble**, Ann Elizabeth to Horatio N. Kinney
275 - 2 Jan. 1864 - **Struble**, Anna M. (Sandyston) to Mahlon M. Transue
207 - 6 Dec. 1859 - **Struble**, Anna Mary (Newton) to Jacob Dennis
266 - 16 Nov. 1865 - **Struble**, Anna Mary (Hampton) to Asa W. Kyte
348 - 13 Nov. 1873 - **Struble**, Arminda D. (Swartswood) to Henry Vanstone
376 - 6 Oct. 1875 - **Struble**, Carrie L. J. to Frank Hamilton
297 - 24 Aug. 1865 - **Struble**, Charlotte C. to Robert H. Earles
191 - 19 Aug. 1855 - **Struble**, Daniel to Sarah Herns
251 - 22 Oct. 1863 - **Struble**, Daniel H. to Sarah M. Flumerfelt
340 - 21 May 1873 - **Struble**, Ella (Newton) to Benjamin Lee Williams
285 - 29 Mar. 1876 - **Struble**, Elmer S. (Ogdensburg) to Saddie M. Beardsley
420 - 2 Oct. 1875 - **Struble**, Emma (Deckertown) to Chas. C. Price
370 - 31 Mar. 1875 - **Struble**, Eveline W. to John M. Law
307 - 20 Jan. 1869 - **Struble**, Henry D. (Wantage) to Mary E. Newman
412 - 30 May 1877 - **Struble**, Hugh McDonald, M.D. (Andover) to Emma McConnell
252 - 23 Dec. 1863 - **Struble**, Isaac (Lafayette) to Nancy Struble
289 - 10 Dec. 1857 - **Struble**, Jacob to Cynthia Burk
407 - 7 Mar. 1877 - **Struble**, Jacob (Branchville) to Margaret Earl
417 - 4 Oct. 1877 - **Struble**, James Haggerty, Jr. (Stanhope, to Mary Rose Knight
362 - 11 Oct. 1874 - **Struble**, Jane (Newton) to James E. Kinner
194 - 19 Mar. 1856 - **Struble**, Margaret Ann (Sparta) to Charles Case
198 - 10 Oct. 1857 - **Struble**, Margaret E. to William McDanolds
325 - 4 July 1871 - **Struble**, Mary A. (Andover) to Robert Washer
301 - 30 Dec. 1868 - **Struble**, Mary E. to Joseph Strader
252 - 23 Dec. 1863 - **Struble**, Nancy (Waterford, Mich.) to Isaac Struble
348 - 8 Dec. 1873 - **Struble**, Ophelia (Hampton) to Godfrey H. Hendershot
349 - 4 Feb. 1874 - **Struble**, Peter (Ogdensburg) to Amanda Best
301 - 16 Dec. 1868 - **Struble**, Peter L. to Nancy E. Strader
270 - 14 Mar. 1866 - **Struble**, Philip (Lafayette) to Elizabeth Space
235 - 18 Feb. 1839 - **Struble**, Robert (Stillwater) to Margaret Hankinson
297 - 16 Nov. 1865 - **Struble**, Sarah A. to Elmer Case
348 - 28 May 1873 - **Struble**, Tillie (Hampton) to Joseph D. McCloughan, M.D.
227 - 11 Apr. 1838 - **Struble**, Wm. (Newton, to Mary Predmore
194 - 6 May 1856 - **Strut**, Joseph (Newark) to Eliza Roloson
273 - 15 Nov. 1874 - **Stuart**, Charles B. (Newton) to Anna M. Onsted

193 - 24 Dec. 1855 - **Stuart**, Ira B. (Newton) to Sarah A. Knox
332 - 4 May 1872 - **Sullivan**, Annie to Daniel VanEtten
412 - 29 Dec. 1877 - **Sullivan**, Henry to Frances A. Winnie
311 - 1 Dec. 1869 - **Sullivan**, Sarah E. (Vernon) to Morris R. Utter
281 - 31 Oct. 1866 - **Sulivan**, William to Ann Williams
192 - 24 Mar. 1856 - **Summer**, Adam (Andover) to Christian Carpenter
280 - 3 Feb. 1866 - **Summers**, Anna (Ogdensburg) to William Wasmuth
371 - 11 Mar. 1875 - **Sutton**, Andrew (Andover) to Elizabeth Dence
350 - 29 Dec. 1873 - **Sutton**, Andrew R. (Byram) to Julia F. Wills
338 - 21 Sept. 1870 - **Sutton**, Dayton C. (Monroe Corner) to Mary A. Farber
262 - 25 July 1865 - **Sutton**, George M. (Sparta) to Harriet Mackerly
380 - 17 Dec. 1875 - **Sutton**, Georgeiana L. (New Prospect) to J hn C. Tibbett (also page 403)
228 - 22 Mar. 1842 - **Sutton**, Hannah (Stillwater) to Samuel D. Grover
240 - 5 Sept. 1857 - **Sutton**, Jane (Byram) to David McConnell
294 - 4 July 1866 - **Sutton**, Joseph (Byram) to Martha Shores
191 - 13 Dec. 1855 - **Sutton**, Mary (Byram) to Alfred Taylor
260 - 15 Nov. 1855 - **Sutton**, Mary C. (Byram) to Alfred J. Tayler
229 - 4 July 1846 - **Sutton**, Samuel (Stillwater) to Jane E. Predmore
329 - 24 Dec. 1870 - **Sutton**, Theodore S. (Danville) to Sarah M. Garris
268 - 1 Dec. 1865 - **Swartz**, Alice (Hampton) to Darius Dickson
373 - 5 Aug. 1874 - **Swartz**, Emma F. (Lafayette) to John W. Gillum
352 - 27 Mar. 1872 - **Swarts**, Hulda A. (Lafayette) to Charles B. Ward
353 - 28 Nov. 1872 - **Swarts**, Maggie A. (Wantage) to James L. DeWitt
359 - 16 Sept. 1874 - **Swarts**, Mary E. (Wantage/Clove) to Edward M. Coddington
315 - 15 Dec. 1869 - **Swarts**, Sarsh E. (Lafayette) to Alfred B. Hoplinston
370 - 15 Dec. 1874 - **Swartswilder**, Effie C. (Marksboro) to Jacob R. Stoll
403 - 2 Jan. 1877 - Swartswelder, John (Hampton) to Mrs. Elizabeth (Kinney) Freeman
236 - 29 Jan. 1863 - **Startswelder**, Margaret C. (Stillwater) to Searing P. Bowers
227 - 16 Jan. 1839 - **Startswelder**, Matthias (Stillwater) to Margaret Locy
196 - 7 Feb. 1857 - **Startswelder**, Matthias to Mary Hand
235 - 9 Nov. 1861 - **Startswelder**, Susan (Stillwater) to Michael Hendershot
335 - 11 Nov. 1872 - **Swayze**, Alvina to Sidney R. Goble
232 - 10 Apr. 1835 - **Swasy**, Ann (Stillwater) to Thomas (Orrie?)
430 - 24 June 1877 - **Swayze**, Hannah E. to Theodore F. Wood
215 - 10 Sept. 1860 - **Swayse**, Jacob L. (Newton) to Joanna Hill
396 - 14 Sept. 1876 - **Swayze**, James S. (Stillwater) to Susan Thomnson
335 - 4 July 1872 - **Swayze**, Ruth to William K. Hart
253 - 15 Aug. 1863 - **Swesher**, Garret M. (Blairstown) to Susan M. Barker
202 - 28 Aug. 1858 - **Swinton**, Alexander A. (Middletown NY) to

Charlotte (Coleman)
211 - 16 Sept. 1860 - **Sylcox**, Joseph (Sandyston) to Jane Carmer
193 - 20 Jan. 1854 - **Sylcox**, Lydia (Sandyston) to Peter Myers
346 - 18 Mar. 1871 - **Talford**, Amanda C. (Sandyston) to David Losey
337 - 19 Dec. 1872 - **Talmen**, Ishmall (Beach Glen) to Mary E. DeGraw
257 - 13 Apr. 1864 - **Tallman**, John (Milton) to Idell Hibler
377 - 24 July 1875 - **Tallman**, Martha (Oak Ridge) to William H. Stoops
185 - 30 Mar. 1854 - **Talmadge**, Ahsalom L. (Stanhope) to Elizabeth W. Osma
337 - 1 Feb. 1873 - **Talmadge**, Absalom L. (Stanhope) to Elizabeth W. Osman
318 - 21 Aug. 1869 - **Talmadge**, John to Mary A. Ozenbaugh
328 - 11 Jan. 1872 - **Talmadge**, Margaret (Roseville) to George C. Hubert (p. 331)
192 - 27 Mar. 1856 - **Talmadge**, Milly to John Card, Jr.
200 - 31 Mar. 1858 - **Talmadge**, Sarah to Christopher Winne
263 - 11 Mary 1865 - **Tarry**, Elvey to Lucinda Youmans
191 - 13 Dec. 1855 - **Taylor**, Alfred (Byram) to Mary Sutton
260 - 15 Nov. 1855 - **Taylor**, Alfred J. (Byram) to Mary C. Sutton
322 - 9 Feb. 1871 - **Taylor**, George (Tranquility) to Prudence Coleman
376 - 13 Sept. 1875 - **Taylor**, John W. (Newton) to Magdeline Ward
331 - 21 Nov. 1871 - **Taylor**, Lydia M. (Otisville NY) to Albert Kniffin
270 - 21 Dec. 1865 - **Taylor**, W. E. (late of Wilmington, Del.) to Elizabeth Still
206 - 31 Oct. 1859 - **Teabough**, Mary J. to John Kinneybrook

416 - 14 Sept. 1877 - **Tebouth**, Sarah (Newton) to Jacob Youngs
253 - 15 Aug. 1863 - **Teeter**, Philip (Blairstown) to Ann M. Rutan
273 - 27 Jan. 1866 - **Teets**, Susan (Byram) to John D. Hazellton
339 - 12 Jan. 1873 - **Tenikean**, Paul to Anamary Willis
209 - 17 Sept. 1860 - **Terabeny**, Nathan to Mary Helen VanSickel
325 - 24 July 1871 - **Terhune**, Merritt (Newton) to Mary Kays
341 - 16 Nov. 1873 - **Terhune**, Richard (Paterson) to Alice M. Kniffin
293 - 9 May 1868 - **Terry**, Amanda (Byram) to Jacob Burdett
251 - 1 Jan. 1864 - **Terry**, Joseph (Sparta) to Amanda S. Prickett
272 - 27 Mar. 1866 **Terwilliger**, Charity A. (Sparta) to A. T. Simpson
301 - 4 Jan. 1869 - **Terwilliger**, James H. to Lydia M. Williams
265 - 20 Apr. 1865 - **Terwilliger**, John S. (Lafayette) to Esther Willgus
351 - 24 Feb. 1869 - **Terwilliger**, Oscar (Glenwood) to Elizabeth VanGelder
351 - 9 Aug. 1871 - **Terwilliger**, Thomas (Glenwood) to Lillie G. Osborn
401 - 20 Nov. 1875 - **Tharp**, Charles V. (Hamburg) to Abby C. Stiff
272 - 28 Feb. 1866 - **Tharp**, Pierson (Sparta) to Sophia Grasean
339 - 8 May 1873 - **Tharp**, M. (Newark) to Sarah E. Smith
273 - 4 June 1866 - **Thatcher**, G. Augustus (Washington) to Mary E. Dean
298 - 1 Oct. 1867 - **Themman**, A. P. to Caroline L. Havens
298 - 16 Sept. 1868 - **Therburn**, Lewis O. to Harriet McKinney
362 - 30 July 1874 - **Thibout**,

Anthony (Lafayette) to Sarah Alice Reynolds
186 - 4 Nov. 1854 - **Thomas**, Henry, Jr. to Elizabeth Dunham
196 - 26 July 1857 - **Thomas**, Richard to Elizabeth Carpenter
313 - 16 July 1868 - **Thomas**, Thomas B. (Lafayette) to Margaret Pritchard
296 - 2 Aug. 1868 - **Thompson**, Herman to Ellen Puder
314 - 1 Nov. 1869 - **Thompson**, James (Lafayette) to Harriet Edsell
351 - 10 Mar. 1870 - **Thompson**, John (Middletown NY) to Temperance Woodruff
407 - 21 Dec. 1876 - **Thompson**, John W. (Stillwater) to Martha Main
413 - 4 July 1877 - **Thompson**, Mary E. (Byram) to William J. Johnson
357 - 13 July 1874 - **Thompson**, Rachel A. (Stanhope) to Lewis K. Wood
396 - 14 Sept. 1876 - **Thompson**, Susan (Newton) to James S. Swayse
297 - 14 Sept. 1863 - **Thompson**, Thomas to Mary Jackson
285 - 18 Mar. 1867 - **Thomnson**, Thomas to Winifred A. Clark
232 - 21 Sept.1834 - **Thompson**, Joseph (Stillwater) to Susana Keen
297 - 23 June 1868 - **Thompson**, Julia A. to David R. Hull
194 - 14 May 1856 - **Thompson**, Phebe Ann (Newton) to John Anderson
359 - 14 Oct. 1874 - **Thompson**, William H. (Newton) to Grace Woodford
196 - 11 Oct. 1856 - **Thrope**, George C. to Catherine L. White
315 - 25 Nov. 1869 - **Thornton**, Charles R. (Lafayette) to Sarah E. Sharp
314 - 28 Jan. 1869 - **Thornton**, Wm. (Vernon) to Hala J. Decker

380 - 17 Dec. 1875 - **Tibbetts**, John C. (Honesdale, Pa.) to Georgiana L. Sutton (also p. 403)
345 - 4 July 1869 - **Tice**, William (Ulster Co., NY) to Jane Snavel
311 - 22 Aug. 1868 - **Tichenor**, Margaret (Vernon) to George S. Brown
413 - 3 July 1877 - **Tichner**, Mary L. (Waverly, NY) to David F. Longcor
384 - 18 Mar. 1876 - **Tidaback**, Huldah A. (Ogdensburg) to Francis E. Bowman
349 - 28 Feb. 1873 - **Tidaback**, Michall to Lavina Conklin
320 - 3 Oct. 1870 - **Tiderback**, Sarah E. (Franklin Furnace) to Gabriel H. Post
339 - 5 Dec. 1872 - **Till**, Ada to Joseph H. Williams
195 - 20 Nov. 1856 - **Tillotson**, Lidia C. to Andrew Mooney
364 - 26 Aug. 1874 - **Timerel**, Hezekiah S. to Ellen R. Fisher
260 - 21 Mar. 1858 - **Timmons**, Patrick to Catharine McNally
351 - 6 Dec. 1869 - **Tintle**, Levi (Bloomingdale) to Sarah Cooper
261 - 20 Aug. 1864 - **Titherson**, Margaret M. to Albert Moore
233 - 22 Dec. 1835 - **Titman**, Baltus (Stillwater) to Mary Kithcart
348 - 6 Dec. 1873 - **Titman**, Baltis H. (Stillwater) to Sonhia Hendershot
230 - 24 May 1849 - **Titman**, George (Stillwater) to Martha Hooey
418 - 2 May 1877 - **Titman**, James B. (Sparta) to Delilah C. Earl
352 - 6 Feb. 1867 - **Titsworth**, Alexander (Newton) to Catherine Washer
383 - 1 Jan. 1876 - **Titsworth**, George D. (Newton) to Laura E. Stickle
411 - 28 Jan. 1877 - **Titsworth**,

Wm. Scott (Deckertown) to Josephine Martin
368 - 22 Jan. 1873 - **Titus**, Emma (Lafayette) to John J. Backster
293 - 1 Jan. 1867 - **Todd**, John M. (Stanhope) to Josephine Davis
239 - 9 Oct. 1856 - **Toland**, Delilah A. (Vernon) to John H. Vealey
311 - 4 Jan. 1870 - **Toland**, Jennie (Vernon) to William D. Ryerson
238 - 22 Nov. 1855 - **Tompkins**, Amanda T. (Vernon) to Coe Decker
255 - 3 Dec. 1862 - **Tompkins**, Susan E. to S. O. Heminoover
293 - 19 Oct. 1867 - **Topping**, Mary (Roxburg) to Ezekiel Rorick
271 - 14 July 1860 - **Totten**, Francis A. to Addranna Long
303 - 1 Jan. 1857 - **Totten**, John H. to Sarah H. Cornine
369 - 10 Feb. 1875 - **Totten**, Margaret T. to John Wilson
394 - 4 July 1876 - **Totten**, Margen J. (Hampton) to George C. Huff
306 - 28 Aug. 1869 - **Totten**, Sarah A. (wid. of John H. Totten) to Joseph Hunt
332 - 23 Nov. 1872 - **Totten**, Walter Uharles to Lucy Ann Chambers
247 - 3 Sept. 1861 - **Tourmarill**, Josephine (of a circus) to James H. DeMott
258 - 8 Feb. 1864 - **Tovel**, Josephine to Henry Rober
258 - 8 Feb. 1864 - **Tovel**, Martha C. (Sparta) to Tunis Miller
205 - 27 Sept. 1859 - **Town**, Martha C. (Sparta) to Tunis Miller
265 - 7 Dec. 1864 - **Townsend**, Nettie (Franklin) to Oscar Simpson
291 - 15 May 1861 - **Townsend**, Prudence to Henry C. Halsey
357 - 19 Nov. 1873 - **Tranger**, M. Edmund (Flatbrockville) to Mary C. Hill
338 - 4 June 1870 - **Transo**, Hiram (Hainesville) to Emma Rutan
275 - 2 Jan. 1864 - **Transue**, Mahlon M. (Sandyston) to Anna M. Struble
199 - 14 Mar. 1858 - **Transau**, Susanna (Walpack) to Helim VanAcker
235 - 3 Nov. 1860 - **Transue**, Armilla (Penns.) to George W. Maring
259 - 6 July 1864 - **Travis**, Rve. Wm. to Susan G. Linn
222 - 2 Oct. 1862 - **Trimmer**, Eli (Hackettstown) to Annie Wyckoff
188 - 29 Dec. 1845 - **Trout**, Mark (Newton) to Ann Hollowick
212 - 10 Feb. 1857 - **Truax**, Catherine I. (Augusta) to Alias Perry
287 - 7 Nov. 1866 - **Truex**, George A. to Catharine Snyder
239 - 29 Jan. 1857 - **Truesdall**, Christianna J. (Vernon) to Harrison DeKay
326 - 1 Apr. 1871 - **Trusdell**, George R. - (Barryville NY) - to Kate A. Speer
193 - 24 Dec. 1855 - **Trusdal**, Lewis (Newton) to Minerva Groover
334 - 31 May 1871 - **Tully**, Mary C. (Beemerville) to James H. Dunning
238 - 9 Dec. 1854 - **Tunison**, Mary (Stillwater) to Evi B. Schooley
231 - 13 Nov. 1852 - **Tunison**, Sarah (Stillwater) to Horace V. Crissman
360 - 29 Oct. 1874 - **Turnbull**, Lennox (Baltimore Co., Md.) to Amelia O. Ryerson
212 - 18 Sept. 1856 - **Tuttle**, Adelia (Sandyston) to John Packson
345 - 12 Jan. 1870 - **Tuttle**, Benjamin F. (Sandyston) to

Annie F. Porterfield
194 - 3 July 1856 - **Tuttle**, Mary Elizabeth (Newton) to Joel Cole
305 - 4 July 1866 - **Tuttle**, Mary Ellen (Pike Co., Pa.) to John W. VanNoy
225 - 16 June 1863 - **Tuttle**, Richard to Cynthia Chamberlin
215 - 20 Nov. 1860 - **Tuttle**, Rutherford (Newton, to Amelia Dilts Smith
308 - 2 Sept. 1869 - **Tyler**, Charles D. (Indianapolis, Ind.) to Mary Alice Whitaker
309 - 24 Oct. 1867 - **Udy**, George (Lambertville) to Mary Green
423 - 24 Jan. 1878 - **Uhler**, Mame M. (Uhlerstown, Pa.) to John M. Maberry
381 - 16 Oct. 1875 - **Unangstm**, Lizzie (Swartswood) to Daniel H. Hunt
213 - 3 Oct. 1857 - **Underwood**, Rufus (Newton) to Charlotte Fagg
337 - 2 Nov. 1872 - **Utter**, Abram (Franklin) to Lana T. Lanterman
239 - 6 May 1856 - **Utter**, Carolina Augusta (Vernon) to Isaac Williams
239 - 11 May 1856 - **Utter**, Henry S. (Vernon) to Julia Card
311 - 1 Dec. 1869 - **Utter**, Morris R. (Vernon) to Sarah E. Sulivan
238 - 20 Aug. 1855 - **Utter**, Phebe Ann (Vernon) Morris Slockbower
202 - 4 July 1857 - **Vail**, Jane (Wantage) to Joseph Devenport
261 - 17 Dec. 1864 - **Valentine**, Benjamin to Susan A. Baley
262 - 24 Jan. 1863 - **Valentine**, Bethiah to Philip L. Smith
197 - 4 July 1857 - **Valentine**, Henry (Roxburg Twp.) to Caroline Spencer
367 - 5 Jan. 1873 - **Valentine**, Joseph H. (Andover) to Carrie D. VanSyckle
199 - 2 Sept. 1857 - **Valentine**, Mary (Sterling) to Richard Clark

427 - 15 May 1877 - **Valentine**, William H. (Andover) to Maggie M. Vansickle
199 - 14 Mar. 1858 - **VanAcker**, Helim (Walpack) to Susanna Transu
198 - 19 Dec. 1856 - **VanAllen**, Malinda to Nelson Haggerty
204 - 29 Jan. 1859 - **VanAllen**, Maria (Newton) to Anozie Weve
324 - 23 Feb. 1871 - **Vanarsdale**, John S. widower (Stanhope) to Catherine Best
231 - 10 Jan. 1853 - **VanAtta**, Ira (Newton) to Matilda Snook
1 Dec. 1875 - **VanAuken**, A. Bell (Wantage) to George W. Clark
432 - 5 Dec. 1857 - **VanAuken**, Abraham (Hainesville) to Miraim Cole
233 - 17 Nov. 1835 - **VanAuken**, Bowdewine (Walpack) to Susan Michaels
422 - 29 Nov. 1877 - **Vanauken**, Cornelia (Wykertown) to Danl. Dalrimple, Jr.
314 - 9 Nov. 1869 - **Vanakin**, James P. (Westfall, PA) to Mary A. Edge
436 - 10 Jan. 1878 - **Vanauken**, James P. (Sandyston) to S. Lizzie Ruton
321 - 11 Dec. 1870 - **Vanauken**, Joel D. to Carrie Cazzad
12 June 1875 - **Vanauken**, June (Wykertown) to Robert McMickle
203 - 24 Nov. 1858 - **VanAuken**, Mary Jemima (Frankford) to Boyton Berry
415 - 24 Nov. 1858 - **VanAuken**, Mary J. to Britton Berry
193 - 19 Jan. 1956 - **Vanaucken**, Richard W. (Newton) to Richel Mattis
269 - 6 Dec. 1865 - **VanAuken**, Susan to Edward A. Decker
193 - 9 Jan. 1856 - **Vanauckenr**, Roxanna (Newton) to Frank Miller
203 - 15 Dec. 1858 - **VanBlarcom**, Garret to Ann M. Wilson

271 - 21 Nov. 1861 - **VanBlarcom**, Garret to Sarah E. Monroe
355 - 26 Feb. 1874 - **VanBlarcom**, George (Sparta) to Delilah Washer
333 - 19 Feb. 1873 - **VanBlarcom**, Hannah (Newton, to Charles Y. Dolsen
314 - 18 Nov. 1868 - **VanBlarcom**, Jsonh (Lafayette) to Sarah C. Ackerson
331 - 17 Oct. 1871 - **VanBlarcom**, Lewis (Newton) to Mrs. Mary Cummins
325 - 21 Mar. 1871 - **VanBlarcom**, Martha (Sparta) to Martin Rosenkrans
268 - 4 Jan. 1866 - **VanBlarcom**, Mary (Sparta) to John Kays
346 - 6 Nov. 1870 - **VanCamp**, Mary A. (Pahaquarry) to Jacob Cole
381 - 29 Dec. 1875 - **VanCamp**, William J. (Pahaquarry) to Mary E. Ryman
233 - 5 Dec. 1836 - **VanCampen**, Benjamin (Pahaquarry) to Hannah Deput
235 - 28 June 1839 - **VanCampen**, George M. (Pahaquarry) to Susan Zimmerman
297 - 26 Mar. 1861 - **VanCampen**, Nathan to E. N. Snider
381 - 26 Sept. 1875 - **VanCott**, Andrew J. to Lydia Munson (Gibbs)
215 - 23 Oct. 1859 - **VanDeren**, Helen E. (Port Jervis NY) to Edwin Hampden
396 - 3 Aug. 1876 - **Vanderhoff**, Charles (Morris Co.) to Abby J. Batty
279 - 26 Apr. 1865 - **VanDien**, Casper D. (Paramus) to Anne Force
333 - 15 Aug. 1872 - **Vandyne**, Emma (Port Oram) to Simon Charles
273 - 26 Nov. 1865 - **Vandine**, Julia A. (Stanhope) to Abraham J. Keinnicut

228 - 14 June 1843 - **Vandoren**, Arron (Stillwater) to Mary Ann Maring
7 Nov. 1872 - **Vandoren**, Theodore A. (Newark) to Margaret A. Smith
414 - 15 Feb. 1877 - **Vandruff**, Sam E. (Deckertown) to Anna M. Branson
205 - 30 Dec. 1858 - **VanDuzer**, Sarah to Milton Lewis McCormick
256 - 3 Jan. 1864 - **Vandyke**, Isaac (Flanders) to Rachel Sterr
297 - 1 Mar. 1862 - **Vanest** (VanNess?), Peter to Margaret A. Smith
366 - 17 Feb. 1875 - **Vanette**, Martha J. to Albert Jones
191 - 8 Nov. 1855 - **VanEtten**, Alexander Jr. (Sandyston) to Maryn Jane Angell
332 - 4 May 1872 - **VanEtten**, Daniel to Annie Sulllivan
220 - 27 Mar. 1861 - **VanEtten**, Fanny to Peter Kyle
220 - 9 Feb.1861 - **VanEtten**, John (Sandyston) to Ellen Garris
255 - 31 Dec. 1863 - **VanEtten**, John (Montague) to Elizabeth Nolan
225 - 19 Dec. 1857 - **VanEtten**, Melinda to Nelson Haggerty
220 - 27 Mar. 1861 - **VanEtten**, Phebe (Hainesville) to Charles R. Crawford
290 - 12 Nov. 1867 - **VanEtten**, Samuel to Sarah Brink
350 - 19 June 1872 - **VanFleet**, Albert E. (Unionville NY) to Vernelia Cox
202 - 7 Sept. 1858 - **VanFleet**, Mary E. (Gardnerville NY) to Daniel Seley
186 - 16 Nov. 1854 - **VanFleet**, Sarah Jane (Wantage) to Samuel Dennis
201 - 4 Sept. 1858 - **VanGuilder**, Cath. E. (Lafayette) to Gabriel Demare

351 - **VanGelder**, Elizabeth (Glenwood) to Dscar Terwillig
204 - 11 Jan. 1859 - **Vanguilder**, Henry C. to Sarah Seger
188 - 7 Mar. 1846 - **VanGilder**, Isaac to Susan Lonison
193 - 1 Jan. 1856 - **VanGilder**, John H. (Lafayette) to Sarah Osburn
222 - 15 Jan. 1862 - **Vangelder**, Matilda to William Sparto
353 - 22 Apr. 1871 - **Vangorder**, Margaret (Warren Co.) to Isaac Mann
317 - 12 Jan. 1870 - Sarah F. (Wantage) to Joseph C. Auter
227 - 3 Jan. 1838 - **Vanhice**, Isaac (Trenton) to Polly S. Pierson
237 - 4 July 1854 - **VanHorn**, Charlotte (Stillwater) to Jacob N. Hill
407 - 17 Mar. 1877 - **VanHorn**, George A. (Plainville, Mich.) to Martha Jane Johnson
346 - 4 July 1871 - **VanHorn**, Jacob L. (Stillwater) to Jemima Huff
237 - 29 Nov. 1853 - **VanHorn**, Margaret (Stillwater) to Cornelius Hill
25 Dec. 1867 - **VanHorn**, Martha E. (Hampton) to John C. Seidner
237 - 4 Mar. 1854 - **VanHorn**, Mary Ann (Stillwater) to Ephraim Shay, Jr.
374 - 4 Mar. 1875 - **VanHorn**, Mary C. (neer Fredon) to John S. Hough
428 - 1 Nov. 1877 - **VanHorn**, Obediah (Stillwater) to Emily Jane Lewis
251 - 10 Mar. 1864 - **VanHorn**, Philip to Mary Ogden
394 - 1 Feb. 1876 - **VanHorn**, Susan M. (Stillwater) to Philip H. Conklin
200 - 27 Mar. 1858 - **VanHouten**, John J. (Vernon) to Mary Martin
190 - 11 Aug. 1855 - **VanInwegen**, Sarah Ann (Montague) to William B. Winfield
437 - 12 Oct. 1877 - **VanInwegin**, Solomin V. (Matamoras, Pa.) to Mary J. Hartman
205 - 21 Nov. 1858 - **VanKirk**, John to Eliza Stevens
188 - 25 Oct. 1845 - **VanLeish**, Job to Mary E. Miller
276 - 4 July 1865 - **Vannatta**, Elizabeth (Hackettstown) to Eliohalet Hoovre
275 - 1 Dec. 1863 - **Vannatten**, William (Newton) to Margarit Nesler
338 - 11 May 1870 - **Vanness**, Daniel T. (Newark) to Emma L. Bebout
305 - 4 July 1866 - **VanNoy**, John W. (Montague) to Mary Ellen Tuttle
338 - 4 Oct. 1870 - **Vanorden**, Daniel C. (Papakating) to Hattie S. Meyers
349 - 2 Apr. 1873 - **VanNorden**, Ellen to Clarkson Burd
350 - 20 Sept. 1871 - **VanOrden**, Emma (Wantage) to Geo. K. Myers
418 - 16 Sept. 1877 - **VanNorden**, Katte (Ogden Mine) to Thomas McCue
314 - 3 July 1869 - **Vanorder**, Benjamin (Franklin) to Charity J. Snavell
311 - 17 Nov. 1869 - **VanOstrand**, Dillie A. (Vernon) to James J. Jessup
351 - 12 Jan. 1871 - **VanOstrand**, Theodore (Glenwood) to Hannah Holly
288 - 16 Dec. 1865 - **VanRiper**, Frederick to Lydia A. Cassidy
371 - 12 Mar. 1874 - **Vansickle**, Anna Mary (Peter's Valley) to Anthony S. Stoll
368 - 2 Oct. 1873 - **Vansyckle**, Annie Susie (Johnsonburg) to Robert Roe
322 - 11 Jan. 1871 - **Vansickle**, Auletta M. (Hampton) to Albert Canfield

367 - 5 Jan. 1873 - **Vansyckle**, Carrie D. (Andover) to Joseph H. Valentine
204 - 15 Sept. 1859 - **VanSickle**, Christopher to Margret S. Green
275 - 5 Dec. 1864 - **VanSickel**, Daniel M. (Clove) to Leah M. Ackerman
245 - 31 Dec. 1859 - **VanSyckle**, Electa (Wantage) to James R. Hibler
287 - 12 Mar. 1867 - **Vansickle**, Eliza A. (Sparta) to Sidney C. Stoll
386 - 7 Aug. 1875 - **VanSickle**, Emma (Newton) to James Straway
321 - 7 Apr. 1870 - **VanSyckle**, George (Wantage) to Delpheni Howell
367 - 29 July 1872 - **Vansickle**, George (Vienna) to Lydia Sickles
237 - 24 Sept. 1853 - **Vansyckle**, Isaac (Hope) to Lutishia Raub
309 - 5 Jan. 1867 - **Vansyckle**, James (Andover) to Charity Green
334 - 21 Dec. 1870 - **Vansickle**, John E. (Wantage) to Sarah C. Bross
309 - 30 Mar. 1867 -**Vansyckle**, John V. (Andover) to Lydia Hunt
291 - 27 Nov. 1867 - **Vansickle**, Kate Elizabeth to Dallas Cox
406 - 27 Sept. 1876 - **Vansickle**, Lauretta (Wantage) to Samuel E. Dennis
307 - 7 Nov. 1869 - **Vansickle**, Lizzy M. to Samuel Washer
438 - 15 May 1878 - **Vansickle**, Louis (Wantage) to Sarah E. Little
250 - 3 July 1873 - **Vansyckle**, Lydia K. (Andover) to James A. Vorhees
428 - 15 May 1877 - **Vansickle**, Maggie M. (Green) to William H. Valentine
367 - 7 Sept. 1872 - **Vansickle**, Marrie A. to Christopher S. Davison
209 - 17 Sept. 1860 - **Vansickel**, Mary Helen to Nathan Terabeny
232 - 31 Mar. 1835 - **Vansycle**, Susan R. (Newton) to Archibald Price
204 - 21 Jan. 1859 - **VanSickle**, Mary R. to John Canfield, Jr.
350 - 15 Nov. 1871 - **Vansickle**, Wilmot (Wantage) to Susan Almeda Alice Winfield
185 - 3 Apr. 1853 - **VanScoden**, Tabitha Ann (Walpack) to Charles B. Riggs
233 - 13 Sept. 1836 - **VanScotten**, Sarah (Blairs Twp.) to Joshua Jones
230 - 20 Feb. 1847 - **VanStone**, Henry (Stillwater) to Rebecca Emmans
348 - 13 Nov. 1873 - **VanStone**, Henry (Swartswood) to Arminda D. Struble
391 - 7 July 1876 - **VanStrander**, Alice A. to Ezra H. Richards
292 - 8 April 1868 - **VanStrander**, Catharine Jane (Vernon) to George Bell
262 - 24 Feb. 1864 - **VanStrander**, Isaac K. to Hannah Brooks
262 - 27 Feb. 1864 - **VanStrander**, Samuel F. to Catharine J. Winters
294 - 4 Oct. 1866 - **Vantassel**, William (Byram) to Mary E. Huyler
15 Feb. 1871 - **Vanwagner**, John (Pompton) to Sarah A. Saunders
311 - 29 Dec. 1869 - **VanWagoner**, Julia (Vernon) to Hezekiah L. Ferguson
304 - 17 Feb. 1869 - **Vaughn**, John (Lafayette) to Anna E. Longcor
220 - 11 Mar. 1861 - **Vaust**, William (Sand Stone, Pa.) to Ann Rubest
239 - 9 Oct. 1856 - **Vealey**, John H. (Vernon) to Delilah A. Toland
261 - 10 Nov. 1864 - **Vernon**, Elvin A. (Newton) to Catharine Elizabeth Garrison

250 - 8 Nov. 1862 - **Vliet**, Harriet (Tranquility) to Jackson Gaylord
276 - 4 July 1865 - **Vliet**, Nancy E. (Newton) to Casper Mains
250 - 3 July 1863 - **Voorhees**, James A. (Jersey City) to Lydia K. Vansyckle
230 - 19 Oct. 1850 - **Voss**, Joseph G. (Stillwater) to Elizabeth Jane Huff
285 - 16 Jan. 1867 - **Vought**, Andrew N. to Sarah Elizabeth Anderson
340 - 26 June 1872 - **Vought**, J. Anson (Tranquility) to Jennie K. Johnson
347 - 25 Dec. 1872 - **Vought**, Jacob S. (Blairstown, to Addie Waenwright
193 - 6 Nov. 1855 - **Vought**, Joseph L. (Green) to Jane Reed
193 - 17 Nov. 1855 - **Vought**, Sarah (Green) to Hezeklah Drake
258 - 5 May 1864 - **Vought**, Susan Harriet (Marksboro) to John S. Beagle
298 - 27 May 1867 - **Vreeland**, James Morton to Mary E. Raymond
330 - 6 Dec. 18700 - **Wack**, Jacob W. to Catharine Case
234 - 24 May 1838 - **Wacter**, John (Stillwater) to Emma Rebecca Berry
265 - 22 Dec. 1870 - **Wade**, Abby June (Hardyston) to William H. Mains
354 - 31 Dec. 1873 - **Wade**, Lydia (Ogdensburg) to John I. Durling
356 - 8 July 1874 - **Wade**, Sarah Adelia (Springfield) to James A. Simpson
347 - 25 Dec. 1872 - **Waenwright**, S. Addie (Milford, Pa.) to Jacob S. Vought
432 - 16 Dec. 1877 - **Waldron**, Andriss (Roseville) to Amanda C. Goble
335 - 2 July 1872 - **Waldron**, John (Mt. Olive) to Caroline A. Dickson
193 - 26 Apr. 1856 - **Walker**, Charles (Newton) to May M. Auble
274 - 16 Aug. 1863 - **Walker**, Delia A. (Newton) to Samuel Brooks
276 - 27 July 1865 - **Walker**, Harriet A. (Newton) to Martin Kintner
214 - 26 May 1858 - **Walker**, Isaac A. (Newton) to Elisabeth W. Smith
190 - 23 Dec. 1854 - **Walker**, Isabel (Andover) to George Willson
352 - 7 Nov. 1871 - **Walker**, Mrs. Sarah A. (Lafayette) to Anson Cope
196 - 4 Nov. 1857 - **Walker**, Sarah M. to Stewart Stickles
210 - 7 Jan. 1860 - **Walker**, William A. (Newton) to Pebe Ann Washer
310 - 3 Oct. 1867 - **Wallace**, Edward L. (Paterson) to Julia M. Denton
252 - 11 Jan. 1851 - **Walling**, Malinda to James A. McMahon
297 - 30 July 1861 - **Walter**, Luticia B. to Oliver D. Reeve
336 - 8 Oct. 1872 - **Walter**, Mary Ellen (Pahaquarry) to Mason J. Garris
349 - 3 Sept. 1873 - **Wanamaker**, George (Suffern NY) to Anna Fluke
252 - 18 Mar. 1864 - **Wanamaker**, Hanah to Lewis M. Hall
285 - 15 May 1866 - **Warbasse**, Anna H. to Harvey F. Hubbard
315 - 22 Mar. 1870 - **Warbass**, David R. (Centerville) to Elizabeth Northrup
199 - 12 Sept. 1857 - **Warbass**, Elizabeth to Isaac Newman
219 - 28 Nov. 1860 - **Warbasse**, Joseph (Lafayette) to Harriet Delphina Northrup
252 - 12 Nov. 1863 - **Warbasse**, Samuel (Lafayette) to Emma C. Northrup

370 - 2 Aug. 1874 - **Ward**, Alfred (Swartswood) to Mary Snook
218 - 6 Oct. 1861 - **Ward**, Andrew S. to Sarah E. Ackerson
352 - 27 Mar. 1872 - **Ward**, Charles B. (Lafayette) to Hulda A. Swarts
259 - 12 Dec. 1846 - **Ward**, Daniel to Magdalene Staley
230 - 8 Jan. 1848 - **Ward**, Electa (Stillwater) to John Wintermute
256 - 26 Sept. 1863 - **Ward**, Emily J. (Stanhope) to Elias Master
285 - 5 June 1866 - **Ward**, Emma J. to William E. Ross
305 - 4 July 1868 - **Ward**, Ephraim M. (Stanhope) to Ann Julia Norman
231 - 9 Jan. 1851 - **Ward**, Henryetta (Stillwater) to Daniel P. Woodruff
335 - 18 June 1872 - **Ward**, Isaac W. (Stanhope) to Elizabeth Jackson
391 - 12 June 1876 - **Ward**, Julia (Byram) to Nelson Jackson
222 - 9 Oct. 1862 - **Ward**, Lucy A. (Newton) to Elias L. Allen
376 - 13 Sept. 1875 - **Ward**, Magdelina (Newton) to John W. Taylor
214 - 1 Dec. 1858 - **Ward**, Marcia (Newton) to Peter Hopoaugh
251 - 1 Jan. 1870 - **Ward**, Mary Sandusky (Glenwood) to Eugine Knapp
215 - 24 Mar. 1860 - **Ward**, Thompson (Newton) to Rachel Coon
324 - 3 July 1870 - **Ward**, William H. (Stanhope) to Anna E. Nixon
305 - 23 Aug. 1868 - **Ware**, Virginia A. (Rockaway) to John Lewis
214 - 19 Mar. 1859 - **Wark**, Rachel (Newton) to Nathan Boyed
188 - 2 Apr. 1846 - **Warner**, Margaret (Sandyston) to Jesse Shay
191 - 3 Nov. 1855 - **Warner**, Sarah Elizabeth (Sandyston) to Abraham Johnson
337 - 31 Dec. 1872 - **Warren**, Joseph C. (Sandyston) to Mageie A. Bell
375 - 3 July 1875 - **Washer**, Albert P. (Andover) to Harriet Lawrence
406 - 7 Oct. 1876 - **Washer**, Amos (Andover) to Elizabeth Dennis
396 - 3 July 1875 - **Washer**, Andrew R. (Frankford) to Olivia Decker
414 - 30 June 1877 - **Washer**, Carmelia (Wantage) to Marcus Brink
352 - 6 Feb. 1867 - **Washer**, Catharine (Frankford) to Alexander Titsworth
367 - 10 Oct. 1872 - **Washer**, Catharine (Andover) to Andrew Stephens
355 - 26 Feb. 1874 - **Washer**, Delilah (Sparta) to George VanBlarcom
349 - 20 Jan. 1874 - **Washer**, Delilah M. (Sparta) to Charles W. Sargeant
363 - 26 Aug. 1874 - **Washer**, Dullas (Lafayette) to Sophia Kimble)
316 - 11 Nov. 1868 - **Washer**, Emma J. (Sparta) to David S. N. Kinney
255 - 30 July 1862 - **Washer**, John (Andover) to Mary M. Hull
300 - 16 Feb. 1869 - **Washer**, Mary Jane (Sparta) to George C. Wilson
284 - 17 Jan. 1867 - **Washer**, Nelson (Sparta) to Maria Kimble
210 - 7 Jan. 1860 - **Washer**, Phebe Ann (Sparta) to William A. Walker
266 - 28 Oct. 1865 - **Washer**, Robert to Eliza Ann Meeker
368 - 8 Jan. 1874 - **Washer**, Robert (Andover) to Ella D. Sharp
325 - 4 July 1871 - **Washer**, Robert (Andover) to Mary A. Struble
307 - 7 Nov.1869 - **Washer**, Samuel to Lizzy M. Vansickle

343 - 24 Aug. 1871 - **Washer**, Sarah M. (Andover) to Mahlon B. Kinney
426 - 30 Jan. 1878 - **Washer** Sue (Sparta) to Lewis Gregory
193 - 9 Feb. 1856 - **Washer**, Wm. C. (Newton) to Mary Devore
280 - 3 Feb. 1866 - **Wasmuth**, William (Ogdensburg) to Anna Summers
235 - 6 Jan. 1839 - **Wass**, John W. (Hardwick) to Julia Ann Hill
439 - 16 Dec. 1846 - **Wathermox**, Mary Jane (Sparta) to William White
318 - 19 June 1869 - **Wear**, George D. (Chester) to ,Mary E. Leport
395 - 18 Aug. 1876 - **Weare**, Mary Jane to Louis Beazy
414 - 6 Jan. 1877 - **Weaver**, Dorinda (Newton) to George Cron
297 - 29 Mar. 1862 - **Weber**, Frederick to Eliza Williams
309 - 29 Nov. 1866 - **Weeden**, Emma R. (Allamuchy) to John Allen
283 - 28 Nov. 1866 - **Wedder**, Emma R. to John Allen
234 - May 1859 - **Wede**, John to Emma R. Berry
26 Mar. 1865 - **Weider**, Sylvanus to Ann Mandeville - (also page 296)
226 - 25 Dec. 1860 - **Welch**, Joseph C. to Sarah O. Daniels
234 - 6 Nov. 1837 - **Welch**, Louisa (Newton) to John H. France
198 - 25 Nov. 1857 - **Welch**, Thomas (Franklin) to Miss Murry
333 - 19 Feb. 1873 - **Weller**, J. Finley (N.Y.C.) to Anna C. Blackwell
366 - 16 Feb. 1875 - **Weller**, Wm. E. (Lafayette) to Emma J. Butler - (also p. 375)
308 - 1 June 1866 - **Welling**, John C. (Warwick NY) to Phebe Crane
403 - 1 Jan. 1877 - **Welling**, Mary Alice (Rudeville) to David Hopkins
258 - 25 Feb. 1864 - **Wells**, Aaron S. (Stanhope) to Mary Florence Joralemon
358 - 9 Aug. 1874 - **Wells**, Adam (colored)(Lafayette) to Clara C. Benjamin
192 - 14 Feb. 1856 - **Wells**, Charles (Sandyston) to Amanda M. Depue
215 - 18 Nov. 1859 - **Wells**, David Austin (Milford, Pa.) to Catharine Drake
306 - 11 Apr. 1868 - **Wells**, George H. to Mary Coykendall
305 - 3 Oct. 1868 - **Wells**, Oscar (Newark) to Elizabeth E. White
353 - 10 Mar. 1874 - , Peter D. (Wantage) to Phebe C. Howell
351 - 7 Jan. 1874 - **Welsh**, Jacob (Amity NY) to Louisa Raymond
349 - 17 May 1873 - **Welsh**, James to Ann E. Youmans
274 - 3 July 1855 - **Welter**, Asa (Pahaquarry) to Sarah Gariss
319 - 18 Dec. 1869 - **West**, Catherine E. (Bartlesville) to James Robinson
357 - 27 Mar. 1873 - **West**, Frances (Newton) to Benjamin Parker
236 - 14 June 1862 - **West**, John S. (Stillwater) to Anna M. Cassida
217 - 29 Nov. 1860 - **West**, Moses Chancey (Newton Twp.) to Emma Myers
275 - 2 Mar. 1865 - **West**, Sarah A. (Newton) to Charles A. Williams
215 - 2 Apr. 1860 - **West**, William H. (Newton) to Francis M. Douglas
230 - 2 Oct. 1848 - **Westbrook**, Almira (Montague) to Charles B. Quick
330 - 23 Mar. 1872 - **Westbrook**, Mrs. Almira H. to James B. Ervey
235 - 23 Jan. 1861 - **Westbrook**,

Ananias (Walpack) to Almira W. Hammond
223 - 28 Nov. 1860 - **Westbrook**, Ananias (Walpack) to Almira W. Hammon
1 Dec. 1860 - **Westbrook**, Ananias (Walpack) to Almira W. Hammon
310 - 22 Dec. 1868 - **Westbrook**, John H. (Newton) to Mary S. Cannon
345 - 7 Nov. 1869 - **Westbrook**, Mary Jane (Port Jarvis NY) to George Dove
231 - 20 June 1853 - **Westbrook**, Nathan (Pike Co., Pa.) to Hannah Hooey
346 - 1 Feb. 1871 - **Westbrook**, Oscar (Sandyston) to Mary E. Kyte
244 - 3 Nov. 1859 - **Westbrook**, Sarah E. to Charles Morrow
346 - 28 Dec. 1870 - **Westbrook**, Townsend W. (Sandyston) to Cavillice Lundy
213 - 17 Dec. 1857 - **Westbrook**, William C. (Newton) to Fannie C. Bonnell
213 - 17 Oct. 1876 - **Westbrook**, Wm. Lafayette (Blooming Grove, Pa.) to Emma Hill
190 - 18 June 1855 - **Westfall**, Elizabeth (Montague) to Albert Roloson
291 - 5 Apr. 1868 - **Westfall**, George W. to Mary Jane Mandeville
271 - 15 Feb. 1862 - **Westfall**, Jane to Henry Spangenberg
267 - 12 Oct. 1865 - **Westfall**, John A. to Julia E. Wood
353 - 16 Apr. 1874 - **Westfall**, Mathew (Wantage) to Maria Beemer
408 - Nov. 1876 - **Wherton**, John L. (Vernon) to Mary Eliza Winters
271 - 25 May 1861 - **Wheeler**, Edward to Charlott L. Northrup
374 - 3 July 1875 - **Wheeler**, Sarah E. (Allamuchy) to Eli L. Deremer
239 - 29 Nov. 1856 - **Wherry**, Redmond (Vernon) to Lavina Sprague
204 - 29 Jan. 1859 - **Weve**, Anozie to Maria VanAllen
219 - 11 Feb. 1862 - **Whaling**, Thomas (Newton) to Julia Marty
189 - 23 Mar. 1854 - **Whims**, George N. (Stillwater) to Sarah Ann Coats
320 - 5 Oct. 1870 - **Whitaker**, Amanda (Deckertown) to Theodore F. Northrop
320 - 15 Mar. 1870 - **Whitaker**, Emeline V. (Deckertown) to Wade Buckley
336 - 15 Feb. 1872 - **Whitaker**, Isabell (Deckertown) to Theodore F. Margarum
336 - 25 Dec. 1872 - **Whitaker**, Josie (Deckertown) to John Bennett
308 - 2 Sept. 1869 - **Whitaker**, Mary Alice to Charles D. Tyler
196 - 11 Oct. 1856 - **White**, Catherine L.to George C. Thrope
305 - 3 Oct. 1868 - **White**, Elizabeth E. (Stanhope) to Oscar Wells
333 - 10 Oct. 1872 - **White**, Georgie Ann (Newton) to Daniel H. Price
255 - 3 Dec. 1862 - **White**, Lucinda J. to Joseph Sharp
184 - 9 Oct. 1853 - **White**, Margaret to Wm. A. Rhodes
368 - 5 Jan. 1874 - **White**, Miranda (Byram) to Bethnal G. Hubert
184 - 3 Dec. 1853 - **White**, Sarah A. (Byram) to Anthony Rose
190 - 8 Sept. 1854 - **White**, Thomas J. (Newton) to Caroline L. Stackhouse
439 - 16 Dec. 1846 - **White**, William (Sparta) to Mary Jane Wathermox
202 - 8 Nov. 1858 - **Whitehead**, John to Caroline Wills
322 - 10 June 1870 - **Whitehead**,

William Jackson (Milton) to Arminda Ramage
196 - 24 June 1857 - **Whitesell**, Samuel to Mary M. Wilgus
299 - 30 Dec. 1868 - **Whitford**, George to Emma E. Search
349 - 21 Jan. 1873 - **Whitford**, George to Mary Harris
255 - 27 Sept. 1862 - **Whitmore**, William to Margaret Heminover
418 - 1 Sept. 1877 - **Whittle**, Delia (Milton) to Saml. L. Norman
245 - 22 Feb. 1860 - **Wickham**, Charity (Wantage) to John M. Christie
203 - 2 Dec. 1858 - **Wickham**, Charles F. to Philinda D. Roe
270 - 26 Dec. 1865 - **Wickham**, Gabriel to Annie F. Martin
205 - 13 Jan. 1859 - **Wickham**, Judson J. (Wantage) to Emma R. Decker
202 - 4 Nov. 1858 - **Wickham**, Julia A. (Wantage) to Lebeus Willson
202 - 28 July 1858 - **Wilcox**, Daniel to Hester A. Smith
434 - 16 Nov. 1876 - **Wilcox**, Eliza (Glenwood) to Townsend Bailey
302 - 2 Jan. 1868 - **Wilcox**, George H. (Stillwater) to Martha E. Schoonover
327 - 10 Aug. 1870 - **Wilcox**, Mary J. to David Emory
280 - 1 Jan. 1866 - **Wilcox**, Nathan (Andover) to Mary J. Goble
380 - 30 Dec. 1875 - **Whitfield**, Frederick (Stanhope) to Sarah Emma Smith
297 - 7 Jan. 1863 - **Wildrick**, Edward M. to Phebe Cochran
310 - 39 Nov. 1868 - **Wildrick**, Isaac K. (Belvidere) to Louisa Chamberlain
327 - 16 Aug. 1870 - **Wildrick**, Martha to Martin Kishpaugh
274 - 25 May 1863 - **Willguss**, David (Stanhope) to Lydia Ann Clouse
265 - 20 Apr. 1865 - **Wilgus**,

Esther (Sparta) to John S. Terwilliger
371 - 17 Feb. 1875 - **Wilgus**, Frank (Lafayette) to Maggie E. Devore
273 - 18 Dec. 1865 - **Wilgus**, Martha A. (Waterloo) to John K. Davis
196 - 24 June 1857 - **Wilgus**, Mary M. to Samuel Whitesell
427 - 17 Jan. 1878 - **Willett**, Jonathan T. (Johnsonburg) to Sarah A. Koyt
337 - 9 Oct. 1872 - **Williams**, Alonzo J. (Hamburg) to Harriet J. Wood
428 - 16 Jan. 1878 - **Williams**, Andrew Jacob (Hampton) to Ruth Sherred
281 - 31 Oct. 1866 - **Williams**, Ann to William Sulivan
340 - 21 May 1873 - **Williams**, Benjamin Lee (Newton) to Ella Struble
275 - 2 Mar. 1865 - **Williams**, Charles A. (Elizabeth) to Sarah A. West
263 - 20 Aug. 1864 - **Williams**, Charles M. (Hampton) to Lydia J. Hill
193 - 15 Mar. 1856 - **Williams**, Daniel M. (Woodport) to Susan Elis Reed
239 - 11 Feb. 1857 - **Williams**, Dorothea (Vernon) to John J. Berry
297 - 20 Mar. 1862 - **Williams** Eliza to Frederick Weber
308 - 16 Oct. 1869 - **Williams**, Floyd C. (Frankford) to Hattie L. Couse
239 - 6 May 1856 - **Williams**, Isaac (Vernon) to Caroline Augusta Utter
292 - 3 Nov. 1867 - **Williams**, Isaac to Mary Frances Mills
326 - 16 Aug. 1871 - **Williams**, Jane (Franklin Furnace) to George Henry Scott
429 - 1 Jan. 1878 - **Williams**, Jemima (Branchville) to John

Spangenberg
339 - 5 Dec. 1872 - **Williams**, Joseph H. to Ada Till
422 - 16 Jan. 1878 - **Williams**, Laura S. (Beemerville) to John J. Bevans
301 - 4 Jan. 1869 - **Williams**, Lydia M. to Jages Terwilliger
400 - 15 Nov. 1876 - **Williams**, Maggie E. (near Beemerville) to Orin K. Ayers
294 - 29 Apr. 1867 - **Williams**, Margaret (Frankford) to Lewis Black
294 - 15 June 1867 - **Williams**, Martha (Frankford) to David Rodimer
313 - 15 June 1867 - **Williams**, Martha (Frankford) to David Rodimer
310 - 22 May 1867 - **Williams**, Mary A. (Vernon) to William Wright
311 - 28 Jan. 1869 - **Williams**, Palthenia E. (Vernon) to Samuel S. Sprague
337 - 2 Dec. 1872 - **Williams**, Sarah A. (Frankford) to Jesse J. Rancier
341 - 22 Aug. 1873 - **Williams**, Sarah M. (Hampton) to Simon Hendershot
311 - 24 Oct. 1868 - **Williams**, William H. (Vernon) to Catharine L. Card
353 - 4 July 1871 - **Williams**, William I. (Wantage) to Jennie Marshall
423 - 1 Jan. 1878 - **Williamson**, Anna M. (Branchville) to Wm. Henry Dalrymple
340 - 29 May 1873 - **Willetts**, Ann K. (Schooley's Mtn.) to Richard Post
339 - 12 Jan. 1873 - **Willis**, Anamary to Paul Tenikeen
355 - 1 Jan. 1874 - **Willis**, Catharine to Jacob Moursson
199 - 24 Oct. 1857 - **Willis**, Mary to John D. Adams
219 - 22 Nov. 1861 - **Willis**, Mary Ann to Edward W. Holly
328 - 25 Sept. 1871 - **Willis**, Sarah to Edward Angal
352 - 7 Nov. 1871 - **Willis**, Sarah (Snufftown) to Albert Compton
332 - 15 April 1872 - **Willis**, William to Phebe A. Bailey
202 - 8 Nov. 1858 - **Wills**, Caroline to John Whitehead
426 - 16 Mar. 1878 - **Wills**, Henrietta C. (Stanhope) to Benjamin F. Ketcham
350 - 29 Dec. 1873 - **Wills**, Julia F. (Franklin) to Andrew R. Sutton
422 - 24 Dec. 1877 - **Wills**, Samuel (Stanhope) to Irene Marsha Stem
363 - 30 Sept. 1874 - **Wilson**, Aaron Leport (Hamburg) to Anna Mary McPeak
203 - 15 Dec. 1858 - **Wilson**, Ann M. to Garret Vanblarcom
230 - 2 June 1849 - **Wilson**, Ann Marie (Green) to Bowdewine Roy
401 - 1 July 1875 - **Wilson**, Anna W. to Wm. R. Kithcart
186 - 25 Oct. 1854 - **Wilson**, Edward (Vernon) to Rebecca Cox
350 - 7 Mar. 1872 - **Wilson**, Edward (Wantage) to Mrs. Mary Adams
274 - 26 Nov. 1863 - **Wilson**, Elizabeth (Andover) to Aaron D. Hunt
417 - 26 Sep. 1877 - **Wilson**, George (Newton) to Anna Snover
300 - 16 Feb. 1869 - **Wilson**, George C. (Hardyston) to Mary Jane Washer
234 - 4 Mar. 1857 - **Wilson**, Roy, Jr.
351 - 4 Feb. 1868 - **Wilson**, John (Vernon) to Delila Cook
10 Feb. 1875 - **Wilson**, John to Margaret E. Totten
220 - 30 June 1862 - **Wilson**, Mattie E. (Green) to Marcus A. Harden
309 - 27 Nov. 1867 - **Wilson**, Mary

(Andover) to Thomas A. Decker
410 - 13 Aug. 1873 - **Wilson**, Mary A. (Newton) to Emanuel Artmen
205 - 24 Nov. 1858 - **Wilson**, Mary Ann (Hardyston) to Parkinson Adams
239 - 17 Jan. 1857 - **Wilson**, Mary Jane (Vernon) to David Barrett, Jr.
353 - 15 Sept. 1873 - **Wilson** Minerva A. (Unionville NY) to George H. Crum
244 - 23 Feb. 1859 - **Willson**, Albria (Wantage) to Harriet Carr
374 - 24 Oct. 1874 - **Willson**, David W. (Andover) to Sarah Angie Decker
361 - 17 Sept. 1874 - **Willson**, Edward (Wantage) to Martha F. McCoy
253 - 2 Jan. 1864 - **Willson**, Euphemia A. (Blairstown) to Nelson L. Brands
190 - 23 Dec. 1854 - **Willson**, George (Sparta) to Isabel Walker
367 - 23 Feb. 1873 - **Willson**, Henry W. (Rockaway) to Emma Decker
313 - 22 Aug. 1868 - **Willson**, Jennie (Newark) to Wm. M. Carmer
190 - 28 Feb. 1855 - **Willson**, Jesse (Green) to Amanda H. Hibler
340 - 30 Aug. 1873 - **Willson**, Joseph to Harrist Degraw
202 - 4 Nov. 1858 - **Willson**, Lebeus (Wantage) to Julia A. Wickham
369 - 30 June 1875 - **Willson**, Lizzie (Vienna) to Steward A. Bird
210 - 20 Oct. 1860 - **Willson**, Margaret (Newton Twp.) to Joseph McDavit
315 - 15 Dec. 1869 - **Willson**, Nelson J. (Wantage) to Martha Rutan
245 - 11 Sept. 1861 - **Willson**, Obed O. (Green) to Mary E. Stackhouse

400 - 10 Nov. 1875 - **Willson**, R. Ernest to Laura E. Garrison
244 - 28 Sept. 1859 - **Willson**, Rebecca J. (Wantage) to Abraham T. Wood
221 - 15 Feb. 1862 - **Willson**, Samuel (Hardyston) to Mary Arabella Roe
406 - 30 Nov. 1876 - **Willson**, Sarah C. (Wantage) to James A. Buckley
193 - 16 Nov. 1855 - **Winans**, John (Newton) to Margaret Ann Cochran
244 - 14 Dec. 1859 - **Winfield**, Millie (Wantage) to James M. Dennis
350 - 15 Nov. 1871 - **Winfield**, Susan Almeda Alice (Greenville NY) to Wilmot VanSickle
190 - 11 Aug. 1855 - **Winfield**, William B. (Coleville NY) to Sarah Ann VanInweg
200 - 31 Mar. - **Winne**, Christopher to Sarah Talmage
412 - 29 Dec. 1877 - **Winnie**, Frances A. to Henry Sullivan
408 - 24 Jan. 1877 - **Wintamute**, Reuben R. (Stillwater) to Amanda D. Drake
370 - 13 Jan. 1875 - **Wintermute**, Abbie H. (Marksboro) to John Shiechgast)
235 - 24 May 1839 - **Wintermute**, Almira to Wm. Rorick
295 - 8 Apr. 1868 - **Wintermute**, Bethania to Isaac C. Pierson
256 - 2 Feb. 1864 - **Wintermute**, C. A. (Stanhope) to Fannie E. Crosson
230 - 15 July 1848 - **Wintermute**, Catharine (Stillwater) to Jacob A. Middlesworth
231 - 15 Nov. 1851 - **Wintermute**, Catharine (Stillwater) to Peter B. Groover
232 - 17 Aug. 1834 - **Wintermute**, Elias (Stillwater) to Jane Dondle
229 - 29 Mar. 1845 - **Wintermute**, Elizabeth (Stillwater) to Wm. Oliver

227 - 17 Mar. 1838 - **Wintermute**, Frederick (Stillwater) to May Opdike
284 - 25 Dec. 1866 - **Wintermute**, George R. (Greene NY) to Ann Price
228 - 9 Sept. 1842 - **Wintermute**, Isaac (Stillwater) to Sarah Keen
230 - 8 Jan. 1848 - **Wintermute**, John (Stillwater) to Electa Ward
384 - 28 Mar. 1876 - **Wintermute**, John A. to Maggie E. Shrekaugst
231 - 1 Dec. 1853 - **Wintermute**, Levina H. (Stillwater) to Wm. Milehan
318 - 15 Feb. 1870 - **Wintermute**, Lizzie H. to Hamilton P. Garris
193 - 30 June 1855 - **Wintermute**, Margaret (Green) to Joseph Auble
229 - 24 Dec. 1846 - **Wintermute**, Mary (Stillwater) to John Rorick
346 - 20 Mar. 1871 - **Wintermute**, Mary C. (Stillwater) to Allen Rosenkrans
231 - 23 Mar. 1852 - **Wintermute**, Nancy (Stillwater) to Frederick F. Smith
269 - 26 Dec. 1865 - **Wintermute**, Nancy E. to Gilbert Sanders
209 - 28 Mar. 1860 - **Winters**, Byram (Wantage) to Sarah C. Hoyt
262 - 27 Feb. 1864 - **Winters**, Catharine J. to Samuel F. Vanstrander
408 - Nov. 1876 - **Winters**, Eliza (Vernon) to John L. Wherton
400 - 27 Nov. 1876 - **Wolfe**, Alice V. (Huntsville) to Ogden A. Aysrs
199 - 24 Feb. 1858 - **Wolverton**, Eliza to Henry Cooper Hoppaugh
205 - 4 Oct. 1858 - **Wolverton**, Martha to Samuel Chambers
244 - 28 Sept. 1859 - **Wood**, Abraham T. (Port Jervis NY) to Rebecca J. Willson
337 - 9 Oct. 1872 - **Wood**, Harriet J (Hamburg) to Alonzo J. Williams
341 - 23 Nov. 1873 - **Wood**, James (Hamburg) to Anna M. McPeak
267 - 12 Oct. 1865 - **Wood**, Julia E. to John A. Westfall
357 - 13 July 1874 - **Wood**, Lewis K. (Stanhope) to Rachel A. Thompson
430 - 24 June 1877 - **Wood**, Theodore F. to Hannah E. Swayze
359 - 14 Oct. 1874 - **Woodford**, Grace (Newton) to William H. Thompson
332 - 25 Sept. 1872 - **Woodford**, Lucy Caroline (Newton) to Edward Parson Jones
364 - 14 Jan. 1875 - **Woodford**, Oliver P. to Rachel A. Cramer
349 - 3 July 1873 - **Woodhull**, William B. (Stanhope) to Katie Shires
13 Jan. 1875 - **Woodruff**, Chas. M. to Malvina Simoson
231 - 9 Jan. 1851 - **Woodruff**, Daniel P. (Sparta) to Henryetta Ward
320 - 22 Nov. 1870 - **Woodruff**, Dawson (Newton) to Margaret Cox
234 - 17 Feb. 1838 - **Woodruff**, Job (Stillwater) to Elizabeth Ann Emmans
226 - 28 May 1863 - **Woodruff**, John L. (Sparta) to Francis A. Stackhouse
190 - 27 May 1855 - **Woodruff**, Susan (Vernon) to B. H. Marks
351 - 10 Mar. 1870 - **Woodruff**, Temperance (Wantage) to John Thompson
316 - 27 Oct. 1869 - **Woodruff**, Wm. (Sparta) to Belle M. Rochelle
319 - 16 Feb. 1870 - **Woods**, Margaret E. (Hamburg) to William Rodda
285 - 5 June 1867 - **Woodward**, William W. to Mary A. Johnson
401 - 21 Oct. 1875 - **Wright**,

Amelia C. (Deckertown) to Maruice Harring
402 - 1 June 1876 - **Wright**, Assenath (Deckertown) to Freeman J. Lewis
325 - 21 Apr. 1871 - **Wright**, Catherine to Daniel Dagen
429 - 26 Mar. 1878 - **Wright**, Cornelius (Byram) to Nancy J. Hand
292 - 10 Oct. 1866 - **Wright**, Daniel H. (New York) to Mary A. McConnell
335 - 7 Dec. 1872 - **Wright**, Ellen E. (Roseville) to Joseph C. Hubert
197 - 3 Sept. 1857 - **Wright**, Margaret (Byram) to Charles M. Pruden
256 - 10 Feb. 1864 - **Wright**, Mariah (Stanhope) to Owen W. King
401 - 31 Aug. 1875 - **Wright**, Nelson D. (Deckertown) to Sarah Ann Cole
270 - 26 Oct. 1865 - **Wright**, Rosa M. (Newton) to Elijah W. C. Granden
189 - 13 Feb. 1855 - **Wright**, Sarah (Byram) to David Goble
242 - 26 Mar. 1863 - **Wright**, Sarah to Edgar Barber (also page 248)
405 - 27 Jan. 1877 - **Wright**, Sarah E. (Roseville) to Mahlon H. Stites
310 - 22 May 1867 - **Wright**, William (West Milford) to Mary A. Williams
218 - 25 Sept. 1861 - **Writer**, Lewis (Newton) to Amanda Thompson Hathaway
222 - 2 Oct. 1862 - **Wyckoff**, Annie (Hackettstown) to Eli Trimmer
420 - 18 Sept. 1877 - **Wyker**, Maryone E. (near Branchville) to Jesse M. Fountain
253 - 16 Sept. 1863 - **Yetter**, George W. (Hardwick) to Elizabeth Demarest

18 Dec. 1835 - **Yetter**, Joseph (Stillwater) to Triohena E. Grover
428 - 7 Apr. 1877 - **Yetter**, Mary A. (Hardwick) to Isaac Shuster
408 - 3 Mar. 1877 - **Yetter**, Oliver (Stillwater) to Mary E. Snover
433 - 3 Nov. 1875 - **York**, Minnie (Glenwood) to W. H. Howard
425 - 18 Aug. 1877 - **Youman**, Anna to James L. Castimore
349 - 17 May 1873 - **Youmans** Ann E. to James Welsh
195 - 28 Sept. 1856 - **Youmans**, Charles A. (Hunterdon Co.) to Lucinda Ryker
319 - 9 Apr. 1870 - **Yeomans**, Elizabeth (Stanhope) to John Davis, Jun.
369 - 13 Feb. 1875 - **Yeomans**, Esther to William Loosey
374 - 25 Nov. 1874 - **Youmans**, Hugh (Washington) to Ella S. Fritts
273 - 2 Dec. 1865 - **Youman**, Ira (Morris Co.) to Susanna Reed
263 - 11 May 1865 - **Youmans**, Lucinda to Elvey Tarry
346 - 4 July 1872 - **Youmans**, Mary E. (Stillwater) to George T. Keen
273 - 2 Dec. 1865 - **Youmans**, Matilda (Chester) to Lambert Riker
224 - 29 Sept. 1862 - **Youmans**, Sarah E. to William Babcock
427 - 1 Jan. 1878 - **Young**, Alice A. (Andover) to John M. McPeek
192 - 19 Feb. 1856 - **Young**, Eliza (Deckertown) to James Hendricks
276 - 16 Jan. 1866 - **Young**, Elizabeth A. (Springdale) to John M. Haggerty
436 - 6 Dec. 1877 - **Young**, Frances M. (Sandyston) to Austin W. Gunderman
386 - 22 Dec. 1875 - **Young**, Gilbert D. (Morristown) to Sybella A. Osborne
334 - 17 Feb. 1872 - **Young**,

Jennie (Deckertown) to Thomas M. Johnson
427 - 6 Mar. 1878 - **Young**, John H. (Unionville NY) to Alice J. Benjamin
330 - 5 Jan. 1871 - **Young**, John W. to Mary E. Longcor
357 - 16 June 1874 - **Young**, Laura (Stanhope) to Matthew Ridgeway King
280 - 26 April 1866 - **Young**, Susan (Sparta) to David A. Lozier
193 - 22 May 1855 - **Youngs**, Hannah (Newton) to Amos Reed
416 - 14 Sept. 1877 - **Youngs**, Jacob (Newton) to Sarah Tebouth
322 - 25 Jan. 1871 - **Youngs**, John to Marth J. Bonnel
309 - 27 Dec. 1866 - **Youngs**, Lewis A. (Springdale) to Amanda Slockbower
281 - 12 Dec. 1866 - **Youngs**, Phebe E. (Newton) to Francis N. Hyde
299 - 14 Mar. 1868 - **Zech**, Elizabeth (Vernon) to Bradford R. Strait
398 - 25 Oct. 1876 - **Zeek**, Charles E. (Chester) to Eloise Courtright
308 - 15 Nov. 1865 - **Zeek**, Ira (Newfoundland) to Hosetta J. Cobb
303 - 14 May 1868 - **Zeek**, Nancy E. to Bradford R. Strait
336 - 4 Sept. 1872 - **Zimmerman**, Horace (Pahaquarry) to Mary Elizabeth Fuller
235 - 28 June 1839 - **Zimmerman**, Susan (Pahaquarry) to George M. VanCampen

In Memory of Pvts. John Guy, James Johnson and William Speer